rororo

rororo

«Christian Cameron ist einer der besten Autoren historischer Romane weltweit.» (Ben Kane)

Christian Cameron wurde 1962 in Pittsburgh, Pennsylvania, geboren. Nach dem Geschichtsstudium an der Universität von Rochester trat er in die Navy ein, wo er lange Zeit im Bereich der Aufklärung arbeitete. Seit 20 Jahren ist Christian Cameron Vollzeit-Autor und schreibt erfolgreich historische Abenteuerserien, die weltweit erscheinen. In seiner Freizeit besucht er am liebsten geschichtsträchtige Orte oder unterrichtet historischen Schwertkampf. Der Autor lebt mit seiner Familie in Toronto.

Mehr über den Autor und seine Bücher:
https://christiancameronauthor.com

Dr. Holger Hanowell, geb. 1969 in Münster, ist freier Übersetzer. Er studierte Geschichte und Anglistik in Münster sowie an der University of Sheffield, promovierte später in englischer Philologie und Buchwissenschaft. Zu Forschungszwecken lebte er in London, Oxford und Cambridge. In der Belletristik übersetzte Holger Hanowell zahlreiche Werke von Klassikern über Thriller und Fantasy bis zu historischen Abenteuerromanen und machte so u. a. die Bücher von Ben Kane für deutschsprachige Leserinnen und Leser zugänglich.

CHRISTIAN CAMERON

DER LANGE KRIEG

STURM VOR SALAMIS

Historischer Roman

Aus dem Englischen von
Holger Hanowell

Rowohlt Taschenbuch Verlag

Die Originalausgabe erschien 2015
unter dem Titel «Salamis»
bei Orion Books / The Orion Publishing Group Ltd., London.

Deutsche Erstausgabe
Veröffentlicht im Rowohlt Taschenbuch Verlag, Hamburg, April 2021

Redaktion Rainer Delfs
Karte Copyright © Peter Palm, Berlin
Covergestaltung Hauptmann & Kompanie Werbeagentur, Zürich
Coverabbildung CollaborationJS / Trevillion Images,
Stephen Mulcahey / Arcangel, Look and Learn / Bridgeman Images
Satz aus der Karmina
bei Pinkuin Satz und Datentechnik, Berlin
Druck und Bindung CPI books GmbH, Leck, Germany
ISBN 978-3-499-00421-6

Die Rowohlt Verlage haben sich zu einer nachhaltigen Buchproduktion verpflichtet. Gemeinsam mit unseren Partnern und Lieferanten setzen wir uns für eine klimaneutrale Buchproduktion ein, die den Erwerb von Klimazertifikaten zur Kompensation des CO_2-Ausstoßes einschließt.
www.klimaneutralerverlag.de

FÜR BILL MASSEY, LAURA GERRARD,
SHELLEY POWER UND ALL DIE
REDAKTEURE UND KORREKTURLESER,
DIE DIESEN BÜCHERN ZUM ERFOLG
VERHELFEN.

BÖOTIEN
Theben
Asopos
Platäa
Kithairon
Marathon
Kephissos
Eleusis
ATTIKA
Megara
Athen
Salamis
Brauron
Salamis
Psyttaleia
SARONISCHER GOLF
Ägina
PELOPONNES
Epidauros
N
W
O
S
Hermione
ENTOS
THALASSA
0
10
20
30 km

Schauplatz der Schlacht von Salamis 480 v. Chr.

DRAMATIS PERSONAE

Die Serie «Der Lange Krieg» spielt historisch gesehen zu Beginn der sogenannten Klassischen Ära, die in den Geschichtsbüchern oft mit der Schlacht von Marathon (490 v. Chr.) einsetzt. Einige, wenn nicht gar die meisten, der berühmten Helden jener Epoche tauchen als Figuren in der Serie auf – und das ist kein Zufall. Das Athen zur Zeit der Perserkriege ist in vielerlei Hinsicht genauso mystisch wie Tolkiens Gondor, und allein eine vorläufige Auflistung der Künstler, Dichter und Krieger dieser Epoche liest sich wie ein Who's who der westlichen Zivilisation. Der Autor führt die Figuren in den Romanen auch nicht zufällig zusammen – waren doch jene Leute fast ausnahmslos Aristokraten, Männer (und Frauen), die einander sehr wohl kannten und die sowohl Gegner als auch Freunde in der Not gewesen sein könnten. Bei den mit einem * gekennzeichneten Namen handelt es sich um historische Personen – auch der Held Arimnestos ist belegt –, und für den Leser oder Geschichtsinteressierten bieten die Einträge bei Wikipedia oder bei der Web-Edition der *Encyclopædia Britannica* einen Überblick über ihr Leben und Wirken. Wer es als Leser genauer wissen möchte, dem empfehle ich die Lektüre von Plutarch und Herodot – beiden antiken Autoren verdanke ich viel.

Womöglich war es sogar Arimnestos von Platäa, der Herodot von den Ereignissen der Perserkriege berichtete. Dem aufmerksamen Leser wird nicht entgehen, dass Herodot – ein Schreiber aus Halikarnassos – mehrmals in Erscheinung tritt ...

*__Adeimantos von Korinth__ – Sohn des Okytos; Befehlshaber korinthischer Truppen.

*__Agariste__ – Athenerin aus dem Geschlecht der Alkmaioniden; Ehefrau des Xanthippos, Mutter des Perikles.

*__Aischylos__ – 525 bis 456 v. Chr.; Dichter der griechischen Tragödie (u. a. «Die Perser»).

Alexandros – Anführer der Epibatai des Arimnestos.

*__Anaxagoras__ – (um 499 bis 428 v. Chr.); Vorsokratiker aus Klazomenai in Kleinasien, Vertreter der ionischen Aufklärung; Lehrer und Berater des Perikles.

Archilogos – ein Epheser, Sohn des Dichters Hipponax; ein typischer ionischer Aristokrat, der die persische Kultur ebenso wie die griechische liebte.

*__Ariabignes__ – (vor 522 bis 480 v. Chr.); jüngster Sohn des Dareios I.; Halbbruder des Xerxes; Kommandant der ionischen und karischen Geschwader der persischen Flotte.

*__Arimnestos__ – Sohn des Chalkeotechnes und der Euthalia.

*__Aristeides von Athen__ – Sohn des Lysimachos, lebte ca. 550 bis 467 v. Chr.; einflussreicher athenischer Staatsmann, bekam später den Beinamen «der Gerechte».

*__Artaphernes__ – Bruder des Großkönigs Dareios I. von Persien und Satrap von Sardis; persischer Statthalter des Achämenidenreichs (persischen Großreichs) mit weitreichenden Verbindungen; *Artaphernes* heißt auch sein Sohn.

*__Artemisia__ – Dynastin von Halikarnassos.

Aspasia – Frau des Kleitos.

Brasidas – ein Krieger aus Sparta, Freund des Arimnestos.

Briseis – Tochter des Hipponax, Schwester des Archilogos.

Bulis – Spartiate; Freund des Arimnestos.

*__Damaratos__ – König von Sparta von ca. 515 bis 491 v. Chr., aus dem Haus der Eurypontiden.

*__Damasithymos__ – König von Kalynda, genannt der «Rote König».

***Dareios I.** – (549 bis 486 v. Chr.; oft Dareios der Große), früherer Großkönig des persischen Achämenidenreichs; Bruder des Artaphernes sen., Vater des Xerxes.

Dareios – Epibatai und Gefährte von Arimnestos.

Demetrios – ehemaliger Sklave aus Sizilien; Gefährte von Arimnestos; Steuermann.

Diomedes – ein Rivale aus Arimnestos' Jugendzeit in Ephesos.

Eugenios – Hausverwalter des Arimnestos.

Euphoria – Tochter von Euphoria d. Ä. und Arimnestos.

***Eurybiades** – Navarch aus Sparta; Oberbefehlshaber der vereinigten griechischen Flotte.

Giannis – ein ehemaliger Hirte, Gefährte von Arimnestos.

***Gorgo** – Tochter des Königs Kleomenes I. (Haus der Agiaden); Ehefrau des Königs Leonidas I. von Sparta.

Harpagos – Vetter des Stephanos von Chios; Steuermann.

Hektor – junger Kampfgefährte und Ziehsohn von Arimnestos.

Heliodora – Tochter des Kleitos von Athen.

***Heraklit** (Herakleitos) von Ephesos – ca. 520 bis 460 v. Chr.; einer der bedeutendsten vorsokratischen Philosophen aus dem ionischen Ephesos.

Hermogenes – Gefährte des Arimnestos; Schmied und Steuermann.

***Hippias** – letzter Tyrann Athens (vgl. Peisistratiden-Tyrannis); gestürzt um 510 v. Chr.; Hippias floh ins Exil und regierte später unter persischer Herrschaft.

Hippolyta – Hohepriesterin der Artemis in Brauron – «Mutter-Bärin».

Hipponax – Sohn von Arimnestos (und Gaiana von Kreta).

***Homer** – berühmter Dichter, Lebensdaten vermutlich zweite Hälfte 8. Jahrhundert und/oder erste Hälfte 7. Jahrhundert v. Chr. Homers Name wird mit den klassischen Epen *Ilias* und *Odyssee* in einem Atemzug genannt.

***Hydarnes** – persischer Feldherr; bei den Thermopylen Anführer der «Unsterblichen».

Idomeneus – ein Gefährte von Arimnestos; Priester und Hüter des Schreins des Helden Leitos.

Iris – Tänzerin aus Brauron, Freundin von Heliodora.

Jocasta – Frau von Aristeides.

Ka – ein Bogenschütze aus Nubien.

***Kimon** – ca. 510 bis 449 v. Chr.; Sohn des Miltiades; ein professioneller Krieger und Feldherr, darüber hinaus Aristokrat und Politiker in Athen.

Kyros – ein persischer Krieger und Freund von Arimnestos (neben Dareios, Arynam und Pharnakes).

***Leonidas I.** – von 490 bis 480 v. Chr. König von Sparta; starb 480 v. Chr. bei den Thermopylen.

Leukas – Seemann aus Albion; später Segelmeister und Steuermann auf der *Lydia*; Kelte aus der Sippe der Dumnonier.

Lykon von Korinth – Sohn eines Magistraten und Schiffseigners in Korinth; Freund des Arimnestos.

***Mardonios** – persischer Feldherr; Vetter des Xerxes I.

***Masistios** – Anführer der persischen Reitereinheiten.

Megakles – ein ehemaliger Fischer; Steuermann.

***Miltiades** – d. Jüngere (ca. 550 bis 489 v. Chr.); Feldherr und Politiker; sein Sohn Kimon stieg in der athenischen Politik zu einem führenden Politiker auf.

Onisandros – Rudermeister unter Arimnestos.

Paramanos – einst Steuermann und Gefährte von Arimnestos; gefallen bei Artemision.

Penelope – oder Pen; Schwester des Arimnestos.

***Perikles** – (ca. 490 bis 429 v. Chr.); bedeutender Staatsmann Athens; Förderer der Attischen Demokratie.

***Phrynichos** – griechischer Tragiker aus Athen (gest. um 470 v. Chr.), gilt als Vorläufer des Aischylos.

Polymarchos – Schwertmeister aus Syrakus.

***Sappho** – griechische Dichterin von der Insel Lesbos, geboren um 630 v. Chr.; gilt gemeinhin als berühmteste Dichterin des antiken Griechenlands.

Seckla – ein ehemaliger numidischer Sklave; Gefährte des Arimnestos, Steuermann.

Siberios – ein korinthischer Söldner.

Sikinnos – Sklave und Verwalter des Themistokles.

Simonides – Vetter des Arimnestos, Sohn des Simonalkes, des Oberhaupts eines Zweiges der platäischen Korvax-Sippe (seine Brüder sind *Ajax* und *Achill*).

Sittonax – keltischer Gefährte des Arimnestos, Gallier.

Sparthius – Spartiate; Freund des Arimnestos.

Styges – Schmied; Gefährte des Arimnestos.

***Themistokles** – (524 bis 459 v. Chr.); Staatsmann und Feldherr. Wegbereiter der attischen Demokratie, Archon und Strategos.

Thiale – eine Priesterin von Brauron, Tanzmeisterin.

Tiraios – einst Lehrling bei Arimnestos; später Meisterschmied.

***Xanthippos** – (ca. 520 bis ca. 470 v. Chr.); Politiker und Navarch aus Athen; Vater des später berühmten Perikles.

***Xerxes I.** – (519 bis 465 v. Chr.); ab 486 v. Chr. persischer Großkönig des Achämenidenreichs; Sohn des Dareios I.

PROLOG

Da sind wir also wieder alle versammelt – am vorletzten Abend meiner Feier. Und was für eine Menge an Zuhörern für einen alten Mann und sein irres Gerede!

Aber dies ist nun einmal die beste Geschichte seit Troja – angefüllt mit Kummer und Freude, mit Männern und Frauen, Helden und Verrätern und Männern wie Themistokles, der sowohl Held als auch Verräter war. Mögest du nie solche Zeiten durchleben, Thygater.

Am ersten Abend habe ich euch von meinen Jugendjahren erzählt und wie ich zu Kalchas dem Priester kam, um bei ihm die standesgemäße Erziehung zu genießen. Stattdessen lernte ich das Handwerkszeug eines Speerkämpfers. Denn Kalchas war kein törichter Schwätzer, sondern ein Menschenschlächter, der viele Male im Sturm aus Bronze ausgehalten hatte. Aus allen griechischen Landen kamen erfahrene Krieger zu uns und hängten ihre Schilde für eine Weile an die Mauern des Grabmals, um in Ruhe mit Kalchas zu plaudern, und wenn er diese Männer dann wieder fortsandte, waren sie bessere Menschen oder zumindest innerlich geheilt. Abgesehen von den Schlimmsten unter ihnen, die im Zeichen des Bösen standen und die Leitos, der alte Held des Grabmals, zu sich rief. Dann tötete Kalchas sie an den Mauern des Schreins und schickte ihre schreienden Schatten zum alten Helden, auf dass sie ihm auf ewig im Hades dienten.

Aber merkt auf, Freunde, Leitos war kein zorniger alter Gott, der Blutopfer einforderte, sondern Platäas Held aus den Zeiten des Trojanischen Krieges. Er war ein böotischer Held, wie er im Buche steht, denn er war kein großer Menschenschlächter, auch kein Achill, der in seinem Zelt schmollt. Leitos gebührt ewiger Ruhm, da er sich auf den Weg nach Troja machte und zehn Jahre dort kämpfte. Und an jenem Tag, als der gewaltige Hektor rasend vor Zorn bei den Schiffen der Griechen wütete und Achill in seinem Zelt düsteren Gedanken nachhing, scharte Leitos die einfachen Krieger um sich und formte einen dichten Schildwall. Diesen Männern gelang es, Hektor so lange aufzuhalten, bis sich Ajax und die anderen griechischen Helden sammeln konnten.

Mag sein, dass man euch in Theben, Athen oder Sparta eine andere Geschichte erzählt. Doch dies ist die Geschichte des Helden, dem ich bereits als Kind diente. Ja, ich verbrachte viele Jahre im Schatten des Schreins und lernte den Kriegstanz, den wir Pyrrhiche nennen. Oh, ich lernte lesen und las die Schriften des alten Theognis, auch die Werke Hesiods und Homers. Aber es waren der Speer, das Schwert und der Aspis, die zu mir sangen.

Als mein Vater erfuhr, dass ich das Kriegshandwerk erlernte und kein Schriftgelehrter sein würde, kam er hinauf zum Schrein und nahm mich wieder mit nach Hause, und der alte Kalchas – nun ja, er starb. Oder besser: Er nahm sich selbst das Leben. Aber all das habe ich euch erzählt – ihr erinnert euch gewiss, wie unser kleines Platäa, unsere ländlich geprägte Siedlung in einem Winkel Böotiens, versuchte, sich von dem verfluchten Theben loszusagen und deshalb ein Bündnis mit dem fernen Athen einging. Ihr erinnert euch sicher noch, dass der gottgleiche Miltiades in unsere kleine Polis kam und meinen Vater, den Bronzeschmied – und Draco den Stellmacher und unseren alten Nachbarn Epiktetos –, wie einen Herrn aus Athen behandelte. Er umgarnte sie mit ausgesuchten Worten und zahlte ihnen harte Silberdrachmen für ihre Erzeugnisse. Auf diese Weise gewann Miltiades die Männer meiner Heimat für seine eigenen politischen Absichten und für die Bedürfnisse einer großen Polis wie Athen.

Als ich noch ein schlaksiger Jüngling war – ich war zwar groß für mein Alter und auch kräftig, aber eben noch zu jung, um in der

Phalanx zu stehen –, ersuchte Athen das kleine Platäa um Hilfe, und so marschierten wir über das Kithairon-Gebirge, über jene uralte Bergkette, auf der wir unsere finster blickenden Gottheiten verehren, und stießen bei Oinoe zum Aufgebot aus Athen. Wir standen neben ihnen und kämpften gegen Sparta und Korinth und andere Städte der Peloponnes – und wir schlugen sie allesamt.

Nun – eigentlich besiegte Athen sie. Platäa konnte gerade so überleben, und mein älterer Bruder Chalkidis, der meinen Vater hätte beerben sollen, starb auf dem Schlachtfeld, durchbohrt vom Speer eines Spartiaten.

Vier Tage später, als wir erneut zu den Waffen griffen – diesmal gegen Theben –, stand auch ich in der Phalanx. Und wieder triumphierten wir. Von da an war ich Hoplit.

Weitere zwei Tage später, als wir uns den Männern aus Euböa entgegenstellten, wurde ich Zeuge, wie mein Verwandter Simonalkes meinen Vater tötete: Er stieß ihm hinterrücks die Klinge in den Leib, genau unterhalb des schillernden Brustpanzers aus Bronze. Als ich über meinen toten Vater stolperte, bekam ich einen heftigen Schlag gegen den Kopf. Und als ich aufwachte, hatte ich zunächst keine Erinnerung mehr an den Verrat meines Vetters Simon.

Denn als ich aufwachte, war ich ein Sklave, wie ihr ja wisst. Simon hatte mich an phönizische Händler verschachert, und so gelangte ich mit vielen anderen griechischen Sklaven nach Osten.

Ich war zehn Jahre Sklave – und ehrlich gesagt, war es kein durchweg schlechtes Leben. Ich kam in ein stattliches Haus, in dem wohlhabende, kultivierte und überaus zuvorkommende Menschen lebten – der Dichter Hipponax mit seiner Gemahlin und ihren beiden Kindern. Archilogos – er war der ältere der beiden Geschwister – war fortan mein Herr, er wurde mein Freund und Vertrauter. Gemeinsam erlebten wir viele Abenteuer. Aber da gab es noch seine Schwester, Briseis ...

Ah, Briseis! Sie war wie Helena, die wieder auf Erden wandelt.

Wir lebten damals im fernen Ephesos, in einer der schönsten und mächtigsten Städte der griechischen Welt – dabei liegt Ephesos an der Küste Asias. Dort leben Griechen seit den Tagen des Trojanischen Krieges, und der Tempel der Artemis zählt zu den Weltwundern unserer Zeit. Archilogos, mein Herr, besuchte jeden Tag die Schule im Tempel der Artemis, wo der große Philosoph Heraklit seine Schüler unterrichtete. Ständig überhäufte er uns mit Fragen, die so schmerzhaft auf uns herabregneten wie die Schläge, die uns der alte Kämpfer beim Pankration im Gymnasion beibrachte.

Ja, Heraklit. Ich bin Männern und Frauen begegnet, die ihn als Scharlatan bezeichneten, als Träumer, als Urheber pietätloser Handlungen. Tatsächlich war Heraklit ein zutiefst frommer Mann – immerhin stellte seine Familie seit eh und je die Priester der Artemis –, aber er war der Überzeugung, das Feuer sei das einzig wahre Element. Für ihn stellte der Wandel die einzige Konstante in unserem Leben dar. Ich muss ihm in beiden Punkten recht geben.

Es war ein schönes Leben. Mir wurde die Erziehung eines reichen Herrn zuteil, ohne dass ich etwas zu bezahlen brauchte. Ich lernte, einen Wagen zu lenken, ich erhielt Reitunterricht und lernte, wie man kämpft, ich lernte aber auch, meinen Geist wie ein Schwert zu führen. All das liebte ich, aber am meisten …

Ja, am meisten liebte ich Briseis.

Und während ich ihr in Liebe zugetan war – gut, ich hatte auch Augen für ein Dutzend anderer junger Frauen –, reifte ich zum Mann und bekam mit, wie Griechen und Perser im Haus meines Herrn Ränke schmiedeten. Und eines Abends trieben all diese Ränke und Intrigen hässliche Blüten: Die Frucht, die daraus erwuchs, hatte die Gestalt des blutroten Krieges. Das war zu jener Zeit, als sich die griechischen Städte in Ionien gegen die persische Oberherrschaft auflehnten.

Da ihr heute Abend wieder Geschichten über den Krieg gegen die Perser hören werdet, möchte ich euch kurz in Erinnerung rufen, was die Ursache für diesen Konflikt war. Es waren wenig ehrenhafte Gründe, und die Griechen waren nicht viel besser als die Perser, vielleicht sogar um einiges schlimmer. Unter dem Großkönig besaßen die Ionier Geld, Macht und Freiheit – sie durften frei entscheiden, welche Gottheit sie verehrten, sie durften sich selbst verwalten –, und alles, was sie dafür erbringen mussten, waren Steuern. Und sie waren nur insofern «Sklaven», als sie in allen außenpolitischen Belangen dem Großkönig gehorchen mussten. Das «Joch» der Perser war leicht und erträglich, das weiß kein Mensch besser als ich, denn als Sklave diente ich als Herold und überbrachte die Nachrichten, die mein Herr Hipponax und der mächtige Artaphernes – er war damals der Satrap von Phrygien – austauschten. Ich kannte Artaphernes gut – ich machte Botengänge für ihn, durfte ihn beizeiten ankleiden, und eines Nachts, als mein Herr Hipponax den Perser im Bett seiner Frau erwischte, rettete ich Artaphernes das Leben. Denn in seinem Zorn hätte Hipponax den Satrap gewiss erschlagen. Aber ich rettete auch Hipponax das Leben, hielt ich ihm doch vier gestandene persische Krieger vom Leib – Arynam, Pharnakes, Kyros und Dareios. Ihre Namen sind mir unvergesslich, denn diese vier Männer zählten einst zu meinen Freunden.

Ihr werdet wieder von ihnen hören. Außer von Pharnakes, der am Bosporus im Kampf gegen die Karier fiel.

Wie dem auch sei, nach jener Nacht der Schwerter, des Feuers und des Hasses war mein Herr Hipponax nicht mehr länger treuer Diener Persiens, sondern verwandelte sich in einen hasserfüllten griechischen «Patrioten». Und unsere Stadt Ephesos wappnete sich für den Krieg. In all diesen Wirren verlor meine geliebte Briseis ihren Verlobten Diomedes aufgrund von Gerüchten und Verleumdungen, und Archilogos und ich prügelten den Kerl für seine Unverschämtheiten ordentlich durch. Inzwischen hatte ich das Töten gelernt, ich wusste, wie man Gewalt anwendet, um das zu bekommen, was man haben will. Und als Belohnung bekam ich Briseis – genauer gesagt:

Sie bekam mich. Mein Herr schenkte mir die Freiheit, ohne zu wissen, dass ich seine Tochter entjungfert hatte, und so segelte ich mit Archilogos fort, um dem Zorn der Familie jenes unglückseligen Verlobten zu entkommen.

Wir schlossen uns dem griechischen Aufstand in Lesbos an, und dort am Strand begegnete ich Aristeides – manchmal wird er «der Gerechte» genannt. Jedenfalls ist er einer der größten Helden Athens, allerdings war er auch Miltiades' politischer Gegner.

Nun sollte mein wahres Leben beginnen. Mein Leben als Mann des Krieges. Ich gewann meine ersten Spiele auf einem Strand auf Chios, mein Preis war meine erste Rüstung. Ich zog gegen die Perser in den Krieg.

Aber Ares, der Gott des Krieges, hatte nicht so viel Einfluss auf mein Leben wie Aphrodite, und als wir nach Ephesos zurückkehrten, um den großen Krieg zu planen, verbrachte ich jede freie Stunde mit Briseis. Und heute denke ich, dass nie in Zweifel stand, was daraus werden würde. Aber Heraklit, der große weise Mann, forderte mich auf, einen Eid vor den Göttern abzulegen, auf dass ich Archilogos und dessen Familie schütze – und diesen Eid leistete ich. Wie die Helden in den alten Geschichten dachte ich nie darüber nach, welche Folgen ein solcher Eid zeitigen würde. So schlief ich weiterhin unbekümmert mit Briseis.

Ah, Briseis! Sie warf mir vor, feige zu sein, wenn ich mich von ihr fernhielt, und sie verschlang mich, wenn ich sie besuchte. Nacht für Nacht schlich ich mich an den Sklaven vorbei in die Gemächer der Frauen, bis wir am Ende entdeckt wurden. Natürlich musste es irgendwann dazu kommen.

Ich wurde des Hauses verwiesen und durfte nie mehr zurückkehren – und das verlangte ausgerechnet das Oberhaupt jener Familie von mir, die ich zu beschützen geschworen hatte.

Drei Tage später zog ich mit Aristeides und den Athenern tiefer ins Inland. Wir brannten Sardis nieder, aber die Perser fielen über uns her, als wir gerade dabei waren, den Markt und die Stadt zu plündern. In der Stadt selbst unterlagen wir, auch an der Brücke mussten wir uns geschlagen geben. Die Perser schlugen auf uns ein, als wären wir nichts weiter als eine hilflose Trommel – ich aber stand meinen Mann, Kampf um Kampf, und genoss bald den Ruf, ein hervorragender Speerkämpfer zu sein. An einem Pass oben in den Bergen rannte ich zusammen mit Eualkidas, dem Helden aus Euböa, gegen Artaphernes' Leibwache an – und überlebte auch das. Wiederum drei Tage später, auf der Ebene von Ephesos, versuchten wir, uns einem persischen Heer entgegenzustellen. Wir boten die ganze Schlagkraft des Ionischen Aufstands auf, doch letzten Endes knickten die Griechen ein und flohen, anstatt sich den persischen Bogenschützen und den zornigen Kämpfern aus Phrygien zu stellen. Wir hingegen, die Männer aus Athen und Euböa, hielten allein die linke Flanke und geboten den Kariern Einhalt. Unser Heer wurde aufgerieben. Der Held Eualkidas starb dort. Ich kehrte zurück, um seinen Leichnam vom Schlachtfeld zu holen, und musste feststellen, dass mein alter Herr und Gebieter Hipponax tödlich verwundet war. Ich erlöste ihn von seinen Qualen und hatte wieder nicht an den Eid gedacht, den ich geleistet hatte. So kam es, dass Archilogos, der einst wie ein Bruder für mich war, davon überzeugt war, ich hätte Hipponax aus Hass getötet, nicht aus Mitleid und Liebe. Fortan stand diese Bluttat zwischen uns und machte alle Hoffnung auf Aussöhnung zunichte. Archilogos war der Ansicht, dass ich seine Schwester vergewaltigt und seinen Vater ermordet hatte, obwohl ich vor den Göttern gelobt hatte, die Familie zu beschützen. Und genau das wird noch Auswirkungen haben auf die Geschichte, die ich euch an diesem Abend erzählen werde.

Nach der Niederlage vor Ephesos konnte ich mit den Athenern fliehen, aber auf mir lastete der Fluch des Eidbruchs, und deshalb fiel Poseidon in seinem Zorn über unser Schiff her. In jedem Hafen erschlug ich Männer, die sich mir in den Weg stellten, bis mich

Agios, ein Freund aus Athen, an der Küste Kretas absetzte. Auf diese Weise lernte ich Achilles, den König von Gortyn, und dessen Sohn Nearchos kennen, den ich fortan erziehen sollte. Und in der Tat brachte ich ihm so viel bei, dass Nearchos und ich in der nächsten Schlacht des Ionischen Aufstands die Helden der griechischen Flotte wurden. Wir halfen meinem ehemaligen Freund Archilogos, im Zentrum des persischen Geschwaders durchzubrechen. Das war der erste größere Sieg der Griechen, aber das währte nicht lange, und Tage später war ich Pirat auf hoher See und befehligte zum ersten Mal mein eigenes Schiff. Die Schicksalsgöttin schien mir wohlgesinnt zu sein, vielleicht weil ich meinem Eid treu geblieben war, da ich Archilogos während der Seeschlacht beigestanden hatte. Und als wir den schlimmsten Sturm überlebten, in den ich je geraten war, schenkte Poseidon mir Paramanos, einen Nubier und sehr erfahrenen Steuermann. Mit einer guten Mannschaft und einem schweren Schiff kehrte ich nach Lesbos zurück und schloss mich Miltiades an – jenem Mann also, der zu Beginn meiner Geschichte die Männer aus Platäa mit samtenen Worten umworben hatte. Von Miltiades erfuhr ich schließlich, wer einst meinen Vater ermordet hatte, und beschloss daraufhin, in meine Heimat zurückzukehren, um Rache zu üben.

Ich erfuhr, dass Briseis unterdessen einen der Wortführer des Ionischen Aufstands geheiratet hatte, der darauf aus war, mir das Leben zu nehmen – es hieß, Briseis habe immer meinen Namen gerufen, wenn ihr Mann abends bei ihr liegen wollte. Ich hatte längst beschlossen, diesen Kerl zu töten.

Ich blieb als Pirat an Miltiades' Seite, aber nachdem die Aufständischen weitere Niederlagen gegen die Perser einstecken mussten, stieß ich in der Hitze eines Gefechts auf thrakischem Boden zufällig auf Briseis' Ehemann und löschte sein Leben aus. Später machte ich mich auf den Weg zu meiner Geliebten und bat sie, fortan an meiner Seite zu leben – doch sie verschmähte mich.

So kann es einem manchmal ergehen. Ich kehrte nach Platäa zurück, innerlich ausgehöhlt, und die Erinnyen flüsterten mir Rachegedanken ein. Ich musste feststellen, dass Simonalkes und seine Söhne sich Land und Besitz meines Vaters einverleibt hatten. Schlimmer noch: Mein Vetter Simon hatte meine Mutter geheiratet und hegte die Absicht, seinen jüngsten Sohn Simon mit meiner Schwester Penelope zu verheiraten.

An dieser Stelle möchte ich aber betonen, dass ich nicht mit Feuer und Schwert über Simon herfiel. Kalchas hatte mir etwas fürs Leben beigebracht, später lehrte mich Heraklit Dinge, die sich als wahr erweisen sollten und in meinem Leben stets von großer Bedeutung gewesen sind – und nach vier Jahren als Krieger hatte ich begriffen, dass Gerechtigkeit mehr zählt als die Macht des Schwerts. Ich brachte die Sache vor Gericht und ließ die Gesetze Platäas sprechen. Der alte Simonalkes erhängte sich später an einem Deckenbalken in der Werkstatt meines Vaters, und so ließen mich die Erinnyen allein mit meiner Mutter und meiner Schwester zurück.

Das hätte an sich schon eine spannende Geschichte sein können – aber die Götter wollten noch nicht von Platäa lassen, und im folgenden Frühjahr zogen Sturmwolken auf, die Unheil mit sich brachten. Mein Gefährte und ehemaliger Hypaspist Idomeneus – ein Kreter, an dessen Verstand ich bisweilen zweifelte und der allzu oft in meinen Geschichten vorkommt – hatte oben am Schrein des Leitos einen athenischen Aristokraten erschlagen. Ihr wisst sicher noch, dass Idomeneus inzwischen der neue Priester am Grabmal des Helden geworden war. Da ich die Sache bereinigen wollte, führte mich mein Weg über die Berge nach Athen, wo ich in die politischen Machenschaften der Polis verwickelt wurde. Davon werdet ihr heute Abend noch mehr hören. Jedenfalls überwarf ich mich mit der Sippe der Alkmaioniden und ihrem Sprössling Kleitos, denn es war sein Bruder gewesen, der im Schatten des Grabmals sein Leben ausgehaucht hatte. Außerdem hatten mir die Söhne meines feigen Vetters Simon eine Falle gestellt. Jedenfalls nahm mir Kleitos mein Pferd und mein Sklavenmädchen weg – das war wieder eine andere Geschichte. Kleitos hatte ich es zu verdanken, dass man mich des Mordes bezichtigte, aber Aristeides der Gerechte stand mir bei der Verhandlung bei und erwirkte mit Hilfe eines Winkelzugs meinen Freispruch. Aber während des Prozesses machte ich mich der Hybris schuldig. Ich beging das Verbrechen, einen freien Mann wie einen Sklaven zu behandeln, und tötete ihn kaltblütig. Daraufhin schickte mich Aristeides zur Läuterung zur Insel Delos, zu dem großen Tempel des Apollon.

Apollon, der ränkeschmiedende Gott, hatte indes nie die Absicht, dass ich geläutert werde, sondern warf mich zurück in Miltiades' Dienst. Allerdings konnte Miltiades seit längerer Zeit keine größeren Erfolge mehr vorweisen. Mit nur zwei Schiffen versorgte ich das belagerte Milet mit Nahrung – nicht nur einmal, wohlgemerkt – und strich dafür manch eine Münze ein. Natürlich machte ich vor allem als Pirat Gewinn. Ich bekenne, dass ich Menschen ausraubte, Frauen entführte, für Geld tötete, Schiffe kaperte und bei all diesen Taten zu wenig an die Götter dachte. Apollon hatte mich ermahnt – mit seiner eigenen Stimme –, endlich Gnade walten zu lassen, aber ich versagte weiterhin zu oft, und so hinterließ ich eine Spur des Blutes auf der Ionischen See. Bald war ich einer der Befehlshaber in der größten Seeschlacht des Ionischen Aufstands: vor Lade. In jener Bucht hatte der Großkönig eine gewaltige Flotte zusammengezogen, fast sechshundert Schiffe, um die Griechen und ihre Verbündeten zu stellen. Wir selbst brachten es auf etwas mehr als dreihundertfünfzig Schiffe. Ein ungleiches Kräfteverhältnis, doch wir waren gut ausgebildet und hätten auf alles gefasst sein müssen. Ich segelte im Verband der Athener und Kreter, und wir schlugen die Phönizier in einem Abschnitt. Als wir in den Morgennebeln auftauchten, rechneten wir damit, dass unser Navarch uns loben würde, ein Mann namens Dionysios von Phokaia. Er gehörte ne-

ben Miltiades zu den größten Piraten und Schiffsführern der griechischen Welt. Aber als wir durch die Phönizier stießen, mussten wir feststellen, dass die Männer aus Samos – unsere Verbündeten wohlgemerkt – zu den Persern übergelaufen waren. Der Großkönig triumphierte, und der Ionische Aufstand brach in sich zusammen. Die meisten meiner Freunde starben bei Lade, viele Männer aus Jugendtagen.

Briseis heiratete Artaphernes, der einst mit ihrer Mutter schlief – und wurde auf diese Weise die mächtigste Frau in Ionien, wie sie es sich immer schon gewünscht hatte.

Datis, der Garant des persischen Sieges, zog mit seinen Truppen plündernd und mordend von Lesbos nach Chios. Die männlichen Bewohner wurden erschlagen, die Frauen in die Sklaverei verkauft. Jede Verleumdung, die die Griechen zuvor in die Welt gesetzt hatten, um die Perser als Schlächter hinzustellen, wurde nun zur grausigen Wahrheit.

Milet fiel. Ich hatte die Stadt unterstützt und tat, was möglich war. Dann kehrte ich in meine Heimat zurück, mit fünfzig Familien aus Milet, die sich nach und nach den Bürgern Platäas anschlossen. Ich gab mein Geld für diese fremden Menschen aus, kaufte ihnen Land und Vieh, und dann – ja, die meisten von euch wissen, dass ich mich wieder daranmachte, Bronze zu schmieden. Ich stellte den Speer in die Ecke.

Wie die Götter gelacht haben werden!

Im Jahr darauf, als meine Schwester auszog und eine Schule besuchte, nicht zuletzt, um nicht länger im Dunstkreis unserer betrunkenen Mutter zu leben, begab ich mich wieder nach Athen, da mein Freund Phrynichos, der mit mir im Pfeilhagel bei Lade ausgeharrt hatte, ein Theaterstück aufführen ließ, das den Titel «Die Einnahme von Milet» trug. Derweil saß Miltiades in Athen in Haft, da er eine Bedrohung für den Stadtstaat darstellte – und um ehrlich zu sein, meine Freunde, er war schuldig, denn man muss wissen, dass ein Mann wie Miltiades seine eigene Mutter verkauft hätte, um die Macht in Athen an sich zu reißen.

Jedenfalls setzte ich einen Teil meines Geldes und einige Tricks ein, die ich als Sklave gelernt hatte, um sicherzustellen, dass Phrynichos' Stück auch wirklich gespielt wurde. Gleichzeitig gelang es mir, mein Sklavenmädchen aus dem Bordell zu holen, an das Kleitos sie verkauft hatte, und übte Rache an den Alkmaioniden. Im nachfolgenden Prozess schwächte ich die Stellung dieser Sippe bei den Demen – dem Großteil des Volkes – und verhalf einem neuen Mann auf die politische Bühne Athens: Themistokles, dem begnadeten Redner. Er hatte zwar nicht viel für mich übrig, aber er unterstützte mich eine Weile und half mir und Aristeides, die propersische Partei zu schwächen. Gemeinsam erwirkten wir, dass Miltiades aus dem Gefängnis entlassen wurde.

Als ich wieder nach Platäa zurückkehrte, hatte ich das Gefühl, Athen einen großen Dienst erwiesen zu haben. Meine Schmiedearbeiten wurden immer besser. Während des Winters brachte ich den jüngeren Männern meiner Heimat bei, wie man in der Phalanx zu stehen hat. Das Kriegshandwerk wurde mein Zeitvertreib, wie andere Männer im Alter lernen, die Diaulos, die Doppelflöte, oder die Kithara zu spielen. Ich bildete die jungen Leute aus und schmiedete Bronze. Das Leben zeigte sich von seiner annehmlicheren Seite.

Und als meine Schwester Penelope dann beschloss – inzwischen war sie mit Antigonos, einem Aristokraten aus Thespeia, vermählt –, ich solle die Freundin ihrer Schwägerin heiraten, stimmte ich letzten Endes zu. Zusammen mit einer Jagdgesellschaft aus Aristokraten – Männern aus Böotien und Athen – ritt ich nach Attika und gewann meine zukünftige Braut Euphoria in Spielen, für die sich auch die Helden vergangener Zeiten nicht zu schade gewesen wären. Im darauffolgenden Frühjahr heiratete ich Euphoria. Bei der Feier waren so illustre Gäste wie Themistokles, Aristeides und Miltiades anwesend – natürlich auch Harpagos und Agios und ein

Dutzend anderer Freunde aus allen Schichten Athens. Ich führte meine Braut über die Berge in meine Heimat und machte mich daran, Nachkommen zu zeugen.

Doch die Sturmwolken am Horizont wurden von einem Wind getrieben, der großen Wandel in die Welt brachte. Gleich die ersten Ausläufer des Sturms bescherten uns einen Überfall aus Theben. Die Geldgeber im Hintergrund waren die Alkmaioniden aus Athen, angeführt wurde die Rotte indes von Simon, dem Sohn meines Vetters Simonalkes. Dieser eingebildete Kerl hatte all seine Söhne nach sich selbst benannt. Wie erbärmlich kann ein Mensch sein?

Aber ich schweife ab. Wir erwischten die Bastarde – meine neue Phalanx aus Platäa –, und wir zerquetschten sie. Mein Freund und Gefährte Teukros, der Bogenschütze aus Milet, tötete den jungen Simonalkes, genannt Simon. Und so waren wir gerade in unserem Kampfverband, als die Athener uns um Hilfe baten, denn die Perser, die soeben Euböa mit Feuer überzogen hatten, marschierten in Richtung Athen.

Nun, ich werde euch nicht noch einmal von Marathon erzählen. Myron, unser Archon und mein alter Freund, entsandte unser Aufgebot ohne Bedenken, und so marschierten die Platäer unter meiner Führung, und wir standen den Athenern bei, an jenem großartigen Tag, den kein Grieche je vergessen wird. Wir waren Helden. Ha! Ich erzähle doch noch davon, wenn ihr nicht aufpasst. Jedenfalls besiegten wir Datis und seine Perser bei den schwarzen Schiffen. Agios ließ sein Leben auf der Heckplattform einer persischen Trireme, aber wir trugen den Sieg davon. Ich trinke auf seinen Schatten. Und auf alle Schatten der Männer, die bei Lade starben.

Aber als ich die siegreichen Platäer zurück über das Gebirge führte, erreichte mich die schreckliche Nachricht, dass meine wunderschöne Frau im Kindbett gestorben war. An jenem Schicksalstag beraubten mich die Götter meines klaren Denkvermögens. Ich trug den Leichnam meiner Frau in meine Schmiede und verbrannte ihn mit all ihren Habseligkeiten. Dann machte ich mich auf den Weg zu den südlichen Hängen des Kithairon-Gebirges, in der Absicht, meinem Leben ein Ende zu setzen.

Möget ihr nie erfahren, wie dunkel die Welt sein kann. Frauen kennen diese Dunkelheit bisweilen nach der Geburt eines Kindes, Männer nach einer Schlacht. Jeder Höhenflug des Geistes hat seinen Preis, und wenn ein Mann oder eine Frau den Göttern nahe ist, wenn auch nur kurz, zahlt er oder sie oftmals einen hohen Preis dafür. Die Strapazen von Marathon und der Verlust meiner Frau hatten mir den Verstand geraubt. Ich sprang von einem Steilhang in die Tiefe.

Ich fiel und fiel, aber ich schlug nicht auf Felsgestein, sondern auf Wasser auf. Und als ich an die Oberfläche kam, kämpfte mein Körper ums Überleben. Ich schwamm, bis ich Sand und Kies unter meinen Füßen spürte. Dort verlor ich das Bewusstsein, und als ich zu mir kam, war ich wieder ein Sklave. Abermals wurde ich von Phöniziern versklavt, diesmal aber als Erwachsener. Mein Leben war grausam und hätte ein jähes Ende gefunden, aber die Ironie daran war, dass ich mich fortan nach dem Leben sehnte.

Ich fristete ein hartes Dasein unter einem Ungeheuer mit Namen Dagon. Das Schlimme war, dass er darauf aus war, mich zu brechen, nicht nur körperlich, sondern auch seelisch, und fast wäre ihm das auch gelungen. Schlussendlich kreuzigte er mich an einen Mast und ließ mich zum Sterben zurück. Aber Poseidon errettete mich – er spülte mich samt Mast über die Bordwand und ließ mich am Leben. Die Gottheit verfrachtete mich an Deck eines kleinen Handelsschiffs, wo ich einige Wochen pullen musste, erneut gegen meinen Willen, auch wenn ich kein Sklave im eigentlichen Sinne war. Das Schicksal wollte es so, dass ich wieder den Phöniziern in die Hände fiel.

Die Erniedrigungen und Demütigungen gingen weiter, bis ich eines Tages in einem Gefecht auf See ein Schwert ergatterte und mir meinen Weg in die Freiheit erkämpfte. Das Schwert war mir buchstäblich vor die Füße gefallen. Die Götter spielen in das Leben jedes Menschen hinein. Nur gottlose Narren können etwas anderes behaupten.

Als Sklave schloss ich neue Freundschaften. Oder besser: neue Bündnisse, die mir nach meiner Freiheit neue Freunde einbrachten. Es war ein wilder Haufen Gefährten, die in vielen Zungen sprachen – ein Etrusker namens Gaius, zwei Kelten, Daud und Sittonax, zwei Dunkelhäutige aus Libya, Doola und Seckla, ein Sikeler namens Demetrios und ein illyrischer Adliger, der in die Sklaverei geraten war. Er hieß Neoptolymos. Wir legten einen Schwur ab auf Poseidon, mit einem Schiff nach Albion zu segeln und Zinn zu kaufen. Und wir blieben unserem Schwur treu. Wie ich euch ja erzählt habe, segelten wir auch nach Sizilien, und während meine Freunde kleine Küstenhändler wurden, arbeitete ich wieder als Bronzeschmied, bildete einen Lehrling aus und lernte selbst einiges dazu. Ich verliebte mich in Lydia, die Tochter meines Meisters, doch ich ließ sie im Stich, und für diesen Verrat – nennen wir es beim Namen – verlor ich das Vertrauen in mich, aber ich verlor auch das Wohlwollen der Götter. Über Jahre kreuzte ich auf den Meeren, bis meine Gefährten und ich unserem Schwur treu blieben, nach Albion segelten und als reiche Männer mit Zinn zurückkehrten. Ich tat mein Bestes, um sicherzustellen, dass Lydia einen guten Mann bekam, und lernte die Tochter des Pythagoras kennen. Auf diese Weise war ich imstande, einen Einblick in die Mathematik und die Philosophie dieses großen Mannes zu erhalten. In jenen Tagen lernte ich Gelon kennen, den Tyrannen von Syrakus, lehnte es aber ab, ihm zu Diensten zu sein. Also setzte ich wieder Segel und traf an der Südspitze Italias meine Freunde Harpagos und Kimon wieder, den Sohn von Miltiades, auch etliche andere meiner Gefährten aus alten Zeiten. Wie ihr euch vielleicht erinnert, hatte ich eine Nachricht verschickt, in der Hoffnung, dass meine Freunde mich erhör-

ten. Wir segelten in nördlicher Richtung in die adriatische See, weil ich meinem Freund Neoptolymos versprochen hatte, ihm wieder auf den Thron zu verhelfen. Und das gelang uns tatsächlich, auch wenn danach wieder Blut an unseren Händen klebte. Dann verabschiedeten die Athener und ich uns von meinen Freunden aus der Zeit in Sizilien – die Gefährten kehrten zurück nach Massalia, um die Felder zu bestellen, und ich gelobte, wieder der alte Arimnestos von Platäa zu werden. Denn Kimon wusste zu berichten, dass die Perser ein weiteres Mal heranrückten. Auch wenn ich als Mensch allzu oft versagt habe – und selbst im Alter habe ich Züge, die mich nicht ins beste Licht rücken –, so bin ich in dem Krieg der Griechen gegen die Perser dennoch das Werkzeug der Götter.

Eines möchte ich festhalten: Viele Perser zählten zu meinen Freunden, und es waren wahrlich gute Männer – ausgezeichnete, ungemein tapfere, ungemein treue Krieger. Die Perser sind ein Volk, das viele wahrheitsliebende Helden hervorbrachte. Aber sie sind eben keine Griechen, und als der Krieg erneut ausbrach …

Wir hatten Illyrien den Rücken gekehrt und umrundeten die Westküste der Peloponnes. Doch Poseidon war noch immer nicht fertig mit mir, und bald erreichte uns ein gewaltiger Sturm vor der Küste von Libya, der unser kleines Geschwader zerstreute und mein Schiff viel zu weit in südwestlicher Richtung abtrieb. Als der Sturm dann nachließ, dümpelten wir ohne Mast auf den Wogen und entdeckten ein anderes beschädigtes Schiff leewärts. Wir sahen sofort, dass es Karthager waren. Also griffen wir an und enterten, allerdings in einem seltsamen Gefecht – denn die Rudermannschaft an Bord des Gegners hatte sich gegen ihre Peiniger der Deckmannschaft erhoben.

Wie sich dann herausstellte, befanden wir uns auf Artaphernes' Schiff. Er war auf dem Weg von Tyros nach Karthago, um zu erwirken, dass die Karthager einen Flottenverband entsandten. Sie sollten dem Großkönig helfen, Athen mit Krieg zu überziehen. Und ohne es zunächst zu wissen, rettete ich Artaphernes – bis dahin glaubte ich, er wäre längst tot.

Auch Briseis, seine Frau, hielt ihn für tot und warf sich in meine Arme.

Blut tropfte von meiner Klinge, und so stand ich an Deck, im Arm die Helena meiner Tage, an Bord eines Schiffes, das ich mit Waffengewalt gekapert hatte. Und einen Moment lang hielt ich mich für den Gebieter über den ganzen Erdkreis.

Wie die Götter erneut gelacht haben werden!

Vergangene Nacht habe ich euch von dem Tiefpunkt erzählt, den wir erreicht hatten. Denn Artaphernes war gar nicht tot, und alle weiteren Ereignisse hatten mit diesem Umstand zu tun. Artaphernes war der Botschafter des Großkönigs und auf dem Weg zu Verhandlungen mit den Karthagern. Wir waren Gastfreunde – wer gut zugehört hat, weiß, dass der eine dem anderen über die Jahre das Leben rettete –, und ebendiese Gastfreundschaft verpflichtete mich, Artaphernes und meine persischen Freunde, die seine Leibgarde stellten, nach Karthago zu bringen – natürlich auch Briseis, die Helena meiner Welt. Das alles musste ich tun, obwohl mein Erzfeind Dagon in seinem Irrsinn beschlossen hatte, mich ein für alle Mal zu vernichten, und man inzwischen in Karthago ein ansehnliches Kopfgeld auf mich ausgesetzt hatte.

Das hatte ich mir natürlich selbst eingebrockt, weil ich Karthago im Zinnhandel in die Quere gekommen war. Nein, ich bereue es nicht – denn das Zinn bildet ja die Grundlage unseres Reichtums, nicht wahr, Thygater?

Wie dem auch sei, wir brachten den schwer verwundeten Artaphernes bis nach Karthago und kamen noch einmal mit dem Leben davon, da wir unser Schiff brillant zu bedienen wussten und Poseidon uns gut gesinnt war. Vermutlich war das die goldene Stunde meines Schiffs, der Lydia. *Auf der Flucht erhaschte ich einen Blick auf Dagon.*

Wir blieben im Küstenbereich von Africa und machten halt auf Sizilien, wo ich meinen alten Ausbilder und Schwertmeister Polymarchos wiedersah. Er unterwies gerade einen jungen, aufstrebenden Athleten, der nach Olympia wollte, in unterschiedlichen Disziplinen. Ich begriff, was es mit dieser Begegnung auf sich hatte, schloss meinen Frieden mit den Göttern und brachte Polymarchos und seinen jungen Athleten nach Olympia, wo wir – die ganze Mannschaft – bei den Wettkämpfen zuschauten. Ja, wir gaben die Gewinne aus Piratentagen mit vollen Händen aus, ließen es uns gut gehen und schlugen sogar noch auf recht hinterhältige Weise Profit aus dem Wein, den wir bis zu den Sportstätten mitgebracht hatten. An jenem geheiligten Ort waren wir auf unsere Weise dabei behilflich, Athen und Sparta einander näherzubringen. Aber ich erlebte auch, wie Selbstsucht und Habgier einige Männer dazu verleiteten – Männer wie Adeimantos von Korinth –, Griechenland zu verraten und nur die eigenen Ziele im Auge zu behalten. Ich erinnere mich wahrlich nicht gern an ihn, möge er in den Tiefen des Hades verrotten, aber er war nicht der Einzige, der Unheil heraufbeschwor. Und als Königin Gorgo – ich trinke auf ihre glanzvolle Erscheinung, auf ihre geistigen und körperlichen Vorzüge –, als die Königin von Sparta also unser Tun einmal als «Verschwörung» bezeichnete, «um Griechenland zu erretten», hatte sie damit keine poetische Sprache und wahrlich wenig schmeichlerische Worte gewählt. Selbst die Spartaner waren in Fraktionen zerfallen, und bei den Spielen zu Olympia stellte ich fest, dass Brasidas, mein Befehlshaber aus Sparta, so etwas wie ein Verräter war, der im Exil lebte – vielleicht war er selbst aber gar kein Verräter, vielleicht war er jemand, der von seinem Land verraten worden war.

Wir griffen nur kaum in das Rad des Schicksals ein und stellten sicher, dass Sparta im Wagenrennen siegte, und als wir Olympia verließen, hatten wir etliche Drachmen eingestrichen und waren obendrein klüger als zuvor, weil wir viele Abende hintereinander

Pläne entworfen hatten, wie wir unsere griechischen Lande am besten verteidigen könnten.

Umso gewagter war es, als König Leonidas und seine Königin Gorgo von Sparta mich baten, ihre Gesandten bis zum Palast des Großkönigs zu begleiten, also bis zum Herrscher über Persien. Dahinter steckte wieder eine komplexe Geschichte: Denn einst hatte der ehemalige König Spartas die persischen Herolde erschlagen, was als großer Frevel bezeichnet wurde. Fortan war Leonidas darauf erpicht, Sparta von diesem Schandfleck zu erlösen. Deshalb schickte er zwei Gesandte auf den Weg ins ferne Persepolis, zwei Herolde von edler Abstammung.

Und mich.

Nun, auch Aristeides den Gerechten aus Athen, der mit Ostrakismos belegt worden war – man hatte ihn in die Verbannung geschickt. Warum? Tja, weil er zu gerecht, zu streng oder einfach ein zu selbstgerechter Kerl war …

Ich muss lachen. Denn Aristeides war vermutlich mein engster Freund, er war mein Mentor. Er galt als brillanter Krieger – seine beste Stunde der Bewährung kommt noch – und war ein ungemein begabter Redner, kurzum, ein Mann, der so unbestechlich war, dass es den gewöhnlichen Leuten leichtfiel, ihn zu hassen. Er war Aristokrat, und zwar von der Sorte, bei der selbst Männer wie ich ins Grübeln kommen und sich fragen, ob nicht doch etwas dran ist an der edlen Geburt. Er war ein wahrer Held.

Auf dem langen Weg zum Großkönig legten wir in Tarsos an, wo ich mir bei der Löwenjagd eine Wunde zuzog, dann ging es weiter nach Babylon, wo ich in die Fänge einer wunderschönen Frau geriet, die mir ebenfalls ganz schön zusetzte. Von beiden Begegnungen bevorzuge ich natürlich in jedem Fall letztere. In Babylon stellten wir fest, dass Aufruhr in der Luft lag, und der Aufstand, der später tatsächlich ausbrach, rettete unsere Heimat. Als wir in Persepolis eintrafen, war mir ziemlich schnell klar, dass unsere Gesandtschaft zum Scheitern verurteilt war – die Arroganz der Perser und Meder kannte keine Grenzen, und ganz gleich, was wir taten oder anboten, nichts besänftigte sie. Es brachte sie aber auch nichts in Rage, so überheblich gaben sie sich. Gestern Abend habe ich euch ja erzählt, wie die Gesandten aus Sparta – und mein Freund Brasidas – gemeinsam mit mir den Kriegstanz in voller Rüstung vorführten, vor den Unsterblichen. Doch wir wurden verspottet.

Unsere Audienz beim Großkönig glich eher einer einstudierten Theateraufführung, und im Hintergrund agierte Mardonios, der Vetter von Xerxes, der uns demütigen wollte, ehe der Großkönig den Befehl geben sollte, uns hinrichten zu lassen.

Aber glücklicherweise besaß mein Freund Artaphernes immer noch viel Einfluss bei Hofe, ja, er verfügte über treue Verbündete. An anderer Stelle habe ich bereits über Artaphernes gesprochen, denn auch er war ein bedeutender Mann, auch er war ein wahrer Held, für mich war er darüber hinaus Mentor. Von all meinen Gegnern war er der bedeutendste, und nie habe ich ihn bezwungen. Aber im Zuge unserer Gesandtschaft stand er auf unserer Seite, denn er wollte verhindern, dass Mardonios Erfolg hatte, außerdem hegte ein Mann wie Artaphernes in seiner Weitsicht nicht die Absicht, Athen oder Sparta zu vernichten. Wir hatten es also Artaphernes zu verdanken, dass wir in Persepolis auf ein paar Freunde zählen durften, und so bewahrte uns die Königinmutter Atossa vor dem sicheren Tod. Sie sorgte dafür, dass wir heimlich aus der Stadt geführt wurden, und schenkte uns auf der Ebene jenseits von Persepolis die Freiheit. Sie tat dies nicht, weil sie meiner griechischen Heimat in Liebe zugetan war, sondern aus dem einfachen Grund, weil sie Mardonios und dessen extreme, auf Vernichtung abzielende Politik fürchtete.

So flohen wir also, in Begleitung unserer persischen Eskorte, zu der Artaphernes' beste Krieger gehörten, übrigens auch Kyros, der mein Freund wurde, als ich noch ein junger Kerl war. Und auf der

Flucht setzte sich Brasidas ab, um den drohenden Aufstand in Babylon weiter anzufachen. Auf Umwegen gelangten wir zurück in die Heimat.

In Sardis, nachdem wir uns über Wochen mit unzähligen Kriegern aus Asia ein Katz-und-Maus-Spiel geliefert hatten, traf ich erneut mit Artaphernes zusammen. Er war krank und gealtert, hatte aber noch die Kraft, mich um einen letzten Gefallen zu bitten – sobald ich von seinem Ableben erführe, sagte er, solle ich mich auf den Weg machen und Briseis zu mir holen. Ihr wisst ja, die Liebe meines Lebens war seine Frau, sie war die Königin Ioniens, wie sie es sich stets gewünscht hatte. Aber Artaphernes' Sohn, der ebenfalls Artaphernes hieß, hasste sie, und er hasste mich.

Jedenfalls schafften wir es bis zu meinen Schiffen und überquerten im Winter die See bis nach Athen. Im darauffolgenden Frühling bewahrte uns der Aufstand in Babylon vor der unmittelbaren Invasion der Perser, und die Wortführer der griechischen Welt versammelten sich in Korinth – und gerieten in Streit. Die Zwistigkeiten wollten kein Ende nehmen. Meine Schiffe machten mich zu einem wohlhabenden Mann und brachten ihr Frachtgut aus Illyrien, Ägypten und Kolchis und allen möglichen Häfen unterwegs in den Heimathafen. In jenem Sommer fuhr ich selbst zur See, erreichte das Delta des Nils und kümmerte mich eine Weile nicht mehr um die Sache der griechischen Unabhängigkeit.

Doch letzten Endes rückten die Perser doch heran. Gestern Abend habe ich euch nichts von der Wahrheit verheimlicht: Daher wisst ihr, wie uneins sich die Griechen waren, ihr erinnert euch bestimmt, wie töricht die ersten Bemühungen zur Abwehr des Feindes ausfielen – ein Heeresaufgebot marschierte zum Durchbruchstal von Tempe, scheiterte aber kläglich. Schließlich bereitete sich ein kleines Heer darauf vor, die Heißen Pforten zu halten, bei den Thermopylen, während die große verbündete Flotte das Kap Artemision sicherte.

Leonidas, der große Spartaner, hielt den Engpass bei den Thermopylen. Und wir, ein wild zusammengewürfelter Haufen auf See, kreuzten in den Gewässern vor Artemision – Tag um Tag. Stürme und Unwetter setzten den Persern zu. Danach setzten wir den Persern zu. An einem Tag gelang es uns, sie aufzuhalten, und am letzten Tag schlugen wir sie!

Aber in unserem Rücken führte ein Verräter die Meder an der Mauer der Spartaner vorbei, und König Leonidas ließ sein Leben.

Der sogenannte Großkönig schändete Leonidas' Leichnam und enthauptete ihn. In gleicher Weise verfuhren die Krieger des Großkönigs mit den dreihundert gefallenen Spartiaten und den anderen Kämpfern. Hunde zerfleischten den Leib meines edlen Schwagers Antigonos. Später weinte meine Schwester um ihren Mann, und auch ich vergoss heiße Tränen.

Und diesmal lachten die Götter nicht. Die Woche nach den Thermopylen war die schlimmste Zeit des gesamten Langen Krieges, die schlimmste Woche, die die meisten von uns je erlebt hatten.

Kalliades war Archon in Athen, und die Leute aus Elis feierten die fünfundsiebzigsten Spiele von Olympia. Astylos von Syrakus trug den Sieg über die Strecke eines Stadions davon. Es war in jenem Jahr, dass König Xerxes seinen Feldzug gegen Griechenland vorantrieb. Jenes Jahr sollte den Höhepunkt der Feindseligkeiten im Verlauf des Langen Krieges darstellen.

Und ich war dabei.

TEIL 1

DIE HÖLZERNE MAUER

Wenn das Übrige alles den Feinden erlieget, was Kekrops Berg einschließt und die Schlucht des heiligen Berges Kitharon, bleibt die hölzerne Mauer allein der Tritogeneia unbezwungen, die dich samt deinen Kindern errettet. Doch erwarte du nicht der Reisigen Schar und des Fußvolks ruhig auf festem Land, entweiche dem drohenden Angriff, wende den Rücken ihm zu; einst wirst du die Stirne ihm bieten. Salamis, göttliches Land! Die Söhne der Weiber vertilgst du, wann der Demeter Korn gestreut wird oder gesammelt.

WEISSAGUNG DES ORAKELS VON DELPHI,
480 V. CHR.

1. KAPITEL

Als der Morgen anbrach, bereiteten wir alles vor, um mit unseren Schiffen in See zu stechen. Wir waren unbesiegt, hatten jedoch vor, unser Geschwader aufzulösen und zu fliehen.

Es tat im Grunde nichts zur Sache, wie die Spartiaten nun genau eine derart uneinnehmbare Stellung verloren hatten. Das ist ja inzwischen bekannt, und ich will uns nicht alle demütigen, indem ich alles von neuem erzähle. Damals wusste ich noch nicht, dass mein gewandter Schwager Antigonos an der Spitze seines Aufgebots aus Thespeia gefallen war. Mit ihm waren vierzig weitere Veteranen aus Marathon ins Reich der Schatten gegangen, an der Seite der tapferen Spartiaten. Die Meder schändeten auch den Leichnam meines Schwagers, diese elenden Feiglinge!

Aber das wusste ich zu diesem Zeitpunkt noch nicht. Allerdings wusste ich, dass Themistokles aschfahl vor Erschöpfung war und keine Hoffnung mehr hatte. Adeimantos hingegen machte sich kaum die Mühe, seine Freude zu verbergen. Die große Flotte war im Begriff, sich aufzulösen. Man hatte sich auf nichts einigen können, abgesehen davon, dass die Leute aus Böotien – somit auch Platäer wie ich – zunächst auf ihre Höfe zurückkehren und dann die weite Ebene verlassen sollten, ehe der Großkönig mit Feuer und Schwert das Land verwüstete. Schon damals ahnten wir, was kommen würde. Da die Heißen Pforten verloren waren, gab es keine Stelle mehr, an der man die Meder an Land hätte aufhalten können. Eurybiades sagte, es gäbe noch ein anderes Heer, das für Böotien kämpfen würde, aber niemand von uns schenkte ihm Glauben.

In jener furchtbaren Dämmerung teilte mir Aristeides mit, die Thebaner hätten dem Großkönig bereits Erde und Wasser als Zeichen der Unterwerfung dargeboten. Ich spie aus. So erging es mir eigentlich immer, wenn von Theben die Rede war.

«Wir waren dabei zu *gewinnen*», sagte ich in einem Tonfall, mit dem insbesondere junge Leute unterstreichen, wie ungeheuer ungerecht es doch in der Welt zugeht.

Aristeides sah Brasidas an, der zufällig in der Nähe war und im seichten Wasser das Blut von seinen Beinschienen wusch. Die beiden tauschten Blicke.

«Es ist der Wille der Götter», meinte Aristeides.

«Zum Hades mit den Göttern!», entfuhr es mir.

Brasidas richtete sich auf und suchte meinen Blick. «Du hörst dich wie ein Kind an.» Das war für ihn schon fast eine halbe Rede.

Aus Sicht eines Spartaners zeigt sich die edle Abstammung, indem man keine Schwäche erkennen lässt, im Grunde lässt man gar keine Gefühle erkennen, weder Zorn noch Liebe. Denn all das sind Anzeichen von Schwäche. Ein wahrer Spartaner lässt sich in Gegenwart von anderen nicht einmal anmerken, was ihm durch den Kopf geht.

Nicht gerade ein Ideal, das ich je angestrebt habe, aber ich kann diese Haltung nachvollziehen.

Aristeides war ein Athener aristokratischer Herkunft und teilte offensichtlich Brasidas' Einstellung. «Du lästerst die Götter», sagte er tadelnd zu mir.

Die beiden gaben mir das Gefühl, dass ich ein kleiner Lümmel war, der sich verdrückt hatte, anstatt sich der Tracht Prügel zu stellen.

Ich erinnere mich so genau daran, da mir Aristeides' folgende Worte im Gedächtnis geblieben sind.

Zunächst legte er mir eine Hand auf die Schulter – für ihn eine ungewohnt vertrauliche Geste. Dann sprach er: «Die meisten Menschen preisen die Götter, wenn sie glücklich sind, und verfluchen sie, wenn sie traurig sind. Die Frömmigkeit zeigt sich jedoch, indem man stets dem Willen der Götter gehorcht. Es ist immer leicht, ein gerechter Mann zu sein, wenn all deine Entscheidungen zu deiner Zufriedenheit laufen und du von der ganzen Welt geliebt wirst. Erst wenn alles verloren ist, erkennen die Götter, was für ein Mensch du wirklich bist.»

Ich spie erneut aus. «Sollen sich die Götter ruhig merken, dass ich vollkommen ausgelaugt und verletzt bin», entgegnete ich. Ich hatte zwei Finger an der linken Hand verloren, und das schmerzte wie verrückt – die Stummel pochten die ganze Zeit, sodass ich kaum schlafen konnte. Außerdem hatte ich Schwierigkeiten, die Hand zur Faust zu ballen.

Briseis war für mich verloren. Für immer, soweit ich das einschätzen konnte. Wieder einmal!

Lass mich dir eine Sache erklären, Thygater. Im Falle einer Niederlage der Griechen hatte ich für mich beschlossen, nicht mehr lebend zurückzukehren. Ich hatte zu viele Niederlagen erlebt. Mein Haus stand leer, auch wenn es meine Tochter gab. Ja, es war trotzdem kein Leben in meinem Haus.

Aber wir hatten nicht verloren. Jenseits aller Befürchtungen waren es die Spartaner, die verloren hatten. Und jetzt war ich noch am Leben, aber all meine Hoffnungen waren zerschellt. In gewisser Hinsicht war es schlimmer als damals bei Lade.

Bei Lade hatte ich das Gefühl, Apollon habe uns verraten. Bei Artemision beschlich mich das Gefühl, dass uns das gesamte Pantheon verlassen hatte.

Aristeides ließ seine Hand auf meiner Schulter. «Jetzt zeigen wir den Göttern, wer wir sind.»

Tapfere Worte, gesprochen in einer Zeit der Verzweiflung.

Eurybiades rief uns bei Sonnenaufgang zu sich. Einige der

Schiffe hatten schon abgelegt – zwei athenische Meldeschiffe, des Weiteren ein ganzes Geschwader Athener unter dem Kommando von Xanthippos, eines ihrer Navarchen.

Wir waren ein grimmiger, schweigsamer Haufen – insgesamt an die dreihundert Befehlshaber. Viele von uns hatten am Vortag Wunden davongetragen, außerdem gab es Lücken in unseren Reihen. In nur vier Tagen hatten wir beinahe fünfzig Schiffe eingebüßt.

Themistokles hatte sich in seinen Himation gehüllt und das eine Ende über den Kopf gezogen. Er wollte offenbar kein Wort sagen. Sein sonst recht ansprechendes Gesicht, das gut zu seiner mitunter leutseligen Art passte, wirkte aufgedunsen, er selbst schien innerlich gebrochen.

In jener dunklen Stunde war es Eurybiades, der sich standhaft weigerte, vor aller Augen Schwäche zu zeigen.

«Wir müssen es schaffen, dass sich die Flotte wieder vereinigt», sprach er. «Aber lasst uns zunächst den unsterblichen Göttern Opfer darbringen, danach werden wir weiter beraten.» Er führte uns auf die Landzunge zu dem kleinen Tempel der Artemis und opferte dort zwei Widder. Themistokles nahm daran nicht teil, Aristeides hielt sich zurück.

Adeimantos von Korinth brachte ebenfalls Opfer dar und verließ dann zusammen mit dem Navarchen aus Sparta die Landzunge bis zu der kleinen Anhöhe, auf der wir uns für die Beratung einfanden.

Nach weiteren Gebeten und einigen mahnenden Worten hob Eurybiades die Arme. «Lasst hören, was ihr zu sagen habt. Wie sieht unser nächster Schritt aus?»

Dabei sah er Themistokles an. Der athenische Demokrat schüttelte den Kopf.

«Blicken wir nach Korinth!», rief Adeimantos. «Den Isthmus können wir unbegrenzt halten, und falls wir doch verlieren, so haben wir immer noch Akrokorinth. Dort hätte ein größeres Heer Platz, und wir würden so lange aushalten, bis uns die Götter zu Hilfe eilen.»

Themistokles zuckte zusammen, wie ein Verwundeter, der noch eine Verletzung davonträgt.

Da mir sowieso keiner Gehör schenken würde, ging ich langsam um die kleine Schar der Versammelten herum, stützte mich ein wenig auf meinem zweitbesten Speer ab und blieb schräg hinter dem Redner aus Athen stehen.

Als er sich nicht rührte, stupste ich ihn mit dem Speer an.

Doch der Mann beachtete mich nicht.

«Themistokles!», zischte ich an seinem Ohr. «Wenn Ihr Euch nicht beteiligt, dann werden die anderen Segel setzen und die Stadt Athen ihrem Schicksal überlassen.»

Themistokles drehte sich zu mir um und sah mir in die Augen. «Athen ist bereits dem Untergang geweiht», erwiderte er. «Verstehst du nicht? Attika liegt offen und ungeschützt da. Die Perser werden jetzt über uns herfallen, wie es schon immer ihre Absicht war. Es ist vorbei.»

Ich runzelte die Stirn. Eigentlich wollte ich das wiederholen, was Aristeides zu mir gesagt hatte, aber Themistokles gehörte nicht zu den Männern, die offen waren für Argumente, mit denen man die wahre Größe des Menschen oder die Unantastbarkeit der Götter unterstrich.

«Für wie großartig würden Euch die Leute halten, wenn Ihr den Persern jetzt Einhalt gebieten würdet?», fragte ich ihn. «Die Flotte ist unbesiegt.» Ich deutete hinaus aufs Wasser. «Gestern waren es die Perser, die zusammenschreckten, nicht wir Griechen.»

Ich wusste im Grunde nicht, woran ich glauben sollte, Thygater, wusste nicht, was ich mit diesen Worten bezwecken sollte. Es schmeckte mir überhaupt nicht, dass Themistokles nicht wenigs-

tens argumentieren wollte, auch wenn ich erkannte, dass wir insgesamt verloren hatten.

Aristeides war mir gefolgt. Er und Themistokles hassten einander, wie ihr wisst, aber in jener Stunde waren sie beide Athener.

«Wir müssen zumindest erreichen, dass die Flotte die Flucht der Menschen nach Salamis schützt», sagte Aristeides.

Ich war erschüttert. Gewiss, die Menschen würden aus Attika fliehen, würden ihr angestammtes Land preisgeben.

Meine Tochter lebte bei Brauron und lernte gemeinsam mit den anderen jungen Mädchen die Tänze der Priesterinnen. Euphoria lebte in Attika.

Aristeides verschränkte die Arme vor der Brust.

Themistokles richtete sich auf, als wäre er gerade aus dem Schlaf erwacht. Er sprach fast tonlos, wie jemand, dem alles gleichgültig ist. «Keiner von uns kann mit wenigen Kreuzschlägen bis nach Korinth gelangen. Unterwegs müsstet ihr Wasser an Bord nehmen, an den Stränden des mächtigen Ajax, wo Salamis an die See grenzt.»

Adeimantos grinste. «Wir können Wasser an Bord nehmen und dabei zusehen, wie Athen zerstört wird!» Er lachte wie ein Junge, worauf sich einige der Männer beschämt abwandten und auf Distanz zu ihm gingen. «Aber dann segeln wir nach Korinth.»

Themistokles zuckte mit den Schultern, als wäre diese Angelegenheit völlig belanglos.

Eurybiades nickte heftig. «Salamis sei es. Übermorgen.» Zu dem Mann aus Korinth sagte er: «Es ziemt sich nicht, von der Zerstörung Athens zu sprechen. Das grenzt an Blasphemie.»

Aus dem Mund eines Spartaners waren das starke Worte.

Adeimantos lachte wieder nur. Es klang eher wie ein bellendes Lachen, mit dem ein Kind versuchen würde, die Aufmerksamkeit aller auf sich zu ziehen. «Das mächtige Lakedaimon entsandte einen König und eine Handvoll Männer, um die griechischen Lande zu schützen. Seien wir doch ehrlich. Sparta will, dass Athen in Flammen aufgeht, und das würde auch Korinth begrüßen.»

Eurybiades lief vor Zorn rot an, und mir entging nicht, dass seine edle Zurückhaltung erste Risse bekam.

Als Adeimantos merkte, dass er zu weit gegangen war, hob er rasch die Hand, wie ein Mann, der sich beim Wettkampf der Pankration geschlagen gibt. «Das war doch nur ein Scherz!», rief er.

«Ein schlechter Scherz», erwiderte ich.

Adeimantos fuhr herum und sah mich böse an. «Mit dir rede ich nicht!»

Ich ließ es dabei bewenden. Alles, was ich wollte, war, meine Tochter wieder in die Arme zu schließen. Daher stand mir nicht der Sinn nach einem handfesten Streit in Strandnähe.

Die Düsternis, die uns nach dem Tod von Leonidas befallen hatte, haftete weiter an uns, als wir die Bootsrümpfe ins Wasser schoben. Ja, Thygater, noch Tage später waren wir von Schwermut befallen. Aber als der junge Hypaspist Perikles zurück zu seinem Herrn Kimon wollte, rief ich ihm in Erinnerung, was Heraklit einst sagte: «Seelen, die im Krieg fallen, sind reiner als jene, die an Krankheit sterben.»

«Was bedeutet das?», fragte mich Perikles. Er hatte die fast schon komische Angewohnheit, einen mit seinen großen braunen Augen zu fixieren, wenn er einem Fragen stellte – diesen bohrenden Blick empfand ich manchmal als recht beunruhigend, wenn ich ehrlich bin.

Ich gab mich gelassen. «Wer bin ich, dass ich erklären könnte, was Heraklit meinte? Aber wenn ich mich festlegen müsste, dann würde ich sagen, dass für Heraklit die Essenz der Seele das Feuer ist. Folglich ist die Seele eines Menschen im Kampf am heißesten, und wenn er dann stirbt, ist seine Seele nahe an ihrem naturgegebenen Zustand. Mein Lehrmeister war der Ansicht, Feuchtigkeit sei das Gegenstück zur Seele, und da wir schwach sind, wenn wir krank werden, wird die Seele von Feuchtigkeit befallen.»

Perikles sah mich weiterhin voller Staunen an. «Ich würde gern glauben, dass der König von Sparta auf direktem Weg in die elysischen Gefilde ging, wo er neben Achill und Hektor wandelt. Aber ...» Wieder suchte der heranreifende Jüngling meinen Blick. «Aber ich glaube nicht, dass es so einfach ist. Ich denke, das sind Dinge, die sich die Leute nur erzählen, um sich nach dem Verlust eines Gefährten einander Trost zuzusprechen.» Dann verbeugte er sich vor mir. «Bitte um Nachsicht, Herr Arimnestos. Ich spreche zu Euch, als wäre ich Euch gleichgestellt.»

Wirklich, ich musste lachen. In mir brannte noch der Schmerz, einen großen König verloren zu haben, ich musste mit der Gewissheit leben, dass die mir bekannte Welt untergehen würde, und trotzdem hatte dieser ernst dreinblickende, bisweilen arrogante Jüngling etwas an sich, das einen zum Lachen brachte.

«Geh und quäle deinen Herrn Kimon mit deinem Geschwafel», sagte ich, aber das war nicht böse gemeint. «Wir sehen uns in Attika.»

Das sagte ich nur, weil ich den Entschluss gefasst hatte, zunächst nach Brauron zu segeln, das nicht weit von der Küste entfernt liegt. Ich wollte meine Tochter abholen, aber da meine Ruderer bis auf wenige Ausnahmen Platäer waren, ließen sie mich unmissverständlich wissen, dass sie andere Prioritäten hatten.

Ich konnte es ihnen nicht verübeln. Erstens wusste ich von Kimon, dass die großen Heiligtümer, zu denen auch Brauron und Sounion gehörten, ohnehin aufgegeben würden. Zweitens hatte meine Tochter viele Freunde, ich selbst hatte Gastfreunde in Attika. Daher war es unwahrscheinlich, dass Euphoria auf der Flucht zu den Schiffen in der Menge untergehen würde. Über eine Zeitspanne von drei Jahren hatten Athen und allen voran Themistokles den Widerstand gegen den Großkönig geplant, jede Möglichkeit der Verteidigung war erörtert worden. Angesichts einer Krisensituation besteht einer der wenigen Vorteile der Demokratie darin, dass jeder Freigeborene in die Überlegungen mit einbezogen und das Problem folglich aus den unterschiedlichsten Blickwinkeln betrachtet wird. Zugegeben, die Hälfte aller gutgemeinten Ratschläge ist töricht oder nach Art der Hirngespinste, aber wenn sich viele Köpfe mit klugen Ideen einbringen, erzielt man auch gute Ergebnisse. Der Großteil der ländlichen Bevölkerung Attikas hatte sich bereits nach Salamis zurückgezogen, auch an die Ostküste der Peloponnes. Insbesondere Troizen hieß athenische Flüchtlinge willkommen, und das kleine Hermione nahm viele attische Familien aus dem bäuerlichen Raum auf (wie sich zeigen sollte, auch viele Platäer), aber die meisten Flüchtlinge überwanden die schmale Straße zur Insel Salamis.

Wie dem auch sei, meine Tochter war in Sicherheit. So hoffte ich zumindest. Mir blieb ohnehin keine große Wahl, denn meine Ruderer wollten nach Hause, sofern ich es nicht auf Meuterei und Blutvergießen ankommen lassen wollte. Vom Kap Artemision aus gesehen befanden wir uns nur einen Tag unter Rudern von der Meerenge entfernt, wo Euböa fast bis ans Festland heranreicht. Von dort aus waren es etwa zwei Tage zu Fuß bis nach Platäa und weiter nach Westen, zum Kithairon-Gebirge. Da wir die gesamte Phalanx des Grünen Platäa aufgeboten hatten und nahezu jeder Mann, der etwas auf sich hielt, entweder auf den Ruderbänken saß oder als Epibatēs diente, schwebte vor allem Platäa in großer Gefahr – denn die Perser konnten in weniger als drei Tagen vor unseren Toren stehen.

Wir legten uns bereitwillig in die Riemen. Aber auf der Fahrt ersann ich Argumente, mit denen ich die Rudermannschaft überzeugen wollte. Als wir später am Abend auf den Stränden Böotiens lagerten, konnte ich Myron und Peneleos und Empedokles – die Söhne des alten Empedokles – überzeugen, mir einen weiteren Tag unter Riemenschlägen zuzugestehen. Gut, ich musste noch etliche andere von meinem Vorhaben überzeugen, und da ich nicht alle aufzählen kann, möchte ich an dieser Stelle noch den alten Draco und Myrons reichen Freund Timäus erwähnen, nicht zu vergessen Hermogenes, Styges und Idomeneus. Mein Vorschlag lautete, einige Männer vorauszuschicken, zu Fuß oder auf Pferden. Also schickte ich Ka und seine Bogenschützen los, und tatsächlich trieben sie für unsere Meldereiter Maultiere und sogar zwei Pferde auf. Ich hakte bei meinem treuen Ka nicht allzu genau nach, wo er auf die Schnelle die beiden Pferde gefunden hatte.

«Nehmen wir mit den Schiffen Kurs auf Athen», sagte ich zu den Männern unten am Strand. «Dort wird man jedes seetaugliche Schiff für die Evakuierung brauchen. Und von hier aus kommen wir quer durch Böotien schnell über die Berge bis hinunter nach Eleusis.»

Myron nickte. «Es könnte sein, dass bereits persische Truppen Böotien unsicher machen», meinte er. «Ihre berittenen Einheiten ...»

Hermogenes nickte. «Und die Thebaner haben sich schon den Medern unterworfen», betonte er, worauf wir alle verächtlich ausspien. «Theben liegt von hier aus gesehen zwischen uns und der Heimat.»

Styges blickte zornig drein. «Diese Verräter!»

Wir wählten ein Dutzend zuverlässige Männer aus, unter ihnen befand sich auch Idomeneus, obwohl mir bei ihm nicht als Erstes Zuverlässigkeit, sondern tückischer Irrsinn einfallen würde – andererseits brauchte die kleine Schar einen Schlächter, falls die Mission auf eine harte Probe gestellt würde. Und niemand konnte besser mit dem Speer umgehen als mein alter, unberechenbarer Gefährte Idomeneus. Ka stahl weitere Pferde – nennen wir die Dinge beim Namen. Kurz darauf machten sich die Boten auf den Weg, und Timäus schloss sich der Schar an, um sicherzustellen, dass auch alle Instruktionen befolgt wurden.

Wir anderen standen vor Anbruch der Dämmerung auf und pullten. Dem Rest der Flotte waren wir weit voraus, denn wir pullten in der Hoffnung, unsere Höfe und Familien zu retten. Unter Segeln kamen wir an der Landzunge von Brauron vorbei, südlich von Marathon, und ich konnte den Tempel und die alte Brücke sehen. Erleichterung überkam mich, da im Umfeld des Heiligtums niemand zu sehen war. Auf der freien Fläche tanzten keine Mädchen, auf der Anhöhe oberhalb der Grotte der Göttin spielten keine Kinder mit den Ziegen. Wir hatten ausgezeichneten Wind und hielten auf das Kap Sounion zu, der Küstenverlauf war leer, doch gegen Nachmittag, als wir den Felsvorsprung des Poseidon umfuhren, entdeckten wir im Kielwasser aufblitzende Riemenschäfte. Wir wussten, dass Kimons Geschwader ausgeharrt hatte, um die Perser im Auge zu behalten, und daher vermuteten wir, dass die aus öffentlichen Mitteln bereitgestellten Schiffe der Athener unter Xanthippos' Kommando auf See waren, denn auch diese Männer pullten so schnell sie nur konnten in Richtung Heimat.

Ich denke, an dieser Stelle sollte ich etwas weiter ausholen. In der Zeit vor Artemision hatten die Athener den gesamten Profit aus ihren Silberminen in den Flottenbau gesteckt und mehr als hundert robuste Triremen gebaut. Fünf aus dieser Serie wurden von Mannschaften aus Platäa bedient, auch die Befehlshaber und Epibatai stammten aus meiner Heimat. Aus meiner Sicht wäre es ungeschickt gewesen, diese fünf Schiffe an den Stränden Böotiens zurückzulassen, während wir auf dem Heimweg waren, um unser Hab und Gut zu retten.

Wie sich herausstellen sollte, waren wir nicht die ersten Schiffe der verbündeten Flotte, die die Strände bei Phaleron erreichten. Doch wir pullten weiter, auch wenn es schon spät war, und gelangten in den schmalen Kanal zwischen der Insel Salamis und dem Festland. Jenseits von Megara im Westen sank die Sonne ins Meer.

In der Bucht von Salamis tummelten sich zahllose Schiffe: Fischerboote, Frachtschiffe unterschiedlichster Größe, Ruderboote, Pentekonteren und sogar ältere Triakonteren. All diese Boote und Schiffe pendelten zwischen dem Festland und der Insel hin und her, sodass das Wasser unter den Riemenschlägen zu schäumen begann, wie es die Dichter vielleicht ausgedrückt hätten.

Wir legten an einem der nördlicheren Strände der Insel Salamis an, und nachdem wir ein Pferd geliehen und einige hastige Vorbereitungen getroffen hatten, scharten wir die Männer um uns – alle Platäer versammelten sich für eine große Beratung. Im Grunde handelte es sich um eine Ratsversammlung der Stadt Platäa.

Warum ausgerechnet Salamis? Weil sich dort die meisten Athener eingefunden hatten. Wie ich schon sagte, ich wollte nicht, dass ihre wertvollen Schiffe auf den Stränden verfaulten oder gekapert würden. Die fünf aus öffentlichen Mitteln gebauten Schiffe überließ ich einem Mitglied der Bule Athens, und kurz darauf machte er sich bereits auf die Suche nach Ruderern, während Myron über unsere Überfahrt nach Attika verhandelte – was eigentlich kein Problem darstellte, da die athenischen Schiffe in jener Richtung nahezu leer waren. Somit trafen wir alle nötigen Vorkehrungen, um unsere Leute bis nach Eleusis zu bringen.

Danach nahm ich mir Zeit, um meine erfahrenen Mannschaften neu zu ordnen. Etliche Bürger Platäas hatten auf unterschiedlichen Schiffen gedient, einige Ruderer meiner Heimat hatten in der Flotte andere Männer an den Riemen eingewiesen. Meine *Lydia* hatte ihre ausgezeichnete Mannschaft behalten, doch nun überließ ich das Schiff Seckla, mit einer Rumpfmannschaft und keinen Epibatai. Leukas stand am Ruder, und Ka kam mit all seinen Bogenschützen an Bord. Paramanos war tot, aber wir hatten die *Rabenschwinge* zurückerobert, sodass ich sie Giannis übergeben konnte, mit Megakles am Ruder. Eigentlich gehörte mir die *Rabenschwinge* gar nicht, und eines Tages würde ein Nachlassgericht in

Athen oder auf Salamis dafür sorgen, dass das stolze Schiff einen Käufer fand, damit die Töchter meines Freundes Paramanos ausbezahlt werden könnten. Aber all das lag in ungewisser Zukunft, in der sich das Gesetz durchsetzen musste. In naheliegender Zukunft brauchte Athen jedes Schiff. Paramanos' Mannschaft bestand fast ausschließlich aus Athenern, an Bord waren aber auch ein paar Männer aus Thrakien, Kilikien, auch aus Kyrene, also aus Paramanos' Heimat sozusagen. Aber die *Rabenschwinge* hatte bei einem Gefecht gegen drei Ägypter vor Artemision einen hohen Blutzoll gezahlt, daher mussten wir die Ruderbänke auffüllen. Aristeides wollte gemeinsam mit seiner Frau nach Korinth, aber sein Steuermann Demetrios befehligte unterdessen die *Athena Nike.* Demetrios hatte vor Artemision feindliche Schiffe gekapert und schien zufrieden. Die *Amastis,* unsere überarbeitete korinthische Trireme, die uns so viel Schwierigkeiten bereitet hatte, war unversehrt durch die Schlacht gekommen. Die Besatzung bestand aus erfahrenen Seeleuten unter Dareios' Kommando, der nun wahrlich keine Hilfe mehr von mir benötigte. Mein alter Gefährte Dareios, übrigens auch viele aus seiner Mannschaft, war inzwischen Bürger Platäas, daher hatten die Männer Höfe und Familien in unserer Polis. Viele Ruderer wussten ihre Familien bereits in Sicherheit auf Salamis, andere jedoch waren tiefer in Platäa verwurzelt, insbesondere die Männer meiner alten Besatzungen auf der *Lydia* und der *Sturmbezwingerin* – dazu zählten viele Männer aus Chios und andere, die seither in Platäa ansässig geworden waren. Diese Männer wurden jetzt gebraucht. Viele von ihnen wollten unbedingt zurück nach Platäa, und sei es nur für wenige Stunden, um die Familienangehörigen wiederzusehen.

Harpagos bot an, mit seinen Schiffen zu bleiben, und er war der beste Steuermann von allen, auch der beste Trierarch. Ich ließ ihm das Kommando, stellte ihm gute Seeleute zur Seite, natürlich auch Krieger, wie zum Beispiel Sittonax den Gallier, der immer schon ein wahrer Müßiggänger war (um nicht zu sagen *ein Faulpelz*). Ich schärfte Harpagos ein, all die Männer, die blieben, weiterhin zu beschäftigen, entweder mit Kampfübungen oder Stunden an den Riemen. Er befehligte drei vollbesetzte Mannschaften, als sich der Rest von uns auf den Weg nach Platäa machte. Mir selbst standen an die vierhundert Mann zur Verfügung.

Ich sah, dass Brasidas den Kopf schüttelte. «Ich bleibe und unterweise die Epibatai», sagte er. Damit meinte er die zehn besten Ruderer, die er ausgewählt hatte, um all die Kämpfer zu ersetzen, die auf der *Rabenschwinge* gefallen waren. Der Verlust schmerzte. Aber ich wusste, dass ich ruhiger schlafen würde, weil ich mich darauf verlassen konnte, dass Brasidas und Seckla das Lager im Griff hatten und Wachen und Wachtürme aufstellen ließen. Hinzu kam, dass sich ein Mann wie Brasidas in Gegenwart von athenischen Oligarchen Respekt verschaffen konnte, was ich Seckla nicht zutraute, sosehr es mich auch schmerzt, es zu sagen. Ich sollte noch bereuen, Brasidas nicht mitgenommen zu haben, aber so ist das eben mit den Entscheidungen, die man im Leben trifft.

An jenem Abend verbrannten wir den Leichnam von Paramanos. Wir hatten seine Leiche retten können, genauer gesagt war das Harpagos und Kimon während des Gefechts gelungen, und so legten wir den Toten, wie es bei seinem Volk üblich ist, auf einen Scheiterhaufen, stimmten den Paian für Apollon und andere Loblieder an – und tranken zu viel. Paramanos war einst mein Gefangener gewesen, später wurde er eigentlich eher widerwillig mein Steuermann. Unter Miltiades machte sich Paramanos einen Namen als Pirat, und es dauerte eine Weile, bis wir unsere Rivalitäten begruben und Freunde wurden. Er war der beste Navigator, den ich je hatte, abgesehen vielleicht von Vasileos, aber der tat sich ja besonders im Schiffsbau hervor. Paramanos war seinen Töchtern ein guter Vater, doch er blieb der Schrecken aller Feinde. Ich trinke hiermit noch einmal auf seinen Schatten!

Aristeides der Gerechte lebte im Exil. Er hätte nicht einmal auf Salamis sein dürfen, aber wir drückten alle ein Auge zu. Er wollte möglichst schnell über die Berge nach Platäa, wo seine Frau auf ihn wartete, doch dann weinte er vor aller Augen, als er sah, dass sich die Menschen aus Attika wie ein Volk von Bettlern auf den Stränden von Salamis drängten. Das waren seine Worte, nicht meine.

Die Lager der Athener erstreckten sich ins Innere der Insel, auf den ebenen Flächen, die Salamis zu bieten hatte. Mag sein, dass der Held Ajax von Salamis stammte, aber die Insel ist nie ein aufblühender, wohlhabender Ort gewesen, außerdem leben dort nicht viele Menschen. Deshalb fehlte es auch an Proviant, um die Bevölkerung von Attika über eine gewisse Zeit mit dem Nötigsten zu versorgen.

Ich schweife wieder ab wie ein alter Mann, der ich ja nun wahrlich bin! Wir hielten also unsere Ratsversammlung ab, und unsere Führer – Myron und der alte Draco, da Timäus längst mit den Meldereitern unterwegs war – beschlossen, die Menschen aus Platäa über den Isthmus auf die Peloponnes zu bringen. Nun, Myron hatte diese Entscheidung längst getroffen und aus diesem Grund Boten losgeschickt, aber bisweilen ist die Demokratie eine rückwärtsgewandte Tyrannis.

Erwähnen möchte ich auch, dass der Navarch aus Sparta all unsere Leute nach Sparta eingeladen hatte – vielleicht sollte das eine Ehrenbezeugung sein, jedenfalls führte dieser Vorschlag dazu, dass sich während unserer Versammlung einige die Köpfe heißredeten und obendrein derbe Zoten gerissen wurden. Letzten Endes beschlossen sie, nach Hermione zu gehen, in eine kleine Stadt an der Westküste, die zu Spartas Verbündeten gehörte: Mitglied des Peloponnesischen Bundes. Von Platäa aus war es ein strammer Fußmarsch von fünf Tagen nach Hermione, und für diese Strecke bot es sich an, einen Karren mit ausreichend Proviant mitzunehmen. Da viele aus meiner Heimat nach Epidauros gepilgert waren, um sich dort beim Heiligtum des göttlichen Helden Asklepios heilen zu lassen, kannten sie die Wege nach Hermione. Myron hoffte, am Isthmus genug Boote vorzufinden, und obwohl es so gut wie keine Rolle in dieser Geschichte spielt, merke ich hier an, dass sich meine drei Frachtschiffe nie der Flotte anschlossen, weil sie am Golf von Korinth Menschen aus Böotien bis nach Hermione beförderten – zunächst Leute aus Thespeia, dann aus Platäa.

Jedenfalls war das der Plan, der uns am besten erschien. Unterdessen sollte die Phalanx unter Hermogenes' Führung nach Hause marschieren. Auch ich war entschlossen, nach Platäa zu gehen, um dann möglichst schnell über die Berge zu den Schiffen zurückzukehren. Der Anblick Tausender Flüchtlinge aus Attika, die sich an den Stränden von Salamis drängten, führte mir eines ganz klar vor Augen: Von da an wusste ich, dass Athen kämpfen würde. Die athenische Flotte würde nicht zum Isthmus segeln, um dort Korinth und Sparta zu verteidigen. Nein, sie würde sich genau hier dem Kampf stellen.

Natürlich gab es noch eine Alternative, über die ich nicht länger nachdenken wollte – denn immerhin bestand die Möglichkeit, dass Themistokles das Bündnis an die Meder verraten würde. Wie gesagt, Theben war bereits zum Großkönig übergelaufen. Athen könnte dieselbe Wahl treffen.

Aber das bezweifelte ich.

Nach der Bestattungsfeier für Paramanos stieß Aristeides auf die Mädchen aus Brauron, als er am Strand einer Freundin seiner Frau begegnete. Am nächsten Morgen, während die Phalanx aus Platäa an unserem Strandabschnitt an Bord einiger athenischer Getreideschiffe ging, ritt ich mit meinen Jungs über die Landzunge, auf der Suche nach meiner Tochter Euphoria. Sie stand auf einem kleinen Aussichtsturm und hatte die Gewässer vom Golf von Salamis im Blick, falls Perser aufkreuzten. Ihre Gefährtinnen aus Brauron wohnten vorübergehend in einem Lager am Fuße der

Steilküste, in einem kargen Lager, das gewiss den Lakedaimoniern gefallen hätte. Die Mädchen waren jedenfalls mächtig stolz auf ihr straff geordnetes, militärisch anmutendes Lager. Sie hatten Brennholz aufgeschichtet, schlichte Zelte aufgeschlagen, und als ich dort eintraf, übten sie neue Schrittfolgen ihrer Tänze auf dem feuchten Sand.

Euphoria kam lachend auf mich zu und umarmte mich. Ich hatte einen Kloß im Hals, selbst heute noch, wenn ich an diesen Moment denke. Sie wuchs zu einer jungen Frau heran, nicht zu einem schmächtigen Mädchen – sie stand sozusagen kurz vor der Blüte, um es einmal so zu sagen, aber ihr Leib war schlank und hart von einem Sommer voller Leibesübungen: Die Mädchen lernten Tanzen und Bogenschießen, ritten aus, bekamen Unterricht in Kampftechniken und lernten, wie man auf die Jagd geht. Wirklich, Brauron war wie eine spartanische Lehranstalt, aber eben für die Töchter aus gutem Hause. Die Frauen, die diese Schule leiteten, also die Priesterinnen der Artemis, hatten den Tempel mit der herrlichen Pi-förmigen Stoa und dem großen Speisesaal aufgeben müssen, wo die jungen Frauen lernten, sich wie ihre Brüder auf den Klinen zurückzulehnen – und hoffentlich keinen Wein verschütteten!

Meine Tochter plauderte gleich drauflos, ohne ihren Bruder oder meinen ehemaligen Hypaspisten Hektor eines Blickes zu würdigen. «Ich liebe es, Wache zu halten», schwärmte sie. «Dann tue ich so, als wäre ich Atalanta, die mit Herakles läuft. Oder Achill. Ich will die Erste sein, die die Perser entdeckt! Ich habe deine Schiffe gesehen, Pater! Gestern hatte ich Wache, und da schickte ich meinen Pais los, um die anderen wissen zu lassen, dass die Flotte aus Platäa an den Stränden liegt! Ich habe den Tanzwettbewerb der jüngeren Mädchen gewonnen, aber wir mussten auf Sand tanzen, nicht in der Großen Halle, weil die Perser sie niederbrennen werden. Und Europhile sagt, dass es sowieso nur auf den Tanz ankommt, aber

Eustratia meinte, das sei ungerecht. Und nächstes Jahr darf ich die rote Kordel tragen! Sofern die Perser nicht den Tempel zerstören», fügte sie hörbar verzweifelt hinzu.

Ich gab ihr einen Kuss auf die Stirn. «Euphoria, dies ist dein Bruder Hipponax, und hier ist Hektor, an den du dich sicher erinnerst.»

Euphoria bedachte die beiden jungen Burschen mit bewundernden Blicken. «Ich habe sie schon gesehen.» Ein Lächeln umspielte ihre Lippen. «Hektor ist längst niemandes Hypaspist mehr», fügte sie hinzu. «Das weiß ich, denn Thiale erzählte uns viel über Rüstungen, und dieser Thorax ist sehr gut gearbeitet. Wie dem auch sei, diesen Unterricht brauchte ich eigentlich nicht – du hast ja zahllose Rüstungen, Pater, und du hast sie früher angefertigt, also meldete ich mich im Unterricht und ...»

In diesem Moment drückten die beiden Jungs meine Tochter abwechselnd an ihre Brustpanzer und unterbrachen Euphorias Redeschwall vorübergehend.

Daraufhin schwenkte meine Tochter in Richtung des Lagers einen kleinen Schild, der mit rot eingefärbter Tierhaut bespannt war, worauf sich sofort eines der Mädchen unten auf den Weg machte und zu uns auf die kleine Anhöhe eilte – als wären die Mädchen aus Brauron eine eingeschworene Kampfeinheit wie in Sparta. Das Mädchen und Euphoria grüßten einander mit knappen Gesten – genau wie es meine Epilektoi aus Platäa tun –, und meine Tochter verzog den Mund zu einem Grinsen.

«Wir wollen auch Schwerter tragen, zumindest Messer, aber Thiale erlaubt es nicht», meinte sie. «Ich will einen Perser töten», fügte sie hinzu. «Egal, heute Morgen führen wir unseren speziellen Tanz auf, den Tanz der ‹Kleinen Bärinnen›, und ich möchte, dass ihr uns dabei zuschaut. Übrigens ist es eine Ehre, wenn man eingeladen wird, den Tänzerinnen zuzuschauen», sagte sie erklärend zu den beiden Jünglingen.

Sie besaßen den Anstand, beeindruckt zu wirken.

Was folgte, war weitaus besser als eine kleine unterhaltsame Darbietung. Eigentlich hatten wir es eilig – und glaubt mir, ich spürte ständig den Flügelschlag der mit Schwingen versehenen Pferde der Zeit –, doch zunächst nahmen wir auf Hockern Platz, die uns die Priesterinnen überließen. Man reichte uns Wein, und zuerst brachten wir Trankspenden auf Artemis dar und lauschten den Lobliedern, die die Mädchen anstimmten. Es waren insgesamt drei Lieder, und eines davon ist mir besonders in Erinnerung geblieben, klang es doch fast wie ein Paian, den Krieger auf dem Marsch anstimmen.

Thiale wandte sich mir zu. «Ihr denkt sicher, dass dies zu kriegerisch für junge Frauen ist», sagte sie.

Ich zog eine Augenbraue hoch. «Nein, durchaus nicht. Ich bin erfreut, was für eine kleine Titanin Ihr aus meiner Tochter gemacht habt.»

Thiale hatte offenbar mit einer anderen Antwort gerechnet. Sie musterte mich eingehend. «Es heißt, Ihr wärt ein Mann des Blutes», sagte sie.

Ich tat das mit einem Schulterzucken ab. «Das bin ich, was das angeht. Daher kann ich mir vorstellen, dass in den Adern meiner Tochter das Blut der Korvax-Sippe fließt, vielleicht ist sie sogar von demselben Daimon beseelt.»

Ich sah, wie sich ihre Stirn in Falten legte. «Die Mädchen wären dann so weit», sagte sie.

Die Mädchen, die ihre Tänze vorführten, waren zwischen acht und fünfzehn Jahre alt. Mit fünfzehn war man als aristokratische Frau fast schon ein bisschen zu alt, um noch in Brauron zu leben – viele waren in diesem Alter bereits verheiratet. Aber manche blieben länger dort, andere blieben für immer und wurden Priesterinnen. Wiederum andere Schülerinnen arbeiteten fortan als Führerinnen im Tempel und unterrichteten die Neuankömmlinge im ersten Jahr, und so verging Sommer um Sommer. Ich denke, für ein Mädchen, das Leibesübungen mag, muss das Leben in Brauron herrlich gewesen sein, und ich weiß, dass einige der jungen Frauen bittere Tränen vergießen, wenn sie das Heiligtum verlassen müssen. Wer ermuntert dann die Frauen, die Strecke über zwei Stadien zu rennen, nachdem sie bereits ein Kind zur Welt gebracht haben? Wer gibt jungen Müttern die Zeit, die heiligen Tänze aufzuführen oder mit Pfeil und Bogen umzugehen? Und was wird eigentlich aus den Mädchen, die sich im Wettkampf hervortun und genauso gut wie die Jungen sind? Da ist es doch verständlich, wenn diese jungen Frauen verbittert sind, sobald sie sich von ihren Vätern anhören müssen, es sei an der Zeit, diese kindischen Dinge zu vergessen, weil sie von nun an Mutter und Ehefrau zu sein haben.

Ich hoffe, dass ich nicht zu dieser Sorte Vater gehöre.

Wie dem auch sei, die Mädchen begannen mit ihrer Darbietung: die Großen und die Kleinen, hoch gewachsene oder eher kleine Mädchen, Mädchen mit langen oder kurzen Beinen, mit schwarzen, braunen und rötlichen Haaren – rötliches Haar, ob nun gefärbt oder nicht, war damals ziemlich in Mode, lasst euch das gesagt sein! – und Mädchen mit golden leuchtendem Haar wie meine Euphoria. Sie alle waren wunderschön in ihrer jungen Unschuld, man merkte ihnen an, dass sie für ihr Lager im Freien brannten, dass sie das Abenteuer liebten, das auch den Krieg mit einschloss. Im Licht der aufgehenden Sonne sahen die jungen Tänzerinnen aus wie Musen oder Najaden. Die meisten trugen den schlichten Chitoniskos der Jungen, und da das Kleidungsstück links geschlossen war und auf der rechten Schulter mit einer Fibel gehalten wurde, war gerade bei den älteren Mädchen je nach Übung eine Brust zu erahnen. Während sie sich im frühen Licht des Morgens auf den Tanz vorbereiteten, sahen sie aus wie Jungen, die sich im Gymnasion recken und strecken. Übrigens galt das Gymnasion der Frauen bei Brauron in ganz Attika als Wunder seiner Zeit, und ich glaube, bis zu jenem Morgen hatte ich noch nie Frauen bei athletischen Übungen zugesehen. Ganz in meiner Nähe bewegte sich ein älteres Mädchen, dessen Beine genauso kraftvoll aussahen, wie einst meine Beine waren, als ich noch die Distanz über zwei Stadien schneller als meine Altersgenossen rannte. An ihren Oberarmen waren Bizeps und Trizeps genauso ausgeprägt wie bei guttrainierten Jungen ihres Alters.

Meine beiden jungen Begleiter benahmen sich wie echte Bauerntölpel und gafften mit offenem Mund, sodass die Zähne zu erahnen waren.

Ich lehnte mich auf meinem Hocker zurück und trat Hipponax gegen das Schienbein, während ich einem Mädchen von etwa zehn Jahren meinen Becher hinhielt, auf dass es mir nachschenkte.

Hinzufügen möchte ich an dieser Stelle: Hätten Hektor und Hipponax in ihren hübschen Köpfen an etwas anderes gedacht als an Krieg, dann hätte der eine vermutlich an den anderen gedacht – jedenfalls war das meine Vermutung. Und wer könnte es ihnen verdenken, denn wir waren im Krieg – die beiden waren jung und zäh und verbrachten jede Stunde des Tages miteinander. Vielleicht hätte ich früher darüber nachdenken sollen. Ich glaube, ich ging davon aus, dass die beiden so wären wie Achill und Patroklos.

Aber wie sich herausstellte, waren sie eben doch nur zwei Jungen, die im Grunde nie ein Mädchen gesehen hatten. Ganz zu schweigen von zwanzig Mädchen kurz vor der Blüte zur Frau, die sich in duftige Stoffe gehüllt hatten und ab und zu eine Brust aufblitzen ließen, sobald die Schulter frei lag. Was sage ich da? Gelegentlich sah man alles, insbesondere dann, wenn die Mädchen ein Bein in die Luft schwangen – was bestimmt keinem Jungen je gelingen würde – oder einen Handstand vollführten.

Ich merke, dass ich schon selbst erröte, wenn ich weitererzähle. Diese Mädchen waren in einem Alter, dass sie meine Töchter hätten sein können. Wenn man ihnen unterstellt, dass sie sich schamlos gaben, so muss man im selben Atemzug zu ihrer Verteidigung sagen, dass sie voller Unschuld waren. Im Grunde waren sie ja deshalb so schamlos, weil ihnen während der sommerlichen Leibesübungen niemals ein Mann zugeschaut hatte, der den Blick nicht mehr von den schönen Körpern wenden konnte.

Dazu muss ich sagen, dass das Starren vielleicht nicht ganz einseitig war. Denn ein Mädchen, das ihr üppiges rotbraunes Haar zu zwei dicken Zöpfen geflochten hatte, dehnte und streckte sich mit all ihren Reizen nur eine halbe Pferdelänge von Hipponax entfernt – und mein Sohn verfolgte jede noch so kleine Bewegung dieser Nymphe mit einer Aufmerksamkeit, die er sonst nur einem Gegner auf hoher See widmete.

«Es ist nicht höflich, so zu glotzen», raunte ich ihm zu.

Hipponax schien mich nicht zu hören.

Hektor verschränkte krampfhaft die Arme vor der Brust, als wäre ihm kalt, und vergrub beide Daumen in den Achselhöhlen. Hipponax wand sich auf seinem Schemel, aber mir entging nicht, dass das Mädchen und er den Blickkontakt nicht unterbrachen. Ich meine immer noch, gesehen zu haben, wie der kleine Pfeil des Eros ins Auge meines Sohnes drang. Ja, es hatte ihn an Ort und Stelle erwischt.

Ha! Das war ein herrlicher Morgen.

Wie dem auch sei, endlich begannen die Mädchen mit ihrer Tanzvorführung – nicht zu früh, aus Sicht der Jungen. Die Tanzdarbietung an sich hatte eigentlich nichts Liebreizendes oder gar Erotisches. Die Mädchen vollführten Sprünge oder krochen auf allen vieren, sie zeigten Trittfolgen wie beim Wettkampf der Pankration, sie knurrten wie kleine Bären. Einige waren richtig gut – und zu meiner Freude gehörte Euphoria zu jenen begabten Tänzerinnen. All ihren Bewegungen wohnten in ausgewogenem Maße Disziplin und Anmut inne, sie hielt sich stets gerade, hatte den Rücken durchgedrückt. Ab und zu zog sie leicht die Unterlippe zwischen die Zähne, wenn sie sich zu sehr konzentrieren musste, was ein bisschen zu angestrengt wirkte, aber ansonsten lieferte sie eine wirklich hervorragende Leistung ab.

Ich glaube, ich grinste über beide Ohren. Die Priesterin beugte sich zu mir. «Sie ist wirklich gut, wenn auch bisweilen ein wenig hochnäsig.» Sie machte eine kleine Pause. «Habt Ihr schon einen Ehemann für sie?», fragte sie dann unvermittelt.

Ich hätte nicht überraschter sein können, wenn in diesem Augenblick die persische Flotte um die Landzunge gesegelt wäre. «Nein», erwiderte ich vollkommen verblüfft.

Thiale lächelte. «Ah», meinte sie. «Sie hat wahrlich Feuer. Soll sie Priesterin werden?»

«In Platäa sind die meisten Priesterinnen Ehefrauen, ehrwürdige Mutter», antwortete ich höflich. «Wir sind eine kleine Polis. Meine Mutter war eine Priesterin der Hera, so sah es die Tradition ihrer Familie vor.»

Thiale ließ sich äußerlich nichts anmerken und antwortete mit einem weiteren «Ah».

Das Mädchen mit den beiden Zöpfen, die sie sich um den Kopf gebunden hatte – so handhaben es Männer mit langem Haar, die dadurch den Helm polstern –, war offensichtlich die Anführerin der Tänzerinnen. Ich sah, wie sie eine Bewegung mit den Beinen machte, gefolgt von einem Hüftschwung, wie es bei uns beim Pyrrhiche üblich ist. Sie setzte ihre Füße im richtigen Abstand ab und drehte sich mit der Hüfte zu ihrer nächsten Partnerin – oder zum nächsten Feind, wenn man an unseren einstudierten Kriegstanz denkt.

Die anderen Mädchen taten es ihr gleich. In diesem Abschnitt der Darbietung führte zunächst die mit den auffälligen Zöpfen jede Figur vor, erst danach eiferten die anderen ihr nach. Sie trat, sprang und reckte sich. Und während sie tanzte, erstrahlte sie in all ihrer Schönheit.

Als dieser Teil des Tanzes beendet war und die Mädchen Wasser tranken, zeigte sich, dass die Vortänzerin sehr groß und kräftig gebaut war – fast so kräftig wie ein Mann. Ihr Leib war wohl proportioniert, trotz ihrer Statur war sie hübsch. Doch Schönheit und Anmut waren vor allem während des Tanzes zum Vorschein gekommen.

Als sie einen Schluck Wasser trank, senkte sie ihren Blick in Hipponax' Augen.

Nach der kleinen Erfrischung kamen die Mädchen zu einem weiteren Tanz zusammen. Sie stimmten ein Loblied auf die Sonne an, diesmal war ein anderes Mädchen Vortänzerin, ein kleineres, blondes Mädchen, das in seine Darbietung sehr viel Ernst und Hingabe legte. Wenn schon der Tanz des großen, kräftigen Mädchens schön gewesen war, so lieferte das kleinere, blonde Geschöpf eine wahrhaft göttliche Darbietung ab. Sie hatte es einfach im Gefühl, sich perfekt zu den Klängen des Lobliedes zu bewegen, und tatsächlich habe ich nirgends eine professionelle Tänzerin gesehen, die es mit dieser Schülerin aus Brauron hätte aufnehmen können. Es schien, als habe sie ein tiefes Verständnis für die Musik, das den anderen Mädchen verschlossen blieb.

Meine Euphoria tanzte gut, ihre Bewegungen waren forsch und passten zur Musik, und diesmal zog sie nicht die Lippe zwischen die Zähne. Doch sie war nur eine würdige Verehrerin der Göttin der Bären. Das kleinere, blonde Mädchen hingegen war für die Dauer der Tanzvorführung die Göttin selbst. Sie ließ ihre Beine vorschnellen und drehte sich mit einer Präzision, die nur die besten Krieger im Pyrrhiche erkennen lassen.

Ja, die Mädchen wurden in Brauron wirklich hervorragend ausgebildet.

Die beiden Mädchen – das mit den Zöpfen und das blonde – waren gute Freundinnen, wie es oft der Fall ist. Die Sommermonate mit all ihrem Wettstreit hatten sie zusammengeschweißt. Man sah es an der Art und Weise, wie sie sich gaben oder wie sie aus ihren dunklen Feldflaschen tranken und kicherten.

Hipponax und Hektor verfolgten jede Bewegung dieser Tänzerinnen mit einer Verehrung, die Hunde in Gegenwart ihrer Besitzer an den Tag legen.

Euphoria verbeugte sich tief vor ihren Lehrerinnen, ließ sich einmal von der blonden, göttlichen Tänzerin drücken und kam dann zu uns.

«Du bist eine wirklich gute Tänzerin», sagte ich. Die erste Pflicht der Eltern: angemessenes Lob. Leeres Lobgerede ist wertlos, aber Kinder sind wie Kämpfer, sie brauchen Ermunterung, um ihre Arbeit tun zu können.

Wenn ihr mich fragt, Kämpfer und Ruderer auszubilden, bereitet einen bestens auf die Pflichten von Eltern vor. Wenn ich allerdings genauer darüber nachdenke, sind Frauen ohnehin gute Mütter, obwohl sie weder Kämpfer ausbilden noch Männer an die Riemen treiben – vielleicht wandelt mein Geist auf Abwegen.

Jedenfalls drückte Euphoria ihren Bruder und Hektor an sich und hörte sich die Lobesbekundungen an.

Hektor war der kühnere Bursche. «Wer ist die Blonde dort? Die so wunderbar tanzen kann ...»

Euphoria lachte. «Heliodora? Sie ist die beste Tänzerin, die sie je hatten.» Sie hielt inne. «In Brauron, meine ich. Pater, warum kämpft die Flotte nicht vor Brauron? Die Perser werden das Tempelheiligtum zerstören.»

Ich denke, dass ich lächelte. «Meine kleine Bärin, Athen darf sich glücklich schätzen, wenn die vereinigte Flotte übereinkommt, hier Gegenwehr zu leisten und Salamis zu verteidigen.» Ich ließ meinen Blick über die Bucht schweifen, die im frühen Licht des Septembermorgens lag. «Wenn es uns gelänge, die Perser für ein Gefecht in die Bucht zu locken ...», sinnierte ich halblaut.

«Brauron liegt hoch über felsigen Riffen, an denen die persischen Schiffe zerschellen würden.» Sie hüpfte fast auf und ab, während sie ihre taktischen Einschätzungen kundtat.

«Mag sein, mit Poseidons Hilfe vielleicht.» Ich war um einen unverfänglichen Tonfall bemüht.

Euphoria entdeckte die Verstümmelungen an meiner linken Hand. Ich hatte die Hand die meiste Zeit in den Faltenwürfen meines Himations verborgen, aber Euphoria hatte mich erwischt, wie es nur Kinder können. Sie zog meine Hand zu sich.

«Oh, Pater!», rief sie besorgt.

Selbst die Priesterin zuckte zusammen.

Doch ich setzte ein Lächeln auf. Beizeiten lernt man, wie man den Helden mimt und nicht sagt: «Ja, es schmerzt, als hätten mich die Erinnyen gestochen, und es stört beim Essen», und so weiter. Stattdessen lächelt man und behauptet: «Das ist nichts. Diese Finger habe ich so gut wie nie gebraucht.»

So etwas in der Art bringt man dann vor.

Ich denke, Brasidas hätte so getan, als wäre seine Hand unversehrt.

«Tut nur noch ein bisschen weh», meinte ich. Um sie abzulenken, zog ich Linien im Sandboden. «Schau, kleine Bärin, wenn ich gegen die Perser kämpfen müsste – dir ist klar, dass sie über eine weitaus größere Flotte verfügen?»

Sie nickte wissend. «Das weiß doch jeder. Aber jeder weiß auch, dass wir die Perser bei Artemision geschlagen haben.»

Die Priesterin lächelte und war gewiss stolz auf ihr Mündel.

«Ja, das haben wir, Mädchen.» Ich lenkte ihre Aufmerksamkeit wieder auf die Zeichnung.

«Eines unserer Schiffe ist so viel wert wie zehn von ihren», fügte Euphoria mit überbordendem Eifer hinzu.

Mit diesen Worten holte sie Hipponax aus der Starre eines liebestollen Jünglings. Er lachte. «Glaub das ja nicht, kleine Bärin», sagte er. «Die Schiffe der Perser sind im Grunde wie unsere – und die Männer sind gut ausgebildet, vielleicht noch besser als unsere. Die Phönizier sind erstklassige Seeleute, und die Ionier stehen ihnen in nichts nach.»

Hektor nickte wissend. «Und jeder von denen ist besser als die Korinther», sagte er. Er sprach vielleicht etwas zu laut, sein Blick haftete aber nach wie vor auf den beiden Mädchen, die ihre Sandalen schlossen.

Das Mädchen mit den Zöpfen ließ sich beim Schließen der Riemen auffallend viel Zeit.

Die kleine Freundin wirkte ungeduldig – und merkte nicht, dass das größere Mädchen die Aufmerksamkeit des jungen Mannes auskostete.

Euphoria stemmte die Hände in die Hüften. «So gut können sie unmöglich sein! Das sind furchtbare Barbaren aus der Fremde!»

Hektor lachte laut – erneut verhielt er sich etwas zu auffällig, doch dann bekam er, was er sich erhofft hatte, denn beide Mädchen ließen sich dazu herab, in seine Richtung zu blicken. «Die ionischen Griechen sind wie unsere Vettern. Bisweilen stimmt das tatsächlich», schloss er.

«Das ist wahr», warf ich ein. «Schau, meine Liebe. Wenn uns die Schiffe des Großkönigs auf hoher See erwischen, wären sie imstande, uns auf beiden Flügeln einzuschließen. Sie verfügen über sechs- oder siebenhundert Schiffe. Sie brauchen lediglich im Zentrum die Riemen zu streichen, und die anderen Schiffe haben alle Zeit der Welt. Letzten Endes ...», ich zeichnete Pfeile neben meiner hypothetischen Linienformation der Verbündeten, «... letzten Endes würden wir verlieren. Brauron ist eine Halbinsel, wir könnten nur auf einer Flanke vor Anker liegen.»

«Und außerdem gibt es vor Brauron keine Strände, Dummerchen», sagte Hektor. «Wo sollen wir lagern? Von wo aus sollten all die Schiffe ablegen? Wir müssten von hier aus pullen!»

«Nenn mich nicht Dummerchen!», empörte sich Euphoria.

Hipponax war so klug, so zu tun, als wäre er gar nicht da. Hektor indes sah verärgert aus. «Krieg ist nichts für Mädchen», grummelte er. «Viel zu kompliziert.»

Euphoria brach nicht in Tränen aus, wie man vielleicht hätte vermuten können. Stattdessen verschränkte sie die Arme vor der Brust. «Wohl kaum so kompliziert, wie Kinder zur Welt zu bringen. Oder einem Hausstand vorzustehen. Seltsam eigentlich, dass du mich beleidigen willst», fügte sie spitz hinzu. «Denn ich kenne die Namen beider Mädchen und bin mit ihnen befreundet. Und ich bezweifle, dass du sie dazu überreden kannst, zu dir zu kommen, wenn du glotzt wie ein Götze.»

Hektor war pikiert, täuschte aber den Gleichmut des Heranwachsenden vor. «*Sie?* Ich weiß nicht, von wem du sprichst», murrte er.

«Oh», entfuhr es Euphoria. «Gut, soll mir recht sein.» Sie setzte ein überlegenes Lächeln auf, wusste sie doch um ihre Machtstellung.

Ich hatte das Gefühl, an dieser Stelle einschreiten zu müssen, ehe es noch zu Handgreiflichkeiten käme. «Du solltest deine Sachen packen, kleine Bärin. Wir haben ein Schiff, das uns zum Festland ...» Ich führte diesen Satz nicht zu Ende, da mir aufging, dass es vermutlich töricht wäre, Euphoria nach Platäa mitzunehmen. Sie würde in einem Strom von Flüchtlingen untergehen, würde nach Hermione geschleift ...

Andererseits könnte sie ja bei meiner Schwester Penelope bleiben. Im selben Moment machte ich mir Sorgen um Antigonos – ich konnte ja noch nicht wissen, dass er schon tot war –, und dann musste ich unweigerlich an Leonidas denken, den toten König von Sparta. Andere düstere Gedanken stiegen in mir auf.

Unvermittelt nahm ich meine Tochter in den Arm.

«Aber mein Sommer hier ist erst in zwei Wochen zu Ende, Pater!», rief sie. «Ich werde hierbleiben und beim Kampf gegen die Perser helfen!»

Ungebetene Bilder erschienen vor meinem inneren Auge – ich sah meine Tochter als Sklavin, sah plündernde und mordende Feinde auf der Insel Salamis. Adeimantos von Korinth kam mir in den Sinn, der frohlocken würde, wenn er von der Zerstörung Athens erführe.

Andererseits wollte ich meine Tochter nicht durch Attika und Böotien schleifen, zumal es durchaus denkbar war, dass bereits berittene Einheiten der Perser als Spähtrupps durch Böotien streiften.

«Bitte, Pater!», flehte sie.

Sie drückte nicht meine Hand und sah mich auch nicht unter halb gesenkten Wimpern an, wie man es oft bei Frauen sieht. Sie sah mir einfach nur direkt in die Augen. «Pater? Ich möchte hierbleiben und für Griechenland kämpfen und weiter mit meinen Freundinnen tanzen.»

Natürlich gestattete ich es ihr.

Sie hüpfte vor Freude auf und ab und umschloss meine Hände. Ihre Priesterin schien ebenfalls zufrieden zu sein.

Ich lächelte, ehe ich meinen jungen Begleitern zunickte. «Verabschiedet euch angemessen, Jungs», sagte ich. «Euphoria ist hier in guten Händen. Wir kommen in fünf Tagen zurück.» Ich verbeugte mich höflich vor der Priesterin. «Ich denke, es dauert nur fünf Tage. Meine Schiffe liegen in der nächsten Bucht am Strand. Falls meine Tochter etwas benötigt – Geld oder sonst etwas –, so hat mein Freund Seckla meinen Geldbeutel und die Schiffe.»

Die Priesterin nickte würdevoll. «Es beflügelt die Mädchen, wenn ihnen ein Mann beim Tanzen zuschaut, der bei Artemision kämpfte», sprach sie.

«Wir haben alle drei bei Artemision gekämpft», sagte Hipponax.

Die Priesterin sah ihn an, als wäre er ein Dunghaufen. «Wirklich? Ich dachte, dafür wärt ihr noch zu jung.»

Beide jungen Burschen erröteten.

Euphoria hatte ihren Spaß und lachte.

Ich gebe zu, dass ich lächelte. «Sie kämpften sehr gut, wie zwei Helden aus der *Ilias*», sagte ich. «Die beiden fegten das Deck eines Phöniziers leer.»

«Oh», sagte die Priesterin und brachte meinen Begleitern jetzt etwas mehr Respekt entgegen. «Ihr habt als Epibatai gekämpft!» Sie lächelte. Das ganze Betragen der Priesterin war so voller Würde, aber wenn sie lächelte, erstrahlte ihr ganzes Gesicht. «Mein Bruder ist bisweilen Epibatai.»

Die Jungen waren ihr nicht böse. Sie verbeugten sich, und als sie sich zum Gehen wandten, glitten ihre Blicke unweigerlich zu den beiden Tänzerinnen, die immer noch nicht gegangen waren. Vier junge Menschen, im Banne der Anziehungskraft von Eros und Jugend.

«Letzte Gelegenheit», hörte ich Euphoria wispern. «Ich könnte euch einander vorstellen.»

Hipponax sah sie an. «Ja, bitte, kleine Schwester.»

«Erst muss er sich entschuldigen», erwiderte sie. «Ich bin kein Dummerchen.»

Hektor lächelte, und auch hier verwandelte sich sein eben noch eher mürrisches Gesicht in ein strahlendes Antlitz, als wäre er ein Günstling von Helios. «Es tut mir leid, kleine Bärin. Du bist nicht dümmer als wir alle.»

Sie grinste. «Solange ihr begreift, dass die beiden eigentlich viel zu gut für euch sind», sagte sie mit der Weisheit einer Zehnjährigen. Dann eilte sie zu den beiden Mädchen und nahm sie bei den Händen. Beide Tänzerinnen lächelten und ließen sich von der jüngeren Euphoria zu uns bringen.

Die Priesterin stand einen halben Schritt hinter mir. «Für gewöhnlich lasse ich die Mädchen nicht mit Jungen sprechen», erklärte sie. Doch dann kam wieder dieses Lächeln in ihr Gesicht. «Doch ich denke, wenn sie für Griechenland kämpften, dann sind sie schon Männer, richtig?»

«Ich denke, ja», meinte ich. Ich versuchte, anklingen zu lassen, wie wenig ich von der Reife dieser beiden Jünglinge überzeugt war. Plötzlich lachte sie, und ich musste auch lachen – vergesst nicht, mit Mitte dreißig zählten wir schon zu den alten Leuten!

Aber Hipponax und Hektor wirkten verloren und trieben hilflos in der See, die von Eros und Aphrodite bestimmt wurde. Meine Tochter indes – das gute Mädchen, das sie war – brachte die beiden jungen Frauen zunächst auf direktem Weg zu mir.

«Pater, dies ist Heliodora, die beste Tänzerin, die wir je hatten. Und dies ist Iris, die jeden sportlichen Wettkampf gewinnt.» Sie lachte. «Dies ist mein Vater Arimnestos.»

Heliodora sah ihre Freundin an und zog eine Braue hoch. «Ich denke, ich habe den ein oder anderen Wettkampf außerhalb der Tänze gewonnen.»

Iris lachte. «Viel zu oft. Aber es ist eine große Ehre, einen so berühmten Mann zu treffen. Mein Vater nennt Euch ‹Schiffsschlächter› und meint, Ihr seid ein wahrer Held unserer Tage.»

Es tut immer gut, die Bewunderung einer Frau zu genießen. Die reine, unverstellte Bewunderung der jungen Menschen hat noch eine ganz spezielle Note. Ich erwiderte ihr bezauberndes Lächeln.

Heliodora neigte das Haupt. «Ich werde nicht wiedergeben, was mein Vater über Euch sagt, Herr», sagte sie leise. «Mein Vater ist Kleitos aus der Familie der Alkmaioniden.» Erst dann hob sie den Blick.

Meine Tochter nickte mit erstaunlicher Würde. «Heliodora und ich haben beschlossen, dass es uns nichts angeht, dass die Männer ihres Vaters einst meine Großmutter töteten», sprach sie ungemein erwachsen. «Das Leben einer Frau muss nicht notwendigerweise Rache mit einschließen, nicht wahr, Mutter Thiale?»

Die Priesterin suchte meinen Blick, nicht die Augen meiner Tochter. «Bei der Rache», sagte sie weise, «beschränkt sich die Rolle der Frauen hauptsächlich auf die des Opfers.»

«Ich bin schon ein paar Frauen begegnet, die genau wussten, wie man Vergeltung übt», entgegnete ich, ohne scharf klingen zu wollen. «Heliodora, dein Vater und ich, wir haben unseren Eid bekräftigt, jegliches aggressive Verhalten ruhen zu lassen, bis die Meder besiegt sind. Bitte glaube mir und meinem Eid, dass ich dir kein Leid antun werde.»

Sie lächelte. «Oh, ich mag eigentlich alles, was ich über Euch höre, Herr, abgesehen vielleicht davon, dass Ihr einst unsere Pferde getötet habt», sagte sie. All dies versuchte sie, würdevoll und mit dem gebührenden Anstand vorzubringen, gleichzeitig musste sie sich bemühen, den beiden jungen Männern keine Aufmerksamkeit zu schenken. Eine ziemlich gute Darbietung für eine so junge Frau.

Ich beschloss, allen mein Mitleid entgegenzubringen.

«Despoinai», sagte ich zu den beiden jungen Frauen. «Es wäre unhöflich von mir, euch nicht meinen Sohn Hipponax und seinen Kampfgefährten Hektor vorzustellen, Sohn des Anarchos. Beide dienen unter mir als Epibatai. Sie hielten sich tapfer gegen die Perser.»

Mein Sohn quittierte dies mit einem dankbaren, fast liebevollen Blick in meine Richtung.

Elternschaft. Sie ähnelt der militärischen Befehlsgewalt. Da bin ich mir sicher.

Am nächsten Morgen, wir lagen einen Tag hinter Hermogenes und der Phalanx zurück, betraten wir attischen Boden. Wir legten am offenen Strand an, wo sonst Pilger an Land gingen, um zu den bekannten Heiligtümern zu gelangen, und immer noch drängten sich dort die Menschen – Hunderte Familien mit ihrem Vieh, mit Schafen, Ziegen oder Ochsen. Zwei athenische Frachtschiffe lagen dort, so groß wie Tempel, und warteten darauf, die Menschen an Bord zu nehmen, wenn möglich auch das Vieh.

Noch am Strand erstand ich Pferde. Der Einfall war mir spontan gekommen, vermutlich von Poseidon persönlich. Viele der wartenden Flüchtlinge waren wohlhabende Leute, und wie ich schon sagte, brachten sie all ihre Tiere mit, aber es war klar, dass nicht alle Herden Attikas Platz auf den Schiffen finden würden – ganz zu schweigen davon, dass das Nutzvieh auf Salamis Grasland und Weideflächen brauchte. Ich suchte mir sechs Pferde aus, alles herrliche Tiere, zu einem Spottpreis. Der Mann, der sie mir verkaufte, gab mir seinen Segen, mit den Pferden zu verfahren, wie es mir beliebte. Ich denke, er wollte ihnen nicht gern die Kehlen durchschneiden. Ich hatte Waffen und Rüstung und drei Mann, die schnell handelten. Ich versprach ihm, er könne die Tiere wiederhaben, wenn alles gut verlief.

Im Grunde lag er richtig mit der Befürchtung, seine Tiere würden das Schlachtermesser zu spüren bekommen. Denn genau das tun Hopliten mit jedem Tier, das sie nicht verladen können. Sie schlachten die Tiere an Ort und Stelle, um Fleisch für die Wegzehrung zu haben. Der Rest wird verbrannt. Athen bedeutete Geschäftssinn: Die Stadt würde dem Landheer des Großkönigs weder Getreide noch Nutzvieh überlassen. In gewisser Hinsicht war es schrecklich, denn Athen war bereit, sich selbst zu schaden, um dadurch den Feind empfindlich zu treffen.

Aber als wir die Küste erst einmal verlassen hatten, erwies sich Attika als eigenartiges Land. Es war leer. Nicht nur die Menschen fehlten weit und breit, es gab auch so gut wie keine Tiere mehr. Als wir den Weg nach Platäa über die Berge einschlugen, kamen wir auch an jenem Turm bei Oinoe vorbei, wo einst mein Bruder starb. Auf einem alten Mauerabschnitt döste eine Katze in der Sonne, und sie war das einzige Lebewesen, das ich an jenem Tag in der Gegend sah.

Immer mehr Menschen verließen Platäa, als wir eintrafen. Wir schafften den Ritt in einem Tag und kamen in der Dunkelheit an.

Aber Eugenios, mein Aufseher der Haussklaven, war zur Stelle und nahm mir die erschöpfte Stute ab. Betten wurden hergerichtet und mit duftenden Laken bezogen, sodass wir hundemüde auf die Lager fielen. Am Morgen gab es warme Milch mit Honig und frischgebackenes Brot.

Doch die Wände meines Hauses waren kahl, und all die Truhen, in denen meine Ersatzrüstungen lagerten, auch meine edlen Becher, bronzenen Platten und einige hübsche Beutestücke aus Piratentagen, waren fort. Ebenso die besseren und kultivierten irdenen Gefäße aus athenischen Brennöfen, wie etwa der Krater, auf dem Achill zu sehen war, wie er gerade von seiner Mutter die Rüstung erhält. Ich vermisste auch den Kylix, jenes flache Trinkgefäß, auf dessen Boden eine Frau am Webrahmen zu sehen war – meine Schwester hatte dem Mann, der mein Haus mit Fresken verziert hatte, Modell gestanden.

Alles war fort.

Eugenios lächelte in stillem Triumph. «Ich habe etliche Saumtiere zum Isthmus geschickt, auf Anraten von Idomeneus», sagte er. «Die Sklaven haben alles auf die Lasttiere verladen, sowie Eure Botschaft hier eintraf, Herr.» Er neigte den Kopf. «Gern würde ich Euch begleiten, wenn Ihr Euch auf den Weg macht, um gegen die Perser zu kämpfen.»

Tatsächlich trafen an diesem Morgen Dutzende Männer ein, alles Sklaven, die aus dem Dienst entlassen worden waren oder von ihren Herren geschickt wurden. Platäer können erstaunlich großzügig sein – viele Männer hatten Sklaven freigelassen, damit im Jahr von Marathon die Stadtmauer hochgezogen werden konnte, wie ihr euch vielleicht erinnert. Und nun ließen etliche der wohlhabenden Herren ihre Landarbeiter gehen, um Athen unter die Arme zu greifen. Sklaven und Bedienstete leben in ihrer eigenen Welt.

Schau dich um, Thygater, denkst du, die Hausangestellten reden nur mit dir?

Und mein Hausverwalter Eugenios hatte all das in die Wege geleitet.

Aber ich hatte ja auch nie erwartet, dass es meine Aufgabe wäre, meinen Hausrat auf Lasttiere zu verladen. Dafür hatte ich meine Leute, Leute, die von Jocasta angelernt waren. Und in meiner sehr reinlichen Küche sah mir die große Dame Athens in die Augen und sprach: «Antigonos starb an der Seite des Königs von Sparta. Wir erfuhren es gestern. Deine Schwester braucht dich.»

2. KAPITEL

Also machte ich mich mit der neuen Stute auf den Weg nach Thespeia, überquerte den Asopos und fand Penelope in ihrem Haus. In ihrer Trauer hatte sie sich bereits einen Großteil ihrer Haare abgeschnitten, ihre Augen waren gerötet vom Weinen. Sie sagte kein Wort, zum Glück auch nichts Anklagendes.

Sie stand einfach nur im Hof ihres Hauses und schlang beide Arme um mich, während die Sklaven packten. Sie weinte ein bisschen an meiner Brust.

«Sie haben seinen Leib verstümmelt», war das Erste, was sie über die Lippen brachte.

Inzwischen hatten wir erfahren, dass der mächtige König von Persien, der Großkönig, der über andere Reiche gebot, nichts als ein mieser Tyrann war, der nach der Schlacht an den Heißen Pforten seinen Kriegern befohlen hatte, den verbliebenen fünfhundert Hopliten die Köpfe abzuschlagen und die Körper zu schänden. Ich werde das nicht näher beschreiben. Es war – *atimos*: ehrlos. Obendrein dumm. Kein Grieche, der von den Leichenschändungen hörte, die auf Geheiß des Großkönigs begangen wurden, würde diesen Frevel je vergessen.

Vielleicht ist es ein Fluch des Kriegshandwerks, dass Menschen derart dumme und entsetzliche Dinge tun und sich danach stark fühlen, obwohl sie mit diesen Untaten im Grunde nur unterstreichen, wie schwach sie sind.

Aber der Vorfall erzählte uns noch etwas anderes. Nämlich, dass der Großkönig die Absicht hegte, uns zu verstümmeln.

«Komm mit mir nach Salamis», sagte ich. «Komm und hilf mir, mich um Euphoria zu kümmern.»

Penelope ließ kein Lächeln erkennen, sie lachte nicht, war zu keinem Spaß aufgelegt. «Ich werde morgen früh bereit sein», sagte sie nur. Dann zuckte sie mit den Schultern. «Ich denke, die Menschen brauchen mich am Isthmus. Deine Tochter ist in guten Händen.»

«Es gehen Gerüchte um, dass sich sakische Reiter bei Theben herumtreiben.»

Wir spien beide aus.

«Komm jetzt mit», meinte ich. «Ich lasse dich nicht in die Hände der Meder fallen.»

Sie überlegte einen Moment, dann nickte sie. Mit erstaunlich geringem Aufwand rief sie zwei Frauen, ihre Kinder und die thrakische Amme zu sich, und kurz darauf stiegen sie auf die Pferde. Ajax, mein Nachbar und einer meiner verlässlichsten Gefährten aus alten Tagen, versprach mir, das Hab und Gut meiner Schwester sicher nach Korinth zu bringen. Die Phalanx marschierte los, gefolgt von einem langen Tross aus Fuhrwerken, wie wir es immer geübt hatten.

Aber ich würde mich den Männern nicht anschließen.

Ich brachte meine Schwester und ihre Leute zurück nach Platäa, als die Sonne unterging. Seitdem wir die Strände von Artemision verlassen hatten, waren fünf Tage vergangen. Auf den Mauern meiner Heimatstadt stand eine Wache, doch die einzigen Menschen, die sich noch in Platäa aufhielten, waren die Freien, die für mich pullen würden. Des Weiteren warteten innerhalb der Mauern meine Seeleute, die ihre Waffen gepflegt hatten und sich ein kleines Fest gönnten. Die Nachhut der Phalanx unter Führung von Lysios und Bellerophon machte sich soeben auf den Weg. Die beiden verlässlichen Gefährten befehligten hundert Mann, um den langen Tross der Stadt zu sichern, der bereits unterwegs war.

Das alles hatten sie ohne mich in Angriff genommen. Mir sollte es recht sein, denn die Straßen von Theben waren überfüllt von

Flüchtlingen, und zum ersten Mal seit vielen Jahren waren die Stadttore von Platäa geschlossen.

Ich ließ Pen in Jocastas Obhut und ging zu meiner Schmiede. Dort traf ich Styges, der den Rest seines Werkzeugs in die Taschen für die Lasttiere lud. Er würde mich nicht zurück nach Salamis begleiten. Viele der Epilektoi begaben sich zum Isthmus, um in dem neuen vereinigten Heer in der Mitte der Phalanx aus Platäa zu stehen. Auf meinen verbliebenen Schiffen brauchte ich im Augenblick nicht so viele Epibatai.

Mein alter Gefährte schaute von der Werkbank auf, als ich hereinkam. Die Dunkelheit hatte sich herabgesenkt, daher hatte Styges ein Dutzend Lampen angezündet, um besseres Licht zu haben. Zuerst dachte ich, dass er unnötig Öl verschwendete, ehe ich mir bewusst machte, dass er es sowieso längst abgeschrieben hatte.

«Ist das nicht ein bisschen unheimlich?», fragte er. «Es ist so still in der Stadt.»

Ich nickte und kramte meine Beinschienen aus meinem Beutel. Im letzten Gefecht vor Artemision hatte mir jemand eine Speerspitze in meine linke Schiene gebohrt. Vielleicht war ich es auch selbst mit meinem Sauroter gewesen, mit der Spitze am Ende des Speerschafts. Das kommt schon mal vor, wenn man in der Hitze des Kampfes den Speerschaft höher oder tiefer umfasst. Wie dem auch sei, in der Beinschiene war ein Loch von der Größe der Spitze meines kleinen Fingers entstanden, das ich ausbessern musste.

Im Grunde war es nur eine Ausrede. Ich musste irgendetwas mit den Händen tun. Die Trauer, die man bei einem Verlust verspürt, ist mitunter seltsam. Sie kommt und geht. Als der König von Sparta fiel, wusste ich, dass ich Briseis womöglich für immer verloren hatte, und jetzt, als ich Penelopes Tränen gesehen und gespürt hatte, wie schwer der Verlust ihres Ehemanns auf ihr lastete, war die Trauer mit Wucht zurückgekehrt.

In der Tiefe meines Herzens wusste ich, dass die Athener um

Salamis kämpfen würden. Ich vermutete aber auch, dass ein Mann wie Adeimantos dafür sorgen würde, dass der Rest der Verbündeten abzog, um die Athener sterben zu lassen. Und ich war entschlossen, mit den Athenern unterzugehen.

Ich brauchte etwas Zeit mit meinem Gott.

«Ist die Glut heiß genug in der Esse?», fragte ich.

Styges lächelte. «Als ich zurückkam, waren immer noch Kohlen da. Tiraios hat offenbar etwas bearbeitet, als er wieder in der Schmiede stand, und die Sklaven waren fleißig. Erst gestern habe ich etliche fertige Schmiedestücke auf die Reise geschickt.»

Es war ja schließlich unser Geschäftsunternehmen. Wir hatten alle unseren Anteil daran, auch wenn ich einst das Grundkapital beigesteuert hatte, um die neue Schmiede zu bauen.

«Wo ist Tiraios überhaupt?», fragte ich. Bei Artemision hatte er jedenfalls nicht gekämpft. Das ist keine Schande, da in Platäa fünfhundert Mann per Los bestimmt worden waren, um zu bleiben und die Stadt zu schützen.

«Am selben Abend, als Idomeneus hier eintraf, führte Tiraios den ersten Tross mit Saumtieren in Richtung Korinth.» Ich sah, wie Styges die Stirn krauszog. «Wieso weiß ich das alles, aber du nicht?»

«Ich war bei meiner Schwester», erklärte ich.

Jedenfalls trat ich an den Blasebalg und betätigte ihn mit dem Fuß, während Styges die feinen Werkzeuge zum Gravieren in einen Lederbeutel tat. Ich erzählte ihm von den Leichenschändungen, die Xerxes angeordnet hatte, und wir beide fluchten. Vermutlich half mir der alte Zorn über diesen Frevel, die Kohlen richtig anzuheizen. Als das Feuer die passende Temperatur hatte, schaute ich mich auf dem Fußboden nach Resten Bronze um.

«Viel zu sauber hier», scherzte ich.

Styges gluckste. «Du warst ja auch länger nicht hier. Was willst du machen?»

«Die Beinschiene ausbessern.»

Er nickte, betrachtete das Stück und bewunderte die exzellente Arbeit. «Hast du das gemacht?»

«Nein», räumte ich unumwunden ein. «Das war ein Mann namens Anaxsikles, er ist so jung wie du. Der beste Waffenschmied, der mir je begegnet ist.»

Styges quittierte das Lob mit einem leisen Schnauben. «Nun, so gut war er wohl auch wieder nicht, da eine Speerspitze durch deine Beinschiene drang.» Er warf mir ein rechteckiges Stück gehämmerte Bronze zu, dünner als Pergament. Ich bog es in meinen Händen vor und zurück und beschloss, dass es passen würde.

Er grinste. «Schätze, alles, womit man Kessel flicken kann, bringt auch die Rüstung wieder auf Vordermann.»

Ich brachte eine Stunde voller Zufriedenheit damit zu, das Bronzeblech anzupassen und flachzustanzen. Eigentlich ein simpler Prozess, aber ungemein beruhigend. Direkt auf die Beinschiene ritzte ich eine Linie, um mich während der Bearbeitung besser orientieren zu können. Dann begann ich, dem Stück Bronze die richtige Form zu geben, zunächst mit einer einfachen Rille entlang der Mitte, um den leichten Kamm auf der Schiene nachzubilden.

Schau hier, Thygater: Eine gut gearbeitete Beinschiene läuft vorn mittig wie der Bug eines Schiffes zu, siehst du? Der Bug eines Schiffes lenkt das Wasser ab, und die spitz zulaufenden Erhebungen an einer Beinschiene ahmen das Schienbein nach und lenken Stöße von Waffen ab.

Aber der Stoß, der das Loch gerissen hatte, war nicht mittig erfolgt, sondern weiter unten an der Schiene, wo die wulstige Erhebung übergeht in die sanft abfallende Biegung, die den Fußrücken schützen soll – dieser Übergang ist schwierig zu schmieden, man muss das Metall entsprechend bearbeiten und dehnen.

Aber es war ja nur ein kleines Loch, und daher hatte ich das vorbereitete Bronzeblech schon bald an der Stelle, wo es sich an die Schiene anschmiegen würde – wie eine Maske an das Gesicht eines Schauspielers.

Danach musste ich das Blech flachstanzen, damit die Bronze so geschmeidig und schön wie das Original wurde. Anaxsikles war ein Meister des Flachstanzens gewesen, ich hingegen hatte diesen Arbeitsschritt immer ein wenig ermüdend gefunden, aber an jenem Abend, im entvölkerten Platäa, bearbeitete ich die Bronze mit Eifer, nahm die Grate mit meinem besten Flachhammer in Angriff, ehe ich das eingearbeitete Stück Bronze abfeilte und zum Schluss mit einem Leinentuch und Bimsstein polierte. Zum Schluss kam die letzte Politur mit Asche, bis die Bronze wieder richtig glänzte. Schließlich stanzte ich vierzehn Löcher entlang der Kanten und benutzte sie als Vorlage, um erneut vierzehn Löcher in die kaputte Beinschiene zu stanzen.

Unterdessen war Styges mit dem Packen fertig. Seine Sklaven warteten auf mich, während ich die kleinen Nietdornen setzte, die Nieten kürzte, die Schäfte stauchte und die Nietköpfe zum Schluss mit dem entsprechenden Hammer verformte, bis sie saßen. Gut, es war kein Meisterstück geworden, aber gute, solide Arbeit, und als ich die Nietköpfe polierte, bis sie auf der bronzenen Fläche nichts als blasse Punkte waren, hatte ich das Gefühl, meinem Gott der Schmiedekunst Ehre erwiesen zu haben – auch Anaxsikles, der die Schienen ursprünglich angefertigt hatte. Ich brachte Hephaistos ein Trankopfer dar, stimmte ein Loblied auf die Gottheit an und sandte dann ein Gebet zu Lydia und Anaxsikles, die hoffentlich irgendwo ein glückliches Leben führten.

Als ich die Beinschiene betrachtete, empfand ich so etwas wie Befriedigung. Ich erinnere mich gut an die Atmosphäre in der Schmiede, an das Zwielicht, an die Stille, an den Geruch der schwelenden Holzkohle und den Duft des Weins. Die polierte Bronze schillerte im Halbdunkel.

Styges war der letzte Mann in meiner Schmiede. Wir begannen mit der kurzen, feierlichen Zeremonie, ehe wir das Feuer in der Esse löschten.

«Die Perser werden zweifellos die Stadt zerstören», meinte Styges.

Ich nickte ernst. «Styges, ich habe nicht vor zurückzukehren. Wenn Athen verliert, werde ich nicht mehr am Leben sein. Was dann geschieht, kann ich nicht mehr mit eigenen Augen sehen.»

Mein Gefährte nickte ebenfalls. «Ich weiß, Idomeneus sagte gestern Abend dasselbe.»

«Nur, damit du es weißt.»

Wieder ein Nicken. In der Dunkelheit der Schmiede war sein junges Gesicht im orangefarbenen Aufglühen der letzten Kohlen zu erahnen.

Dann sprachen wir die Gebete und belegten die Perser mit Flüchen. Feuer wohnt eine eigene Kraft inne, auch der Dunkelheit, und wann immer man willentlich ein Feuer löscht, geht die Kraft des Feuers auf einen über.

So beschreibt es jedenfalls Heraklit.

In ernster, fast gedrückter Stimmung verließen wir die kleine Anhöhe, auf der die Werkstätten standen, und gingen zu meinem neuen Haus. Nördlich von uns, ganz in der Nähe der kleinen Akropolis, hörte ich den Gesang der Ruderer. Ich hoffte, dass sie unsere neuen Freien gut aufnehmen würden – sie würden ohnehin nur wenige Tage der Freiheit genießen können, ehe sie auf See starben. Das war meine Befürchtung. Doch ich klammerte mich an die Hoffnung, dass einige wenige Tage in Freiheit, versüßt mit Wein, einen gewissen Wert besaßen.

Die Welt um uns herum war so schwarz wie meine Schmiede.

Wir standen in der Dämmerung auf und schlossen uns der Nachhut am Stadttor an. Styges verriegelte das Tor von innen und überwand die Mauer mit eine Leiter aus einem Obstgarten, die wir zu Kleinholz verarbeiteten. Die Meder sollten unsere Stadt nicht mühelos betreten.

Aristeides und seine Frau schlossen sich der Marschkolonne nach Korinth an. Die beiden hatten dort Freunde. Es gab Gerüchte, alle im Exil lebenden Athener würden zurückgeholt, und tatsächlich hatte sich Aristeides ja der Flotte vor Artemision angeschlossen. Aber er hatte vor, das Gesetz zu befolgen – er war so rechtschaffen, er würde stets die Gesetze achten.

«Könnte sein, dass wir längst in Kämpfe verwickelt sind, ehe Ihr zu uns stoßt», sagte ich.

Aristeides schüttelte den Kopf. «Das glaube ich nicht. Die Flotte des Großkönigs kommt nicht so schnell voran, und außerdem muss Themistokles noch die Korinther überzeugen, bei Salamis zu kämpfen.»

Dazu sagte ich nichts. Auch er schwieg.

Letzten Endes beschloss Pen, sich Jocasta anzuschließen – aus dem einfachen Grund, weil die Frauen sich an Frauen hielten.

Ich drückte meine Schwester lange an mich, ehe ich ihr eine kleine elfenbeinerne Röhre für Schriftrollen in die Hand drückte. Darin enthalten war mein letzter Wille und ein kurzer Absatz, in dem stand, wie ich mir die Zukunft für Euphoria vorstellte.

Sie nagte am Winkel der Unterlippe. «Ich kann dich nicht auch noch verlieren!», sagte sie leise.

Ich schwieg. Aristeides schaute zur Seite. Selbst Styges tat so, als wäre er nicht da.

«Denkst du, ihr werdet verlieren?», fragte Penelope dann. «Denkst du ...» Ihr Satz verlor sich in der nachfolgenden Stille.

Ich trug meine Rüstung. Mit einer Hand bedeutete ich Hektor, mir meinen Schild zu bringen. Penelope begriff. Sie nahm einen Becher und segnete den Wein, den sie einschenkte – vergesst nicht, sie war eine Priesterin der Hera. Dann goss sie etwas von dem Wein über meinen Aspis und reinigte ihn rituell. Etwas von der dunkelroten Flüssigkeit tropfte durch ein Loch, das ein persischer Pfeil hinterlassen hatte, bei Artemision. Danach wischte meine Schwester den Schild sauber, erst dann schulterte ich ihn.

In ihren Augen schillerten keine Tränen, wie es bei einer wahren Matrone zu sein hatte.

Noch ein letztes Mal berührte sie mich an der Hand, und dann brachen wir auf.

An jenem Morgen hatte ich noch eine weitere Begegnung. Wir ritten fort von der Stadt und hielten auf das Kithairon-Gebirge zu, um nach Athen zu gelangen. Unterwegs holten wir Idomeneus und dessen Schar ein, aber später trafen wir noch auf meine Vettern aus der Korvax-Sippe: Einst hatte Teukros den jüngeren Simonalkes mit einem Pfeil getötet, wenn ihr euch noch erinnert, und nun trafen wir auf die drei Söhne des Simonalkes, genauer gesagt auf Simonides, Achill und Ajax. Simonides war hochgewachsen und gab sich umsichtig, und Achill – warum gibt man einem Jungen diesen Namen? – war nicht gerade der Hellste und geriet schnell in Rage. Sie hatten ein Fuhrwerk dabei, gezogen von zwei Ochsen, und die Frauen saßen auf Eseln. Die Männer gingen neben dem Karren, als ich ihnen auf meinem Pferd entgegenkam.

Eigentlich hatte ich mir vorgenommen, schweigend vorüberzureiten, aber das wäre zu seltsam gewesen. Ich trug Rüstung, thronte hoch zu Ross. Es war klüger abzusteigen.

«Du reitest in die falsche Richtung!», rief mir Simonides zu – mit leicht sarkastischem Unterton, wie ich meinte.

«Ich kehre zur vereinigten Flotte zurück», erwiderte ich gelassen. «Die griechischen Schiffe liegen bei Salamis.»

«Solange es zu Kämpfen kommt, können wir darauf zählen, dass du daran teilnimmst», sagte mein Vetter. «Was denkst du, wird sich das Heer noch einmal formieren?»

Eine berechtigte Frage, ohne bösen Hintergedanken. Die Spartaner taten sich immer noch schwer, ein Heer zusammenzustellen, und in jenem Herbst, als Attika und Böotien bedroht waren, erschien einem das Verhalten der Spartaner etwas verdächtig, um es einmal vorsichtig auszudrücken.

«Die Spartaner haben angekündigt, das vereinigte Heer auf dem Isthmus zu formieren», sagte ich. «Hermogenes müsste mehr darüber wissen, wenn ihr dort eintrefft.»

«Aha», machte mein anderer Vetter Ajax und verschränkte die Arme vor der Brust. «Du lässt uns also wieder einmal im Stich?»

Das fortgeschrittene Alter hat seine Vorzüge. Ich schlug den Kerl nicht an Ort und Stelle nieder. Stattdessen seufzte ich hörbar. «Ich lasse euch im Stich, weil ich Athen helfen werde, gegen die Perser zu kämpfen», erklärte ich ruhig. «Mögen euch die Götter gewogen sein, Vettern.»

Simonides überraschte mich, als er antwortete: «Dir ebenso, Vetter. Du hast dich mehr als gerecht verhalten, als es um den alten Hof deines Vaters ging. Geben wir uns die Hand darauf?»

Das taten wir.

«Mein Bruder», raunte er mir zu, «hat nicht viel übrig für die Landarbeit und malt sich aus, ein Krieger zu werden. Würdest du ihn mitnehmen?»

Ich betrachtete Achill und sah in ihm nichts als einen zornigen jungen Kerl, der Blut geleckt hatte. Wie man es bei vielen kräftigen jungen Männern erlebt.

Achill sah mich aus verengten Augen an. «Ich brauche keinen, der ...», fing er an.

Sein Bruder bedeutete ihm mit einer Hand, den Mund zu halten. «Sei ruhig, Bruder. Arimnestos, ich trage diese Bitte an dich heran, weil du nun das Haupt unserer Sippe bist. Bitte nimm meinen Bruder in deine Schar Krieger auf, damit er Feinde erschlägt und keine Freunde. Und sollte er sein Leben lassen, so bitte ich dich, dass du dafür sorgst, dass sein Blut von den Göttern angenommen wird und nicht nutzlos die Schwelle unseres Hauses besudelt.»

Ich war verblüfft. Offenbar hatte der Heißsporn Achill seinen älteren Bruder gehörig verärgert. Ich fragte mich, was vorgefallen sein mochte.

Aber Blut ist nun einmal dicker als Wasser. Simonides hatte mich als Familienoberhaupt bezeichnet, als Wortführer der Korvax-Sippe. Mir blieb kaum eine Wahl.

«Hast du eine volle Rüstung?», wandte ich mich an Achill.

Er nickte.

Idomeneus stand neben mir und raunte mir zu: «Und mich hältst du also für irrsinnig, wie?»

Ich sah ihn direkt an. «Idomeneus», sagte ich förmlich, «dieser junge Mann ist von nun an dir unterstellt.»

Mein alter Gefährte lachte ziemlich schrill auf. «Na, wenn das mal gut geht. Junge!», rief er Achill zu. «Du brauchst ein Maultier für deine Ausrüstung!»

Von den Hängen des Kithairon schauten wir zurück über die Felder Böotiens. In der Ferne stieg Rauch auf, den der leichte Wind in Richtung Theben drückte. Vielleicht brannte aber auch nur ein Bauer die Stoppeln auf seinen Feldern nach der Ernte ab. Weiter unten auf dem kurvenreichen Weg hinauf in die Berge entdeckten wir die Nachhut der Platäer, die sich soeben aus den Schatten einer alten Mauer aus Backsteinen löste. Die Sonne des Spätsommers fing sich auf Speerspitzen und bronzenen Brustpanzern.

Drüben bei Thespeia erblickten wir erneut aufblitzendes Metall und eine Staubwolke.

Reiter.

Sie waren gar nicht mehr so weit entfernt.

Einen Moment lang hatte ich Mühe, mir klar vor Augen zu führen, was wir eigentlich wahrnahmen und wie diese Beobachtungen einzuordnen waren. Es gab weitere Staubwolken auf anderen Straßen – etwa auf dem Kamm gegenüber von Platäa, auf der anderen Seite des Asopos. Oder weiter rechts von uns, in Richtung Eleutherai.

Es dauerte so lange, wie ein Läufer dreimal kräftig Atem holt, bis wir begriffen.

«Bei Poseidon!», entfuhr es Idomeneus, der neben mir stand.

Was wir in der Ferne erblickt hatten, war nichts anderes als eine wahre Wolke Berittener. Sie kamen von Theben und breiteten sich aus wie Wellen in einem Teich, in den man einen kleinen Stein geworfen hat. Denn Theben liegt sozusagen in der Mitte des Wegnetzes von Böotien, weniger als eine Parasang entfernt, was umgerechnet ungefähr sechsunddreißig Stadien sind. Ja, oben von den Hängen des Kithairon-Gebirges kann man bis nach Theben sehen.

Und wir sahen Hunderte – ach, was, *Tausende* – persische Reiter, die über die Felder Böotiens strömten, wie Wasser, das bei steigender Flut über den Strand gespült wird.

Bei genauerem Hinsehen entging mir nicht, dass unterschiedliche berittene Einheiten auf mehreren Straßen auf Platäa zuhielten – jedenfalls sah es für mich danach aus. Die Reiter kamen schnell voran. Unsere eigenen marschierenden Männer schienen auf die Entfernung dagegen kaum von der Stelle zu kommen, aber die Staubwolken bei den Reitern schon. Mein Blick glitt zurück zu unserer Nachhut weiter unten, die auf der Straße beim Asopos in Richtung Korinth marschierte. Mir war sofort klar, dass die Reiterscharen drüben bei Thespeia die Nachhut abfangen würden. Im Grunde brauchte ich mir deswegen keine Sorgen zu machen. Hundert Hopliten konnten es mit Reitern aufnehmen. Aber nicht, wenn die Reiter von hinten über sie herfielen, und genau das würde passieren, da die Reiter über die Straße von Thespeia kamen.

Ich wusste gut fünfhundert Mann hinter mir – sie waren bewaffnet, körperlich belastbar, Veteranen aus etlichen Kämpfen. Allerdings auf See, unter Riemenschlägen.

«Wir müssen zurück!», rief ich. «Wir müssen diese Reiterschar dort abfangen und an den Ausläufern des Kithairon in ein Gefecht verwickeln! Sonst preschen sie unten vorbei und fallen unseren Hopliten in der Marschkolonne in den Rücken.»

Die Männer holten bereits die Waffen aus dem Gepäck der Saumtiere. Einige von uns hatten Pferde, Rüstung und Schilde, obwohl ich nie einem Krieger begegnet bin, der Aspis und Pferd gleichzeitig zu führen vermag.

Bei meinen Reitkünsten wollte ich mir ohnehin nicht ausmalen, wie es wäre, Kyros und seinen Kriegsgefährten in einem Reitergefecht zu begegnen.

«Mir nach!», brüllte ich, als ich das Gefühl hatte, genügend Männer um mich geschart zu haben. Einen echten Plan hatte ich nicht, wenn ihr mich fragt.

Wir nahmen den Weg, der am Schrein vorbeiführt, als wir bergab eilten. Ein gutes Dutzend von uns ritt auf Pferden – die am besten Bewaffneten –, die anderen folgten zu Fuß hinterdrein. Ich hatte das Gefühl, dass wir sofort handeln mussten oder es gleich ganz sein lassen konnten.

Vom Grabmal des Leitos aus gelangten wir über die Hänge hinunter zum Fluss, wo Hermogenes und ich vor so vielen Jahren unsere Freundschaft besiegelt hatten. An dieser Stelle trifft der Weg aus den Bergen auf die Straße nach Eleutherai.

Erst als wir den Fluss sahen, kam mir der Gedanke: Wir brauchten einen Hinterhalt.

In Sichtweite des Schreins. Natürlich, wo sonst?

Ich wandte mich Hektor zu. «Reite zurück zu den Männern, die uns folgen», sagte ich. «Bleibt bei der Senke, durch die der Weg verläuft, knapp unterhalb des Schreins, und haltet euch bereit für einen Hinterhalt. Versteckt euch beiderseits des Wegs. Und sag Dareios, er soll das Kommando übernehmen.»

Hektor sog die Befehle gleichsam auf. «Dareios übernimmt das

Kommando, ein Hinterhalt auf beiden Seiten, bei der Senke, bei der du die Wegelagerer überwältigt hast, ehe ich zur Welt kam.» Er lächelte, um mir zu zeigen, dass er verstanden hatte, was zu tun war – und um zu demonstrieren, wie viel Spaß er jetzt schon bei der Sache hatte.

Junge Männer und der Krieg. Eine bemerkenswerte Mischung. Ich wäre am liebsten so schnell wie möglich abgestiegen, meine Knie zitterten im Sattel – ich stand kurz davor, den Köder für eine Falle abzugeben, dazu auf dem Rücken eines Pferdes. Und Hektor lächelte. Ich ahnte, dass er sich nicht von uns trennen wollte, aber er war begeistert.

Schon preschte er davon.

Meine Berittenen waren eine bunt zusammengewürfelte Schar. Es handelte sich zumeist um wohlhabende Männer aus Platäa, unter ihnen waren Teukros, Sohn des Teukros von Milet, und Antimenides, Sohn des Alkaios von Milet. Hinzu kamen erfahrene Seeleute, die sich eine Rüstung und ein Pferd leisten konnten, wie Giorgos aus Epidauros und Eumenes, Sohn des Theodoros, ein Ruderer, und zehn weitere Männer, unter ihnen einige verlässliche Schlächter: Idomeneus und dessen ehemaliger Schützling Styges. Kriegsgenossen allesamt.

«Wir warten hier», sagte ich. «Sobald wir die Perser sehen, machen wir kehrt und fliehen in die Berge. Keine heroischen Spielchen, hört ihr? Wir wollen sie nur von dieser Straße weglocken.»

Idomeneus zog sein Schwert.

«Keine heroischen Spielchen!», schärfte ich ihm ein.

«Und das aus deinem Mund?», rief Idomeneus.

Sie kamen schnell heran. Ich ging davon aus, dass sie genau wussten, worauf sie aus waren. Ihre Beute sollte aus dem Hab und Gut in unserem Tross bestehen. Woher sie überhaupt davon wussten, fragt ihr euch? Da reicht ein fortgelaufener Sklave oder ein Verräter in den eigenen Reihen.

«Formiert euch auf der Straße, als wäre es euch ernst», sagte ich und nahm meinen Wurfspeer in die rechte Hand. Ich hatte keinen Schild, da ich im Sattel saß – wie gesagt, ein schwerer Aspis und ein Kampf im Sattel vertragen sich nicht. Auf einmal fühlte ich mich nackt und verwundbar, obwohl ich die leuchtende Rüstung am Leib trug.

Wir harrten auf einem offenen Abschnitt der Straße aus, rechter Hand befand sich ein großer Felsblock, links von uns lag eine kleine Böschung, so gesehen gab es nur Platz für zwei Kampfreihen zu Pferd.

Der Perser an der Spitze der Reiterschar trug einen wunderbar gearbeiteten Schuppenpanzer, der mit Gold besetzt war, eine prächtige Tiara zierte seinen Kopf. Der Mann unmittelbar hinter ihm war kein Perser, sondern ein Sake. Das sah ich auf einen Blick, da an seiner Lederkappe lange lederne Streifen flatterten. Er schien am ganzen Körper Goldschmuck zu tragen. Als er uns erblickte, stieß er einen heiseren Schrei aus.

Schon bei diesem Schrei stockte einem das Blut in den Adern.

Danach lief alles verkehrt, auf beiden Seiten, wenn ihr mich fragt.

Ich hatte noch nie im Sattel gekämpft. Augenblick, das stimmt nicht ganz. Auf unserer Flucht aus Persepolis war ich in den Bergen in einige Scharmützel zu Pferd verwickelt worden, aber nie willentlich, und nie hatte ich gegen berittene Saken gekämpft.

Ich hatte mich nun einmal auf diese selbstmörderische Aktion eingelassen, aber mein großer Fehler bestand darin, auf der Straße auszuharren. Seither weiß ich, dass man einen heranpreschenden Reiter nur angreift, wenn man dem eigenen Pferd die Fersen in die Flanken presst.

Andererseits wunderte es mich von Beginn an, dass unsere Gegner nicht ihre Bogen aus den Hüllen gezogen und Pfeile auf uns abgeschossen hatten. Saken zählen zu den besten Bogenschützen des bekannten Erdkreises, allerdings sagt man ihnen auch nach, sie seien notorische Pferdediebe. Und daher vermute ich, dass sie uns nur deshalb keinen Pfeilregen schickten, weil sie unsere Pferde nicht verletzen wollten. Offenbar hielten sie uns insgesamt für leichte Beute.

Diese schlechten militärischen Entscheidungen auf beiden Seiten mündeten in ein verheerendes und tödliches Scharmützel. Wir hatten Rüstungen und Speere, und die Saken kamen sehr schnell heran, trugen aber keine Rüstungen. Die meisten von ihnen führten kurze Schwerter, einige schwangen Schwerter mit längerer Klinge, mindestens eine Frau in ihren Reihen hatte einen Strick. Ja, ihre Frauen können kämpfen!

Wir hätten fliehen sollen. Aber es ging alles zu schnell. Die Saken hingegen hätten schießen müssen. Doch sie waren viel zu aufgeregt.

Der Perser an der Spitze verlangsamte das Tempo, auch der Anführer der Saken rauschte nicht blindlings in unsere Reihen. Er zwängte sich geschickt zwischen Idomeneus und Hipponax hindurch und schlug mit seinem kleinen Schwert nach meinem Sohn – mit einem Akinakes, wie ich später sah –, dann tauchte er in unserer zweiten Reihe ab. Da er ein ausgezeichneter Reiter war, gelang es ihm, sein Pferd durch die kleinste Lücke zu treiben. Hätte er seinen Bogen eingesetzt, wären wir alle tot gewesen.

Doch Idomeneus, der wahrlich kein guter Reiter war, hatte sich im letzten Moment im Sattel verrenkt und dem Saken die Speerspitze in den Rücken gerammt. Der Mann sackte tot vom Pferd.

Fast gleichzeitig erfasste uns die Angriffswelle. Es waren etwa zwölf Krieger oder mehr, und sie versetzten unsere Tiere in Angst und Schrecken, als sie gegen uns brandeten. Meine hübsche Stute war ein attisches Reitpferd, kein Schlachtross, das im Kampf aushielt. Ich stieß mit meinem Speer zu, verfehlte mein Ziel aber – einen Fremden, der die barbarischsten Beinkleider trug, die mir je untergekommen waren: scharlachrot gefärbt, mit safrangelben Streifen. Vielleicht trug er diese Kleidung, um den Gegner zu verwirren, wer weiß? Jedenfalls hatte ich ihn verfehlt, doch er bekam den Speerschaft zu fassen und zerrte daran, sodass er mich fast aus dem Sattel gehoben hätte. Das wilde sakische Weib tauchte auf meiner anderen Seite auf und warf ihre Schlinge, während sich meine Stute aufbäumte und auf den Hinterbeinen zu tänzeln begann. Die Schlinge glitt an meinem Arm ab, und ich kam frei. Derweil stieß der Mann mit den grellen Beinkleidern mit dem Speer nach meinem Kopf, aber ich konnte mich verteidigen und stieß ein zweites Mal zu. Die Spitze meines Speers bohrte sich in den Schädel des gegnerischen Pferds.

Meine Stute blieb nicht stehen, und deshalb konnte ich meinen Gegner nicht erledigen, was eigentlich schade ist, denn heute weiß ich, dass ich Speer gegen Speer mit Masistios gewesen war, dem Befehlshaber von Xerxes' berittenen Einheiten.

Doch selbst als sein Pferd zu Boden ging und die Straße versperrte, waren wir von anderen Saken umzingelt. Ich bekam einen Schlag gegen den Panzer, der meinen Rücken schützte, und einen weiteren gegen den Helm, aber die gut geschmiedete Bronze hielt stand, und endlich kam ich in dem Gedränge an mein Schwert. Neben mir hatte Hipponax einen gewagten Schlag ausgeführt und einen Saken am Kopf erwischt. Der Mann verlor den Halt im Sattel, doch ich ahnte, dass die Klinge das schwere Leder der Kappe nicht durchdrungen hatte. Dann scheute Hipponax' Pferd genau wie meine Stute, sodass wir uns beide gegen unseren Willen vom eigentlichen Gefecht fortbewegten. Das ist der Grund, warum ich für Pferde nichts übrighabe. Es gelang mir einfach nicht, mein Tier zu wenden, und so musste ich mich beim Kämpfen ständig mit dem Oberkörper von einer Seite zur anderen drehen und stieß entweder schräg über meine Schulter oder unter der Achselhöhle zu. Versucht das mal!

Zwei meiner besser bewaffneten Seeleute waren am Boden. Teukros und ein weiterer Mann harrten kämpfend aus.

Auf meiner Höhe bekam ich es mit zwei anderen Saken zu tun. Einer gehörte zu den Kriegern, die ein Langschwert mit leicht gebogener Klinge führten. Er schlug damit zu, und ich musste mit meinem Schwert parieren – mit meinem beliebten langen Xiphos.

Derweil griff der Gefährte des Schwertkämpfers zum Bogen, einem Kompositbogen, der mit gespannter, todbringender Sehne in einer Hülle steckte, dem Gorytos.

Ich ahnte, worauf das hinauslief. Ich wusste aber auch, dass jeden Moment linker Hand das offenere Gelände bei der hügelaufwärts führenden Straße zum Schrein auftauchen würde. Ich lehnte mich im Sattel zurück, um meine Stute zu zügeln, und schlug zweimal auf meinen Gegner ein. Unsere Klingen krachten gegeneinander, Funken stoben, doch dann führte ich den nächsten Schlag aus, auf Schulterhöhe.

Als mein Gegner dann immer noch auf meiner Höhe blieb, aber offenbar nicht mehr die Initiative im Kampf ergreifen konnte, führte ich einen Überhandschlag aus. Ich verpasste ihm einen Kratzer im Gesicht – vielleicht hatte ich ihn auch am Auge erwischt oder das Blut lief ihm ins Auge, jedenfalls riss er die Arme hoch, sodass ich ihn mit dem nächsten gezielten Schlag endgültig erledigte. Unmittelbar danach riss ich wie verrückt an den Zügeln, um meine Stute zu verlangsamen, und wendete energisch. Mein zweiter Gegner mit dem Bogen tauchte ab – er galoppierte die Straße hinunter.

Wie aus dem Nichts hatte er seinen Pfeil auf mich abgeschossen. Ich glaube, er brauchte sich nur einmal auf dem Rücken seines kräftigen Pferds nach hinten zu drehen, um zu schießen. Sein Pfeil verfehlte sein Ziel nicht, und von da an hatte mein bester Helm eine tiefe Kerbe unterhalb des Buschs aus Rosshaar. Schon wendete der Schütze sein Pferd, griff nach dem nächsten Pfeil, aber dann verlor ich ihn in dem Durcheinander und Staub aus den Augen.

Idomeneus befreite sich aus dem Gedränge und hatte wieder einmal eine blutige Spur hinterlassen. Allerdings lag noch einer unserer Männer in bronzener Rüstung am Boden – Antimenides, Sohn des Alkaios. Ich erkannte ihn an der Färbung der Helmzier. Antimenides war unser Athlet bei Olympia gewesen.

Heldenhaft verteidigte Teukros' Sohn den reglosen Leib seines Gefährten, aber ich sah, dass auch er niedergeschlagen wurde. Der Held in mir sehnte sich danach, den jungen Teukros zu retten. Der Anführer in mir – oder war es der Feigling? – riet mir zur Flucht. Ich sagte es ja, wir hätten von Anfang an nicht auf offener Straße kämpfen sollen, zumindest nicht so. Und jetzt ließen die Söhne meiner alten Gefährten ihr Leben.

Ich war schmerzlich unentschlossen und lenkte mein Pferd weiter bergan, ohne recht zu wissen, was ich tat. Styges war neben mir, ehe sein Pferd an meinem vorbeizog.

Die Saken folgten uns hartnäckig.

Meine kleine Stute bekam einen Pfeil ins Hinterteil, lief aber weiter, doch ich ahnte, dass wir nur noch wenige Herzschläge leben würden.

Idomeneus tauchte neben mir auf, und ich sah, wie zornig er war. Er hasste es, die Flucht zu ergreifen.

Ich musste an Eualkidas denken, den Helden aus Euböa, der vor so vielen Jahren gegen die Lyder fiel. Einmal sagte er zu mir: *Wenn du lange genug lebst, dann wirst auch du eines Tages davonlaufen. Der Tag wird kommen, das sag ich dir, und du wirst sehen, wie lieb dir dein Leben ist.*

Es war furchtbar. Wenn man flieht, weiß man nicht, was der Verfolger hinter einem macht. Kommt jetzt der tödliche Hieb? War das der erste Pfeil von vielen? Man sieht nur noch verschwommen, schaut voller Hoffnung hinauf zum Himmel.

Fünf oder sechs von uns waren in enger Formation entkommen, und an der Biegung fielen die Saken einige Längen zurück. Doch wir galoppierten über eine gut befestigte Straße, die bergauf ging, und recht bald war abzusehen, dass unsere Verfolger ihre Vorteile nutzen würden. Seien wir ehrlich, sie waren die bei weitem besseren Reiter, trugen weniger Gewicht am Leib und hatten obendrein die zäheren Pferde.

Als Idomeneus einen Pfeil zwischen die Schulterblätter bekam, durchzuckte es mich heiß. Er sackte nach vorn, und ich merkte ihm an, wie stark die Schmerzen waren.

Doch wir hatten den Bezirk des heiligen Grabmals erreicht. Sofort kam mir der Gedanke, dass Idomeneus am Schrein sterben wollte.

Er lenkte sein Tier fort von uns.

«Nein, du irrer Kreter!», brüllte ich und schlug seinem Pferd mit der flachen Seite meines Xiphos aufs Hinterteil.

Das Pferd machte noch ein paar Schritte, ehe es unweit der Behausung des Priesters zu Boden sackte. Sechs, sieben Pfeilschäfte ragten aus dem Fell des Tieres. Idomeneus war es gerade noch gelungen, vom Rücken des Pferdes zu gleiten, um nicht von dem schweren Leib zerquetscht zu werden. Doch er wurde erneut getroffen. Zum Glück zerbrach der Pfeil an Idomeneus' Helm, und ich war so nah bei meinem Gefährten, dass mir die Holzsplitter des Schafts um die Ohren flogen.

Plötzlich setzte sich Idomeneus aufrecht hin.

Mein Blick fiel auf den Aspis an der Wand der alten Priesterunterkunft, auf die beiden Jagdspeere, die dort lehnten. Es war Kalchas' alter Schild, der wahrlich schon bessere Zeiten gesehen hatte. Der Überzug aus Bronze changierte zwischen bräunlichen und grünlichen Tönen – wie ein Waldboden, über den einzelne Sonnenflecken huschen. Die Oberfläche war nicht mehr glatt, da aufstrebende Krieger jenen Aspis über Jahre als Zielscheibe benutzt hatten, als sie ihre Speere warfen.

Ich kann nicht mehr genau beschreiben, wie es sich abspielte, aber ich hatte Kalchas' Schild am Arm, kaum dass ich vom Rücken meiner Stute gesprungen war.

Sofort griff ich nach dem ersten alten Speer, der an der Behausung lehnte, und schirmte Idomeneus gegen unsere Feinde ab. Am Boden sammelte sich Blut in Lachen.

Der erste Sake, der die Lichtung beim Schrein erreichte, sprengte geradewegs an mir vorbei und blieb auf dem Pfad hinauf in den Wald.

Die drei nachfolgenden Reiter hatten mich indes entdeckt und änderten ihre Richtung so schnell, dass mein Wurf fast ins Leere gegangen wäre, aber dann sah ich, dass der schwere Jagdspeer ein Pferd getroffen hatte, das zu Boden stürzte. Ich griff nach dem zweiten Speer.

Einer der sakischen Reiter sprang über das gestürzte Pferd hinweg, der andere nicht.

Plötzlich wimmelte es auf der Lichtung von Berittenen. Sie kamen auf beiden Seiten um die alte Behausung des Priesters – Saken können durch Waldgebiete ebenso schnell reiten wie auf offenen Strecken.

Ein Pfeil kam wie aus dem Nichts, prallte gegen meinen Aspis und zerschellte. Ein weiterer schlug gegen die bronzene Einfassung, mit der Wucht eines Steins, den ein wütender Mann wirft. Unmittelbar danach wehrte ich zwei Pfeile zugleich ab und geriet ins Wanken. Mir blieb kaum Zeit zum Atmen, mit einem Mal prasselten Pfeile auf mich ein wie Eisregen – die ersten Spitzen drangen durch die Oberfläche und suchten nach meinem Unterarm, nach meiner Hand.

Ich ahnte, dass ich sterben würde, die Frage war nur, wie viel ich vorher noch aushalten musste. Ohne groß nachzudenken, rammte ich meinen Aspis gegen den Angreifer, der über das sterbende Pferd gesprungen war – besser gesagt gegen sein Pferd. Er schlug mit dem kurzen Schwert nach mir, ich stieß mit dem Speer zu. Einer hatte den anderen verfehlt, und schon war er an mir vorbeigesprengt. Ich machte eine halbe Drehung und schleuderte den zweiten Speer dem nächsten Mann entgegen, der sich näherte, ehe ich mich flach mit dem Rücken gegen die Wand der Behausung drückte. Kurz atmete ich durch und schlüpfte dann um die Ecke auf die Lichtung – dort sah ich nichts als Reiter in einer wirbelnden Staubwolke.

Einen kurzen Moment überlegte ich, den Verlockungen des Waldes zu folgen.

Aber mein Entschluss stand längst fest. Briseis war unerreichbar für mich. Griechenland war verloren.

Also floh ich nicht, sondern rannte in das Gewühl aus Feinden. Ich war nicht im Blutrausch, sah nicht die roten Schlieren des Ares. Wenn ich recht darüber nachdenke, hatte ich selten einen klareren Blick gehabt und schlug nicht blindlings zu. Mein langer Xiphos ist wie geschaffen, um zuzustoßen. Ein unvergleichliches Werkzeug des Todes. Regulär ausgeführte Hiebe sind das Mittel der Wahl, wenn man vor Verzweiflung nur noch um sich schlägt, aber wenn man gezielt töten will, stößt man zu. Und so stieß ich in rascher Folge zu, trieb meinen Gegnern die Klinge nur wenige Fingerlängen in den Leib, ehe ich sie schon wieder zurückzog und vorwärtsdrängte. Auf meinem blutigen Pfad machte ich keinen Unterschied – ich stach gleichermaßen auf Pferde und Menschen ein, je nachdem, wer sich mir gerade in den Weg stellte. Ich hatte nichts mehr zu verlieren und war fest entschlossen, mir einen Weg durch das Gedränge zu bahnen, ich wollte in Bewegung bleiben und dem Feind so viel Schaden wie möglich zufügen.

Wirklich, ich weiß nicht, wie lange dieses Aufbäumen dauerte. Ich musste einige Schläge einstecken, ein Pfeil drang durch meinen Aspis und erwischte meine Hand an der Antilabe. Es muss ein Scherz der Götter gewesen sein, denn die Spitze des Pfeils verharrte genau an der Stelle, an der meine zwei fehlenden Finger hätten sein müssen.

In meiner Erinnerung zog sich dieser Kampf über Stunden. Gut, seien wir ehrlich, ich vermute, das Getümmel dauerte so lange, wie ein Läufer über die Distanz eines Stadions braucht, vielleicht auch über zwei Stadien.

Wie aus weiter Ferne drang der Klang eines Horns an meine Ohren, dann noch einmal, vermutlich aus einer anderen Richtung, und ehe ich recht wusste, wie mir geschah, strömten all meine Seeleute auf die Lichtung, mit der Wucht der Brandung.

Jedenfalls habe ich es so in Erinnerung behalten. Dann geschah etwas Wunderbares – es war einer dieser Augenblicke, die dir zeigen, dass du eine Bestimmung auf Erden hast, die du genießen darfst.

Als das erste Horn ertönte, wusste ich wieder, dass ich Freunde hatte – dass ich einen Hinterhalt vorbereitet hatte.

Und im selben Moment verwandelte sich mein vermeintlich letzter, selbstmörderischer Kampf in den Wunsch, unbedingt am Leben zu bleiben.

Wahrscheinlich müsst ihr schon lachen, wie? Ja, auch mir ist fast zum Lachen zumute. Ich weiß nicht, ob ich auf der Lichtung den besten Kampf meines Lebens abgeliefert hatte, aber ich war wie beseelt – von den Göttern, denke ich. Ich bin davon überzeugt, dass Athene meine Hand führte, während ich von einem Saken zum nächsten eilte und diesem in den Unterleib stach, jenem in die Nieren, dem nächsten mitten ins Gesicht oder durch den Arm. Ein Pferd traf ich am Hinterteil, ein anderes in der Brust – und die ganze Zeit bewegte ich mich mit der Geschmeidigkeit eines Tänzers in einem Meer aus Feinden.

Doch mit dem Klang des Horns fielen meine gottgegebenen Kräfte von mir ab, sodass ich zu Tode erschrocken mitten unter den Feinden stand, hoffend, dieses Gemetzel lebend zu überstehen.

Gerettet hat mich wahrscheinlich der Umstand, dass der volle Klang der Hörner nicht nur auf mich einwirkte, sondern auch auf meine Gegner. Vielleicht hatten die Saken gespürt, dass etwas nicht stimmte, als ihnen der Geruch des Blutes in die Nasen stieg. Du weißt ja, Thygater, dass wir viele Saken kennengelernt haben, seitdem wir in diese Gegend zogen, und diese Krieger verstehen sich auf Hinterhalte. Vielleicht schmeckte einem ihrer Anführer damals nicht, was er auf der Lichtung sah.

Wie dem auch sei, sowie die Hörner erklangen, flohen die Saken.

Hipponax stürmte aus dem Gebüsch auf die Lichtung, schleuderte seinen Speer und schickte einen Gegner in den Staub. Der Mann fiel vom Pferd und prallte mit dem Kopf auf eine der Steinplatten, die das Heiligtum des Schreins einfassten. Ich hörte, wie die Schädeldecke mit einem hässlichen Knacken brach – einer der Vorfälle, die mir von diesem Gefecht klar im Gedächtnis geblieben sind.

Kurz darauf war die Lichtung am Grabmal des Leitos voller Seeleute und Ruderer, die in Jubel ausbrachen. Hipponax meinte später, ich habe ausgesehen wie ein Igel, und dieser Vergleich mag stimmen. In meinem Aspis steckten mehr als zwanzig sakische Pfeile, mein Unterarm blutete, da zwei Spitzen durch den Porpax in mein Fleisch gedrungen waren.

Ich eilte sofort zurück zu Idomeneus. Er atmete noch – aber langsam und unregelmäßig, wie ein schnarchender Mann. Zwei meiner Rudermannschaft nahmen mir den Aspis ab, die anderen verfolgten die Saken über die Hänge des Kithairon. Ich hielt mich auf den Beinen und versuchte, meinen Atem zu kontrollieren, die Anzahl meiner Wunden machte sich bemerkbar. Schon bei Artemision war ich mehrfach getroffen worden, ich hatte insgesamt zu wenig Schlaf gehabt, und nun hatte ich gegen zwanzig Reiter gekämpft. Meine Haut war an zahllosen Stellen durchbohrt.

Hipponax half Idomeneus aus dem edlen Thorax. Mein Gefährte war auf den Rücken gesackt, dadurch war der Pfeilschaft abgebrochen. Vielleicht war er schon vorher gebrochen – Perser wie Saken fertigen sehr robuste Schäfte, aber sobald das Material Risse bekommt, bricht es leicht, insbesondere bei kaltem Wetter. Meine Unterarme waren übersät von Splittern feindlicher Pfeile.

Aber Idomeneus war am Leben, auch wenn er ohnmächtig und nicht ansprechbar war. Der Pfeil hatte den Panzer am Rücken durchschlagen, war aber nicht allzu tief in die kräftige Muskulatur zwischen den Schulterblättern gedrungen.

Hektor, der die Seeleute zur Lichtung geführt hatte, kramte schon in dem ledernen Beutel und holte die Wundsalbe hervor, die aus Honig, Oregano und einigen anderen Heilkräutern bestand. Eine Priesterin der Hera hatte den Tiegel gesegnet. Hektor schmierte die Salbe auf die Wunde, legte einen notdürftigen Verband aus einem Chiton an, ehe er und Hipponax den verletzten Kreter über den Rücken eines Pferdes legten. Etliche sakische Pferde tummelten sich auf unserer Lichtung, und nach und nach fingen meine Männer sie ein, insbesondere die jüngeren, die sich für Pferde begeistern konnten.

Ich war überrascht, als meine Stute zu mir kam. Ein Pfeil ragte aus ihrem Hinterteil, doch das schien sie nicht sonderlich zu stören. Leider hatten wir kaum noch Salbe, daher sprach ich ein Gebet zu Poseidon, dem Herrn aller Pferde, und während zwei meiner Epibatai den Schädel des Pferds umfassten, nahm ich einen kleinen Schnitt am Hinterteil der Stute vor und zog den Pfeil heraus. Die Wunde versorgte ich mit dem Rest der Salbe. Das Pferd war nicht gerade begeistert von der kleinen Operation, das kann ich euch sagen, aber ich hatte es längst ins Herz geschlossen. Was für ein Mut! Nie hatte ich viel für Pferde übriggehabt.

Da seht ihr, was ein Gebet an Poseidon bewirken kann, wie?

Mir wurde bewusst, dass ich auch deshalb ein großer Kämpfer geworden war, weil ich mich stets auf meine Befehlshaber hatte verlassen können. Ich war es nicht gewohnt, die folgenden Schritte im Detail zu planen – das hatten immer andere für mich erledigt. Aber Idomeneus war verwundet, und Teukros, Sohn des Teukros von Milet, war tot. Keiner der anderen Platäer war bereit, das Kommando zu übernehmen oder die Art von Entscheidungen zu fällen, die ich gern anderen überließ, um das Ganze im Blick zu behalten.

Ein wichtiger Punkt war, dass Böotien von berittenen Einheiten der Perser wimmelte. Ich musste davon ausgehen, dass die Reiter denselben Weg nach Attika einschlagen würden, den wir zu nehmen gedachten. Und sie wären sehr viel schneller als wir.

Um ehrlich zu sein, ich hatte nicht damit gerechnet, dass Xerxes so rasch vorankommen würde.

Lasst mich aber betonen, dass seine Truppen nur deshalb so schnell vorankamen, da das verräterische Theben von uns abgefallen war. Theben hatte seine Tore geöffnet und die Meder mit Proviant versorgt. Als die persische Vorhut also dem Verlauf der Wege folgte, konnten die Krieger auf Nahrung und Wein zurückgreifen und die Pferde mit allem Nötigen versorgen. Hätte Theben nur einen Tag länger gezögert, wäre uns schon geholfen gewesen. Dann wären die Sturmwolken nicht so rasch aufgezogen, die Blitze hätten nicht so grell am Himmel gezuckt, um einmal in diesem Bild zu bleiben.

Tatsache war, mein Vetter Simonides wurde auf der Straße weiter unten ebenfalls in Kämpfe verwickelt. Sein Bruder Ajax verlor sein Leben, keine fünf Stadien von der Lichtung beim Schrein entfernt. Aufhorchen ließ mich indes, als Simonides beteuerte, die Männer, die seinen Tross angriffen, seien Thebaner in persischer Kleidung gewesen – Simonides hatte lange in Theben gelebt, war dort zum Mann gereift. Ich glaubte ihm. Theben hatte immer schon Platäa gehasst. Sie ließen keine Gelegenheit aus, unserer Polis zu schaden oder uns anzugreifen, wenn sie sich dadurch einen Vorteil verschaffen konnten. Gewiss waren es die Thebaner, die den Großkönig baten, unsere Stadt dem Erdboden gleichzumachen.

Aber ich greife wieder einmal voraus.

Mir war klar, dass wir uns zurückziehen mussten. Ich hoffte, dass wir Alkaios von Milet und dem Tross geholfen hatten. Sein Sohn hatte drei schwere Verletzungen davongetragen, jede einzelne hätte ihn zum Krüppel machen können – so hoffte ich, dass unsere Gegenwehr nicht umsonst gewesen war und die Hopliten weiterhin ihren Weg fortsetzen konnten. Aber wir durften auf keinen Fall dem Verlauf der Straße folgen, und daher trug ich Hipponax auf, mehrmals in sein Horn zu blasen, um die übereifrigen Ruderer zurückzuholen, die die Saken im Waldgebiet verfolgten. Als ich Dareios fand, schärfte ich ihm ein, die Männer bei der Straße zu sammeln. Am liebsten hätte ich mich lang ausgestreckt und geschlafen. Wie oft steckt man in diesem Dilemma? Man will sich eigentlich nur ein bisschen ausruhen, aber die Welt dort draußen und die Götter lassen es nicht zu – auch die Feinde nicht. Keiner gönnt einem Ruhe.

Ich scharte die Jungen – die bald Befehlshaber sein würden – und Dareios um mich, während sich die anderen sammelten. Die Rudermeister bemühten sich, den Überblick über die Männer zu behalten, wie die Kommandanten einer Phalanx. Ich wünschte, Seckla wäre bei uns.

Ja, ich hätte so gern Ka und seine Nubier bei mir gehabt. Bogenschützen – bei Apollon, Bogenschützen sind Gold wert, wenn es hart auf hart kommt.

Aber wie die Frauen in Platäa sagen, wenn Wünsche wie Gerstenkuchen wären, dann würden Bettler wie Könige speisen. Ich befehligte vierhundertfünfzig Ruderer, alles harte, erfahrene Jungs. Wir führten Esel und Maultiere mit, mit Proviant für drei Tage. Und wir hatten jede Menge Kriegserfahrung.

Ich begann, die Vorräte am Schrein zu plündern. Der alte Held war immer schon ein Freund von mir gewesen, und ich hatte ihm manch ein Trankopfer dargebracht, mit Wein, aber auch mit Blut. Styges und Idomeneus hatten Getreide im heiligen Bezirk des Grabmals gelagert, in großen Pithoi, die sie in den Boden der kleinen Scheune eingelassen hatten, die ich einst gebaut hatte. Auch Wein lagerte dort. Wir holten alles hervor, luden die Vorräte auf die Saumtiere und verbrannten das Getreide, das wir nicht mehr befördern konnten. Ich trug meinen Männern auf, Äste vom Boden aufzuklauben und vor dem alten Eingang des Grabmals aufzuschichten – man kann nicht plündern, was man nicht sieht. Danach setzten wir die Hütten in Brand, vorher nahm ich aber noch in Kalchas' Behausung das alte Fenster aus Horn aus dem Rahmen, das irgendwann einmal ein unbekannter Handwerker gefertigt hatte. Dieses Fenster, durch das ich einst heimlich als Junge geklettert war, brachte ich im Inneren des Schreins unter, ehe wir das Heiligtum endgültig versiegelten.

Vielleicht erkläre ich das nicht richtig, da einige von euch so verwundert dreinblicken. Der Schrein stellte den Mittelpunkt unserer militärischen Ausbildung in Platäa dar. Wir lagerten dort Proviant und einige Waffen und waren entschlossen, dass nichts davon dem Feind helfen sollte. Und es war ein Akt der Frömmigkeit, den Schrein zu tarnen, damit die Feinde nicht darauf aufmerksam wurden. Wir hatten ohnehin erkannt, dass die Behausungen neu errichtet werden müssten, daher fiel es uns nicht schwer, sie niederzubrennen. Das Holz war bereits arg verfault.

Während all dieser Vorbereitungen kam Onisandros, einer der jüngeren Rudermeister, zu mir und grüßte angemessen. «Navarch, ich dachte, wir könnten ...», er hielt inne und grinste, «... die toten Saken zerhacken. Um ihnen zu zeigen, was wir von denen halten.»

Ich suchte seinen Blick. «Nein.»

Offenbar spiegelte mein Gesichtsausdruck meine Gefühle wider, denn Onisandros, eigentlich ein guter Kerl, wich einen Schritt zurück. «Oh, bitte um Verzeihung, Herr!»

«Hört zu!», rief ich und bezog die anderen in meiner Nähe mit ein. Die Männer in Hörweite verstummten und hielten inne, die großen Äste über den Boden zu schleifen oder die toten Saken nebeneinanderzulegen. Teukros wurde innerhalb des heiligen Bezirks des Grabmals bestattet, mit allen Ehren. Er war der einzige Tote, den wir zu beklagen hatten, ein Dutzend Männer waren verletzt, einige schwer.

Mehr konnten wir unter diesen Umständen für den jungen Teukros nicht tun.

Die meisten der Männer wandten sich mir zu. Hier und dort vernahm ich ein Raunen oder Murren, einige können eben nie den Mund halten. Übrigens gehöre ich auch zu diesem Schlag, wie ich bekennen muss.

«Wir werden die Toten nicht entehren. Ihr fragt euch sicher, warum wir das nicht tun. Weil wir Griechen sind! Bei Poseidon, Männer! Wollt ihr euch des Frevels schuldig machen wie die Meder? Sollen sie im Hades brennen für das Sakrileg. Wir werden diesen Krieg gewinnen, weil wir die besseren Menschen sind, weil wir über derart niedrigen Gelüsten stehen. Ich weiß, wie wütend ihr seid. Ich bin es auch. Mein Schwager liegt im Sand bei den Thermopylen. Die Feinde haben ihm den Kopf abgeschlagen, haben seinen Leib verstümmelt. Die Perser haben ihn geschändet, als wäre er ein gemeiner Verbrecher. Das ruft meinen Zorn hervor – trotzdem würde ich nicht einmal einen toten Hund derart schänden.»

Ich weiß nicht, ob ich es genauso gesagt habe, aber ungefähr dieser Wortlaut muss es gewesen sein. Den Göttern sei Dank, dass ich mir schon im Vorfeld Gedanken gemacht hatte. Deswegen hatte ich längst entschieden, dass ich solche Untaten nicht dulden würde, und zwar bevor ich so erschöpft und wütend war und den Sohn von Teukros aus Milet verloren hatte.

Ich gebe mir immer noch die Schuld für seinen Tod. Wir hätten nicht auf offener Straße kämpfen sollen – wir hätten fliehen müssen. Das war einer meiner schlechteren Tage. Und euch wird nicht entgangen sein, dass ich den eigentlichen Hinterhalt zunichtemachte und uns um einen großen Sieg brachte, da ich beim Grabmal anhielt und versuchte, Idomeneus zu retten.

Nun, das bereue ich wahrlich nicht.

Ich möchte euch in dieser Geschichte noch etwas mit auf den Weg geben, und zwar die Erkenntnis, dass die Führung von Männern im Krieg ihre Schattenseiten hat, da einem immer wieder Fehler unterlaufen, und das bedeutet, dass tapfere Männer sterben oder verstümmelt werden, aber als Anführer bleibt dir keine andere Wahl: Du musst die Überlebenden weiterhin anführen. Im Grunde möchte man sich in einer solchen Situation hinlegen und Vergessen im Schlaf finden oder in seinem Zorn Gefangene erschlagen. Vielleicht kommt einem auch der Gedanke, sich selbst das Leben zu nehmen, weil man die Schmach nicht ertragen kann – und ich habe all diese Momente durchlebt, Freunde, das könnt ihr mir glauben. Die düstere Verzweiflung nach dem Kampf – man blickt in einen finsteren Abgrund, wie einige es beschrieben haben.

Aber die Männer schauen zu dir auf, sie warten darauf, dass ihr Anführer die nächsten Befehle gibt, obwohl man im Grunde nur noch weinen möchte. Oder sterben.

Los, schenkt mir Wein nach!

Wo war ich noch gleich?

Ah, ja, bei meiner wilden Schar, bei Dareios, Hipponax und Hektor. Ich legte ihnen meinen Plan dar. Hektor und die schnellsten Männer schickte ich los, den Berg hinauf, um zehn Stadien weiter oben einen Hinterhalt vorzubereiten. Hipponax sollte der nächste Befehlshaber sein und die nächste Gruppe Ruderer weitere zehn Stadien hinaufführen, bis zum Bergrücken, von wo aus man Eleutherai überblicken kann. Dort sollte erneut ein Hinterhalt gelegt werden. Meine beiden Jungs, jeder mit zwanzig Mann unter sich, sollten der Marschsäule immer einen Sprung voraus sein.

So zieht man sich richtig zurück – man versetzt dem Feind schmerzhafte Stiche. Verfolger werden schnell unachtsam. Es muss eine Eigenart des Menschen sein, dass er glaubt, die Vorwärtsbewegung bringe den Sieg und die Flucht beschere einem die Niederlage, und wahrscheinlich stimmt das auch grundsätzlich, aber bei einem wohlgeordneten Rückzug nutzt man die Mittel, die einem zur Verfügung stehen. All das lernte ich von Aristeides, andere Dinge von Brasidas.

Oh, wie ich auch ihn vermisste! Ich schalt mich einen Narren, dass ich ihn bei den Schiffen zurückgelassen hatte.

Jedenfalls, sowie wir die Pläne besprochen hatten, eilte Hektor mit seinen Männern davon. Derweil luden wir den Rest des Getreides auf die Packtiere.

Ich holte meinen leichteren Aspis aus dem Gepäck, ersetzte das Gewicht mit Getreide und begab mich ans Ende der Marschsäule, mit Männern, die ich ausgewählt hatte. Meine Stute sollte eine Weile ohne mein Gewicht laufen, um sich etwas zu erholen.

Ich ließ den Jungs einen gewissen Vorsprung, und dann marschierten wir los.

Wir hatten uns etwa eine Stunde beim Grabmal des Helden aufgehalten, die Sonne war höher am Himmel gestiegen, und die ganze Zeit befürchtete ich, die Saken würden kehrtmachen und erneut über uns herfallen. Wäre es so gekommen, hätten wir natürlich gekämpft, aber es wäre ein hässliches Gemetzel geworden.

Sobald wir wieder in Bewegung waren, waren wir in besserer Verfassung. Ist eine Marschsäule erst einmal unterwegs, verblasst die Furcht vor feindlichen Aktionen, für eine Weile zumindest. Auf unwegsamem Gelände ist es für berittene Einheiten schwer, marschierende Fußtruppen zu umzingeln. Auf der Ebene oder in einer Wüstenlandschaft wäre ein Reiterangriff für Hopliten furchtbar, aber im Schutz der Wälder kamen wir auf den Wegen und Pfaden schnell voran, die Reiter hingegen konnten angesichts der alten Bäume und der steinigen Hänge des Kithairon-Gebirges ihr hohes Tempo nicht halten.

Wie dem auch sei, für die Dauer von zwei Stunden sahen wir überhaupt keinen Reiter. Wir kamen an der Stelle unseres ersten Hinterhalts vorbei, und die Männer lösten sich aus dem Unterholz und schlossen sich unserer Kolonne an. Dann scharte Hipponax seine Männer um sich und eilte voraus, um den nächsten Hinterhalt zu legen. Die müden Ruderer, die den halben Tag mit ihren erbeuteten Rüstungen am Leib im Eilschritt laufen mussten, warfen mir finstere Blicke zu, und ich möchte nicht wissen, was sie insgeheim mit mir gemacht hätten. Aber ich war es gewohnt, diesen Leuten auf meinem Schiff zu befehlen, sich in die Riemen zu legen, und daher setzte ich ein unverfängliches Lächeln auf und versuchte, sie mit den entsprechenden Worten zu ermuntern. Wie es die Spartiaten tun. «Hast gut durchgehalten, Empedokles!», oder: «Du siehst wie ein Gott aus, Onisandros!» Und so ging es immer weiter.

Als die Sonne hoch am Himmel stand, gönnten wir uns eine Stunde Ruhe, stellten aber Wachen an jedem exponierten Punkt auf. Wir mussten jederzeit wissen, wo der Feind war. Ich pulte gerade ein Stück der Wurstpelle aus einer kleinen Zahnlücke, als mir Kassander, einer der älteren Ruderer, von einem Felsvorsprung weiter voraus etwas zurief. Ich konnte ihn gerade noch von meinem Platz aus sehen, erkannte ihn an seinem guten Spolas aus Leder, das rötlich gefärbt war.

«Ari! Reiter!»

«Zu den Waffen!», rief ich sogleich. Wir rasteten in einzelnen Gruppen – eine der Vorsichtsmaßnahmen, die ich bei Marathon gelernt hatte. Rasch waren wir auf den Beinen und hatten die Schilde am Arm, bevor der Hufschlag der Pferde deutlich zu hören war.

«Trinkt einen Schluck! Nicht vergessen!», lautete meine nächste Anweisung. Es ist immer erstaunlich, wie schnell Erschöpfung und dunkle Schwermut von einem abfallen, wenn man den Feind kommen hört.

Die Männer tranken aus ihren Feldflaschen und ledernen Schläuchen und reichten die Behälter an die bedauernswerten Trottel weiter, die kein Wasser bei sich hatten. Auf mein Zeichen trieb Onisandros die Saumtiere samt Gepäck weiter.

Ich stand zwischen Alexandros, einem meiner besten Epibatai, und dem ehemaligen korinthischen Söldner Siberios, der auf See zum Anführer der Epibatai aufgestiegen war. Hinter mir wusste ich Styges. Alle zehn Mann, die den Weg versperrten, trugen die komplette Rüstung. Beim letzten Halt hatte ich meine Arm- und Beinschienen angelegt. Ich hatte nämlich kein Verlangen, mir weitere Holzsplitter an Armen und Beinen einzufangen. Die taten verflucht weh, sage ich euch.

Die Saken waren auf der Hut. Sie kamen langsam heran, hielten an, sobald sie uns erblickten, und schossen ihre Pfeile ab. Mein bester Aspis kassierte die ersten Treffer.

Eine ganze Weile lieferten wir uns mit dem Gegner ein langes, hartes Duell, fast wie beim Fechten. Hatten wir wieder eine Salve Pfeile überstanden, zogen wir uns rasch weiter zurück – bei jeder Wegbiegung rannten wir, lauschten aber auf die Geräusche des Hufschlags. Aber die Saken waren wirklich vorsichtig, und bald hatten wir den Abstand auf hundert Schritte erhöht und atmeten durch. Manchmal eilten wir sofort weiter. Manchmal holten sie auf.

Einmal hatten wir sogar zu einem kurzen Sturmlauf angesetzt. Natürlich erwischten wir keinen der Reiter, dafür überraschten wir sie und schlugen sie kurzzeitig in die Flucht. Aber nach einer Stunde zitterten mir die Knie, in den Beinen hatte ich kein Gefühl mehr. Ich denke, ich hätte einen Saken nicht töten können, selbst wenn ich ihn unter der Klinge meines Xiphos gehabt hätte.

Endlich tauschten wir mit Dareios und dessen zehn Kämpfern die Position. Er war so gerissen wie ich, seine zehn Mann waren schneller als unsere Schar. Als ich Dareios' Männer vom Ende der Marschkolonne aus beobachtete, ging mir auf – und das gebe ich gern zu –, dass seine zehn Ruderer in ihrer leichteren Rüstung aus Leder besser für dieses Rückzugsgefecht geeignet waren – bis einer der Männer einen Pfeil in den ungeschützten Unterschenkel bekam. Er ging zu Boden, und sofort war der sakische Reiter bei ihm und schoss ihm einen zweiten Pfeil in den Leib. Einige Verfolger schossen leichtere Pfeile auf unsere Marschsäule, aber die Götter hatten dafür gesorgt, dass unsere Saumtiere schon um die nächste Biegung verschwunden waren. Die Pfeile prasselten gegen unsere Schilde, richteten aber keinen Schaden an.

Die Steigung nahm zu. Wir schafften vielleicht zehn Stadien pro Stunde, und mir war klar, dass das Tageslicht weiter abnahm. Wir konnten es uns nicht leisten, eine Nacht in den Bergen mit den Saken im Nacken zu verbringen.

Ich ließ Styges wissen, was mir durch den Kopf ging, und rannte die Marschkolonne entlang. Gut, rennen kann ich es nicht nennen. Ich musste oft stehen bleiben. Nicht einer meiner besten Tage.

Irgendwann erreichte ich die Spitze der Kolonne und eilte weiter, immer noch in voller Rüstung, am Arm den Aspis. Es kam mir wie eine Ewigkeit vor, als ich mich über den Waldweg quälte, immer weiter hinauf, bedrückt von der Sorge, was hinter mir geschehen mochte. Dazu kam die Angst, den Kontakt zu meinen Männern im Hinterhalt verloren zu haben ...

«Pater!»

Hipponax ließ sich auf der grasbewachsenen Böschung voraus blicken.

«Perfekt», schnaufte ich. Und es stimmte. Linker Hand grenzte der Pfad an Steilhänge, die einen herrlichen Blick über Böotien boten – dieser Blick eröffnet sich dem Wanderer, der aus Attika über die Berge kommt. Über uns waren Gestein vulkanischen Ursprungs und ein paar knorrige Olivenbäume, aber die Böschung, um die es ging, war nicht zu steil, sodass ein Mann mühelos hinunterlaufen konnte, und gerade steil genug, um ein paar ordentliche Steine auf den Weg rollen zu lassen.

«Du musst dich verstecken, bis der Feind an euch vorbei ist», sagte ich zu ihm. «Wir können sie nicht einschüchtern. Wir müssen ein paar von ihnen töten und verhindern, dass sie uns dauerhaft im Nacken sitzen.»

Mein Sohn deutete voller Stolz auf die kleine Anhöhe. Es stimmte, ich konnte niemanden dort sehen.

«Was, wenn sie versuchen, die Böschung zu nehmen?», fragte ich. Aber das war eine rhetorische Frage.

Ich eilte zurück zur Marschkolonne. Auf dem Rückweg machte ich mir Sorgen, dass meine Männer herbe Verluste hinnehmen mussten. Der Tod von Teukros bestimmte wieder mein Denken. Ich dachte an meinen Schwager Antigonos und an Leonidas von Sparta, deren Leichen von Barbaren geschändet worden waren.

Philosophen preisen stets das Leben in Abgeschiedenheit, aber Befehlshabern empfehle ich nicht zu viel Einsamkeit, da dies nur zum Grübeln anregt. Ich sage euch, bisweilen kann es dunkel sein in den Abgründen der eigenen Gedanken und Zweifel.

Wie dem auch sei, meine Leute waren unversehrt geblieben. Als ich an der Spitze eintraf, schickte ich sofort zwanzig Mann voraus, die Hipponax unterstützen sollten – Hektors Männer, unter der Führung des Jungen. Einen anderen Hinterhalt sollte es nicht geben. Wir hatten fast die Höhe des Passes erreicht, dahinter ging es stetig hinab in die attische Tiefebene. Sobald der Talkessel breiter würde, wären die sakischen Reiter im Vorteil.

Ich lief an den Männern vorbei zu meiner Nachhut, ging die letzte Strecke bewusst langsam und atmete wieder regelmäßiger.

Aber es gibt Dinge, die muss man selber in die Hand nehmen. Ich konnte ja keine Nachricht schicken, dass der Hinterhalt gelegt war.

Das klappt nie.

Als ich wieder zu Atem gekommen war, nahm ich ein paar Männer mit und löste Dareios ab.

Meiner Schätzung zufolge befanden wir uns noch etwa drei Stadien vom Hinterhalt entfernt. In Richtung Böotien öffnete sich das Gelände allmählich nach links. Rechter Hand fiel das Terrain indes ab.

Wir versuchten es mit einem vorgetäuschten Angriff, den Brasidas uns einst beibrachte und den wir verinnerlicht hatten. Daher zogen wir uns hinter eine Biegung zurück, ehe wir zum kurzen Sturmlauf ansetzten. Wir stürmten exakt fünfzig Schritte, machten kehrt und rannten.

Die Saken wichen vor uns zurück, schossen aber immer noch auf uns. Doch sie ließen Vorsicht walten, und viele Pfeile waren es nicht, die in unsere Richtung flogen. Inzwischen folgten sie uns seit Stunden, und ich vermutete, dass sie es allmählich leid waren, Pfeile zu vergeuden gegen Krieger in Rüstung und große Schilde.

Aber wir verjagten sie gerade auf eine Strecke von dreißig Schritten, als einer der Reiter ausscherte und über das leicht ansteigende Gelände ritt, um uns auf der Flanke anzugreifen. Natürlich brachen wir den Sturmlauf ab und rannten zurück. Dann, nach etwa zehn Schritten, hörten wir wieder Hufschlag hinter uns.

Nun – es war wie bei einem Hoplitodromos, nur, dass das eigene Leben von diesem Lauf in voller Rüstung abhing. Ich fiel merklich zurück, weil ich nicht mehr so schnell war wie früher, dank der unterschiedlichsten Blessuren. Und die Rüstung lastete auf meinen Schultern.

Aber wir folgten der Biegung des Weges. Es war die letzte Kurve vor dem Hinterhalt, und noch hatten wir keinen Mann verloren. Wir hatten noch zwei Stadien vor uns, der Weg stieg langsam an. Die Reiter weiter oben auf dem kleinen Kamm hatten eine schmale Kluft erreicht, kamen nicht weiter und mussten wieder zurück auf den Waldweg. Sowie sie auf den Weg gelangten, behinderten sie ihre anderen Gefährten, sodass unsere Verfolger zurückfielen.

Ich hörte meine dröhnenden Schritte auf dem Weg. Ich war der Letzte, hing gut fünf Schritte zurück – ich, der ich einst der beste Krieger im griechischen Heer gewesen war!

Noch ein Schritt. Noch einer.

Ich erinnerte mich an den Tag, als ich zum Sturmlauf auf die Perser angesetzt hatte, auf dem Pass oberhalb der Ebene von Sardis. Nur dass ich jetzt vor meinen Feinden davonlief!

Man kann die eigenen Männer nicht um jeden Gefallen bitten, und bei einem Hinterhalt muss einer der Köder sein.

Die letzten hundert Schritte bis zur nächsten Wegbiegung schienen kein Ende zu nehmen.

Als ich noch fünfzig Schritte vor mir hatte, sah die Strecke nicht mehr so unüberwindbar aus, und plötzlich hatten meine Füße Schwingen der Furcht, da der Hufschlag lauter wurde. Der Boden unter mir begann zu vibrieren. Ein Pfeil verfing sich in meinem Helmbusch, ein zweiter prallte gegen das Rückenstück meines Thorax, was mich ins Straucheln brachte – etwa zwanzig Schritte vor der Biegung. Ich wusste, dass ich inzwischen das einzige Ziel der Saken war. Denn all meine Männer hatten die Kurve bereits hinter sich gelassen. Ich hoffte, dass dort eine Formation ausharrte, hundert Ruderer, die die Saken empfangen würden ...

Ich stolperte und fiel der Länge nach hin. Den Göttern sei Dank, dass ich mir bei diesem Sturz nicht den Arm brach, der den Aspis hielt, aber ich rollte mich über den Schild ab, wie Istes es einst getan hatte, der Held aus Milet. Allerdings war es meinerseits nicht geplant, es war wohl eher ein Segen von Tyche. Meine Knie waren zerschrammt, und ehe ich den nächsten Atemzug tun konnte, waren Hufe um mich herum.

Ein Pferdehuf erwischte mich, als ich versuchte, mich aufzurappeln, sodass ich wieder stürzte, diesmal zog ich schützend den Aspis über mich, wie Kalchas es mir beigebracht hatte.

Über mir im aufwirbelnden Staub erahnte ich einen Saken, der sich zu mir beugte und einen Pfeil abschoss. Die Spitze durchbohrte den Aspis nah beim verstärkten Rand und verletzte mich am Oberschenkel. Ein anderer Reiter sprengte an mir vorbei, drehte sich nach hinten und zielte ebenfalls auf mich. Sein Pfeil zerstob am bronzebewehrten Rand meines Aspis.

Die Verfolger waren mir so nah, dass ich ihre Augen und die Schweißperlen auf ihrer Stirn sehen konnte. Scheinbar mühelos lenkten sie ihre Pferde mit dem Druck ihrer Schenkel und Knie und schienen mit ihren Gedanken schon bei den Männern jenseits der Wegbiegung zu sein. Der Mann, der mich mit seinem Pfeil am Oberschenkel verletzt hatte, hatte einen goldenen Reif am Arm und trug eine Art Weste aus rotem Leder, die mit einem herrlichen, schillernden Muster überzogen war. Der andere Sake hatte hellblaue Augen ...

All dies nahm ich von einem Herzschlag auf den anderen wahr.

Schon nahmen die Reiter die Biegung und stießen auf den Schildwall meiner Männer – und den Göttern sei Dank, er hielt! Für die Dauer von drei bangen Herzschlägen war es wie beim Othismos, dem Massendruck der aufeinandertreffenden Phalangen. Aber leicht bewaffnete Berittene, mögen die Bogenschützen auch noch so gut sein, sind den Hopliten in der Regel unterlegen, selbst bewaffneten Ruderern auf einem ziemlich engen Waldweg.

Die Linie hielt stand, die Männer drängten die Reiter zurück. Ich hörte, wie mehrere meiner Jungs meinen Namen riefen.

Doch ich lag unter einem Gewirr aus Pferdebeinen und konnte bei den Staubverwirbelungen nichts sehen.

Zumindest hatte ich die Eingebung, still liegen zu bleiben und mich nicht zu rühren.

Die vorderste Linie drängte erneut vorwärts – Hornklänge kamen von der leichten Anhöhe.

Viele der Saken hatten Speere, und daher versuchten sie, die Männer hinter den Schilden zu treffen. Noch wollten weder der Schildwall noch die Reiterschar nachgeben.

Wieder Hornstöße, mehrmals hintereinander. In meinen Ohren klang es wie ein tiefes Heulen von Wölfen – oder wie Hunde, die an einem Herbstabend, wenn der Mond aufgeht, das Gebell von einem Hof zum anderen weitergeben.

Das Horn meines Sohnes!

Sie griffen an. Ich bekam davon so gut wie nichts mit, jedenfalls konnte ich nichts sehen.

Das Gewühl aus Pferdebeinen geriet in Bewegung. Plötzlich verschob sich das Getümmel weiter nach außen.

Gang gleich, wie es in unseren Liedern besungen wird, im ersten Ansturm ging nur einer der sakischen Reiter über den Rand des Abgrunds. Der arme Kerl hielt sich ganz links vom Getümmel auf, vielleicht wollte er auch besonders klug sein und zwischen den Felsen hindurchreiten, aber dann verlor das Pferd den Halt. Tier und Reiter stürzten in den Abgrund, ein Sturz von einer Länge eines Stadions bis hinunter zur Ebene Böotiens.

Der Rest der Saken machte kehrt wie ein Schwarm Fische – doch Hipponax und Hektor griffen auf der Flanke an. Der Weg war nicht breit. Die Pferde gerieten in Panik und stürzten mit ihren Reitern in die Tiefe, zwar nicht mehr als vier oder fünf, aber es war spektakulär und schrecklich anzusehen, das gebe ich zu. Und deshalb ist es uns auch so gut in Erinnerung geblieben.

Ein Pferd versuchte noch, sich am Rand des Abgrunds zu halten, und wieherte, dass es einem durch Mark und Bein ging, dann war auch der Reiter mit dem goldenen Armreif fort.

Inzwischen stand ich wieder aufrecht auf den Beinen, umringt von meinen Ruderern, und kurzzeitig hatte ich meine Verletzungen vergessen. Ich beteiligte mich an dem Getümmel, das noch nicht zu Ende war, allerdings hatte ich an diesem Tag kein Blut an der Speerspitze. Wir drängten so energisch vorwärts, dass wir fast unsere vorderste Linie in die Tiefe geschoben hätten. Schon schrien unsere Männer, nicht mehr so von hinten zu drängen.

Wir machten sechs Gefangene. Es waren tapfere Männer – und eine Frau, wie ich betonen möchte. Aber sie hatten gehörig Angst vor dem Abgrund.

Wir hatten keinen einzigen Mann verloren. Das ist wichtig, wenn man Gefangene macht, insbesondere eine Frau – denn der Zorn auf den Gegner kann schnell in barbarische Vergeltungsaktionen umschlagen. Wir zwangen sie, uns die Pferde zu überlassen, ließen sie aber auf meine Anweisung hin gehen. Wir deuteten an, dass wir weiter oben im Begriff waren, ein Lager aufzuschlagen, ehe wir die Saken über den Weg zurück bergab trieben.

Allerdings war unser Tross gar nicht zum Stehen gekommen, und so ging der Rest der Marschsäule weiter – erschöpft, aber im Siegestaumel. Wir marschierten nicht mehr im gewohnten Tempo, aber wir gelangten dennoch über den Gebirgspass hinunter nach Attika, als die Sonne im Westen versank, irgendwo jenseits von Korinth.

Auf dem Weg setzte die Dunkelheit früher ein, da die Hänge des Kithairon drohend aufragten und uns das Tageslicht nahmen, aber ich trieb die Männer weiter an, bis es ganz dunkel war. Weiter ging es im Mondschein. Wir brauchten zwei Stunden auf dem Weg hinunter in die Ebene, und auf der gesamten Strecke fluchte immer irgendeiner von uns, weil man strauchelte oder mit den Zehen gegen Steine stieß, doch dann erblickten wir den Turm von Oinoe, der vor uns in der Dunkelheit aufragte, beschienen vom silbrigen Licht des Mondes.

Wir hatten es geschafft. Ich gönnte den Männern die Rast, sah, wie die meisten an Ort und Stelle auf die Knie sackten und kurz darauf einschliefen. Doch bei Anbruch der Dämmerung waren wir wieder auf den Beinen, ohne Nahrung und ohne Feuer. So stolperten wir weiter, mit ziemlich unruhigen Saumtieren und sehr unglücklichen Pferden.

Ich vermute, dass die Saken etwa zwanzig Mann in den zurückliegenden Gefechten verloren hatten, vielleicht auch dreißig. Hinzu kamen Verwundete. Aber das reichte aus meiner Sicht. Wir hatten sie abgeschüttelt. Für die Verfolger bedeutete das, erfahren und gerissen, wie sie waren, dass sie einen weiteren Hinterhalt riskierten, sobald sie wieder zu uns aufschlossen. Daher zogen sie es vor, uns vom Haken zu lassen.

Ein Seemann braucht nur einen Blick und kann dir die erstaunlichsten Dinge über ein anderes Schiff erzählen, das am Horizont auftaucht. Er weiß, ob das Segel schlecht oder gut gesetzt ist, und anhand des tiefliegenden Bugs sieht er, ob die Ladung schlecht unter Deck verstaut wurde. Die in der Ferne aufblitzenden Riemenschäfte lassen erkennen, ob eine Mannschaft verwahrlost und erschöpft oder motiviert ist. Und im Krieg ist es nicht anders.

Die Saken waren tapfer und sehr erfahren, aber in jenen Stunden in den Bergen erfuhr ich eine Menge über Xerxes' Heer. Die sakischen Krieger waren nicht besonders motiviert. Sie setzten uns nicht so energisch nach, wie sie es bestimmt getan hätten, wenn wir ihr Lager überfallen und geplündert hätten. Ich habe meine Gründe für diese Annahme. Die feindlichen Reiter waren nämlich zu nachlässig bei der Verfolgung, ganz so, als hätten sie andere Dinge im Kopf. Und vergesst nicht: Ihre Kriegsgefährten plünderten gerade in aller Ruhe das verlassene Böotien, während unsere Verfolger den Tod vor Augen hatten, und das werden die Reiter als ungerecht empfunden haben.

Aus meiner Sicht war es beruhigend, dass die Elite von Xerxes'

Heer so wenig Ehrgeiz erkennen ließ, abgesehen vielleicht von den Anûšiya, den Unsterblichen, und den edlen Reitern, zu denen auch Kyros und seine Freunde gehörten. Gut möglich, dass die Saken das Interesse an dem Kampf verloren, als Masistios vom Pferd stürzte, aber ich denke, dass er schon recht bald ein neues Tier bekommen hat.

Die toten Feinde plünderten wir aus. Die Saken trugen eine Menge Goldschmuck am Körper. Den nahmen wir an uns und luden alles auf die Fuhrwerke, und ich vergewisserte mich, dass wir auch sämtliche Bogen und Köcher mit Pfeilen mitnahmen.

Die Sonne ging über Attika auf, doch das Land lag verwaist vor uns. Mein ganzer Leib schmerzte. Mir war, als hätte ich quer über einem Amboss gelegen und mich selbst mit einem Hammer bearbeitet. An der Hüfte brannte die Stelle, an der mich der Pfeil verletzt hatte, der meinen Aspis durchschlagen hatte. Am Kopf verspürte ich einen dumpfen Schmerz, da ein weiterer Pfeil genau unterhalb des Helmbuschs ein Stück weit durch die Kalotte gedrungen war, ohne mich indes ernstlich zu verletzen. An beiden Armen hatte ich Schürfwunden und Prellungen, die allesamt gefährlich rot aussahen und sich bald verfärben würden. Meine linke Hand, an der mir zwei Finger fehlten, war geschwollen.

Idomeneus lag immer noch quer über dem Rücken des Pferdes und schnarchte wie ein Mann, der unbequem schläft. Alkaios' Sohn erwachte aus seiner Starre und schrie vor Schmerz, daher mussten wir ihn notdürftig auf einem der Fuhrwerke unterbringen. Er hatte zwei Stichwunden von Speeren davongetragen, eine Verletzung am Oberschenkel war bis auf den Knochen gegangen, die andere Spitze hatte ihn genau unterhalb des Lederpanzers an der Schulter erwischt. Wahrlich Pech.

Ich wollte keinen der beiden verlieren.

Ich gebe zu, dass ich meine Ruderer wie ein Irrsinniger über die Ebene von Attika trieb. Wir gönnten uns kaum Pausen und verdrückten im Gehen die mit Knoblauch gewürzte Wurst aus dem Vorrat. Wahrscheinlich war es ein Vorteil, dass es sich bei meinen Männern um gestandene Ruderer handelte, die Entbehrungen gewohnt waren – bei Hopliten hätte es anders aussehen können. Sicher, Aristeides hätte sich jetzt aufgeregt, wenn ich mich in seinem Beisein so über Hopliten geäußert hätte – für ihn wäre das Blasphemie gleichgekommen! Denn Aristokraten neigen zu der Ansicht, dass man den Theten im Ernstfall nicht trauen kann und dass sich immer zeigen wird, wer aus den unteren Schichten stammt. Aber ich habe in dieser Hinsicht ganz andere Erfahrungen gemacht: Die Reichen sind bereit, ihre Stadt aufzugeben, während die Armen bis zum letzten Atemzug auf den Mauern ausharren und kämpfen. Anders als die Reichen bleibt den Armen ja schließlich auch kein Ort, an den sie sich flüchten könnten.

Männer aus den unteren Schichten sind an harte Arbeit gewöhnt. Meine Rudermannschaften waren großartig, auch wenn es Männer waren, die oft murrten, zornig wurden oder in ihrer Verbitterung zu zynischen Kommentaren neigten.

Leon, einer meiner ältesten Ruderer, gehörte zu den besten Männern meiner Mannschaft. Er war mir auf besondere Weise verbunden. Er hatte schon zur Besatzung der ersten *Sturmbezwingerin* gehört, war bei jenem Unwetter an Bord gewesen, das meinem damaligen Schiff den Namen eingebracht hatte. Leon war dabei gewesen, als wir die Phönizier auf See töteten und später das härteste Manöver überlebten, das ich je in einem Sturm unternommen habe. Zwar mangelte es ihm an Durchsetzungskraft, um zum Rudermeister aufzusteigen, aber er war ein großer starker Kerl, der mit seiner Meinung nicht hinterm Berg hielt. Und wie es schien, kam er immer wieder zurück in meine Mannschaft, obwohl er schon so viele Male seinen Lohn genommen und verkündet hatte, er werde von nun an eine Taverne eröffnen.

Während der letzten fünf Jahre hatte er meist auf Paramanos'

Schiffen gedient, aber inzwischen gehörte er zu den neuen Bürgern Platäas, und nun marschierte er mit den anderen quer durch Attika.

«Passt auf, dass er euch nicht auf Irrwege führt», sagte er lauter zu einem Gefährten und bedachte mich dabei mit einem spitzbübischen Blick. «Der Herr Arimnestos ist nämlich dafür bekannt, länger für den Heimweg zu brauchen, ist's nicht so, Herr?» Dann lachte er sein dröhnendes Lachen.

Die Männer beschwerten sich bald über ausbleibende Rationen und die Erschöpfung, doch ich hörte Leon rufen. «Warum die Eile, Navarch? Wir fliehen vor den verfluchten Medern, damit uns andere Meder töten können, oder?»

Ich kam an seine Seite. «Du bist ja noch am Leben, wie ich sehe», begann ich in unverfänglichem Ton.

«Wohl nicht mehr lange», murrte er, grinste mich dann aber an.

An der großen Kreuzung, wo die Wege nach Megara und nach Eleusis führen, gönnte ich meinen Männern eine Rast im Schatten eines Olivenhains. Wir holten Wasser aus einem Brunnen. Es gab keinen Besitzer mehr, den man hätte fragen können. Es war überhaupt niemand mehr zu sehen. Und es fühlte sich seltsam an, durch Dörfer zu kommen, in denen keine Menschenseele mehr war – nicht einmal ein Hund bellte einem hinterher.

Doch, einen Hund gab es. Er hockte traurig und verlassen an der Wegkreuzung. Ein schöner, großer Kerl mit scheckigem Fell. Kein einfacher Hofhund, sondern ein Jagdhund, wie mein Freund Philipp von Thrakien sie züchtete, oder Lykon von Korinth, der einst ein Auge auf meine Schwester geworfen hatte. Ich gab ihm zu fressen, und für einen Hund nahm er das Fressen mit gewisser Würde entgegen und sah mich dann so an, wie es treue Hunde tun. Als wollte er sagen: *Ich vertraue dir, Mensch. Aber bist du auch meines Vertrauens würdig?*

Wenn ihr mich fragt, ich hatte nie viel übrig für Hunde oder Katzen. Aber dieser Hund war allein, man hatte ihn zurückgelassen. Er hatte schon bessere Tage erlebt und verdiente etwas anderes als den elenden Hungertod in einem verlassenen Dorf in Attika. Außerdem wollte ich nicht, dass die Perser ihn erlegten, um ihn dann zu essen.

Ich holte einen Strick aus dem Gepäck und nutzte ihn als Halsband und Leine, aber nachdem ich den Hund gefüttert hatte, machte er keine Anstalten, mir von der Seite zu weichen. Er wollte mehr von den pikanten Würstchen. Also gab ich ihm noch etwas davon, bis mir auffiel, dass mir ungewöhnlich heiß war für einen Mann, der nur ein paar Stadien zu Fuß gegangen war. Meine linke Hand sah stark gerötet aus, was mich ein wenig beunruhigte.

Aber da das Murren lauter wurde, ging ich von einer Gruppe Ruderer zur nächsten. «Wir haben vier oder fünf Minen Gold erbeutet», sagte ich. «Heute Abend auf den Stränden von Salamis teilen wir es auf. Es würde mich überraschen, wenn nicht jeder von euch einen Dareikos bekäme.»

Ich denke, ich hätte vor den Männern eine Rede halten können, um zu verdeutlichen, wie sehr es mir am Herzen lag, unsere griechische Heimat zu retten, aber für gewöhnlich ist die Aussicht auf Beute mehr wert.

Vielleicht sage ich das auch nur, weil ich ein alter Pirat bin.

3. KAPITEL

Wir mussten die kleinere Anhöhe erklimmen, die sich über den Stränden von Eleusis erhebt, und waren wirklich völlig erschöpft. Mir war bewusst, dass wir auf unserem Weg jederzeit auf persische Reiterei stoßen könnten – sie konnten vor uns oder hinter uns sein, überall um uns herum. Daher schickte ich Reiter aus, um auf den höchsten Punkten Ausschau zu halten, näher zu Athen. Schließlich trug ich den Männern auf, zu Speer und Schild zu greifen, als ich sah, dass zwei der Prodromoi in gestrecktem Galopp zu uns zurückkehrten.

Aber ich hatte den Geruch bereits in der Nase, ehe die beiden Männer Bericht erstatteten.

«Attika steht in Flammen!», riefen sie.

Und es war leider die Wahrheit. Die Perser und Meder hatten es offenbar genau an jenem Morgen bis zu den Südhängen des Parnassos geschafft, denn oben vom Pass aus hatten wir noch keine Reiter gesehen. Von der Anhöhe aus sahen wir indes Rauch im Norden und Osten aufsteigen, so weit das Auge blickte. Und wir nahmen den beißenden Geruch wahr.

Mein neuer Hund saß bei mir und jaulte.

Ich tätschelte seinen Kopf und gab dem Tier noch etwas von der Wurst, was es vorübergehend beruhigte. Es war ähnlich wie bei den Ruderern, die man mit sakischem Gold beruhigen konnte, wenn ich es mir recht überlege.

Ehe die Dunkelheit uns umfing, legten zwei bauchige Boote von Fischern an, die für gewöhnlich Thunfisch fingen, und brachten vierzig meiner Männer hinüber nach Salamis, wo Harpagos und Seckla schon auf uns warteten. Sowie sie wussten, dass wir bei

Eleusis warteten, schoben sie die Schiffsrümpfe ins Wasser und kamen herüber, mit jeweils nur einer Reihe Ruderer.

Wir sahen sie kommen – fünf Schiffe mit einem Drittel der Rudermannschaft, und wir wussten, dass sie zu uns kamen. Wir hatten die alten Gefährten nur etwa eine Woche lang nicht gesehen, aber es fühlte sich an wie eine Heimkehr. Für die meisten der Ruderer war es tatsächlich eine Heimkehr, da ja im entvölkerten Platäa ohnehin niemand mehr gewesen war. Wir verteilten die Ruderer auf die Schiffe, brachten die verschreckten Packesel an Bord – keine Sorge, ich werde dabei nicht ins Detail gehen, es ist aber wahrlich keine Erfahrung, die ich noch einmal bräuchte –, luden die Pferde auf die Fischerboote und legten ab nach Salamis, bevor die Große Sichel am Himmel emporstieg. In der Zwischenzeit hatte Brasidas ein Lager errichten lassen und durchgehend Wachen aufgestellt. Wir trafen dort ein und wurden wie Helden gefeiert. Nachdem wir all unser Hab und Gut durchs flache Wasser an Land geschleppt hatten, bekamen wir eine warme Mahlzeit und frisch gebackenes Brot.

Eugenios richtete sich wie selbstverständlich in meinem Zelt ein, ohne um mein Zuhause in Platäa zu weinen, und fortan bekam ich warme Speisen, und mein Geschirr war stets sauber. Styges überließ die ehemaligen Sklaven unserer Heimat Giannis, der die *Rabenschwinge* befehligte und die größten Lücken in der Rudermannschaft hatte.

Ich hatte eine Woche voller Treffen, Beratungen und Zusammenkünfte der Befehlshaber verpasst. Offenbar gehörte es zu meinem Zeitvertreib, gegen die Perser zu Felde zu ziehen.

Ich streckte mich gerade auf einem Strohlager aus, das Eugenios mir bereitet hatte, und hielt meinen Lieblingsbecher aus Silber in der Hand, bis zum Rand gefüllt mit gutem Wein, als Themistokles aus der sternenerleuchteten Dunkelheit auftauchte – wie eine Gottheit in einem Theaterstück. Vermutlich wäre es eine Komödie gewesen über die Torheit der Menschen. Unmittelbar hinter ihm war sein Sklave Sikinnos, jedenfalls gingen wir alle davon aus, dass es sein Sklave war. Wir hatten ihn bereits kennengelernt, und es hieß, Sikinnos sei der Geliebte des Atheners, obwohl Themistokles nicht zu den Männern gehörte, die mit nur einem Partner vorliebnahmen, oder besser gesagt: mit nur einer Art Liebhaber. Wie dem auch sei, dieser Sikinnos war ein hübscher Bursche. Er stammte übrigens aus Phrygien und war ein gebildeter Mann, der im Krieg versklavt worden war. Fortan folgte er seinem Herrn auf Schritt und Tritt.

«Wo bist du so lange gewesen, verflucht?» Das waren seine ersten Worte, die er an mich richtete. Ehe ich zu weitschweifigen Erklärungen ansetzen konnte, sagte er sehr viel entspannter: «Hermes sei Dank, dass ihr sicher zurück seid. Die Korinther meinten schon, du wärst für immer fort – sie vermuteten dich in Hermione.» Er nickte Brasidas zu. «Aber dieser ehrenwerte Mann hier schwor Stein auf Bein, dass du zurückkommen würdest. Bislang hatte niemand von uns einen abtrünnigen Spartaner gesehen.»

«Ich bin Platäer», warf Brasidas ein.

Wie schön die alten Heimatgefühle doch sind.

Dann folgte ich Themistokles und seinem Pais über den Strand und über die nächste Anhöhe auf eine höher gelegene Felsformation. Dort, auf felsigem Gestein hoch über dem Strand, stand ein kleiner Tempel, umgeben von einem Dutzend Zelten. Wie sich herausstellte, hatte dort Eurybiades sein Zelt aufgeschlagen, und in seiner Nähe lagerten Spartiaten, die sich üblicherweise in Syssitien zusammenfanden, den Männermahlen. Auch Themistokles hatte den Tempelbezirk als Lagerplatz gewählt, ebenso einige andere wohlhabende Athener. Bei Gelegenheit beschreibe ich euch Themistokles' Zelt, das wirklich herrlich ausgestattet war.

Es war inspirierend, dort oben zu stehen, mit Blick auf zwei Strandabschnitte. Oh, Salamis hat jede Menge Strände – Dutzende, wenn nicht gar Hunderte. Aber drei große Strände weisen in Richtung Attika, ein weiterer Strand bildet den langen «Finger», der sozusagen direkt auf Athen zeigt. Auf jenem Strand lagerten die Männer aus Ägina, da dieser Abschnitt ihrer Heimat am nächsten lag, weiter südlich. Aber die Schiffe der Athener lagen auf den drei anderen großen Stränden und teilten sie sich mit den Kriegern aus Sparta. Die Korinther lagerten weiter westlich, auf jenem Strand, auf dem meine Tochter mit ihrer Schule im Exil angekommen war. Von Eurybiades' Lager aus konnte man die Lagerfeuer sehen, die sich nach Ost und West erstreckten.

Doch, wir hatten eine mächtige Flotte in jenen Tagen.

Eurybiades umarmte mich, was an sich schon eine Ehre war. Ich erzählte ein wenig von unserem Abstecher nach Platäa und zeigte ihm etwas von dem Goldschmuck der Saken, damit nicht ein Nörgler wie Adeimantos von Korinth auf die Idee kam, ich hätte mir das alles nur ausgedacht. Aber er war freundlich, was mir zeigte, dass er etwas im Sinn hatte.

Andererseits waren die Verbündeten immer noch alle vor Ort, und das fasste ich als erfreuliches Zeichen auf. In meinen dunkleren Stunden hatte ich schon befürchtet, wir würden zurückkehren und auf den Stränden von Salamis nur noch Athener vorfinden.

«Böotien ist also gefallen», merkte Eurybiades an. Er runzelte die Stirn.

«In Platäa erzählt man sich, Theben habe mehr als Wasser und Erde dargeboten», sagte ich. «Die Leute meiner Heimat sagen, Theben habe die Tore geöffnet und die berittenen Einheiten der Perser mit Proviant versorgt.»

Eurybiades straffte die Schultern. «Mögen die Götter sie dafür verfluchen», sprach er, und das waren die härtesten und deutlichsten Worte, die ich je aus dem Munde eines Spartaners hörte.

Themistokles blickte hinaus auf die Bucht. «Und jetzt brennen sie Attika nieder.»

Ich nickte. «Theben wird alles versuchen, was in seiner Macht steht, um seine Siedlungen zu schützen», meinte ich. «Wenn sie also auf Beute aus sind, werden sie sich nicht lange in Platäa aufhalten.» Ich lächelte – und war in meinem Herzen immer noch ein großspuriger Kerl. «Vielleicht haben wir ihnen eingebläut, dass sie vorsichtig sein müssen, wenn sie das Kithairon-Gebirge überqueren.»

«Und was gibt es Neues vom Isthmus?», wollte Adeimantos wissen, so begierig auf Neuigkeiten wie alle anderen auch. Wirklich, diese Männer dürsteten nach Neuigkeiten, und mir fiel auf, dass Kimon nicht unter ihnen war.

Ich hoffte, dass er noch auf See kreuzte und Ausschau nach der feindlichen Flotte hielt.

«Mein Herr, keine Neuigkeiten bislang, abgesehen davon, dass die Mauer gebaut wird und wir eingeladen wurden – also wir Platäer –, unsere Waren dorthin zu senden.» Ich nickte leutselig. «Die Phalanx meiner Polis ist auf dem Weg, das vereinigte Heer zu verstärken.»

Adeimantos nickte. «Das Bündnis wartet also bei Korinth. Kein Grund, länger hier auszuharren. Verlegen wir die Flotte an die Gestade, an denen das Heer steht.»

Es klang nach einem alten Argument, und ich ahnte, dass ich benutzt worden war.

Themistokles ergriff wieder das Wort. «Wie wir hörten, macht sich das vereinigte Heer auf den Weg, Attika zu verteidigen, wenn Böotien schon nicht mehr zu retten ist.»

«Ein törichter Traum», entgegnete Adeimantos. «Ich sagte es ja bereits vor Tagen. Attika kann man nicht verteidigen. Dort wärt ihr verloren. Lasst uns die Flotte nehmen und den Rest der griechischen Lande retten.»

Themistokles war dieser Dinge spürbar überdrüssig, trotzdem gab er in jenen Tagen, in denen er Größe bewies, seinem Zorn keinen Raum. «Wenn Ihr zu den Stränden von Korinth wollt», sprach er ruhig, «dann ohne die Flotte Athens.»

Daraufhin trat ein Mann vor, den ich kaum kannte. Dabei befehligte er dreißig Schiffe und hatte hervorragend bei Artemision gekämpft. Er hatte langes, weißes Haar, das ihm wie eine Mähne weit über den Rücken fiel, und sah kraftvoll wie Herakles persönlich aus. Sein Name war Polykritos von Ägina, Sohn des Krios. Er war einer von zahlreichen Helden unserer Flotte, und die Männer hörten ihm zu, wenn er sprach.

Er schenkte Themistokles ein Lächeln, ein kaltes Lächeln, das Abneigung barg, wenn nicht gar Hass. Und er lachte, wie Männer, die über sich selbst lachen. Seine Lippen kräuselten sich verächtlich.

«Es bereitet mir Schmerzen wie gegorene Milch im Magen, Themistokles zuzustimmen oder irgendeinem Mann aus Athen», hob er an. «Aber hört, Adeimantos, wenn Ihr die sogenannte ‹Verbündete Flotte› nach Korinth verlegt, werden Euch keine Schiffe aus Ägina folgen, auch nicht aus Megara, von Naxos oder jeder anderen Insel. Denn solange wir hier ausharren, schützen wir unsere Heimat. Folgen wir Euch jedoch nach Korinth, liegen unsere Städte und Dörfer ungeschützt da für Raub und Plünderungen.»

Der Mann aus Korinth gab sich davon unbeeindruckt. «Solange wir auf diesen Stränden warten, liegen unsere Siedlungen schutzlos da.»

Themistokles schüttelte energisch den Kopf, sprach aber genauso gelassen wie zuvor. «Das ist nicht wahr. Solange wir hier sind, können die Perser nicht an uns vorbei. Die Strände von Salamis zeigen in alle Richtungen, und falls es nötig ist, können wir hier die Nabe des Speichenrads sein – wir könnten von Strand zu Strand pullen, sollten die Perser versuchen, sich an uns vorbeizustehlen.»

Ich sah, wie Adeimantos ein triumphierendes Lächeln aufsetzte. «Aha, Ihr würdet in offenen Gewässern kämpfen, um die persische Flotte davon abzuhalten, weiter nach Westen vorzudringen? Dann wäre Euer Argument eine Lüge, wenn Ihr sagt, bei Korinth könne man nicht kämpfen – ich sage, dort kann man genauso gut kämpfen wie hier. Sogar noch besser, weil es eine abgesicherte Flanke gäbe.»

Polykritos zuckte mit den Schultern, als ginge ihn das alles nichts an. «Wenn Ihr Euch bis nach Korinth zurückzieht, werden wir nicht bei Euch sein.»

Adeimantos betrachtete nacheinander die Trierarchen von der Peloponnes, die vor ihm standen. «So sei es. Dann geht zu den Medern, verweichlichte Ionier, die ihr seid. Wir werden den Isthmus verteidigen.»

Themistokles gab sich sichtlich verwundert angesichts der Dummheit dieses Mannes. Und wirklich, Freunde, manchmal ist es schmerzvoll, der Selbsttäuschung der Menschen zu lauschen, die es eigentlich besser wissen müssten. Ja, auch Frauen erliegen der Selbsttäuschung, doch es sind die Männer, die sich auf diesem Gebiet besonders hervortun.

«Mit Euren sechzig Schiffen?», fragte der Athener. «Mit den sechzig Schiffen, die wir in jedem Gefecht auf See beschützt haben, weil Eure Leute nicht pullen können und nie die Linienformation halten?»

«Ihr lügt!», warf Adeimantos ihm vor. «Meine Schiffe bleiben stets in Formation und gehören zu den besten der Flotte. Ich verfüge über Ruderer, die meine Befehle nicht in Frage stellen, ich kann mich auf Befehlshaber edler Herkunft verlassen und schaue zurück auf Jahre voller Siege.»

«Oh, dann nennt mir einen dieser glorreichen Siege», forderte Themistokles ihn auf. «Keinen gegen Athen, schätze ich.» Er machte eine obszöne Geste, um anzudeuten, was die Perser mit den Korinthern tun würden. Viele der versammelten Trierarchen aus Athen lachten. Mir fiel auf, dass einer von ihnen Kleitos war, ein angesehenes Mitglied der Alkmaioniden und ein Pfeiler der Konservativen. Und er lachte gemeinsam mit Themistokles. Der Krieg bringt doch wahrlich seltsame Bündnisse hervor. Ich fing Kleitos' Blick ein und merkte, dass er diesen suchenden Blick nicht mied. Wir lächelten nicht, aber keiner von uns spie verächtlich aus. Es war in etwa so, als würde man nach Jahren jene Frau wiedersehen, die man einst liebte und die man nun an der Seite ihres neuen Gemahls sieht. Bah! Der Vergleich hinkt etwas. Denn bei dem Anblick einer früheren Geliebten hätte ich Freude verspürt, doch Kleitos hat mir nie Freude bereitet.

«Athen hatte bis vor einigen Jahren gar keine Flotte!», beklagte sich Adeimantos, was ja auch in gewisser Weise stimmte. «Ihr bringt immer wieder Eure törichten Lügen vor. In wenigen Tagen werdet Ihr ein Nichts sein!»

«Und wenn schon, ein Korinther werde ich zumindest nicht sein!», entgegnete Themistokles mit gleicher Schärfe.

Eurybiades verfolgte diesen Wortwechsel, ohne die Miene zu verziehen. Einen kurzen Moment sah er mich an.

Ich warf ihm ein Lächeln zu. Inzwischen kannte ich Spartaner besser als die meisten Zeitgenossen. Ein Jahr mit Brasidas, Bulis und Sparthius hatte mir eine Menge Einblicke beschert. Der alte Prinz aus Sparta ließ die anderen gewähren, weil die meisten Griechen aus Sicht eines Spartaners immer zu viel reden und zu wenig handeln.

Ich ging langsam und möglichst unauffällig zu ihm. Er legte mir zum Gruß eine Hand auf die Schulter und rang sich ein schmales Lächeln ab.

Er stand unter enormem Druck, ertrug all das aber mit Anmut. Ich befürchtete, er würde Adeimantos mit bloßen Händen erwürgen, vermutlich Themistokles gleich dazu. In vielen Punkten stimmte ich dem athenischen Demokraten zu, aber leider sprach er immer in diesem herablassenden und überheblichen Ton, bei dem einem die Galle hochkam. Im Kreise von echten Kämpfern machte sich Themistokles damit keine Freunde, auch wenn man sagen muss, dass er vor Artemision sehr gut kämpfte. Aber er musste immer wieder unter Beweis stellen, dass er der klügste Mann in jeder Versammlung war. Wenn er dann jedoch das Wort ergriff, kamen einem oft Zweifel, ob seine Ausführungen wirklich immer so klug waren. Warum brauchte ein Mann mit so vielen Vorzügen ständig die Bewunderung der anderen?

Als er dann das Wort ergriff, begann er ausgerechnet mit den Worten: «In Athen ...»

Hört zu, meine Freunde, ihr wisst, dass ich Athen liebe, aber damals waren nicht alle dieser Polis zugetan. Ja, viele hassen sie noch heute. Athen ist kein reifer alter Adliger wie Sparta, sondern eine dreiste, aufdringliche Marktschreierin, die aus vollem Halse Süßigkeiten anpreist und gern etwas von ihren Brüsten zeigt, damit die Leute auch kaufen. Seien wir ehrlich: Es gibt vieles an Athen, das man nicht mögen muss.

Wann immer Themistokles also eine Rede mit den Worten «In Athen» einleitete, machte er sich aufs Neue Feinde.

Wir aus den kleineren Poleis hatten das Problem vielleicht erkannt, das den mächtigeren Städten entging. Denn wenn Themistokles das Wort ergriff, dann sprach er für seine Zuhörerschaft aus Athen, und wenn Adeimantos eine Rede hielt, dann sprach er zu seinen korinthischen Zuhörern. Demzufolge sprach keiner der beiden wirklich zum anderen.

«Wo steckt Kimon?», fragte ich den Navarchen.

Seine Augen verengten sich. «Er ist nicht hier», lautete die Antwort, die man als lakonisch bezeichnen konnte. Dann wandte er sich mir ganz zu und gab damit zu verstehen, dass er jemanden wie Themistokles ignorierte. «Ich mache mir Sorgen, dass er zu überhastet gehandelt haben könnte», sprach er.

Unterhaltungen mit Spartanern sind wie die Besuche bei den großen Orakeln – man muss interpretieren, was sie sagen, denn sie benutzen so wenig Worte wie möglich.

Eurybiades sah mich nicht an, aber er sprach mit Bedacht, als wäre ich ein etwas begriffsstutziges, aber wohlgelittenes Kind. «Kimon erwähnte beiläufig, dass er ‹Handels-Raubzüge› betreiben würde», räumte er ein.

Diese Bezeichnung hörte ich damals zum ersten Mal. Seither mag ich diese Umschreibung: Handels-Raubzüge.

Tatsache ist, hätte mich jemand gefragt – was seit den erinnerungswürdigen Abenden bei den Spielen zu Olympia keiner getan hatte –, dann hätte ich gesagt, dass wir Krieg führen sollten, indem wir die Handelsrouten des Feindes angriffen. Mit den vierhundert Schiffen, die uns an den Stränden von Salamis zur Verfügung standen, und den anderen, die jeden Tag hinzukamen, hätten wir vielleicht sogar verhindern können, dass der Großkönig überhaupt erst eine Flotte zusammenstellte.

Hinzu kam, dass meine Ruderer jeden Tag Proviant brauchten, was mich auf Dauer ein Vermögen kostete. Meine Stadt wurde von den Persern geplündert.

«Soll ich ablegen und ihn holen?», fragte ich so verbindlich wie möglich.

Eurybiades war nicht von gestern, das kann ich euch sagen. Er musterte mich mit einem abwägenden Blick, wie es mein Vater zu tun pflegte, wenn ich sagte, ich wolle allein in die Stadt gehen.

«Ja», lautete seine Antwort.

Alles war besser, als Themistokles' Ausführungen zu lauschen. Ganz zu schweigen von Adeimantos' Wutausbrüchen.

Bei Anbruch der Dämmerung verließen wir den Strand. Ich nahm nur die *Lydia* mit, um kein Aufsehen zu erregen. Der Rumpf war trocken und sauber, da das Schiff sechs Tage lang in der warmen Herbstsonne gelegen hatte. Ein trockener Rumpf ist mit das Wichtigste bei einem Schiff, neben einem guten Schiffsbauer und gutem Holz, was man sicher nicht erwähnen muss. Ich hatte die *Lydia* Seckla überlassen, und seither hatte er sämtliche Ausbesserungen, die wir im vorigen Jahr vorgenommen hatten, noch einmal mit neuem Holz versehen lassen, und zwar mit Hilfe professioneller Schiffsbauer, die Athen allen Schiffen der Verbündeten zur Verfügung stellte. Danach hatte er den Rumpf drei Tage lang in der Sonne trocknen lassen, alles abgedichtet und zuletzt schwarzes Pech aufgetragen. Ich war erfreut, als ich sah, dass die *Lydia* am Rumpf inzwischen wieder den scharlachroten Streifen auf Höhe der Riemenpforten aufwies. Die Segel waren sauber und trocken, das Tauwerk war von Salz befreit und aufgeschossen.

Die *Lydia* war, wie ich schon einmal sagte, eine Trireme mit halbem Deck und einem stehenden Mast, genauer gesagt eine Triemiola mit flachem Deckverlauf: Bugplattform und Heckplattform waren über Laufstege miteinander verbunden. Diese Bauart ist mittlerweile sehr beliebt in den westlichen Gefilden des Entos thalassa, aber damals war es noch kein Standard. Die Bauart der *Lydia* bevorzugten Piraten und die Städte der Westgriechen, und genau dort war ich früher auf die besten Schiffsbauer getroffen, etwa in Syrakus. Der stehende Hauptmast war im Deck verankert und wurde zusätzlich von zwei starken Balken gestützt, was bedeutete, dass man bei stärkerem Wind mehr Segel setzen konnte. Der Segelbaum konnte weiter geschwenkt oder geführt werden, das Schiff selbst ließ sich etwas besser in den Wind bringen. All diese Dinge waren letzten Endes nicht so entscheidend, doch sie wären wichtig gewesen, wenn ich noch einmal Lust verspürt hätte, jenseits der Säulen des Herakles zu segeln. Wirklich wichtig war indes, dass die Segel stets verfügbar waren, Tag und Nacht, und dass wir sie bis kurz vor einem Gefecht einsetzen konnten.

Die Takelung hat auch ihre Schwachstellen. Man läuft Gefahr, den Mast über die Bordwand zu verlieren, wenn man das feindliche Schiff rammt. Ein ernsthaftes Problem und bei jedem Angriff ein Risiko, das man einkalkulieren muss. Denn wenn man einen Hinterhalt auf See plant, kann der Mann im feindlichen Ausguck den stehenden Mast ausmachen, sofern er gute Augen hat. Andererseits hatte unser Mast oben, vierzig Fuß über dem Wasser, einen kleinen Korb, der wie ein Vogelnest aussah, wo unser Mann Ausschau hielt. Seeleute auf der Inneren See fürchten, dass man bei einem schweren Sturm den Mast nicht einfach an Deck ablegen kann, und selbst ein Mast ohne Segel ist bei heftigem Wind einem hohen Druck ausgesetzt.

Aber die Rudermannschaft liebt die stehenden Masten. Denn sie brauchen sich bei günstigen Winden nicht so stark in die Riemen zu legen. Das Deck gestattete es mir, mehr Epibatai an Bord zu nehmen, darüber hinaus konnte ich die Deckmannschaft vergrößern und einige Bogenschützen mitnehmen – der Traum eines jeden Piraten.

Ich erwähne all das deshalb, weil unsere fünf Schiffe dank des unermüdlichen Einsatzes von Seckla – und der anderen, die mitgeholfen haben – in hervorragendem Zustand und einsatzbereit waren, und als wir im grauen Licht der Dämmerung ablegten, sahen wir, dass die anderen Schiffe in ähnlich gutem Zustand waren. Viele der athenischen Triremen waren jederzeit bereit, in See zu stechen, das galt auch für die Schiffe der Peloponnes, auch wenn es nicht viele waren. Ich behaupte, dass ich die *Lydia* nie in einem so vortrefflichen Zustand vorgefunden habe wie an jenem Tag, ja, sie war so frisch, als hätte sie gerade erst die Werft verlassen.

Befehligt man ein Kriegsschiff, gibt es viele Aspekte, die erwähnenswert sind. Es kommt, wie gesagt, auf die Qualität des Holzes an, auch darauf, wie gut der Rumpf getrocknet ist, aber vor allem kommt es auf die Besatzung an. Als wir den Strand von Salamis unter Riemenschlägen verließen, machte ich mir voller Stolz bewusst, dass ich nie eine bessere Mannschaft gehabt hatte. Hör dir meine Schiffsliste an, Thygater. Am Ruder standen abwechselnd Seckla und Leukas, beides ausgezeichnete Seeleute, die überdies ein Schiff befehligen konnten. Mein Rudermeister war Onisandros, dessen Stimme bis zum letzten Ruderer drang, Brasidas befehligte meine Epibatai.

Und was für Kämpfer das waren! Allen voran Idomeneus, auch wenn er augenblicklich verletzt war, aber er war ebenfalls imstande, ein Schiff zu kommandieren. Des Weiteren möchte ich Styges erwähnen, dann Siberios und Alexandros, Letzterer ein hervorragender Hoplit, der eine großartige Ausrüstung besaß. Hinzu kamen mein früherer Hypaspist Hektor, mein Sohn Hipponax und mein Vetter Achill. Erwähnen sollte ich an dieser Stelle, dass Achill an den Kämpfen gegen die sakischen Reiter teilgenommen und sich recht tapfer geschlagen hatte, nicht berauschend, aber auch nicht schlecht. Er versuchte, den mürrischen Einzelgänger zu mimen, doch das wollten Brasidas und Idomeneus nicht zulassen. Der Kreter und der Spartaner waren Rivalen, aber nur im besten Sinne, und sie bemühten sich, meinen Vetter auf unseren Leistungsstandard zu bringen.

Mir fehlten zwei Epibatai. Teukros war tot, und Antimenides, Sohn des Alkaios, lag schwer verwundet unten am Strand, in der Obhut der Ärzte.

Oh, ihr fragt, was mit Idomeneus war? Als die Gefährten ihn am Strand von Eleusis vom Pferd hoben, wachte er auf, spie einmal in den Sand und verlangte Wasser. Er trank maßlos, auch noch auf Salamis, und am nächsten Morgen war er wieder bei uns – mit Kopfschmerzen wie nach einem Fest für Dionysos. Ich habe selbst mehrmals Glück gehabt im Krieg, aber ich staune noch heute, dass ein Mann eine Verletzung einfach so wegsteckt wie Idomeneus nach dem Kampf am Grabmal des Leitos.

Aber es sind nicht die Epibatai, die ein Schiff antreiben, meine

Freunde. Diese Aufgabe kommt den Ruderern zu. Keine Angst, ich werde sie nicht alle aufzählen – ich könnte es vermutlich gar nicht, aber an jenem Morgen kannte ich die Namen aller Männer. Seit über einem Jahr dienten sie unter mir, waren eine eingeschworene Mannschaft, und auch wenn es ein paar neue Männer unter ihnen gab, auch ein paar Nichtsnutze, so waren sie doch alle in tadelloser körperlicher Verfassung. Die meisten sahen gut genährt aus und glaubten an die Ziele, die wir uns gesteckt hatten. Zumal wir am Abend zuvor das Gold der Saken aufgeteilt hatten.

Leon war, wie gesagt, der älteste Ruderer und ein Großmaul. Aber er war jemand, der die Zähne zusammenbiss und durch ein Unwetter hindurchpullte und immer noch imstande war, seinem Banknachbarn einen schlechten Scherz zu erzählen. Giorgos und Nikolas hatten seit Jahren für mich an den Riemen gesessen, beide hatten das Zeug zum Unterbefehlshaber, falls ich Hilfe benötigte. Von da an hatten sie die Aufsicht über einzelne Abschnitte der Ruderbänke. Dann gab es da noch Sikili, ein lüstern grinsendes Ungeheuer von Sizilien, Kineas, einen hübschen Kerl aus Massalia, der das Fischen satthatte und nie zurück in seine Heimat wollte, und Kassander – und hundertsiebzig weitere Männer. Inzwischen hatte jeder von ihnen genug Gold verdient, um sich irgendwann an Land auf einem Gehöft zur Ruhe zu setzen. Tatsächlich besaßen etwa siebzig meiner Leute Häuser in Platäa, und einige würden bald zu Hopliten aufsteigen.

Aber für gewöhnlich kommen Ruderer und Seeleute nicht zu Wohlstand. Meist geben sie ihren Sold oder ihre Beute aus für Wein, Lotosblüten, für Mohnsud und Hanfsamen, für Frauen oder Männer, für Schmuck und Tätowierungen, für Katzen, Hunde, dressierte Affen und schöne Messer und für viele andere Dinge, die ihnen in den Sinn kommen. Warum das so ist?

Wer zur See fährt, weiß, dass das Leben seine süßen Seiten hat – aber auch kurz sein kann. Was bringen einem dann ein Hof und etwas Land, wenn sich dein Mund mit dem Salzwasser füllt, in dem du ertrinken wirst? Warum Geld sparen? Der nächste Sturm auf See könnte dein letzter sein.

Außerdem, wenn man all sein Gold an einem Tag verprasst und doch nicht stirbt, dann könnte am nächsten Morgen wieder ein ägyptisches Handelsschiff von der Riemenpforte aus zu sehen sein, oder nicht?

Bah! Ich hätte Philosoph werden sollen anstatt Pirat!

Zu guter Letzt hatten wir Ka an Bord, mit seinen Gefährten Nemet, Ithy, Di und Pye. Sie waren Nubier – echte Nubier, wohlgemerkt. Die Leute nannten Seckla einen Nubier, aber streng genommen stammte er aus einer Gegend weiter östlich von Nubien. So erzählte er es jedenfalls. Wie dem auch sei, Kas Männer kamen aus einer Gegend südlich von Ägypten, und es waren professionelle Bogenschützen. Sie waren Sklaven gewesen, später auch ägyptische Krieger, ehe sie wieder in die Sklaverei gerieten. Sie waren so redselig wie Spartaner. Ich denke, Ka mochte mich, ich weiß aber, dass er Seckla verehrte. Die fünf Nubier waren ausgezeichnete Schützen und wurden noch besser, seitdem sie Bogen der Saken ergattert hatten. Oft sah ich sie bei Anbruch der Dämmerung unten am Strand, wo sie übten und auf Distanz schossen, da sowieso alle anderen noch schliefen.

Wir schoben die *Lydia* mühelos vom Strand. Und sobald wir über die Bucht von Salamis glitten, bei mäßigem Wind und geringem Wellengang, ließ sich mein Schiff so gut navigieren wie noch nie. Auf der Landzunge von Kynosura standen ein paar Männer und jubelten uns zu. Sie errichteten dort einen Wachturm. Sofort musste ich an meine Tochter denken, und so fuhren wir weiter.

Als wir auf Höhe von Phaleron waren, wo einige Handelsschiffe die restlichen Flüchtlinge und all die Waren an Bord nahmen, die aus dem athenischen Militärhafen gerettet werden konnten, ging ich zwei Strich auf Steuerbord und brachte den Küstenverlauf

auf meine linke Schulter. Eine Weile hielten wir unsere Geschwindigkeit. Der Wind eignete sich nicht sonderlich zum Segeln, aber gegen Mittag hatten wir Backstagswind von den heißen Feldern Attikas. Von See aus konnte man keine Rauchsäulen sehen, wir hatten auch keinen Brandgeruch in der Nase. Aber wir setzten das Großsegel und versteiften den Segelbaum, sodass sich die Ruderer eine Weile zurücklehnen konnten, um Wasser zu trinken – oder die See zu verfluchen.

Wirklich, es war ein wunderschöner Tag, und die Brise war vielleicht nicht perfekt, aber absolut ausreichend, um Fahrt aufzunehmen. Wir folgten dem Küstenverlauf, bei einem Tempo, das ein Mann vorlegt, wenn er strammen Schrittes geht, und behielten die Ufer im Blick. Meiner Schätzung zufolge befanden wir uns etwa zehn Stadien vom Land entfernt. In unserem Vogelnest oben am Mast hatten wir einen Jungen postiert, für alle Fälle. Ab und zu schickten wir ihm Wasser hinauf.

Wir hatten die See für uns, was mich nicht groß wunderte. Als sich der Nachmittag in die Länge zog, schwenkte ich langsam auf einen anderen Kurs, bis wir im Dunst des späten Nachmittags die Küste ganz aus den Augen verloren.

Einige Bänke von der Bank des Rudergängers entfernt ertönte Leons tiefe Stimme aus dem halb offenen Deck wie die Stimme einer Gottheit. «Bei Poseidons Schwanz», sagte er, «jetzt entfernen wir uns vom Festland und treiben auf See ab.»

Einige Männer in seiner Nähe lachten.

Ich lächelte.

Als wir erneut an Land anlegten, war es für meine Begriffe schon etwas spät, aber der westliche Horizont war noch orangerot gefärbt. Wir hatten die Insel Keos erreicht, eine Parasang entfernt vom Kap Sounion. Halb rechnete ich, Kimon dort anzutreffen, und zwar genau auf unserem Strand, denn von dort aus hatte man die

Küste Attikas im Blick und konnte sich, sofern etwas schieflief, aufs offene Meer retten.

Am Morgen errichteten wir einen Turm aus Fichtenholz auf einer Landzunge und ließen den Schiffsrumpf trocknen, während wir uns eine üppige Mahlzeit gönnten. Die Männer hatten lange gepullt, wir hatten eine beachtliche Strecke unter vollem Segel zurückgelegt. Die Bauern waren froh, uns Schafe zu verkaufen, die wir schlachteten und zubereiteten, nachdem wir dem Gott des Meeres in einem hübschen kleinen Tempel in Küstennähe einige Opfer dargebracht hatten. Trotz der Opfer schlug uns der Wind entgegen, als die Sonne ihren höchsten Stand erreichte, und am Nachmittag setzte heftiger Regen ein. Unsere Zelte standen alle am Strand von Salamis, daher wurden wir ordentlich nass.

Dennoch, wir hatten genug Holz für große Lagerfeuer zusammengetragen, schliefen tief und fest und wachten mit verhärteten Muskeln auf. Der neue Tag zeigte sich von seiner besten Seite, und so schoben wir die *Lydia* in die leichte Brandung. Keine Spur vom Regenwetter des Vortags, der Wind kam aus Süd und brachte einige Sandkörner mit sich.

Wir nahmen Kurs auf Chalkis im Norden, aber als der Wind zu stark aus Süd wehte, wollte ich nicht riskieren, irgendwo vor der Küste Euböas eingeschlossen zu werden. Die Wasser vor Marathon bilden eigentlich keine Bucht im klassischen Sinne, aber die Meerenge bei Chalkis ist so schmal, dass ein paar persische Schiffe ausgereicht hätten, um uns aufzubringen. Außerdem wollte ich unsere Kiellinie im Auge behalten. Also segelten wir – beruhigendes, entspanntes Segeln, ohne ein Fall oder eine Leine zu bedienen – von Keos aus in nördlicher Richtung zur Südspitze Euböas, ehe wir auf einen westlichen Kurs gingen, diesmal unter Riemenschlägen. Vorsichtshalber hatten wir immer einen Mann oder den Jungen im Krähennest, und manch einer an Bord rief den Gott des Meeres um Beistand an. Wir sahen niemanden, abgesehen von zwei Fischerbooten aus Euböa. Wir hielten auf die Fischer zu, kauften ihnen ihren gesamten Fang ab und hatten unseren Spaß, als wir sahen, dass ihre anfängliche Furcht in Staunen umschlug. Ja, ein bisschen Spaß zur Abwechslung!

Wir brieten den Fisch am Strand, und zwar auf einer kleinen vulkanischen Insel im Golf gegenüber von Marathon. Die Entfernung bis zur Stätte unseres glorreichen Sieges schätzte ich in westlicher Richtung auf zwei Parasanges. Jene kleine Insel hatten uns die Götter gesandt. Es gab sogar ein Dorf, in dem sehr arme Menschen lebten, die dennoch etwas Getreide lagerten und uns getrockneten Fisch anboten. Und vom höchsten Punkt der Vulkaninsel konnte man bis nach Chalkis schauen, zumindest grob in die Richtung. Am vierten Tag nach Salamis schenkten uns die Götter einen klaren Tag. Und tatsächlich konnten wir jetzt Rauch über Attika sehen, aber keine Spur von Kimon, auch nicht von der feindlichen Flotte.

Inzwischen bereute ich es, nur mit einem Schiff in See gestochen zu sein. Hier hatten wir den perfekten Wachposten gefunden, es sei denn, die Perser hatten beschlossen, außen um die andere Küste Euböas zu segeln. Doch selbst dann hätten wir sie irgendwann entdeckt, sobald sie das südliche Ende des Golfs erreichten.

Um Kimon machte ich mir nicht allzu viel Sorgen. Sein kleines Geschwader umfasste zehn Schiffe. Wahrscheinlich verstand er sich zu jener Zeit wie kein Zweiter auf das Versenken von Schiffen, und so gesehen führte er als Sohn die Tradition seines Vaters fort. Bedenken hatte ich nur, Kimon könne eine Heldentat anstreben, die von vornherein zum Scheitern verurteilt war. So hätte er zum Beispiel auf den Gedanken verfallen können, die Enge bei Chalkis mit nur zehn Schiffen halten zu wollen.

Letzten Endes hätte ich mir keine Sorgen zu machen brauchen. Oder anders gesagt, ich kannte Kimon viel zu gut.

Am nächsten Morgen, also am fünften Tag, blieb es auf See

ruhig, daher ließen wir den Rumpf weiter trocknen. Aber gegen Mittag signalisierte uns der Späher oben auf dem Gipfel mit einem Bronzeblech, dass er etwas erspäht hatte.

Ich machte mich persönlich auf den Weg und stieg hinauf zu unserem Posten.

Vom Gipfel der Insel Megalos aus – so nennen die Einheimischen die Insel – erschien der Golf von Marathon wie ein großes spartanisches Lambda oder ein auf dem Kopf stehendes V. Den Scheitelpunkt des invertierten V bildete die Meerenge von Chalkis, die Öffnung am unteren Ende war die Ägäis. Den linken Ausläufer bildete die Küste von Marathon, den rechten die Küste von Euböa.

Attika stand in Flammen. Man konnte es riechen, aus einer Entfernung von vierzig Stadien oder mehr. Am Horizont zeichneten sich dunkle Flecken ab.

Aber unser Augenmerk galt dem Wasser. In der Ferne, genau dort, wo Land und Wasser in den dunstigen Schlieren des Mittags zusammenliefen, war ein regelmäßiges Aufblitzen von Riemenschäften zu erahnen.

Noch bestand kein Grund zur Eile. Die Schiffe waren einen halben Tag entfernt, wenn nicht gar länger. Daher ließ ich Wein kommen, machte es mir in dem kleinen Unterstand bequem, den wir errichtet hatten, und beobachtete das Meer.

Je länger ich hinaus aufs Wasser schaute, desto überzeugter war ich, dass es sich um Kimons Schiffe handelte. Und wenn meine Vermutung stimmte, hatte mein alter Gefährte Perser in seinem Kielwasser – also eigentlich ionische Griechen.

Aber bald reimte ich mir eine andere Version zusammen. Ich sah eine persische Vorhut auf See, dahinter vermutete ich den Flottenverband des Feindes.

Ja, schon möglich, aber selbst auf eine große Entfernung kann man einige Dinge erkennen, genau wie man einen alten Weggefährten an seiner Silhouette oder an seinen Bewegungen erkennt, obwohl man sein Gesicht nicht erkennen kann – die Schulterpartie sagt einem oft schon alles. Kennt ihr das?

Daher war ich mir sicher, dass das Schiff an der Spitze der kleinen Formation die *Ajax* war.

Dieses Schiff kannte ich inzwischen seit gut zwanzig Jahren, und ich wusste, dass es dreimal vollkommen überholt worden war.

Gewiss, unser starker Südwind hatte nicht nachgelassen, deshalb pullte Kimon – falls er es wirklich war – gegen diesen Wind an.

Als die Schiffe dem Küstenverlauf von Attika folgten, konnte ich vieles besser erkennen. Neun Schiffe lagen vorn, zwei Dutzend folgten im Kielwasser dahinter. Meine Augen waren zu schwach, um die einzelnen Schiffe voneinander zu unterscheiden, zumal die Sonne auf dem Wasser glitzerte. Aber inzwischen hatten sich ein paar meiner Männer zu mir gesellt, und Hektor und Achill schienen trotz der schwierigen Lichteffekte mehr Details erkennen zu können. Leukas behauptete, das in Führung liegende Schiff weise einen roten Strich auf Höhe der Riemenpforten auf.

Die *Ajax*.

Kimon steckte in Schwierigkeiten. Oder ich lag doch falsch, und dort näherte sich die ionische Vorhut der Flotte des Großkönigs. So oder so, mein Schiffsrumpf war trocken, ich konnte mich auf eine ausgezeichnete Mannschaft verlassen und war mir sicher, dass wir es von der Geschwindigkeit her mit jedem Schiff auf See aufnehmen konnten.

«Legen wir ab», sagte ich. Wir verließen den Aussichtspunkt und rutschten oder stolperten den halben Abhang hinunter, dass es an ein Wunder grenzte, dass sich niemand den Knöchel brach.

Ich weiß noch, dass ich beim Ablegen fluchte, weil wir uns wie Narren aufführten oder wie schlecht ausgebildete Sklaven, die zum ersten Mal vom Strand ablegen. Wir waren zu übereifrig, «fingen einen Krebs» beim Pullen, wie es so schön heißt. Unser Aussichtspunkt tauchte mal an Backbord, mal an Steuerbord auf, und der starke Wind aus Süd erfasste unseren Bug, sodass wir fast breitseits lagen – und das alles in flachem Wasser!

Mit bescheidener Demut schafften wir es in westliche Richtung, quer über den Golf.

Nachdem wir eine Stunde gepullt hatten, war die erste Aufregung verflogen, die Männer verfluchten meinen Namen, was ich aushielt. Wir hatten ein ordentliches Tempo vorgelegt, der Wind drohte uns abzutreiben, aber Seckla hatte das Kommando und tat sein Bestes, die Rudermannschaft zusammenzuhalten. Bald sah das schäumende Kielwasser wieder aus wie eine gerade Furche auf einem Feld. Die Epibatai waren bewaffnet, Ka und seine dunkelhäutigen Schützen hatten sich an Bord verteilt. Nemet, der kleinste Nubier, war zum Ausguck aufgeentert, völlig nackt, nur mit Bogen und Köcher. Die Nubier hatten inzwischen Brustpanzer nach athenischer Machart erstanden, aus Leder, das nach der Behandlung mit Alaun weiß aussah, dazu trugen sie Helme. Kas Helm war großartig, er hatte ihn bei Artemision erbeutet: ein Bronzehelm, der wie ein Löwenhaupt aussah, mit einem Busch aus Pfauenfedern. Damit sah er absolut exotisch aus, aber ein sieben Fuß großer dunkelhäutiger Bogenschütze darf so exotisch aussehen, wie er möchte.

Nemet rief von oben, was er sah.

«Rotes Schiff, Herr! Kein Zweifel!», hörte ich seine Stimme.

Kurz darauf folgte die nächste Ansage. «Ist die *Ajax*. Achteraus die *Dämmerung* und die *Athene Nike*.» Vergesst nicht, wir waren viele Male zusammen auf See gewesen.

«Zeig sie mir!», rief ich zum Ausguck hinauf, aber der Wind verschluckte meine Worte, daher musste ich sie mehrmals wiederholen. Aber nach ein paar Possen, die ich nicht wiedergeben kann, begriff Nemet, was ich von ihm wollte, und deutete mit seinem Bogen nach West.

Wir pullten weiter. Ich wollte kein Segel setzen, das selbst ein nachlässiger Wachposten hätte sehen können. Es war durchaus denkbar, dass uns die Verfolger auf See nicht entdeckten – so etwas hatte ich bereits erlebt.

Zumindest vorerst nicht.

Ich scharte meine Befehlshaber mittschiffs um mich. «Hier ist mein Plan», sagte ich. «Wir halten auf sie zu, gehen auf Rammgeschwindigkeit und versuchen, die Verfolger zu zerstreuen.»

Leukas schien skeptisch zu sein und sah mich aus verengten Augen an. «Wenn wir auf der Flanke angreifen, wird das zweite Schiff versuchen, uns zu rammen.»

«Wir zertrümmern ihre Riemenschäfte, beschädigen ein oder zwei Ruderanlagen und rauschen weiter», erklärte ich. «Dann wenden wir, setzen das Großsegel und fliehen so schnell wie möglich – nach Nord-Ost.» Ich nickte in Richtung der Gegner. «Zwischen den ionischen Schiffen und der Hauptflotte klafft eine Lücke. Da schlüpfen wir hindurch.»

Leukas hatte dafür nur Kopfschütteln übrig. «Du bist immer noch ein Irrsinniger», meinte er. «Aber es hört sich nach 'ner Menge Spaß an.»

Seckla nickte, als er sich meinen Plan noch einmal vergegenwärtigte.

Brasidas hingegen sah enttäuscht aus. Vielleicht hatte er geglaubt, wir würden es Bordwand an Bordwand mit der ganzen persischen Flotte aufnehmen.

«Sorgt dafür, dass ihre Epibatai nicht entern», schärfte ich meinen Leuten ein. «Ka, töte den Mann am Ruder. Onisandros, bring ein paar Feuertöpfe an Deck.»

Ich sah, wie er das Gesicht verzog. Seeleute hassen Feuer, selbst wenn es sich um eine Waffe handelt, die gegen andere eingesetzt wird. Wir hatten stets eine Art Herdstelle vorn am Bug, eingeschlossen von Backsteinen und Sand, um Wein zu erhitzen, wenn wir einmal die Nacht auf See verbringen mussten. Dort lagerten zehn Feuertöpfe mit eingeölten Dochten, die lang herabhingen.

Hektor schloss meinen bronzenen Thorax, nachdem ich meine Beinschienen angelegt und festgezogen hatte. Ich weiß noch, dass ich beim linken Schienbein zwei Anläufe brauchte, bis die Schiene saß, weil meine linke Seite schmerzte. Außerdem konnte ich mit meiner verstümmelten Hand nicht richtig zupacken, verflucht.

Als Hektor die letzten Verschlüsse am Thorax festzog, war die persische Flotte über der Kimm und im Sonnenlicht zu erkennen.

Bei Poseidons Speer, es waren verflucht viele!

Sie verteilten sich im Golf von Marathon wie Athleten im längsten Distanzlauf. Die Ionier lagen vorn, sie galten immer schon als gute Seeleute, danach klaffte eine Lücke, dann folgten einzelne Geschwader in loser Formation. Dieser Strom wollte nicht abreißen, zog sich bis zur Meerenge und darüber hinaus, aber das lag längst außer Sichtweite. Mochten es tausend Schiffe sein?

Ich gebe gern zu, dass ich einen Moment das Atmen vergaß.

Dort kam Kimon, zehn Stadien von uns entfernt, sichtbar wie die Nase im Gesicht. Auf der *Dämmerung* wusste ich seinen jüngeren Bruder und einige andere alte Piraten, die ich von früher kannte. Einmal bildete ich mir ein, Agios dort zu erkennen, auf dem Achterdeck der *Ajax.* Aber er war ja bei Marathon gefallen, und meine Augen füllten sich mit Tränen.

Wie dem auch sei.

Inzwischen lagen wir nördlich von der *Ajax.*

Ich glaube, einer auf den ionischen Schiffen hatte uns entdeckt. Nun, das ist das Gesetz der See – wenn du den Gegner siehst, kann er auch dich sehen. Meine Ruderer pullten vorbildlich, das Segel war bereit zum Setzen, jeder Bogenschütze hatte schon einen Pfeil auf der Sehne. Die Epibatai saßen an Deck, aber nicht am Bug im Schutz des Schirms aus Weidengeflecht, sondern verteilt auf den Planken, und zwar immer dort, wo sie Schutz fanden und die Ruderer nicht behinderten.

Etwas blitzte auf einem der Ionier auf. Dann nahm ich noch ein Aufblitzen wahr – sie gaben Signale, worauf drei Schiffe aus dem Verband der Verfolger ausscherten und auf uns zuhielten. Es waren schöne Schiffe, mit langen, geschwungenen Bordwänden, die Segel rot gefärbt, wie es in Tyros üblich ist.

Vergesst nicht, den ganzen Sommer lang hatten wir bereits gegen die Ionier gekämpft. Daher erkannte ich ihre Schiffe auf Anhieb an der Bauart. Das in Führung liegende Schiff stammte aus Ephesos und zeigte den Halbmond der Artemis am Bug, ebenso das dritte Schiff. Das in der Mitte liegende war größer, ragte höher aus dem Wasser und strahlte förmlich in Zinnoberrot. Ich vermutete, dass wir es mit Damasithymos von Kalynda zu tun hatten. In der Frühphase des Ionischen Aufstands hatten sich die Karier gegen uns gestellt, ehe sie zu Verbündeten wurden. Doch inzwischen hatte der Großkönig Karien und Lydien erneut unterjocht – und da waren sie also wieder. Der «Rote König» war einer ihrer berühmtesten Kämpfer, auf See und an Land.

Die Karier trugen eine Menge Rüstung am Leib und standen in dem Ruf, die besten Epibatai zu haben. Aber ich betrachtete das zinnoberrote Schiff nicht länger als nötig, da mich im Grunde jedes Schiff aus Ephesos interessierte. Während der Gefechte vor Artemision war ich nie in die Nähe der Ionier gekommen.

Die Trireme an der Spitze konnte eigentlich nur Archilogos' Schiff sein. Er führte das Zeichen des Logos im Hauptsegel. Das geschwungene Heck wies einen teuren blauen Anstrich auf, ein Verweis auf jenes Haus in Ephesos, in dem ich aufgewachsen war.

Ich begab mich nach achtern zu Seckla. Die drei Schiffe hatten beim Ausscheren an Fahrt verloren, und jetzt pflügten die Riemenblätter durchs Wasser, um Rammgeschwindigkeit zu erreichen.

Archilogos – falls er es tatsächlich war – war als Letzter ausgeschert und hinter die beiden anderen zurückgefallen. Der Ionier an Steuerbord oder am nördlichsten von uns hatte die Führung übernommen, sodass die drei Schiffe in gestaffelter Formation lagen. Und wir hielten geradewegs auf Archilogos zu.

«Ich will, dass wir diesen Kurs möglichst lange beibehalten – aber dann sollst du versuchen, bei dem in Führung liegenden Schiff die Ruderreihen zu zertrümmern, auf der nach Nord zeigenden Seite.»

Das bedeutete allerdings ein gefährliches Gieren nach Steuerbord, und zwar bei Rammgeschwindigkeit. Aber die *Lydia* hatte so etwas im Blut – jedenfalls brüsteten wir uns mit diesen Manövern.

Seckla hatte ein Grinsen im Gesicht. «Gut», meinte er.

Er gab das Zeichen für Onisandros, kurz darauf hatte der Rudermeister seine Mannschaft auf Rammgeschwindigkeit eingestellt. Als Seckla dann beide Hände hochriss, verharrten sämtliche Riemenschäfte einen Moment über dem Wasser ...

Seckla bewegte sich mit dem Kurswechsel, und ich stemmte mich kurzzeitig gegen das Backbordruder am Ruderwerk, um Seckla zu entlasten. Kaum dass Seckla mit dem Fuß aufstampfte, gab Onisandros den Befehl, die Riemenblätter durchs Wasser zu ziehen.

Bei Poseidon, die Mannschaft war wirklich hervorragend geschult! Unterdessen hatte Onisandros die Schlagzahl erhöht, sodass die *Lydia* gleichsam über die Wellen flog.

Wir machten regelrecht einen Satz nach vorn. Seckla gab erneut ein Zeichen, Onisandros brüllte den Befehl, und wieder schwebten die Riemenschäfte über den Wellen – wir gingen auf unseren alten Kurs West.

Der Gegner, der von uns aus am weitesten nördlich lag, also das zweite Schiffe aus Ephesos, hatte Mühe, mit unserem Manöver mitzuhalten. Sie waren auf Rammgeschwindigkeit gegangen, aber bei dieser Geschwindigkeit manövrieren die meisten Schiffe nicht mehr. Doch der Steuermann erkannte die Gefahr und verstellte das Ruder, um den Bug auf neuen Kurs zu bringen, während die Ruderer, die von nichts wussten, aus dem Takt kamen oder die Riemenblätter nicht mehr synchron durchs Wasser zogen – so etwas kommt gar nicht so selten vor. An Deck verlor ein Krieger das Gleichgewicht und fiel der Länge nach auf die Planken.

Einzelne Riemenschäfte verhakten sich und brachen, die Unachtsamkeit setzte sich von einer Bank zur anderen fort. Es waren nicht sonderlich erfahrene Ruderer, das sah man auf einen Blick.

Ka stieß einen schrillen Kriegsschrei aus, worauf Pfeile von der *Lydia* zum Feind flogen, sodass es einen Moment so aussah, als würden Leinen mit bronzenen Spitzen zum anderen Deck geworfen. Entweder hatten die Ionier keine Schützen, oder sie trauten ihnen nichts zu.

Wir lagen fast Bug gegen Bug, doch unser Schiff wich einen Strich ab, wie ein Schwertkämpfer, der nicht offen angreift.

Als Onisandros «Einholen!» brüllte, zogen die Männer die Riemenschäfte durch die Pforten und legten sie quer über die Laufplanken ab. Ich stand sicher auf dem halb gedeckten Deck, aber wäre in diesem Augenblick einer der Seeleute mittschiffs auf dem mittleren Laufsteg gewesen, wäre er vermutlich von Riemenschäften zu Tode geprügelt worden.

Aber das hatten wir ja alles immer wieder geübt, nicht wahr, meine Lieben?

Der Rudermeister drüben brachte kein Wort mehr heraus. Er sank auf die Planken, tödlich getroffen von Ka, und dunkles Blut floss ihm aus dem Hals. Und da der Mann tot war, ruhten die Riemenblätter unschlüssig auf dem Wasser, als wir zuschlugen. Das ganze feindliche Schiff schien zu kreischen, als unser Bug durch die Riemenschäfte pflügte. Die armen Kerle auf den Ruderbänken konnten nicht schnell genug von ihren Kissen aufspringen und bekamen die Enden ihrer Riemen mit voller Wucht zu spüren.

Über mir schoss Nemet einen Pfeil nach dem anderen ab, direkt in die ungeschützten Decks. Ein paar Schritte von mir entfernt leerte Ka den Köcher des Saken, während wir vorbeiglitten.

Der Ionier gierte in die Richtung der geborstenen Riemen, und sowie das Schiff weiter an Fahrt einbüßte, wurde es vom Südwind erfasst und begann, sich um die eigene Achse zu drehen.

Erst da ging mir auf, dass wir noch nicht all unsere Möglichkeiten genutzt hatten. Es war zu spät, über die Bordwand zu entern, aber ich schickte Hektor los, um eine Leine, eine Enterdregge und eine Axt zu holen.

Ich schaute gerade über die Bordwand an Backbord, zu meinen Füßen die aufgeschossene Leine, als ich ihn sah.

Meinen ersten Feind aus Jugendjahren. Den Mann, der einst Briseis verschmähte. Diomedes von Ephesos. Er hatte drei unserer Pfeile im Aspis und schaffte es, seinen Steuermann gegen weitere Pfeile abzuschirmen – zumindest so lange, bis Nemet von hoch oben den Steuermann an der Schulter traf. Hinter dem Pfeil saß so viel Wucht, dass er fast bis zur Befiederung in den Körper drang, und der Mann am Steuer war tot, ehe er auf dem Deck aufschlug. All das verfolgte ich aus nächster Nähe, stand ich doch nur wenige Riemenlängen entfernt. Ka schoss erneut, und wieder fing Diomedes den Pfeil mit seinem Aspis ab. Einer der letzten aus Kas Köcher.

Er sah zu uns herüber.

«Diomedes, du Hund!», brüllte ich. «Wie geht's Aphrodite?» Einst hatte ich ihn im Tempel der Aphrodite an eine Säule gefesselt. Danach hatte er versucht, mich umzubringen, na, die Geschichte kennt ihr ja auch schon!

Ich konnte sehen, wie ihm das Blut ins Gesicht schoss, als er mich erkannte. Doch dann waren wir am Schiff vorbei, Onisandros gab neue Befehle, und die Riemen kamen wieder durch die Pforten.

Diomedes' Schiff hörte nicht auf, sich zu drehen, da niemand den Männern an Steuerbord gesagt hatte, die Riemen zu streichen.

Daher wurde die Distanz zwischen seinem Bug und der Fahrtrichtung der zinnoberroten Trireme immer größer. Derweil musste der «Rote König», wie wir ihn bei Artemision genannt hatten, die Riemen einholen und hart auf Backbord drehen. Archilogos, der ja ebenfalls Kurs auf uns gesetzt hatte, wäre beinahe mit dem Karier kollidiert, holte dann ebenfalls rechtzeitig die Riemen ein und ging auf Backbord. Einen Moment lang wirkten die drei feindlichen Schiffe orientierungslos, unsere Verfolger hatten uns in der unübersichtlichen Lage aus den Augen verloren.

Ich musste laut lachen. Für die Dauer einiger Herzschläge fühlte ich mich wie der König der Meere.

Dabei hatten wir im Grunde kaum etwas erreicht, abgesehen von einem waghalsigen Manöver, das man als üblen Scherz auf See beschreiben könnte.

Aber nach der Kollision der Riemenschäfte ergaben sich neue Optionen. Ich wandte mich Seckla zu.

«Hart Backbord!», lautete meine Anweisung.

Er nickte, und ehe Onisandros' Männer die Riemen wieder durchs Wasser zogen, schwenkten wir auf den neuen Kurs – ein leichter Kurswechsel, da uns im Augenblick kein Feind bedrängte. Kurz darauf glitten wir an Archilogos' Schiff vorbei, nur ein halbes Stadion trennte die eine Bordwand von der anderen, und ich winkte wie zum Gruß und schärfte meinen Schützen ein, nicht zu schießen.

Ich sah ihn tatsächlich, den Freund meiner Jugendjahre. Er stand auf der Kommandoplattform, und als wir vorüberglitten, sah ich, wie er sich den Helm ein wenig auf dem Kopf zurückschob.

Also ahnte er, dass ich nicht den Befehl zum Schießen geben würde.

Doch dann nahm er den Helm ab, einen schönen korinthischen mit beweglichen Wangenklappen, und winkte zurück. Ich hob erneut die Hand zum Gruß.

Dann rief er mir etwas zu, und im selben Moment schlug ein schwerer Pfeil gegen das Rund meines Aspis.

Aber inzwischen fiel sein Schiff achteraus zurück, da meine Rudermannschaft unentwegt pullte. Wir hatten Kurs Süd-West eingeschlagen.

Wir befanden uns nun im Kielwasser der Ionier, die immer noch Kimon im Nacken saßen, und stellten unsere Gegner vor ein schwieriges taktisches Problem.

Aber da der Wind aus Süd weiter auffrischte, war es nicht so einfach, den neuen Kurs beizubehalten. Die Ruderer fluchten nicht mehr, aber auch nur deshalb nicht, weil sie die Luft zum Atmen brauchten. Sie waren erschöpft. Noch nicht völlig erschlagen, so schlimm stand es nicht um uns. Aber eben müde und erschöpft.

Wie dem auch sei, die Ionier – somit auch Kimon – hatten schon den ganzen Tag gegen den Wind gepullt.

Wir pullten ein Stadion, dann noch eins.

Bald lag wieder die Strecke eines Stadions hinter uns.

Die Ionier blieben auf Distanz zu uns.

Ihr müsst euch das so vorstellen. Wartet, ich will es euch mit diesen Mandeln veranschaulichen, nein, die sind zu klebrig. Also, hört zu, ich beschreibe es euch. Kimons zehn Schiffe fliehen vor tausend Schiffen. Dreißig der Verfolger liegen weit vor dem großen Verband in Führung, aber von diesen dreißig ist nur etwa ein Dutzend schnell genug, in Kimons Kielwasser zu fahren. Drei aus diesem Dutzend waren ja ausgeschert, um uns abzufangen, wie ihr ja gerade gehört habt. Es sind demnach neun Schiffe übrig, und die Rudermannschaften legen sich mächtig in die Riemen, um ganz zu Kimon aufzuschließen. Doch jetzt komme ich zwischen die neun Verfolger und den Flottenverband, und bald zeichnet sich ab, dass wir schneller sind und dass meine Rudermannschaft insgesamt ausgeruhter ist.

Verständlich, dass die Gegner auswichen.

Ich gestattete es Nemet, all seine Pfeile einzusetzen. Er stand am höchsten von allen, und trotz der Schwankungen des Masts war er imstande, die Männer auf den Ruderbänken der Ionier zu treffen. Onisandros, Seckla und Leukas, der zwischendurch immer wieder das Ruder übernahm, stimmten sich untereinander ab und erhöhten die Schlagzahl, sodass wir spürbar schneller pullten als die Ionier. Hinzu kam, dass unser Rumpf trockener und stabiler war.

Wir hielten auf den letzten der neun Ionier zu, wie Fischer, die sich einen Thunfisch ausgeguckt haben. Nemet war dabei, weitere Pfeile abzuschießen. In den Wind zu schießen, war schwierig, zumal der Winkel etwas ungewöhnlich war.

Aber als wir im Kielwasser unserer Beute lagen und Nemet über das Heck blicken konnte, schickte er wieder seine Pfeile auf die Reise, und diesmal war die Wirkung unübersehbar. An der Backbordseite kamen die Ruderer aus dem Takt, die Riemenblätter hoben oder senkten sich unkontrolliert, das Schiff drehte nach Backbord ab, und sobald wir an dem Ionier vorbeikamen, schossen meine Nubier jeweils vier oder fünf weitere Pfeile ab. Kurz darauf lag das feindliche Schiff etwa fünf Riemenlängen an Steuerbord, aber wir behielten das Tempo bei.

Unterdessen holten wir das zweite von neun Schiffen ein. Doch der Gegner schwenkte bald auf einen anderen Kurs und hielt auf die Küste Attikas zu. Unter aufblitzenden Riemenblättern flogen wir an ihm vorbei, und Ka zielte auf die Kommandoplattform, aber wir waren so schnell vorbeigezogen, dass wir nicht wussten, was seine Pfeile angerichtet hatten.

Allmählich konnte man sich an diesen kleinen Etappen und Erfolgen berauschen. Wie an edlem Wein nach einem großartigen Tag.

Seckla schüttelte den Kopf. «Wie lange können wir noch durchhalten?», fragte er. «Bald werden sie in die Wende gehen und uns angreifen.»

Ich lachte. «Sie wären Narren, wenn sie das täten!»

Doch dann – leiteten sie die Wende ein.

Erst auf den zweiten Blick begriff ich, dass nicht die Ionier wendeten, sondern mein Freund Kimon.

Seine Schiffe gingen wie durch Zauberhand über Stag. Bei dem Abstand zu den Verfolgern war das gewagt, aber da die Ionier alle das Ruder nach Steuerbord gelegt hatten, blieb ihnen der Winkel verwehrt, den sie hätten nutzen können, um die Rammsporne einzusetzen. Daher konnten Kimons Schiffe es sich erlauben, Fahrt rauszunehmen und nacheinander zu wenden.

Die Ionier waren uns nicht gewachsen, aber es waren dennoch gute Seeleute. Sie stoben auseinander wie Weißfische, wenn der Thunfisch angreift. So flohen sie in unterschiedliche Richtungen.

Eine schmale Trireme hatte eine schlechte Wahl getroffen und kam in unsere Richtung. Offenbar hatte der Steuermann die Wende falsch eingeschätzt. Ich warf einen Blick über die Schulter auf die große zinnoberrote Trireme und auf Archilogos.

Archi lag indes zu weit zurück, um uns mit dem Rammsporn gefährlich zu werden.

«Schnapp ihn dir!», sagte ich zu Leukas. «Epibatai!»

Der einsame Ionier holte die Riemen ein und blieb in der Wende, aber inzwischen hatte er zu viel Fahrt verloren, sodass unser Rammsporn den gegnerischen Kranbalken zertrümmerte. Ich sah, wie der Bug des Ioniers tiefer ins Wasser gedrückt wurde. Als der Bug wieder wie ein springender Fisch aus dem Wasser federte, kamen wir bereits längsseits und ließen die Enterdreggen fliegen. Ich sah, wie Brasidas über die Bordwand sprang, lief über das Deck, schätzte die Entfernung ab und sprang ebenfalls.

Es war vorüber, ehe ich mich auf der gegnerischen Laufplanke aufrichtete. An Bord befanden sich Äolier aus Lesbos, genauer aus Eresos, und schnell war klar, dass sie mit dem Großkönig nichts zu schaffen hatten. Als Brasidas ihren Trierarchen tötete, ergab sich die Mannschaft. Einige jubelten sogar.

«Griechenland!», brüllte einer der Ruderer.

Ich schaute hinab auf die Ruderbänke unter Deck. «Wollt ihr für Griechenland pullen?», brüllte ich. Die Männer waren an Bord gepresst worden – was bei einem Gefecht auf See immer eine schlechte Idee ist –, und unter den Ruderern in der obersten Reihe waren Männer, die mich kannten. Ja, unglaublich eigentlich, aber ein paar von ihnen kannte ich aus glücklicheren Tagen.

Ich ließ meine Epibatai an Bord. Mittlerweile war ich zu alt, um Fremden leichtfertig mein Vertrauen zu schenken.

Ich gab Leukas Zeichen und trug Seckla auf, das Ruder zu übernehmen. Der Steuermann aus Lesbos protestierte, aber ich befahl ihm, sich auf die Planken zu setzen, sodass Seckla die Position am Ruder einnehmen konnte. Dann vernahm ich Kimons Stimme leewärts – mein alter Gefährte Kimon, der einen ordentlichen Sonnenbrand und dunkle Schatten unter den Augen hatte.

Wir brüllten übers Wasser wie zwei Fischweiber auf dem Markt. Aber als er begriff, was ich beabsichtigte, wendeten wir in der Dünung und flohen nach Osten – ich war davon überzeugt, dass die versprengten Ionier uns nicht nachsetzen würden.

«Fliehen» trifft es sicher nicht ganz. Denn wir krochen einige Stadien übers Wasser, setzten dann das Segel und gingen auf Nord-Ost, und erst als wir uns bei Einbruch der Dämmerung in Sicherheit wähnten, refften wir die Segel und pullten in Sichtweite zur Küste Euböas. Am erstbesten Strand legten wir an, machten aber kein Feuer. Es sollte eine lange, miese Nacht werden.

Aber als Kimon mit mir von meinem Wein trank, meinte er, er habe nichts gegen eine kalte, unbequeme Nacht einzuwenden, da er auf See befürchtet hatte, keine Nacht mehr zu erleben.

Sobald der frühe Morgen ausreichend Licht zum Navigieren bot, legten wir wieder vom Strand ab, ohne eine Mahlzeit im Bauch, und pullten nach Süden. Das war wirklich ein harter Morgen, und auf einer Strecke von fünfzehn Stadien – gegen den Südwind und ohne Proviant – waren die armen Ionier am Ende ihrer Kräfte.

Aber gegen Mittag, als die Wolkendecke tiefer über der wogenden See zu hängen schien, erreichten wir die Strände unterhalb von Megalos. Mehr als zweitausend hungrige Männer gingen an Land.

Die Menschen unserer Heimat unterstützten die Sache der Griechen auf vielfältige Weise. Jenes arme Dorf auf Megalos steuerte zwar kein einziges Ruderboot für die Flotte bei, aber bei Herakles und Demeter, die Leute versorgten an jenem Tag unsere Männer mit Nahrung, auch am nächsten Morgen. Damit ihr euch das vorstellen könnt: Die Leute von Megalos opferten ihren Vorrat an Klippfisch, Schafen und Ziegen, der eigentlich für den Winter gedacht war. Und all das verdrückten zweitausend Mann an nur einem Tag. Gesegnet seien diese Menschen. Als wir wieder an Bord unserer Schiffe gingen, hatten die Männer erst einmal genug im Bauch, um bis nach Salamis zu pullen. Der Vorrat an Wein hatte fast gereicht, um die Nacht zuvor zu überstehen.

Die persische Flotte lagerte in jener Nacht an den Stränden von Makri und Marathon – bestimmt gab es Befehlshaber in ihren Reihen, die sich an das Abenteuer dort erinnerten. Archilogos war sicher bei Marathon dabei gewesen. Und nun warteten sie dort, an guten Ankerplätzen, bis die Versorgungsschiffe eintrafen.

Ich wünschte, ich könnte mich damit rühmen, dass Kimon und ich all die Versorgungsschiffe abfingen, die aus der Meerenge bei Chalkis kamen, aber unsere Mannschaften waren zu erschöpft, und Kimon wirkte sehr ernüchtert und antriebsarm auf mich. Er hatte zehn Tage mit Raubzügen und Hinterhalten verbracht, hatte ein Schiff verloren, aber insgesamt wenig erreicht. Die Prisen, die er gemacht hatte, waren ihm schließlich wieder abhandengekommen. Zwischendurch hatte er zwei Handelsschiffe versenkt, sah sich dann aber in seiner Befürchtung bestätigt, da die Schiffe ohnehin keine Ladung mehr an Bord hatten.

Manchmal kommt es einem so vor, als wären Tyche und Ares dieselbe Gottheit.

Am siebten Tag nach der Abfahrt von Salamis zeigte sich die Dämmerung am Horizont in zornigem Rot. Wir blieben auf unserem Strand, aßen unseren Gerstenbrei und das Schaffleisch und tranken den letzten Wein. Die Mannschaft aus Lesbos wusste nicht recht, welchen Status sie genoss, und begann zu murren. Sie fühlten sich einerseits wie Freiwillige, dann wiederum wie Gefangene. Ich saß eine Weile bei ihnen und wünschte, einer meiner Freunde aus Äolien wäre bei uns, Harpagos etwa oder Herk. Viele lebten schon gar nicht mehr. Abgesehen von den Männern aus Lesbos war unser Strand sozusagen in athenischer Hand.

Was ich damit sagen will, meine Freunde, ist, dass die Athener bei all den Entwicklungen der letzten Zeit allmählich selbstbewusster, wenn nicht gar großspuriger wurden. Ich trank einen Becher Wein mit Theognis, dem Steuermann der *Najade*, unserer Prise. Er kam mir ein wenig zu übereifrig vor – er hatte eine Art, die mir nicht ganz behagte, andererseits war ich nie ein Gefangener auf einem potenziell gefährlichen Strand gewesen und hatte gegenüber meinen neuen Herren nie meine Loyalität unter Beweis stellen müssen.

Wie immer schweife ich ab. Kimon kam zu mir, gehüllt in einen Himation, mit dem er sich weder in Athen noch in einer anderen Polis hätte blicken lassen dürfen, in der auf Reinlichkeit Wert gelegt wird. Er kam indes genau im richtigen Augenblick. Ich hatte mich nämlich gerade von meinem Klappsitz erhoben, den Eugenios soeben zusammenfaltete.

«Gehen wir ein paar Schritte», schlug ich vor.

Kimon grinste. Diese Worte hatte sein Vater oft gewählt, wenn es wichtige Dinge zu besprechen gab – nicht selten handelte es sich dann um Angelegenheiten, die nur als Raubzüge bezeichnet werden können. Nennen wir die Dinge beim Namen.

Ich musste lachen. «Nein, in diese Richtung gehen meine Gedanken nicht», meinte ich.

Kimon blickte zurück zu den Männern aus Lesbos. «Ich kann mir manchmal nicht recht vorstellen, dass wir zu ihren Gunsten einen Krieg zu führen versuchten.»

Ich nickte. «Ich liebe Eresos», sagte ich. «Aber sie wirken unentschlossen.» Ich zuckte mit den Schultern. «Andererseits habe ich in meiner Polis auch kein Lager mit persischen Kriegern.» Ich hielt inne, wie vom Schlag getroffen. «Bei Zeus! Die Perser sind ja längst in Platäa!» Ich schlug mir gegen den Kopf.

Kimon lächelte und sah mit einem Mal wie sein Vater aus. «Inzwischen dürfte auch Athen in die Hände der Perser gefallen sein.» Er schaute wieder zu den Männern aus Äolien. «Seien wir gerecht, die Männer von Lesbos kämpften bei Lade wie die Löwen.»

Auch mein Blick ruhte auf den Männern. «Ich frage mich ...», setzte ich an.

Kimon sah mich an, zog fragend eine Braue hoch.

«Ach, nur die Gedanken eines alten Mannes», versuchte ich zu scherzen. «Habt Ihr schon einmal gedacht, dass einem der Mut allmählich abhandenkommt, bei einem Kampf auf den anderen? Gestern zum Beispiel, als ich von meinem Schiff auf die Prise springen musste ...» Ich schaute etwas verlegen zur Seite. «Nun ja, da zögerte ich. Ehrlich gesagt, fällt es mir immer schwerer, in jenen Kampfgeist zurückzufinden – den Daimon.»

Kimon nickte und breitete die Hände aus. «Was soll man da sagen? Mein Vater liebte dich, aber er hielt dich für jemanden, der vom Irrsinn des Ares befallen war, für ihn warst du ein Kind des Krieges. Wäre er heute hier bei uns, würde er vielleicht sagen, dass du ein Mann geworden bist, aber den Irrsinn weitestgehend hinter dir gelassen hast.» Er senkte seinen Blick in meine Augen und schenkte mir ein überraschend sanftes Lächeln. «Ich habe inzwischen immer Angst, wenn ich springe.» Nach diesem Bekenntnis schaute er weg.

Eine ganze Weile schwiegen wir.

«Aber so ist das Alter», sagte er dann leiser, «doch, das Leben kann schön sein.»

«Erinnert Ihr Euch an Eualkidas? Den Helden aus Euböa?»

«Mein Vater erwähnte ihn. Begegnet bin ich ihm nie. Aber er war tatsächlich ein viel gerühmter Held.»

«Einmal sagte er zu mir, dass auch ich eines Tages die Flucht ergreifen würde.»

Wir brauchten diesen Aspekt nicht zu vertiefen.

Die Wellen rauschten über den Strand, leichter Regen setzte ein. Ich sehnte mich nach meinem Himation.

Mir fiel ein, warum ich vom Thema abgelenkt hatte.

«Ich wollte damit eigentlich nur sagen, dass die Äolier als Volk zwar tapfer sind, dass sie aber inzwischen ernüchtert oder verzweifelt sind, weil ihr Mut schon so oft auf die Probe gestellt worden ist. Ja, sie kämpften hervorragend bei Lade – und wurden besiegt. Sie wehrten sich wie Löwen, um ihre Insel zu verteidigen – und wurden hingeschlachtet, ihre Frauen wurden in die Sklaverei verkauft. Vielleicht sind sie einmal zu oft besiegt worden.»

«Vielleicht sind ihre tapfersten Männer längst gefallen. Die Menschenschlächter.» Kimon zuckte mit den Schultern. «Ich stehe in deiner Schuld, Arimnestos, da du uns gerettet hast. Ich weiß nicht, ob wir es noch aus eigener Kraft geschafft hätten.»

Ich tat es als unbedeutend ab. «Ich werde es für die kommenden Jahre in Erinnerung behalten», sagte ich. «Aber erst besiegen wir die Perser.»

«Bei Poseidon und Ajax, meinen Vorfahren», sprach Kimon. «Du bist wie kaltes, frisches Seewasser, das mich aus meiner Schwermut erlöst. Denkst du wirklich, wir können siegen?»

Ich wiegte den Kopf hin und her – eine meiner Angewohnheiten, auch wenn es nicht immer vorteilhaft aussieht. Da müsst ihr lachen, was? Ich auch.

«Natürlich können wir gewinnen!», rief ich mit mehr Eifer, als man beim Verlauf unserer Unterhaltung hätte vermuten können.

«Ich möchte auch an den Sieg glauben», sagte er. «Bitte überzeuge mich.» Er lehnte sich an einen Fels unter einer vorstehenden Klippe, wo es etwas trockener war. Ich war zunächst skeptisch, als ich mir diesen Unterstand besah. Über unseren Köpfen stießen zwei Felsbrocken zusammen, die scheinbar von nichts gehalten wurden, nur von den Händen der Götter, hätte man meinen können. Ich dachte bei mir: Wenn die Götter nun vorhaben, zwei der besten Trierarchen der griechischen Flotte hier und jetzt unter Felsen zu begraben, dann wäre das unser Ende.

Aber nach kurzem Zögern zwängte ich mich neben Kimon in den Unterstand, den die Natur uns bot.

«Hast du Wein mitgebracht?», fragte er. Dann zwinkerte er Eugenios zu, der etwas abseits im leichten Regen stand und wartete. «Oh, bei den Göttern, Eugenios, bring uns etwas Wein, dann lassen wir dich auch in unser Versteck.»

Eugenios setzte ein Lächeln auf. Sklaven werden selten direkt von Leuten wie Kimon von Athen angesprochen, entstammte er doch einer alten aristokratischen Familie. Aber in jenem Jahr waren wir alle geeint in unserem Kampfeswillen, und daher verloren Klassenunterschiede bisweilen an Bedeutung. Ehrlich gesagt hatte ich ganz vergessen, dass Eugenios ein Sklave war, und bei diesem Gedanken durchzuckte mich ein Schuldgefühl. Zweimal war ich in meinem Leben Sklave gewesen und hätte es besser wissen müssen: Auch wenn ich zwischendurch vergessen hatte, welchen Status Eugenios besaß, so hätte er es *niemals* vergessen.

Er eilte davon. «Ich sollte ihm die Freiheit schenken», meinte ich nachdenklich.

«Er pullt für dich und ist dein Hausverwalter?» Kimon lachte. «Viel zu wertvoll, um ihn freizulassen. Möchtest du ihn verkaufen? Ich könnte einen guten Verwalter gebrauchen, und wenn er obendrein pullen kann ...»

Manchmal benahm sich Kimon wie ein reicher Narr.

«Zurück zu den Persern», mahnte ich an.

«Richtig. Ich weiß deine Zuversicht zu schätzen. Aber ich teile sie nicht. Acht Tage habe ich damit verbracht zu kämpfen und zu fliehen, um erneut zu kämpfen und zu fliehen. Ich habe Nachrichten in allen Häfen Böotiens hinterlassen, an allen Gestaden und Steilhängen, die mir vorteilhaft erschienen. Darin lade ich die Ionier ein, sich unserer Sache anzuschließen. Themistokles hat es genauso gehandhabt, an den Küsten von Euböa. Nicht einer wechselte die Seiten, jedenfalls bislang nicht. Du weißt sicher, was ich jeden Tag sah, jeden von den Göttern verfluchten Tag, oder? Immer mehr Schiffe schließen sich der Flotte des Großkönigs an. Schon am ersten Tag waren es dreißig. Dreißig!» Er konnte nur den Kopf schütteln.

Eugenios trottete zu uns zurück. Im selben Moment kam mir ein Gedanke: Etwas für die Götter, etwas, das zur Freiheit der Griechen beitrug, etwas, das unterstreicht, wer wir waren und wofür wir kämpften.

Eugenios brachte meine alte Feldflasche – ein Stück Keramik, an dem die Füße abgebrochen waren. Eine Öse fehlte, daher konnte ich sie mir nicht mehr richtig umhängen, und deshalb war sie auch ein Dutzend Mal auf die Planken gefallen, ohne zu zerspringen. Die Flasche sah nicht sonderlich gut aus, aber ich mochte sie.

Ich brachte eine Trankspende auf dem regennassen Sand aus, die wie Blut aussah. «Für Zeus, den Gott der Könige und Prinzen und freien Männer, und auf dich, Eugenios, denn mit diesem Trankopfer für die Götter mache ich dich zu einem freien Mann.

Ich opfere den Sklavenstand dieses Mannes, auf dass die griechischen Lande frei sein mögen.»

Ich nahm einen Schluck und reichte die Feldflasche Kimon. Er richtete sich zu voller Größe auf. «Arimnestos, du bist doch wirklich ...», fing er an und brach dann in Lachen aus. «Auf Eugenios, den Prinzen unter den Hausverwaltern. Auf deine Freiheit. Und auf Poseidon, der die Erde erzittern lässt, den Herrn der Hengste und der Meere. Mögest du, Poseidon, die Freiheit dieses Mannes bezeugen und Athen günstige Winde bescheren.»

Er gab die Flasche weiter an Eugenios, der einen Schluck nahm und dann in Tränen ausbrach. «Ich wurde frei geboren», sagte er leise. «In der Tat – oh, gesegnet seid Ihr, Herr.»

«Ich sorge dafür, dass du Bürger von Platäa wirst, wenn wir all das hier überstehen.» Ich klang ungewollt barsch. Ich hatte nicht damit gerechnet, dass Eugenios, der in meinem Hausstand ein hartes Regiment führte und streng zu den Sklaven war, anfangen würde zu weinen.

Ich denke, dass ich die Sklaverei in Wahrheit hasse. Oh, ich habe eine ganze Phalanx Sklaven, wie? Aber ich lasse auch sie frei. Einige Menschen sind besser, andere schlechter, so viel gebe ich zu. Aber sind manche so gut, dass sie andere besitzen dürfen?

Ich war selbst Sklave.

4. KAPITEL

Letzten Endes gesellte sich Eugenios nicht zu uns unter den Felsüberhang. Mein Verwalter hatte offenbar eine noch strengere Auffassung vom sozialen Stand als Kimon von Athen. Ja, darüber kann man sich lustig machen, aber es war so.

Ich trat hinaus in den Regen, der im Wind wie feine Gischt sprühte, und warf schwungvoll meinen Chiton über den Arm, wie ein Jüngling, der übt, ein Redner zu werden. «Hört mich an, o Kimon», hob ich an.

Der Athener lachte und trank meinen Wein.

«Doch ehe ich mein erstes Argument vorbringe, wollen wir uns zunächst auf unser eigenes Urteilsvermögen besinnen. Gibt es auf den bekannten Meeren noch zwei Männer wie uns, die sich häufiger gegen die Perser, gegen die Phönizier und die Ägypter gestemmt haben?»

«Ja, meinen Vater», erwiderte er. «Miltiades. Und vielleicht diesen aufgeblasenen Aristeides. Und deinen Freund Demetrios von Sizilien, der einst nach Massalia ging, auch wenn ich ihn nie mochte.»

«Gut, aber waren sie besser als wir? Oder gleichwertig? Bei Eurem Vater gebe ich Euch recht.»

«Dann wollen wir uns nicht streiten», sagte Kimon, Sohn des Miltiades, und lächelte. «Wir haben uns den Feinden öfter entgegengestellt als alle anderen.»

«Und sind wir nicht genau deshalb die erfahrensten Männer, wenn es darum geht, jetzt die Perser auf See zu bekämpfen?» Ich hob eine Hand, um einem Einwand zuvorzukommen. «Wären wir oft besiegt worden, dann würde ich einräumen, dass wir zwar häufig, aber erfolglos kämpften, aber Ihr und ich, wir haben öfter triumphiert als verloren.»

Kimon nickte gewichtig. «Du möchtest, dass ich dir beipflichte, und das tue ich natürlich. Aber ich bin mir sicher, dass sich Pythagoras mit dir darüber streiten würde, ob die Häufigkeit unserer Kämpfe oder selbst unser Triumph überhaupt etwas mit Weisheit zu tun haben.»

«Mag sein, dass er das tun würde, aber vergessen wir nicht, dass er dagegen war, Schinken zu essen, seien wir also auf der Hut.»

Kimon bog sich vor Lachen. «Du hast deine Berufung verfehlt, mein Freund. Du solltest auf der Agora stehen und wie ein Sophist Reden schwingen.» Er zwinkerte wieder Eugenios zu.

Es war eine Art schauspielerische Darbietung meinerseits, um seine Stimmung aufzuhellen. «Also gut, ich werde mich zur Agora begeben, die heute wahrscheinlich nur so wimmelt von den Unsterblichen der Perser, aber diese Männer werden sich nicht für die Höhenflüge meiner Weisheit interessieren. Und wir werden uns zumindest in dem Punkt einig sein, dass wir beide in der Lage sind, die Schlagkraft der Flotte des Großkönigs zu beurteilen wie wohl kaum jemand anders.»

Wieder hatte ich ihn zum Lachen gebracht. «Ich merke gerade, dass sich bei mir jenes Gefühl einstellt, das ich verspüre, wenn ich einer Rede von Aristeides lausche. Er bringt ein überzeugendes Argument nach dem anderen, schafft es aber trotzdem, dass ihn die unentschlossenen Männer hassen, und obendrein unsere Fraktion», schloss er.

«Nun gut. Lasst mich ausführen, warum wir die Flotte des Großkönigs besiegen werden», sagte ich. «Erstens, weil es uns schon einmal gelungen ist, genauer gesagt zwei Mal.»

Kimon nagte auf der Unterlippe. «Aber sie haben ihre Verluste ausgeglichen.»

«Aber haben sie auch ihren Mut ersetzt?», fragte ich. «Ihr habt ja vorhin selbst gesagt, dass Ihr acht Tage auf See gekreuzt seid, mit zehn Schiffen, und es mit allen aufgenommen habt – und es gelang ihnen lediglich, eines von Euren Schiffen zu versenken, während Ihr im Gegenzug fünf Schiffe versenkt, manövrierunfähig gemacht oder erobert habt.»

Er sah mich halb grüblerisch, halb interessiert an. «Und? Was sind fünf Schiffe von tausend?»

«Beantwortet mir Folgendes, Zweifler!», deklamierte ich. Wahrlich, ich hätte Schauspieler werden sollen. «Wenn nur ein ionisches Schiff an unsere Strände bei Artemision gekommen wäre und einen Überfall oder Raubzug hätte unternehmen wollen, wie viele Schiffe hätten abgelegt und gekämpft?»

Er zuckte zusammen. «Hundert?»

«Und doch wagtet Ihr Euch an deren Strände», betonte ich. «Sie haben Angst, Kimon.»

Den Athener schien das nicht ganz zu überzeugen. «Ich möchte dir gern glauben.»

«Die Ionier sind vermutlich die schwächste Stelle in der Flotte des Großkönigs», sagte ich.

Kimon schüttelte den Kopf. «Sie haben gute und schlechte Leute», meinte er. «Auch sie haben ausgezeichnete Befehlshaber, vergiss das nicht. Und nimm es nicht Bug gegen Bug mit der Königin von Halikarnassos auf – mit Artemisia.» Er strich sich den Bart. «Das ist eine Frau mit einem sehr erfahrenen Steuermann. Es heißt, sie sei die griechische Geliebte von Xerxes, aber da bin ich mir nicht so sicher.»

«Aber das Schiff, das wir gestern erobert haben?», fragte ich.

«Kein besonders gutes», antwortete er.

«Trotzdem lag es bei der Verfolgung Eurer Schiffe in Führung, während die Phönizier und Ägypter – die übrigens allen Grund haben, den Großkönig zu hassen – weit in der Meerenge zurückhingen.» Ich deutete vage in Richtung der Männer von Lesbos, die trostlos im Regen saßen. «Was soll ich aus so einem Verhalten schließen?»

Kimon lachte. «Ich gebe zu, dass du überzeugende Argumente hast.» Er klang fast ein bisschen schuldbewusst.

«Mein letztes Beweisstück verlangt nur, dass Ihr mir glaubt», sagte ich. «Gestern, als ich aus der Morgensonne auf ihre Flanke zuhielt, sah ich, dass sie aus Angst zurückwichen.»

«Du hast sie überrascht», meinte er.

«Aber die meisten ihrer Schiffe, und das waren mehr als zwanzig, wichen einen Strich oder gar mehr vom Kurs ab. Und als drei ihrer Schiffe aus der Schar der Verfolger ausscherten, nutzten die anderen die Zeit, um sich weiter der Küste anzunähern. Keiner der Befehlshaber war gut genug ausgebildet, um es aus nächster Nähe mit mir aufzunehmen. Hinzu kommt, dass all ihre Schiffsrümpfe zu lange nass waren und langsam sind.»

Ich grinste wie ein Wolf, der ich bisweilen sein kann. «Ich war ihnen an Geschwindigkeit, an taktischer Finesse und an Schlagzahl überlegen, weil ich die besseren Männer auf den Ruderbänken habe. *Und sie wussten es.* Sie waren wie junge Kerle, die es mit Männern aufnehmen müssen. Das ist alles, was sie aufzubieten haben, mehr nicht.»

Kimon hörte gar nicht auf zu lächeln. «Ich hatte schon vergessen, wie du sein kannst, Platäer.»

«Und zu guter Letzt kommt die Frage der Taktik», fuhr ich fort. «Die Anzahl der Schiffe ist im Grunde nicht von Bedeutung. Das haben wir bei Lade gesehen. Gebt es zu, Ihr bezwingt die vorderste Linie, und der Rest flieht. So läuft es immer. Die Phönizier misstrauen den Ioniern und verachten die Ägypter. Die Ägypter wiederum wollen den Großkönig besiegen und unabhängig werden. Jedes ionische Schiff hat Männer an Bord, Ruderer und Epibatai, die einst zu unseren Kameraden bei Lade zählten.»

«Bei Poseidon, Arimnestos, du gibst mir das Gefühl, dass einem der Großkönig fast schon leidtun müsste, nicht die Athener!» Er verschränkte die Arme vor der Brust.

«Sagen wir eher: die Griechen», meinte ich. «Ihr Athener habt in eurer verzweifelten Hybris vergessen, dass ihr Verbündete habt.»

Er zuckte zusammen. «Wir werden nie Platäa vergessen», sagte er.

«In diesem Fall ist der Verbündete, den ich in Erinnerung behalte, Ägina. Sie bieten nahezu fünfzig Schiffe auf und sind entschlossen zu kämpfen.» Ich atmete hörbar aus. «Selbst wenn die Männer von der Peloponnes fliehen sollten.»

Ich bin mir nicht ganz sicher, ob ich Kimon dazu brachte, dass er seine Meinung änderte. Ich weiß aber, dass ich ihm ein besseres Gefühl gab.

Aber Poseidon sandte uns ein besseres Zeichen. Nun – zunächst sollte ich vielleicht sagen, dass meine Hochstimmung nicht nur auf das Gefecht und die Taten des Vortags zurückzuführen war. Archilogos hatte mir zugewinkt.

Ich sehe, dass ihr lächelt, meine Lieben. Ja, ich höre mich schon an wie ihr Mädchen, die sich freuen, wenn ihnen der hübscheste Junge zuwinkt, was? Nein. Archilogos war der Freund und Gefährte meiner Kindheit und war später, wie ihr wisst, über Jahre mein Feind gewesen.

Ich hatte geschworen, ihm nie ein Leid anzutun, und ein solcher Eid hat eine große Wirkmacht. Zum ersten Mal war er mir nicht mit Gewalt begegnet, und daher fühlte ich mich auf irrationale Weise geehrt. Glaubt mir, diesen einen Augenblick hatte ich immer und immer wieder in meinem Kopf durchgespielt und versucht, genaue Fakten daraus abzulesen. Hatte Archi tatsächlich gewinkt? Oder hatte er auf mich gezeigt, damit seine Bogenschützen ihr Ziel fanden?

Wenn ich jetzt darüber nachdenke, Thygater, dann hast du recht, ich höre mich wirklich wie eine errötende Jungfrau an.

Aber ich war ihm in Liebe zugetan. Die drückende Last und die Ungerechtigkeit seines Hasses machten mir das Herz schwer. Deshalb fasste ich sein Winken als Zeichen auf. Ja, für mich war die Begegnung als solche ein Zeichen. Ich war nicht länger niedergeschlagen und bedrückt. Nach einem gewagten Manöver und einem Gefecht, das schnell entschieden war, war ich zu der Überzeugung gelangt, dass wir die Oberhand hatten, ganz unabhängig von der Anzahl der Schiffe.

Und dann, neun Tage nach der Abfahrt von Salamis, ging die Sonne auf und verhieß einen glorreichen Tag. Der Wind hatte am Abend zuvor nach Sonnenuntergang nachgelassen, der Regen hatte aufgehört, und als ich in der Nacht aufstand, weil ich pissen musste, funkelten Sterne am klaren Himmel, und der Wind kam leicht aus West.

Wir standen noch in der Dunkelheit auf, wärmten uns an den Feuern und aßen aufgewärmten Eintopf mit Schaffleisch und ein paar Austern. Wein gab es nicht mehr. Ich stellte mich auf einen Felsbrocken und sprach zu den Ruderern, wie ich es fast jeden Tag tat.

«Heute müssten wir es bis nach Salamis schaffen», sprach ich. «Das bedeutet allerdings, dass wir die Strecke pullen werden. Und die Flotte der Perser ist dort drüben.» Ich deutete hinüber zur Küste Attikas, die noch in Dunkelheit gehüllt war, während der östliche Horizont allmählich heller wurde. «Aber ihr alle seid besser als sie. Pullt einfach. Ihr habt nichts zu befürchten. Sollten sie es auf uns abgesehen haben, können wir immer noch auf Süd ausweichen.»

Viele nickten zustimmend. Einige grinsten und lachten und murmelten sich irgendetwas in die Bärte – in diesem Augenblick liebte ich meine Mannschaft.

Ich hatte beschlossen, Seckla und Brasidas mit zwanzig unserer Ruderer auf das Schiff aus Lesbos zu schicken, und sechs Mann aus der Rudermannschaft ernannte ich zu Epibatai unter Führung von Alexandros.

Brasidas sprang behände auf einen Felsen und hielt eine Wachstafel hoch. «Wie man mich wissen ließ, ist den folgenden Männern das Glück beschieden, fortan als Epibatai dienen zu dürfen!», rief er. Dann verlas er die Namen. «Ehe wir diese Männer in unseren Reihen willkommen heißen, fordere ich alle Epibatai auf, sich in voller Rüstung bei mir zu melden, damit wir einen kleinen Lauf und einige Tanzschritte durchführen können.» Er hatte kein Grinsen im Gesicht. Spartaner unterstreichen ihre unausgesprochenen Drohungen nicht mit Grinsen. Sie nennen die Dinge beim Namen und führen aus, was sie sich vorgenommen haben.

In der Menge der Ruderer klopfte man den Auserwählten aufmunternd und unter gutgemeinten Flüchen auf die Schultern, ehe die sechs Mann loseilten, um ihre Helme zu holen – mag sein, dass der ein oder andere es auch nicht als glückliche Fügung des Schicksals empfand.

Ich schritt in voller Rüstung über den Strand. Vielleicht sollte es so etwas wie Buße für den Vortag sein, aber ich spürte, dass ich in Übung bleiben musste. Eugenios hatte meine gesamte Ausrüstung poliert – vielleicht aus Freude über seine Freiheit –, sodass die Bronze golden leuchtete. Ja, ich funkelte im Schein der Feuer und im Licht der aufgehenden Sonne.

Auch auf Brasidas' Rüstung fing sich das Licht, und so begannen wir mit den Leibesübungen. Zunächst dehnten wir uns, ehe wir über den Strand bis zur Landzunge und zurück liefen, aber in vollem Tempo.

Oh, die liebe Jugend! Ich war Letzter – *Letzter*! Man stelle sich das vor. Und die neuen Epibatai lachten. Es war nicht böse gemeint. Aber ich hasste natürlich das ganze Pack!

Danach fingen wir an, in den Pyrrhiche hineinzufinden. Wahrscheinlich habe ich vergessen, das zu betonen, aber da ich eine ganze Zeit mit Sparthius und Bulis verbracht hatte, natürlich auch mit Brasidas, beherrschten wir inzwischen zwölf Varianten des Kriegstanzes. Manchmal, wenn nur die erfahrenen Männer tanzten, improvisierten wir, fügten neue Schrittfolgen ein oder wechselten uns bei Einlagen ab, bei denen einer von uns die Führung übernahm und die anderen die Abläufe imitierten: Dabei ging es im Wesentlichen um Stöße, Schläge und Würfe. Das Ganze übten wir bewaffnet und ohne Waffen, mit Schwertern und Stoßlanzen und Schilden, wir zogen die Schwerter, schoben sie zurück in die Scheiden, wir achteten auf die Schrittfolgen ...

Der erste Tanz war aber immer noch der alte Pyrrhiche mit dem Speer, wie ich ihn aus Platäa kannte, allerdings gab es auch da inzwischen ein paar spartanische Abwandlungen. Und so fingen wir an, den Neulingen die Schritte zu erklären. Viele meiner Ruderer kannten das schon, einige übten morgens am Strand, in der Hoffnung, in der Rangordnung aufsteigen zu dürfen, aber keiner beherrschte den Tanz vollständig, daher hingen sie an Brasidas' Lippen, wenn die Lehrstunde begann. Allmählich regte sich Unmut, als Brasidas und ich unsere neuen Epibatai auf kleine Fehler hinwiesen – viel zu viele eigentlich.

Einer der Männer, Polydoros, schüttelte den Kopf. «Was bringt es, ob ich den Fuß drehe oder nicht?», grummelte er.

Brasidas' Miene blieb vollkommen unbewegt, kein Lächeln, kein Stirnrunzeln. Er hielt einfach nur inne. «Es bringt dann etwas», sprach er ruhig, «wenn du lieber leben als sterben willst.»

«Autsch», kam es von Siberios.

Kimon tauchte aus dem grauen Halbdunkel des Morgens auf, bei ihm war der junge Perikles. Er wedelte auffällig mit seinem Umhang, um meine Aufmerksamkeit zu erregen, daher ging ich zu ihm.

Perikles deutete mit einem Nicken auf die neuen Epibatai. «Ihr bildet sie aus, als könnte man einen einfachen Mann durch Übungen zu einem Herrn machen.»

«Junger Mann», erwiderte ich, «die Spartaner, die unter allen Griechen als besonders edel gelten, üben jeden Tag, und du übrigens auch.»

«Wenn das alles vorüber ist, werden wir tief in der Schuld unserer Ruderer stehen», meinte Kimon. Sein Blick ging hinaus aufs Meer.

«Als wir uns bei Marathon gegen die Meder stellten, benutzte Euer Vater die Männer niederen Standes, um die Hopliten zu beschämen», sagte ich. «Seid Ihr ein noch überzeugterer Aristokrat als Euer Vater?»

«Was ist das, bei Pluton?», rief Kimon. Mein beißender Kommentar wurde vom Westwind verschluckt. Perikles dürfte es gehört haben, denn er zog eine Braue hoch.

Dann sah auch ich es. Das Aufblitzen von Riemenblättern, aus Nord-Ost.

«Bei Poseidons Schwanz!», entfuhr es Kimon. «Zu den Waffen!», brüllte er.

Wir legten schneller vom Strand ab als ein Junge, der vor einem Lauf den Chiton fallen lässt. Kimons *Ajax* war zuerst im Wasser, was mich ärgerte, aber ich war noch damit beschäftigt, Seckla zu helfen, die kaum piratenhaft geschulten Äolier einzuweisen, während meine *Lydia* auf Befehle wartete.

Es waren drei Schiffe. Sie lagen extrem weit auseinander, als gehörten sie gar nicht zusammen. Und da hinter uns im Osten die Sonne aufging, blieben unsere Schiffsrümpfe eine Weile dunkel vor dem schwarzen Felsgestein der Küste. Ein alter Piratentrick. So kam es, dass die anderen Schiffe uns lange Zeit nicht entdeckten.

Weiter entfernt auf See waren Schiffe auszumachen, vielleicht sechzig an der Zahl, aber sie lagen unter der Kimm, nur ein schwaches Aufblitzen von Riemenblättern im Wasser.

Bald verkomplizierte sich die Sache allerdings.

Das in Führung liegende feindliche Schiff hielt auf Kimons *Ajax* zu und blieb auf diesem Kurs. Doch dann hissten sie irgendetwas am Hauptmast und legten den Mast nicht an Deck ab, wie es die meisten Triremen vor einem Gefecht taten.

Zu diesem Zeitpunkt war ich noch am Strand, tatsächlich als Letzter, weil wir immer noch die Äolier an Bord scheuchten. Und die ganze Zeit beobachtete ich mit klopfendem Herzen die Vorgänge draußen auf See und wollte unbedingt an Bord der *Lydia* sein. Endlich war auch die *Najade* im Wasser und wendete Stück für Stück.

Etliche Längen von der *Ajax* entfernt schwenkte das gegnerische Schiff mit dem Bug in Richtung Strand und präsentierte ihre verwundbare Flanke dem Rammsporn von Kimons Trireme. Kurz darauf wurden die Riemen eingeholt, sodass das Schiff einen Moment so aussah wie ein Vogel, der die Schwingen anlegt und sich auf eine harte Nacht auf See einstellt.

Die *Ajax* ging unter Riemenschlägen auf den neuen Kurs – eine wirklich gute Darbietung der Rudermannschaft –, holte die Riemen dann ein und kam längsseits. Aber noch flogen keine Enterdreggen.

Ich lief in voller Rüstung ins flache Wasser, ehe ich mir vergegenwärtigte, wie sehr mich der arme Eugenios verflucht haben musste: Salzwasser und polierte Bronze! Rasch klettere ich über die Bordwand. Die *Lydia* dümpelte nahe beim Strand im seichten Wasser, und als Leukas brüllte «An Bord!», pflügten die Blätter durchs Wasser, und wir schossen wie ein Seeadler davon.

Die beiden anderen Spähschiffe flohen, aber Kimons Bruder auf der *Dämmerung* war schneller. Er nutzte sämtliche Vorteile, die sich ihm boten – die besseren Ruderer, die ausgeruhten Männer, den trockeneren Rumpf.

Und er traute sich, dem fliehenden Gegner nachzusetzen, obwohl der Flottenverband über die Kimm am Horizont kam. Sechzig Schiffe zeichneten sich dort schemenhaft zwischen Himmel und Wasser ab.

Natürlich hatten sie alle ihre Masten an Deck abgelegt. Auch wenn sie den Westwind von achtern hatten, pullten die Männer.

Weil sie Angst vor uns hatten.

Aber Metiochos, Kimons Bruder, hatte keine Angst vor denen, und während die *Lydia* den Strandabschnitt verließ und unter Riemenschlägen gegen den Wind fuhr, wo Kimon und dessen Prise lagen, holte Metiochos die flüchtende Trireme ein und rammte das Heck. Das sieht man selten, dabei ist es das Manöver bei einem Gefecht, von dem jeder Trierarch träumt. Aber sein Rammsporn erwischte das feindliche Schiff knapp unterhalb des geschwungenen Schwanenhalses, und obwohl wir das Geschehen nicht richtig verfolgen konnten und auch nichts hörten, da wir ein Dutzend Stadien entfernt waren, sank die feindliche Trireme.

Metiochos ließ die Wende einleiten und kehrte zurück, und sein Schiff schien über dem Wasser zu schweben wie ein Raubvogel.

Kimons Prise hatte beigedreht und einen Lorbeerkranz gehisst. Sie stammte aus Naxos, an Bord befanden sich Überlebende, die den Sturm überlebt hatten, der vor drei Wochen wütete. Offenbar hatte die Mannschaft entschieden, die Seiten zu wechseln.

Leukas brachte uns längsseits zur *Ajax*, so geschickt wie eine Kore, die bei Brauron tanzt, sodass ich von einem Heck zum anderen springen konnte.

Kimons Steuermann lachte. «Sie sind alle dort», sagte er. «Aber sagt dem Herrn Kimon, dass wir uns in die Riemen legen sollten, wenn wir nicht den Persern begegnen wollen.»

Ich sprang erneut über die Bordwand und landete auf dem Deck des Schiffes aus Naxos, der *Poseidon.* Es war ein schönes Schiff – mit vollem Deck, von schwerfälliger Bauart, wie es die Phönizier in jener Zeit bevorzugten. Diese Schiffe konnten Fracht oder Truppen an Bord nehmen, eigneten sich aber auch für den Kampf. Dafür waren sie ziemlich träge, wenn man die Flucht ergreifen wollte.

Ich packte Kimon beim Arm, um seine Aufmerksamkeit zu bekommen. Er war halb von aufgebrachten Griechen umringt – von Männern aus Euböa und den ionischen Städten. Da die Prise ein schwerfälliges Schiff war, hatte sie zwanzig Epibatai. An Bord befanden sich zudem zwei persische Gefangene – sie waren von ihrem Navarchen Ariabignes zu Befehlshabern ernannt worden.

«Sie sind soeben zu uns übergelaufen!», rief Kimon bei dem Stimmengewirr um uns.

«Dein Steuermann will, dass wir pullen!», erwiderte ich ebenso laut. «Und das sehe ich auch so.»

Kimon grinste. «Das ist ein Zeichen, Arimnestos. Von Poseidon.» Er klopfte mir auf den Rücken. «Du hattest recht!»

Ich deutete steuerbords über das Schanzkleid der Prise aus Naxos. «Dort drüben kommt ein persisches Geschwader. Wie kön nen wir Poseidon dazu bringen, uns beizustehen, wenn wir es allein mit dem Geschwader aufnehmen?»

Der Athener presste die Lippen aufeinander, als er in die Richtung schaute, in die ich zeigte. «Ich spüre die Macht», meinte er, und seine Miene hellte sich auf.

«Verlasst Euch auf die Macht, wenn Ihr zweihundert Brüder im Rücken habt», sagte ich eindringlich. «Sechzig gegen zehn ist kein gutes Kräfteverhältnis.»

Kimon tat meine Worte zunächst mit einem Lachen ab. «Sechzig gegen *zwölf* wären nur fünf gegen einen.» Aber dann nickte er mir zu und ließ erkennen, dass er mich nur auf den Arm nehmen wollte. «Ich stimme dir zu, Platäer. Hauen wir ab.»

Er ließ seine Epibatai an Bord der Prise, wie es jeder praktisch denkende Pirat getan hätte, und nahm die Hälfte der Krieger aus Naxos als Gefangene. Allerdings formulierte er es so, als wären die Männer seine Gastfreunde nach alter, edelmütiger Manier. Und die Männer aus Naxos – also die Ionier, um genau zu sein – sprangen bereitwillig hinüber auf die *Ajax*, hocherfreut, Gäste an Deck sein zu dürfen.

Kurz darauf pullten unsere Männer. Unterdessen hatte das herannahende persische Geschwader, allesamt Phönizier, die Distanz auf zehn Stadien verkürzt.

Ich sah, wie sich der junge Perikles angeregt mit einem der ionischen Epibatai unterhielt, der ebenfalls noch ein Jüngling war, kaum älter als achtzehn.

Sobald ich wieder an Bord der *Lydia* war, gingen wir auf Kurs Süd.

Kimon hatte erneut seine übliche Nachricht für die Männer aus den ionischen Gebieten hinterlassen, diesmal auf den Felsen knapp oberhalb des Strandes. Mit dem in den Fels geritzten Text forderte er die Ionier dazu auf, die Seiten zu wechseln, und genau diese Nachricht entdeckten die Phönizier später, als sie sich der Küste näherten. Sie machten sich indes nicht die Mühe, uns zu verfolgen. Tatsächlich fragte ich mich zunächst, als wir in Richtung Süden pullten, ob die Phönizier einen Fehler machen würden. Hätten sie uns verfolgt, zwölf gut bemannte Schiffe, hätten wir womöglich die in Führung liegenden Schiffe abfangen können, zumal ich den stehenden Mast hatte.

Aber sie verfolgten uns nicht. Sie zogen es vor, Umsicht walten zu lassen, und seien wir ehrlich, ihre Schiffe eigneten sich überhaupt nicht für eine lange, ermüdende Verfolgung auf See. Die Phönizier waren zu schwer und zu träge, die Rümpfe waren vollgesogen.

Keine zwei Stunden später hatten wir sie abgehängt und gingen auf einen westlichen Kurs, als Kimon den Wechsel mit einem aufblitzenden Bronzeschild durchgab. Langsam löste sich unsere lockere Linienformation auf, bis wir eine etwas ungeordnete Kielformation einnahmen, aber wir waren alte Schiffskameraden und kannten die Signale. Während wir pullten, verbesserten wir die Kielformation, wobei immer nur ein Deck Ruderer pullte, damit sich die anderen ausruhen konnten. Nur für den Fall. Nicht nur die Phönizier waren vorsichtig.

Trotzdem kamen wir gut voran. Der Westwind war sanft und kräuselte die Wellen nur leicht. Wir hatten den Morgen mit einem Sieg begonnen, und das erfüllte die Herzen der Männer mit neuem Mut.

Nichtsdestoweniger hatten wir den Westwind gegen uns, und gegen Nachmittag zeichnete sich ab, dass wir es doch nicht bis nach Salamis schaffen würden. Wir waren bereits zu weit westlich, um es noch bis zur Insel Andros zu schaffen, und die Nacht brach an.

Kimon und ich hatten denselben Gedanken – wir wollten den schmalen Strandstreifen anlaufen, zwei Buchten hinter dem Kap Sounion. Aber wir blieben vorsichtig. Als wir nicht mehr weit von jener Bucht entfernt waren, näherte sich nur die *Lydia* der Küste, und Alexandros und vier seiner Epibatai schwammen nackt an Land. Sie liefen den Strand hinauf und erklommen die Anhöhe.

Derweil dümpelte die *Lydia* auf See, die Sonne versank im Westen, und die Ruderer murrten und fluchten.

Alexandros lief über den Strand zurück und führte einen kleinen Tanz auf, das vereinbarte Zeichen für «alles in Ordnung».

Wir legten am Strand an. Allerdings verlangte uns das einiges ab. Wir mussten all unsere Erfahrung aufbieten, und um ehrlich zu sein: Die Schiffe legten zwar mit den Hecks zuerst am Strand an, aber nur unter etlichen Flüchen und splitterndem Holz. Als

Letzter legte Metiochos' *Dämmerung* an, ausgerechnet zwischen zwei großen Felsen. Kein Trierarch, der bei Sinnen war, hätte sich diesen Platz ausgesucht!

Ganz zu schweigen davon, dass wir weder Proviant noch Wein hatten.

Daher stellten wir all unsere Epibatai zu einer Schar unter Brasidas' Führung zusammen und schickten sie weiter ins Inland, um nach Nahrung Ausschau zu halten. Zweihundert Ruderer trotteten hinterdrein, um den Proviant zum Strand zu schleppen, derweil sorgten all unsere Bogenschützen für Sicherheit auf den Flanken. Kimon und ich kamen als Freiwillige mit, und das ganze Unterfangen war so unheimlich und Furcht einflößend wie Feldzüge in fremden Ländern. Weiter nördlich entdeckten wir Brände, die ungehindert auf die Höhenzüge und Bergrücken in Richtung Brauron und Marathon übergriffen. Weiter östlich standen Berghänge in Richtung Athen in Flammen.

Abgesehen von den Persern und deren Sklaven lag Attika verlassen da. Es gab kaum noch Nahrung. Wir entdeckten ein paar Oliven und etwas Getreide, und nicht weit vom Strand entfernt lag ein Dorf, das offenbar beschlossen hatte, die Einwohner nicht in Sicherheit zu bringen.

Wir brauchten uns nur an den heiseren Schreien der Seevögel und Raben zu orientieren, um zu dem Dorf zu gelangen. Die Siedlung erreichten wir bei Sonnenuntergang, hinter uns glühte der Himmel rot wie Blut. Vermutlich hatten die armen Bauern der Gegend noch versucht, den Eindringlingen eine Delegation entgegenzusenden, um Erde und Wasser als Zeichen der Unterwerfung darzubieten. So sah es zumindest aus – am Boden lagen zerbrochene Amphoren, daneben sahen wir zwei große Placken rötlicher, attischer Erde, noch tiefer rot und bräunlich verfärbt von dem Blut der beiden jungen Mädchen, die die Zeichen der Unterwerfung getragen hatten.

Sie waren eines elenden Todes gestorben. Ich will dazu nicht mehr sagen – nein, wirklich nicht. Ich weiß noch, dass bei dem einen Mädchen die Augen offen waren, und das Weiße war noch hell und klar, wie es nur bei jungen Menschen der Fall ist. Als ich mich zu dem Mädchen hinabbeugte, um ihm die Lider zuzudrücken, zögerte ich, als fürchtete ich, ich könnte ihm weh tun. Dann das Geräusch all der Fliegen – das Schwirren und Surren bestürmt einen und sendet die Warnung, nicht hinzusehen, aber dann ist es oft schon zu spät.

Überall im Dorf lagen Tote. Eigentlich war es keine gewachsene Siedlung, sondern eher eine Ansammlung von Scheunen auf einem bescheidenen Gehöft, das an einer Wegkreuzung lag. Ich sah einen kleineren Schrein, auf dem verdreht eine Frau mittleren Alters lag, als bewusste Entweihung des Ortes. Die Überreste von sechs Behausungen unterschiedlicher Größe schwelten noch, auf den Wegen lagen erschlagene Männer in ihrem Blut, über denen Schwärme von Fliegen hingen. Der Gestank von verbranntem Fleisch stach in der Nase, somit war klar, wo der Rest der Einwohner gewesen sein musste.

Bei den meisten Toten handelte es sich um Sklaven. Und die Perser – oder Meder, Saken, Ägypter oder sogar Griechen – hatten sich an ihnen vergangen und sie dann ermordet.

All das berührte uns, kaum einer war nicht ergriffen. Man konnte nicht einfach nur hinsehen und keinen Hass empfinden. Ich habe die Perser selten wirklich gehasst. Die Männer aus Persien, die ich aus meinen Jugendjahren kannte, waren beeindruckende Herren. Doch das, was wir in diesem kleinen Dorf sahen, war die Schändung eines ganzes Landes. Und all die Untaten waren in voller Absicht begangen worden.

Brasidas starrte auf die beiden jungen Mädchen, die dem Feind Erde und Wasser hatten darbringen wollen. Ich sah, dass ein Zucken durch seine Wangenpartie ging, seine Kieferknochen mahlten, und plötzlich schillerten Tränen in seinen Augen. Und das von einem Spartaner!

«Das ist abscheulich», brachte er leise hervor.

Ka schaute hinüber zu dem Höhenzug im Norden. Ich vermute, dass unser Nubier mehr Abscheulichkeiten gesehen hatte als ich. Es klingt vielleicht ein bisschen abgedroschen, aber Heraklit hat es richtig formuliert, als er sinngemäß sagte: Das Töten in der Hitze des Gefechts ist etwas anderes als Mord. Hier waren zwei Mädchen geschändet und ermordet worden, ein Gehöft war verwüstet worden, mit dem einzigen Ziel, alle Einwohner hinzuschlachten. Ein Weiler voller Sklaven. Nach den Gesetzen des Krieges hätten die Meder die Menschen zusammentreiben und fortschaffen können, ganz so, wie sie auch die bronzenen Statuen und die Silbermünzen fortschafften.

Aber sie hatten diese Menschen massakriert.

«Sie können nicht weit sein», hörte ich Kas Stimme aus dem Halbdunkel. «Das Blut ist noch feucht und rot.»

Brasidas ließ Schild und Speer fallen. Dann hob er eines der Mädchen vom Boden hoch und trug es vorsichtig hinüber zu der Stelle, an der der Schrein der kleinen Siedlung stand. In Sichtweite lag ein kleiner Friedhof.

Brasidas brauchte keine Anweisungen zu geben, auch Kimon und ich nicht, denn die Männer um uns herum machten sich auf die Suche und fanden Hacken und eine verbogene Schaufel.

Ka war damit offenbar nicht einverstanden. «Sie sind zu nah», sagte er.

Ich hatte rasch meine Fassung wiedergefunden, obwohl der Geruch des Todes und der Gestank der verbrannten Leiber in den schwelenden Trümmern in meiner Nase stachen. Ich habe diesen Geruch bis heute in der Nase, glaubt mir.

Die Dunkelheit senkte sich rasch herab. Auf den kleineren Anhöhen im Umfeld der Kreuzung stellten wir Wachen auf, ausgestattet mit Signalhörnern. Ka nahm seine Schützen mit und postierte sich in einem Versteck am nördlichen Ausläufer der Straße.

Zwei Ruderer brachen eine noch schwelende Scheune auf und entdeckten Proviant: getrocknete Wurst und Weingefäße. Die Meder hatten demnach nicht einmal geplündert. Sie waren nur aus der Lust zum Töten gekommen.

Als die Männer sich daranmachten, die gut vierzig Toten angemessen zu bestatten, schickte ich die Hälfte der Hopliten zurück zu den Schiffen, unter Führung von Kimon. Ich hatte nämlich Bedenken, die Meder könnten uns am Strand überfallen.

Ich war gefangen in einem düsteren Ort der Seele, und eine ganze Weile wollte nichts mehr Sinn ergeben. Ich schlief ein wenig, doch im Traum erschien mir jener Jüngling, dessen Schatten ich einst nachts auf einem Schlachtfeld in Asia mit einem scharfen Messer in den Hades geschickt hatte ...

Als ich aufwachte, starrte ich in Kas Augen. Der Nubier hatte mir eine Hand auf den Mund gelegt.

«Sie kommen», wisperte er.

Wer vermag schon zu sagen, warum sie überhaupt zurückkamen. Wirklich, ich wünschte, es wären die Täter gewesen, aber vielleicht war es auch eine andere Patrouille, eine ganz andere Schar, die durchs Land streifte. Vermutlich hatten sie den Rauch aus den schwelenden Trümmern oder Bewegungen unten im Tal wahrgenommen, wo alles hätte ruhig sein müssen.

Sie waren nicht gerade vorsichtig, als sie zu so früher Stunde auf ihren Pferden auftauchten und sich auf den nördlich gelegenen Feldern breit auffächerten. Ich schätzte die Zahl auf etwa sechzig Reiter, weitere kamen die Straße herauf.

Ich wusste vierzig Hopliten und ein Dutzend Bogenschützen an meiner Seite. Und natürlich Brasidas.

Die Reiter trabten im Licht der Dämmerung quer über die Felder und folgten dem Verlauf der nördlichen Straße.

Wir töteten die, die in Reichweite unserer Waffen kamen. Es war ein Hinterhalt, und an den Kampfhandlungen war nichts Heroisches. Nichts, was ich euch näher beschreiben möchte. Wir schleuderten unsere Speere, die sich in die Leiber der Pferde bohrten, während Ka und seine Männer einen Feind nach dem anderen erwischten, bis die Reiter Reißaus nahmen.

Erzählen will ich euch von den Geschehnissen danach.

Drei Mann gerieten in Gefangenschaft. Ihre Pferde waren tot unter ihnen zusammengebrochen.

Ich wollte diese Männer töten. Tatsächlich hatte ich überlegt, sie lebendig zu begraben, mit den Leichen aus dem Dorf, das von den Feinden verwüstet worden war. Wie gesagt, vielleicht waren es ja auch andere Männer, die dieses Massaker angerichtet hatten.

Ich wechselte kein Wort mit den Gefangenen. Einer, der jüngste, bettelte um sein Leben, was die beiden anderen als demütigend empfanden. Sie warteten lediglich stumm auf den Tod.

Die Epibatai bedachten die drei Reiter mit funkelnden Blicken, die im Grunde nur eine Deutung zuließen.

Derweil streiften Ka und die Schützen über die Felder, um die Pfeile wieder einzusammeln. Nur Ka suchte meinen Blick und schüttelte den Kopf. Er machte ein leises Geräusch, das wie ein Räuspern klang.

Ich wünschte, ich könnte sagen, dass mein Verlangen, diese drei Gefangenen zu erniedrigen und dann in ihrer Verzweiflung zu töten, von den weisen Sprüchen meines alten Lehrmeisters Heraklit abgemildert wurde. Ja, dass dieser Trieb, Blut zu sehen, im Keim erstickt wurde von all den Dingen, die ich über mich selbst und über Gewalt gelernt hatte, während meiner Zeit auf Sizilien oder auf der Insel Delos beim Heiligtum des Apollon. Doch in jener Stunde regierte nur der Zorn.

Das leuchtende Weiß der offenen Augen des toten Mädchens. Diese Bluttat hätte es nicht geben dürfen, die Mädchen hätten am Leben sein müssen …

Bah! Ich weiß, ich gebe das schlecht wieder. Ich war in eine Art Starre verfallen und wollte Blut sehen.

Brasidas kam zu mir. In diesem Moment war sein Gesicht Furcht einflößend.

Seine Stimme war belegt, als er zu mir sprach. Es kostete ihn sichtlich Mühe. «Wir – wir sollten diese Tiere gehen lassen, ehe wir uns in jenen Niederungen verlieren, in denen sie wilderten.»

Ich hatte mit allem gerechnet, nicht aber mit diesen Worten.

Glaubt mir, aber in jenem Moment standen wir reglos da und hatten Schwierigkeiten, ruhig zu atmen.

Wir gelangten zurück zu unseren Schiffen. Im Gefecht hatten wir einen Mann verloren, wenn man den Angriff aus dem Hinterhalt als «Gefecht» bezeichnen möchte. Schweigsam gingen wir an Bord, eine Horde ernüchterter Männer, die mit ihrem schwelenden Zorn nicht umgehen konnten. Viele der Ruderer und ein paar der Epibatai warfen mir finstere Blicke zu.

Endlich konnte ich wieder befreiter aufatmen. Daher betete ich zu Apollon, er möge mir gewogen sein, da ich richtig gehandelt hatte. Denn eigentlich schrie alles in mir, dass wir diese drei Meder hätten töten sollen. Aber wir hatten sie tatsächlich laufen lassen, und sogar die Disziplin der Epibatai hatte höchstens kleine Risse bekommen. Natürlich war mir sofort klar gewesen, dass Brasidas und ich mit der Entscheidung allein standen.

Doch schließlich kam der junge Perikles über den weißen Sand zu mir und legte mir eine Hand auf die Schulter. «Das war tapfer.» Mehr sagte er nicht.

Hinter ihm wartete der junge Ionier, mit dem er am Vortag gesprochen hatte, als wir die Prise aus Naxos aufbrachten.

Perikles hatte ein leicht angespanntes Lächeln aufgesetzt. «Das ist Anaxagoras von Klazomenai», stellte er mir den jungen Mann vor. «Sohn des Laertes.»

Der Jüngling machte eine Verbeugung. «Der Herr Istes sprach stets bewundernd von Euch, Herr», sagte er. «Aber die Freilassung der Barbaren war ein Akt vollendeter Arete», fügte er anerkennend hinzu.

Ich versuchte, ein Lächeln zustande zu bringen, aber meine Gesichtsmuskeln wollten mir nicht recht gehorchen. Vermutlich hätte ich mich geschmeichelt fühlen müssen, doch stattdessen spürte ich – nichts. Habt ihr schon einmal jemanden verloren, den ihr liebtet? Eine Mutter, einen Vater, eine Schwester? Dann wisst ihr sicherlich, dass es zwischen dem Weinen und der Bewältigung der Trauer eine Phase gibt, in der man – nichts spürt. Kein Verlangen nach körperlicher Vereinigung, kein Verlangen nach Kampf und Krieg. Nichts.

In jener Verfassung befand ich mich. Ich fühlte nichts. Meine Geringschätzung gegenüber der jugendlichen Arroganz der beiden war höchstens ein fernes Echo meiner wahren Empfindungen.

Der Mann aus Ionien hätte gewiss noch mehr gesagt, aber Kimon, der hinter ihm stand, konnte meine augenblickliche Verfassung sehr viel besser deuten und schob den jungen Mann fast forsch in Richtung der Schiffe. «Ihr solltet jetzt besser an Bord gehen, Jungs», sagte er. Er bediente sich sogar des Begriffs «Pais», den man auch als beleidigend auffassen kann. Denn mit Pais bezeichnen wir einen Jüngling, aber auch einen Sklaven.

Perikles bedachte den Athener mit einem Blick, in dem der unverhohlene Zorn der Jugend lag.

Doch Kimon hielt diesem Blick mühelos stand. «Wir zwingen dich zu nichts. Wenn dir der Sinn danach steht, dann begib dich doch wieder zu deinem Vater.»

Diese Anspielung erschloss sich mir damals nicht sofort. Zwar hatte ich seit nunmehr fünfzehn Jahren an der Seite der bedeutendsten Vertreter der athenischen Aristokratie gelebt und vor allem gekämpft, aber verstanden oder verinnerlicht hatte ich die Denkweise dieser Männer höchstens ansatzweise.

Wie dem auch sei, wir stachen wieder in See. Es war ein schöner Tag, der überhaupt nicht zu der Abscheu passte, die in mir gärte – und die wir alle verspürten.

Seckla erzählte mir später, Brasidas habe sein Schwert ins Meer geschleudert.

Auf Salamis herrschte Platzmangel. Dort wimmelte es von Flüchtlingen, und allmählich entstand derselbe Geruch, den ich anlässlich der Spiele von Olympia in der Ebene von Elis wahrgenommen hatte – ein Gemisch aus Essensdüften, Opferhandlungen und menschlichen Ausscheidungen. Aber der Ort war lebendig, vielleicht sogar lebendiger, als es Attika sonst war, weil einfach so viele Menschen zusammenkamen. Ich brachte meine Schiffe an Land, und beinahe hätte es Streit gegeben, wo die Prise aus Naxos anlegen sollte. Gerade an den Stränden herrschte extremer Platzmangel. Doch Seckla bewirkte ein Wunder, verhandelte bescheiden und konnte letzten Endes einen von Xanthippos' Trierarchen überzeugen, worauf dieser sein Schiff kurz zu Wasser ließ und wieder auf den Strand zog. Somit fanden wir endlich alle einen Platz auf dem sandigen Untergrund.

Es war ein beruhigendes Gefühl zu sehen, dass es längst ein Lager für uns gab, in dem für alle gekocht wurde, daher taten mir Kimons Ruderer fast schon leid, die mit den Athenern um Brot feilschen mussten. Nachdem meine Leute also sicher an Land gegangen waren und ihre Zelte aufgesucht hatten, ging ich quer über den Strand, auf der Suche nach Xanthippos. Ich war ihm schon einmal begegnet – bestimmt hatte ich irgendwo einen Becher Wein mit ihm geleert, aber ich kannte ihn nicht gut.

Als ich zu seinem Zelt trat, sah ich seinen jungen Sohn Perikles dort, der mit ruhiger, klarer Stimme sprach, einer Stimme, die für einen Jüngling seines Alters ein wenig eigentümlich klang, da Perikles mit auffallend hoher Stimme sprach. Bei ihm war, wie nicht anders zu erwarten, der junge Mann aus Ionien.

Perikles bedeutete mir mit einladender Geste, unter das Sonnensegel vor dem Zelteingang zu treten, worauf sich zwei thrakische Sklaven sofort daranmachten, mir einen Hocker hinzustellen und einen Becher Wein in die Hand zu drücken. Kurz darauf erschien Xanthippos. Er war ein stämmiger Mann mit breitem Gesicht und kräftigen Armen. Er hatte hellblondes Haar, wie viele aus seiner Familie, aber in Erinnerung geblieben ist mir sein Humor, besser gesagt seine Leutseligkeit, die ich bei vielen wohlhabenden Aristokraten oft vermisst habe. Ich wusste, dass dieser Mann mit Themistokles befreundet war und als Verbündeter des Atheners galt.

«Ah, Arimnestos von Platäa», begrüßte er mich. «Mein Sohn ist voll des Lobes für dich. Selbst meine Frau, die übrigens aus dem Geschlecht der Alkmaioniden stammt, preist deinen Namen.» Er nickte mir freundlich zu.

Ich erwiderte die Art der Begrüßung. «Ich bin eigentlich nur gekommen, um mich bei Euch zu bedanken, da Ihr mir Platz am Strand gemacht habt, damit ich meine Prise an Land bringen konnte.»

«Eine Prise!» Xanthippos lachte. «Ah, wie du uns doch beschämst, Platäer! Du willst damit sagen, dass dort drüben jenes ionische Schiff liegt, das du gekapert hast, obwohl das feindliche Geschwader am Horizont zu sehen war?»

Was soll man dazu sagen? Natürlich bin auch ich empfänglich für Lob, und wenn dieses Lob dann von einem so berühmten Navarchen wie Xanthippos kommt, dann kann man sich etwas darauf einbilden. Aber mein Bauchgefühl sagte mir, dass das Lob ein wenig zu dick aufgetragen war.

«Wie läuft es hier?», fragte ich und deutete mit erhobenem Weinbecher vage in eine Richtung. «Bei den Beratungen, meine ich.»

Xanthippos brach in ein lautes, aber freudloses Lachen aus. «Oh, die Korinther verachten Themistokles. Vielleicht wäre es besser für uns, wir ließen den jungen Kimon für uns sprechen, oder gleich Aristeides.»

«Aber der lebt ja im Exil», meinte ich, vielleicht ein wenig zu vorschnell.

«Ich weiß, dass er dein Freund ist, dennoch ist und bleibt er der Wortführer jener Gruppe, die sich gegen uns stellt», sprach Xanthippos.

Die ganze Zeit standen die beiden jungen Männer etwas abseits und hörten nur zu. Noch hatte niemand ihnen Wein angeboten.

«Euer Sohn hat sich bewährt», merkte ich an. Das stimmte ja auch, und außerdem gibt es vermutlich keinen Mann, der nicht gern hört, wenn man sein Kind lobend erwähnt.

«Kimon hat das freundlicherweise auch schon betont. Allerdings versuche ich immer noch nachzuvollziehen, warum mein Sohn es vorzieht, mit einem Piraten in einem Verband von Oligarchen in See zu stechen, anstatt unter seinem Vater zu dienen.» Sein breites Gesicht verfärbte sich drohend.

Er war tatsächlich wütend, es war nicht vorgetäuscht.

«Kannst du es nicht ertragen, wenn die Leute nicht immer nur dich preisen, sondern zur Abwechslung auch einmal mich?», kam es ungewöhnlich scharf von Perikles.

«Und kennst du nicht den Unterschied zwischen einem Mann, der für sein Land kämpft, und einem Schlächter, der in den Kampf zieht, um anderen ihr Gold zu stehlen?», entgegnete Xanthippos mit derselben Schärfe.

Nun gut. Ich erhob mich und drückte einem der Sklaven meinen Becher in die Hand.

Xanthippos wandte sich mir zu. «Bitte, ich entschuldige mich für den schroffen Ton, auch dafür, dass mein Sohn sich im Ton vergriffen hat. Es ist immer unangenehm für Außenstehende, einen Familienstreit mitzuerleben.»

Ich rang mir ein Lächeln ab. «Ich habe auch Kinder», sagte ich. «Nun muss ich mich aber verabschieden. Ich muss noch etwas erledigen und wollte Euch nur kurz meinen Dank aussprechen.»

Xanthippos hatte sich seinem Sohn zugewandt. «Du hast mich im Beisein eines Mannes gedemütigt, der ein gewichtiges Wort mitzureden hat. Geh in dein Zelt und überlass diesen verweichlichten Ionier sich selbst.»

Worte dieser Art hätte ich nicht im Beisein meines Kindes gewählt, schon gar nicht vor anderen Leuten. Aber auch nicht unter vier Augen, denke ich. In nur wenigen Sätzen hatte Xanthippos, der einen hervorragenden Ruf als Seemann genoss, bei mir den Eindruck hinterlassen, ein ziemlich oberflächlicher Mensch zu sein. Für ihn bedeutete der äußere Schein mehr als alles andere.

Perikles ließ sich nicht unterkriegen. «Dieser Mann ist nicht verweichlicht. Wirklich, Vater, das ist eine törichte Beleidigung, die eher zu einem jungen Mann meines Alters passt. Und wenn hier jemand Anstoß erregt, dann bist du das. Oligarchen und Piraten? Du hast deinen eigenen Gast beleidigt. Es gibt nur wenige Männer, die noch häufiger als Piraten bezeichnet werden als unser allseits beliebter Arimnestos von Platäa.»

Er wusste sich mit Worten zu wehren, wirklich. Und das alles brachte er mit dieser ruhigen, klaren Stimme vor, die vielleicht nicht so schön war, weil sie etwas zu hoch klang, aber dennoch geschmeidig ins Ohr ging. Ihr dürft nicht vergessen, dass der junge Perikles seinem Vater unmissverständlich klargemacht hatte, dass er ein Narr war – und das hatte auch jeder Ruderer gehört, der sich in der Nähe des Zelts aufhielt.

Einen Moment lang glaubte ich, Xanthippos würde vor Zorn in die Luft gehen.

Dann erschien eine Frau. Sie war keine Kore, sondern eine reife Frau in meinem Alter, vielleicht ein oder zwei Jahre älter, kräftig und groß. Sie trug einen edlen blauen Chiton, der von einer goldenen Fibel gehalten wurde. An den Füßen trug sie kein Schuhwerk, weil sie barfuß über den Strand gegangen war, was ihrem Erscheinen das Förmliche nahm. Um keinen Anstoß zu erregen, hatte sie sich den Himation um die Schultern gelegt, wie Frauen ihn tragen. Die Frauen athenischer Aristokraten zeigten sich so nicht in der Öffentlichkeit, aber die Situation auf Salamis hatte das Alltagsleben aller Förmlichkeiten beraubt. Man kann eben nicht in einem Zelt am Strand leben und in eine gewöhnliche Latrine pissen, ohne die Klassenschranken ein wenig einzureißen.

Diese Frau hatte ich noch nie gesehen, aber ein Blick genügte, um zu wissen, dass sie aus der Familie der Alkmaioniden stammte. Sie hatte Kleitos' dunkle Brauen, die hohe Stirn und einen hochnäsigen Zug um den Mund. Aber während Xanthippos' Arroganz auf dem weichen Sand der Furcht fußte – der Furcht, den Status zu verlieren, denke ich –, ruhte Agaristes Hochnäsigkeit auf dem soliden Fundament aus Reichtum, gesellschaftlichem Rang und dem unerschütterlichen Glauben an die eigene Bedeutung.

Sie warf mir ein unvermutet freies Lächeln zu, als seien wir längst miteinander bekannt. Das sollte die einzige Entschuldigung sein, die ich erhielt, da ich Zeuge eines Familienstreits geworden war, der einem Gast wie mir unangenehm war. Aber dieses Lächeln war wohl überlegt. Dann drehte sie ihrem Mann mit eleganter Bewegung den Kopf zu.

«Mein lieber Gemahl», sprach sie. «Unser Gast möchte sich gewiss verabschieden! Seine Tochter ist drüben auf der anderen Seite der Anhöhe, mit den anderen Mädchen aus Brauron. Meine Nichte sagte mir, das Mädchen sei eine sehr vielversprechende Tänzerin.»

Dass es eine heikle, wenn nicht gar höchst unangenehme Situation zu bereinigen gab, ließ die Dame – abgesehen davon, dass sie erschienen war – mit einem einzigen Blick erkennen, und dieser eine Blick galt ihrem Sohn Perikles. Die Blicke von Mutter und Sohn begegneten sich, doch die Athenerin brauchte nur eine Braue hochzuziehen.

Was sie mit dieser Bewegung der Augenbraue zum Ausdruck brachte, blieb mir nicht verborgen. Ich hatte das Gefühl, meine eigene Mutter zu erleben, denn zweifellos hätte sie sich ähnlich distanziert, aber bestimmt verhalten. Daher konnte ich mir denken, was unausgesprochen in der Luft hing: *Also wirklich! Musstest du deinen Vater ausgerechnet in Gegenwart eines berühmten Gasts provozieren, eines Gasts, den man durchaus als Feind unseres Familienverbandes bezeichnen könnte?* All das lag in dieser kleinen Bewegung der feinen Augenbraue.

Und Perikles, der Blaublütige aller Blaublütigen, der Spross jener Alkmaioniden, die ich bei unterschiedlichen Anlässen versucht hatte, politisch in die Knie zu zwingen – ich hoffe, ihr schlaft nicht ein –, verbeugte sich vor seiner stolzen Mutter. «Ich habe meine Base Heliodora seit Wochen nicht gesehen», sagte er und nickte dann respektvoll in meine Richtung. «Vielleicht darf ich den mächtigen Herrn aus Platäa begleiten.»

«Ich bin mir nicht ganz sicher, ob *mächtig* und *Platäa* in einem Satz Erwähnung finden sollten», erwiderte ich. «Mein Vater war ein Bronzeschmied.»

Das war definitiv die falsche Bemerkung in diesem Augenblick. Selbst Perikles zuckte sichtlich zusammen.

Dennoch, ich war bereits aufgestanden und hatte wahrlich die Nase voll von Leuten dieses Schlages.

«Habt nochmals Dank für Eure Bereitschaft, meinem Schiff einen Liegeplatz zu ermöglichen», wiederholte ich förmlich.

«Keine Ursache», antwortete Xanthippos, meinte aber vermutlich das Gegenteil.

Bemerkenswert, wie schnell man sich einen Mann zum Feind

machen kann, indem man zugegen ist, wenn er sowohl vom eigenen Sohn als auch von der Ehefrau als schwächlich hingestellt wird.

Ich schenkte Agariste ein Lächeln, und sie begegnete meinem Blick. Die meisten Frauen jener Tage senkten den Blick, sobald ein Mann sie ansah, und ich sagte ja bestimmt schon an anderer Stelle, dass ich immer die Frauen bevorzugte, die sich gerade nicht unterwürfig gaben. In ihrem Blick las ich indes kein Interesse an mir als Mann, falls ihr das gedacht haben solltet. Nein, nur Unmut. Als ich an ihr vorbeiging, sagte sie: «Aber selbst Kleitos meint, du bist ein Sohn des Herakles.»

Ich nickte und machte mich auf den Weg. Im Augenblick wollte ich nichts lieber, als mich von diesem Familienzwist entfernen. Daher ließ ich Perikles bei seiner Mutter zurück, doch er stahl sich davon.

Perikles folgte mir zu meinen Schiffen, dicht hinter ihm der junge Ionier. Dieser Anaxagoras war groß, sah gut aus und wusste sich zu benehmen. Ich wies Eugenios an, den beiden jungen Männern Wein einzuschenken, während ich den blutbefleckten, teilweise gerissenen Chiton auszog, mit dem ich mich nie in der Öffentlichkeit hätte zeigen dürfen.

Eugenios machte ein schnalzendes Geräusch, als ich nackt zum Wasser ging und mich in die Fluten stürzte. Hier und da hob Jubel an, denn viele Männer badeten in der leichten Brandung. Ich schwamm eine Weile parallel zur Küste auf und ab, und als ich wieder den Strand betrat, gossen zwei meiner Ruderer einen schweren Krug mit Wasser über mir aus, um mir das Salz vom Körper zu spülen. Ich griff nach einem Tuch, trocknete mich ab und pflegte mich, so gut es ging, mit einem Strigil und gutem Öl. Das Leben war gleich viel einfacher und besser, wenn Eugenios zur Hand war: Ich hatte einen sauberen, bronzenen Strigil zur Verfügung, dazu gutes Öl, das in einem schönen Aryballos aufbewahrt wurde.

Ja, das Leben hat eben mehr zu bieten als Blut und Krieg. Ich musste mich einfach waschen und pflegen.

Hektor und Hipponax sahen mich, taten es mir gleich und rieben sich nach dem Bad im Meer auch den Körper mit Öl ein. Als wir uns ein wenig vom Ufer entfernten, sahen wir, dass Brasidas und die meisten Epibatai ins Meer wateten. Es war ein schmutziges Unterfangen gewesen. Macht das Meerwasser einen sauber?

In gewisser Hinsicht, ja. Aber Blut klebt. Auch Erschöpfung und Schmerz haften an einem. Meine Brustmuskeln schmerzten, da der bronzene Thorax während des Kampfes und danach gescheuert hatte. Beide Oberarme taten mir weh, vermutlich von all den Schwerthieben und Speerwürfen. Inzwischen weiß ich nicht mehr genau, in wie viele Kämpfe ich seit dem ersten Tag vor Artemision verwickelt war, aber seit der letzten Seeschlacht hatte ich wahrscheinlich an meinem längsten Feldzug teilgenommen. Es fühlte sich so beschwerlich an wie damals während der Belagerung von Milet.

Jetzt war ich müde, doch hinter der Erschöpfung bauten sich die dunklen Wolken der Niedergeschlagenheit und Desillusionierung auf, wie ein Unwetter, das vom Meer her aufzieht. Oder in diesem Fall: vom Land. Ich wusste, dass die gegenwärtige Situation alle betraf: die Gefahr, der Stress. Die Rauchsäulen über Attika führten jedem vor Augen, wie gründlich unser Feind unsere Heimat beherrschte und Verderben brachte. Unsere Welt lag im Sterben, ob wir nun Athener oder Platäer waren. Das unterschied uns noch von den Menschen aus Korinth oder den Siedlern der Peloponnes.

Ich erwähne das nicht ohne Grund. Denn während ich mich mit dem pflegenden Öl einrieb, musste ich mir eingestehen, dass meine Gelenke, Hände, Fußknöchel und mein Oberkörper in einer Weise schmerzten, wie ich es selbst nach Lade nicht empfunden hatte. Spätestens da wusste ich, dass ich nicht mehr jung war. Der

Rauch über Attika war nicht schlimmer als die Gewissheit, dass ich nicht mehr die liebliche Süße der Jugend auszukosten vermochte: Ich konnte nicht mehr die Nacht durchzechen, konnte nicht mehr den ganzen Tag kämpfen und dann erneut zechen und prassen und mich besser fühlen. Stattdessen – ja, stattdessen fühlte ich mich müde, alt und zerschlagen, auch wenn ich auf Erfolge und Siege zurückblicken konnte. Und wenn ich mich so fühlte, konnte ich mir sehr gut vorstellen, wie sich meine Leute fühlten.

Ich bekenne, dass mich all diese Gedanken für die Dauer weniger Herzschläge bestürmten. Es dauert länger, davon zu erzählen, als diese Gedanken zu durchleben. Aber die Einsicht, dass die eigene Jugend unwiederbringlich fort ist, fühlt sich wie ein kleiner Tod an.

Von Heraklit hatte ich viel über mich selbst gelernt, auch von Pythagoras und seiner Tochter Dano von Kroton. In diesem Zusammenhang fiel mir wieder ein, wie ich einst Lydia behandelt hatte – auch da hatte ich über mein Leben reflektiert. Hinzu kamen all die Eindrücke aus dem Krieg, die schweren Zeiten der Sklaverei, aber über mich selbst hatte ich auch viel im Austausch mit anderen Menschen gelernt, mit meiner geliebten Frau Euphoria oder Aristeides von Athen oder Seckla. Ich denke, ich könnte noch hundert andere aufzählen. Aber in jenem Moment am Strand von Salamis ging eine Veränderung in mir vor.

Doch ich ließ mir nichts anmerken, legte einen edlen, verzierten Chiton an und trug meinen beiden Jungs auf, sich auch entsprechend feierlich zu kleiden.

Perikles und Anaxagoras waren in unserer Nähe. Die vier jungen Leute waren – auf ihre Weise – liebenswert. Sie maßen sich gern im Wettkampf, wie es junge Leute tun, aber da sie an Kämpfen und an einer Seereise teilgenommen hatten, waren sie Gefährten.

«Ich habe es mir anders überlegt», meinte ich. «Wir holen Euphoria ab, gehen hinauf zum Tempel und bringen Opfer dar.»

Das schien meinen vier jungen Begleitern zu gefallen. Ich brauchte ohnehin nicht viel zu sagen, denn als ich mich für die edle Kleidung entschied, merkte ich, dass die jungen Männer längst sauber waren und gut dufteten. Sie hatten saubere, vorzeigbare Kleider angelegt, ohne dass ich etwas zu sagen brauchte.

Ich kann manchmal ganz schön begriffsstutzig sein. Denn immerhin wollte Perikles ja seine Base besuchen.

Wir schritten über die Landzunge. In regelmäßigen Abständen standen Wachen auf provisorisch errichteten Türmen. Als ich an einem dieser Wachtürme vorbeikam, auf dem zwei Epibatai von der *Sturmbezwingerin* standen, fiel mein Blick auf zwei ältere Mädchen aus Brauron, die ebenfalls dort oben Wache hielten. Ich nahm meine beiden Kämpfer beiseite und machte ihnen mit klaren Worten deutlich, was ihnen blühte, wenn den Mädchen aus Brauron *irgendetwas* zustieße – ich beließ es bei dieser allgemeinen Formulierung.

Ich war froh, als ich merkte, dass die beiden jungen Epibatai sehr wohl merkten, dass ich über ein gutes Urteilsvermögen verfügte – und dass ich ein Auge auf sie haben würde!

Als wir das Zeltlager der Priesterinnen erreichten, bat ich um ein Gespräch mit Hippolyta, der Hohepriesterin der Artemis. Leider war sie verhindert, war sie doch im Augenblick damit beschäftigt, Opferhandlungen zum Wohle der Flotte zu beaufsichtigen. Aber eine ihrer priesterlichen Schwestern begrüßte mich, eine reife Frau meines Alters, vielleicht war sie auch einige Jahre älter als ich. Jedenfalls trug sie einen Chitoniskos, wie ihn eigentlich nur Männer tragen – ein eher knappes Gewand für eine Frau. Die Priesterin war sonnengebräunt und kam mir ungeheuer kraftvoll vor, ihre Arme und Beine waren wirklich muskulös.

«Ihr braucht uns nicht um Erlaubnis zu fragen, um Eure Tochter zu besuchen», sagte sie freundlich.

«Despoina, ich würde gern mit Euch über den Wachturm dort

drüben sprechen», sagte ich und deutete auf die Holzkonstruktion auf dem felsigen Vorsprung.

Die Priesterin schien mich misszuverstehen und wirkte mit einem Mal beleidigt. «Wir waren zuerst hier», beschied sie mir. «Wir benötigen von Euren Männern keine Hilfe, um nach den Persern Ausschau zu halten.»

Ich nickte verständnisvoll. «Das verstehe ich, Despoina, aber ich wäre ein schlechter Befehlshaber, wenn ich die Sicherheit meiner Schiffe irgendjemandem anvertrauen würde.» Ich hob eine Hand, um einen Einwand zu unterbinden, und fuhr sachlich fort: «Damit will ich nicht andeuten, dass Eure Mädchen ihre Pflicht vernachlässigen sollten – denn gewiss habt Ihr das Recht, von diesem Posten aus Wache zu halten.»

Mit diesen Worten entlockte ich der eben noch verstimmten Priesterin ein zaghaftes Lächeln.

«Ich überlege, ob es nicht besser wäre, zwei Türme zu errichten», fuhr ich fort. «Einer geht nach Nord, der andere nach Süd.» Ich lächelte. «Denn meine Männer dienen mir dann besonders gut, wenn ich ihnen behilflich bin, keiner Versuchung zu erliegen, wenn Ihr versteht.»

Sie errötete leicht. Und lachte dann frei und herzhaft auf. «Ich denke, in dieser Hinsicht könntet Ihr recht haben. Und wie höflich Ihr dies in Worte zu kleiden versteht.»

«Gut, also werde ich einen zweiten Aussichtspunkt in Auftrag geben, der näher zum Strand liegt, mit Blick nach Norden. Und danach sollten wir unseren – Wächtern sagen, dass sie sich nur zu Beginn und am Ende ihrer jeweiligen Wache miteinander austauschen dürfen – während der Wache aber nicht. Wäre das auch in Eurem Interesse?»

Sie nickte. «Ich denke, diesem Ansinnen kann ich ohne weiteres zustimmen. Habt Dank, dass Ihr deswegen zu mir gekommen seid.»

«Ich würde jetzt gern meine Tochter sehen. Ich vermute, sie tanzt gerade?»

Die Priesterin lachte wieder. «Auf dem Strand gibt es sonst nichts zu tun. Daher tanzen wir recht häufig in letzter Zeit.»

«Üben sich die Mädchen nicht auch im Bogenschießen?», erkundigte ich mich weiter.

«Wir haben nicht genug Bogen», antwortete sie. «Sie wurden verpackt, kamen aber nicht hierher. Viele Möbel und Einrichtungsgegenstände aus dem Tempelheiligtum wurden auf die Peloponnes geschickt, in Sicherheit.»

«Wie viele Bogen fehlen, um die Übungen fortsetzen zu können?»

Sie dachte nach. «Sechs, denke ich.»

Ich mochte diese Priesterin. Ich musste mich zwingen, nicht zu lange auf ihre langen, bloßen Beine zu starren, aber diese gutgebaute Frau hatte einen wachen Verstand. Sie traf ihre Entscheidungen schnell und gut. Mir fiel ein, dass ich in Hinblick auf die keltischen und spartanischen Frauen ähnliche Gedanken hatte. Lässt man die Frauen gewähren und gibt man ihnen Freiraum, dann unterscheiden sie sich auffallend von jenen Geschlechtsgenossinnen, denen man über die Jahre anerzieht, schwach und gefügig zu sein.

«Sechs Bogen kann ich Euch beschaffen», sagte ich. «Jedenfalls werde ich mich bemühen.»

«Einige unserer Mädchen sind imstande, die Sehne eines Männerbogens zu spannen», erklärte sie, «aber das schaffen nicht viele. Daher benötigen wir leichtere Bogen.»

«Irgendwo hier auf der Insel werden attische Flüchtlinge sein, die ihre Jagdbogen mitgebracht haben.»

Sie lächelte. «Es muss schön sein, ein Mann zu sein, und berühmt.» Sie sagte dies ohne Verbitterung, aber zu jener Zeit war es undenkbar, dass eine Frau aus freien Stücken entschied. Selbst die unschuldigsten Fragen waren Frauen nicht gestattet.

Beinahe undenkbar war auch eine Frau in einem so kurzen Chitoniskos.

«Ich bringe Euch zu Eurer Tochter», bot mir die Priesterin an. «Ich habe bis eben auch getanzt.»

So begaben wir uns hinunter zum vollen Strand, wo vierzig Mädchen und junge Frauen einen schwierigen, festlichen Tanz einstudierten. Es konnte sich eigentlich nur um einen der Bären-Tänze handeln, den eigentlich kein Mann sehen durfte.

Kaum hatten wir das Zeltlager auf der kleinen Anhöhe verlassen, da ahnte ich, warum sich meine vier jungen Begleiter aus freien Stücken so vornehm herausgeputzt hatten. Es gab hier jede Menge Mädchen. Natürlich!

Was für ein Narr man doch manchmal ist und dann vergisst, dass man selbst einmal jung war!

Augenblicklich verfielen die vier in eine Zurschaustellung verdrießlicher Langeweile, als wollten sie mich trotz der lächerlich aufwendigen Kleiderwahl und der Anwendung duftender Öle glauben machen, dass sie gar nicht dort sein wollten.

Gleichzeitig waren sich vierzig sehr junge Frauen in sehr kurzen Chitons genauestens bewusst, dass ihnen vier gutaussehende junge Männer beim Tanzen zuschauten.

Ja, ich muss jetzt noch die Augen verdrehen. Es gibt wirklich gute Gründe, bei den jungen Leuten nach Geschlechtern getrennt zu unterrichten. Ein Grund ist, dass man es als Erwachsener kaum ertragen kann, Jungen und Mädchen zusammen zu erleben.

Die Mädchen stolzierten herum, verbargen sich dann wieder beschämt, kreischten, kicherten und zeigten aufeinander, während meine Jungs so taten, als seien sie mit den Gedanken woanders, dann jedoch in regelmäßigen Abständen heimlich guckten, ob eins der Mädchen zu ihnen herüberschaute.

Allerdings fiel mir auf, dass weder Iris noch Heliodora an meinen Jünglingen interessiert zu sein schienen. Wirklich, die beiden bemühten sich weiterhin konzentriert, eine bestimmte Tanzfigur einzuüben. Mit ihrer Disziplin und Gestalt erreichten sie bei den jungen Männern offenbar mehr als mit Kichern und beschämten Erröten, aber sosehr die Jungs auch insgeheim um Iris' und Heliodoras Aufmerksamkeit warben, die beiden Mädchen wollten sie ihnen nicht gewähren.

Es freut mich, meine Tochter, dass ich dich mit diesem Teil meiner Geschichte zum Lachen bringen kann. Vermutlich liegt es daran, dass du so etwas, anders als Gefechte auf See und Schwertkämpfe, schon selbst erlebt hast, wie?

Jedenfalls tanzten die Mädchen aus Brauron, und während der Darbietung erblickte ich Kleitos in Heliodoras Nähe. Er sah wirklich gut aus, auch wenn ich ihn hasste, und seine Tochter war nicht schön, aber durchaus hübsch – bis sie zu tanzen anfing, denn dann war sie bei den Göttern. Um Hipponax war es augenblicklich geschehen, Eros hatte ihn in seiner Gewalt, Aphrodite hatte ihn versklavt – ich weiß nicht, wie ich es sonst ausdrücken soll. Wie dem auch sei, mein Sohn war noch zu jung und unerfahren, um zu wissen, was er mit sich und der Situation anfangen sollte.

Glücklicherweise kam Despoina Thiale, die junge Priesterin und Tanzmeisterin, zu uns herüber. Sie grinste nicht, aber auf ihrem ausgeprägten Gesicht zeigte sich mehr Belustigung als Ablehnung. «Ihr solltet die jungen Herren besser woanders hinbringen, denn sonst bekomme ich heute keine gute Darbietung zustande», meinte sie.

Doch der junge Perikles trat vor und begrüßte die Priesterin mit Wangenküssen.

«Meine Großtante», erklärte er. Gewiss, die Eupatridai waren irgendwie alle miteinander verwandt. Ja, die Hochwohlgeborenen!

Anaxagoras ertrug Thiales kritisch-musternden Blick, ehe er ihre Hand mit beiden Händen umschloss, als begrüße er einen Mann.

«Und du bist der neue Freund meines Neffen?», erkundigte sie sich.

Im Gesicht des Ioniers zeigte sich kaum eine Veränderung. Er neigte nur höflich das Haupt und bewies damit mehr Würde, als Hektor und Hipponax bislang zusammen an den Tag gelegt hatten, das könnt ihr mir glauben. «Ich schätze Perikles sehr», sprach er.

«Du weißt dich tadellos zu benehmen für einen Jungen deines Alters», sagte Thiale. «Wie ein Lakedaimonier.»

Athenische Aristokraten fassten so etwas als Kompliment auf.

Erneut deutete der Ionier eine Verbeugung an. «Meiner Ansicht nach ist die Zurschaustellung von Emotionen der Mühe nicht wert», gab er von sich.

Thiale lachte auf. «Wie – außergewöhnlich.»

Den weiteren Verlauf des Gesprächs verpasste ich, da meine Tochter über den Sand zu uns lief und sich von mir umarmen ließ – sie schlang ihre Arme ungemein kräftig um meine Taille und schien seit der letzten Begegnung gewachsen zu sein.

«Der Tanz ist diesmal noch komplizierter», erklärte sie. «Wusstest du, dass ich für meine Reihe vortanze? Eigentlich war diese Rolle noch gar nicht für mich vorgesehen, aber ich verinnerlichte das Tempo besser als die anderen Mädchen, und deshalb hat Mutter Thiale gesagt, ich könnte die Führung übernehmen, und dann ...»

Ich gab ihr einen Kuss und kürzte den Redeschwall ab. «Sei gegrüßt!», empfing ich sie.

Sie schlang mir noch einmal die Arme um den Leib. «Sei gegrüßt, Pater», sagte sie, ehe sie lachte. «Aber ich muss dir unbedingt erzählen ...»

«Liebes, wir wollen über die Landzunge hinauf zum Tempel, um

Opfergaben darzubringen, und ich dachte, du würdest uns vielleicht gern begleiten.»

«Kann meine Freundin mitkommen?», fragte sie. Sie zeigte auf ein Mädchen, das deutlich kleiner als sie war, aber ebenfalls schlank und agil aussah. Und in einem fort lächelte. «Das ist Ariadne, und ihre Eltern sind auf dem Weg nach Korinth, für ein paar Tage. Wir sind dicke Freundinnen und ...»

Ich lächelte Thiale an. «Dürfte ich meine Tochter und ihre Freundin für ein paar Stunden entführen?»

Die junge Priesterin lachte wieder. «Möchtet Ihr vielleicht noch fünfzehn andere mitnehmen?»

Kurze Zeit später näherten wir uns dem alten Tempel – es waren mehr als sechs Stadien bis dorthin, aber die Mädchen hielten mühelos mit. Ja, sie kletterten über Felsen, rannten in Hohlwege, halfen einer Schildkröte, die auf dem Rücken lag und in der Sonne briet – sie holten extra Wasser für das Tier, weil sie meinten, es sei halb verdurstet. Ich weiß nicht, ob die Schildkröte das zu würdigen wusste, ich für meinen Teil war jedenfalls froh, als ich meine Feldflasche wiederbekam.

Unversehrt und in einem Stück.

Ich hatte Eugenios gebeten, einen kräftigen Schafbock zu erstehen, den ich Apollon opferte. Meine Gedanken kreisten um das Ende der Jugend, aber mit den folgenden Gebeten erbat ich die Rettung Attikas und den Sieg über die barbarischen Eindringlinge.

Als die Opferhandlungen vollendet waren und der Priester Wasser über meine Klinge goss, verbeugte sich Perikles. «Das war sehr elegant ausgeführt», merkte er an.

Anaxagoras, den ich bislang für einen selbstverliebten Aufschneider gehalten hatte, gönnte sich ein Lächeln. «Sehr eindrucksvoll», betonte er. «Das würde ich gern von Euch lernen.»

«Pater sagt, dass man erst lernen muss, ein Schwert zu ziehen, ehe man es benutzt», sagte meine Tochter.

Es ist mitunter komisch, aber auch ein wenig erschreckend, wenn die eigenen Ansichten Wort für Wort von einer Zehnjährigen wiederholt werden. «Er übt nämlich jeden Morgen mit dem Schwert», fuhr sie zur Erklärung fort. «Und er sagt, nicht nur jede Opferhandlung ist ein Geschenk an die Götter, sondern auch die Fertigkeit, die man beim tödlichen Streich unter Beweis stellt.»

«Habe ich das so gesagt?», fragte ich verdutzt.

«Hast du.» Euphoria reckte das Kinn leicht vor und ließ ein kleines, spöttisches Lächeln erkennen.

Derweil versuchte Eugenios, meine Aufmerksamkeit zu erregen. Ich musste fort. Also nahm ich die Gelegenheit wahr und ging zu meinem Verwalter.

«Das war vermutlich das teuerste Opfertier der Geschichte», raunte er mir zu. «Vierzig Drachmen.»

Ich schüttelte den Kopf. «Das wird ja immer schlimmer.»

Er nickte.

Wir verließen den Tempel und machten uns auf den Rückweg, und unterwegs begann ich zu erklären – ich hoffe, ohne zu dick aufzutragen –, wie man am besten gleich nach dem Ziehen des Schwerts zum geeigneten Hieb ansetzt. Kurzum, ich hielt den jungen Männern einen Vortrag über die Schwertübungen, die ich bei den Spartiaten gesehen und daraufhin einstudiert hatte. Des Weiteren erwähnte ich die spartanische Variante des Pyrrhiche und andere taktische Finessen.

Anaxagoras sah mich an, als erkenne er plötzlich den Menschen in mir. Das war an sich schon verblüffend.

«Das waren sehr grundlegende Ausführungen, Herr Arimnestos», sprach er und klang dreimal so alt, wie er tatsächlich war. Nein, wirklich, offenbar hatte er keinen Schimmer, wie herablassend und altklug das klang. «Ihr seid ein Philosoph unter den Schwertkämpfern.»

«Hm», lautete meine Antwort, war ich doch zu höflich, um offen zu widersprechen. Oder zuzustimmen, je nachdem.

Er hielt inne und musterte mich, und für sein Alter blickte er viel zu ernst drein. «Ich fürchte, ich habe Euch beleidigt», bekannte er.

Als ich mit den Schultern zuckte, lachte Hipponax prustend los.

Euphoria sagte daraufhin etwas zu ihrer kleinen Freundin, und beide Mädchen kreischten vor Lachen. Anaxagoras zog die Stirn in Falten.

Sie stupste Hipponax an. «Möchtest du mit ihr sprechen, Hip?», fragte sie.

Ihre Freundin errötete und schaute weg, peinlich berührt von dem verwegenen Vorstoß meiner Tochter.

«Mit wem?», fragte er.

Hektor war immer schon schnell bei der Sache gewesen, setzte ein Lächeln auf und ging übertrieben vor meiner Tochter auf die Knie. «Hipponax wünscht sich eigentlich ein heimliches Treffen mit deiner Freundin», hob er an. «Er ist so verliebt in ihr kicherndes Lachen, auch in ihre Füße, die sie im Sand badet ...»

Euphorias Freundin bekam kaum noch Luft vor Lachen. Wie gut, wenn man erst zehn und noch immun gegen die Pfeile des Eros ist, aber bereits erkennt, wie diese Pfeile bei anderen wirken – und das Ganze dann noch komisch findet. So ähnlich ist es bei Leuten mittleren Alters, oder nicht?

Hipponax gefiel es nicht, auf den Arm genommen zu werden, und zeigte seinen Unmut, indem er seinen Freund zu Boden stieß.

Hektor sprang entrüstet auf. «Das ist mein bester Chiton!», rief er.

«Kauf dir einen anderen», lautete Hipponax' Kommentar.

«Wir sind nicht alle reiche Aristokraten», entgegnete Hektor.

Hipponax lachte und wirkte mit einem Mal reifer, als ich gedacht hätte. «Ich bin der Sohn einer Fischersfrau», sagte er und sah dabei mich an.

Perikles schien bei dieser Vorstellung Schmerzen zu leiden.

«Du mischst dich hier unters gemeine Volk, was, Junge?», zog ich Perikles auf.

«Ich dachte, er wäre Euer Sohn!» Es klang fast empört.

Ich nickte. «Er ist ja auch mein Sohn. Ich erkenne ihn als meinen Sprössling an – er ist mir in jeglicher Hinsicht ähnlich.»

Perikles brauchte einen Moment, um freier zu atmen. «Tut mir leid», sagte er dann. «Aber meine Base hat ein Auge auf ihn geworfen. Sie ist im heiratsfähigen Alter, und meine Mutter ...» Plötzlich war der gerissene Perikles doch nur ein heranwachsender Jüngling.

«Ja, was ist mit deiner Mutter?», bohrte ich nach.

«Meine Mutter hat gegen diese Verbindung nichts einzuwenden.»

«Verbindung?» Ich war perplex. Wir sprachen leise miteinander. Hipponax und Hektor hatten gerade ihren kleinen Streit beigelegt, Anaxagoras war nicht nur ein Schwätzer, sondern hatte geholfen, den Staub aus Hektors Chiton und Chlamys zu klopfen, während wir den Weg fortsetzten.

«Meine Mutter sagt – bitte um Nachsicht –, dass Euer Streit mit Kleitos töricht ist. Dadurch werden die Eupatridai entzweit, obwohl sie eigentlich geeint werden müssten.»

Ich weiß nicht mehr genau, wie ich mich verhielt, aber ich denke, dass mir ein Grummeln entfuhr, wenn nicht gar ein Knurren. «Er hat meine Mutter auf dem Gewissen», sagte ich.

Perikles ließ etwas von der Stärke erkennen, die er in seinem späteren Leben oft einsetzte. «Das hat er nicht», erwiderte er. «Er unterstützte Euren Vetter bei dessen Fehde gegen Euch, aus Rache dafür, weil Ihr Kleitos und unsere Familie bei politischen Angelegenheiten gedemütigt habt und gewaltsam gegen uns vorgegangen seid.»

«Ich ...», setzte ich an.

«Verglichen mit den Taten des Großkönigs ist Euer Zwist mit Kleitos von geringer Bedeutung», fuhr er fort, in einem Ton, als wäre er mindestens in meinem Alter und nicht siebzehn – oder wie alt Perikles in jenem Sommer auch gewesen sein mag.

Auch bewies er ein hohes Maß an Würde. Und er hatte ja recht.

Er zuckte mit den Schultern. «Wäre Jocasta nun hier, könnte meine Mutter alles regeln und in die Wege leiten», sprach er weiter. «Entschuldigt – was die Frauen betrifft, so wird Jocasta gemeinhin als Eure, hm, Gönnerin angesehen.» Er schaute zur Seite. «Da Ihr ja leider keine Gemahlin habt.» Dann sah er mich direkt an. «Um ehrlich zu sein, anfangs erwog meine Mutter, Heliodora solle *Eure* Frau werden.»

«Sie könnte meine Tochter sein!», entgegnete ich ziemlich scharf.

Er tat das als unbedeutend ab. «Wenn meine Mutter sich einmal politisch gesehen in etwas verbissen hat ...», sagte er, halb zur Entschuldigung. «Ich konnte sie aber davon überzeugen, dass Euer Hipponax ebenso geeignet wäre.»

«Wann wurde das alles besprochen?», wollte ich wissen. «Wir waren doch auf See ...»

«Oh, erst heute», antwortete er forsch.

Angesichts der Geschwindigkeit, mit der die Frauen auf Salamis Informationen austauschten, sahen die Späher des Großkönigs oder die Priester des Apollon wie Anfänger aus.

«Aber sie haben sich doch erst vor kurzem zum ersten Mal gesehen!», rief ich.

Wie die meisten Herren aus Athen schien Perikles der Ansicht zu sein, dass dies nicht von Bedeutung sei. «Sie haben einander gesehen, und ihnen gefällt, was sie sehen», erwiderte er mit einem Ernst, als wäre er nicht ein Jahr jünger als mein Sohn, sondern etliche Jahre älter.

Ich denke, wir hätten das noch weiter diskutieren können, und wer vermag schon zu sagen, wo das vielleicht hingeführt hätte? Aber wir folgten der Hauptstraße in Richtung Stadt und gelangten an den breiten, mit Schotter ausgelegten Weg hinunter zum Strand, den auch die Mädchen aus Brauron nutzten. Am späten Nachmittagshimmel war bereits der Mond zu erahnen, und plötzlich hörten wir laute, aufgeregte Stimmen. Wegen des Höhenzugs hatten wir eine Zeitlang die See nicht sehen können, aber als wir die Anhöhe erreichten, blickten wir über die Bucht hinüber nach Attika, während die Sonne langsam unterging.

Sowohl die beiden großen Strandabschnitte, die wir überblicken konnten, als auch das ansteigende Gelände waren voller Menschen, die ein Wehklagen anstimmten. Ich sah Männer, die den Göttern verzweifelt die Hände entgegenreckten, und Frauen, die sich die Haare rauften, an ihren Chitons rissen und weinten.

Über Attika stieg Rauch auf. Ich brauchte einen Moment, um zu erfassen, warum all die Menschen dort unten so viel Aufhebens machten. Doch dann sahen wir es!

Die Akropolis stand in Flammen.

Offenbar hatte sich das Unglück ereignet, als wir vom Tempel des Apollon aus den kleineren Höhenzug überwunden hatten. Während Perikles mir also von den Heiratsintrigen seiner Mutter erzählte, erklommen persische Krieger das Felsmassiv der alten Tempelanlagen Athens, den heiligen Bezirk.

Sie eroberten die geweihten Stätten, überfielen das befestigte Lager und brachten die verbliebenen Wachen um.

Das konnten wir natürlich nicht hören.

Aber wir sahen die Flammen, die in den klaren Abendhimmel schlugen. Die Tempel von Athen brannten, und die Frauen wehklagten, als wären ihre Kinder verloren. Schreie gellten bis zu uns herauf, als würden die Perser bereits dort unter den Flüchtlingen wüten.

«Geht weiter», ordnete ich an.

Es war furchtbar.

Ich vermag nicht in Worte zu fassen, was für eine furchtbare Faszination der Anblick von Verderben ausübt. Es war ein überwältigender Anblick – die Flammen schossen Hunderte Fuß in den Himmel über der Akropolis, die, obwohl sie zwanzig Stadien entfernt lag, so hoch über der Ebene aufragt, dass man bei gutem Wetter das Dach des Tempelbezirks sehen konnte, sogar das Gold, das uns von dem Haupttempel entgegenleuchtete.

Aber an jenem Abend brannten sämtliche Gebäude wie eine Fackel. Wie eine riesige Fackel wohlgemerkt, als hätte die Faust eines Titanen die dünne Erdkruste durchstoßen und diese Brandfackel emporgereckt, um der Welt ein unheimliches Licht zu spenden.

Die Flammen stoben so gewaltig in den Himmel, dass das Flackern auf dem Meer zu sehen war. Trockenes Zedernholz und andere wertvolle Bauhölzer, des Weiteren Elfenbein und Gold – all das wurde nach und nach von den Flammen verzehrt, ganz zu schweigen von den dreihundert Menschen des Tempelbezirks und den Schätzen und heiligen Kultobjekten einer mächtigen und sehr alten Stadt.

Wir gingen den befestigten Weg hinunter zum Strand, in den Abend, der von Schrecken erfüllt war. Bald standen auch wir am Ufer des Meeres, mit all den Frauen und Mädchen aus Brauron, und sahen die brennende Akropolis. Die Hohepriesterin war inzwischen zurückgekehrt und hielt sich trotz ihrer siebzig Jahre sehr gerade, während sie den Blick nicht von ihrer brennenden Stadt wandte.

Als wir näher kamen, sagte eine der jüngeren Priesterinnen etwas, vermutlich schlug sie vor, dass die Mädchen nicht diesem furchtbaren Anblick ausgesetzt sein sollten.

«Nein, nein», sprach die Hohepriesterin. «Lasst sie nur zuschauen. Sie werden eines Tages die Mütter einer Generation sein, die Vergeltung übt. Sollen sie ruhig sehen, was der Großkönig angerichtet hat, und diesen Anblick nie vergessen.» Ein grimmiger Unterton beherrschte ihre Stimme. «Ich für meinen Teil werde diesen Abend jedenfalls nie vergessen. Und ich bete, dass wir nie Frieden schließen werden. Ich rufe Artemis an, im Lichte ihres Mondes, uns beizustehen, die Heiligtümer der Perser mit Feuer zu überziehen, in Persepolis und anderen Städten.» Sie hob feierlich die Arme, und für die Dauer einiger Herzschläge hatte es den Anschein, als würde die alte Priesterin das gewaltige Feuer über Athen zwischen den Händen halten oder wie eine lodernde Krone auf ihrem Haupt tragen – ja, stellt euch vor, so perfekt stand sie in diesem Augenblick vor mir. Ein Schauer durchrieselte mich. Denn eine Gottheit erhörte dieses Flehen oder nahm diesen Schwur entgegen – und ich war dabei.

Meine Tochter und ihre kleine Freundin klammerten sich an mich und weinten, auch viele andere Frauen vergossen Tränen, einige standen indes reglos da, ohne dass eine Träne ihnen die Sicht raubte.

Zufällig – oder auch nicht – stand Heliodora in unserer Nähe, während das Feuer in der Ferne wütete, neben ihr stand ihre Freundin Iris – beide weinten nicht.

Hipponax trat zu ihr, als hätte ihn eine unsichtbare Kraft gesteuert, ja, als wäre er gegen seinen Willen von einem Seil gezogen worden.

Heliodora schaute zu ihm auf: ein Wimpernschlag, gefolgt von einer kecken Kopfbewegung, als sie wahrnahm, wer so ungewohnt dicht bei ihr stand.

«Du weinst nicht um Athen?», fragte mein Sohn sie.

Nicht schlecht, dachte ich.

«Ich möchte keine Söhne gebären, die Athen rächen», sagte Heliodora. «Ich will eigenhändig gegen die Perser kämpfen!»

Ich konnte jedes Wort hören, war aber trotzdem halb verdeckt von den anderen Personen um mich herum. Ich kam mir wie ein Eindringling vor. Gleichzeitig konnte ich einen Blick auf Heliodoras Gesicht erhaschen, auch auf das meines Sohnes. Und im selben Moment durchzuckte mich der Gedanke, dass die beiden vielleicht tatsächlich heiraten sollten. Es war ein erhebendes Gefühl, die beiden zusammen zu sehen, vielleicht ist das aber auch eine alte Geschichte, die immer wieder gern erzählt wird.

Und als sie diese Ansage machte, war mir unwohl, weil ich nicht einschätzen konnte, wie mein bisweilen furchtbar unreifer Sohn darauf reagieren würde. Mit Spott? Mit Verachtung?

«Ich könnte dafür sorgen, dass du an Bord eines Schiffes darfst», sagte Hipponax.

Eine schreckliche Vorstellung. Aber andererseits eine wunderbare, von Herzen kommende Antwort.

«Das würdest du tun?», fragte sie. «Ich würde den ganzen Tag rudern!»

Und ich stand da und tat nichts. Was für ein furchtbarer Fehler. Und doch war es einfach nur herrlich!

So standen wir alle beisammen und starrten auf das grässliche Schauspiel, bis uns die Füße weh taten.

Aber das alles war so schrecklich, dass wir uns nicht fortbewegen konnten.

Schließlich wurden die Flammen in der Ferne kleiner. Die älteren Mädchen brachten die kleineren zu Bett, die Priesterinnen sorgten für Ordnung.

Ich weiß genau, dass ich nie weiter als eine Armeslänge von meinem Sohn entfernt war, trotzdem musste mir etwas entgangen sein. Und als wir zurück zu unserem Lager gingen, wirkte Perikles ungemein ernst. Anaxagoras schaute sich mehrmals um, und Hektor mied meinen Blick.

«Wer ist diese Iris eigentlich?», fragte ich.

Perikles machte eine abfällige Geste, die fast ganz von der Dunkelheit verschluckt wurde. «Die Freundin meiner Base. Sie ist ein Niemand, eine Thrakerin oder Makedonierin.»

«Sie ist kein Niemand!», brachte sich Hektor hitzig ein.

«Jungs!», mahnte ich. Wir waren an den Wachtürmen oberhalb der Bucht angelangt, und in der Ferne stob ein enormer Funkenflug über der Akropolis in die Höhe. Da ahnte ich, dass ein gewaltiges Gebäude in sich zusammengestürzt war.

Schweigend setzten wir den Weg bis zu unserem Lager fort.

Das war der Abend, als Athen den Persern in die Hände fiel.

Am Morgen darauf war ich wieder sehr früh wach, aus den üblichen Gründen. Ich ging zum Strand, pisste in einen schmalen Gürtel aus Buschwerk und Ranken und fing an, eine gewisse Strecke zu laufen. Der Strand war nicht sauber, und ich blieb dicht am Wasser oder in der seichten Brandung, als ich an den Schiffen vorbeilief. Ein beschwerlicher Lauf.

Aber ich brauchte die Herausforderung. Als ich zurückkam, konnte man immer noch schwarzen Qualm über der Akropolis sehen. Ich lief ins Meer und schwamm.

Hektor erwartete mich am Strand und hielt mir ein Tuch hin.

«Ich muss mit dir reden», sagte er.

Nun, er hatte Öl und einen Strigil dabei, von den anderen war kaum einer wach. «Bin ganz Ohr», meinte ich.

«Bin ich ein Herr?», fragte er.

Ich hätte mich fast mit dem Strigil verletzt. Aber das sind nun einmal die Fragen, die zählen.

«Natürlich.»

«War Anarchos mein Vater?»

Ich sah ihn an. Sein Gesicht war zu einer Maske erstarrt. «Ja», antwortete ich gedehnt. «Zumindest gehe ich davon aus.»

«Ein Verbrecher.» Worte voller Verbitterung.

Ich gab irgendeinen gleichgültigen Laut von mir, der in diesem Augenblick bestimmt höchst unangebracht war.

«Doch, er war ein Verbrecher! Seckla meint, er war ein furchtbarer Mann, der den Willen anderer brach, der Huren beaufsichtigte und ...» Er war den Tränen nahe.

«Hektor», fing ich an und nahm ihn in den Arm. Ich war immer noch kräftig genug, um zu verhindern, dass er sich mir entziehen konnte. «Hektor, sei ruhig.»

«Nein!», entgegnete er hitzig. «Du ...»

«Halt jetzt den Mund, Hektor», beharrte ich. «Dein Vater hat ein paar schreckliche Dinge getan, aber auch gute, wie die meisten Menschen.»

«Er hat mich mit irgendeiner Sklavin gezeugt und mich dann zu dir geschickt, weil er irgendeine Schuld begleichen wollte!» Inzwischen hatte er die Stimme erhoben.

Aus einem der Zelte schaute ein Ruderer heraus.

Gewiss, so konnte man das auch interpretieren.

Ich denke, Anarchos, der so gerissen wie Odysseus war, hatte damals gespürt, dass er nicht mehr lange zu leben hatte, und schickte mir daher seinen Sprössling als eine Art Buße oder Belohnung. Vielleicht lag in dieser Entscheidung auch nur wieder eine Drohung oder ein Versprechen, wer weiß? Damals hatte ich über diese Geste zwar nachgedacht, aber offenbar nicht genug. Jedenfalls war ich auf die Reaktion des jungen Mannes nicht vorbereitet.

Aber wer ist schon immer auf alles vorbereitet?

«Ich denke, du warst sein einziger Sohn, und er liebte dich auf seine Weise.» Etwas anderes fiel mir nicht ein.

«Er war ein Verbrecher!»

In diesem Moment wünschte ich mir Jocasta herbei. Ja, sie hätte gewusst, wie man sich in dieser Situation verhielt.

«Was war überhaupt der Anlass für all das?», wollte ich wissen und beschloss dann, es mit Humor zu versuchen. «Während wir also überlegen, wie wir mit den Persern verfahren können, dachtest du ...»

«Nein, du hältst jetzt den Mund!», fuhr er mich an. «Ich bin ein Niemand!»

«Hör auf damit, sonst tu ich dir noch weh!», schimpfte ich halb, weil er anfing, sich aus meinem Griff zu winden. «Du bist kein Niemand. Du bist Bürger von Platäa und hast wie wir alle ein Anrecht auf deinen Teil der Beute. Du bist Hoplit und ein mutiger junger Mann. Auf dich kann man sich immer verlassen, an Deck und an Land.»

Er entspannte sich nicht merklich. Aber als das Wasser höher auf den Strand brandete, fiel ein wenig Spannung von Hektor ab.

Und dann, so plötzlich wie eine heftige Böe über den Strand peitscht und wieder verfliegt, ließ er mich los, nahm das Handtuch mit und stapfte davon, als wäre er immer noch mein Pais, der sein Tagewerk verrichten muss.

Ich denke, eines Tages hätte ich mit Fragen dieser Art rechnen müssen, aber das hatte ich nicht. Für mich war Hektor wie ein zweiter Sohn. Inzwischen gehörte er seit beinahe fünf Jahren zu mir. Er war mit mir und ohne mich zur See gefahren, und die See ist wahrlich nichts für Schwächlinge, das könnt ihr mir glauben.

Wie sich herausstellte, gab es noch so manches, was ich nicht wusste, aber das trifft ja eigentlich immer zu, oder nicht?

Am selben Abend fand ein Treffen der Befehlshaber statt. Es wurde gut besucht, so gut wie schon lange nicht mehr.

Die Leute von der Peloponnes waren erpicht darauf, in See zu stechen.

Eurybiades stand zunächst einigen Opferhandlungen vor, die er, wie ich betonen möchte, einwandfrei durchführte, wie man es von einem spartanischen Herrn nicht anders erwartet. Erst danach erteilte er den Korinthern das Wort.

Adeimantos war der Wortführer. Er trat vor, und für mich ergab sich ein Moment des Nachsinnens. Denn zufällig stand Kleitos auf einem Hang schräg hinter Adeimantos, beide Männer befanden sich also in meinem Blickfeld. Sofort fiel mir ein, was Perikles über unseren Zwist gesagt hatte und dass dadurch die besten Familien entzweit würden. In diesem Moment wurde mir klar, wie sehr ich tatsächlich diesen Adeimantos hasste, da ich sein Verhalten noch heute als Verrat betrachte. Dagegen war mein Hass auf Kleitos ein Selbstläufer geworden, eine Gefühlsregung aus reiner Gewohnheit, wenn ihr so wollt.

«Es ist an der Zeit, abstimmen zu lassen!», rief Adeimantos. «Lasst alle Städte des Bündnisses abstimmen, ob wir uns zum Isthmus zurückziehen sollen.»

Themistokles lachte. «Wie sollen wir denn Eurer Ansicht nach abstimmen, Adeimantos – eine Stimme pro Polis oder entsprechend der Anzahl der Schiffe, die jeder beisteuert?»

Der Korinther wandte sich Themistokles zu und bedachte ihn mit einem verächtlichen Blick. «Ihr habt gar keine Polis mehr. Eure Stadt wurde zerstört. Eure Gottheiten sind zerschellt.» Die Geste, die er folgen ließ, benutzen Männer, die einen Sklaven fortscheuchen. «Ihr seid nicht länger Athener. Wartet, dann werden wir Euch mitteilen, was wir, die wir über Städte verfügen, beschlossen haben.»

Adeimantos hatte die Situation indes falsch eingeschätzt. Die Trierarchen aus Sparta waren empört. Einen Mann wegen des Verlusts seiner Stadt zu verspotten, wurde gemeinhin als unangemessen erachtet, dies jedoch kam einer unerhörten und absichtlichen Beleidigung gleich. Es war Hybris, der man sich wider besseres Wissen schuldig machte.

Sogar einige Vertreter aus Korinth zuckten zusammen.

Themistokles beurteilte die Zuhörerschaft mit dem kritischen Blick des professionellen Politikers, der er zweifellos war, ehe er antwortete. Doch er lachte nicht, er fluchte auch nicht, er zog nicht einmal die Stirn kraus bei so viel Unverfrorenheit. Er blieb gelassen, fast nachsichtig mit dem Redner aus Korinth.

«Solange wir über unsere zweihundert Schiffe verfügen, haben wir die größte Stadt Griechenlands», ließ er alle in der Runde wissen.

Implizit gab er seinen Zuhörern zu verstehen, dass er – im Gegensatz zu den anderen Städten – mit seiner «schwimmenden Stadt» imstande war, dorthin zu gehen, wo es ihm passte. Das war die beste Rede, die ich je gehört hatte: kurz, prägnant, aber voller Bedeutungsnuancen.

Wenn ich jedoch heute zurückblicke, was genau wollte er damit zum Ausdruck bringen? Heute kennen wir den Ablauf der Ereignisse, aber was dachte Themistokles an jenem schicksalsträchtigen Abend, als die Zukunft der griechischen Lande auf Messers Schneide stand?

Er riss seine Zuhörer mit, denn Adeimantos hatte sich wie ein Narr benommen.

Am nächsten Morgen kam die persische Flotte bis zu den Stränden unterhalb von Athen, genauer gesagt zu den Stränden bei Phaleron. Sie lagen nicht gegenüber von uns, sondern weiter südöstlich, und noch blieb es uns erspart, die riesige Flotte zu erblicken, die das Meer verdunkelte. Nur vom nördlichen Vorsprung auf Salamis konnte man den Feind ausmachen, einen schier endlosen Strom von Kriegsschiffen, die nach und nach in geordnetem Chaos an den Stränden bei Phaleron anlegten.

Kimon legte mit der *Ajax* ab und kreuzte herausfordernd am südlichen Zipfel des Geschwaders. Er hatte es darauf angelegt, Gegner zu einem Gefecht Schiff gegen Schiff herauszufordern, aber die Perser ignorierten ihn und blieben an Land.

Später berichtete Kimon mir, er habe siebenhundertelf Schiffe gezählt. Andere hatten die Anzahl der Triremen auf über tausend geschätzt, einmal hieß es, es wären weniger als fünfhundertfünfzig. Ich konnte dazu nichts sagen, aber ich glaube, dass Kimon insgesamt richtiglag. Er hatte die Muße, sich einen Überblick zu verschaffen, dazu die freie Sicht auf den Küstenverlauf.

Die persischen Geschwader blieben in all ihren Bewegungen äußerst vorsichtig. Das war eigentlich seltsam, denn sie boten mehr als doppelt so viele Kriegsschiffe auf wie wir und waren doch auf der Hut. Gewiss, ihre Befehlshaber hatten immer wieder die Nachrichten an den Felswänden entdeckt, die wir hinterlassen hatten, um die Ionier auf unsere Seite zu ziehen – oder die Perser mitten in der Schlacht zu verraten. Und vergessen wir nicht, die jüngsten Begegnungen hatten wir für uns entschieden, auch wenn es nur ein paar waren.

Später am Nachmittag, während ich unten am Strand mit Brasidas, Hipponax, Hektor, Perikles und Anaxagoras übte – Letzterer erwies sich trotz seiner stillen Arroganz als gut durchtrainierter junger Mann –, näherte sich ein Dutzend Schiffe aus Süd. Sie fuhren elegant die Bucht von Salamis hinauf, und meine Tochter rannte mit drei Freundinnen zu uns, darunter auch Heliodora, um uns mitzuteilen, dass eine Flotte komme. Das löste ziemlich viel Unruhe aus, das sag ich euch. Da die Perser alle Zufahrten nach Norden blockierten, schien ein Angriff von Süden aus wahrscheinlich, daher befahl ich unverzüglich, die Rümpfe ins Wasser zu schieben. Dann lief ich, so schnell ich konnte – leider war ich nicht sehr schnell –, über die Landzunge und erklomm den Wachturm, den die Mädchen aus Brauron errichtet hatten.

Ich kannte die zwölf Schiffe nicht. Aber sie hatten etwas an sich, das griechisch wirkte. Ob es an der leichten Wölbung der Außensteven lag oder an der Art zu pullen – ich war mir nicht sicher, aber mein Bauchgefühl sagte mir, dass dies Schiffe der Peloponnes waren. Als sie näher kamen, konnten wir erkennen, dass das in

Führung liegende Schiff ein Dutzend Schilde präsentierte: Es waren Aspides der Spartiaten, und unsere Männer brachen in Jubel aus.

Eigentlich jubelte ich nicht für Sparta, aber man kann nie genug Schiffe haben, wie?

Doch die Strände weiter nördlich waren alle besetzt. Korinther und Spartaner lagerten auf den Stränden im Süden, und der einzige Abschnitt, auf dem keine Schiffe lagen, war der Strand für die Mädchen aus Brauron. Ich lief ungestüm wie ein Junge hinunter in das Lager und platzte in eine weitere Tanzübung. Ich verbeugte mich tief vor der Hohepriesterin Hippolyta, der Mutter-Bärin, als wäre sie der Großkönig persönlich, und bat sie, uns die Erlaubnis zu geben, die eintreffenden Schiffe an ihrem Strand an Land ziehen zu dürfen.

Sie ließ mich eine Weile zappeln, vermutlich, um anzudeuten, dass sie sich jederzeit weigern könne, doch dann gestattete sie es mir großzügig. Da Seckla noch in Rufweite von der Küste war, ließ ich meinen Chiton fallen – vor den Augen von hundert Jungfrauen! – und schwamm zu meinem Schiff hinaus. Leukas half mir an Bord, worauf die *Lydia* auf Süd schwenkte.

Rasch schlossen wir zu dem in Führung liegenden Schiff aus Sparta auf, und alle drehten bei. Die Ruderer bekamen eine Ruhepause in der unerbittlichen Sonne, und ich sprang wieder einmal von der *Lydia* auf die Heckplattform des Spartaners – hatte ich erwähnt, dass ich nackt war?

Und dort, an Bord des Schiffes, sah ich Bulis wieder! In all den Jahren, die wir uns nicht gesehen hatten, hatte er sich kein bisschen verändert. Bis dahin war ich davon ausgegangen, er sei an der Seite seines Königs gefallen. Doch da war er, und neben ihm stand Sparthius in voller Rüstung. Beide umarmten mich.

«Nackt!», rief Bulis – für ihn eine halbe Rede!

Wir brachen in Lachen aus.

«Die Strände sind übervoll», erklärte ich. «Aber ich habe einen Anlegeplatz für euch, genau dort bei der Landzunge mit den beiden Wachtürmen. Das da sind meine Schiffe auf dem anderen Strandabschnitt.»

Sparthius nickte. «Gut, sehr gut.»

Er gab dem Steuermann ein Zeichen, weitere Befehle hallten über Deck.

Ich war bis dahin noch nie auf einem spartanischen Kriegsschiff gewesen und fand es interessant. Insgesamt wurden weniger Befehle gerufen als auf meinen Schiffen, ja, mir kam es so vor, als würde alles mit der Ernsthaftigkeit eines Rituals durchgeführt, und dennoch lief alles wie erwartet. Nur ein Beispiel: Da die Strände von Salamis eine ziemlich raue Küste boten, machten sich einige der Seeleute auf der kleinen Bugplattform daran, einen steinernen Anker an einen hölzernen Ankerstock zu binden. Danach zurrten sie an der Ankertrosse leichtere Steine fest. All das sah sehr seemännisch und erfahren aus, aber von der Kommandoplattform kamen keine Befehle. Und der Rudermeister wusste womöglich nicht einmal, dass die Deckmannschaft den Anker vorbereitete.

Ich war beeindruckt, gleichzeitig ertappte ich mich dabei, dass ich Vorbehalte hatte. Bei der Kakophonie auf meinem Kommandodeck, mit all den Befehlen, die in alle Richtungen weitergegeben wurden, war jedem Mann an Bord unmissverständlich klar, was gerade ablief. In einem Sturm wusste der Steuermann immer noch, was auf der Bugplattform passierte. Aber die spartanische Variante war sehr – Ehrfurcht gebietend, um es einmal so auszudrücken.

Stellt euch das nur vor.

Unabhängig davon legten wir ohne größere Schwierigkeiten an, und ich nahm meine spartanischen Freunde mit, um sie der Hohepriesterin vorzustellen. Natürlich war ich mehr als froh, dass Eugenios mit einem sauberen Chiton und einem vorzeigbaren Himation bereitstand – das nenne ich aufmerksam. Ich entstieg den leichten Wellen wie ein König, zumindest aber wie ein gut umsorgter Prinz, und führte meine Spartaner zur Hohepriesterin, in deren Gegenwart sich die beiden natürlich tadellos zu benehmen wussten. Sparthius hatte schon vor langer Zeit in irgendeinem Kampf seine Schneidezähne eingebüßt. Es war lustig mitzuerleben, wie er, ein Kerl wie ein Baum und gefährlich wie ein Löwe, jene kleine, aber sehr entschlossene alte Frau mit seinen perfekten Manieren zu beeindrucken wusste.

Sie wiederum war erfreut, zwei Spartiaten zu begegnen, und mehr noch als alle Athener, die mir bis dahin begegnet waren, konnte sie den beiden Männern glaubhaft versichern, zumindest sie, die Hohepriesterin von Brauron, wisse die Hilfe aus Sparta und das Bündnis zu schätzen, für das die Männer aus Sparta standen. Und als kurz darauf die Trierarchen und Steuermänner der anderen Schiffe kamen, um einen Segen zu erbitten, sprach sie jeden Einzelnen an, ob Spartaner oder Korinther, und von ihren Augen ging ein Leuchten aus, das die Männer zum Lächeln brachte. Sie war wirklich eine bezaubernde Frau, aber das Gewicht ihrer Würde war nicht so schwer, dass sie nicht auch lachen konnte.

Ich hörte, wie sie lachte, aber da war noch jemand bei ihr, der in dieses Lachen einfiel, und als ich mich umdrehte und genauer hinsah, entdeckte ich Lykon, den Sohn eines Magistraten aus Korinth, der bei meiner Hochzeit zugegen gewesen war und den ich zu meinen Freunden zählte. Einst, als Jüngling, hatte er so gut ausgesehen, dass man ihn schon als hübsch bezeichnete. Hinter vorgehaltener Hand wurde getuschelt, aber dann hatte er bei einer Eberhatz in den Bergen eine Narbe auf der Wange davongetragen, die seinen durchaus femininen Zügen eine unübersehbare maskuline Note verlieh.

Ich wartete geduldig, während er noch mit der Hohepriesterin plauderte, doch unsere Blicke trafen sich, und schon lächelten wir beide, und mit einem Mal fühlte ich mich wieder viel jünger. Lykon und ich waren Freunde gewesen, bevor die Meder bei Marathon landeten – zu jener Zeit, als meine liebliche Frau Euphoria noch auf Erden wandelte. Als ich an sie dachte, wurde mir bewusst, dass sie damals so jung wie Heliodora gewesen war ...

Als das Gespräch mit der Hohepriesterin beendet war, schloss ich meinen alten Freund in die Arme und zog ihn an meine Brust. Er erwiderte die Umarmung. Kurz darauf schlang mir noch jemand die Arme um den Leib, und ich musste lachen, obwohl mir die Tränen der Rührung kamen. Vor mir stand Philip, Sohn des Sophokles, der Freund von Lykon. Sein Großvater war einst König in Thrakien gewesen, aber Philip war Grieche wie ich. Und sehr viel wohlhabender.

Allerdings war ich mir da gar nicht so sicher. Obwohl Athen in Flammen stand und Platäa besetzt war, durfte ich mich immer noch als recht wohlhabenden Mann bezeichnen. Wenn man aufhört, die Münzen zu zählen, hat man ein gewisses Niveau erreicht, denke ich.

Hippolyta strahlte mich an, und ich verbeugte mich. Hinter ihr kam Aristeides auf uns zu. Da großes Gedränge herrschte, konnte ich meinen alten Freund und Mentor nicht gebührend begrüßen, zumal Hippolyta meine Hand umschloss. Ihre Hand war faltig und zart, trotzdem griff sie kräftig zu.

«Was für liebenswerte junge Männer», meinte die Mutter-Bärin. «Bitte sorgt dafür, dass sie sich von meinen Mädchen fernhalten.»

Die letzte Bemerkung war wie ein Schwall kalten Wassers bei dem Wiedersehen mit Freunden. Aber Hippolyta hatte ja recht, und ich begriff, dass ich mich in den Augen der Hohepriesterin sozusagen zum Bürgen der Mädchen ernannt hatte. Daher rief ich die Trierarchen zu mir, und Bulis stellte mich allen vor.

«Dies ist Arimnestos von Platäa. Ich habe schon an seiner Seite gekämpft.»

Die Männer verfielen in ehrfürchtiges Schweigen. Ha! Was für ein Lob, wie?

Ich deutete auf die jungen Frauen aus Brauron und betonte, wie sie ausgebildet wurden. Nebenbei erwähnte ich die wohlklingenden Namen einiger Väter – wobei ich mich auch als Vater eines der Mädchen zu erkennen gab. Die Männer lächelten, aber nicht wie Wölfe.

«Wir werden Vorbereitungen treffen», sagte Bulis und nickte knapp.

Zweitausend junge Ruderer und Hopliten in der Blüte ihrer Jahre. Aber irgendwie konnten sie sich alle beherrschen, und so badeten die Mädchen im Meer, ohne belästigt zu werden, oder studierten ihre Tänze zwischen den dunklen Rümpfen der griechischen Schiffe ein. Wir rissen uns alle zusammen, ganz so, als wäre der Anblick so vieler hübscher Mädchen eine alltägliche Sache. Vielleicht war es das in Sparta. Jedenfalls dachten die meisten mehr an die Mädchen als an die bedrohlichen Perser.

Da Lykon, Philip und Aristeides zu uns gestoßen waren, fielen die drückenden, dunklen Tage spürbar von mir ab. Die Neuankömmlinge besuchten uns bei den Schiffen. Ich hielt ein Symposion am Strand ab, mit richtigen Klinen, die wir uns bei den Priesterinnen aus Brauron ausborgten. Im Gegenzug lieferte ich bei Thiale, der jüngeren Priesterin, die leichten Bogen ab, die ich ihr versprochen hatte – ich brauchte nur ein paar Mal über den Strand zu schlendern und hier und da die richtigen Leute anzusprechen.

Mein Symposion! Als Gäste geladen waren Aristeides und Kimon, die beiden Stückeschreiber Aischylos und Phrynichos, die beiden jungen Männer Philip und Lykon, natürlich auch meine Freunde aus Sparta, Brasidas, Bulis und Sparthius. Die Spartaner verdarben mir fast mein kleines Fest, als sie einen jungen Mann mitbrachten, Kallikrates. Selten habe ich einen schöneren jungen

Mann gesehen, er war groß und ungemein kraftvoll gebaut. Er mochte etwas älter sein als Anaxagoras. Perikles war noch zu jung für ein Symposion, aber nicht zu jung für den Kampf, und er ließ keine Gelegenheit aus, diesen Umstand im Beisein seines Vaters oder seiner Mutter zu erwähnen. Sein Vater Xanthippos verbot ihm trotzdem, die Einladung anzunehmen, und erschien selbst auch nicht, daher blieb eine Kline frei, auf die sich dann der schöne Spartaner legte, unmittelbar neben den sturen und schweigsamen Ionier.

Natürlich gab es Fisch und etwas Kalmar. Hört zu, wenn ihr ein Fest ausrichten wollt, zu dem die wohlhabendsten Männer der griechischen Welt eingeladen sind, dann braucht ihr einen Mann wie Eugenios an eurer Seite. So, wie man Idomeneus im Kampf an seiner Seite haben möchte. Übrigens war mein Kreter auch zugegen. Er teilte sich eine Kline mit Styges und warf Lykon Leckerbissen zu.

Als wir gespeist hatten, kreisten die Gespräche wieder um den Krieg. Um ehrlich zu sein, weiß ich nicht mehr, was die Gäste im Einzelnen gesagt haben, wobei viele interessante Aspekte zur Sprache kamen. Kallikrates meldete sich nicht zu Wort, dafür aber Anaxagoras, der stets eine gute Wortwahl traf. Bei dieser Gelegenheit raunte mir Bulis zu, der zwischendurch auf meiner Ruhebank saß, mit dem Verstand des Ioniers und dem vollkommenen Leib des jungen Spartaners könnte eine Gottheit in unseren Reihen Gestalt annehmen.

Diese Vorstellung fand ich damals sehr lustig, glaubt mir.

Unterdessen erläuterte Phrynichos den Spartanern und Korinthern, wie es dazu kam, dass Aristeides ins Exil geschickt wurde, fügte aber gleich hinzu, alle Exilanten seien nun formal wieder zurückgerufen worden. Bulis beugte sich zu mir und wisperte an meinem Ohr: «Ich habe eine Nachricht von Königin Gorgo.»

Gorgo war inzwischen Witwe. Zwar wusste ich, dass meine

Schwester verwitwet war, aber bislang hatte ich mir Gorgo aus einem unerfindlichen Grund nie als Witwe vorstellen können. Ich wusste indes, wie tief die Verbindung mit ihrem Mann gewesen war. Was kann ich anderes sagen als das, was ich euch schon an anderen Abenden gesagt habe? Leonidas von Sparta war in meinen Augen wie ein Gott auf Erden gewesen, und nie wieder bin ich jemandem begegnet, von dem ich das behauptet hätte.

Dennoch überkam mich das menschliche Verlangen, nach Sparta zu gehen, um zu sehen, ob seine Witwe Trost benötigte.

Bah! Da war ich wohl wieder mal zu ehrlich vor euch, was? Aber Männer sind nicht so wie Tiere – oder manchmal vielleicht doch, werdet ihr sagen, oder?

«Ich soll dir ausrichten, dass Artaphernes im Sterben liegt. Wahrscheinlich ist er inzwischen tot.» Bulis hatte den persischen Satrapen nie persönlich kennengelernt. Aber er hatte natürlich von ihm gehört.

Diese Worte gingen wie Feuer durch meinen Leib.

Gorgo war also nicht die einzige schöne Frau, die in diesem Herbst zur Witwe wurde. Briseis' Ehemann – mein Freund und Gönner Artaphernes, der Satrap von Phrygien, lag im Sterben.

Sein Tod bedeutete, dass Briseis frei und ungebunden war. Briseis hatte viele Gesichter – und ich muss bekennen, dass sie unter den griechischen Frauen ein abschreckendes Beispiel abgab: Sie war eine Ehebrecherin und setzte ihren Leib schamlos ein, um an ihr Ziel zu gelangen. Wie ein Mann, im Grunde.

Aber auf ihre Weise war sie andererseits absolut ehrenhaft. Vor mehr als einem Jahr hatte sie mir versprochen, sie werde mich heiraten, wenn Artaphernes starb. Ich hatte ein Haus für sie bereitet, ein Haus, das jetzt in Schutt und Asche lag. Aber eines Tages würde es wieder ein anderes Zuhause geben.

Vor gar nicht langer Zeit hatte Artaphernes mich sogar selbst gebeten, mich nach seinem Ableben um Briseis zu kümmern. Sein Sohn, der ebenfalls den Namen Artaphernes trug und der aus einer anderen Ehe stammte, hasste seine Stiefmutter, da sie in seinen Augen seine Mutter verdrängt hatte. So läuft es eben: Politik und Ehe sind eng miteinander verwoben, das ist bei den Persern nicht anders als bei den Griechen.

Der Tod des Artaphernes bedeutete aber darüber hinaus, dass nun aufseiten der Perser die letzte Stimme der Vernunft verklungen war. Womöglich hatte dies keine so große Bewandtnis, denn Artaphernes war nicht mitgekommen, als Mardonios, sein politischer Widersacher, weiter nach Westen vordrang, Triumphe vor Augen.

In diesem Zusammenhang fragte ich mich, ob Artaphernes in direktem Kontakt zu Gorgo gestanden hatte. Sicher war, dass die Königin heimlich Kontakt zu Damaratos aufgenommen hatte, dem im Exil lebenden König von Sparta.

All diese geschäftigen Ränkeschmiede! Ich malte mir aus, dass Briseis und Gorgo gute Freundinnen sein könnten oder aber tödliche Feindinnen. Einen Moment lang stellte ich mir vor, wie es wohl sein mochte, wenn ich Briseis mit Jocasta bekannt machte ...

«Du bist so angespannt wie ein Junge vor seinem ersten Kampf», meinte Bulis. «Wichtige Neuigkeiten, vermute ich. Ich hätte dann noch das hier für dich.»

Er reichte mir ein aus Holz gefertigtes Kästchen für Nadeln, das viele arme, freie Frauen haben. Dieses Kästchen war recht hübsch anzusehen. Es lag gut in der Hand, und den Deckel brauchte man nur leicht anzudrücken, dann schloss er. Aber ein solches Kästchen konnte man für eine Drachme oder weniger auf einer Agora kaufen.

In dem Kästchen lagen indes mehrere dünne Bronzenadeln, die zusammen mehr wert waren als das Behältnis. Es handelte sich um

Nadeln einer wohlhabenden Frau. Als Bronzeschmied weiß ich, wie man diese Art Nadeln herstellt, aber selten hatte ich welche gesehen, die so fein gearbeitet waren wie diese. Es waren Meisterstücke, mit konisch zulaufendem Nadelöhr und einer Spitze, die mit sehr kleinen Feilen bearbeitet worden war. Ich schätzte den Wert einer einzigen Nadel auf zehn oder fünfzehn Drachmen, was fast dem Monatssold eines Ruderers entsprach.

Sie konnten nur Briseis gehören, das war so offensichtlich wie eine Unterschrift von ihr.

Ich legte die Nadeln behutsam in meine offene Hand und betrachtete sie eingehend. Im selben Moment kam Lykon zu mir und nahm auf meiner Ruhebank Platz.

«Oh, sehr schön gearbeitet!», bemerkte er. «Hast du vor, dich der Stickarbeit zu widmen?»

Wir lachten alle, ehe ich die Nadeln, mit den Spitzen zuerst, wieder in das Kästchen fallen ließ. Und dabei kam ich dem Geheimnis dieses Kästchens auf die Spur.

Ich entschuldigte mich bei meinen Gästen und gab vor, mich um mehr Wein zu kümmern, und nachdem ich Eugenios mein Anliegen mitgeteilt hatte (was natürlich völlig überflüssig war, denn warum sollte man einen so ausgezeichneten Verwalter darauf aufmerksam machen, dass Wein fehlte?), stahl ich mich in mein Zelt. Mit einem Zahnstocher hob ich den doppelten Boden des Kästchens an und entdeckte, wie erhofft, ein Stück Papyrus. Sofort schickte ich einen thrakischen Sklaven los, mir Essig zu bringen. Ich war so aufgeregt, ich konnte nicht zurück zu meinen Gästen.

Der Junge kam im Eiltempo zurück. Bei sich hatte er eine kleine Amphore mit unserem Essig aus Platäa, hergestellt aus unseren Trauben, blässlich und wässrig, aber akzeptabel. Vorsichtig strich ich etwas von dem Essig über das Papyrus.

Nur kurz tauchte ein Wort auf, ehe die scharfe Flüssigkeit das

Papyrus angriff. Und einen kurzen Augenblick flammte das Wort sozusagen vor mir auf, braun auf hellem Untergrund.

«Komm.»

5. KAPITEL

Gern würde ich für mich in Anspruch nehmen, dass ich den brillanten Plan ersonnen hatte, die persisch besetzten Strände auszuspähen, einen Plan, der an jenem Abend geschmiedet wurde. Doch wie die Dinge lagen, war ich mit den Gedanken woanders und überlegte ernsthaft, Seckla, Leukas und die Ruderer zu mir zu rufen und mit der *Lydia* abzulegen.

Es war nicht mein Patriotismus, der mich davor bewahrte, wie ich bekennen muss. Ich hatte ununterbrochen gegen die Perser gekämpft, über fünfzehn Jahre lang, und ich war dem Bund nichts schuldig. Obwohl all meine Freunde dort am Strand versammelt waren, verspürte ich den Drang, sofort aufzubrechen.

Aber mit fünfunddreißig sieht die Welt ein bisschen anders aus als mit siebzehn, und eines war gewiss: Die ganze persische Flotte lagerte an den Stränden vor Phaleron und blockierte somit die Seerouten aus der Bucht von Salamis. Selbst wenn ich nach West pullte und die Insel auf der anderen Seite in Richtung Süd umrundete, wäre ich ins Blickfeld ihrer Späher geraten. Zumal es im Herbst nicht ratsam war, sich auf eine komplizierte Navigation auf offener See einzulassen.

Ich wusste, dass es mir gelingen würde.

Ich wusste aber auch, dass es edler wäre, zunächst dabei zu helfen, die Meder zu bezwingen.

Aber bei Poseidon und Herakles, meinen Vorfahren, ich brannte darauf, mein Schiff zu Wasser zu lassen und augenblicklich zu Briseis zu segeln! Das empfand ich für deine Mutter, mein Kind. Vielleicht hatte sie nie tausend Schiffe vom Stapel laufen lassen – obwohl sie als Gemahlin des Satrapen indirekt gegen uns arbeitete –, aber an jenem Abend hätte sie fast mit unsichtbarer Hand ein Schiff zu Wasser gelassen.

Stattdessen kehrte ich zu meinen Freunden und zu meiner Kline zurück, saß wieder neben Bulis und stellte fest, dass man während meiner Abwesenheit beschlossen hatte, einen Blick auf die Strände bei Phaleron zu werfen, um die Flotte des Großkönigs herauszufordern. Es war Kimons Plan, aber ich glaubte, ein wenig von dem Irrsinn eines Idomeneus darin zu entdecken, jedenfalls waren alle begeistert. Ich schenkte erneut Wein aus, den ich ordentlich mit Wasser versetzt hatte, und schickte die Gäste dann schlafen, nachdem sie mir erklärt hatten, wir würden alle vor Sonnenaufgang in See stechen.

Aristeides blieb noch eine Weile mit den beiden Spartanern. «Es fühlt sich wieder so an wie vor Marathon», sagte er.

«Und wie vor Lade», betonte ich. «In diesem langen Krieg gab es viele Niederlagen, aber auch fast so viele Siege, die indes wenig Früchte trugen.»

Aristeides schaute kopfschüttelnd in die Glut der Feuerschale. «Weiter südlich auf den Stränden erzählt man sich, dass die Verbündeten der Peloponnes damit drohen, sich zum Isthmus zurückzuziehen.»

«Nicht die Spartaner!», hob ich hervor.

Bulis berührte mich beschwichtigend am Arm.

«Die Wortführer sind die Korinther», fuhr der Athener fort. «Ich hoffe inständig, dass unser Vorstoß von den Göttern begünstigt ist.» Er zuckte mit den Schultern.

Danach gingen wir alle schlafen.

Die rosenfingrige Dämmerung hatte sich noch nicht in ihrem bezaubernden Morgengewand erhoben, um den Horizont zu erhellen, als meine Ruderer bereits den Bug der *Lydia* mit den Wellen vereinten. Die Bucht von Salamis kann mitunter tückisch sein. Die stetige Brise brachte eine kräftige Kabbelung von Süd, als wir die Landspitze umrundeten, die heute «Hundegrab» genannt wird. Kennt ihr die Geschichte?

Nein? Also, Themistokles hatte angeordnet, alle Haustiere müssten in Attika zurückbleiben und verhungern. Er selbst ging mit gutem Beispiel voran und ließ einen schönen Jagdhund zum Sterben zurück. Der Hund folgte seinem Herrn aber offenbar zum Ufer, stürzte sich dann in die Wellen und schwamm dem Schiff des Herrn hinterher. Themistokles hatte sein Herz verhärtet – was ihm nicht schwergefallen sein dürfte, denke ich – und ließ die Männer pullen, aber der Hund folgte beharrlich im Kielwasser und schwamm durch die Bucht bis zur Landspitze von Salamis – bis zu jener Spitze, die wie ein anklagender Finger auf den Hafen bei Piräus zeigt. Themistokles' Schiff legte an, der Hund folgte treu hinterdrein, erreichte das Land: und starb. In jener Woche hörte ich diese Geschichte mehrfach, und die Leute sahen darin böse Omen. Einmal hörte ich, wie jemand sagte, jetzt zeige sich, wie unzuverlässig Themistokles doch sei. Allerdings brachten die meisten Familien ihre Hunde mit, auch ein paar Katzen. Der Themistokles, den ich kannte, hätte den Athenern befohlen, die Haustiere zurückzulassen, hätte dann aber jemanden bestochen, seine Tiere heimlich mitzunehmen. Ich weiß nicht, ob ich die Geschichte mit dem Jagdhund glauben soll, aber seither heißt die Landspitze «Hundegrab».

Wir konnten den Brandgeruch über Attika riechen. Dazu gesellte sich ein Aasgeruch von geschlachteten Tieren und eine würzige Note, doch über alles legte sich der scharfe Geruch, den man nach einem Brand noch lange in der Nase hat.

Wir legten mit sechs Schiffen ab. Aristeides befehligte seine *Athene Nike*, mit Demetrios am Ruder, ich hatte die *Lydia*. Achteraus folgten in kurzer Kielformation Bulis und Sparthius mit der lakedaimonischen *Ares*, dahinter Kimon auf der *Ajax* und Philip und Lykon auf korinthischen Schiffen. Es war der gezielte Versuch, die gesamte Flotte wachzurütteln, und man brauchte mir nicht zu sagen, dass Themistokles und Kimon hofften, aufseiten der Feinde Unruhe auszulösen.

Wir hatten die schnellsten Schiffe jener Tage, nicht nur unter Riemenschlägen, sondern auch unter Segeln.

Vielleicht ist das auch nur die halbe Wahrheit. Denn wir hatten sechs Schiffe, deren Mannschaften und Trierarchen einander vertrauten. Gute Schiffe und ausgezeichnete Ruderer gab es in jenem Herbst zuhauf an den Stränden, aber Vertrauen war so selten wie Kaviar aus Olbia auf der Feier eines armen Mannes.

Während wir also die Landspitze umrundeten, tauchte backbords die Insel Psyttaleia auf. Dieses Eiland versperrte die Sicht auf Piräus, im Gegenzug konnten aber die Perser von Phaleron aus unsere Bewegungen nicht sehen. Sowie wir die Straße zwischen Kynosura – jenem Hundegrab – und der Insel Psyttaleia erreichten, spürten wir die Auswirkungen der kabbeligen See. Der Wellengang traf uns erstmals voll, und zwar breitseits. Zunächst fühlte es sich nicht schlimm an, da die größere Insel Schutz bot, aber kaum waren wir auf offener See, setzte uns die Dünung gehörig zu. Über Jahre war ich im Kielwasser von Kimon und seinem Vater Miltiades gefahren, hatte viel gelernt und sah jetzt deutlich, wie Kimon auf einen südlicheren Kurs ging, als er die Landspitze hinter sich ließ. Zunächst glaubte ich, er sei nur wachsam und wolle nicht zu dicht an die Liegeplätze der Perser kommen, aber als die *Lydia* die offene See erreichte, erfasste uns die erste Welle. Wir nahmen mittschiffs Wasser auf, weil unsere Bordwände so niedrig waren, daher gingen auch wir rasch auf Süd, sodass die Wellen fortan gegen unseren Bug klatschten. Von dieser Seite des Kaps Kynosura aus konnten wir die Schiffe aus Ägina auf ihren Stränden sehen, die zum Greifen nah schienen. Wir winkten und riefen sie auf Griechisch an, um einen fatalen Unfall zu verhindern, und pullten weiter nach Süd, gegen den Wind, was die Ruderer mit Flüchen quittierten. Westlich von Psyttaleia liegt eine weitere kleine Insel, deren Namen ich im Augenblick vergessen habe, aber als wir zwischen diesem Eiland und Psyttaleia hindurchfuhren, war das Wasser plötzlich so flach, dass ich Seckla zum Bug schickte, auf dass er ein Senkblei auswarf.

Die Dämmerung verlieh dem Himmel eine zarte Röte. Der Wind aus Süd flaute ein wenig ab, als die Sonne aufging, und binnen einer Stunde, als die Ruderer immer noch fluchten und die Hopliten drüben an den Stränden ihre Würstchen brieten, kamen wir an dem Vorsprung bei Piräus vorbei und «öffneten» die Bucht von Phaleron.

Weißt du, was man mit diesem Ausdruck meint, meine Liebe? Wenn man in Küstennähe pullt oder segelt, sieht das Land eigentlich überall gleich aus, und hinter einer Landzunge kann sich ein kleiner Hafen verbergen, auch eine Bucht oder ein Flusslauf. Während man also der Küste folgt, kommt man vielleicht an einer Landzunge vorbei, und plötzlich öffnet sich ein «Loch» in der Küste, und man kann einen Blick in die Bucht werfen, ungefähr so, als würde man den Garten erst dann sehen, wenn man die erste Säule passiert hat und einen Blick durch die Tür erhascht – versteht ihr?

Wir öffneten also die Bucht.

Und dort an den Stränden lagen alle Schiffe der Welt, so sah es zumindest aus. Ich überließ Seckla das Zählen – er konnte immer schon gut mit Zahlen umgehen, und wer zählt, braucht Zeit und darf nebenbei nichts anderes tun. Übrigens gar nicht so einfach, wenn alle Rümpfe der feindlichen Schiffe schwarz sind, nahezu dieselbe Größe aufweisen und obendrein in der Ferne liegen.

Wir näherten uns langsam. Unter Riemenschlägen hatten wir uns ein Stück weit südwestlich vorgearbeitet, doch als der Morgen anbrach, kam ablandiger Wind von Attika und brachte Ascheflocken mit. Wir pullten in diesen Wind, aber alle sechs Schiffe hatten die Großsegel an Deck oder den Vordecks abgelegt.

An der Küste rührte sich noch nichts.

Daher pullten wir weiter. Ich entdeckte den Felsvorsprung am Eingang der Piräus-Halbinsel, der Munychia heißt, und orientierte mich an dieser Erhebung. Auf diese Weise blieben wir auf der Luvseite zur gegnerischen Flotte, die vom felsigen Punkt bei Munychia bis hinüber zu Phaleron jeden Strand einnahm – eine Strecke von gut neun Stadien. Ja, ihre Triremen füllten all diese Strände und kleineren Buchten von West nach Ost, genau wie sich der Thunfisch im Frühling in den Gewässern des Bosporus tummelt.

Ich überschlug die Anzahl der Schiffe. Wenn jedes Schiff eine Riemenlänge vom nächsten entfernt lag – diesen Abstand musste man einhalten, wenn eine Flotte ohne Chaos den Strand verlassen wollte –, dann schätzte ich die Zahl der Schiffe auf der Strecke eines Stadions auf hundert. Folglich lagen dort auf neun Stadien ungefähr neunhundert Triremen. Nein, das stimmt nicht ganz, es waren nicht nur Triremen. Die Perser hatten sehr viel mehr Pentekonteren und kleinere Schiffe als wir, aber dafür verfügten sie über einige Schiffe, die sich riesig ausnahmen – da gab es zum Beispiel eine gewaltige Trireme phönizischer Bauart, mit hohen Bordwänden, die so groß war wie zwei Schiffe von uns. Dieses Ungeheuer lag genau in der Mitte des großen, halbmondförmigen Strandes.

Das war ein Ehrfurcht gebietender Anblick, die Flotte war sogar noch größer als bei Artemision. Auch wenn es widersinnig klingt, der Anblick der Kriegsschiffe an den Stränden war eindrucksvoller und gleichzeitig weniger eindrucksvoll als die Geschwader auf See. Gleich auf den ersten Blick war mir aufgefallen, dass die Liegeplätze und die Einteilungen auf den Stränden besser organisiert waren als einst an den Küsten Thessaliens.

Wir wagten uns dichter ans Land. Wir hatten nur wenig Fahrt, hielten ein langsames, stetiges Tempo mit nur zwei Ruderreihen, sodass wir nur etwa fünfundzwanzig Stadien in der Stunde fuhren.

Ungefähr nach einer Zeitspanne, die ein Redner benötigt, einen Vortrag zu halten, erreichten wir den westlichen Ausläufer ihres Strandes. Wir waren so nah, wir hörten sogar Stimmen vom Ufer. Seckla stand noch am Bug und winkte, rief in seiner Muttersprache und auf Phönizisch.

Langsam gingen wir auf Ost und blieben hinter Kimon, backbords lag nach wie vor der Ufergürtel, wirklich, wir waren so dicht bei den feindlichen Schiffen, dass wir Feuertöpfe hätten werfen können. Kimons verwegener Plan sah vor, dass wir vorgaben, ein neu eingetroffenes Geschwader zu sein, das nach einem Anlegeplatz Ausschau hielt, und das erklärte auch, warum wir nicht auf Geschwindigkeit setzten. Ja, wir waren so kühn wie die Mädchen in den unteren Hafenvierteln von Piräus, während wir die Schiffe der Perser zählten.

Wir hatten etwa ein Drittel der Bucht von Phaleron hinter uns gelassen, ehe sie uns witterten. Kurz darauf legten vierzig Schiffe vom Strand ab, aus allen Richtungen. Das geschah so schnell, dass wir von einem auf den anderen Moment von heimlicher Fahrt auf Angst und Flucht umschwenken mussten. Mit einem Mal wimmelte es auf dem Wasser nur so von Feinden, dass man hätte denken können, wir waren Blut, das in ein Meer voller Haie gegossen wurde.

Die Schiffe, die sich der *Lydia* näherten, waren Ägypter – ausgezeichnete Schiffe mit erfahrenen Besatzungen, die den Großkönig allerdings genauso hassten wie ich, vielleicht sogar noch mehr. Es war nicht lange her, da hatte sich Ägypten gegen die persische Oberherrschaft erhoben, doch der Aufstand war blutig niedergeschlagen worden. Die Ägypter waren zwar als Erste im Wasser, doch sie näherten sich abwartend und gaben meiner *Lydia* Zeit, zu wenden und das Weite zu suchen. Kaum dass unser Bug zur offenen See zeigte und wir den Wind von achtern bekamen, bedeutete ich Leukas, den Befehl zum Segelsetzen zu geben. Im Nu hatte die Deckmannschaft das Großsegel an der Rah, während die Ruderer mit voller Kraft nach Süd pullten.

Backbords von uns, weiter westlich, lag die *Athene Nike*. Aristeides ging in die Wende, doch dann lief irgendetwas schief, und er verlor kostbare Herzschläge, auf den richtigen Kurs zu gehen. An seiner Backbordseite tauchten etliche Ionier auf, daher schwenkte die *Athene Nike* gefährlich nah zu uns, um zu verhindern, dass sich die ersten Enterdreggen an der Bordwand verfingen. Mit Verzögerung nahm Aristeides' schönes Schiff Fahrt auf.

Ich hatte zunächst nicht bemerkt, dass ich in meiner Unruhe an einem meiner Finger nagte. Eine furchtbare Angewohnheit, aber ich stand derart unter Anspannung, als ich Aristeides' Fluchtmanöver verfolgte, dass es kaum noch zu ertragen war. Beharrlich, aber langsam hielt die *Athene Nike* ihren Kurs Süd-Ost, doch die Ionier holten mit jedem Riemenschlag auf.

Ich nahm einen tieferen Atemzug und blickte nach Steuerbord. Dort sah ich unsere beiden Korinther, die keine zwei Stadien entfernt die Segel setzten. Tyche hatte offenbar beschlossen, dass die Ionier am westlichen Strandabschnitt sehr spät begriffen hatten, wer wir waren, daher legten die Schiffe aus Milet, Mykale und Ephesos als letzte ab. Lykon und Philip glitten ohne Schwierigkeiten davon.

Fortan hatte ich Raum auf meiner Steuerbordseite.

Ich gab Seckla zu verstehen, das Ruder zu übernehmen, und weihte ihn in meine Absichten ein, ehe ich die Heckplattform verließ und über den Laufsteg zur schmalen Kommandoplattform mittschiffs eilte. Das Großsegel war, wie gesagt, an der Rah befestigt, aber ich rief Leukas zu, die Spiere vorerst an Deck liegen zu lassen. Das ist an Bord einer Triemiola leichter als bei einer klassischen Trireme, glaubt mir, weil die *Lydia* mittschiffs ein breiteres Deck hatte, auf dem man das Segel ablegen konnte, ohne den obersten Ruderern in die Quere zu kommen.

«Bereit halten, auf Steuerbord zu gehen!», rief ich. Ich reckte meine rechte Hand empor, um sicherzustellen, dass ich nicht den falschen Befehl gab. Leider bin ich dafür bekannt, ab und zu in passenden Augenblicken rechts und links zu verwechseln. Ich erinnere mich deshalb so gut daran, da ich erst auf meine rechte Hand starrte, Luft holte und dann ganz bewusst den Befehl gab. Das nur nebenbei ...

Unmittelbar unter meinen bloßen Füßen schaute einer der Ruderer zu mir auf – Sikili. Er grinste.

«Nicht mehr lange pullen, und ihr habt es für heute geschafft», sagte ich.

Er stieß einen grunzenden Laut aus, und einige in seiner Nähe lachten. Immer ein gutes Zeichen.

«Hart Steuerbord!», brüllte ich.

Ich verfolgte, wie Sikili das Riemenblatt eintauchte und *drückte*. Er hielt das Blatt gegen die Triebkraft des Schiffes, und genau das machten alle Ruderer an Steuerbord, und als die Riemenblätter griffen, drehte sich das Schiff. Und zwar ziemlich schnell, wobei wir an Fahrt einbüßten, bis der Bug nicht mehr nach Süd, sondern sehr bald nach Ost zeigte. Langsam kamen wir nach Nord, und die ganze Zeit zogen die Ruderer an Backbord ihre Riemen durchs Wasser. Das Schiff krängte eine Weile, und als wir in der Breitseitenbewegung waren, zu dem aus Nord kommenden Wind, nahmen wir durch die untersten Riemenpforten etwas Wasser an Bord.

Derweil hatte ich die Verfolger im Blick.

Das war eine äußerst knappe Angelegenheit, selbst nach meinen Standards.

Insgeheim freute ich mich, als ich sah, dass die Ägypter zauderten, als unser Bug in ihre Richtung drehte, in Angriffslaune. Zwar hatten zwölf überhastet vom Strand abgelegt, aber in Reichweite waren nur zwei. Die übrigen drifteten weiter nach Nord ab, in etwa so wie die Karthager damals, als wir die Zinnflotte überfielen.

Ka und seine Jungs schossen unterdessen Pfeile auf den in Führung liegenden Ägypter ab, während Brasidas mit einer Handvoll Epibatai vortrat, um den nubischen Schützen mit ihren Schilden Schutz zu bieten. Das war eine der Neuerungen an Deck, die ich tatsächlich für mich in Anspruch nehmen darf, und trotzdem war es ursprünglich nicht meine Idee. Nördlich von Babylon – auf der Reise mit der Gesandtschaft, ihr erinnert euch – hatte ich ein assyrisches Relief bewundert. Offenbar hatten die Assyrer Männer mit Schilden eingesetzt, die einzig und allein dazu da waren, die Bogenschützen abzuschirmen. Eine wahrlich gute Idee. Möge Apollon, der Herr des Silberbogens, meine preisenden Worte erhören, auf dass die Perser nie auf diese Idee verfallen.

Aber ich bin davon abgekommen, was ich eigentlich erzählen wollte. Ka hasste Ägypter mehr als Perser oder Phönizier. Die Menschen seines Volkes waren vermutlich ständig in irgendwelche Fehden mit den Ägyptern verwickelt gewesen. Wie dem auch sei, seine sonst so schweigsamen, würdevoll auftretenden Schützen schrien plötzlich Beleidigungen, die der Wind bis zu den Ägyptern trug, während sie einen Pfeil nach dem anderen aus ihren Köchern zogen.

Ich konnte nicht beurteilen, ob sie jemanden getroffen hatten. Gut möglich, vielleicht zeigten aber auch ihr Geschrei und ihre Flüche Wirkung – oder eine ihrer Gottheiten hatte sie erhört. Jedenfalls gingen beide Ägypter auf einen westlicheren Kurs und entzogen sich einer direkten Konfrontation.

Die Bogenschützen jubelten wie verrückt, und die Epibatai fielen in den Jubel mit ein. Kaum zu glauben, dass fünfzehn Männer so viel Lärm machen konnten. Auch die Männer der Deckmannschaft brüllten.

Alles, was ich sah, waren zwei ägyptische Navarchen, die ebenso wenig Grund hatten, Persien oder den Großkönig zu lieben, wie ich. Vielleicht weniger.

Wie dem auch sei, ich klopfte mit dem Speerschaft auf die Planken. «Bereit machen, auf Steuerbord zu gehen!», rief ich erneut. Ich beugte mich zu Onisandros, hob meinen Speer und deutete damit auf die drei ionischen Triremen, die Aristeides verfolgten.

Er nickte.

«Hart Steuerbord!», rief ich, und das Schiff ging auf den neuen Kurs, mit derselben schwungvollen Bewegung wie zuvor – unser Bug hatte zuerst nach Süd gezeigt, war über West nach Nord geschwenkt und ging nun langsam nach Ost. Ich eilte über das geneigte Deck, während sich die Epibatai und Bogenschützen rasch setzten, damit wir kein Übergewicht bekamen. Seckla stand am Steuer und beugte sich nach vorn wie ein Streitross in das Geschirr eines Streitwagens.

Er brauchte keine Anweisungen von mir. Die ganze Zeit hatte er gewusst, was ich im Sinn hatte.

Ich glaube, ich habe schon einmal bemerkt, dass ein Gefecht auf See – eigentlich gilt das für jede Kampfhandlung – so langsam beginnt wie leise fallender Neuschnee, doch dann nimmt das Geschehen plötzlich Fahrt auf, wenn die Schiffe aufeinander zuhalten. Es kommt einem so vor, als würde alles schneller ablaufen, aber damit nicht genug, denn bei den Befehlen, beim eigenen Herzschlag und bei sämtlichen Vorbereitungen an Deck hat man das Gefühl, dass alles auf einen Höhepunkt hinausläuft, während der Feind herannaht. Ich denke, ein Sophist wie Anaxagoras könnte diesen Gedanken weiter ausführen, aber für mich ist es wie ein Theaterstück, das mit einem Chorgesang beginnt und von einem scheinbar unbedeutenden Mythos kündet, aber gegen Ende heult man sich die Augen aus dem Kopf, weil Ödipus ins Verderben läuft ...

Aber genug davon.

Unter Aufsicht des Rudermeisters brachten die hundertachtzig Ruderer unseren Bug auf Kurs, wir lagen ein Stück weit vor Aristeides' Schiff. Noch waren wir drei Stadien entfernt.

Dann beobachteten wir, wie das in Führung liegende ionische Schiff, ein Schiff aus Halikarnassos, wie ich hinzufügen möchte – du kennst diese Geschichte, junger Mann? Ha! Nun, hier kommt meine Version. Das vordere Schiff aus Ionien lag eine Schiffslänge achteraus von Aristeides' herrlicher *Athene Nike*, und irgendetwas trug dazu bei, dass die Ruderer auf seinem Schiff langsamer wurden. Die *Athene Nike* gehörte eigentlich zu den besten athenischen Schiffen, aber an jenem Tag wirkte sie träge.

Die Erklärung war, dass Aristeides einen schwer beschädigten Bug hatte und deshalb Wasser an Bord lief.

Unterdessen kam der Ionier bedrohlich näher.

Wir hielten zwar auf die Breitseite dieses Gegners zu, ziemlich schnell sogar, aber wir waren immer noch zu weit entfernt.

Es stellte sich wie ein Problem der Arithmetik und Geometrie dar, mit der Besonderheit, dass *alles* variabel war. Der Wind war unzuverlässig, der Wellengang verlangsamte die Schiffe, unterdessen wurden die Ruderer müde, und manchmal ist man nur noch auf Mutmaßungen angewiesen.

So kam es, dass der beharrliche Ionier Aristeides' Heck rammte. Kein wirklich harter Aufprall, aber die *Athene Nike* gierte.

Ka stand derweil am Bug und legte einen Pfeil auf die Sehne. Er schoss von unserer Bugplattform mittschiffs auf den Feind, aber da der Ionier wie die meisten der phönizischen Schiffe eine hohe Bordwand aufwies, brauchte man als Schütze Tyches leitende Hand und große Fertigkeit, um Männer auf den Ruderbänken zu treffen.

Aber da sozusagen die Flanke des Gegners offen war, konnten Ka und seine Schützen ungehindert ihre Pfeile abschießen. Doch die Perser an Bord des Ioniers schossen ihrerseits zurück.

Unterdessen hatte es der zweite Ionier auf uns abgesehen. Aber er geriet in den auffrischenden Wind aus Nord, sodass sein Bug mit den Böen weiter als beabsichtigt herumgedrückt wurde. Eine gut gebaute Trireme hat keinen richtigen Kiel – wenn man einen Kiel in Auftrag gibt, wie ich es bei der *Lydia* tat, muss man in Kauf nehmen, dass der Kiel sich jedes Mal weiter abnutzt, wenn das Schiff auf den Strand läuft.

Die neu entworfenen Schiffstypen erwiesen sich bei Wind querab als unhandlich. Das war für mich eine interessante Beobachtung.

Natürlich dachte ich nicht über derartige Details nach, als wir wie Poseidons Speer auf den vorderen Ionier flogen, der nach dem Aufprall an Fahrt eingebüßt hatte.

Allerdings machte Aristeides alles noch komplizierter, als er hart nach Steuerbord ging. Der Ionier hatte nicht viel Fahrt, aber das Schiff war immer noch schnell genug, an der *Athene Nike* vorbeizuschießen, ehe sie die Wende einleitete. Seckla sah sich gezwungen, den Richtungswechsel mitzumachen, sodass wir in einem weiten Bogen nach Steuerbord gingen, unser Bug wieder nach Nord wies, aber inzwischen lagen wir im Kielwasser der feindlichen Schiffe.

Achteraus kamen vierzig Schiffe so schnell heran, wie sich die Ruderer in die Riemen legen konnten.

Mir blieb nicht genug Zeit für einen Angriff mit dem Rammsporn oder für ein Enterkommando. Selbst wenn wir versucht hätten, die gegnerischen Riemenschäfte zu zertrümmern, hätten wir deutlich an Fahrt verloren.

Aristeides ließ das Hauptsegel setzen.

Noch war der Ionier, der näher zu uns lag, in ein Duell mit unseren Bogenschützen verwickelt, während das andere Schiff versuchte, Enterdreggen an Aristeides' Bordwand zu werfen.

Ich ließ meinen Blick über den Horizont schweifen, aber Poseidon kam uns nicht zu Hilfe.

Doch vom Bug aus ließ Ka seinen Kriegsschrei übers Wasser gellen. Einer seiner Männer lag tot auf den Planken, zwei dunkle Pfeilschäfte ragten aus seinem Leib, doch die anderen drei schossen unglaublich schnell hintereinander, während wir die Distanz verkleinerten. Weniger als ein Stadion trennte uns noch vom Gegner, und vergesst nicht, wir kamen von achtern, aber in einem schrägen Winkel, sodass die persischen Schützen Schwierigkeiten hatten, zum Schuss anzusetzen. Nein, ich müsste sagen, dass die Schützen Schwierigkeiten *gehabt hätten*, aber das erübrigte sich, weil Ka und seine Jungs alle zu Boden gestreckt hatten. Inzwischen setzten meine Nubier dem Steuermann, dem Rudermeister und der Deckmannschaft zu. Es ist, wie gesagt, unglaublich, was ein paar Bogenschützen anrichten können, wenn sie auf keine Gegenwehr stoßen – die Nubier waren imstande, bis zu fünf Pfeile pro Minute abzuschießen. Da könnt ihr euch ja ausrechen, was vier Schützen aus kurzer Distanz anrichten können.

Meine Schützen schafften es also, nicht ich. Der Ionier kam vom Kurs ab, die Riemenblätter pflügten nicht mehr geordnet durchs Wasser. Als wir am Heck vorbeiglitten, eilte Ka vom Bug aus über die Laufplanken in Richtung Heckplattform und schoss alle paar Schritte im Laufen – das war wirklich eine großartige Darbietung der Waffenkunst. Als er unser Heck erreichte, sprang er auf den äußersten Plankengang, das geschwungene Schandeck, und schoss einen letzten Pfeil auf unser Opfer ab.

Der Ionier war so gut wie unversehrt geblieben, aber die feinen Blutrinnsale auf den Rängen der Ruderer ließen den Schluss zu, dass der Trierarch auf der Steuerbordseite zu viele Ruderer verloren hatte. Das Schiff schwenkte nach Steuerbord, da die Riemenblätter der verletzten oder toten Männer nicht so rasch aus dem Wasser geborgen werden konnten.

Der andere Verfolger, der es auf Aristeides abgesehen hatte, erfreute sich eines ausgezeichneten Steuermannes. Selbst als Pye, unser größter Bogenschütze, den ersten Pfeil auf unseren neuen Gegner schoss, ging der Ionier genau in dem Moment in den Wind, als Seckla das Angriffsmanöver am Heck einleiten wollte.

Onisandros erkannte den Ernst der Lage schneller als ich. «Riemen an Steuerbord einholen!», brüllte er. Leukas wiederholte den Befehl.

Die Riemen glitten durch die Pforten.

Ka schoss erneut. Inzwischen stand er an der Reling beim Steuermann, im Schutz meines Aspis, den mir einer aus der Deckmannschaft gereicht hatte, sodass mein Rabe in der Morgensonne aufblitzte. Die Bordwand unmittelbar am Heck wies wenige Stützbalken auf und hatte kein Schanzkleid, und Ka ging plötzlich auf ein Knie, sodass ich mich mit dem Schild schützend über ihn beugen musste.

Ein Pfeil schlug gegen meinen Schild. Der Schaft brach, die Splitter flogen uns um die Ohren.

Die Riemen wurden eingeholt. All das geschah binnen weniger Herzschläge.

Wieder prallte ein Pfeil auf meinen Aspis, glitt über die Oberfläche und traf mich am Helm, sodass mein Kopf zurückwippte.

Ein dritter Pfeil bohrte sich durch meinen Schild bis zur Antilabe – meine linke Hand brannte, da die bronzene Pfeilspitze gegen meine Hand drückte.

Wir glitten längsseits am feindlichen Schiff entlang. Wir waren schneller, und beide Schiffe trieben dahin, kein Riemen wurde durchs Wasser gezogen. Wir lagen nicht weiter auseinander als eine Pferdelänge.

Es war beängstigend.

Die Perser an Bord des Ioniers standen etwas höher. Es waren edle Krieger mit Schuppenpanzern – Männer wie mein Freund Kyros, die schon als Kind lernen, mit Pfeil und Bogen umzugehen und der Wahrheit treu zu bleiben.

Aber die Krieger dort standen dicht gedrängt auf der Heckplattform, da die Schiffe ionischer Bauart hohe Bordwände hatten, aber nur einen Laufsteg mittschiffs aufwiesen.

Ich vermute, dass sie bis dahin nie eine Triemiola gesehen hatten. Meine längere Heckplattform hingegen war wie geschaffen für Bogenschützen, und das niedrige Schanzkleid bot zumindest etwas Schutz.

Ich muss gestehen, es war der heftigste Schlagabtausch von Bogenschützen, den ich bis dahin erlebt hatte, und für mich wurde alles noch beängstigender, da ich zwar meinen Schützen decken, aber dem Feind keinen Schaden zufügen konnte. Wenn auf einen geschossen wird, man aber den Angriff nicht entsprechend erwidern kann, befindet man sich in einer anderen Lage als der Mann, der sich einem offenen Gefecht stellt.

Es dauerte vielleicht fünf Atemzüge, dann waren wir am Gegner vorbeigeglitten. Ich glaube, dass ich in dieser Zeitspanne überhaupt nicht geatmet habe.

Hier die Ereignisse, die ich im Vorübergleiten mit eigenen Augen sah: Einer der Perser beugte sich weit über die Bordwand am Heck und schoss auf unsere Ruderer mittschiffs. Er tötete einen unserer Männer, aber zum Glück hing der Riemen nicht mehr im Wasser.

Ka traf wiederum den Perser, der mit einem Pfeil im Rücken zu Boden sank.

Pye, unser größter Nubier, tötete einen zweiten Perser, der rücklings auf den Planken aufschlug, doch ein weiterer Gegner traf Pye tödlich am Hals. Der Nubier war auf der Stelle tot. Kas zweiter Pfeil erwischte den dritten Perser, wiederum im Rücken, und einen Augenblick lang lagen wir mit den Ruderwerken gleichauf – Bordwand an Bordwand, wobei die Schiffe aber nicht kollidierten, sämtliche Riemen waren eingeholt.

Ka und der Perser schossen gleichzeitig, keine zehn Fuß voneinander entfernt. Der Pfeil durchschlug meinen Aspis, die Splitter stoben hinter dem Rund meines Schilds in alle Richtungen, doch Ka stürzte, sein Gesicht blutüberströmt. Der Pfeil traf mich wie ein Hammerschlag am Oberschenkel, aber da ich die Beinschienen angelegt hatte, bohrte sich die Spitze nicht durch die Bronze.

Ich zögerte nicht und schleuderte meinen Speer.

Eine Frau wehrte ihn ab, schlug ihn zur Seite.

Es gab kein Vertun, es war eine Frau an Bord des feindlichen Schiffs. Sie war groß und kräftig und trug einen edlen Thorax aus Bronze, der sich unübersehbar an ihre weiblichen Rundungen anschmiegte. So etwas hatte ich noch nie gesehen!

Ich brachte die Geistesgegenwart auf, meinen Aspis hochzureißen, als wir vorbeiglitten – gerade noch rechtzeitig –, denn die Frau warf ihren Speer auf mich. Mit einer leichten Drehung lenkte ich den Speer aufs Deck ab. Meine linke Hand pochte, aber ansonsten war ich unverletzt.

Es war einer meiner besten Speere gewesen. Musste diese Frau ihn ausgerechnet so ablenken, dass er ins Meer fiel?

Das war der Ablauf während der Spanne von fünf Atemzügen. Plötzlich waren wir am Feind vorbei. Ich warf einen Blick zurück, vorbei am geschwungenen Achtersteven, viel zu übermütig, da Pfeile hätten fliegen können, aber es blieb ruhig. Und ja, es war tatsächlich eine Frau, eine große Kriegerin, die einen Helm mit Federbusch trug, und inzwischen stemmte sie sich gegen das Ruder, da der Steuermann offenbar nicht mehr lebte und das Schiff abzudriften drohte. Ich verlor sie aus den Augen, hörte nur noch ihre Stimme, als sie Befehle schrie – auf Griechisch.

Ja, es war Artemisia von Halikarnassos. Ich bin mir sicher, dass ihr schon alle von ihr gehört habt. Nun, da war sie, der blutdurstigste Befehlshaber, den der Großkönig in jenen Tagen aufzubieten hatte. Aber uns war es gelungen, ihre Bogenschützen in den Tod zu schicken, außerdem hatte es ihren Steuermann erwischt, was seltsame Dinge auslösen sollte, wie ihr später erfahren werdet.

Jedenfalls gierte das feindliche Schiff plötzlich nach Nord, um nicht mehr in Reichweite unserer Enterdreggen zu sein – obwohl wir im Augenblick nicht in der Lage waren, welche einzusetzen. Ein persischer Pfeil hatte Hipponax' Aspis durchschlagen und meinen Sohn am Bizeps verletzt. Brasidas war bereits bei ihm, schlug die Spitze ab und zog den Pfeil heraus. Achill, der Sohn des Simonides, lag an Deck, unter ihm eine Lache Blut. Drei meiner Ruderer waren tot oder verstümmelt. Selten habe ich einen gefährlicheren Schlagabtausch erlebt.

Ich blickte hinab auf Ka. Zu meiner Freude regte er sich und zupfte sich die Holzsplitter aus dem Gesicht. Ein besonders langer Splitter hatte sich bei ihm durch beide Wangen gebohrt, aber zum Glück hatte er kein Auge verloren und war alles andere als tot.

Weiter voraus hielt Aristeides auf die offene See zu, Kurs Süd. Er hatte jetzt den Wind im Großsegel, und irgendwie war es ihnen an Bord gelungen, das zertrümmerte Ruder zu ersetzen, denn ich sah ein Behelfsruder – einen normalen Ruderriemen, der an der Bordwand angeschlagen war. Das reichte aus, um auf den neuen Kurs zu gehen, und mit dem Wind im Segel konnte er rasch Fahrt aufnehmen.

Ich sah das Heck, auf dem die Männer dicht gedrängt standen wie frisch gefangene Sardinen in einem Fass. Erst da begriff ich, was geschehen sein musste. Aristeides versuchte, den Bug aus dem Wasser zu heben, indem er möglichst viel Gewicht aufs Heck verlagerte – und das konnte nur bedeuten, dass eine Naht in der Beplankung geplatzt sein musste.

Bei Poseidon!

Es sollte die längste Stunde folgen, die ich seit Jahren durchlebt hatte. Wir flohen in südlicher Richtung mit dem Wind, und Leukas ließ unser Segel, das ja mit der Spiere bereitlag, in atemberaubender Zeit setzen, sodass wir Aristeides über den Saronischen Golf folgen konnten. Achteraus fielen die Schiffe des Großkönigs zurück, aber während wir den südlichen Kurs beibehielten, verdunkelte sich der nördliche Horizont von unserer Warte aus mit den Schiffen des Großkönigs. Die Feinde verließen die Strände bei Phaleron, und wir konnten beobachten, wie die stolze Artemisia die Verfolgung aufgab und auf West ging. Ich meinte, noch erkennen zu können, wie sich die übrigen Triremen ihres kleinen Geschwaders um sie scharten, ehe die Schiffe unter der Kimm lagen. Die gesamte persische Flotte hatte die Strände und Ankerplätze verlassen und befand sich auf den Wellen.

Leukas stand neben mir, schirmte die Augen mit einer Hand gegen das Licht ab und schaute in dieselbe Richtung wie ich. Er schüttelte den Kopf. «Die werden uns ja wohl kaum alle verfolgen», meinte er.

Seltsam eigentlich. Zuvor hatten sich die Ägypter zurückgehalten, doch nun blieben sie am längsten in unserem Kielwasser, und es waren etliche. Aber als die Sonne ihren Höchststand erreichte, gingen die Ägypter auch auf Kurs West. Nach und nach fielen sie von uns ab.

Soweit wir das im sonnigen Herbstdunst sehen konnten, formierte sich die persische Flotte auf einer schier unüberschaubaren Linie vor der Bucht von Salamis, und wir befanden uns augenblicklich backbords von den Geschwadern. Erst als auch die letzten Schiffe unter der Kimm lagen, trauten wir uns, auf einen westlichen Kurs zu gehen. Die See war, kurz nach der Mittagsstunde, ruhig, doch wir hatten jegliches Zeitgefühl verloren. Wirklich, nahezu jeder an Bord hatte das Gefühl, seit den frühen Morgenstunden wäre ein ganzer Monat verstrichen.

Aristeides und die Besatzung schöpften wie verrückt das Wasser aus der Bilge, als säßen ihnen die Erinnyen im Nacken. Ich konnte nicht viel für ihn tun, blieb auf Höhe seiner Steuerbordseite und hoffte, dass die *Athene Nike* noch zu retten war.

Ich werde hier nicht wiederholen, was wir uns alles in unserer

Verzweiflung über die Bordwand zuriefen, aber letzten Endes begriffen wir, dass er nur noch grob nach West navigieren konnte – und dass er nach Ägina wollte, ehe die *Athene Nike* unter ihm sank.

Nach meinem Dafürhalten sah es ganz danach aus, als würden sich die Perser für ein Gefecht formieren. Es war ein Nachmittag großer Seelenqual, denn hinter dem nördlichen Horizont stellte sich die Flotte des Großkönigs dem Kampf gegen den Bund. Würden sie tatsächlich kämpfen? Bei Poseidon, wie es aussah, verpasste ich das große Aufeinandertreffen!

Aber Aristeides war der trefflichste Mann, den ich kannte, auch wenn manche betonen würden, was für ein selbstgerechter Kerl er doch war.

Wir bereiteten uns darauf vor, das Schiff leichter zu machen. Die *Lydia* hatte ein Dutzend Vorrichtungen, die sie zu einem besseren Schiff machen sollten – bei einer dieser Vorrichtungen handelte es sich um eine kleine, mit Backsteinen eingefasste Herdstelle vor dem Bootssegel, die wir im Ernstfall über Bord werfen wollten. Hinzu kämen Rüstungen, Waffen und anderes Material. Sollte Aristeides sinken, würden zweihundert Mann verzweifelt im Wasser paddeln – erfahrene Seeleute, unsere Freunde.

Abgesehen von den Vorbereitungen auf das Unglück konnten wir nicht viel ausrichten, und manch einer dachte bangen Herzens darüber nach, was weiter nördlich geschehen mochte. Ich besah mir die Verletzung meines Sohnes, aber Brasidas hatte gute Arbeit geleistet und sogar Honig auf die Wunde geschmiert. Mein Junge verhielt sich angemessen und ruhig – er ließ den Kopf nicht hängen und beteuerte mehrfach, er sei wieder bereit zum Kämpfen. Hektor hielt sich in Hipponax' Nähe auf und wirkte niedergeschlagen.

Nach einer Weile konnten wir Attika achteraus nicht mehr sehen, auch der letzte Ägypter war aus unserem Blickfeld verschwunden, über uns spannte sich ein hoher blauer Himmel, an dem kaum Wolken zu sehen waren. Wir trieben einsam auf dem verwaisten Meer, nur eine Parasang entfernt von der größten Flotte der Geschichte.

Wir versuchten, auf westlichem Kurs zu bleiben, doch die Winde drohten uns weiter südlich abzutreiben, auch wenn wir alles daransetzten, das zu verhindern. Doch am frühen Nachmittag sichteten wir Ägina, und als der Tag allmählich zu Ende ging, machten wir uns daran, die *Athene Nike* auf einen der Strände der Insel zu bringen – mit dem Bug voraus, so behutsam wie möglich. Kaum dass Aristeides das Großsegel hatte reffen lassen, drang wieder mehr Wasser in das herrliche Schiff, und für die Dauer etlicher Herzschläge befürchteten wir, die Trireme würde sinken, ehe wir sie an Land schaffen konnten. Letzten Endes wateten die Mannschaften beider Schiffe an Land und zogen die *Nike* mit vereinten Kräften über die groben Steine am Strand.

Aristeides stand da und schüttelte traurig den Kopf. Vielleicht war er auch erfüllt von Ehrfurcht angesichts der Tücken, die die See bereithielt.

Der Rammsporn hatte sich gelöst, die Bronze war bis auf den Grund des Meeres gesunken. Vermutlich hatte die *Athene Nike* einen im Wasser treibenden Baumstamm gerammt, den Poseidon in seinem Zorn weit hinaus auf See getrieben hatte. Und bei dem Zusammenprall war der Sporn abgerissen, aber auf unerfindliche Weise war eine der Planken am Bug so weit nach *innen* gedrückt worden, dass sie wie ein Keil oder Pfropfen in der Bugkonstruktion steckte. Das musste der Grund gewesen sein, warum die Trireme nicht gesunken war.

Einer nach dem anderen kamen die Epibatai und die Ruderer und berührten ehrfürchtig den seltsam zerquetschen Bug.

Viele der Männer streckten die Arme gen Himmel, blickten hinaus auf die See und stimmten ein Loblied auf Poseidon an.

Aristeides beschloss, auf Ägina zu bleiben. Man hatte uns bereits kommen sehen, und ein Mann wie der Athener kannte einige der besten Schiffsbauer, die in der Lage waren, sein schönes Schiff zu reparieren. Nachdem wir uns zum Abschied umarmt hatten, machte ich mich mit der *Lydia* auf den Rückweg nach Salamis. Es war später Nachmittag. Ich war – verzweifelt, und ich bekenne, dass ich erneut erwog, mit der *Lydia* den Saronischen Golf zu durchqueren, um über die Innere See bis nach Ephesos zu gelangen.

Auf Ägina schien der Krieg in weiter Ferne zu liegen. Wir waren mit unseren Bedenken allein. Denn die persische Flotte lag hinter dem Horizont, keines der Spähschiffe würde uns aufbringen, sie würden uns nicht einmal verfolgen. Mein ganzes Leben hatte ich auf Briseis gewartet, so fühlte es sich zumindest an, und jetzt war sie bei günstigen Winden vielleicht fünf Tagesstrecken auf See entfernt.

Aber dieser Schritt hätte den faden Beigeschmack der Desertion gehabt. Vielleicht war ich mir auch nicht sicher, was ich eigentlich wollte. Vielleicht machte mir nach all den Jahren des Abwartens die Erfüllung meiner Sehnsucht Angst. Überrascht euch das? Allerdings war ich nicht mehr der bluthungrige Jüngling, der ich einst war. Was wäre Achill gewesen, hätte er noch gelebt? Thetis bot ihm ein langes, glückliches Leben oder ein kurzes Leben und unsterblichen Ruhm, und ich denke oft an Achill. Was wäre aus diesem Helden geworden, hätte er ein langes, erfülltes Leben geführt? Wäre er Bronzeschmied im sonnigen Achaia geworden? Oder ein Prinz über ein glückliches Reich, bei ihm Briseis, die ihm Kinder gebar und ihn unterstützte, an seiner Seite herrschte und die Tänze der Göttin vollführte?

Kein Mensch ist einfach zu durchschauen, und das Verlangen und die Sehnsucht sind komplexer als manch andere Dinge. So verhält es sich auch mit der Pflicht.

Begehrte ich Briseis? Sehnte ich mich nach dem unsterblichen

Ruhm des großen Kampfes? Wollte ich ein friedliches, glückliches Leben führen?

Ich wollte alles auf einmal!

Wir stahlen uns vorbei an den kleinen Inseln am Eingang der Bucht, und noch gab es keine Wracks. Die Schiffe aus Ägina ruhten eng nebeneinander auf den Stränden, und nirgends eine Spur von den Persern.

Wir legten an, als die Dunkelheit hereinbrach, was nicht schwer war, da überall entlang der Strände von Salamis Feuer brannten. Etliche Männer kamen bereitwillig zum Ufer und halfen, die *Lydia* an Land zu ziehen.

So waren wir also wieder nach Salamis zurückgekehrt.

Perikles erschien unten am Strand und entband mich von der ermüdenden Arbeit, mein Schiff an Land zu bringen. Die *Lydia* hatte bereits angelegt, aber wir mussten sie weit auf den Strand hinaufziehen, damit der edle, leichte Rumpf in der Morgensonne trocknen konnte. Später entdeckten wir noch ein kleines Leck am Bug.

Eigenartig, an was man sich erinnert! Ich könnte euch so gut wie alles über dieses Schiff erzählen, aber wenn ich die Augen schließe, vermag ich das Gesicht der irdischen Lydia nicht zu sehen. Wirklich, ihre Züge sind nicht mehr als ein blasser Fleck der Erinnerung. Aber jeder geborstene Riemenschaft und jede Blase, die das Pech am Bootsrumpf warf, stehen mir so deutlich vor Augen. Ja, dieses Schiff war in gewisser Hinsicht eher meine Geliebte als die Namensgeberin, fürchte ich. Aber ...

Also, Perikles kam zum Strand und trug einen Himation, in dem er noch jünger aussah, als er ohnehin schon war.

«Eurybiades ruft alle Trierarchen zusammen», ließ er mich wissen. «Im Augenblick hat Kimon das Wort.»

Ich griff nach einem Speer – eine Angewohnheit, die ein bisschen aufgesetzt wirkte, das gebe ich gern zu. Denn niemand außer mir erschien noch mit einem Speer zu einer Versammlung. Wie dem auch sei, ich stapfte mit dem Speer durch den Sand. Und ich kann mich gut erinnern, dass meine Waden schmerzten und meine Fußknöchel mir Probleme machten. Offenbar hatte ich zu wenig geübt und zu viel Zeit an Lagerfeuern oder auf der Heckplattform meiner Triemiola verbracht.

Was für ein langer Fußmarsch das war, von der Landzunge aus bis hinauf zum Tempelheiligtum! Jedenfalls war die Strecke lang genug für mich, um wahrzunehmen, dass ich einen alten Chiton trug, der nur verhindern sollte, dass meine Rüstung über die nackte Haut rieb. Dann der Chlamys! Einst war der Stoff tiefblau gefärbt gewesen, doch inzwischen erinnerte die ausgeblichene Farbe an einen blassen Tag im Spätherbst. Gut, es war noch etwas Blau übrig, aber eben nicht viel, der Rest war längst in ein schäbiges, helles Grau übergegangen. Das Meersalz hatte weißliche Spuren auf dem Stoff hinterlassen, hier und da entdeckte ich Flecken von Kiefernpech. Dabei handelte es sich um jenen edlen Chlamys, den ich mir einstmals von meinen Einkünften in Syrakus auf Sizilien gegönnt hatte, als ich um Lydias Hand anhielt. Eigenartig, aber mit einem Mal musste ich wieder oft an Lydia denken.

Tatsache war, dieser Gang zu Fuß war – düster. Zu viel Kämpfe können eine solche Wirkung auf einen Krieger ausüben, und ich spürte, dass ich an meine Grenzen gekommen war. Die Finger meiner linken Hand brannten – ist es nicht seltsam, wie eine neue Verletzung die alten noch zu verstärken scheint? Die frische Wunde der persischen Pfeilspitze pochte, dabei war diese Verletzung eigentlich zweitrangig, und ich bin davon überzeugt, dass ich als junger Mann überhaupt nicht darüber nachgedacht hätte. Es hatte mich enorm viel Kraft gekostet, mich den persischen Pfeilen zu stellen, und ich weiß nicht genau, warum. Das Ereignis hatte weniger als eine Minute gedauert, aber ich stolperte halb über einen sandigen Weg und war den Tränen nahe, die mich insbesondere in der Dunkelheit nach einem Kampf überfallen.

Das dazu.

Weiter voraus in der Dunkelheit hatten sich um die hundert Männer auf den Stufen zum Tempel eingefunden. Sie standen im Schein mehrerer Fackeln, als wäre ein Fest in vollem Gange, und in der klaren Luft konnte ich den rötlichen Schimmer der Fackeln sehen, ehe ich das Tempelgebäude richtig wahrnahm. Ich konnte den Duft der Pinien riechen, auch die Asche von Attika, und das Stimmengewirr der Männer holte mich ein wenig aus meiner Lethargie.

Ich blieb stehen und blickte hinauf zu den Sternen. Ich erinnere mich gut daran – an diese Woge reinen Gefühls, da ich wieder etwas spürte. Es fällt mir schwer, das zu beschreiben, aber mein Verlust verlor etwas an Bedeutung, und mein Gespür dafür, dass die Welt eine innere Ordnung besaß, kehrte zurück, als ich zu den Sternen schaute. Einige Menschen sehen die Götter in den Sternen, andere erkennen in ihrem Licht die rationale Wendung der Entstehung der Götter. Manchmal sehe ich nur Lichtpunkte, anhand derer man sich in der tiefen Nacht zurechtfindet, und ein Seemann weiß, dass die Sterne sich verändern, je nachdem, wohin man kommt. Denkt darüber nach. Die Sterne verändern sich!

Bah! Genug von diesen Gedankenspielen. Ich wollte damit nur sagen, dass ich mit meinen Gedanken an eigenartigen Orten war, als ich zu der Versammlung ging. Ich will damit nicht sagen, dass ich eine Gottheit sah, aber ich wäre nicht überrascht gewesen, wenn sich eine an meiner Schulter hätte blicken lassen.

Der Zufall wollte es, dass Themistokles soeben gesprochen hatte, und die Männer würdigten seine Worte mit Schweigen. Heute weiß ich, dass Kimon über die Schlagkraft der feindlichen Flotte gesprochen hatte, danach hatte Themistokles seine Gründe dargelegt, warum wir kämpfen mussten. Adeimantos wartete noch. Er war ein recht guter Redner und wusste, dass man seine Zuhörer nicht erreichte, wenn man zu früh das Wort ergriff.

Aber als er dann loslegte, kannte er keine Nachsicht.

«Themistokles, vielleicht ist das, was Ihr sagt, gut für Athen.» Er lächelte. «Oder besser: gut für Eure Leute. Denn Athen gibt es ja nicht mehr.» Er schaute sich um, bis auch der Letzte die Tragweite dieser Aussage erfasst hatte. «Aber wenn der Feind über neunhundert Schiffe verfügt und wenn all unser Bemühen bei Artemision nur dazu geführt hat, dass die Meder noch stärker geworden sind, dann sage ich, dass es an der Zeit ist, über den Rückzug nachzudenken. Ihr habt sie ja heute gesehen! Ihre Schiffe verdunkelten den Horizont, und sie forderten uns zur Seeschlacht heraus! Bei der Macht von Poseidon, glaubt ihr wirklich, dass wir uns dieser Übermacht entgegenstellen sollten? Viele von euch drohen mit Desertion, viele sagen, wenn wir Korinther den Rückzug einleiten, dann werdet ihr mit den Männern aus Ägina die Segel setzen und neue Städte bei den Westgriechen gründen.» Der Korinther breitete die Arme aus. «Nur zu, stecht in See. Verratet die griechischen Lande. Wir – die Achaier, die Männer des Pelops – wir sind im Grunde die wahren Griechen. Wir werden am Isthmus aushalten. Selbst wenn Xerxes die Mauer einreißt, so wird er nie die Akrokorinth einnehmen, er wird nie Sparta erobern, er wird den langen Marsch bis nach Olympia nicht überleben. Wer sagt denn, dass der Großkönig uns überhaupt verfolgen wird? Er versprach, Athen zu bestrafen, und das hat er getan.» Adeimantos nickte. «Schließt euch uns an und kommt mit zum Isthmus. Wenn sich der Großkönig zurückzieht, dann könnt ihr immer noch neue Städte gründen oder zurückkriechen zu den Ruinen Athens. Aber ich sage es hier vor allen deutlich, dass wir Männer des Pelops aufbrechen werden. Es wäre töricht, länger hier zu verweilen, so weit vom Landheer entfernt.»

«Wo ist denn das Heer?», fragte ich. Erst da merkten die meisten der Versammelten, dass auch ich zugegen war.

Adeimantos wirkte ein wenig verdutzt. «Woher soll ich das im Augenblick wissen?»

Ich schaute mich in der großen Runde um und fing Lykons Blick ein. «Gab es ein Heer am Isthmus, als du von dort aufbrachst?», rief ich laut und vernehmlich.

Lykon schüttelte vehement den Kopf. «Nein, Arimnestos», rief er. «Da gab es kein Heer. Korinth hat noch nicht einmal die Phalanx ausgehoben. Die Leute kehren gerade zurück von den Spielen zu Olympia.»

Einige der Versammelten lachten verbittert auf.

«Hört zu, Adeimantos», sagte ich. «Ich bin der Polemarch des Grünen Platäa, meine Polis ist bereits zerstört, und trotzdem stehe ich hier. Eurybiades gelobte, ein Heer des Bündnisses werde Böotien beschützen, aber es kam kein Heer. Platäa, Hysiai, Thespeia – alle niedergebrannt. Attika steht in Flammen, und Korinth hält es noch nicht einmal für nötig, die Männer zur Phalanx zusammenzurufen.»

Ich strich mir den Bart, als würde ich in nachdenkliches Grübeln verfallen.

«Die einzige Möglichkeit für das Bündnis, Widerstand zu leisten, ist ein Kampf auf See», fuhr ich fort. «Sollten wir auf See verlieren, wie es immer wieder prophezeit wird, so wird die Flotte des Großkönigs an Land gehen, wo es den Trierarchen gefällt – vom Tal bei Olympia bis zu den Feldern von Argos. Und Adeimantos, wir alle wissen, dass Ihr im Grunde nur das Wort ergreift, um die Menschen von der Peloponnes aufzustacheln. Ich werde nicht fragen, warum Ihr versucht, die Leute zu überreden, uns im Stich zu lassen. Ihr behauptet, Athen drohe mit Desertion, dabei lasst Ihr offen erkennen, dass Ihr selbst gedenkt, vom Bündnis abzufallen! Schwarz ist Weiß, und Spitzfindigkeiten sind wohl an der Tagesordnung, vermute ich.» Ich lachte. Viele der Männer lachten mit mir. «Aber stellt uns nicht als Tölpel dar, Adeimantos. Ihr sagt, nur ihr Achaier seid Griechen? Und was ist mit Männern wie Alkaios von Lesbos? Was ist mit Sappho? Mit Hipponax von Ephesos? Die Menschen aus Böotien sind Eurer Meinung nach keine Griechen? Auch Hesiod ist kein wahrer Grieche? Oder wollt Ihr andeuten, der große Homer sei kein Grieche?» Ich spie aus. «Ihr seid ein Narr. Ich spreche hier nur für meine Platäer, aber ich sage – lauft nur! Vor uns liegt Arbeit, die nur etwas für Männer ist. Und wenn wir den Großkönig bezwungen haben, werden wir Euch verspotten, bis Ihr vor Schande vergeht.»

Adeimantos zog sein Schwert – dort, im geheiligten Tempelbezirk.

Ich gab mich unbeeindruckt und stemmte die Arme in die Seiten.

Eurybiades trat zwischen uns, und der Blick, den er mir zuwarf, war streng – Enttäuschung und sogar Hass lagen in diesem Blick.

«Ich hatte Besseres von dir erwartet, Platäer», sagte er. «Hochtrabende Worte und persönliche Beleidigungen eignen sich nicht dafür, eine Ratsversammlung zu beeinflussen.»

Ich atmete hörbar aus. «Ach, nein? Ich bin doch nur ein Bauerntölpel aus Böotien. Ich ahme nur meine Lehrmeister nach.» Ich deutete auf Adeimantos.

Die Männer lachten, doch der Navarch aus Sparta war nicht erfreut. «Wir können nicht in die Seeschlacht gehen, wenn wir mehr als drei zu eins unterlegen sind», sprach er.

Themistokles reckte das Kinn vor. «Doch, das können wir!»

Kimon trat energisch vor. «Wir können das», bekräftigte er. «Und ich sage auch, wie wir das schaffen. Bei Poseidon, meine Herren, in flachen Gewässern hat die zahlenmäßige Überlegenheit wenig Bedeutung. Ihr habt es doch bei Artemision erlebt. Sie fürchten uns! Gerade heute forderten wir sie heraus, mit sechs kühnen Schiffen gegen neunhundert. Fragt Arimnestos. Wir kamen ihnen in die Quere, als sie ablegen wollten – mit unseren sechs Schiffen.

Die Männer an Bord der gegnerischen Triremen sprechen keine einheitliche Sprache, und ich sage, mehr als die Hälfte an Bord ihrer Triremen hasst die Perser noch mehr als wir. Bei den Göttern! Wir haben sie bei Artemision bezwungen! Warum fürchtet ihr die Perser jetzt?»

«Aber Ihr habt Aristeides verloren, den sie den Gerechten nennen», hielt Adeimantos dagegen, und der Spott war kaum zu überhören. «Sehr passend für Euren Demokraten hier, der seinen ehrbaren Widersacher in den Tod schickte.»

«Aristeides hat die Begegnung auf See überlebt, beim Willen der Götter!», rief ich. «Zu dieser Stunde liegt sein Schiff an der Nordküste von Ägina, nur wenige Stunden unter Riemenschlägen entfernt.»

Doch der Korinther hatte dafür nur ein herablassendes Kopfschütteln übrig. «Du bist der Sklave des Demokraten und würdest alles für ihn sagen», fuhr er mich an. «Ich aber sage dies: Selbst wenn wir dieses Gefecht suchen, selbst wenn wir siegen sollten, wäre es ein törichter Erfolg. Ein Sieg, errungen von Ruderern und Sklaven! Was wird dann aus uns, wenn nicht mehr Hopliten Männer der Tapferkeit sind, sondern der kleine, unbedeutende Mann? Die Theten werden sich erheben und unsere Städte für sich beanspruchen und all das auslöschen, was uns heilig ist, indem sie ihren eigenen, kleingeistigen Vergnügungen anhängen. Das ist genau das, was ein Mann wie Themistokles will. Themistokles der Demokrat möchte, dass der kleine Mann diesen Krieg gewinnt, damit er sich in den Reihen der Theten wie ein Gott aufführen kann. Wäre Aristeides jetzt hier, würde er mir beipflichten.»

Themistokles hatte Mühe, nicht die Beherrschung zu verlieren. «Ihr – Ihr!», ereiferte er sich. «Ihr wäret lieber ein Sklave des Großkönigs, als dem kleinen Mann zuzugestehen, dass er seinen Teil zum Sieg beiträgt? Wo sind denn Eure verehrten Hopliten, Korinther? Eure edlen Spartiaten und Aristokraten aus Theben und

Thespeia versagten! König Leonidas ließ sein Leben. Jetzt liegt das Schicksal der griechischen Lande in den Händen der Ruderer und des kleinen Mannes, und all diese Männer werden uns retten!»

Ich sah, wie Eurybiades sich den Saum seines Umhangs über den Kopf zog. Als Spartaner fühlte er sich beleidigt, aufs empfindlichste beleidigt von Themistokles' abschließenden Worten. Er trat allein an den Altar.

Ich hatte Zeit, über die Ironie des Ganzen nachzudenken – denn Aristeides hätte einem Mann wie Adeimantos gewiss zugestimmt, was die Rolle und Bedeutung der Hopliten anbelangte. Und wäre Leonidas von Sparta noch am Leben gewesen, hätte er Themistokles zugestimmt. Beide Herren bauten ihre Verschwörung zur Errettung Griechenlands auf der Erkenntnis auf, dass es auf dem Weg dahin viele hässliche Wendungen und Verwirbelungen geben würde. Leonidas hatte jedoch eine sehr klare Vorstellung von dem gemeinsamen Ziel, denke ich.

Ich hing meinen Gedanken nach, und als Eurybiades dann zurückkehrte, sehr ernst und gefasst, legte er in jede seiner Bewegungen und Gesten sehr viel Würde. «Wir werden uns zum Isthmus zurückziehen», sprach er. «Das war stets meine Absicht. Und solange wir keine Einigkeit erzielen, werden wir hier für nichts und wieder nichts sterben.»

Adeimantos grinste über beide Ohren.

6. KAPITEL

Adeimantos hat angeordnet, alle korinthischen Schiffe sollen sich an den westlichen Stränden einfinden», sagte Lykon. Wir saßen um Themistokles' Feuer, vor seinem weitläufigen Zelt, jenem schönen Zelt, das ihm nach den letzten Spielen von Olympia so viel Ärger einbrachte, als die Spartaner den Sieg beim Wagenrennen davontrugen – mit ein wenig Hilfe von athenischer Seite. Themistokles' Zelt war in vielerlei Hinsicht bemerkenswert. Es war blau und rot gefärbt, mit schönen Webarbeiten an den Ecken, innen hingen Wandteppiche an den Zeltwänden herab. Querstreben verliehen der ganzen Konstruktion Halt. Es war wirklich ein prächtiges Zelt, in dem man recht behaglich wohnen konnte. Das Problem war nur, dass es um einiges prachtvoller ausgestattet war als, sagen wir, die Zelte, die der König von Sparta oder die Priester des Apollon benutzten, und daher wurde es schon allein deswegen viel kommentiert.

Aber Themistokles hatte gute Sklaven und Wein, auch genügend Schemel – sehr elegante Hocker, wie ich anmerken möchte. Sikinnos, Themistokles' Verwalter, schenkte uns Wein ein. Xanthippos war zu Gast, auch Kimon und einige andere Athener. Idomeneus und Lykon hatten die Einladung angenommen, von den Spartanern war indes niemand anwesend.

Themistokles lehnte sich zurück und blies die Wangen auf. «Also lebt Aristeides wirklich?», fragte er.

Er war ein Mann, der in einer derart künstlichen Welt lebte, dass er davon ausging, alle anderen würden genauso leichtfertig lügen wie er selbst. Nun denn ...

Ich nickte. «Ja, er lebt. Ich denke, er wird morgen eintreffen.»

Der Athener schüttelte den Kopf. «Ich war ein Narr, schlecht von dem König von Sparta zu reden, den auch ich liebte.»

«Ja», meinte Kimon. «Damit habt Ihr Eurybiades vergrault.»

Themistokles' Gesicht erhielt im Schein des Feuers ein unheimliches Glühen, seine Augen waren geweitet – ich glaubte, das Aufflackern des Irrsinns dort zu entdecken. «Ich werde ihn aufsuchen und noch einmal vernünftig mit ihm reden.» Plötzlich sprang er auf und verschwand in der Dunkelheit.

Nun, ich sagte ja, dass ihre Zelte auf der Landzunge nicht weit auseinanderlagen.

Währenddessen nippte ich an meinem Wein und ging in Gedanken jene Dinge durch, die ich euch gerade erzählt habe. Ich dachte über unsterblichen Ruhm nach. Über Briseis. Über mein Haus in Platäa. Über meinen Sohn und meine Tochter, meine eigene Zukunft und natürlich über die Schlacht.

Sikinnos erschien wieder neben mir und schenkte mir nach. «Dürfte ich Euch eine Frage stellen, Herr?»

Schmeichelnde Sklaven sind ein Ärgernis, aber vergessen wir nicht, wie schwer es ist, ein Sklave zu sein. Ich war ja selbst einer. Es ist schwierig, stets den richtigen Ton zu treffen – mag dieser Herr lieber den sklavischen Unterton oder das unverstellte Gespräch? Und wie ist es mit dem dort? Diese Fragen stellen sich einem unvermeidlich ...

Ich versuchte, nicht zu schroff zu klingen. «Sprich», forderte ich ihn auf, aber ich denke, es klang trotzdem verdrießlich. Niemand lässt sich gern von einem Sklaven in seinen Gedankengängen unterbrechen.

«Sprecht Ihr wirklich Persisch?»

«Ja», antwortete ich auf Persisch.

«Wie ich», erwiderte Sikinnos. «Ihr führtet die Gesandtschaft der Griechen nach Susa, nicht wahr?»

Plötzlich kam mir der Mann verdächtig vor. Es erregte meinen

Argwohn, dass Themistokles einen Sklaven hatte, der des Persischen mächtig war.

Hört zu – Themistokles ging es eigentlich immer nur um den eigenen Ruhm. Es gab Männer in unseren Reihen, die hinter vorgehaltener Hand tuschelten, Themistokles sei bereit, die athenische Flotte ins Exil zu führen, weil er dann der unangefochtene Führer sein würde, auch der Herr einer neu gegründeten Stadt. Wenn ihr aber an den Abenden gut zugehört habt, dann wisst ihr ja, dass ich der Ansicht bin, dass die meisten Athener – gewiss die gegenwärtige Generation, Perikles eingeschlossen – ihre eigene Mutter verkaufen würden, um sich als Tyrann von Athen einen Namen zu machen.

Wie dem auch sei, ehe ich den Mann weiter ausfragen konnte, kehrte Themistokles von Eurybiades zurück.

«Er weigerte sich, mir Gehör zu schenken», sagte er.

Kimon gab ein Stöhnen von sich.

Themistokles ließ die linke Faust in die offene Handfläche klatschen. «Bei den Göttern, es muss einen anderen Weg geben.»

Kimon schaute auf. «Das ist der Fluch der Götter, der auf uns Griechen lastet», meinte er. «Wir können nie geeint auftreten. Wir wetteifern miteinander in jeglicher Hinsicht, und wir hassen einander. Wir können uns nicht in Eintracht zusammenschließen.»

«Denkt an Lade», hob ich hervor. «Dort wären wir siegreich gewesen und hätten uns alle weiteren Kämpfe ersparen können, wenn die Männer aus Samos uns nicht verraten hätten.»

«Vergesst nicht, wie oft wir während der Kampfhandlungen in Ionien verraten wurden», sagte Kimon. «Mein Vater war Pirat, aber er hielt sein Wort, anders als viele Herren heute.»

Themistokles sah mich über das Feuer hinweg an. «Die Perser verwenden unsere kleingeistigen Zwistigkeiten gegen uns», grummelte er. «Und stets gibt es persisches Gold, das den Verrat erst möglich macht. Das ist die Vorgehensweise der Perser, wenn sie Eroberungen machen oder ein Reich zusammenhalten.» Er sprach diese Gedanken laut aus, aber ich spürte, dass es in seinem Kopf arbeitete.

Offenbar bemerkte das auch Kimon.

«Ihr wollt doch nicht ernsthaft in Erwägung ziehen, dass wir uns an die Perser verkaufen sollen?», fragte er. Seine Stimme klang unaufgeregt, aber ich hörte die unterschwellige Härte heraus.

Themistokles sprang auf die Füße. «Bei Zeus, dem Herrn der Könige und freien Männer, genau das schlage ich vor – noch in dieser Nacht.»

Ein irrsinniger, eher schlechter Plan kann unter bestimmten Gegebenheiten ein guter, wenngleich kühner Plan sein. Es spricht für das Ausmaß unserer allgemeinen Verzweiflung, dass sich so gut wie kein Widerstand regte, als Themistokles sein Vorhaben konkretisierte.

Meine Rolle bei diesem Vorhaben war einfach. Ich kannte den Weg, außerdem hatte ich eine Triakontere auf meinem Strandabschnitt, die bereit war, in See zu stechen.

Als wir die Landzunge verließen, lachte Xanthippos bitter auf. «Müssen wir uns derart verbiegen, um zu tun, was richtig ist?», fragte er. «Bei Poseidon, ich hasse die Spartaner.»

Es war dunkel, aber noch nicht sehr spät, und an den meisten Lagerfeuern saßen Leute und aßen und tranken. Die Strände von Salamis hatten etwas von einem Fest der Verzweiflung.

Wir legten die Strecke gemeinsam zurück, schwiegen aber die meiste Zeit. Xanthippos hatte offenbar für sich beschlossen, dass er mich nicht mochte, dennoch suchte er Gesellschaft. Wir waren im Begriff, eine Verzweiflungstat zu wagen, die uns alle in Ehrlosigkeit stürzen könnte. Ich ahnte, dass dieser Mann nicht den Mut dazu hatte, und ich wiederum mochte ihn auch nicht, aber wir waren ja nun einmal Verbündete.

Krieg kann kompliziert sein.

Bei seinen Zelten blieben wir stehen. «Darf ich dir noch einen Becher Wein anbieten?», fragte er, ohne recht davon überzeugt zu sein. Es war klar, dass es eine reine Höflichkeitsfloskel war, außerdem hatte ich kein Verlangen nach seinem Wein.

«Nein.» Ich hatte einen Auftrag, und dafür brauchte ich die dunklen Stunden der Nacht. «Habt Dank, Xanthippos.» Im Grunde schuldete ich ihm keinen Dank.

«Ist das der Platäer, mein Lieber?», rief eine Frau aus der Dunkelheit.

«Sprich bitte leiser, meine Liebe», sagte Xanthippos zu dem Zelt gewandt.

Agariste erschien am Zelteingang. «Arimnestos», sagte sie und nahm meine Hand. «Was für eine Freude, dich zu sehen.»

«Er hat wichtige Dinge zu erledigen und kann nicht länger bleiben», sagte ihr Mann in eher barschem Ton.

Agariste machte eine Handbewegung, wie ich es von den Damen aus Athen kenne, und sogleich erschien ein schönes junges Mädchen thrakischer Herkunft. Es hatte sich das dunkle Haar hochgesteckt, aber mein Blick fiel sofort auf eine Hautritzung an ihrem Handgelenk, die mich rührte. Das thrakische Mädchen lächelte und schenkte mir Wein ein – Wein, den ich nicht brauchte –, und wie die Frau aus Thrakien war dieser Wein stark und nicht mit Wasser versetzt.

Mir wurde ein Hocker zurechtgerückt.

«Ich muss eigentlich weiter», meinte ich.

Agariste nickte. «Gewiss, aber das dauert nicht lange. Hipponax ist dein Sohn?»

«Natürlich ist er das!»

«Aber du hast keine Frau», stellte sie nüchtern fest.

«Meine Frau starb.»

«Euphoria – ja. Eine elegante und wohlerzogene junge Dame. Wir waren alle überrascht, als sie sich für dich entschied.»

Was sagt man dazu?

Aber Agariste lächelte im Zwielicht. «Ich verstehe ihre Beweggründe jetzt sehr viel besser», sprach sie. «Jocasta spricht in höchsten Tönen von dir.»

Ich schüttelte den Kopf und spürte, dass mich eine Matrone aus den Oligarchien Athens mehr verwirrte als alle Manöver der Perser auf See. «Jocasta?», hakte ich nach.

Sie sah mich streng an, ihre Augen verengten sich. «Die Dame an Aristeides' Seite», betonte sie, und ihre Stimme glich einer Melodie, die hinten anstieg.

«Ah, natürlich», erwiderte ich und kam mir wahrlich begriffsstutzig vor.

«Sie ist übrigens hier», sagte Agariste. Dann schenkte sie ihrem Gemahl ein Lächeln, aber mit diesem Lächeln wollte sie ihm lediglich das Gefühl geben, dass auch er in die Unterhaltung mit einbezogen wurde.

Ich hatte wirklich keinen Schimmer, wohin das alles führen sollte. Daher erhob ich mich und gab dem thrakischen Mädchen meinen Becher. Nein, es war nur ein Vorwand, um sie genauer betrachten zu können.

Aber sie sah mich nicht einmal an. So etwas passiert einem im Alter!

«Wir sind uns einig, dass es an der Zeit ist, dass ihr beide, Kleitos und du, diesen törichten Zwist beilegt», sagte Agariste gewichtig.

«Ja, gewiss.» Ich brachte ein Lächeln zustande. «Aber ich muss jetzt wirklich weiter. Die Pflicht ruft. Vielleicht kann Euch Euer Gemahl alles erklären.»

«Nun dann!», sagte sie und stand ebenfalls auf. «Ich werde einen Gast nicht länger aufhalten, der es so eilig hat, aber wirklich, ich muss schon sagen ...»

Xanthippos begleitete mich noch ein paar Schritte in die Dunkelheit. «Ich muss mich für meine Frau entschuldigen», begann er.

«Ich bitte Euch!», wiegelte ich ab. «Aber erklärt ihr, warum ich losmuss – ich fürchte, sie hält mich sonst für einen Barbaren.»

Ich hielt es für denkbar, dass Xanthippos trotz seiner demokratischen Politik in mir einen Bauerntölpel sah. Oder aber einen berüchtigten Schlächter, der seinen Blutdurst unter einer sehr dünnen Schicht Manieren verbarg.

Aber ein solcher Ruf kam mir nur gelegen.

Ich empfahl mich, stahl mich davon, schleuderte meine Sandalen von mir und rannte quer über den Strand zu meinen Schiffen.

Leukas konnte am besten mit kleineren Booten umgehen. Wir wählten dreißig Ruderer aus, unsere besten Männer, dazu Ka. Ein genau gezielter Pfeil könnte unsere Rettung sein, denn mit Schwertstreichen konnten wir bei dieser Mission nichts erreichen. Wir brauchten etwa eine Stunde, um mit der kleinen Triakontere in See zu stechen.

Wir hielten uns in westlicher Richtung entlang der Strände, erreichten die Landzunge und nahmen dort Sikinnos an Bord. Er wartete bereits unten am Strand mit Themistokles. Die beiden umarmten einander, und dann kam Themistokles kurz zu uns an Bord und umschloss meine Hand. Wir lösten den Mast aus der Verankerung, legten ihn ab und umwickelten dann jedes Riemenblatt mit Tüchern. Dadurch wurden sie zwar schwerer, konnten aber leiser durchs Wasser gezogen werden.

Dann ging der große Herr wieder an Land, sodass wir mit dem Bug voraus auf Piräus zuhielten und pullten. Es war keine allzu lange Strecke. Wir blieben so lange wie möglich dicht bei der Insel Psyttaleia und pullten dann östlich weiter in die Hafenmündung. Es war furchtbar dunkel und sehr befremdlich, einen großen Hafen anzulaufen, in dem niemand mehr war. Es fühlte sich wie eine Falle an.

Wir waren äußerst vorsichtig, und wir benötigten eine Stunde, um einen Anlegeplatz zu finden.

Sikinnos zitterte vor Aufregung. Kurz darauf ging ich mit ihm an Land.

«Ich kann das auch machen», bot ich an. Aber das stimmte nicht, weil mich der halbe Hof und die wichtigsten Perser kannten. Eine dumme Idee von mir, mich ins Spiel zu bringen. Vermutlich würde sich sogar Xerxes an mich erinnern.

«Nein», sagte er. «Nein, die werden wissen, von wem ich komme.»

Das klang rätselhaft und vielleicht ein wenig beängstigend.

«Ich könnte dich begleiten.»

Er hielt inne. Er war ein tapferer Mann, der im Begriff war, etwas Furchtbares zu tun, bei dem er sein Leben verlieren könnte. Ich hatte alle Zeit der Welt, ihm ein besseres Gefühl für sein Vorhaben zu geben.

Er sah mich an. «Was ich nicht verstehe», sagte er langsam, «ist, warum ein Mann mit Eurem Ruf so etwas tun sollte.»

Ich kannte meine Rolle. «Ich stimme deinem Herrn zu», meinte ich. «Glaub mir, es ist besser so.»

Sikinnos atmete hörbar aus. «Ich bin frei geboren. Wenn Ihr mich fragt, ich würde lieber im Kampf gegen den Großkönig sterben, anstatt erneut das Leben eines Sklaven zu fristen.»

Ich brachte ihm wirklich Bewunderung entgegen, doch der Mann, den ich im Augenblick spielte, musste Abscheu und Ungeduld vortäuschen. «Wir sehen weiter, wenn du deine Nachricht überbracht hast.»

«Ich bin bereit.»

Ich begleitete ihn noch ein paar Schritte.

«Wenn das hier Erfolg hat», sagte ich, «dann setze ich mich dafür ein, dass du freigelassen wirst.»

Wieder spürte ich seinen Blick. «Ihr steht in dem Ruf, ein Befreier von Sklaven zu sein.» Er sprach nicht mehr so zögerlich. «Habt Dank. Ich würde so gern in Freiheit leben. Selbst wenn meine Freiheit teuer erkauft ist.»

Dann verschwand er in der Dunkelheit.

Bei sich trug er eine Nachricht von Themistokles an den Großkönig.

Die Nachricht war im Großen und Ganzen korrekt. Auf vier Wachstafeln legte Themistokles dar – auf Persisch, das von mir stammte –, wie zerstritten und verzweifelt die griechische Flotte war. Er offenbarte Xerxes die ganze Wahrheit – dass die Flotte in der folgenden Nacht aufbrechen würde, bei Neumond, und sich zum Isthmus zurückziehen würde.

Themistokles bot an, die gesamten Kontingente aus Athen und Ägina dazu zu bringen, die Seiten zu wechseln, wenn der Großkönig Athen und Ägina als Verbündete und Freunde akzeptierte.

Und diesem Ansinnen hatte ich zugestimmt, bei den Göttern!

Nach einer Stunde war Sikinnos wieder zurück, verängstigt und wütend zugleich. «Ich stoße überall nur auf Wachposten», sagte er außer Atem. «Die werden mich festnehmen, versklaven oder töten.»

Ich muss zugeben, dass das in meinen Augen stets der schwächste Punkt unseres Plans war – nämlich die Frage, wie Sikinnos bis zum Großkönig gelangen sollte.

Lasst mich das erklären, ich sehe ja, wie verwirrt ihr dreinblickt.

Wir wussten nicht, wo sich das Lager des Großkönigs befand. Das hört sich jetzt vielleicht so an, als wären wir blind gewesen, aber Attika ist groß, und Xerxes' Landheer war trotz allem nicht so gewaltig. Von Spähern und Flüchtlingen wussten wir, dass Mardonios einige berittene Einheiten westlich bis nach Megara geführt hatte, darüber hinaus war bekannt, dass Masistios mit Reitern nach Marathon aufgebrochen war, vermutlich nur, um der Symbolkraft unseres ruhmreichen Sieges dort zu schaden. Doch der Großkönig hatte die Zerstörung der Akropolis verfolgt und war dann weiter nach Norden gezogen, so dachten wir jedenfalls. Niemand wusste es genau. Wir glaubten nicht, dass er sich im Umfeld der Flotte aufhielt. Xerxes machte bei jenem großangelegten Feldzug auf griechischem Boden Fehler, ein schwerwiegender bestand darin, dass er seine Flotte eher als Hilfstruppe für das Landheer betrachtete und nicht als Hauptwaffe.

Ich hatte nicht damit gerechnet, dass ich hart daran arbeiten müsste, die Welt meiner Heimat zu verraten, aber nun sah es so aus, als würde ich es tun.

Ich watete wieder an Land, hängte mir ein Schwert über die Schulter, borgte mir einen schwereren Chlamys von Giannis und gab Brasidas ein Zeichen.

Der Spartaner kam ebenfalls ans Ufer. Ich konnte sein Gesicht im Licht der Sterne nur erahnen. «Was machen wir hier eigentlich?», fragte er.

Es war nach Mitternacht, und wir mussten den Sklaven noch im Schutz der Dunkelheit zum Großkönig schaffen.

«Wir müssen Sikinnos dort bis zu Xerxes bringen», erklärte ich. «Du sprichst Persisch, ich ebenfalls. Du kennst den König Spartas, der im Exil lebt. Ich kenne den Großkönig. Wenn wir den Wachen erzählen, dass wir die Absicht haben, die griechische Flotte zu verraten, wird man uns Glauben schenken.»

Brasidas strich sich den Bart. «Und tun wir es?», fragte er lakonisch, wie es seine Art war.

Damit meinte er natürlich: *Haben wir wirklich vor, die griechische Flotte zu verraten?*

Mitunter ist es schwer, Befehlshaber zu sein. Wer das Kommando innehat, verfällt in die Gewohnheit, Gehorsam einzufordern und Diskussionen zu unterbinden. Das kann dazu führen, dass das Feingefühl und das Urteilsvermögen leiden. Hinzu kommt – und vermutlich ist das der wichtigste Aspekt –, dass der Kommandant die ganze Verantwortung trägt, sie lastet sozusagen allein auf seinen Schultern, und wenn er Entscheidungen treffen muss, kann es sein, dass diese Entscheidungen Schmerz und Tod bringen, aber die Folgen muss der Kommandant aushalten.

Doch wenn man Griechen anführt, die fast ausnahmslos nach dem unsterblichen Ruhm des Achill streben, ist es selten eine Frage der Moral. Man führt die Krieger in den Kampf, und sie kämpfen.

Aber in dieser Angelegenheit kannte nur ich die Wahrheit. Mit Absicht hatten wir Sikinnos nicht eingeweiht – ein Sklave wird ein Geheimnis immer verraten, sobald er glaubt, einen Vorteil für sich herauszuholen. Aber hatte ich das Recht, einem Gefährten wie Brasidas die Wahrheit vorzuenthalten? Brasidas, der ein Jahr seines Lebens geopfert hatte, um den Aufstand in Babylon zu schüren? Brasidas, der sein Männermahl und sein Land verlassen hatte, weil er das Gefühl hatte, dass die beiden Könige Spartas unehrenhafte Entscheidungen trafen, als es um das Schicksal von Damaratos ging?

Ich beugte mich zu ihm. «Nein, vertrau mir», flüsterte ich ihm zu.

Der Spartaner nickte. «Gut.» Mehr sagte er dazu nicht.

Was ich eigentlich damit sagen möchte: Kommt man als Kommandant an diesen Punkt, so gibt es keinen Ersatz für das bedingungslose Vertrauen der eigenen Leute. Man kann sich dieses Vertrauen nur erarbeiten, indem man es sich jeden Tag aufs Neue verdient. Seckla und ich kennen eine Menge Witze über den Langen Krieg. Bei einigen dieser Scherze geht es etwa darum, wo und wann dieser Krieg eigentlich gewonnen und verloren wurde. Manchmal einigen wir uns darauf, dass er nur gewonnen wurde, weil wir Ladungen Zinn aus Albion mitbrachten, dann wiederum gelangen wir zu der Erkenntnis, dass wir die Welt auf einem Strand in Syrakus veränderten. Aber aus der Rückschau gab es in jenem Krieg einen ganz entscheidenden Moment, und das war, als Brasidas mir sein Vertrauen schenkte und sich mit einer einzigen Antwort zufriedengab, um mich bei dieser schwierigen Mission zu unterstützen.

Wir gingen nicht einmal leise vor. Zu dritt folgten wir dem Verlauf der Hauptstraße in Piräus, die menschenleer war. Nur zwei Hunde tauchten aus dem Dunkel auf und folgten uns. Ich gebe zu, dass ich ihnen etwas zu fressen gab – sie sahen so traurig aus, verlassen von ihren Leuten. Für mich schienen sie die Geister der Hausgottheiten Attikas zu verkörpern.

Beim alten Tempel der Demeter hatten die Perser eine Wachabteilung am unteren Ende des Treppenaufgangs postiert, direkt an der Straße. Wie ich es gehofft hatte, handelte es sich um einen größeren Posten, der von Reitern besetzt war.

Ich trat entschlossen vor. «Seid gegrüßt!», rief ich auf Persisch. «Meine Herren, ich benötige eine Eskorte!»

Die Männer dort sprangen auf und griffen nach den Waffen, mit Eifer, aber auch mit schlechtem Gewissen, da sie während der Pflichtausübung Astragaloi als Würfel benutzten. Wir waren sofort umzingelt. Die Männer nahmen uns die Waffen ab, sie misshandelten uns aber nicht.

«Ich möchte mit einem hohen Befehlshaber sprechen», sagte ich.

«Schweig, Sklave», fuhr mich einer der Berittenen an. Er verpasste mir einen Hieb mit seiner Reitgerte – nicht unbedingt hart, aber der Schmerz ging mir bis in die Seele. Und ich weiß noch, dass ich dachte: Das ist vielleicht die dümmste Sache, die ich je gemacht habe.

«Wir haben eine Botschaft für den Großkönig», sagte ich und bekam wieder einen Schlag.

Brasidas gab ein leises Murren von sich.

Sikinnos schwieg beharrlich.

Einer der Perser legte meinem Peiniger eine Hand auf die Schulter. «Wir sollen nach Verrätern Ausschau halten», sagte er.

«Wir sollen nach Spähern Ausschau halten, verflucht!», verbesserte mein Peiniger ihn. «Die Griechen sind doch alle Lügner!»

Brasidas warf mir einen Blick zu, dem ich entnahm, dass er es für das Beste hielt, die Flucht zu ergreifen.

Doch als ich die Perser betrachtete, machte ich mir bewusst, dass Flucht keine gute Option war. Diese Männer waren auf der Hut, zumal ich aus eigener Erfahrung wusste, dass die Veteranen der persischen Reitereinheiten zu den besten Kriegern des bekannten Weltkreises zählten. Zwei Männer hatten bereits Pfeile auf die Sehnen ihrer Bogen gelegt. Ich sah, wie sie ihre Daumen um die Sehne legten, wie ich es nur bei persischen Schützen gesehen hatte.

Ich gab Brasidas mit einem kaum merklichen Kopfschütteln zu verstehen, dass an Flucht nicht zu denken war.

Sikinnos nahm all seinen Mut zusammen. «Ich komme von dem Herrn Themistokles.»

Ich denke, jener Perser mit der Reitgerte gehörte zu den Leuten, die es genossen, andere zu schlagen. Er sah mir ganz danach aus, ein Schläger zu sein. Wieder schlug er mit der Gerte zu und traf Sikinnos im Gesicht, aber sein Gefährte griff ihm in den Arm.

«Sei kein Arsch, Archarnes!», rief er. Er trat energisch vor, stellte sich zwischen den Schläger und mich. «Wer schickt euch?», wollte er wissen.

«Der Herr Themistokles», sagte ich.

«Der lügt doch!», kam es von dem Schläger. «Das sagt er doch nur, weil es der andere Grieche gesagt hat. Trennen wir sie, prügeln wir sie durch, bis wir Antworten bekommen.»

«Schon mal darüber nachgedacht, warum wir alle Persisch sprechen?», rief ich schroff. Meine Oberlippe war gesprungen und pochte bereits von dem Schlag.

Mein «Freund» holte schon wieder zum Schlag aus, sein Gesicht sah im Schein der Fackeln gerötet aus. Doch der andere Perser schlichtete erneut.

«Er hat mich beleidigt!», tobte der Schläger.

«Halts Maul, Archarnes!», schalt ihn der kleinere Mann. Dann ging er zu der untersten Treppenstufe des Tempels, nahm ein Horn und blies hinein.

Augenblicklich antworten Hornstöße aus der Dunkelheit. Der Perser erzeugte noch einmal einen langen, tiefen Ton.

Archarnes schnellte vor und trat mir vors Schienbein. Als ich fiel, schlug er mich wieder mit der Reitgerte.

«Sprich nie wieder in diesem Ton mit einem Perser, Sklave!», fuhr er mich an.

Ich lag am Boden und überlegte, wie ich diesen Mistkerl töten könnte.

Falls ich je wieder in Freiheit lebte.

Hufschlag leitete die nächste Phase ein. Ein Befehlshaber tauchte auf, führte ein leises Gespräch mit dem kleineren Perser und nickte dann knapp.

«Wer von ihnen behauptet, er komme von Themistokles?», fragte er. Er konnte den Namen kaum aussprechen, aber seien wir gerecht, die Griechen kommen mit den persischen Namen auch kaum zurecht.

«Sie alle», spie Archarnes.

«Dann kommen sie alle mit», sagte der Befehlshaber. Er wählte vier Mann von dem Wachposten beim Tempel aus, die uns Fesseln anlegten und uns auf die Anhöhe mitnahmen, hinter der Athen lag.

Und zwar im Laufschritt.

Die Perser saßen auf edlen Pferden, wir jedoch mussten hinterdrein laufen, ein jeder an den anderen gefesselt. Ich strauchelte einmal, und ein heißer Schmerz schoss mir durchs Knie. Sikinnos fiel mehrmals hin und wurde über den Boden geschleift. Brasidas rannte einfach nur. Wäre ich Perser gewesen, so hätte ich ihn spätestens da als den gefährlichsten Mann eingestuft.

Um ehrlich zu sein, mir war kalt, außerdem hatte ich Angst. Ich ahnte, dass wir einen furchtbaren Fehler gemacht hatten. Gern hätte ich den offenen Kampf gesucht, um ehrenvoll zu sterben, anstatt diese Erniedrigungen ertragen zu müssen. Meine Finger waren lädiert, am Bein hatte ich eine Schnittwunde davongetragen, Monate des Kämpfens hatten mich ausgelaugt, dazu kamen der Schlafmangel und eine Erschöpfung, die ich kaum in Worte fassen kann. Wirklich, von Heldentaten war ich weit entfernt. Während wir also hügelaufwärts getrieben wurden und meine Lungen brannten, verfluchte ich Themistokles und schalt ihn einen Narren.

Und mich gleich dazu. Es schmerzt immer dann am meisten, wenn man im Grunde nur sich selbst die Schuld geben kann.

Bei den Piräus-Toren, die nach Athen wiesen, steht ein kleiner Tempel der Nike, daneben ein noch kleineres Heiligtum zu Ehren von Aphrodite, im Grunde nur eine Statue in einer Nische. Doch im Tempel der Nike befand sich momentan das Hauptquartier der Wache, fünfzig Pferde waren draußen angebunden.

Man befragte uns, sobald wir in das von Fackeln erleuchtete Hauptquartier gebracht wurden, und es waren wirklich merkwürdige Fragen. Ich wusste, dass keiner der unteren Befehlshaber, die uns anbrüllten, überhaupt an unseren Antworten interessiert war. Dann schaffte man uns wieder ins Freie, vorbei an den Stadtmauern, und steckte uns in ein Haus – bei dem es sich um ein ehemaliges Bordell handelte. Ich kannte das Viertel recht gut. Das Haus war voller Gefangener, von denen die meisten alte Männer waren.

Mein Blick fiel auf eine Frau, die offenbar schon so oft vergewaltigt worden war, dass sie nicht mehr sprach.

Nicht weit von ihr entfernt hockten zwei Jungen, die stumm vor sich hin stierten.

Bah! Mehr werdet ihr nicht von mir hören. Kein Heer besteht aus Priestern und Philosophen, aber das, was wir dort sahen, war hässlich, selbst verglichen mit den harten Zeiten der ionischen Piratenjahre. Einem der alten Männer hatte man die Nase zertrümmert und die Schädeldecke gespalten, doch er lebte noch.

In diesem Haus waren wir drei Neuankömmlinge trotz aller Blessuren die einzigen Gefangenen, die noch weitestgehend unversehrt und gesund waren. Sikinnos, der allmählich über sich hinauswuchs, entdeckte den abgedeckten Brunnenschacht, sodass wir uns zu dritt daranmachten, Wasser zu schöpfen und an die gequälten und zerschlagenen Gefangenen auszuteilen. Nicht alle tranken von dem Wasser, einige hockten nur apathisch am Boden.

Ich schaute hinab in den Schacht und sah das Wasser in der Zisterne darunter schillern. Mein Blick glitt zu Brasidas.

Er nickte.

Wir hätten in die Zisterne springen können, und mit etwas Glück wäre uns die Flucht gelungen. Ich wusste, dass sich in diesen Vierteln viele Gebäude eine Zisterne teilten – man hatte sie einst aufwendig in den Fels der Anhöhe gehauen.

Oder wir ertranken in der Dunkelheit.

Sikinnos versuchte, die Frau zum Trinken zu bewegen, als die Wachen zurückkamen. Sie waren zu viert, rissen einfach die Vordertür auf und riefen nach uns auf Persisch.

«Die drei Griechen, die unsere Sprache sprechen!», rief ein Mann. «Zu mir! Wenn ich euch erst holen muss, werdet ihr das zu spüren bekommen!»

Ich weiß noch, dass sich wieder Brasidas' und meine Blicke trafen. Ich war mir nicht sicher, ob ich nun erleichtert oder erschrocken sein sollte, dass die Wachen uns riefen.

Wir verließen das Haus. Ich vermutete, dass man uns erneut ausfragen und dann wieder dort einsperren würde.

Die Wachen brachten uns zurück zu dem kleinen Tempel beim Tor, und dort saß ein Befehlshaber im Schein einer Fackel. Ich sah, dass er auf einem guten Stuhl saß, den man gewiss aus einem der Häuser gestohlen hatte.

Ich erkannte diesen Mann auf den ersten Blick. Es war Kyros, der Freund meiner Jugendjahre.

Im Grunde war es gar nicht so abwegig. Als ich ihn das letzte Mal gesehen hatte, hatte er hundert Krieger befehligt. Unter Artaphernes hatte er wichtige Posten innegehabt, ja, eine Weile war er der Kommandant von Sardis gewesen. Inzwischen wusste ich, dass Artaphernes' Sohn (der den gleichen Namen trug) tausend Berittene aus Lydien angeführt hatte, um sich dem Heer des Großkönigs anzuschließen. Daher ging ich davon aus, dass mein alter Freund eine Abteilung im Landheer befehligen würde.

Nichtsdestoweniger war ich erschrocken, ihn hier anzutreffen, und ich bekenne, dass ich anfangs überhaupt nicht wusste, wie ich verfahren sollte. Freundschaft, Gastfreundschaft, Pflichtbewusstsein, Ehrgefühl, Wahrheit, Lüge – alles wirbelte mir durch den Kopf.

Aber manchmal sagt man mir nach, dass ich so gerissen sein kann wie der große Odysseus, denn nach dem anfänglichen Schreck verbeugte ich mich wie ein Mann adliger Herkunft – wobei ich den Boden des Tempels mit der flachen Hand berührte.

«Mein Herr Kyros», sagte ich mit meinem persischen Akzent, den Kenner gewiss mit Heerlagern in Verbindung bringen würden.

Erst da erkannte mein alter Freund mich, was nicht verwunderlich war, hatte ich doch eine aufgeplatzte, geschwollene Lippe und andere Verletzungen. Außerdem stand ich in einem alten braunen Mantel vor ihm, auf dem Blutflecken zu sehen waren.

Aber er erhob sich von dem Stuhl. «Arimnestos!», rief er aus.

Dann wurde er plötzlich vorsichtig. Er setzte sich wieder. «Was hast du hier zu suchen?» Schärfe bestimmte seinen Tonfall.

Sein Blick haftete auf Brasidas.

Ich schwöre bei den Göttern, dass er in diesem Moment unsere Intrige durchschaute.

Aber dann trat Sikinnos vor, der tapfer war, wenn es drauf ankam. «Mein Herr, ich komme von Themistokles dem Athener und bringe eine Nachricht für den Großkönig. Mein Herr bietet dem großen Xerxes seine Dienste an.»

Schon bei dem ersten Wachposten hatte Sikinnos die Wachstafeln aus der Hand geben müssen, doch nun lagen jene Tafeln vor Kyros. Sikinnos deutete auf sie. «Mein Herr Themistokles schreibt dort ...»

Kyros stand auf, seine Miene wirkte verschlossen. Er mied meinen Blick. «Sorgt dafür, dass diese Männer gut bewacht werden, aber ihnen soll kein Leid geschehen», fuhr er einen der Wächter an. «Das sind sehr gefährliche Männer, aber sie sind auch sehr bedeutsam für den Großkönig.»

Verflucht sei er!

Die Wachen entfernten sich alle einen halben Schritt von uns. Der Reiter, der nah bei mir stand, beäugte Brasidas, lächelte, fuhr sich mit der Zunge über die Lippe und zog sein Akinakes ein wenig aus der Scheide. Das tat er mit dem Daumen, indem er oben auf die Scheide drückte, damit sich die Klinge löste – dieser Krieger verstand sein Handwerk.

Jetzt, da sie gewarnt waren, behandelten sie uns nicht mehr länger wie Sklaven. Was wiederum bedeutete, dass unsere Chancen auf Flucht gegen null gingen.

«Herr Kyros sagt mir, dass ihr reiten könnt. Stimmt das?», fragte einer der Krieger mich.

Wir bejahten und bekamen daraufhin Pferde.

«Wohin bringt ihr uns?», wollte ich wissen.

«Zum Großkönig», erwiderte der Mann. «Mögen die Götter euren armen Geistern Milde entgegenbringen.»

Die Ironie des Schicksals schleicht sich in alle Angelegenheiten der Götter und Menschen. Und die Ironie jenes Abends lag in der Art der Unterkunft, die der Großkönig in Beschlag genommen hatte.

Denn er hatte es sich ausgerechnet in Aristeides' Haus bequem gemacht.

Aber wenn man darüber nachdenkt, ergibt es Sinn. Aristeides besaß eines der edelsten Häuser Athens, außerdem lag es abseits vom geschäftigen Zentrum, auf der anderen Seite des Pnyx, umgeben von Mauern. Das Haus glich eher einem Anwesen mit eigenen Stallungen. Nur wenige Athener besaßen ein so weitläufiges Grundstück im Herzen der Stadt, und nur wenige erfreuten sich eines so herrlichen Gartens.

Aber es war seltsam, die Vorhalle von Aristeides' Haus in völliger Dunkelheit zu durchschreiten. Doch die Räumlichkeiten dahinter waren inzwischen erleuchtet – offenbar hatte man den Großkönig in seiner Nachtruhe gestört.

Ein Eunuch nahm sich unser an. Er war groß und hatte eine leicht gebräunte Haut und volles, dunkles Haar, das den Babyloniern ihre Schönheit verleiht. Er sprach mit tiefer, volltönender Stimme – doch, ich denke, er hätte einen guten Redner abgegeben.

Eunuchen behalten ihre knabenhaft hohen Stimmen nur, wenn man sie früh kastriert, als Jungen, meine Liebe. Entfernt man ihnen die Nüsse im Erwachsenenalter, sind die Eunuchen nichts als zornige Männer.

Während die Wachen ihre Pfeile auf uns richteten, ließ uns der Eunuch wissen, wie wir den Großkönig zu begrüßen hatten. Es tat allerdings nichts zur Sache, wie sich dann herausstellen sollte –

denn kaum dass wir in den Garten gebracht wurden, drückten uns Krieger der Unsterblichen höchst unsanft zu Boden.

Ich spürte einen Fuß zwischen meinen Schulterblättern, zur Sicherheit drückte der Krieger mir die Spitze seines Speers in den Nacken. Und was für eine verflucht scharfe Klinge das war!

Von meiner misslichen Position aus sah ich nur Sikinnos. Brasidas konnte ich nicht sehen, und ich verzweifelte. Ich wünschte, ich hätte Themistokles gesagt, selbst zum Großkönig zu gehen (was mir auch durchaus in den Sinn gekommen war). Wisst ihr, warum ich ihm diesen Vorschlag nicht unterbreitete?

Weil ich diesem Mann nicht über den Weg traute.

«Der Großkönig erteilt euch das Wort», hörte ich eine Stimme. Den Sprecher kannte ich nicht.

Doch die Person hatte auch gar nicht uns gemeint.

Ich hörte, wie Kyros das Wort ergriff. Ich hätte damit rechnen müssen, dass er auch dort war. Und ich denke, dass ich hätte wissen müssen, was er sagen würde, aber ich war dennoch entsetzt.

«Großkönig, König aller Könige, Herr aller Herren, diese drei elenden Griechen haben keine Bedeutung. Sie stehen für eine kühne Täuschung, die unsere Feinde ersonnen haben, um Euch den klaren Blick zu rauben. Ich vermag nicht zu sagen, zu was die Griechen fähig sind oder was für törichte Dinge sie im Schilde führen. Ich kann nur sagen, dass ich zwei dieser Männer hier kenne, und sie lügen.»

Ich konnte nicht einmal den Kopf heben und daher nicht nach vorn schauen, aber ich erkannte Xerxes sofort an der Stimme.

«Du bist Kyros, Befehlshaber von Artaphernes in Sardis, nicht wahr?», erkundigte er sich. Seine Stimme klang besonnen und beherrscht, dennoch hätte ich schwören können, dass der Großkönig mit dieser Frage durchblicken ließ, dass er einem Befehlshaber des Artaphernes – eines Mannes, der sich einst *gegen* diesen Krieg ausgesprochen hatte – nicht voll vertraute.

«Diese Ehre wurde mir zuteil», erwiderte Kyros.

Xerxes räusperte sich. «Bring mir einen Kelch mit Wein und Honig», sprach er. «Sag mir, welche Nachricht diese Männer überbringen.»

Bei dem Herrn des Silberbogens und meinem Ahnherrn Herakles, ich hätte ein Jahr meines Lebens gegeben, um das sehen zu dürfen! Ich dachte, der nächste Sprecher könnte Mardonios sein, obwohl man uns berichtet hatte, er halte sich südwestlich von Megara auf.

«Sie überbringen das Angebot der Lehnstreue, König aller Könige, von dem Schurken Themistokles.» Die Stimme klang klar und kultiviert, der Mann sprach reines Persisch, und seinem Tonfall wohnte jener böswillig-spitzfindige Humor inne, der das orientalische Gemüt so sehr erfreut. «Der Sklave dort links ist Sikinnos, König aller Könige. Ihn haben wir schon einmal gesehen.»

Ich war von Entsetzen und böser Vorahnung überwältigt, nahm aber dennoch wahr, dass Xerxes unseren Begleiter Sikinnos schon einmal gesehen hatte.

Zum ersten Mal beschlich mich der Verdacht, dass man mich benutzt hatte.

Dass Themistokles womöglich doch ein Verräter war und dem Großkönig nichts als die Wahrheit sagte – dass er nämlich beabsichtigte, die Flotte zu verraten.

Zeus, Gott der freien Menschen, beschütze mich!, dachte ich.

«Der Mann rechts außen ist ein spartanischer Krieger, der gegen Euch kämpfte, König aller Könige, während der kriegerischen Auseinandersetzungen in Babylon. Er floh und überlebte, aber er ist Euch zutiefst feindlich gesinnt.» Und das sprach also Kyros, mein sogenannter Freund. Vielleicht ließ er mich unerwähnt, um mich zu schützen.

Als Brasidas plötzlich das Wort ergriff, durchzuckte es mich heiß. «Ihr lügt», erwiderte er mit fester Stimme. «Schickt nach

Eurem Verbündeten Damaratos, dem König von Sparta, und fragt ihn, wer ich bin.»

Kyros war einen Schritt vorgetreten, wurde aber von einem der Unsterblichen aufgehalten. «Ich lüge nicht!», kam es ihm scharf über die Lippen. «Dies sind gefährliche Männer, die nichts Gutes im Sinn haben, mein Gebieter!»

«Sei still», sagte Xerxes. «Mir wurde wiederholt zugetragen, dass Athen Verräter haben soll. Ich ließ daher auch nach Hippias schicken.»

Es jagt einem Angst ein, wenn man lange auf einem kalten Mosaikboden liegt und eine Speerspitze im Nacken spürt, obendrein wird es allmählich unbequem, wenn einem die Hände auf den Rücken gebunden sind. Mir war kalt, und es war auf eigentümliche Art schmerzvoll.

Ich dachte an Hippias, dessen lüsterne Annäherungsversuche ich als Junge hatte abwehren können, als ich Sklave war. Jener ehemalige Tyrann war ein verabscheuungswürdiger Wurm gewesen.

Hass kann einem in der Stunde der Verzweiflung helfen. Ich hasste Hippias zutiefst, da er ein Verräter war und die Tyrannis in Athen ausgeübt hatte, ich hasste ihn aber auch, weil sich dieser fettleibige, hässliche Mann an mich herangemacht hatte, und dieser Hass gab mir jetzt Auftrieb. Das hört sich nicht so schön an – schöner wäre gewesen, wenn ich von dem Wunsch nach Ruhm erfüllt gewesen wäre, oder von der Liebe zu Briseis, aber auf dem kalten Boden dachte ich nicht einmal an Briseis.

Dann erschien jener Mann, und er war noch fetter und noch hässlicher, als ich ihn in Erinnerung hatte, umhüllt von einer Wolke eines aufdringlichen Duftwassers. Hippias war zu einem Zerrbild seiner selbst geworden. Ich hatte den Kopf zur Seite gedreht und sah, wie er den Garten betrat und an mir vorbeiging.

Er vollführte die volle Proskynese, ehe er sich schwerfällig erhob. Sein fetter Arsch war eine Peinlichkeit für alle Griechen.

«Wie darf ich dem Großkönig zu Diensten sein?», fragte er.

Mardonios ergriff erneut das Wort. «Damaratos wurde oft geprüft und erwies sich stets als treu», sprach er. «Er sah voraus, dass Männer aus Sparta zu ihm kommen würden. Schicken wir daher auch nach ihm.»

Xerxes nickte und deutete auf einen der Unsterblichen. Ich vermute, dass der Krieger loslief – denn schon kurz darauf vernahm ich die Stimme des abgesetzten Königs aus Sparta.

«König aller Könige?», fragte er ohne viel Aufhebens. Anders als dieser Wurm Hippias erniedrigte sich Damaratos nicht, sondern vollführte nur eine tiefe Verbeugung und berührte mit einer Hand den Fußboden, wie ein persischer Adliger.

«Löse dieses Rätsel für mich auf», hörte ich Xerxes sagen. «Hier ist einer deiner Leute, ein Brasidas, bei ihm ist ein Mann, der verdächtig ist, des Weiteren ein Sklave. Der Sklave behauptet, mir den Treueschwur des Themistokles von Athen zu überbringen. Die anderen beiden sollen offenbar für dieses Bündnis bürgen oder sind vielleicht als Geiseln gedacht.»

«Oder es ist alles Täuschung», warf Kyros kühn ein.

Mein Blickfeld war nicht allzu groß, ich sah aber, wie Xerxes Hippias den Kopf tätschelte, als wäre der ehemalige Tyrann ein treuer Hund. «Dieser Sklave kommt zu mir von Themistokles. Er brachte diese Nachricht mit. Lies die Zeilen und sag mir, was du davon hältst.»

Hippias nahm die Tafeln entgegen und las den Text. Er brauchte eine Weile. Vermutlich war sein Persisch nicht gut genug. Damaratos, der die Wachstafeln danach überflog, brauchte indes nicht einmal die Hälfte der Zeit.

«Ich denke, das Angebot ist ehrlich gemeint», sagte der alte Tyrann erfreut. «Ich sagte Euch ja, dass beizeiten Männer zu Euch überlaufen werden, sobald sie gewahr werden, wie machtlos sie sind!»

Xerxes lachte leise in sich hinein. «Du hast gesagt, sie würden mir Blumen zu Füßen werfen, wenn ich in Athen einziehe, du hast prophezeit, die Menschen würden mich bitten, dir wieder zu deiner alten Macht zu verhelfen.» Das war die persische Ehrlichkeit und Wahrheitsliebe, die ich von meinen alten Freunden kannte. «Ich habe indes keine Blumen gesehen, und in Attika gab es niemanden mehr, der hätte fordern können, dich wieder als Tyrannen einzusetzen. Daher bin ich erfreut, dass du denkst, zumindest in diesem Punkt richtigzuliegen.»

«König aller Könige, hätte man die einfachen Leute nicht mit Peitschen auf die Schiffe getrieben, wären die Menschen in Scharen herbeigeströmt, um Euer Kommen zu würdigen», erwiderte Hippias salbungsvoll – so würde man vielleicht zu Zeus sprechen, wenn er zur Erde herabstiege.

Damaratos gab einen Laut des Unmuts von sich.

«Du bist anderer Ansicht?», hakte Xerxes nach.

Der frühere König Spartas regte sich. Ich konnte ihn nicht sehen, aber ich würde denken, dass er ein lakonisches Schulterzucken erkennen ließ. «Wäre das Angebot ehrlich gemeint, so hätte sich Themistokles selbst auf den Weg gemacht. So tat ich es zumindest einst.»

Kyros meldete sich zu Wort. «Mein Gebieter, ich bitte um Erlaubnis, das Wort ergreifen zu dürfen.»

Xerxes machte ein Geräusch, das wie ein Räuspern klang. «So sprich.»

«Mein Gebieter, all diese Griechen sind Lügner. Für sie ist die Lüge kein Vergehen, wie es bei uns der Fall ist. Dieser Themistokles – was hätte er davon, die eigene Flotte zu verraten?» Kyros machte eine gewichtige Pause, dann warf er mich den Wölfen zum Fraß vor. «Mein Gebieter, der Mann dort in der Mitte ist Arimnestos der Platäer, der einst die Gesandtschaft nach Persepolis anführte. Erinnert Ihr Euch? Wie sollten wir uns diesen Mann als Verräter vorstellen?»

Xerxes lachte wieder auf seine ihm eigene Weise. «Oh, das ist er also wirklich? Nun, etwas von seinem Hochmut hat man ihm wohl inzwischen abgewöhnt. Arimnestos, jetzt bist du nicht mehr so halsstarrig, wie? Sprich, Platäer. Sprich, wenn dir dein Leben lieb ist. Was hast du hier zu suchen?»

«O, großer König, Ihr habt meine Stadt mit Feuer und Schwert überzogen. Ich bin gekommen, um zu retten, was noch zu retten ist.»

«Bist du gekommen, mir zu dienen?», wollte Xerxes als Nächstes wissen.

«Großer König, fragt Kyros – oder besser, fragt Artaphernes, wie oft er mich bat, seine Schiffe und seine Krieger zu befehligen. Ich war nie ein Feind seines Hauses, oder Eures Hauses, o großer König. Was glaubt Ihr, warum die Griechen mich sonst als Botschafter bestimmten?»

Xerxes hüstelte. «Kyros? Was hast du dazu zu sagen?»

Mein alter Gefährte ließ sich einen Moment Zeit. «Es könnte so sein, wie er sagt», räumte er zögerlich ein. «Für den Fall müsste ich bei ihm um Entschuldigung bitten. Aber fragt ihn dies, mein Gebieter. Fragt ihn, ob er bereit ist, vor den Göttern einen Eid abzulegen, Euer Sklave zu sein.»

Xerxes lachte laut auf. «Kyros, man muss dich loben für deinen Argwohn, aber du hast selbst gesagt, dass die Griechen große Lügner sind, und ein Eid mehr oder weniger wird sie nicht davor bewahren, in die große Finsternis geworfen zu werden. Diese Männer sprechen unsere Sprache, wissen aber nicht, wie sich *Männer* zu benehmen haben. Sikinnos? Was erbittet dein Herr von mir?»

Sikinnos sprach mit fester Stimme. «König aller Könige, mein Herr erbittet von Euch, das zu tun, was Ihr ohnehin getan hättet – angreifen! Bringt bei Neumond Eure Geschwader in die Bucht von Salamis, bis die Griechen auf allen Seiten eingeschlossen sind. Und dann fallt über sie her, sobald die Dämmerung anbricht. Mein Herr wird die Schiffe Athens auf Eure Seite bringen – er wird die

Seiten wechseln, auf dass das Bündnis der Griechen in sich zusammenbricht. Er hat nur diese eine Bitte: Da Ihr Eurem Gelübde treu geblieben seid und die Tempel Athens zerstört habt, so ersucht er Euch inständig, Ihr möget ihm gestatten, jene Heiligtümer wieder zu errichten.»

«Ich werde es ihm oder einem anderen meiner Wahl gestatten», sprach Xerxes.

Ich hatte den Kopf angehoben und sah jetzt, dass Xerxes Hippias einen Blick der Zuneigung zuwarf, einen Blick, mit dem ein Mann seinen Lieblingshund bedenkt.

Für einen einflussreichen Herrscher wirkte Xerxes auf mich wie ein sehr zerbrechlicher Mensch. Obwohl ich auf dem elendig kalten Mosaikboden in Aristeides' Haus ausharren musste, konnte ich sehen, dass Xerxes gleichsam darauf angewiesen war, dass die Griechen auf seine Seite wechselten. Seine engsten Berater hatten ihm einen großen Sieg vorausgesagt. Männer wie Hippias hatten offenbar immer wieder behauptet, die armseligen Griechen sehnten sich nach seiner weitblickenden Herrschaft.

Jeder hat den Wunsch, der Held in seinem eigenen Epos zu sein, Thygater. Sogar der Großkönig. Und er war mehr als die meisten anderen Opfer seiner eigenen Wünsche. Und wenn man einen anderen anlügen will, dann sollte man ihm das in Aussicht stellen, was er am meisten begehrt. Denkt doch einmal an das Pferd der Achaier, das sie den Trojanern als Tribut sandten, eine Art großer Trophäe des Sieges. Die Trojaner ersehnten nichts so sehr wie den Sieg.

Sikinnos fuhr fort, voller Wagemut. «Mein Herr ersucht Euch, Euren Thron an einer Stelle aufstellen zu lassen, von der aus Ihr die Bucht von Salamis am besten überblicken könnt», sagte er. «Dann könnt Ihr verfolgen, wie er sich bewährt, und beschließen, welche Belohnung er verdient.»

Inzwischen glaubte ich, dass er es übertrieben hatte. Vielleicht war es doch sinnvoll gewesen, einen Sklaven zu schicken – denn ein Sklave weiß, wie unterwürfig er all jene Träume darzulegen hat, die ein Herr hören möchte. Das hätte ich mich nie getraut.

Xerxes stieß einen Seufzer der Erleichterung aus. «Was für eine bezaubernde Vorstellung», sagte er.

Aus den Augenwinkeln konnte ich Mardonios sehen. Zu meinem Schreck stellte ich fest, dass er mich mit seinem Blick fixierte. Kyros stand neben ihm und flüsterte ihm etwas zu. Auch das bereitete mir Magenschmerzen.

Verflucht sei Kyros für seine Ehrlichkeit!

«Wann hält mein neuer Diener Themistokles es für ratsam, dass ich angreife?», fragte Xerxes.

«Morgen Nacht, wenn der Neumond am Himmel steht», antwortete Sikinnos. «Es gibt keinen besseren Moment für Eure Flotte, um die Strände der Griechen zu umzingeln, o König aller Könige.» Er hielt inne. «Mein Herr braucht Zeit, um alles vorzubereiten. Er müsste all dies bis morgen wissen. Wir – haben viel Zeit bei Euren Wachen verloren.»

Mardonios lachte bitter auf. «Sklave, dachtest du, wir würden dich zurückschicken?»

Sikinnos hatte keine Scheu, darauf einzugehen. «Wenn Ihr möchtet, dass Athen zu Euch überläuft, König aller Könige, dann müssen wir alle drei zurück zu Themistokles. Ich bin nur ein Herold: Diese beiden Männer hier stehen weit über mir und wurden mir als Bürgen an die Seite gestellt. Sie sind Freunde des Themistokles.»

Zunächst glaubte ich, er würde zu unseren Gunsten sprechen. In der Rückschau klingt es eher so, dass er uns dem Großkönig als Geiseln anbot.

Mardonios schüttelte den Kopf, und mir drückte man wieder den Fuß zwischen die Schulterblätter, daher konnte ich den Perser nicht mehr sehen. «Ich sage nein!», brachte er vehement hervor. «Soll dieser Themistokles tun, was er nicht lassen kann. Wir werden ihn einschließen und seine kleine Flotte zertrümmern.»

Doch Xerxes schien sich in diese Sache verbissen zu haben. «Sei ruhig, Mardonios. Mäßige dich. Wenn wir seine Flotte besiegen, eine Flotte, die meine schon zwei Mal schlug, wenn wir sie also bezwingen, dann müssen wir die Überlebenden erneut bekämpfen, und womöglich wieder und wieder. Aber wenn die Athener und die Männer aus Ägina die Seiten wechseln, so existiert ihr Bündnis nicht mehr. Und fortan wird jede ihrer kleinen Städte Frieden schließen wollen. Ich weiß es. Ich spüre es.»

Damaratos pflichtete ihm bei. «Großer König, in diesem Punkt stimme ich Euch zu. Sollte Athen abtrünnig sein, wäre das das Ende für das Bündnis. Selbst die Spartaner müssten dann Friedensangebote machen. Ich spreche hier als Krieger, wenn ich sage, dass die Griechen Euch zu einem langen und kostspieligen Feldzug an Land zwingen werden, solange ihre Flotte noch irgendwo liegt. Und Sparta kann man nicht leicht besiegen.»

Wieder lachte Mardonios. «Damaratos, Ihr übertreibt maßlos, was die Macht und die Bedeutung eines kleinen Stadtstaates anbelangt, der über keine rechte Macht verfügt. Das sagt Ihr nur, weil Ihr einst dort König wart. Wir zwangen die Spartiaten bei den Heißen Pforten in die Knie und töteten ihren König. Sie sind unbedeutend.»

Hippias meldete sich wieder zu Wort. Vermutlich rechnete er sich einen Vorteil aus – der Verrat Athens könnte für ihn bedeuten, wieder als Tyrann eingesetzt zu werden. «Vertraut diesem Mann, König aller Könige. Ihr habt wenig zu verlieren. Wie der ehrwürdige Mardonios schon sagte, Eure Flotte wird den Sieg ohnehin davontragen.»

Der Speichellecker wusste, dass man ihm diesen Sieg zu einem gewissen Grad anrechnen würde.

«Schickt den Sklaven zurück. Der Spartaner und der Platäer sollen jedoch als Geiseln hierbleiben.» Mardonios' Vorschlag ergab absolut Sinn. Und ich ahnte, dass ich mein Leben für Griechenland lassen würde ...

Das Schlimmste daran war, dass ich weder Sikinnos noch Themistokles traute, auch wenn sich der Sklave überzeugend dafür eingesetzt hatte, dass wir gemeinsam zurückkehrten.

Xerxes schien damit zufrieden zu sein. «Das hört sich vernünftig an.»

Ich wagte, den Kopf zu heben, und wurde nicht gleich durchbohrt. «Großer König», sprach ich. «Ich ersuche Euch, mir das Wort zu erteilen.»

«Ah, jetzt bist du wesentlich höflicher», sagte Xerxes. «So sprich.»

«Großer König, viele Spartaner und etliche andere Schiffe werden sich Themistokles anschließen, wenn wir zurückgeschickt werden. Bleiben wir aber hier – wenn Ihr also Brasidas als Geisel behaltet, der jene Männer führt, die die Männer im Exil unterstützen –, so werden die Spartaner den Kampf suchen. Auch ich befehlige Schiffe, und diese Schiffe werden kämpfen, wenn ich nicht zu ihnen zurückkehre.» Ich ersann all diese Dinge, so schnell ich nur konnte.

Mardonios lachte. «Sollen sie doch kämpfen – die große Flotte aus Platäa!», verspottete er mich. «Wie viele Schiffe habt ihr denn, Mann aus Platäa? Eins? Oder doch eher keins?»

«Oder aber sie segeln alle davon», redete ich einfach weiter, «wenn ich morgen früh nicht zurückkomme.»

«Dieses kleine Risiko nehme ich in Kauf», sprach der Großkönig. «Schafft den Spartaner und den Mann aus Böotien fort und bringt sie im Lagerraum unter. Wenn Themistokles hält, was er verspricht, werde ich die beiden ehrenvoll ziehen lassen. Enttäuscht er mich indes, werde ich sie an Streitwagen zu Tode schleifen lassen.» Er setzte ein Lächeln auf.

Sikinnos wurde weggebracht. Er protestierte nicht. Ich glaube nicht, dass es ihm leidtat, uns zurückzulassen. Denn vergessen wir nicht, dass er der Freiheit entgegengeführt wurde.

Ich war bis dahin nie in Jocastas Lagerräumen gewesen. Draußen wurde es allmählich hell, und wir wurden ziemlich unsanft in den vorderen Raum gestoßen.

Als die Wachen fort waren, fanden wir etwas Sackleinen und hüllten uns damit ein, um nicht frieren zu müssen. Und gelobt sei Jocasta, denn dort lagerten auch alte Decken, die gewiss inzwischen von Motten zerfressen waren. So machten wir es uns bequem, so gut uns das an jenem frischen Herbstmorgen gelang.

Im späteren Tagesverlauf sollte es heiß werden, aber bei Tagesanbruch war es kalt, und der Boden war ausgekühlt – doch nichts ist kälter als Furcht, die in einem hochkriecht.

Gegen die Kälte saßen wir Rücken an Rücken, eingehüllt in altes Sackleinen und Decken.

«Ich habe keine Angst, für Griechenland zu sterben», sagte ich in die Stille hinein.

Brasidas gab einen undefinierbaren Laut von sich.

«Aber ich fürchte, dass Themistokles uns alle am Arsch hat», fuhr ich fort.

Brasidas, der nie fluchte oder Anzüglichkeiten von sich gab, verspannte sich. «Wie?», raunte er.

Ich sprach bewusst leise. «Ich befürchte, dass man mich benutzt hat, ich befürchte, dass Sikinnos genau das getan hat, was er vorgab zu tun. Ja, wenn du mich fragst, dann hat Themistokles den Schleier der Ehrlichkeit genutzt, um uns den klaren Blick zu rauben. Daher sage ich, Themistokles wird tatsächlich morgen versuchen, das Bündnis zu verraten, wie es die Männer von Samos einst bei Lade taten.»

Brasidas grunzte.

«Und du und ich, uns wird man letzten Endes für Verräter halten. Das wird uns und unseren Namen auf ewig anhängen.»

Der Spartaner gab erneut einen Laut von sich, der wie ein Grunzen klang. «Das ist mies», meinte er.

Ich seufzte. «Brasidas, ich muss mich bei dir entschuldigen, weil ich dich in diese Sache mit hineingezogen habe.»

Darauf ging er nicht ein. Erst nach einer Weile sagte er: «Wir müssen fliehen.»

Ich denke, dass ich die Augen verdrehte, auch wenn das sowieso niemand sehen konnte.

«Hör zu, mein Bruder», setzte ich an. «Wenn wir zu früh entkommen, vereiteln wir den Plan – falls Themistokles mir doch die Wahrheit gesagt hat. Und es ist und bleibt im Grunde der einzige Plan, der uns in die Lage versetzen könnte, eine Schlacht zu suchen, die wir natürlich immer noch gewinnen müssten.»

Kaum hatte ich diese Worte ausgesprochen, da nahm ein Plan in meinem Kopf Gestalt an.

«Aber wenn wir bei Einbruch der Dunkelheit entkommen», fuhr ich fort, verstummte dann aber. Ich befürchtete nämlich, einen Denkfehler zu machen, doch dann vertraute ich auf mein Vorhaben. «Wenn wir also bei Einbruch der Dunkelheit entkommen», nahm ich den Faden wieder auf, «dann werden die Geschwader bereits ihre Befehle erhalten haben, aber uns bliebe noch die Zeit, die Griechen zu warnen.»

Die nachfolgende Pause empfand ich als unangenehm lang.

«Hört sich recht gut an», sagte Brasidas. Ich hörte ihn sogar leise kichern. «Verstehe. Wenn wir zurückkehren, zwingen wir Themistokles dazu, sich so zu verhalten, als habe er immer beabsichtigt, für das Bündnis zu kämpfen.» Für Brasidas war das schon ein langer Redebeitrag. Er amüsierte sich tatsächlich prächtig.

«Vielleicht ist es ja seine Absicht», sagte ich.

Wieder schwiegen wir eine Weile.

Brasidas lachte auf. «Bei den Göttern, ihr Athener!», rief er.

«Ich bin Platäer.»

«Oh, ich übrigens auch», meinte er und lachte wieder. Ich glaube, so herzlich habe ich ihn nie lachen hören.

7. KAPITEL

Wenn ich einfach nur sage, dass der nächste Tag lang war, werde ich all den Umständen nicht gerecht. Ihr wisst sicher, dass ich mich nicht schnell von meinen Sorgen niederdrücken lasse, aber an jenem Tag der Ungewissheit schienen all meine Gedanken einzig und allein auf Sorgen und Anspannung ausgerichtet zu sein, ungefähr so, wie der Glassplitter des Empedokles einst die Strahlen der Sonne bündelte und einen kleinen Haufen Reisig entzündete. Ich befürchtete, dass Themistokles ein Verräter war, gleichzeitig hatte ich Angst, Sikinnos habe es nicht rechtzeitig zur griechischen Flotte geschafft. So malte ich mir zu meinem Schrecken aus, dass das Bündnis der Griechen längst zerfallen war und die Korinther zum Isthmus pullten. Und trotzdem fürchtete ich, Adeimantos habe der Ratsversammlung noch mehr Gift ins Ohr geträufelt. Wenn ich gerade nicht schlief, hatte ich Zeit, über die Möglichkeit nachzusinnen, dass sich Themistokles und Adeimantos bei diesem unerhörten Verrat abgesprochen hatten – eine Vorstellung, die ich dann doch nicht für stichhaltig hielt.

Denn wenn die beiden tatsächlich Verräter waren, dann gingen sie gewiss auf eine zutiefst griechische und zänkische Weise vor: So glaubte ich, dass jeder der beiden versucht hätte, das Bündnis als Erster dem Großkönig auszuliefern.

Andererseits konnte ich einfach nicht glauben, dass Themistokles ein Verräter war. Immerhin war er der Architekt unserer Strategie auf See, er hatte das Bündnis ins Leben gerufen, unter Mitwirkung von Gorgo und Leonidas, in gewisser Weise auch unter Mithilfe von Aristeides. Da er ein Bündnis geschmiedet und eine Flotte hatte bauen lassen, die womöglich imstande wäre, dem

Großkönig bis zum bitteren Ende zu trotzen, ergab es doch keinen Sinn, dass er daran arbeitete, sein eigenes Werk zu verraten.

Und trotzdem blieben Zweifel. Ich habe euch schon an anderen Abenden gesagt, dass ich bisweilen der Ansicht bin, dass der Mut eines Menschen begrenzt ist. Ist man jung, geht man vielleicht verschwenderisch mit seinem Mut um, bis man eines Tages feststellt, dass davon nichts mehr übrig ist. Ich für meinen Teil beobachte an mir, dass meine Muskeln im Alter nicht mehr so reagieren, wie sie es einst taten. Ja, selbst wenn ich jeden Tag trainiere, laufe ich Gefahr, mich in irgendeiner Weise zu verletzen, anstatt spürbar stärker zu werden. Und so stelle ich mir das auch bei Mut und Tapferkeit vor. Vielleicht hat man irgendwann einen Punkt im Leben erreicht, an dem man all seinen Mut verbraucht hat, und wenn man ihn plötzlich benötigt, ist er leider nicht mehr verfügbar – oder zumindest nicht mehr in dem Maße verfügbar, wie es sonst immer der Fall war.

Ich schweife ab. Aber vergesst nicht, meine Freunde, dass es einer Menge Mutes bedarf, wenn man sich der Aufgabe widmet, ein Bündnis zu schmieden – man braucht Mut und Selbstvertrauen, um die Bedürfnisse der anderen zu berücksichtigen und zur Sprache zu bringen, gleichzeitig darf man aber die eigenen Bedürfnisse nicht vergessen, um das Bündnis zum Wohle aller zu untermauern. Eine komplexe Angelegenheit. Ich möchte euch das mit einem Beispiel vor Augen führen: Als Athen Sparta bei den Spielen zu Olympia den Sieg im Wagenrennen überließ – falls es sich tatsächlich so zugetragen hat –, stellten Themistokles und Aristeides die Bedürfnisse der Verbündeten über ihre eigenen Bedürfnisse.

Aber als ich über all das an jenem langen und heißen Tag im Frühherbst nachdachte – ich konnte ja nichts anderes tun als nachdenken, und das kann wie ein Fluch sein, sage ich euch –, hatte Themistokles alles aufs Spiel gesetzt und versagt. Er hatte das Kommando über die vereinte Flotte aus der Hand gegeben, obwohl er dieses Kommando hätte innehaben müssen. Er hatte die konservativen Kräfte aus dem Exil zurückgeholt, obwohl es von Gesetzes wegen offenkundig war, dass sich seine Politik als korrekt erwiesen hatte. Trotz dieser und anderer Opfer hatten die Griechen bei Artemision nicht triumphiert – und wenn doch, so hat es uns nichts eingebracht. Und in jenen Stunden, an den Stränden von Salamis, wurde zusehends deutlich, dass die griechische Flotte auseinanderbrechen würde, wie es bei Lade und in anderen Sommern der Fall gewesen war.

War es da nicht denkbar, dass er an einem bestimmten Punkt kapituliert hatte? Vielleicht nach Artemision, als ich feststellte, dass er innerlich gebrochen wirkte und den klaren Blick verloren hatte? Oder räumte er insgeheim die Niederlage ein, als wir alle sahen, wie die Feuer in seinem geliebten Athen wüteten? Hatte die Natter Adeimantos den Ausschlag gegeben, als er behauptete, mit der Zerstörung von Athen seien die Athener nicht mehr berechtigt, ihre Stimme abzugeben oder in der Versammlung das Wort zu ergreifen, weil sie keine Polis mehr hatten?

War all dies die Einbildung eines fiebrigen, ängstlichen Geistes, und bereitete Themistokles im Augenblick alles für einen meisterlich geführten Gegenschlag vor?

Aber am ärgerlichsten war für mich an jenem nicht enden wollenden Tag, dass Brasidas einfach schlief. Der Bastard!

In der Rückschau weiß ich, dass ich meinen Freunden mehr Vertrauen hätte schenken müssen.

Brasidas wachte gegen Nachmittag auf, als die Wachen wechselten und uns Wasser brachten. Die neuen Wächter waren keine Perser oder Meder, sondern Saken, Steppennomaden aus fernen östlichen Landen, jenseits des Pontos Euxeinos. Es waren vier Saken, die auffallend schlecht zu Fuß waren – ihre Beine schienen ein wenig verformt zu sein, als hätten sie immer auf dem Rücken eines

Pferds gesessen, und so gingen sie leicht wankend, wie Seeleute, die zu lange auf See waren.

Keiner von ihnen sprach Griechisch, auch die persische Sprache schienen sie nicht zu beherrschen. Einer von ihnen schlug mich mit der Reitgerte, als ich nach Essen fragte.

Die neuen Wachen gingen äußerst vorsichtig vor. Man hatte ihnen eingeschärft, dass wir gefährliche Männer waren. Aber gegen Ende des Nachmittags tauchte ein Meder auf, der die Männer in ihrer Sprache anredete. Er war mit Goldschmuck behängt und wirkte ziemlich groß auf mich. Ich hörte, wie die vier Saken unwillig schnaubten und Pfeile auf die Sehnen ihrer Bogen legten, ehe der Meder zu uns trat und uns aufforderte, ins Freie zu kommen, in den weitläufigen Innenhof. Wir durften uns mit Wasser waschen, Sklaven brachten uns Tücher, mit denen wir uns abtrockneten, danach erhielten wir frische Chitons, zweifellos aus Aristeides' Kleiderkammer. Mir gefiel der Chiton, den ein Sklave mir reichte. Am Saum zog sich ein herrliches flammenartiges Muster entlang, das bestimmt Jocasta gewebt hatte, geschickt wie sie war.

Man brachte uns zurück in den Innenhof des Hauses, wo Xerxes auf einem Lehnstuhl thronte. Um uns herum, am angrenzenden Garten und dem Säulengang, hatten sich ein Dutzend Männer und eine Frau eingefunden. Ich erkannte diese Frau sofort wieder – oder sagen wir so, da überhaupt eine Frau zugelassen war, die überdies eine besondere Autorität ausstrahlte, ahnte ich, dass es sich um Artemisia handelte, die ihren Speer auf mich geschleudert hatte. Bei ihr stand der phönizische Befehlshaber Tetramnestos, den einige Griechen den «König von Sidon» nannten. Des Weiteren erkannte ich Ariabignes, den Sohn des Dareios und Bruder des Xerxes, den Oberbefehlshaber der persischen Flotte. Ariabignes stand unmittelbar neben Tetramnestos, als wären es Brüder. Bei Artemisia hielt sich Theomestor auf, Sohn des Androdamas, ein Mann aus Samos und einer jener Verräter, die dem Großkönig einst bei Lade zum Sieg verhalfen. Aber einen der Männer bei der Dynastin aus Halikarnassos kannte ich besser als alle anderen zusammen – mein Blick fiel auf Diomedes von Ephesos.

Man hört immer wieder, dass Leute sich erzählen, es laufe ihnen eiskalt den Rücken hinunter, und wirklich, als ich ihn entdeckte und sich unsere Blicke trafen, spürte ich, wie sich mir die Nackenhaare aufstellten, als wäre ich in kaltes Wasser gesprungen.

Hinter mir standen die vier Saken, die Bogen schussbereit, vor mir erstreckte sich der Garten voller Feinde.

Dort drüben bei Ariaramnes – ihn hatte ich in meiner Jugend kennengelernt, er war ein Freund von Artaphernes und gehörte zu dessen politischer Gruppierung – stand auch der schmierige Hippias mit fettglänzender Haut, breit grinsend wie ein Kaufmann, der gebrauchte Waren zu übertriebenen Preisen verhökert. Neben Hippias sah ich Damaratos, den früheren König von Sparta, der missmutig dreinblickte, als habe er etwas Falsches gegessen.

Als wir in den Innenhof gebracht wurden, verstummten die meisten Gespräche. Mardonios unterhielt sich leise weiter mit dem Großkönig, und auch Artemisia führte ihre Unterhaltung fort, doch ihr Blick ruhte auf mir. Sie hatte eine angenehme Stimme und sprach tiefer als manch ein Mann, was ihrer Stimme aber nichts Weibliches nahm. Sie unterhielt sich mit Diomedes, und bevor der Haushofmeister von Xerxes allgemein um Ruhe bat, lauteten ihre letzten Worte: «… werden sie uns auf der Nase herumtanzen.»

Dann waren die Blicke aller auf uns gerichtet.

Damaratos zuckte zusammen und mied meinen Blick. Da ahnte ich, dass mein Schicksal besiegelt war. Diomedes aber grinste mir feist ins Gesicht.

Ohne von den Saken dazu gedrängt zu werden, verbeugte ich mich vor dem Großkönig, indem ich mit einer Hand den Boden berührte, wie ich es schon in Persepolis getan hatte. Niemand drückte mich zu Boden, um die volle Proskynese zu verlangen.

Als Xerxes keine Reaktion erkennen ließ, wusste ich nicht, ob ich mich unaufgefordert aufrichten oder länger in dieser unbequemen Haltung verharren sollte. Ich vermute, er genoss es, mich zappeln zu lassen, aber ich ließ keine Schwäche erkennen und hielt durch. Immerhin sah man in mir den bereitwilligen Ränkeschmied, nicht den hochnäsigen Griechen.

Mardonios hatte weiter leise zum Großkönig gesprochen. Ich bekam nur Wortfetzen mit, da er recht schnell sprach. Ich verstand die Worte «Befehlshaber» und «Ratsversammlung», ehe er mit ziemlichem Eifer über Altäre sprach.

Sehen konnte ich ihn indes nicht.

Schließlich wurde Xerxes offenbar des Wortschwalls überdrüssig.

«Du darfst dich erheben, Arimnestos.» Ich richtete mich auf. «Auch dein Spartaner darf sich erheben, der ja, wie ich höre, meinem guten Freund Damaratos sehr ans Herz gewachsen ist.»

Brasidas stand aufrecht neben mir.

Damaratos neigte das Haupt. «Habt Dank, großer König.»

Xerxes nickte mir aufmunternd-höflich zu, als wären wir zwei Herren, die einander auf der Straße begegnen.

«Mardonios und Ariabignes sind der Ansicht, wir sollten dich zu der griechischen Flotte befragen, ehe meine Befehlshaber sich heute Abend zu ihren Beratungen zurückziehen», ließ mich der Großkönig wissen.

Ich verbeugte mich. «Fragt mich, was Euch in den Sinn kommt, o großer König», sagte ich mit so viel Elan, wie ich aufzubringen vermochte.

Ich sah, wie Xerxes den Kopf schüttelte. «Nein. Erzähl mir alles, was du weißt, Platäer.»

Ich blickte mich um und war ein wenig überrascht von der Intensität des Hasses, den ich von allen Anwesenden zu spüren bekam. Mag sein, dass ich keinerlei Gefühlsregungen kenne, wenn ich Krieg führe. Krieg war lange Jahre mein Geschäft, um es einmal so zu sagen, aber sobald meine Gegner besiegt waren, brachte ich ihnen nicht mehr viel Hass entgegen, mitunter sogar so etwas wie Mitgefühl – wie gesagt, erst wenn sie bezwungen waren. Doch Diomedes bleckte die Zähne wie ein Raubtier – was verständlich war, da ich ihm einst arg zusetzte, ihn im Tempel an eine Säule fesselte und ihm mit Farbe auf den Leib malte, er «biete Liebesdienste für andere Männer an». Daher überraschte mich sein Hass nicht, aber der Ausdruck auf Ariabignes' Gesicht sprach Bände. Wirklich, seine Miene wurde von abgrundtiefem Hass beherrscht. Auch Mardonios starrte mich düster an, seine Stirn war in tiefe Falten gelegt, er presste die Lippen aufeinander, als würden er und ich jeden Moment die Klingen kreuzen.

Dort hatte ich wahrlich keine Freunde.

Und jetzt sollte ich die Rolle des Verräters spielen?

Ich musste an Odysseus denken. Es fällt einem schwer, den Geist zu bemühen, wenn einem Hass entgegenschlägt und wenn die eigene Sache hoffnungslos erscheint. Vielleicht konnte ich meinen Geist doch auf das Wesentliche richten, eben weil meine Sache hoffnungslos war.

«Die Flotte ist besser als Eure, großer König», sagte ich.

Bei diesen Worten gesellten sich zu den hasserfüllten Mienen raunende und zischende Stimmen, mit einer einzigen Ausnahme: Die anwesende Frau lachte, und dieses Lachen schnitt durch die Unmutslaute der anderen wie eine Klinge durch Spinnweben.

Artemisia von Halikarnassos lachte.

«Sag uns, was daran so komisch ist», forderte Xerxes sie auf, und es klang tatsächlich etwas gereizt.

Artemisia hatte offenbar keine Angst – zumindest nicht vor dem Großkönig. Sie zuckte mit den Schultern wie eine bescheidene Frau und senkte den Blick. «Ich dachte, dieser Bauerntölpel aus Böotien, der mir beschrieben wurde, sei ein Lügner», sprach sie.

Dann lachte sie leise in sich hinein. Ein angenehmer Laut. «Stattdessen stelle ich fest, dass er die Wahrheit sagt, und deshalb vermute ich, dass er das ist, was er vorgibt zu sein.»

«Du denkst, die griechische Flotte ist größer als unsere?», hakte Xerxes nach. «Die Flotte dieser Aufständischen?»

Ich möchte noch einmal anmerken, dass wir aus persischer Sicht alle miteinander gegen die Autorität des Großkönigs rebellierten. Xerxes wandte sich mir zu. «Wie viele Schiffe hat eure Flotte denn?»

Ich sah ihm in die Augen. «Fast vierhundert Triremen. Ein paar Pentekonteren und Triakonteren.»

Xerxes lehnte sich zurück und umfasste die verschnörkelten Armlehnen des Stuhls, auf dem Jocasta immer gern gesessen hatte. Ich vermochte nicht einzuschätzen, ob er tatsächlich erleichtert war oder die Erleichterung nur vortäuschte, ganz so, als wäre das, was ich ausgesprochen hatte, bedeutungslos.

«Die Flotte, über die ich gebiete, ist doppelt so groß», betonte Xerxes. «Somit habe ich wenig zu befürchten.»

«Wenn das so wäre», fuhr ich kühn fort, «würden wir diese Unterhaltung wohl kaum führen, großer König. Wie die Dinge nun einmal stehen, war Eure Flotte den Geschwadern der Bündnispartner zwei Mal unterlegen, und bezwungen wurden wir bislang nicht.»

«Er lügt in allem, was er sagt!», warf Ariabignes ein. «Ihre Flotte verfügt über weniger als dreihundert Triremen, und die Griechen haben die Geschwader des Reichs nie besiegt.»

Ich suchte erneut Xerxes' Blick und hielt diesem Blick stand. «Ich vermute, Eure Sklaven haben beschlossen, die Niederlagen nicht hinauszuposaunen.»

«Bringt ihn zum Schweigen!», ereiferte sich Mardonios. «Dieser Mann ist kein Abtrünniger, sondern einer ihrer aufwieglerischen Rebellen.»

Ich spürte die Spitze eines Speers im Nacken und verlor den Halt, als man mir von hinten in die Kniekehlen trat. Wieder setzte mir jemand den Fuß zwischen die Schulterblätter, wieder bohrte sich die Speerspitze gefährlich in meine Nackenmuskeln.

Alles, was ich in diesem Moment wahrnahm, war das Lachen von Artemisia.

Wenn ich mich anstrengte, konnte ich gerade einmal Xerxes' Füße sehen, und ich sah unter dem Stuhl hindurch. Ein wirklich seltsamer Blickwinkel tat sich für mich auf, und ich weiß noch, dass mir in jenem Moment durch den Kopf ging, dass Jocasta den saubersten Fußboden der griechischen Lande hatte. Allerdings durchzuckte mich auch der Gedanke, dass ich sterben würde, vor aller Augen erniedrigt. Was mich erneut belastete, war die Aussicht, von meinen Landsleuten für einen Verräter gehalten zu werden.

Ich war tatsächlich so entsetzt und so sicher, dem Tod ins Auge zu sehen, dass ich kaum noch einen klaren Gedanken fassen konnte, und das war auch der Grund, warum in dem Gewölbe meines Schädels überhaupt Raum für den sauberen Fußboden war. So lag ich da und wartete auf den Tod, während Artemisia lachte und ich auf Xerxes' gepflegte Füße starrte.

Er veränderte seine Sitzposition, kreuzte die Füße an den Knöcheln.

«Was für Niederlagen sollen das sein, Grieche?», wollte er von mir wissen. «Lasst ihn sprechen.»

«Großer König», begann ich. Ich wusste, dass es fortan kein Zurück mehr geben würde. Ich hatte den Tod vor Augen, daher musste ich alles daransetzen, meinen Gefährten zumindest ein bisschen unter die Arme zu greifen. Vielleicht gelang es mir, Zwietracht zu säen und die Perser zum überhasteten Kampf aufzustacheln.

Denn wenn Themistokles doch kein Verräter war ...

Aber ich konnte mir beim besten Willen nicht vorstellen, dass Männer wie Kimon, der Trierarch Ameinias von Pallene oder Eumenes aus dem Demos Anagyros blindlings Themistokles in den Verrat folgen würden, so hoffte ich jedenfalls.

«Wenn Ihr Euch auf den Weg nach Phaleron machtet, um Eure Flotte zu inspizieren», sagte ich, «dann würdet Ihr feststellen, dass sie nicht so groß ist, wie Ihr denkt, großer König.»

«Er lügt!», riefen Mardonios und Ariabignes wie aus einem Munde.

«Und wenn Ihr bei dieser Gelegenheit alle Prisen auf dem Strand zählen würdet, die Eure Navarchen gemacht haben, so könntet Ihr sie an den Fingern einer Hand abzählen», fügte ich hinzu. Die Perser hatten zwar fast dreißig unserer Schiffe bei Artemision erbeutet, aber ich wusste, dass Xerxes sich nicht die Mühe machen würde, genau nachzuzählen. «Wenn Ihr den Berg Aigaleos besteigen und über die Bucht von Salamis blicken würdet, könntet Ihr selbst die griechischen Schiffe zählen, und dann würdet Ihr auch all unsere Prisen sehen – Phönizier wie Ionier.» Da ich nicht abfällig mit den Schultern zucken konnte, versuchte ich zumindest, leicht verächtlich zu klingen. Aber das ist verflucht schwer, wenn man von einem Fuß zu Boden gedrückt wird und obendrein eine Speerspitze im Nacken sitzen hat.

«Er lügt!», hörte ich den König von Sidon rufen.

«Er sagt nichts als die Wahrheit», entgegnete Artemisia mit ihrer klaren, angenehmen Stimme.

«Was weiß denn eine Frau vom Kriegswesen?», spie Mardonios. «Behaltet Eure Gedanken für Euch, wenn Ihr nichts Vernünftiges beizutragen habt, Frau.»

«Ich kenne jedenfalls den Unterschied zwischen Sieg und Niederlage», hielt sie dagegen. «Was Euer Vorstellungsvermögen ja zu übersteigen scheint.»

Schweigen senkte sich herab. Ich lag zum zweiten Mal innerhalb von zwei Tagen flach auf dem Boden und versuchte, an nichts zu denken.

Schließlich entfuhr dem Großkönig ein Seufzen. «So habt ihr also die Griechen bei Artemision nicht gebrochen?», fragte er. Die Frage stand im Raum, und ich wusste zunächst nicht, an wen genau sie gerichtet war.

Ariabignes, den ich schon mehrmals erwähnte, war der Sohn des Dareios, genau wie Xerxes, aber die beiden hatten nicht dieselbe Mutter. Er war also blutsverwandt mit dem Großkönig und womöglich ein Rivale um den Thron. «Das hätten wir getan», sagte er, «wenn wir noch einen Tag Zeit gehabt hätten.» Es sollte nüchtern klingen, doch sein Tonfall verriet ihn. Ariabignes' Stimme war nicht ganz frei von Furcht.

«Noch einen Tag, und Ihr hättet keine Flotte mehr gehabt», wagte ich mich weiter vor. «Und ich will ehrlich sprechen, wenn es sonst keiner tun will. Hätten wir bei Artemision noch einen Tag gehabt, wäre ich jetzt nicht hier!» Ich erinnere mich an jedes Wort – bedenkt, dass ich nichts als die Wahrheit sagte, und dennoch ...

«Die Dame aus Halikarnassos soll sprechen», bestimmte Xerxes.

Sie trat vor und stand nicht weit von mir entfernt. Sie trug die Kleidung einer hohen Frau, keine Rüstung, und sie war wirklich groß, größer als die meisten anwesenden Männer. Ihr Körper war gestählt wie bei den Frauen Spartas, ihr Haar leuchtete kupferrot. Ob sie es färbte oder das ihr Naturton war, vermochte ich auf die Schnelle nicht zu sagen. Jedenfalls konnte ich Artemisia sehen.

«Ich denke, der Grieche übertreibt», meinte sie. «Aber nicht sehr. Großer König, wir haben diese Griechen noch nicht besiegt. Ich bin die treue Dienerin Eurer Hoheit, und ich sage, dass die Griechen auf See Eurer Flotte überlegen sind.»

«Ruhe!», rief Xerxes in den anschwellenden Protest hinein. «Warum? Sprich, Frau.»

Artemisia wirkte nicht unruhig, sie zögerte die Antwort nicht hinaus. «Ihr habt viele schlecht ausgebildete Trierarchen», sagte sie. «Die Phönizier befürchten, hohe Verluste in Kauf nehmen zu müssen, und bleiben vorsichtig. Die Ägypter hassen Euch. Eure einzigen verlässlichen Schiffe kommen von den Ioniern, und die scheinen uns zu hassen. Vor diesem Hintergrund wird es darauf hinauslaufen, dass jedes Geschwader auf eigene Faust siegt oder aber versagt.»

Nun, was soll man dazu sagen? In diesem Moment liebte ich sie. Und sie sprach offen aus, was ich vermutet hatte. Oder besser: was ich beobachtet hatte.

«Steht es Schiff gegen Schiff», fuhr sie fort, «verfügen wir über die besseren Seeleute, und jedes Schiff aus Sidon könnte vermutlich die Griechen bei einem Wettkampf schlagen. Aber mein Vater erklärte mir, was die Griechen so stark macht und warum die Hopliten so hervorragend kämpfen: Kein Krieger aus den Reihen der Griechen muss besonders gut ausgebildet sein, alles was zählt, ist, dass die Hopliten wissen, wie man in der Phalanx steht und kämpft. Genau das beobachte ich bei den Griechen – sie kämpfen, weil der Kampfeswille sie eint, sie kämpfen gemeinsam, wie Pferde, die vor einen Streitwagen gespannt werden, wohingegen Eure Schiffe übermütig kämpfen wie Fohlen, die sich einen Wettlauf liefern, bei dem jeder nur sich selbst sieht. Ist das nicht beinahe widersinnig, großer König? Ihr beherrscht uns alle mit Eurem Willen, doch Eure Flotte ist sozusagen führerlos. Die Griechen sind Demokraten und Männer aus niederen Schichten, und trotzdem verhält sich ihre Flotte, als würde sie von einem einzigen Willen gelenkt. Schlimmer noch, denn aufgrund ihres Zusammenhalts stehen sie dicht geschlossen und verwandeln ein Gefecht auf See in eine Schlacht an Land. Sie haben mehr Seekrieger an Deck als die meisten Eurer Schiffe, und auch wenn wir die besseren Seeleute haben, nutzen die Griechen den Kampf, bei dem sie nicht groß zu manövrieren brauchen, zu ihrem Vorteil.»

Wieder drückendes Schweigen.

Eine Frau hatte ein Dutzend Männer verstummen lassen, gestandene Krieger wohlgemerkt. Natürlich stimmte es, was sie gesagt hatte – ja, ihre Beobachtungsgabe war beachtlich.

Xerxes beugte sich auf dem Stuhl vor und stützte das Kinn auf eine Hand. «Was schlägst du also vor, Artemisia?»

Sie blickte auf mich herab. «Wenn es Euch gelingen sollte, die griechische Flotte mit den Mitteln des Verrats zu knacken, dann versucht es. Ihre Befehlshaber sind Euren überlegen, genau wie Männer den Frauen in Kriegsangelegenheiten überlegen sind.»

Ich weiß noch genau, dass ich flach am Boden lag und bei mir dachte: Aber Ihr seid eine Frau und gleichzeitig der weiseste Befehlshaber weit und breit.

«Und das ist alles, was Ihr an Rat zu bieten habt?», fragte Mardonios mit samtener Stimme. Ich hatte das Gefühl, dass er den Niedergang dieser Frau herbeisehnte und alles tun würde, um sie beim Großkönig in Verruf zu bringen.

Sie sah Mardonios an, reckte das Kinn entschlossen vor. «Brecht die Griechen, indem Ihr Zeit verstreichen und Geld fließen lasst, aber vermeidet ein weiteres Aufeinandertreffen auf See oder an Land. Nach jedem Kampf stehen sie besser da als vorher, jede Auseinandersetzung trägt nur dazu bei, dass sie sich selbst noch wichtiger nehmen, als sie wirklich sind. Sie bekommen neue Verbündete und Bewunderer. Setzt Ihr aber auf Zeit, um immer wieder Gold und andere Bestechungssummen einzusetzen, so tragt Ihr dazu bei, dass sich die Zwietracht bei den Griechen noch verstärkt. Denn alle Griechen liegen von Natur aus miteinander im Wettstreit. Auf diese Weise werdet Ihr sehen, wie ihr Bündnis Risse erhält und in sich zusammenfällt, und dann könnt Ihr sämtliche Friedensangebote ganz nach Euren Vorstellungen gestalten.»

«Der Ratschlag einer Frau!», kam es voller Verachtung von Mardonios. «Bleibt in Euren Gemächern, wo Ihr hingehört, kämmt Euch das Haar, aber sprecht nicht von Dingen, die über Kinder oder Euren Handspiegel hinausgehen. Der Großkönig muss seine

Macht demonstrieren und diese Würmer zerquetschen, auf dass alle Menschen und Völker von dieser Macht wissen. So denkt ein Mann!»

Um Artemisias Mundwinkel deutete sich ein Lächeln an. «Nein, Mardonios, so denkt Ihr. Ich bin eine Frau und habe Kinder zur Welt gebracht, unter größeren Schmerzen, als Ihr je in einer Schlacht erfahren werdet. Und ich sage Euch ins Gesicht – Ihr geht leichtfertig mit den Kindern um, die wir Frauen zur Welt brachten, und trotzdem werdet Ihr mit Eurer Vorgehensweise gegen die Griechen versagen. Ich aber schütze die Kinder der Frauen, und dennoch werde ich auf meine Weise dazu beitragen, dass der Großkönig und sein Reich letzten Endes triumphieren werden.»

Sie sprach wie Athene, und ich ließ meinen Gedanken freien Lauf. Bei den Dichtern und Rhapsoden gibt es Augenblicke, da sprechen die Gottheiten durch die Sterblichen. Mein Herz nahm einen neuen Höhenflug, konnte ich doch erkennen, dass Athene bereits den Untergang des Großkönigs verkündet hatte! Dennoch, da die Götter es lieben, den Sterblichen ihre Narreteien aufzuzeigen, sprach Athene Parthenos durch diese Frau, um dem Großkönig den besten Rat zu geben. Selbst ich, der ich ihren Worten lauschte, billigte jedes einzelne Wort. Und da wusste ich, dass Artemisia weitaus gefährlicher als Mardonios war. Ich denke, Griechenland konnte von Glück reden, dass sie schon vierzig Jahre alt war, ihr Gesicht wies Falten des Lachens und des Lebens auf. Sie war für ihr Alter immer noch attraktiv, aber nicht sehr viel jünger als Xerxes' Mutter. Wäre sie zwanzig und schön gewesen ...

Aber das war sie nun einmal nicht.

Xerxes' Sandalen strichen erneut über den Fußboden, und ich schaute gerade passend auf, um ihn lächeln zu sehen. Er streckte eine Hand aus und legte sie Mardonios auf den Ellbogen. «Sie spricht wahr und mit Bedacht und ist mir in Liebe und Verehrung zugetan», sagte er. «Ihr schenkt dem Platäer also Glauben?»

Ihr Blick ging wieder zu mir. Ihrem rätselhaften Lächeln entnahm ich, wie wenig ich sie zu täuschen vermochte. Sie war wirklich weise.

Aber sie neigte ihr Haupt. «Ich denke, er sagt die Wahrheit.»

Diomedes ergriff das Wort. «Er war erst vor ein paar Tagen auf See und kämpfte gegen uns!», rief er. «Er ist unser Feind!»

Xerxes blickte sich um. «Ist das wahr?»

Ich musste etwas sagen, um glaubwürdig zu bleiben. «Vor drei Tagen schleuderte ich noch meinen Speer auf diese Dame dort», sagte ich.

Xerxes lachte. «Ah!», machte er.

Mardonios sah mich an. «Überlassen wir ihn den Unsterblichen. Sie werden die Wahrheit aus ihm herausprügeln.»

«Großer König», meldete sich wieder Diomedes. «Überlasst ihn mir. Ich habe einst gelobt, dass dieser Mann, der früher ein Sklave war, eines elenden Todes sterben soll. Ich werde ihm alles entlocken, was wir wissen müssen und was Euch dienlich sein wird.»

Offenbar verlangten Männer an Xerxes' Hof ständig den Tod irgendwelcher Leute, und zwar deshalb, weil der Großkönig diese Höflinge ignorierte, als wären sie kleine Jungen. «Vor drei Tagen hast du noch einen Speer auf einen meiner Befehlshaber auf See geschleudert, heute küsst du meine Sandale. Warum? Sprich.»

Ich dachte an Themistokles. «Weil ich vor drei Tagen noch davon überzeugt war, dass die Männer aus dem Westen, die Männer von der Peloponnes, kämpfen würden, o großer König. Jetzt indes befürchte ich, dass sie uns alleinlassen werden – vielleicht sind sie bereits fort. Deshalb kam ich mit Themistokles überein, Euch ein neues Angebot zu unterbreiten, um letzten Endes Frieden zu erbitten.»

«Ihr verkauft diese Männer an mich?», fragte Xerxes.

Ich hob meinen Kopf ein Stück weiter und sah den Herrscher an. «Nein. Sie werden sich selbst verraten, und dann habt Ihr sie.» Diesen Mist hatte ich oft von Verrätern gehört, diese Art der Verteidigung, die über ein «sie haben es sich selbst zuzuschreiben» nicht hinauskommt.

«Ich denke fast, dass mein Vetter und mein Bruder sich in dir getäuscht haben, Platäer», sprach Xerxes. «Schafft ihn ins Haus, wo er uns nicht hören kann. Ich werde später über sein Schicksal entscheiden.»

Man riss mich unsanft vom Boden hoch und führte mich zusammen mit Brasidas fort vom Innenhof. Als die Saken uns durch den Säulengang abführen wollten, versperrte uns Diomedes den Weg. «Doru», sagte er und liebkoste mich fast mit seiner Stimme. «Ich werde dich dem Großkönig abkaufen. Wirklich, das werde ich tun.» Er verzog höhnisch die Oberlippe und beugte sich vor. «Ich werde dich von meinen Sklaven vergewaltigen lassen, hörst du? Und danach werde ich deinen geschändeten Leib den Schweinen zum Fraß vorwerfen. Das ist, was ich dir in Aussicht stelle, Doru.»

Sein weltmännisches Gebaren trat in den Hintergrund, als er mir diese Worte zuraunte, und einzelne Speichelfetzen flogen mir ins Gesicht, so heiß wie Hass.

Ich würde gern sagen, dass ich seinem Blick gelassen standhielt und Diomedes etwas ähnlich Schmähliches an den Kopf warf – über die Jahre habe ich mir einige Varianten überlegt –, aber im Alter bin ich ehrlicher geworden. Und ich muss zugeben, dass mich bei seinen Worten Furcht beschlich. Ich sollte eines so schändlichen Todes sterben und würde obendrein auf ewig als Verräter gebrandmarkt sein?

Immerhin gelang es mir, äußerlich nicht klein beizugeben. Ich tat so, als wunderte ich mich über seine Worte, und dann schubsten mich die Saken weiter.

«Du bist schon jetzt ein toter, entehrter Mann, Grieche!», rief er hinter mir her.

Einer der Saken sagte etwas zu seinem Gefährten, und beide gaben ein Murren von sich.

Als wir das Hauptgebäude hinter uns gelassen hatten, warf Brasidas mir einen flüchtigen Blick zu. «Ein alter Freund von dir?»

Ich war erschüttert, versuchte aber krampfhaft, mir nichts anmerken zu lassen. «Ja», sagte ich nur.

«Nix reden!», fuhr uns der größere der beiden Saken an.

Von den folgenden Stunden habe ich nicht allzu viel in Erinnerung behalten, abgesehen davon, dass mir elend zumute war. Die Saken wichen uns nicht von der Seite, wir durften nicht miteinander sprechen. Was in Aristeides' Haus besprochen wurde, bekamen wir nicht mehr mit, daher hockten wir einfach am Boden und warteten. Ich glaube, einmal ging Brasidas in Begleitung einer Wache nach draußen, um sich zu erleichtern.

Über die rückwärtige Straße, die in glücklicheren Zeiten von den Bediensteten für Lieferungen benutzt wurde, traf eine kleine Schar Unsterbliche ein und löste die Wachen auf dem Gelände des Anwesens ab. All das verlief nicht leise, im Gegenteil, ich hörte dauernd Männer durcheinandersprechen, hier und da flammte Streit auf.

Nachdem wieder Ruhe eingekehrt war, betrat ein Befehlshaber das Hauptgebäude, ehe die anderen Befehlshaber, die ich euch beschrieben habe, ins Freie traten. Ich hockte in einiger Entfernung vor dem Lagerschuppen und hatte Zeit, die Befehlshaber zu beobachten, und was ich sah, empfand ich als recht aufschlussreich. Jeder Kommandant hatte eine oder zwei Personen um sich, die nichts weiter als Lakaien oder Sklaven sein konnten. Da ich nicht hören konnte, was die Männer im Hinausgehen besprachen, sah ich nur ihre Bewegungen und hatte fast den Eindruck, Pantomimen auf einer Art Bühne zu verfolgen. Diese gewichtigen Herren setzten sich regelrecht in Szene, ja, sie posierten, sobald sie von all ihren Lakaien umgeben waren. Ich fragte mich, ob auch ich mich so aufgeblasen gab, wenn man mich im Beisein meiner Untergebenen aus der Ferne beobachtete. War das die hässliche Seite, wenn man ein Kommando innehatte? Vielleicht vermieden die Spartaner genau das mit ihrer vielgepriesenen Disziplin.

Ich entdeckte Diomedes in der Gruppe, umgeben von zwei Hopliten, die volle Rüstung trugen, und bei «voll» meine ich, dass sie vom Scheitel bis zur Sohle Bronze trugen. Eine solche Panzerung trug ich nur, wenn es in ein hartes Gefecht ging. Diomedes legte beiden Gefährten eine Hand auf die Schulter und wirkte in diesem Moment auf mich wie ein schmieriger Bandenführer aus den Hafenvierteln von Syrakus. Er unterhielt sich kurz mit seinen Hopliten, ehe er durch den Küchengarten ging – dieser Garten schloss sich hinter dem Hauptgebäude an, und in Erinnerung geblieben ist mir der duftende Geruch von Oregano –, wie dem auch sei, Diomedes ging durch diesen Garten, erreichte das Sommerhaus des Anwesens und warf einen Blick hinein. Dann rief er einem der Unsterblichen etwas zu, der Wachdienst hatte, und dieser Mann deutete mit seinem Speer auf den angrenzenden Lagerschuppen, vor dem wir saßen.

Diomedes und seine beiden Hopliten kamen auf uns zu. Derweil schlenderte der persische Krieger über den schmalen Weg, der zum rückwärtigen Teil des Anwesens führte. Der Großkönig brach offensichtlich auf und nahm seine Leibwachen mit.

Diomedes hätte also keine Zeugen gehabt.

Auf Persisch sagte ich zu dem älteren der Saken, die uns bewachten: «Dieser Mann dort ist mein Feind und will mir ein Leid zufügen.»

Der Sake sah Diomedes an, neigte leicht den Kopf zur Seite und zuckte dann mit den Schultern.

Ich wiederholte meine Befürchtung, diesmal langsamer. Und deutete auf Diomedes, um meine Worte zu unterstreichen.

Diomedes blieb stehen, auf Höhe der Tür, die zum Schuppen führte. Sie stand halb offen, die Achse eines Streitwagens verhinderte, dass die Tür zufallen konnte – so sah es jedenfalls für mich aus.

«Schafft ihn her», befahl Diomedes den beiden Hopliten.

Einer der Hopliten kam auf mich zu.

Ich trat einen Schritt zurück, gleichzeitig hob der ältere Sake bedrohlich den Bogen hoch, zog die Sehne zurück und zielte mit dem Pfeil auf Diomedes' Gesicht. Er sagte irgendetwas in seiner barbarischen, gutturalen Sprache. Dann rief er mit starkem Akzent auf Griechisch: «Weg! Geht!»

Diomedes hatte offenbar mit Widerstand gerechnet und gab sich zunächst gelassen. «Überlasst ihn mir einfach, hört ihr?»

Der jüngere Sake hatte plötzlich eine aus Knochen geschnitzte Pfeife zwischen den Zähnen und gab damit einen schrillen Pfiff von sich. Beide Hopliten erstarrten in ihren Bewegungen.

Diomedes hielt plötzlich einen Dolch in der rechten Hand. Damit bedrohte er nicht den Saken, sondern ging gleich auf mich los. Er stieß wie mit einem Schwert nach mir.

Ich konnte ausweichen und krallte ihm beide Hände ums Handgelenk, die Daumen nach oben. Diomedes setzte sein Körpergewicht ein, versuchte zuzustoßen und trieb mich mit dem Rücken gegen die Außenwand des Schuppens.

Ich hatte genug Kampferfahrung, riss seinen Arm nach unten, verdrehte sein Handgelenk und bekam den Dolch zu fassen. Sofort warf ich die Waffe Brasidas zu, während die Saken die Tür zu dem angrenzenden Lagerraum aufrissen, in dem wir untergebracht werden sollten.

Diomedes hob beschwichtigend die Hände. Dann lächelte er die fünf Saken an, die ihn und seine beiden Handlanger bedrohten. «Das ist ein Missverständnis!», rief er und sah dann mich an. «Ich werde mit Epibatai zurückkommen und mir dieses Gesindel vorknöpfen», sagte er. «Und dann – oh, wie sehr habe ich mich danach gesehnt, Sklavenjunge!»

Er wollte noch mehr loswerden, aber die Saken kochten vor Wut und fuchtelten mit Pfeil und Bogen herum. Zwei der Krieger zielten mit ihren Pfeilspitzen auf die Gesichter der ionischen Hopliten.

Diomedes gab sich geschlagen, machte kehrt und ging davon.

Brasidas und ich versuchten, unseren Wachen begreiflich zu machen, wie gefährlich dieser Mann war. Wir redeten so lange auf die Saken ein, wie man braucht, um ein Dach mit neuen Ziegeln einzudecken, vielleicht auch länger, aber die Saken verstanden uns nicht und schoben uns in den Lagerraum. Die Sonne ging unter, die Tür fiel zu. Erst dann fingen die fünf Wachen an, draußen vor unserem Gefängnis aufgebracht durcheinanderzureden.

Seit Stunden war ich mit Brasidas nicht mehr allein gewesen. Er zeigte mir den Dolch, den er in all der Verwirrung draußen sofort unter seiner Kleidung versteckt hatte – entweder hatten die Saken es überhaupt nicht mitbekommen, dass ich meinem Freund die Waffe zugeworfen hatte, oder sie hatten es bei all der Aufregung vergessen.

«Wir müssen jetzt verschwinden», sagte er mit Bedacht. «Ich benutze den Dolch. Du rennst weg.»

Natürlich hatte er recht. Erstens konnte er noch besser mit Waffen umgehen als ich – doch, das gestehe ich ihm zu. Eigentlich mit allen Waffen, obwohl ich vielleicht etwas besser mit Pfeil und Bogen umgehen konnte. Aber Brasidas war auch ohne Waffen gefährlicher als ich. Und zweitens war uns beiden klar, dass ich derjenige war, der es zurück zur Flotte schaffen musste – nicht Brasidas.

Aber diese Erkenntnis machte die Sache auch nicht besser.

«Ich werde versuchen ...», begann er. Ich weiß bis heute nicht, wie sein Plan aussah.

Von draußen war ein Laut zu hören, als hätte jemand einen heftigen Schlag in die Magenkuhle bekommen, gefolgt von einem Schmerzenslaut, der wie ein leises Kreischen klang. Dann hörten wir Rufe, aus denen sehr bald Zorn hervorstach.

Vorsichtig spähte ich aus der kleinen, fensterähnlichen Öffnung, die nur zur Belüftung diente, ins Freie.

Drei der Saken lagen mit dem Gesicht nach unten im Staub, genau am Rand von Jocastas Garten. Pfeile ragten aus ihren reglosen Körpern, aber der Anführer unserer Wachen lebte noch. Er kniete nicht weit von mir entfernt, hatte mir den Rücken zugekehrt und zielte.

Manchmal sieht man etwas und handelt sofort. Mit vorgereckter Schulter stieß ich die Tür auf, die sofort nachgab. Sie war weder verriegelt noch anderweitig eingehakt gewesen, sondern wies ein kleines Stück Holz auf, das als Türknauf diente und sich an einem kupfernem Nagel drehte. Die Tür flog auf und prallte gegen den Saken, und ehe er reagieren konnte, hatte ich mich schon auf ihn gestürzt.

Da er den linken Arm ausgestreckt hatte, um den Bogen zu halten, sackte er auf die linke Seite, sodass ich ihm den Arm auf den Rücken drehen konnte. Er musste sich geschlagen geben, denn sonst hätte ich ihm das Schultergelenk ausgerenkt oder den Arm gebrochen, daher drückte ich ihn mit dem Gesicht nach unten zu Boden. Plötzlich versuchte er, sich zu befreien, wollte mir ein Bein zwischen meine Beine rammen.

Mit der linken Hand umfasste ich seinen Nacken, und als es ihm gelang, sich auf den Rücken zu drehen, bohrte ich ihm mein Knie in den Unterleib. Trotzdem gab er nicht auf, schlug mit der freien Faust gegen meinen Oberschenkel – was nicht sonderlich schmerzte –, ehe ich ihm meine Faust zwischen die Beine rammte. Damit hatte es sich.

Der fünfte Wächter war nirgends zu sehen. Brasidas kam zögerlich aus dem Raum, sah mich, eilte an meine Seite, das Messer in der Hand. Dann kniete er bei meinem Widersacher. Doch ich legte meinem Gefährten eine Hand auf das Handgelenk, als er zustoßen wollte. Eine ungeahnte Freude durchzuckte mich – sah ich doch, dass die Pfeile von Ka und dessen Gefährten stammten!

Ich brauchte den Saken nicht zu töten.

Ehe ich all das Brasidas begreiflich machen konnte, sprang Ka aus einem der Olivenbäume in Jocastas Garten. Er lief geduckt bis zu uns und war kaum als Mensch zu erkennen, so tief hielt er den Oberkörper nach vorn.

«Einer konnte fliehen», war das Erste, was er zu uns sagte.

«Lassen wir diesen hier leben», schlug ich vor.

Ka machte eine Bewegung, die wie ein Schulterzucken aussah. Dann holte er ein Stück Seil hervor, einen Strick, der eigenartig verziert war – mit kleinen, blassblauen Perlen aus Glas und einem hellen Wollfaden. Diesen Strick hatte ich öfters an Ka bemerkt und glaubte, es sei sein Gürtel. Aber wie sich herausstellte, nutzte er diesen Strick, um Gefangene zu fesseln.

Der Sake lag stumm da und beobachtete uns aus großen Augen.

Ka drückte dem Gefangenen einen Knebel in den Mund, den er aus dem Lendentuch eines der Toten geformt hatte, sodass der Sake zu würgen begann.

Ka nickte, fast bedauernd.

«Schon bald werden seine Freunde ihn finden», sagte er. «Besser, wir töten ihn.»

Ich hatte keine passende Antwort darauf. «Mag sein», meinte ich.

Letzten Endes ließen wir den Saken doch gefesselt und geknebelt zurück und liefen zur rückwärtigen Gartenmauer. In der Zeitspanne, die ein Mann braucht, um ein Loblied anzustimmen, hatten wir die Mauer überwunden und waren bis zur äußeren Begrenzung von Aristeides' Anwesen gelangt.

Ich weiß nicht, ob ich je glücklicher war. Nein, das wäre gelogen, es so zu formulieren. Es gab natürlich Momente, in denen ich glücklicher in meinem Leben war, und wenn ihr noch lange genug bleibt und zuhört, werde ich euch von diesen schönen Zeiten erzählen. Aber bei den Göttern, meine Freunde, ihr müsst mir glauben, wenn ich euch sage, dass ich nie so schnell lief oder kletterte wie an jenem Abend.

Ich war mir so sicher gewesen, mein eigenes Ende vor Augen zu haben. Ich hatte geglaubt, ein toter Mann zu sein – hatte befürchtet, vor dem schmählichen Ende erniedrigt und misshandelt zu werden. Und ich glaubte, dass mein Name für die Nachwelt nur mit Verrat und Schande in Verbindung gebracht würde. O, Pluton und Tyche, ihr Gottheiten des Schicksals, erhört mich: Bis auf den heutigen Tag preise ich eure Namen, weil ihr mich befreit habt!

Die Nacht war angebrochen, Stille lag über dem Anwesen. Überhaupt hätte ich nie geglaubt, dass es in Athen so still sein könnte. Hoch oben bei der Akropolis sahen wir Feuer – offenbar lagerten dort Krieger. Andere hatten ihr Marschlager nördlich von den Stadttoren aufgeschlagen, auch aus dieser Richtung kam Feuerschein. Aber in dem Viertel der Reichen, in dem auch Aristeides einst wohnte, herrschte Stille, auch in den angrenzenden Vierteln, in denen sich kleine hüttenartige Behausungen aneinanderreihten, unterbrochen von bescheidenen Lehmhütten der Sklaven und freien Männer der niederen Stände. Irgendwo bellten Hunde, verzweifelte, verhungernde Hunde, die von ihren Herren zurückgelassen worden waren. Bis dahin hatte ich nie so viele Ratten in den Gassen Athens gesehen, aber wohin man auch sah, überall flitzten sie an den Behausungen entlang.

Als wir das Anwesen hinter uns gelassen hatten, blieben wir bei der Felswand unterhalb des Pnyx. Dann orientierten wir uns an der Akropolis und eilten in südlicher Richtung weiter. Wie aus dem Nichts schlossen sich uns Ithy und Nemet an, als wir den Pnyx hinter uns ließen und die freie Fläche bis zum Kerameikos-Viertel überquerten, in denen die Töpferwerkstätten lagen. Dann rannten wir um unser Leben, und ich war wieder einmal der Langsamste von allen und hing zurück. Die Schützen aus Nubien rannten wie Athleten bei Olympia, und Brasidas rannte – nun ja, schnell wie ein Spartaner.

Wir brauchten etwa drei Stunden, um einen Fluchtweg nach Westen oder Südwesten zu finden, vorbei an den Stadtmauern, dann weiter über die Straße nach Megara – ich meine jene Straße nach Eleusis, die viele den Heiligen Weg nennen.

Die Nacht war fortgeschritten, als wir endlich den Strand erreichten. Dort lag ein Ruderboot, von leichter Bauart, ausgelegt für sechs Ruderer. Und jeder Platz an den Riemen war besetzt, gepriesen seien sie alle! Meine trefflichen Ruderer von meinem Schiff. Die *Lydia* lag wenige Längen vom Strand entfernt, und es dauerte keine zehn Minuten, da waren wir wieder an Bord. Die Strände von Salamis erreichten wir, ehe eine weitere Stunde verstrichen war.

Als wir noch an Bord waren und die Feuer der persischen Lager gerade noch linker Hand ausmachen konnten, wandte ich mich an Seckla, der am Ruder stand. «Wie habt ihr uns nur gefunden?», wollte ich wissen.

«Nun, Ka ist dir gefolgt», lautete die Antwort.

Ich sah den Nubier an.

Ka gab sich gleichgültig. «Dieser Sikinnos», sagte er mit seinem starken Akzent. «Wir trauten ihm nicht. Also folgte ich dir – jah. Jah!»

Ich weiß bis heute nicht, was dieses «Jah» in seiner Sprache bedeutet, aber ich denke, es dient nur der Emphase, so, wie wir vielleicht «wie» oder «was» am Ende hinzufügen.

«Letzte Nacht bist du zu den Wachposten gegangen. Ich bin dir gefolgt. Als Perser und Meder dich mitgenommen haben, blieb ich hinter dir.»

«Gesegnet seist du, Ka.» Ich zog ihn an meine Brust und umarmte ihn.

Er lachte. «Ha! Es war nicht schwer – jah. Leichter als Antilopen jagen, sehr viel leichter.» Ich sah ihn lächeln.

«Du wusstest, dass das Aristeides' Haus war?»

Ka zog die dunkle Stirn in Falten. «Das war Aristeides' Haus?»

Gewiss, Ka war zuvor nie dort gewesen. Wer bringt schon den Anführer der Bogenschützenschar mit zu einem Fest?

Ich, zum Beispiel. Eine ganze Weile hätte ich Ka überallhin mitgenommen, wohin er nur wollte.

«Du hast mir das Leben gerettet», sagte ich.

«Und das meinige», kam es von Brasidas.

Kas Lächeln wurde breiter. «Hab ich, jah!»

Seckla griff den Erzählfaden auf. «Gestern Abend spät kehrte er zur Pentekontere zurück und berichtete uns, was geschehen war.» Seckla beugte sich zu uns herüber und sprach bewusst leise. «Ihr wisst, dass die Meder Sikinnos gehen ließen?»

«Ich weiß es, ja», erwiderte ich.

«Sie brachten ihn bis zu den Wachposten», erklärte er weiter. «Ka behielt ihn die ganze Zeit im Auge und jagte ihm dann den Schrecken seines Lebens ein, als er ihn für sich allein hatte.»

Ich dachte darüber nach.

«Ich ruderte ihn zurück zu seinem Herrn. Er sagte uns nur, dass die Meder euch als Geiseln behalten haben. Und er betonte, er habe versucht, euch zu retten.» Ich spürte Secklas prüfenden Blick in der Dunkelheit. Am Heck blakten nur zwei Öllampen, aber sie waren kaum hell genug, um Gesichtszüge deuten zu können.

Ich zuckte mit den Schultern. «Er hat es versucht, wie ein Sklave eben versucht, jemanden zu retten.»

Brasidas zog eine Braue hoch, eine sehr untypische Mimik für Spartaner. Das hat er sich vermutlich von uns abgeschaut. Ich vermute, dass er zu jenem Zeitpunkt für sich beschlossen hatte, dass Themistokles ein Verräter war. Ich war mir da nicht ganz sicher.

Wie gesagt, ich war mir nicht sicher, aber die Beweise sprachen allmählich gegen den Athener.

Wir legten auf dem «athenischen» Strand an, so dicht wie möglich bei den Zelten der Befehlshaber, obwohl sich dort die Schiffe bereits drängten. Seckla brachte unser Heck zwischen zwei Felsen, und ich sprang von Bord, begleitet von Brasidas. Auf diese Weise kamen wir trockenen Fußes an Land. Selbst vom Strand aus sahen wir, dass die sogenannte Ratsversammlung mehr als gut besucht war. Das Stimmengewirr und die Zwischenrufe schnitten durch die Dunkelheit wie persische Pfeile, und die Sprecher waren so laut, dass sich schon die Seemöwen beschwerten, die auf der Landzunge brüteten. Es hätten auch die Stimmen der Götter sein können …

Jedenfalls stiegen wir zur Landzunge hinauf und gerieten in ein Gewirr aus Redebeiträgen.

Einer der Trierarchen der Peloponnes hatte das Wort ergriffen und verkündete, seine Schiffe seien beladen und würden am Morgen ablegen, ganz gleich, was im Rat beschlossen werde.

Ich schaute mich nach Themistokles um und entdeckte ihn unweit der Rednerplattform. Neben ihm stand Eurybiades. Themistokles hatte ein kleines Lächeln aufgesetzt, ein Lächeln der Überlegenheit.

Ich behielt ihn im Auge, während Phrynichos die Korinther als Verräter schmähte – es war bestimmt keine ausgesprochen politische Rede, aber Phrynichos war, sosehr ich ihn auch mochte, ein Hitzkopf. Doch genau dieser hitzköpfige Charakter hat ihn vermutlich auch zum größten Stückeschreiber seiner Zeit gemacht. Allerdings ging er zu weit und stieß die eher unentschlossenen Leute vor den Kopf, und schließlich riefen die Vertreter der Peloponnes den Athenern zu, sie seien ein Volk, das erobert wurde.

Dennoch lächelte Themistokles in sich hinein. Wenn ich beschreiben müsste, wie er auf mich wirkte, dann würde ich sagen, dass er eher gelangweilt aussah. Sein Blick ging von einem zum anderen, als genieße er es, die jeweiligen Reaktionen in sich aufzunehmen.

Ich tat alles, um in der Menge nicht weiter aufzufallen.

Ameinias und Eumenes sprachen nacheinander und wiederholten im Grunde, was bereits andere Athener und Abgesandte aus Ägina vorgebracht hatten – dass der Großkönig gewinnen werde, sobald sich die Flotte in alle Winde zerstreute.

Mir entging nicht, dass Adeimantos Themistokles beäugte.

Inzwischen war es ziemlich spät geworden. Die Ruderer schliefen längst, so hoffte man als Trierarch. Doch hier standen an die zweihundert Befehlshaber, keiften wie Fischweiber auf der Agora und schrien sich an. Zweimal kam es zu Handgreiflichkeiten.

Zum vermutlich hundertsten Mal in jenem Herbst zog ich in Erwägung, mich von all diesen Leuten abzusondern und das Weite zu suchen. Meine Heimatstadt lag bereits in Trümmern. Aber ich hatte ein Haus in Massalia, und ich hätte mit Zinn handeln und eine dralle Keltenfrau heiraten können – oder mir zu meinem Vergnügen fünf junge Frauen leisten können.

Aber ich wollte zwei Dinge. Ich wollte den Großkönig besiegen, weil er mich erniedrigt hatte und weil er die Absicht hegte, ganz Griechenland zu erniedrigen. Außerdem war ich, um ehrlich zu sein, ein Held von Marathon, und bei jenem Sieg hatte ich von den Früchten der Götter gekostet, und dieses Gefühl wollte ich noch einmal erleben. Natürlich wollte ich auch zu Briseis, denn sie hatte nach mir gerufen, aber der Weg zu ihr verlief durch die Geschwader des Großkönigs.

Vergesst nicht, mir war die Flucht gelungen. Sie hatten mich am Haken, Perser wie Meder. Daher kam mir meine Flucht wie ein Zeichen des Herakles vor, meines Ahnherrn, und Herakles gab mir zu verstehen, dass ich den Kampf suchen sollte. Bei Zeus, ich gebe zu, dass ich die Omen, die sich mir auftaten, immer als Aufforderung zum Kampf aufgefasst habe. Aber warum sollte ich eines sinnlosen Todes sterben oder in einem verlassenen Winkel in Gallien in Vergessenheit geraten?

Der entscheidende Punkt für mich war also, wie man sicherstellen konnte, dass sich die Flotte auf das Gefecht einließ und nicht floh. Mir war klar, dass diese Frage von einigen wenigen Männern abhing. Eigentlich hing alles von zwei Männern ab – von Adeimantos und von Themistokles. Vielleicht noch von Eurybiades, wobei ich ihn stets für verlässlich und gerecht hielt. In Adeimantos sah ich den Verräter, obwohl ich zugeben muss, dass weder Mardonios noch sonst irgendein Meder mit einer Bemerkung angedeutet hat, dass der Korinther wirklich ein Verräter war. Aber er hatte nur sechzig Triremen.

Und Themistokles – war er nun ein Verräter? Oder hatte er zwei Eisen im Feuer, um auf jeden Fall daraus Gewinn zu schlagen? Hatte er überhaupt je einen wirklichen Plan?

Ich traf meine Entscheidung. Für mich hing fortan alles von Eurybiades ab. Es sagt schon eine Menge über mich aus – und über die allgemein angespannte Lage –, dass ich einem Spartaner vertraute, nachdem die Würfel gefallen waren. Ich wechselte ein paar Worte mit Brasidas, ehe mein Gefährte rechter Hand in der Menge abtauchte.

Langsam schlenderte ich daraufhin außen am Feuer der Versammlung vorbei und bewegte mich vorsichtig durch die Menge der athenischen Befehlshaber, die in Themistokles' Nähe standen. Ameinias von Pallene erkannte mich, kurz darauf auch Kleitos. Beide erschraken.

Ich zog mir den Chlamys höher über den Kopf. Ameinias zuckte mit den Schultern.

Aber Kleitos trat zu mir. Er war angespannt. Jeder Faser seines Leibes wohnte diese Anspannung inne, sodass mein Körper darauf ansprach, als rechnete ich jeden Augenblick damit, angegriffen zu werden. Natürlich glaubte ich nicht, dass er das tun würde, aber so stand es nun einmal um unser Verhältnis.

«Wo bist du gewesen?», zischte er. Eine seltsame Begrüßung von einem eingeschworenen Feind. Und hier ist «eingeschworener

Feind» keine leere Phrase. Denn Kleitos hatte bei Zeus geschworen, mich eines Tages zu töten. «Alle suchen dich!»

Das allein verriet mir eine Menge. Es verriet mir, sofern Kleitos nicht log, dass Themistokles meine Gefangennahme geheim gehalten hatte. Weil er dadurch seinen Verrat kaschieren wollte?

Ich weiß es bis heute nicht.

«Ich muss unbedingt zu Themistokles», meinte ich. «Sieg und Tod hängen davon ab.»

Hass und Liebe haben vieles gemeinsam, das sagen alle Dichter. Menschen, die sich ihrem Hass hingeben, Menschen, die sich mit Worten streiten oder die Klingen kreuzen, kennen einander, so, wie zwei Liebende einander kennen – oder aber beide Kontrahenten sind so unempfänglich wie Narren. Wahrer Hass ist ein starkes Gefühl, und es stimmte, Kleitos und ich kannten einander so gut – im Schein des Feuers senkte er seinen Blick in meine Augen, und dann wandte er sich ohne ein Wort zu verlieren von mir ab und fing an, mir den Weg in der Menge freizumachen.

In jenem Moment vergaß ich sogar, dass dieser Athener für den Tod meiner Mutter verantwortlich war, erkannte ich doch, dass er die Sache der griechischen Lande über seine Feindseligkeit stellte.

Ich folgte ihm. Er pflügte eine Schneise durch die Gefolgsleute, die Befehlshaber, die Verzweifelten und die Zauderer. Weiter links geriet Sikinnos in mein Blickfeld. Auch er sah mich, obwohl ich einen schmutzigen Chiton trug und mein Gesicht halb hinter dem Chlamys verbarg wie ein geprügelter Sklave. Seine Augen weiteten sich, ehe er sich davonmachte, zweifellos in Richtung seines Herrn.

Doch es war zu spät. Und Kleitos, als wäre er mein Weggefährte und nicht mein Widersacher, ging knapp an Themistokles vorbei und stellte sich dann so vor ihn, dass der Demokrat die Ratsversammlung nicht mehr richtig sehen konnte. Themistokles war gezwungen, sich umzudrehen, ohne dass er dazu aufgefordert wurde.

Der große Athener drehte sich also zu mir um und sah mich. Ein Zucken lief durch sein Gesicht. In diesem entscheidenden Moment versuchte ich, sein Verhalten zu deuten – und versagte. Ich entdeckte keine offene Feindseligkeit, keine Arglist, kein Schuldeingeständnis.

Nur dieses Zucken, das über sein Gesicht lief, als würde er sich in jemand anders verwandeln.

Ich sprach bewusst leise, beugte mich beim Sprechen vor. «Mein Freund, ich komme soeben vom Großkönig. Wir können uns hier unterhalten oder aber woanders unter vier Augen.»

Kleitos stand so nah bei uns, dass er das Wort «Großkönig» kaum überhört haben dürfte. Wieder trafen sich unsere Blicke. Was wollte der eine dem anderen mit diesem stummen Blickwechsel mitteilen, fragt ihr euch vielleicht.

Ich weiß es nicht, aber ich denke, dass jeder für sich seine eigenen Schlüsse daraus zog.

Themistokles seufzte. «Ich stehe dir stets zu Diensten, tapferer Arimnestos. Komm, unterhalten wir uns unter vier Augen.»

Ich nahm ihn bei der Hand wie ein junges Mädchen, das einen Mann zum Tanz einlädt, und ich war nicht bereit, seine Hand loszulassen. So führte ich ihn aus der Menge der Zuhörer, und als uns einige andere folgen wollten, bat Kleitos sie – ja, Kleitos, bei allen Göttern! –, wieder zurück zur Versammlung zu gehen.

Doch Kleitos folgte uns bis zu der alten Eiche bei dem heiligen Quell. Dort stand eine steinerne Bank, auf der ich Platz nahm. Themistokles setzte sich neben mich.

Kleitos blieb unter dem Baum und lehnte mit der Schulter an der schorfigen Rinde.

«Euer Plan läuft ganz ausgezeichnet», begann ich. «In diesem Augenblick strömen die Ruderer des Großkönigs an Bord der Schiffe. Sie werden bald ablegen.»

Diese Worte vernahm auch Kleitos, der die Arme vor der Brust verschränkte, mit einer Hand aber jederzeit den Griff des kleinen Xiphos hätte umfassen können, das er unter dem linken Arm trug.

«Mein Plan?», fragte Themistokles.

«Euer Plan, der vorsieht, die griechische Flotte zum Kampf zu zwingen, indem Ihr die Perser in die Bucht lockt», erklärte ich. «Es dauert keine Stunde mehr, dann stechen sie in See.»

Kleitos' Augen verengten sich, um die Augenwinkel bildeten sich Krähenfüße. Er war ein scharfsinniger Mann – ich denke, er verstand voll und ganz, worum es ging.

Themistokles saß sehr still neben mir. «Was – woher weißt du das?», fragte er.

«Brasidas und ich sind gerade erst dem Großkönig entkommen. Wir begleiteten einen gewissen Sklaven zu Xerxes, doch wir wurden gefangen genommen. Wir mussten als Geiseln bleiben.»

«Davon wusste ich nichts!», entfuhr es ihm plötzlich. Er log, und eigentlich war es eine dumme Lüge, aber Themistokles war nun einmal ein fähiger Politiker und blickte so verächtlich auf die Verstandeskraft anderer herab, dass er glaubte – und vielleicht lag er damit richtig –, dass alles, was meine Freunde zu dieser Sache sagen würden, ohnehin bald in Vergessenheit geriet.

Ich gab mich davon unbeeindruckt. «Es ist wahr. Noch vor wenigen Stunden lag ich vor dem Großkönig auf dem Boden, einen Speer im Nacken, während seine Befehlshaber die Angriffspläne diskutierten.»

«Das ist – unerhört!», sagte Themistokles.

Ich war kurz davor, ihn zu schlagen.

Seine Hände zitterten.

Lasst mich hier kurz innehalten, den Wunsch, Griechenland zu retten, vor Augen. Und ich sage es erneut: Ich denke, er war schuldig wie ein Ehebrecher, der bei dem Vergehen erwischt wird. Warum sollte ich ihn also nicht bloßstellen? Denkt einen Moment darüber nach.

Jedoch, wenn ich ihn bloßstellte, wer würde dann noch kämpfen? Die Athener würden sich sofort aufspalten in Fraktionen, die für oder gegen Themistokles waren. Wie? Ihr denkt, die Demokraten und die Ruderer würden ihn kurzerhand überführen? Ihr macht wohl Scherze. Ihr wollt Fakten? Es gab keine Fakten, keine Beweise. Alles fußte auf Intuition und Annahmen. Heraklit hat mich nicht ausgebildet, damit ich meinen Verstand nicht benutzte. Die einzige Hoffnung für Griechenland lag darin vorzugeben, Themistokles habe die ganze Zeit geplant, die griechische Flotte zum Kampf zu zwingen. Und vielleicht entsprach das sogar der Wahrheit ...

Vielleicht war es seine Absicht, dass die griechische Flotte die Segel setzte und floh – geradewegs in die zermalmenden Zähne der Perser, als Verzweiflungsangriff. Vielleicht malte er sich aus, dass die Korinther und Männer der Peloponnes in die Fänge der Perser gerieten und Stück für Stück zerrieben würden. Das hätte Athen und Ägina womöglich eine bessere Ausgangsposition für Verhandlungen verschafft, und all das hätte Themistokles' Position stärken können.

Mir schwirrt jetzt noch der Kopf, wenn ich versuche, Ordnung in dieses Chaos aus Theorien zu bringen.

«Die Perser werden bald auf See sein», wiederholte ich. «Es ist an der Zeit, die Flotte davon in Kenntnis zu setzen, damit wir uns vorbereiten können. Auf das große Gefecht.»

Themistokles drehte mir langsam den Kopf zu und sah mir in die Augen. Er versuchte, mich einzuschätzen, meine Absichten zu ergründen. Ich spürte es, wusste es, genau wie ein Mädchen weiß, dass ein Mann ihr auf die Brüste und nicht in die Augen schaut. Er wollte in Erfahrung bringen, was ich wusste.

Kleitos zupfte sich nachdenklich den Bart. «Wovon soll die Flotte in Kenntnis gesetzt werden?», hakte er nach.

Themistokles versteifte sich sonderbar, ehe er aufstand. «Ich habe einen Plan, um Griechenland vor dem Untergang zu bewahren», sagte er bedeutungsschwer.

Ob ich nun die Wahrheit kannte oder nicht, von jenem Moment an richtete Themistokles all sein Streben darauf aus, Griechenland zu retten.

Die Götter greifen in die meisten Angelegenheiten der Menschen ein, daher wird es euch kaum überraschen, dass sie an jenem Abend ihren Einfluss geltend machten. Die erste Tat der Götter war vermutlich, dass Ka mich befreit hatte, aber das noch wichtigere göttliche Eingreifen sollte erst noch kommen. Wir schlenderten zurück zur Ratsversammlung, bei der es immer noch laut zuging. Inzwischen stand mein Freund Lykon auf der Plattform und versuchte, die Athener aufzumuntern, indem er zum Ausdruck brachte, dass Adeimantos nicht für alle Korinther sprach. Wir waren noch etwa zwanzig Schritte vom großen Lagerfeuer entfernt und näherten uns den Zuhörern, die den äußeren Ring der Versammlung bildeten. In dieser Zone traten ab und zu Männer zu den Büschen, um zu pissen, und genau bei diesen Büschen standen Sklaven mit Weinschläuchen. Plötzlich schälte sich aus der Dunkelheit eine Gestalt, die sich uns zuwandte. Aristeides.

«Themistokles», grüßte er.

Der Demokrat neigte kurz das Haupt. «Aristeides.»

Hätte ich wissen wollen, wie Kleitos und ich aussahen, wenn wir miteinander sprachen, nun, dann hätte ich mir in jenem Moment ein Bild machen können – denn die beiden Männer verkörperten das wahre Abbild gegenseitiger Abneigung. Dennoch hatten sie von Beginn an beide danach gestrebt, Griechenland zu befreien. Wenn ich mit meinem Verdacht richtiglag, dann hatte Themistokles es sich irgendwann anders überlegt und aufgegeben. Aber nicht Aristeides.

«Wir sind eingeschlossen», sagte Aristeides ohne Umschweife. «Wusstet Ihr das schon?»

«Eingeschlossen?», fragte Themistokles.

Der Mann, den sie «den Gerechten» nannten, nickte nur. Hinter ihm tauchten zwei seiner Sklaven auf, mit Fackeln in den Händen. «Ich ließ meine *Nike* am Strand von Ägina», fuhr er fort. «Nach Salamis kehrte ich mit zwei Triremen zurück, die heilige Statuen ihrer Götter an Bord hatten. Nach Sonnenuntergang überbrachten uns Fischer aus Ägina die Nachricht.» Er blickte sich um. Kleitos trat zu uns, andere Männer gesellten sich nach und nach dazu. Ich sah Kimon, auch Xanthippos. Aristeides hatte sie alle mit der Kraft seiner Stimme angelockt, Freunde wie Gegner gleichermaßen.

«Die gesamte persische Flotte ist auf See», sprach er. «Die Strände bei Phaleron dürften verwaist sein. Wir schlängelten uns durch die Ägypter hindurch und wurden wiederholt angerufen, aber einer meiner Ruderer spricht Ägyptisch und Persisch.»

Themistokles lachte, in meinen Ohren ein falsches Lachen. «Ah, Aristeides! Wir sind vielleicht Gegner, aber Ihr seid der Mann, der meinen klugen Plan zu würdigen weiß. Ich war es, der die Perser anlockte.»

«Ihr?» Aristeides sah ihn ungläubig an.

«Ja, ich forderte sie gleichsam auf zu kommen», fuhr Themistokles in dem gleichen unbeschwerten Ton fort. «Fragt Arimnestos.»

Oh, wie klug er war, gerissen, würde ich sagen. Denn Aristeides wäre niemals davon überzeugt gewesen, dass ich in Verrat und Intrige verwickelt war. Themistokles hatte mich wie einen Spielball benutzt – wieder einmal.

Aber ich hatte keine Zeit, mich darüber aufzuregen oder mir deswegen den Kopf zu zerbrechen. Hier ging es um alles oder nichts. «Jetzt müssen wir kämpfen», sagte ich.

Themistokles nahm Aristeides bei der Hand. «Ihr habt die Meder selbst gesehen?»

«Meder, Perser, Phönizier und Ägypter. Und viel zu viele ionische Griechen», fügte er ernüchtert hinzu.

Themistokles wirkte aufgeregter als zuvor. «Das müsst Ihr dem Rat mitteilen!», rief er und unterstrich seine Worte mit gewichtigen Gesten. «Mir wird niemand Glauben schenken. Aber alle wissen, wie sehr Ihr mich hasst – Euch wird man glauben, Aristeides.»

«Sagen wir so: Mir wird man Glauben schenken, weil ich es mir nicht zur Angewohnheit gemacht habe, Lügen zu verbreiten», entgegnete Aristeides. Das ist einerseits wahr, andererseits falsch – wir Griechen haben die törichte Angewohnheit, dass wir denjenigen glauben, von denen wir möchten, dass sie die Wahrheit sagen, und nicht so sehr den Leuten, von denen wir ohnehin wissen, dass sie stets aufrichtig sind.

Themistokles zuckte zusammen, ließ aber die Hand meines alten Freundes und Weggefährten nicht los.

Hinter mir tauchte Kleitos auf und sagte leise zu mir: «Was geht hier eigentlich vor, bei der Schwärze des Tartaros?» Seine Stimme glich einem Grollen.

Ich drehte mich halb zu ihm um. «Wir retten Griechenland vor den Barbaren.»

Kleitos lachte. «Und nicht zum ersten Mal!»

Jetzt musste auch ich lachen, ja, ich brüllte vor Lachen. Männer drehten sich um, sahen mich lachen, und dann umarmte ich meinen alten Widersacher. Die Götter waren Zeugen, ich tat es wirklich! «Ganz recht, Gefährte», sagte ich, ehe die Lachtränen trocknen konnten.

Er erwiderte die Umarmung, und Aristeides lächelte im Schein der Fackeln.

«Wenn sogar diese beiden Frieden schließen», sprach er, «dann werde auch ich mit Euch meinen Frieden machen. Immerhin ist es ja nichts als die Wahrheit. Bringt mich zum Rat.»

So kam es, dass Themistokles, der Erzdemokrat, Aristeides den Gerechten, den selbstgefälligen, hochnäsigen Erzkonservativen – der mein bester Freund war – zur Rednerplattform führte, um die sich an die zweihundert Befehlshaber geschart hatten. Es war tief in der Nacht.

Themistokles deutete auf den Mann, der bereit war, das Wort zu ergreifen. «Hier steht meine Nemesis, Aristeides, der aus dem Exil zurückkehrte, um heute Nacht vor den Befehlshabern der Flotte zu sprechen. Gebt acht auf seine Worte und seid versichert, dass ich hinter allem stehe, was er euch zu sagen hat.»

Aristeides nahm die Zuhörerschaft in Augenschein. Sein Blick suchte meinen, aber nur kurz, dann ließ er ihn schweifen – er gehörte nicht zu den Männern, die einem weise oder scherzhaft zuzwinkern. Doch noch schwieg er, sodass die ersten Männer hüstelten. Das Schweigen zog sich in die Länge, wurde unangenehm.

«Die Flotte der Perser ist auf See», sagte er dann ziemlich leise. «Sie haben uns eingeschlossen. Ihre Schiffe sind an den Stränden gegenüber von uns, weiter nördlich. Und sie entsandten ein Geschwader, das den westlichen Zugang zum Isthmus blockiert.»

Es herrschte eisiges Schweigen.

«Wir haben nun nicht länger die Wahl», fuhr er fort. «Ich werde nicht noch einmal die alten Argumente bemühen. Sofern ihr nicht wünscht, euch zu unterwerfen und in die Sklaverei zu geraten, müssen wir kämpfen!»

Das Schweigen hielt an, doch dann redeten wieder einmal alle durcheinander. Das übliche Spiel der Griechen, wenn sie wieder und immer wieder herausfinden wollen, wessen Schuld es diesmal war oder gewesen sein könnte. Das Stimmengewirr schwoll um uns herum an, doch dann schlug Eurybiades mit seinem Stab auf die Plattform der Redner. Es war ein Knallen wie bei einem Donnerschlag. Ich habe das noch heute im Ohr.

«Seid ihr Kinder?», rief er über die Köpfe der Männer hinweg.

Er war im Begriff, mehr zu sagen, aber da zwängte sich schon Themistokles an ihm vorbei und trat in den Schein des Feuers. «Ich habe einen Plan», sagte er.

«Schweigt, oder ich schlage zu!», drohte Eurybiades und hob den Stab. Er war wirklich wütend, und ich denke, so ziemlich jeder Befehlshaber hätte die Geduld verloren.

«Nur zu, schlagt mich, aber hört mich vorher an», flehte Themistokles. Dann ging er tatsächlich auf ein Knie, als wäre er ein Bettler, der um ein Almosen bettelt.

Bei Zeus, was für eine Darbietung er ablieferte!

Dort stand der Spartaner, hatte den Stab bereits drohend erhoben, und vor ihm kniete der Athener wie ein Bittsteller.

«So sprecht», grummelte der Spartaner.

Themistokles sprang auf. «Die Perser halten das für einen Kampf an Land», begann er. «Sie denken, sie bräuchten uns nur mit einer Übermacht auf unserer linken Flanke zu überrennen, und schon würde unser Widerstand in sich zusammenbrechen. Sie rechnen damit, dass wir uns in west-östlicher Ausrichtung in Formation bringen, aber sie kennen diese Gewässer nicht. Die Mehrzahl ihrer Schiffe wird die Nacht über auf dem Meer dümpeln, die Rümpfe werden schwer und vollgesogen sein, die Männer sind müde. Wir können siegen!»

Man kann sagen, was man will – und ich habe mich oft dazu geäußert –, aber wenn Themistokles erst einmal in Fahrt war, dann war er ein brillanter Redner. Ich erkannte das sofort. Andere Männer mussten erst noch überzeugt werden, manch einer musste es sich zwei- oder dreimal erklären lassen. Und in der Zwischenzeit schickte Eurybiades schon die Unterbefehlshaber zu Bett und trug Boten auf, alle Ruderer eine Stunde vor Sonnenaufgang zu wecken.

Ich gebe zu, dass es absolut nicht mein Plan war, dennoch wusste ich, dass ich auf meine Weise etwas dazu beigetragen hatte. Klar war, dass Themistokles die Kabbelung in den frühen Morgenstunden ausnutzen wollte, auch die eigentümlichen Windverhältnisse in der Bucht, aber die Idee, dass wir ihnen eine Falle stellen würden, indem wir die Riemen strichen, ging allein auf ihn zurück. Dabei hatten wir bei Artemision schon einmal dieselbe Taktik angewendet. Er sagte seinen Zuhörern, der Großkönig gehe inzwischen davon aus, dass etliche Griechen Verrat begehen würden, und deshalb rechneten Xerxes und seine Berater damit, dass wir fliehen würden.

Nun gut. Trotzdem behielt ich die Korinther im Auge.

Aber es war ein guter Plan, auch wenn er mir eher schlicht vorkam, doch wir blieben flexibel. Sollte das Wetter in unserem Sinne sein, würden wir die Bedingungen nutzen, sollte es indes windstill sein, hatten wir noch Alternativen.

Aristides war ohne Schiff, da seine schöne *Athene Nike* repariert wurde, aber er brachte noch einen neuen Aspekt ein. Wir hatten so viele Hopliten, dass wir sie alle gar nicht auf den Schiffen unterbringen konnten. Diese Krieger sollten an Land bleiben, und so erhielt Aristeides das Kommando über die Hopliten auf Salamis. Er ließ uns wissen, er werde versuchen, die beiden kleinen Inseln in der Mitte der Straße zu besetzen. Die Eilande waren im Grunde unbedeutend, aber das größere der beiden war immerhin groß genug, um tausend Mann aufzunehmen und zu formieren. Wir wollten die Inseln nicht dem Feind überlassen, denn einige Kontingente Bogenschützen hätten unserem Zentrum zusetzen können. Wir überließen Aristeides all unsere Pentekonteren und Fischerboote, um die Männer transportieren zu können.

Sowie die Entscheidung gefallen war, dass wir kämpfen würden, gingen wir alle sehr zielstrebig vor. Ich möchte noch betonen, dass es Eurybiades war, der den Beschluss fasste, den Kampf zu suchen.

Er ließ nicht noch einmal abstimmen. Vielleicht dachte er, dass es offensichtlich geworden war, was wir tun mussten, vielleicht war er des Redens aber auch überdrüssig. Aus meiner Sicht hatte man sich jedenfalls schon viel zu lange mit Reden aufgehalten.

Wir kehrten zurück zu unserem Lager, wo ich meine ganze Rüstung ausbreitete und zwei meiner Sklaven weckte und ihnen auftrug, die Bronze zu polieren. Ich hatte mir vorgenommen, in voller Rüstung zu erscheinen – Beinschienen, an den Schienbeinen und Oberschenkeln, Armschienen und so weiter. Ich wollte strahlen wie eine Gottheit. Denn im Krieg bekommen solche Dinge Bedeutung.

Schließlich rollte ich mich in meinen Mantel und schlief ein. Tatsächlich gelang mir das, ohne dass ich mich in weiteren Gedanken verfing.

TEIL 2

AUF MESSERS SCHNEIDE

Als ganz Griechenland auf der Schärfe des Messers stand, beschützten wir es mit unseren Seelen, und hier ruhen wir.

INSCHRIFT AUF DEM KENOTAPH
ZU EHREN DER TOTEN VON SALAMIS

8. KAPITEL

Ich erwachte aus einem Traum, der so erotisch war, dass ich womöglich an einem Punkt angelangt war, eine Taktlosigkeit zu begehen. Natürlich überlegte ich sofort, was die Götter damit meinten, als sie mir einen Traum bescherten, in dem ich mit Jocasta in Liebe vereint war. Ihr wisst ja sicherlich, dass ich dieser Frau enormen Respekt entgegenbrachte, aber genauso gut müsstet ihr wissen, dass ich mich nie körperlich zu ihr hingezogen fühlte. Doch während mein Geist unmittelbar nach dem Aufwachen noch träge war, fand ich diese Vorstellung recht amüsant, und so entledigte ich mich meines Mantels. Als ich in die Fluten sprang, sah ich eher wie ein Satyr aus, nicht wie ein Mensch. Später trocknete ich mich in der Dunkelheit mit Tüchern ab, ging zu Seckla und weckte ihn. Nach und nach wachten die Männer in meiner Nähe auf und verliehen unseren Lagerfeuern neues Leben.

Ich schickte Hipponax auf die Anhöhe, auf dass er mir berichtete, was von unseren Wachtürmen aus zu sehen war. Währenddessen ging ich über den Strand, bis ich sicher sein konnte, dass die Athener auf den Beinen waren. Xanthippos gab sich wortkarg, war aber höflich und stand schon in Rüstung da, ich hingegen war noch nackt, mein Haar war nass vom Schwimmen. Aber ich fühlte mich gut, und es wurde noch besser, als Hektor mir einen Hornbecher mit gewürztem Wein in die Hand drückte.

Der erste Kuss der Dämmerung berührte den Himmel, und ich legte meinen besten Chiton an, aus milchweißer Wolle, mit purpurnen Streifen und roten Stickereien. Besonders stolz war ich auf die eingewebten Figuren, die Raben und Sterne darstellten. Danach nahm ich mir Zeit und wickelte mir Lederstreifen um die

Fußknöchel, um zu verhindern, dass die Unterkanten der Beinschienen über meinen Fußrücken schabten. Erst dann legte ich die Beinschienen an, fluchte aber, als sie mich jede alte Verletzung und die Blessuren des letzten «Ausflugs» spüren ließen. Hektor kniete hinter mir und zog alle Riemen stramm, ehe er meinen linken Oberschenkel mit Bronze bewehrte – wenn man im Gefecht getroffen wird, dann meistens am linken Bein. Manchmal trage ich Rüstung an beiden Oberschenkeln, für gewöhnlich aber nur links.

Dann klappte er meinen herrlichen bronzenen Thorax auf, den Anaxsikles einst in Syrakus mit neuer Bronze versehen hatte – das schien eine halbe Ewigkeit her zu sein. Er legte mir den Panzer an, zog Lederbändchen und Schnallen fest, befestigte den Armschoner an meinem rechten Unterarm und die Schulterpolsterung auf der rechten Schulter. An der linken Schulter und dem linken Unterarm braucht ein Krieger so gut wie keinen Schutz – diese Partien schützt in der Regel der Aspis.

Viele Männer hatten sich am Strand eingefunden. Fast kam es einem wie eine Zeremonie bei einem Fest vor. Ich war wie Achill, der sich zum Kampf rüstet, oder wie Ares oder der mächtige Ajax, kurzum, wie einer der Unsterblichen und Helden. Und im Schimmer der Dämmerung schien meine Bronze rötlich zu glühen, als hätte ich das Blut eines feurigen Unsterblichen vergossen. Hektor brachte mir meinen Helm, und Hipponax, der von seiner Mission zurückgekehrt war und sich aus irgendeinem Grund verstohlen umblickte, berichtete, die Männer der Peloponnes seien bereits gerüstet und ließen ihre Ruderer an Bord ihrer Schiffe. Fast im selben Atemzug teilte er mir mit – unnötigerweise eigentlich –, die Mädchen aus Brauron seien auch schon auf den Beinen und sängen Loblieder. Er schob mir den Aspis über den linken Arm, und danach statteten sich Hektor und Hipponax gegenseitig mit allem Nötigen aus.

Brasidas trat aus seinem Zelt und war ebenfalls gerüstet, auch

Idomeneus sah ich, der gottgleicher als alle anderen aussah: Er hatte den perfekten Körper eines Kriegers, trug leuchtende Bronze, dazu seinen altmodischen Helm, dessen Busch wippte wie bei Hektor aus der *Ilias*. Achills Namensvetter, also mein Vetter Achill, bereitete uns wahrlich keine Schande, auch wenn er von seiner letzten Verletzung noch etwas angeschlagen war und weiterhin dumpf vor sich hin brütete. Doch er kam vom oberen Strandabschnitt zu uns gelaufen, ebenfalls in voller Rüstung, und die Bronze fing die ersten Strahlen der neuen Sonne ein.

Während wir also in unserer Bronze leuchteten, erschienen die meisten Ruderer nackt oder trugen Lendentücher. Aber die Thraniten der *Lydia* hatten Helme und Brustpanzer aus persischem Leinen, die mit Stickereien verziert waren, oder gefütterte Panzer aus gegerbtem Leder – Panzer dieser Machart hatten wir auf ionischen Schiffen erbeutet. Auch athenische Brustpanzer aus Leder, das mit Alaun behandelt wurde, fanden sich bei den Ruderern der oberen Reihe. Viele von ihnen hatten Speere, einige nahmen Schwerter oder Äxte mit an Bord, auch kleine Streitkolben mit bronzenen Köpfen. Unsere Ruderer verfolgten, wie wir uns rüsteten, und vielleicht gaben wir ihnen das Gefühl, dass unsere bronzenen Platten auch sie schützen würden – später habe ich oft gedacht, dass es vielleicht sogar stimmte.

Als unsere Mannschaft sich nach und nach bei der *Lydia* einfand, verschaffte ich mir einen Überblick – die Epibatai waren angetreten, des Weiteren Leukas, Onisandros und Polymarchos, der sich mit Sittonax unterhielt, mit dem faulsten Menschen, den ich kannte. Aber mein alter Freund aus Gallien war ein gefährlicher Kämpfer, wenn es darauf ankam, viele Male hatte ich mich mit ihm im Wettstreit gemessen, und seither gehörte er zu meinen Seekriegern. Zuletzt gesellte sich unser Schiffshund zu uns, lief über den Strand zu mir und brachte mir ein Kaninchen, das noch atmete. Ich tätschelte ihm den Kopf und bedeutete Hektor, den Hund mit einem Würstchen zu füttern, für das er sofort das Kaninchen hergab. Dieses Kaninchen hatten uns die Götter gesandt, und so schlitzte ich dem Tier die Kehle auf, um es zu erlösen, aber auch als Zeichen meiner Opferbereitschaft. Über dem Feuer schnitt ich den Leib auf.

«Sieg!», brüllte ich, ehe ich überhaupt einen Blick auf die Eingeweide geworfen hatte. Aber die Leber erwies sich als gesund und ohne Verfärbungen – was nicht bei allen Wildkaninchen der Fall ist, das lasst euch sagen. Sicher, ich bin kein Wahrsager, aber das Kaninchen war von Zeus gesandt und verriet mir, dass wir siegen würden.

Meine Leute jubelten in einem fort, und bald jubelten auch die Männer von den anderen Schiffen, sodass die Rufe von der Steilklippe widerhallten, als würden die Götter mit lauten Stimmen ihre Zusicherung gewähren.

Wir hatten eines unserer gallischen Weinfässer angezapft, und Onisandros schenkte je einen Becher an die Mannschaft aus. Ich überlegte nicht lange und sprang auf das Fass.

«Männer der *Lydia*!», rief ich.

Alle erstarrten.

«Hört gut zu, Brüder!», fuhr ich fort. «Viele Male hörte ich Männer streiten, ob nun die Hopliten oder die Ruderer Griechenland retten würden.»

Ich machte eine Pause.

Bei den Göttern, die Männer hielten wirklich alle den Mund! Was für eine Stille!

«Und ich sage, wir werden Griechenland nur gemeinsam retten. Von heute an, das sage ich, ist jeder Mann, der sich für unsere Sache gegen die Meder in den Riemen legt, mein Bruder. Ja, in allen willigen Helfern sehe ich einen Nachfahren des Herakles, ein jeder von euch wird sagen dürfen, er sei edler Abstammung, ein freier Mann, der auf Erden wandelt und seinen Feinden trotzt. Dies ist unsere Stunde, meine Freunde, denn vor den Augen der Götter wird sich entscheiden, ob wir wahrlich jener Freiheit würdig sind, die unsere Vorväter für uns erkämpften. Daher sage ich, dass all diejenigen, die von heute an sterben, zu Hektor und Achill und zu den Toten von Marathon gehen werden, auch wenn sie als Sklaven geboren wurden und selbst unfrei waren. Und diejenigen, die die kommende Zeit überleben, haben ihre Pflicht erfüllt und werden für immer als freie Männer in Erinnerung bleiben, ganz gleich, in welchem Land sie unter den Sternen auf Erden wandeln werden. Und indem ich jeden von euch zum edlen Sohn des Herakles erkläre, so erwarte ich, dass ihr alle nichts erstrebenswerter finden werdet, als bewaffnet in den Tod zu gehen oder aber lebend den Sieg auszukosten. Denn ich verspreche euch, meine Brüder, dass ich am Ende dieser Schlacht nicht mehr leben werde, falls wir verlieren. Sollte das freie Griechenland ein Traum bleiben, so werde ich für diesen Traum sterben und noch in der anderen Welt von unserer Freiheit träumen. Wollt ihr meine Brüder im Kampfe sein?»

Bei Zeus, was für einen Lärm sie machten! Ich war ganz trunken von diesem Jubel – ja, ich wähnte mich an der Seite der Götter, denn diese Worte konnte mir nur Athene eingeflüstert haben. Aber während mir der Jubel der Männer wie Poseidons mächtige Stimme vorkam, die von der Steilküste zurückgeworfen wurde, vernahm ich aus nächster Nähe einen eigenartigen Jubelruf, den eine ungewöhnlich hohe, fast schrille Stimme von sich gab.

Erst später sollte ich mich wieder an diese hohe Stimme erinnern. Dazu kommen wir noch.

Themistokles berief eine letzte Versammlung ein. Ich muss dazu sagen, dass ich glaubte, dass dieser Mann nur deshalb so gern Versammlungen abhielt, weil er sich dann mit all seinen Redekünsten in Szene setzen konnte. Vielleicht liebte er es auch einfach nur, lange Reden zu halten.

Die Versammlung, von der ich spreche, war noch größer als die vorigen, da nicht nur die meisten Trierarchen und Navarchen anwesend waren, sondern auch viele Steuermänner und Epibatai, also sowohl Befehlshaber als auch berühmte Kämpfer. Es wurde niemandem verboten, zu dieser Versammlung zu erscheinen. Die Sonne zeigte sich noch nicht ganz über dem Horizont, als Themistokles seine Rede hielt, und danach schärfte uns Eurybiades ein, ein jeder solle seine Position halten, die Riemen streichen – falls es angezeigt war – und nicht auf eigene Faust aus der Formation ausscheren.

Nach meinem Dafürhalten brachte es Eurybiades in seiner Rede besser auf den Punkt.

Aber ich will Themistokles gern zugestehen, dass er ruhig und angemessen sprach, und als er abschließend betonte, der Sieg sei uns gewiss, sah er wirklich wie ein fähiger Oberbefehlshaber der Flotte aus.

Während die Epibatai und Steuermänner zu den Schiffen eilten, scharte Themistokles zwei Dutzend Kommandanten um sich. Aus der morgendlichen Brise erwuchs ein stärkerer Wind, und unterdessen konnten wir von den Stränden aus die Perser auf den Küstenwegen gegenüber von uns sehen, unter den Hängen des Aigaleos.

Doch zwischen uns und dem Landheer des Großkönigs konnte man das wohl eindrucksvollste Spektakel verfolgen, das ich je erlebt habe. Die Brise wurde, wie gesagt, zum Wind, aber über der Bucht von Salamis lag immer noch Frühnebel. Er hing über dem Wasser wie Rauch, der sich über die Opfergaben auf dem Altar legt. Die Flotte der Perser – noch lagen die Masten an Deck – war nur zu erahnen, ungefähr so, wie ein kundiger Jäger eine Gruppe von Rehen an einem nebligen Morgen auch nur an den Bewegungen erahnen kann, oder sobald sich Lücken in den Nebelschwaden bilden.

Die Sicht war also allgemein eingeschränkt, trotzdem konnten wir von unseren erhöhten Posten erkennen, dass die Perser still und leise an der Insel Psyttaleia vorbeigeglitten waren, und auf der Insel selbst wimmelte es von persischen Truppen. Der Feind schickte sich an, unsere Strände in großem Bogen zu umschließen – und das war ihm in der Tat fast gelungen.

Aristeides nickte, er sah groß und gottgleich aus in seiner Rüstung. «Wir werden die Insel erobern», sagte er.

«Aber erst, wenn ich das Zeichen gebe», hob Eurybiades hervor. «Die Perser wollen doch, dass ein Gefecht auf See wie eine Schlacht an Land verläuft, wie man hört.» Weder lächelte er, noch grinste er – das war nicht die Art der Lakedaimonier. Aber er verströmte eine ungebrochene Zuversicht. «Ich werde ihnen eine Schlacht liefern, die ihnen in Erinnerung ruft, was See, was Land und was nichts als Luft ist.»

Danach befahl er den Männern aus Ägina, sich unter Waffen unten an ihren Strandabschnitten aufzuhalten, bereit, jederzeit mit dem Bug voraus abzulegen. Ihnen sollten Aristeides und dessen Hopliten Schutz bieten, zusammen mit dem athenischen Kontingent aus vierhundert Bogenschützen – es waren genug erfahrene Schützen, die mit nur einer Salve die Decks von fünf Triremen hätten leerfegen können.

«Die Umstände haben sich geändert, aber nicht allzu sehr», sprach er. «Seht ihr, wie weit ihr vorderstes Geschwader vorangekommen ist?» Er deutete in die Ferne.

Kimon ergriff das Wort. «Das sind Phönizier», meinte er und beschattete seine Augen mit einer Hand. «Darauf verwette ich mein Leben. Sie sind fast auf Höhe von Eleusis.»

Eurybiades nickte. «Ihr, Kimon, und Ihr, Platäer – ihr werdet ablegen und einen westlichen Kurs einschlagen, als würdet ihr fliehen. Xanthippos, Ihr werdet den beiden folgen. Sobald ihr den goldenen Schild aufblitzen seht, werdet ihr das Gefecht suchen, aber nicht eher. Jedes Stadion, das ihr westwärts hinter euch lassen könnt, auf dass ihr den Kampf in östlicher Richtung einleitet, wird uns zum Vorteil gereichen.»

Die Männer sahen einander verdutzt an. «Ihr wollt, dass wir auf Euer Kommando Kurs West nehmen, um dann in engem Bogen zurück auf Ost zu gehen», fasste ich seinen Plan zusammen.

«Genau», kam es knapp von ihm.

«Wie bei Lade mit verkehrten Vorzeichen», sagte Kimon guter Dinge. «Wir rufen den Phöniziern in Erinnerung, wie gut sie sich einst dort bewährten.»

«Die Korinther nehmen es in östlicher Richtung mit den Ägyptern auf, für den Fall, dass sie die Insel umrunden und von West aus angreifen wollen. Ich habe Opfer dargebracht und mit Gebeten erfleht, dass dem Feind dies nicht gelingen möge, und dann werden die Korinther unsere Reserve sein.» Eurybiades wartete ab, da etliche Beschwerden laut wurden. Doch er hielt diesen Widerspruch aus, indem er ruhig und gelassen blieb. «Ihr werdet erst dann vorrücken, wenn ich euch eine Pentekontere schicke.»

Adeimantos nickte und wirkte auf mich zufrieden, da er und seine Korinther dem direkten Kampfgeschehen fernbleiben würden.

Sein Blick ging zu Themistokles. Der gerissene Athener nickte, als hätten sie die ganze Absprache wie ein Theaterstück geprobt, in dem jeder seine Sprechrolle erhielt. Vielleicht war es ja sogar ähnlich verlaufen. Zumindest Themistokles war engagiert bei der Sache. Inzwischen sprach niemand mehr von Unterwerfung oder Flucht. Selbst Adeimantos war in Rüstung erschienen, wirkte frisch und ausgeruht und engagiert – das muss ich diesem Kerl zugutehalten.

«Gleich zu Beginn des Gefechts müssen wir unseren Gegner aus seiner Formation locken», sagte er und deutete über die Meerenge.

Unterhalb von uns, auf den Stränden, waren die Männer unermüdlich in Bewegung. Einige Steuermänner machten sich bemerkbar und riefen uns etwas zu, als glaubten sie, uns wäre nicht bewusst, wie nah der Feind bereits herangekommen war. Man braucht einen klaren Kopf, mit den Befehlshabern zu sprechen, wenn der Feind schon in Sichtweite ist, aber auf diese Weise kann man auch Schlachten entscheiden. Eurybiades gehörte zu den Männern, die selbst in großer Gefahr einen kühlen Kopf behielten. Er wirkte so ruhig auf mich wie ein Mann, der auf Hasenjagd geht oder eine Runde auf seinem Weinberg drehen möchte.

Themistokles fuhr fort. «Die Perser wollen uns ihre Taktik aufzwingen, sie werden sich von Ost nach West auf langer Linie formieren. Aber wir werden versuchen, sie von dieser Taktik abzubringen, wir zwingen sie in eine Position, bei der sie achteraus zur Meerenge stehen und eine Nord-Süd-Achse bilden müssen.»

Die persischen Schiffe schlossen langsam zu uns auf, aber bereits jetzt konnten wir erkennen, dass weitere Triremen hinter den vorderen Geschwadern folgten. Aus meiner Sicht sah es ganz danach aus, als würden die Feinde zu dicht zusammenbleiben. Sie liefen Gefahr, zu wenig Raum zum Rudern zu haben – vielleicht gingen sie in ihrem Übermut davon aus, dass die Mannschaften keine Fehler machen würden.

Von da an gefiel mir unser Vorhaben.

Ich hatte davon in den frühen Stunden des Tages gehört, hatte es verinnerlicht und war damit einverstanden. Mir gefiel zudem, dass wir gleich zu Beginn mit drei unserer größten Geschwader Kurs West nehmen würden, entlang der Küste zur offenen See – ganz so, als würden wir fliehen. Und damit hatten die Perser ja gerechnet.

«Erst wenn ich den goldenen Schild hebe», sagte Eurybiades.

Ich nickte, auch Kimon war einverstanden. Ich denke, dass die übrigen Navarchen auch zufrieden waren.

«Packen wir es an», sagte der Spartaner.

«Wir sollten nicht vergessen ...», setzte Themistokles an, wurde jedoch von Eurybiades unterbrochen.

«Die Zeit zum Reden ist vorüber», sagte er eindringlich, ohne unhöflich zu klingen. «Von jetzt an kämpfen wir.»

Als wir uns entfernten, hörte ich Adeimantos sagen: «Der alte Spartaner weiß eben, wem er trauen kann! Die Korinther nehmen die Ehrenposition ein und bilden die Reserve – auf diese Weise werden wir die Waagschalen des Kampfes beeinflussen!» Er sagte das offenbar vor sich hin und sprach niemanden direkt an.

Kimon ging darauf nicht weiter ein.

Ich rang mir ein Lächeln ab. «Wisst Ihr, Adeimantos, ich war schon in ungefähr vierzig Kämpfen dabei, aber niemand hat je vorgeschlagen, dass ich in der Reserve warten soll.»

Der Korinther errötete, und Kimon lachte auf. Etliche der Männer klopften mir dankbar auf die Schulter.

Manchmal fallen mir eben die passenden Kommentare ein.

Noch immer hing der Nebel über der Bucht, doch an vielen Stellen löste er sich allmählich auf. Die See verströmte einen angenehm frischen Geruch, die Brise konnte man fast schon als Wind bezeichnen – bereits jetzt hatten wir mehr Wind, als jedem Befehlshaber bei einem Seegefecht lieb sein kann. So gestaltete sich schon das Ablegen als schwierig, um es einmal gelinde auszudrücken, denn sowie wir die Ankersteine am Bug an Bord hievten, erwischten uns die Wellen breitseits und drückten uns vom eigentlichen Kurs weg. Alle Schiffe entlang der Küste liefen Gefahr, schon in der relativ leichten Brandung abgelenkt zu werden, aber glücklicherweise hatten wir keine unerfahrenen Trierarchen oder Steuermänner.

Wir legten ganz zufriedenstellend ab, doch schon bald hatten wir Schwierigkeiten, in eine geordnete Formation zu gehen. Ich hörte, wie Xanthippos' Steuermann Seckla verfluchte, wie ein Mann, der sich auf der Agora beim Kauf eines schlechten Pferds betrogen fühlt. Diese Flüche trug der Wind weit übers Wasser. Seltsamerweise konnten wir auch die Perser hören, obwohl die Wellen an die Bordwand klatschten – ja, der Wellengang an jenem Morgen war ungewöhnlich stark, aber noch nicht so schlimm, dass man sich als Seemann Gedanken zu machen brauchte.

Die Schiffe unter meinem Kommando verließen den Strand. Gut, es waren nur vier, die *Lydia* mit eingerechnet: Harpagos befehligte die *Sturmbezwingerin*, Demetrios die *Amastis* – da die *Athene Nike* ja weiter südlich am Strand von Ägina lag und am Bug repariert werden musste –, Giannis und Megakles hatten das Kommando auf der *Rabenschwinge*. Die Besatzung auf meinen anderen Schiffen bestand inzwischen nicht länger aus Platäern, sondern aus athenischen Bürgern. Nein, das stimmt nicht ganz. Ich hatte fünf Schiffe – denn wir wollen die *Najade* nicht vergessen, meine Prise, die zu den «freien Griechen» übergelaufen war. Theognis blieb Steuermann an Bord der *Najade*, aber ich zog die Hälfte der Epibatai ab und ersetzte sie mit dem jungen Perikles – die Erlaubnis seines Vaters hatte ich eingeholt – und dessen Gefährten Anaxagoras. Zum Befehlshaber ernannte ich einen Mann namens Philokles, einen Spartiaten, den Bulis mir empfohlen hatte. Die *Najade* war das einzige Schiff, das eine Besatzung aus Städten des Bündnisses hatte. Ich schickte noch zwanzig meiner Ruderer aus Platäa an Bord und nahm im Gegenzug zwanzig Mann aus Lesbos in die Rudermannschaft der *Lydia* auf. Da ich aber der *Najade* noch nicht zutraute, in vorderster Gefechtslinie zu sein, trug ich Harpagos und Demetrios auf, ein Auge auf die Prise zu haben. Hätte Aristeides nicht das Kommando über die Hopliten übernommen, hätte ich ihm die *Najade* unterstellt.

Vier Schiffe oder fünf, es drohte kein unmittelbares Gefecht, bei dem meine Befehlshaber meine Anweisungen erwarteten. Meine Aufgabe war einfach: Wir sollten hinter Kimon bleiben, möglichst weit nach Westen pullen und dann das vereinbarte Signal befolgen.

Im Grunde liebt es jeder Seemann und jeder Ruderer, ein doppeltes Spiel zu spielen. Vielleicht wohnt in jedem von uns ein kleiner Verbrecher, aber unser ganzes Leben lang hören wir, dass wir die Falschheit meiden sollen und ehrlich zu sein haben – und wenn man dann hört, dass es deine Pflicht ist, eine bestimmte Rolle zu spielen und deinen Gegner zu täuschen, kann das großen Spaß machen. Ich sage euch, als wir mit unserem kleinen Geschwader unter Riemenschlägen nach Westen flogen – in einer Formation, in der drei Triremen nebeneinander fuhren –, hörte ich einen der Ruderer grummeln: «Wartet's nur ab, wir sind im Nu am Isthmus, Männer!» Ein anderer tat so, als würde er aus Angst in Tränen ausbrechen. Sicher, Stückeschreiber wie Phrynichos oder Aischylos hätten bei dieser Komik nur müde gegähnt, aber ich bleibe dabei: Als wir in mieser Formation, die immerhin ein Drittel der Bucht einnahm, nach Westen pullten, wäre jeder Beobachter zu der Überzeugung gelangt, dass wir in unserer Panik flohen.

Leider konnten uns die Perser nicht allzu gut sehen. Bestimmt hörten sie, dass etwas in unseren Geschwadern nicht stimmte, aber bei dem Nebel war die Sicht einfach zu schlecht.

Also pullten wir nach Westen, folgten dem Küstenverlauf von Salamis. Erst da legten die Korinther ab. Ich kam an Lykon vorbei, der soeben den Strand hinter sich ließ. Ich winkte ihm zu. In der Bucht sah ich überall Männer, die ich kannte. Aber die Sicht reichte nicht weiter als ein Stadion, und obwohl ich Kimon auf seiner Heckplattform voraus sehen konnte, war ich mir nicht ganz sicher, ob es sich bei dem übernächsten Schiff in meinem Kielwasser um Ameinias auf der *Parthenos* handelte.

Jedes Stadion, das wir westwärts hinter uns ließen, spielte uns in die Hände.

Hinter uns stimmte jemand den Paian an. Später war man sich nicht sicher, wer damit angefangen hatte – einige meinen, es waren die Athener hinter uns, unter Themistokles, andere sind der

Ansicht, es waren Aristeides und dessen Hopliten, dann wiederum sollen es die Männer aus Ägina gewesen sein. Der Paian passte natürlich nicht zu unserem Täuschungsmanöver – hätten uns die persischen Befehlshaber besser einschätzen können, dann wäre ihnen bewusst gewesen, dass wir mit dem Paian unsere Kampfabsicht unterstreichen wollten. Und tatsächlich erfuhr ich Jahre später von Artemisia, dass die Ionier wussten, was gespielt wurde, sowie sie den Paian übers Wasser schallen hörten.

Auch das wirkte sich auf den Schlachtverlauf aus, da die Ionier ihre Kielformation nach und nach auflösten und auf Gefechtslinie gingen, wobei sie weder Ost-West noch Nord-Süd lagen, sondern irgendwo unbestimmt in der Mitte blieben. Auf diese Weise klaffte ungewollt eine große Lücke zwischen ihren westlich liegenden Geschwadern, allen voran den Schiffen aus Ephesos und Samos, und den Phöniziern, die die Vorhut ihrer Flotte bildeten und schon fast gleichauf mit der Stadt Eleusis lagen.

Zu jener Zeit konnten wir noch nicht wissen, dass der Großkönig seinen Thron auf die Steilküste unterhalb des Berges Aigaleos hatte schaffen lassen und das Geschehen verfolgte. Aber jedes Kontingent innerhalb der persischen Flotte wusste, dass der Herrscher von oben zusah. Die Phönizier waren uns schon mehrfach unterlegen gewesen – bei Artemision hatten sie Federn gelassen –, und nun führte die Gegenwart des Großkönigs dazu, dass sie die Schultern strafften und ihre Ehre unter Beweis stellen wollten – falls sie welche besaßen. Sie lagen in Führung, als Vorhut, und waren fest entschlossen, die Zähne zu zeigen.

Nachdem sie also eine halbe Stunde die gedämpften Laute unserer umwickelten Riemenblätter und all die Rufe beim Ablegen gehört hatten, vernahmen sie den Paian und waren entschlossen, zum Angriff überzugehen. Aber, und das ist sehr wichtig, sie waren entschlossen, mit ihrer neuen Taktik anzugreifen, und daher fuhren sie in langen Kielformationen, auf dass jeder Befehlshaber nach einer Lücke in unserem Verband Ausschau hielt, um bei Gelegenheit durchzubrechen.

Diese ursprünglich phönizische Taktik, die ich euch schon an anderen Abenden nähergebracht habe, nannten wir, wie ihr ja wisst, Diekplous. Als Befehlshaber des in Führung liegenden Schiffes sucht man eine Lücke in der feindlichen Formation – als würde man eine Lücke in einem Damm suchen –, hält dann unter schnellen Riemenschlägen auf diese Lücke zu, fährt hindurch und zertrümmert auf beiden Seiten die Ruderreihen der Schiffe. Wenn es gut läuft, greift man den Feind nach geschickter Wende auf der Flanke an, unterstützt von den Kampfgefährten, die im Kielwasser folgen.

Bei Artemision hatten wir uns auf zweierlei Weise vor diesem Dilemma geschützt. Gleich am ersten Abend hatten wir die Formation des «Speichenrads» eingenommen, und unsere Rümpfe lagen so dicht nebeneinander, dass wir dem Gegner keine Lücke boten, die er zu seinen Gunsten hätte nutzen können. Am zweiten Abend hatten wir uns so gut abgestimmt, dass wir die Riemen strichen und keine Lücken zuließen, und als wir dann zum Angriff übergingen, waren wir es, nicht die Phönizier, die die Unzulänglichkeiten der gegnerischen Formation ausnutzten.

Bei Artemision zählte ich gewiss nicht zu den großen Navarchen, schon gar nicht bei Salamis, aber damals hatte ich Grund zu der Annahme – heute bin ich mir da vollkommen sicher –, dass die große Zeit der phönizischen Flotte vorüber war. Vermutlich waren ihnen im Verlauf der Kämpfe um die ionischen und äolischen Städte immer mehr Befehlshaber abhandengekommen. Während der Großkönig beim Ionischen Aufstand noch triumphierte, litten die Phönizier in so gut wie jedem Gefecht – hier büßten sie zwanzig Schiffe ein, dort vierzig. Ich denke, irgendwann kommt man an einen Punkt, an dem man den Verlust von fähigen Befehlshabern oder Steuermännern nicht mehr ausgleichen kann.

Damit will ich nicht sagen, dass die Phönizier schlechte Seeleute waren, sie waren auch keine miserablen Kämpfer. Es war nur so, dass sie längst nicht mehr zu den besten auf See zählten. Aber sie hielten trotzdem an Taktiken fest, die eigens für angriffslustige, gut ausgebildete Trierarchen und Steuermänner entwickelt worden waren. So etwas setzt aber voraus, dass man sich selbst und den Gegner sehr gut kennen muss, und an jenem Tag versuchten die Phönizier, ihre Taktik in ziemlich unruhiger See einzusetzen, gegen einen Feind, den sie im Nebel kaum ausmachen konnten.

Vergesst nicht, dass eine steife Brise wehte, die jedoch eine Stunde nach Sonnenaufgang wieder etwas nachließ. Vergesst auch nicht, dass diese Windverhältnisse ausreichten, eine Kabbelung in der Bucht von Salamis zu erzeugen, mit der keiner von uns gerechnet hatte. Und vergesst nicht, dass unsere Gegner bereits die ganze Nacht auf den Beinen gewesen waren – oder auf den Ruderbänken saßen, um es deutlicher auszudrücken.

All diese Dinge gingen mir durch den Kopf, während ich lauschte und meine Steuerbordseite im Auge behielt, Richtung Nord. Dann vernahm ich einen Hornstoß, gefolgt von einem zweiten. Rufe waren zu hören.

Danach bot sich mir ein Anblick, der sich mir einbrannte, als hätte ich eine Gottheit erblickt. Es gibt zwei Bilder, die ich jederzeit vor meinem inneren Auge entstehen lassen kann – einmal Briseis' nackten Leib, als sie sich in Ephesos zum ersten Mal in meinem Beisein entkleidete, und dann dieses Ereignis, von dem ich gerade spreche.

Der Morgendunst blitzte auf.

Dann erneut. Ein Aufblitzen.

Immer wieder.

Blitze auf Blitze.

Es war – nicht von dieser Welt. So dachte ich zunächst.

Plötzlich waren diese Blitze überall, wie eine lange Reihe Feuer, die entsteht, wenn die Bauern und Sklaven das Unkraut auf den Feldern abbrennen.

Bei Poseidon, mit einem Mal tauchten aus dem Dunst zahllose Buge auf – eine Linie aus Rammspornen, die mein Blickfeld beherrschte. Und das Aufblitzen war die Sonne, die sich im Nebel auf den tropfnassen Riemenblättern fing. Die Riemen bewegten sich auf jedem Schiff im Rhythmus, und es waren Dutzende, nein, Hunderte Schiffe, wie ein Schwarm Glühwürmchen bei Einbruch der Dunkelheit. Und dabei handelte es sich nur um die in Führung liegenden Schiffe der Kielformationen!

Ich habe nie etwas vergleichbar Überwältigendes gesehen, mit Ausnahme von Briseis natürlich.

Sie hielten auf unsere offene Flanke zu, kamen aus den Dunstschwaden, mit Rammgeschwindigkeit.

In meinem Kielwasser war bereits einer aus der Linie ausgeschert und «floh» nach Westen, einer, der geistesgegenwärtiger war oder in jenem Moment die bessere Sicht hatte.

Und damit lag er richtig, wer auch immer es war. Wir hatten nicht genug Seeraum, um die Riemen zu streichen, und vielleicht hätten wir die Perser in westlicher Richtung abgehängt, aber das war nicht sicher.

Heute weiß ich, dass es Ameinias von Pallene war, der damals aus eigenem Antrieb aus der Linie ausscherte.

Nun, ich habe nie gesagt, dass ich ein Spartaner war, also folgte ich ihm.

«Hart Steuerbord! Auf Rammgeschwindigkeit gehen, sobald wir auf neuem Kurs sind!», rief ich.

Seckla nickte nur. Ich erinnere mich, dass er die Krängung des Schiffes nutzte und über die Bordwand spie. Die Ruderer an Steuerbord setzten sich geschmeidig andersherum, pullten zweimal und setzten sich wieder in die alte Position. Ha! Nie hatte ich ein Schiff mit solchen Männern befehligt! Der Rumpf war noch nicht vollgesogen, die *Lydia* wendete leicht, und auf den Bänken saßen die Argonauten.

Wir gingen rascher auf den neuen Kurs, als ich es mir hätte erträumen lassen. Die Spitzen der phönizischen Verfolger flogen uns aus dem Nebel entgegen, aber Demetrios reagierte fast so schnell wie wir auf der *Lydia*. Auch Harpagos hatte die Gefahr erkannt, Giannis folgte Demetrios, zuletzt schwenkte die *Najade* aus West. Wir blieben also ein kompaktes Geschwader aus fünf Schiffen, und als wir den Kurswechsel einleiteten, folgte das gesamte «westliche» athenische Geschwader unserem Beispiel, fast wie aus einem Guss. Die Kielformation verwandelte sich in eine ansehnliche Linienformation, wobei Ameinias einen «Keil» auf der linken Flanke anführte. Kimons *Ajax* war weniger als eine Schiffslänge hinter mir, vielleicht ein halbes Stadion westlich, gefolgt von vier seiner Schiffe.

So wurde aus einem ziemlich ungeordneten Haufen, der nach Westen geflohen war, eine Linie, die Kurs Nord gesetzt hatte, und all das geschah binnen weniger Herzschläge eines entspannten Mannes. Und selbst als wir auf Rammgeschwindigkeit gingen, kamen sich die Trierarchen und Steuermänner nicht in die Quere. Bald waren wir nicht länger in einer Linie auf derselben Höhe, sondern bildeten mehrere kleinere kompakte Geschwader, da jeder Steuermann zu den Gefährten aufschloss, denen er am meisten vertraute.

Ich weiß noch gut, dass ich einen Moment für mich brauchte, Kimon zuwinkte und dann Seckla auf die Schulter klopfte. Er hatte sich bereits sein erstes Ziel ausgeguckt.

Ich war nur ein ältlicher Seekrieger. Seckla lächelte, ich erwiderte das Lächeln, dann eilte ich über die Laufplanken nach vorn.

Am Bug sah ich die Rücken meiner zehn Epibatai und meine drei Bogenschützen. Und ich sah, wie die Phönizier weiter auf uns zuhielten. Sie kamen breit gefächert, mit voller Rammgeschwindigkeit, die man benötigt, um den Gegner auf der Stelle zu versenken. Aber da sie in mehreren kleinen Geschwadern in Kielformation angriffen, klafften Lücken zwischen den Schiffen – östlich von mir aus gesehen zeigte sich eine solche Lücke, die zwei oder drei Stadien breit war, und erst dann waren die restlichen Schiffe der phönizischen Flotte zu erahnen, nämlich die Ionier, die sich auf ihre gewohnte Linienformation verließen. Unterdessen löste die Sonne die letzten Dunstschleier auf.

Mein Herz schlug schneller in meiner Brust. Ich gab einen Schrei von mir.

Aus reinem Übermut, wie ich gestehen muss. Unser Gegner war über die ganze Bucht verteilt, östlich von unseren Stränden, aber seine Formation ließ zu wünschen übrig. Die Nachtstunden, die auffrischende Brise, der Frühnebel, dann noch der eigene Ehrgeiz – all das war ihm nicht freundlich gesinnt gewesen. Oder sagen wir so: Die Götter waren uns freundlich gesinnt.

Nur Verrat, Verrat wie bei der Schlacht bei Lade oder bei anderen großen Schlachten gegen die Perser, ja, nur Verrat oder Willensschwäche hätten sie retten können.

Oh, bei Poseidon, mein Herz pochte wie ein Schmiedehammer in meiner Brust, und ich fühlte mich im Augenblick nicht bedroht. Die Gelegenheit war günstig, wir brauchten sie nur zu ergreifen.

Das Schiff von Ameinias von Pallene traf als Erstes auf einen Gegner. Ich war nicht weit vom Geschehen entfernt, vielleicht trennten uns hundert Schritte. Sein Steuermann stemmte sich gegen das Ruder, bis das Schiff gierte, doch dann kam er wieder auf Kurs, so schnell wie ein Adler im Sturzflug. Er traf auf den Phönizier, an einer Stelle, etwa ein Drittel der Bordlänge vom Bug entfernt. Der Feind hatte die Riemen eingeholt, und für Ameinias war der Winkel zu flach, um mit dem Sporn großen Schaden anzurichten, aber er schabte am Rumpf entlang und warf Enterdreggen.

Der Phönizier unmittelbar dahinter – der zweite in der Kielformation – rauschte mit hoher Geschwindigkeit heran. Anders als bei Artemision blieben die Schiffe dieses Geschwaders relativ dicht beieinander, jedenfalls so dicht, dass sie einander unterstützen konnten, aber eben auch so dicht, dass die Gefahr drohte, eingeschlossen zu werden. Der zweite Phönizier hielt auf den Bug von Ameinias' *Parthenos* zu und ging etwas weiter nach Ost, um einen günstigeren Winkel zu haben.

Ich legte alles in Harpagos' Hände. Denn einer der Phönizier aus der nächsten Kielformation hatte es auf die *Lydia* abgesehen, er ließ es auf einen Angriff Bug gegen Bug ankommen. Daher eilte ich an den vorderen Thraniten vorbei über den mittleren Laufsteg und erreichte unsere Heckplattform. Ich ahnte, dass ich nicht rechtzeitig ankommen würde, zumal das Rennen seit meiner Verwundung nicht mehr zu meinen Talenten zählte, deshalb deutete ich einfach nur auf den anderen Phönizier, auf den, der es auf Ameinias' Flanke abgesehen hatte.

Seckla muss sich wie ich darauf verlassen haben, dass Harpagos uns beispringen würde, und daher ging die *Lydia* auf einen anderen Kurs und hielt auf die Stelle zu, an der der Phönizier laut Secklas Berechnung in Kürze sein würde – und zwar in einer Zeitspanne, die ein guter Läufer braucht, um die Strecke eines Stadions zurückzulegen.

Ich kann euch das nur anhand von Schmiedearbeiten mit Bronze verdeutlichen. Wenn man Beinschienen anfertigt, mit all den besonderen Rundungen des menschlichen Beins, kann man nur ahnen, wie man das Metall treffen muss, damit es sich in zwei Richtungen biegt. Man kann es nicht *wissen*. Seckla musste ein Ziel annehmen, an dem der Phönizier sein könnte, während der andere Gegner auf uns zuhielt. Und so vertrauten wir auf Harpagos, auf dass er uns diesen Gegner abnahm.

Auf meiner Backbordseite hörte ich, wie Harpagos einen Befehl brüllte.

Seine Mannschaft zog die Riemen noch schneller durchs Wasser.

Er war inzwischen auf Rammgeschwindigkeit, dennoch gelang es ihm, die Männer weiter anzutreiben.

Es ist schwer zu beschreiben, was genau geschah und wie es sich abspielte, wenn man keine Mandeln und einen großen freien Tisch hat, um all die Manöver und Positionen zu verdeutlichen. Aber lasst es mich versuchen.

Wir wendeten nach Steuerbord – nicht zu weit, aber so weit, dass wir sozusagen die Hypotenuse eines Dreiecks bildeten. Der Phönizier gegenüber von uns rauschte weiterhin heran, musste aber ebenfalls einen Strich vom Kurs abweichen, um sein Ziel nicht zu verfehlen. Harpagos, der bislang so dicht hinter uns gewesen war, dass der eine an Deck des anderen hätte springen können, glitt an uns vorüber.

Onisandros gewährte den Männern auf mein Betreiben hin für die Dauer von drei Riemenschlägen Ruhe. Lasst mich dazu sagen, dass sich das nur die besten Ruderer leisten können. Die meisten Schiffe können lediglich von einem Kriechen auf Fahrtgeschwindigkeit und von Fahrtgeschwindigkeit auf Rammgeschwindigkeit gehen, wobei sie Zeit brauchen, um sich auf den neuen Rhythmus einzustellen. Aber auf einem Schiff mit wirklich guten Ruderern und einer Deckmannschaft, die schon lange zusammen zur See fährt, kann man sich darauf verlassen, dass sich die Männer bei jeder Geschwindigkeit in die Riemen legen können. Bedenkt, meine Freunde, dass es schlimme Folgen haben kann, wenn nur einer der Ruderer aus dem Takt kommt oder zu lange zaudert. Wenn also jemand während der Rammgeschwindigkeit «einen Krebs fängt», kann es passieren, dass ihm das Ende des Riemens ins Gesicht schlägt und die Zähne zertrümmert, und dieses Unglück setzt sich dann schlimmstenfalls von Bank zu Bank fort.

Wir drifteten bei voller Geschwindigkeit ab, und die Zeit, die dabei verstrich, entspricht der Spanne, die ein Mann benötigt, um vor sein Haus zu treten und nach seiner Frau zu rufen.

Harpagos hielt unterdessen geradewegs auf den Phönizier zu, der es eigentlich auf uns abgesehen hatte.

«Jetzt!», brüllte ich.

Onisandros ließ den Sauroter seines Speers auf die Deckplanken donnern.

Wir schossen vorwärts.

«Wir müssen die Riemen an Backbord einholen!», hörte ich Onisandros' Stimme.

«Nein!», hielt ich lautstark dagegen. «Hol alles heraus, was wir haben!»

Weiter an Steuerbord stürmten die Epibatai von Ameinias' Schiff über die schmalen Laufplanken über den Köpfen der phönizischen Ruderer.

Der Phönizier, der es auf seine Flanke abgesehen hatte, war so kurz vor seinem Ziel ...

Wir krachten auf Höhe des Kranbalkens in die Bordwand, und ehe man bis fünf zählen konnte, bohrte sich Harpagos' Rammsporn in den Rumpf des zweiten Gegners – fünfzig Schritte später, und der Sporn des Phöniziers hätte uns getroffen. So eng liegen Sieg und Niederlage beieinander, Freunde.

Ameinias' Rudermannschaft jubelte uns zu. Unser Phönizier zerbarst, während unsere Riemen eingeholt wurden – wir hatten ihn so hart erwischt, dass unser Sporn die Farbe von der *Parthenos* kratzte.

Backbords von unserem Bug enterten Harpagos' Epibatai – ich kannte sie alle beim Namen – bereits den dritten Phönizier. Ich hatte keine Ahnung, wie der weitere Verlauf der Schlacht aussah, aber in einem Umkreis von etwa hundert Schritten siegten unsere Schiffe.

Die jeweils dritten Schiffe ihrer Kielformation kamen heran, aber das war bei uns nicht anders, und Kimon brachte sein kleines Geschwader aus West auf Kurs. Die Götter – und reines Glück, gute Planung und kräftiges Pullen – hatten uns zu ihrer westlichen Flanke geführt, und jetzt schossen Kimons Veteranen wie Haie, die zum tödlichen Angriff übergehen, in die ungedeckte Flanke der phönizischen Geschwader und trieben die Schiffe auseinander. Da sie wenden mussten, um auf den neuen Angriff zu reagieren, waren wir aus der Schusslinie. Seckla brachte uns, ohne dass wir uns absprachen, wieder auf westlichen Kurs, wo es ein Dutzend Phönizier Bug gegen Bug mit Kimons Triremen aufnahm – und wieder boten sie uns die ungeschützte Flanke.

Es war großartig.

Wir versenkten ein zweites Schiff, erwischten es sozusagen auf dem falschen Fuß, da der Steuermann nicht mehr wusste, wohin er sich zuerst wenden sollte.

Einem weiteren Phönizier näherten wir uns achteraus und jagten an der Bordwand und den Ruderreihen entlang – ich weiß schon nicht mehr, wie wir lagen oder wie wir dorthin gelangten –, alles lief so ungeheuer schnell ab. Die Epibatai sprangen über die Bordwand, ehe die Schiffe einander berührten, so sehr brannten sie auf das Gefecht. Ich folgte ihnen und war der letzte Kämpfer, der die *Lydia* verließ, was sich erneut seltsam anfühlte. Ich landete mittschiffs, genau bei den Ruderbänken, ein alter Trick von mir. Nachdem ich mit beiden Füßen Halt auf den Querbalken gefunden hatte, tötete ich die beiden Ruderer, die gerade aufbegehren wollten, und stach dann von unten mit meinem Speer hinauf zum Laufsteg, auf dem die phönizischen Seekrieger standen. Sie bekamen meine Speerspitze in die Waden und die Fußknöchel. Aus den Augenwinkeln sah ich, wie Hektor vorwärtsdrängte wie ein Mann, der ein Feld pflügt, und sein Speer ähnelte einem der Blitzebündel des Herrn vom Olymp. Mein Ziehsohn war nicht so groß gebaut wie Hipponax, dafür bewegte er sich so geschmeidig und flink, dass er seine Gegner mit jedem Schritt, den er vorwärts machte, aus dem Konzept brachte. Im nächsten Moment wiegte er sich in den Hüften wie ein junges Mädchen, das den Markt betritt, nur dass bei Hektor jede Hüftbewegung eine Täuschung war. Nie verfehlte sein Speer das Ziel – linker Fuß nach vorn, rechter Fuß nachgezogen, alles in einer fließenden Bewegung, und jeder Stoß war so präzise wie die Krallen einer Katze. Die Kriegskunst des Ares war zur Erde zurückgekehrt.

Ich war so stolz auf meine Jungs.

Hinter Hektor nahte Hipponax, der den Speer schleuderte, um Hektor eine Verschnaufpause zu ermöglichen. Schon reichte ihm Brasidas, der als Dritter folgte, den nächsten Speer über die Schulter – vergesst nicht, wie eng es an Bord dieser Schiffe war.

Wurde ich überhaupt noch benötigt, wenn ich solche Epibatai hatte?

Ich begnügte mich damit, die Männer zu Fall zu bringen, die hinter den Seekriegern standen, die Hektor ins Reich der Schatten beförderte, und kurz darauf – ein Augenblick reinsten Triumphs – gaben die Überlebenden nach und flohen zur trügerischen Sicherheit der Heckplattform, wo sie die Waffen streckten und um Milde flehten.

Sie konnten sich glücklich schätzen, dass sie es mit mir, mit Brasidas und Männern zu tun hatten, die wir ausgebildet hatten. In jenen Tagen wurde den Plünderern und Vergewaltigern des Großkönigs kaum Nachsicht entgegengebracht, doch wir gewährten sie, vermutlich weil sich unsere Herzen im Höhenflug befanden und weil wir das feindliche Schiff gekapert hatten, ohne einen einzigen Mann zu verlieren. Niemand aus der Mannschaft der *Lydia* hatte auch nur eine einzige Wunde davongetragen.

Ich überließ die Prise Hektor, der sie zu den griechischen Stränden bringen sollte, und stellte ihm zwei erfahrene Seeleute zur Seite. Wir entwaffneten die phönizischen Seekrieger und setzten sie auf die Ruderbänke, ehe wir unsere Enterdreggen kappten und uns mit langen Stangen von der Bordwand abstießen.

Brasidas sprang als Letzter an Bord der *Lydia.* Zuvor hatte er den Phöniziern auf gutem Persisch eingeschärft, dass wir zurückkehren und jeden Mann an Bord töten würden, wenn sie sich gegen Hektor auflehnten.

All das hatte Zeit gebraucht. Ich habe ja schon einmal angemerkt, dass man während eines Gefechts auf See ein anderes Zeitempfinden hat. Zunächst scheint gar nichts zu passieren, und alles zieht sich zäh in die Länge, wie Honig, der von der Wabe tropft, doch irgendwann laufen die Ereignisse schneller ab, wie bei einem Pferd, das in leichten Trab verfällt, vom Trab in einen leichten Galopp, ehe es in den gestreckten Galopp übergeht, schneller und immer schneller. Aber dann kann sich bei einem solchen Gefecht alles wieder verlangsamen, und das ist auf See ausgeprägter als bei einer Schlacht an Land.

Ich war noch nicht einmal sonderlich außer Atem, und meine Speerspitze war nur ganz vorn rötlich verfärbt. Meine Rüstung hatte ich bislang nicht als schwer empfunden. Daher machte ich mich sogar daran, am Großmast aufzuentern. Wir hatten ihn stehen lassen, was ja, wie ich schon sagte, bei einer Triemiola üblich ist. Unmittelbar beim Mast hatten wir eine kleine Plattform gezimmert, die über zwei Stufen zu erreichen war, aber das reichte, um einem Befehlshaber bessere Sichtverhältnisse zu ermöglichen. Ich stieg also zuerst auf die Plattform und enterte danach am Mast auf, wobei ich die Pflöcke nutzte, die entsprechend in den Mast getrieben worden waren.

Während wir unsere Prise erbeutet hatten, hatte die Sonne auch die letzten Nebelfelder aufgelöst, sodass ich mir nun einen Überblick über die einzelnen Gefechte auf See verschaffen konnte.

Westlich von der *Lydia*, deren Bug nach dem letzten Gefecht nach Südosten wies, lagen die kleinen Inseln vor der Küste Attikas, zu erkennen waren auch die Hänge des Aigaleos. Einheimische nennen diese Inseln Pharmakussai, aber bevor ihr fragt, ich weiß auch nicht, woher der Name kommt. Eine der kleinen Inseln hätte ich mit meinem Speer treffen können, wenn ich gut gezielt hätte. Unser ursprünglicher Strand lag nur etwa drei Stadien entfernt, fast südlich von uns. Ich denke, wir hatten zu Beginn fast sechs Stadien in westlicher Richtung hinter uns gebracht und waren in einem weiten Bogen nach Ost zurückgekehrt, ehe wir in die ersten Gefechte mit den Phöniziern verwickelt wurden. Ja, ich bin davon überzeugt, dass es sich so abgespielt hat.

Zusammen mit Kimons *Ajax*, die wenige Riemenlängen südlich von uns lag, bildeten wir den westlichsten Ausläufer unserer Flotte, und etwas weiter östlich wies die Straße von Salamis wie ein Pfeil in Richtung des Saronischen Golfs. So weit das Auge reichte, schien jedes Wellental ein Schiff zu tragen. In jener Stunde hätte man trockenen Fußes von Salamis nach Piräus gehen können, vom Deck einer Trireme zur nächsten, so dicht drängten sich die Schiffe in der Bucht. Das dichteste Gedränge herrschte von uns aus östlich, bei der Landzunge von Kynosura, wo wir nur wenige Tage zuvor unsere Versammlung abgehalten hatten. Freie Wasserflächen hatten im Grunde nur wir – tatsächlich hatten wir die Phönizier unschädlich gemacht, die sich am weitesten nach Westen vorgewagt hatten, und danach waren die anderen Verfolger geflohen. Allerdings hielten die Gefechte in Sichtweite an. Etwas nördlich von mir fegten Harpagos' Epibatai die Heckplattform eines Phöniziers leer, während Demetrios' Seekrieger vom Bug aus enterten.

Ja, in unserem Abschnitt waren wir siegreich. Der westlichste Vorstoß der Perser war nicht nur zum Stillstand gekommen, er hatte sich in Trümmer aufgelöst. Aber wir alle wussten, dass wir zu den erfahrensten Mannschaften unserer Flotte zählten. Weiter östlich von uns aus gesehen verlief nicht alles gut. Das Zahlenverhältnis gab den Ausschlag. Die griechische Flotte, mit allen

Prisen und jedem Ionier, der die Seiten wechselte – und das taten viele –, brachte es nur auf weniger als vierhundert Schiffe. Aber das war für sich betrachtet eine mächtige Flotte. Wie mir meine alten persischen Freunde Kyros und Dareios berichteten – und sie mussten es ja wissen –, war der Großkönig imstande, bis zu sechshundertachtzig Schiffe aufzubieten, und jetzt, da die Sonne höher am Himmel stand und der Nebel verschwand, wurden sämtliche Fehler offenkundig, die den Persern bislang unterlaufen waren. Offenkundig wurden aber auch die Schlagkraft des gewaltigen Flottenverbandes und die Präsenz des Großkönigs.

Als ich am Mast aufenterte, saß Xerxes weiter östlich im Schatten des Aigaleos auf einem goldenen Thron, unter einem Baldachin aus scharlachrot gefärbten Stoffbahnen aus Tyros – vermutlich entsprachen Thron und Baldachin vom Wert her den Baukosten einer Trireme.

Ich würde euch gern erzählen, dass ich Xerxes anrief und mit der Faust drohte, aber ich konnte nur den Thron in der Ferne erahnen, da das Sonnenlicht auf all dem Gold spielte. Außerdem hatte ich wichtigere Dinge zu erledigen.

Weiter östlich, dichter beim Thron des Großkönigs, lag Xanthippos' Trireme. Er besaß ein wirklich eindrucksvolles Schiff, das vergoldet war, aber deshalb auch rasch vom Feind ausgemacht wurde. Seine Trireme lag bereits Bordwand gegen Bordwand mit einem trägen Phönizier, und die Schiffe, die vor uns geflohen waren, gingen nunmehr zum Gegenangriff über, unterstützt von einigen Ioniern. All das nahm ich blitzschnell wahr.

Näher bei den Stränden von Attika – an der nördlichen Küste – erspähte ich das größte Kriegsschiff, das ich je gesehen hatte. Auch das war von der Bauart her eine Trireme, aber sie war länger und robuster als alle, die mir bisher untergekommen waren. Dieses Schiff hatte ein durchgehendes Deck, auf dem sich Männer drängten. Oben an der Bordwand zog sich ein roter Streifen entlang, einige Balken waren vergoldet. Von seinem Thron aus konnte Xerxes mühelos auf dieses prächtige Schiff herabschauen.

Mir war klar, dass dort jemand an Bord war, der von Bedeutung war. Es schien eine Trireme phönizischer Bauart zu sein, aber sie war zu weit entfernt, um das mit Sicherheit sagen zu können. Im Grunde hätte es ein Spielzeug irgendeines ionischen Tyrannen sein können oder aber das Flaggschiff eines hochrangigen Navarchen. Ich wusste es nicht.

Derweil warteten die Korinther südwestlich von uns und hatten nichts zu tun – ihre Schiffe waren schwerer als unsere, die Mannschaften galten als zuverlässig, die Ruderer lehnten gelangweilt auf ihren Riemen. Und doch beteiligten sich Adeimantos' Schiffe nicht.

Ich hatte Zeit genug, um mir rundum einen Überblick zu verschaffen, von einem Horizont zum anderen. Unterdessen nahm Kimons *Ajax* achteraus von uns Fahrt auf, und ich kletterte wieder zurück an Deck.

Nur zu, macht es mir nach! Klettert einmal mit Brustpanzer und Beinschienen auf einen Mast und sagt mir dann, wie ihr euch fühlt. Spaß beiseite!

Sowie ich wieder an Deck war, eilte ich zu Seckla und wartete, bis Kimons schönes, unversehrtes Schiff längsseits kam. Die Riemenblätter schwebten über dem Wasser wie die angewinkelten Schwingen eines Raubvogels.

«Wie bei Lade!», rief er mir zu, und seiner Stimme wohnte Begeisterung inne.

«Noch besser als bei Lade!», erwiderte ich. «Die Bastarde aus Samos sind schon auf der anderen Seite!»

Wir lachten beide, aber um ehrlich zu sein: Verrat schwebte über uns wie eine Geistererscheinung bei einem Hochzeitsfest. Wir beide hatten schon so viele Freunde verloren – eine ganze Generation schien bei Lade von uns gegangen zu sein. Harpagos hatte seinen Vetter Stephanos verloren, der einst mein bester Freund war. Ich hatte den Tod so vieler Freunde zu beklagen, dass ich selbst heute noch den Kelch erhebe und auf ihre Schatten trinke. Und ich bleibe dabei: Ich traute Themistokles einfach nicht über den Weg.

Ich erwähne das, weil Demetrios und Harpagos, während wir im Wellengang dümpelten, herankamen und eine Linie mit der *Lydia* bildeten, und Kimons Geschwader fügte sich so forsch ein wie Hopliten, die im Angesicht der Götter zur Parade antreten. Die Enterkommandos hatten den Rudermannschaften etwas Zeit verschafft, die sie nutzten, um Wein und Wasser zu trinken. Etliche spuckten in die Hände, dehnten sich, massierten ihre Schultermuskulatur. Ein Sieg kann wie ein Lebenselixier wirken.

Einer meiner jüngsten, fittesten Ruderer, ein feiner Bursche namens Phylakes, rieb sich den unteren Rücken und schüttelte den Kopf. «Wie viele Rammgeschwindigkeiten kommen noch, alter Mann?», fragte er Giorgos, einen der älteren Ruderer, der nah bei ihm saß.

Giorgos musste lachen und nahm einen Schluck Wein aus einer irdenen Flasche. «Die Jugend!», rief er. «Das war erst das Aufwärmen!»

Männer lachten. Und wenn man Männer an Bord hat, die auch nach drei Seegefechten noch lachen können, dann kann man alles erreichen.

Aber ich vermisste Hipponax. Die Epibatai dehnten sich und tranken Wasser, aber von meinem Sohn keine Spur.

Ich wandte mich an Onisandros, der überfragt wirkte. «Keine Ahnung, Herr», sagte er und ließ den Blick schweifen. Ich ahnte, dass er Bescheid wusste und mir etwas verschwieg.

Für weitere Fragen blieb keine Zeit, da Kimon gestikulierte. «Habt ihr das vereinbarte Zeichen gesehen, das die Schlacht einleiten soll?», fragte er.

Ich verneinte mit einem Kopfschütteln. Wir beide wussten, dass das nichts Gutes verhieß. Eurybiades hatte einen sehr viel komplexeren Schlachtverlauf im Sinn gehabt als Themistokles, hatte das Tempo vorgeben und kontrollieren wollen – da das Signal aber bislang ausgeblieben war, stand zu befürchten, dass der Spartaner nicht mehr lebte oder in die Hände des Feindes geraten war.

«Ich denke, wir sollten die Korinther in die Pflicht nehmen!», rief Kimon.

«Besser wenn Ihr das macht», rief ich zurück, womit ich andeuten wollte, dass der Sohn des Miltiades die Befehle geben sollte. Ich hielt es für wahrscheinlicher, dass Adeimantos eher dem aristokratischen Kimon folgen würde als mir, zumal er keine Gelegenheit ausgelassen hatte, mich in aller Öffentlichkeit bloßzustellen.

Kimon schwieg einen Moment.

Als ich sah, dass er an mir vorbeischaute, drehte ich mich um. Gemeinsam verfolgten wir, wie Xanthippos' *Rossbändigerin* einen herben Schlag einstecken musste. Zahllose Ruderriemen barsten. Das Gedränge in der Bucht wurde allmählich so bedenklich, dass kein Trierarch jede Bedrohung rechtzeitig erkannte.

«Überlasst mir die Schiffe, die wir haben. Dann macht Ihr Euch auf den Weg, die Korinther zu holen!», rief ich.

Kimon nickte. «Dann los!», brüllte er. Er beugte sich über die Steuerbordreling, gegenüber von mir, und rief Eumenes von Anagyros etwas zu, einem einflussreichen Aristokraten aus Kimons Gefolge, auch wenn dieser Mann nicht gerade zu den Seewölfen gehörte. Dann sah ich, wie Eumenes mir mit dem Speer zuwinkte und auf mich zeigte. Für mich bedeutete das, dass der Mann meine Führung akzeptieren würde.

Bedenkt, dass nur meine und Kimons Schiffe über Signalbücher verfügten – wir waren die einzigen Trierarchen in der ganzen Flotte, die darauf zurückgreifen konnten. Fast zwanzig Jahre waren wir auf See unterwegs gewesen, als Piraten und Streiter in Seegefechten. Zugegeben, das Verzeichnis wies nicht viele Signale auf, aber immer noch mehr als an Bord jedes anderen Schiffes.

Ich gab Seckla ein Zeichen, aber er verließ bereits das Ruder, das er Leukas übergab. Der Mann aus Albion nickte. Onisandros brauchte keine Befehle. Die Mannschaft der *Lydia* war so gut ausgebildet, dass Onisandros nur einmal fest mit dem Speer auf die Planken zu schlagen brauchte, und schon kamen die Ruderriemen durch die Öffnungen der Bordwand. Derweil stieß uns die Deckmannschaft mit Stangen von der *Ajax* fort, wobei die Männer achtgaben, den Riemen nicht in die Quere zu kommen. Es spricht für Kimons Klasse, dass sich sein Schiff geschmeidig um die eigene Achse drehen konnte – die Hälfte der Ruderer blickte zum Bug, die andere Hälfte auf der gegenüberliegenden Seite zum Heck. Schon nahm die *Ajax* Fahrt auf und hielt in südwestlicher Richtung auf die Korinther zu. Unsere anderen Schiffe bewegten sich unterdessen vorsichtig in östlicher Richtung weiter und bildeten bald auf mein Zeichen hin zwei Linien für ein Seegefecht – keine Schiffe kollidierten, nicht einmal musste einer der Steuermänner auf einen Ausweichkurs gehen, um einen Zusammenstoß zu vermeiden.

Fortan befehligte ich ein Dutzend Kriegsschiffe – selbst in einer Seeschlacht mit tausend Schiffen bilden ein Dutzend Triremen ein schlagkräftiges Geschwader, zumal ein bedeutsamer Moment gekommen war. Der phönizische Gegenangriff, der unmittelbar unter den Augen des Großkönigs auf das Herz der Athener abzielte, stellte den Versuch dar, die alte «Ost-West»-Achse wiederzubeleben und die Griechen zurück auf die Strände zu zwingen. Der Nebel war verflogen, die Brise war abgeflaut, und die kleinen Vorteile, die uns die Windverhältnisse, der Nebel und die Kabbelung beschert hatten – all das gab es nicht mehr. Inzwischen konnten der Großkönig und dessen Navarchen genau sehen, was wir machten, folglich war der weite Bogen, den unsere Linie geschlagen hatte, so offensichtlich wie unser ursprünglicher Plan (falls er noch in

Bruchstücken existierte). Nur Narren behaupten, der Großkönig habe auf dem Thron gesessen, um die Schlacht zu genießen, wie eine Gottheit, die mit wachem Blick die Geschicke der Menschen verfolgt. Doch Xerxes und sein Vetter Mardonios waren weitaus gerissener, als manch einer dachte, denn ständig strömten Boten von den Hängen des Berges und überbrachten Nachrichten, denen der Großkönig entnehmen konnte, wie unsere Flotte manövrierte.

Ich gebe zu, dass es ein brillanter Gegenschlag war. Zwanzig athenische Schiffe wurden im Nu erobert oder versenkt, und schon waren die Phönizier inmitten der kleineren Triremen der athenischen zweiten und dritten Linie. Jetzt gelang ihnen der Durchbruch, den wir ihnen im Verlauf des früheren Gefechts verwehrt hatten, und so zwangen sie die Athener, sich im offenen Gewässer zu stellen, was viele unserer Unterbefehlshaber fürchteten. Man konnte verfolgen, wie die athenische Linienformation vor und zurück wogte, als Trierarchen und Steuermänner in den hinteren Verbänden zu manövrieren versuchten. Freunde kollidierten mit Freunden. Etliche Schiffe fuhren rückwärts – die Mannschaften strichen die Riemen, um ihr Leben zu schützen –, und andere Schiffe prallten regelrecht zurück, sobald sie einen harten Stoß eines Rammsporns einstecken mussten. Die Geräuschkulisse, die dabei entstand, war neu für meine Ohren, denn auf dem Wasser breitet sich der Schall schneller und anders aus als an Land.

Hunderttausende Männer brüllten, um sich die Gunst der Götter zu sichern, andere schrien um Gnade, aber über die menschlichen Laute legten sich die Geräusche von berstenden Ruderriemen, vom Aufprall der mit Bronze bewehrten Sporne, das Zischen der Pfeile in der Luft, ganz zu schweigen von dem übrigen Kampfgetümmel und dem Klirren von Bronze und Eisen.

Ich nahm mir einen Augenblick Zeit, um in Ruhe zu entscheiden, wo mein kleines Geschwader am besten in das Kampfgeschehen eingreifen könnte, dazu in der besten Formation. Ich ging meine Signalabfolgen durch und überlegte, was zu tun war. Es stimmt, dass die Flanke der Phönizier für einen kurzen Moment verwundbar war, aber die Schiffe des Gegners blieben ziemlich dicht an der Küste, und zwar mit Absicht, da dort eine Abteilung der Anûšiya stand, die die Pfeile schon auf den Sehnen hatten. Ich kam sehr bald zu dem Schluss, dass Enterkommandos in flachem Küstengewässer äußerst riskant waren, obendrein hätten wir Xanthippos und das athenische Zentrum ihrem Schicksal überlassen.

Es gehört zu den Grundsätzen vieler Navarchen und Strategoi, den kühnen Vorstoß zu wagen, bevor man eine absehbare Niederlage durch unüberlegtes Eingreifen noch schlimmer macht. Und das mag stimmen, denke ich. Aber in diesem Fall hatte ich den Eindruck – vergesst bitte nicht, dass ich niemanden hatte, mit dem ich mich hätte austauschen können –, dass die Perser ihre alte Linie wiederherstellen würden, sobald Xanthippos und das athenische Zentrum keine Verstärkung erhielten. Ich befürchtete, dass man uns weiter nach Westen abdrängen und somit isolieren könnte, um dann die eigenen Reihen nach Belieben aufzufüllen. Damals hätte ich das gar nicht formulieren oder auf den Punkt bringen können. Entscheidungen musste ich binnen weniger Herzschläge fällen, außerdem hatte ich eine begrenzte Anzahl Signale, mit denen ich den anderen Trierarchen hätte mitteilen können, was ich beabsichtigte.

Letzten Endes kam ich zu dem Schluss, dass ich die besten Trierarchen und Steuermänner bei mir hatte, die auf den Wellen unterwegs waren, und daher würde ich es jedem einzelnen meiner Gefährten überlassen, auf eigene Faust zu handeln. Zu jener Zeit zählte Athen noch nicht zu den großen Seemächten. Viele der Schiffe wurden von Männern befehligt, die ansonsten Reitereinheiten anführten, wenn ihr wisst, was ich damit sagen will, und auf den Ruderbänken saßen vorwiegend verzweifelte Theten der unteren Klassen, die bis zu jenem Sommer nie einen Ruderriemen umfasst hatten. Die athenischen Schiffe verließen sich auf ihre strikten Regeln und ihre Manöver, die sie im Sommer und zu Beginn des Herbsts einstudiert hatten, unter Männern wie Eurybiades und Themistokles.

Es gab Ausnahmen, aber die Männer unter meiner Führung waren alte Seewölfe, die nicht erst in Formation zu gehen brauchten, um zum tödlichen Angriff überzugehen. Aber noch waren wir in einer ansehnlichen Formation unterwegs und gingen langsam auf Süd-West.

Für uns war es an der Zeit, wie die Phönizier zu handeln.

Es gab da ein vereinbartes Zeichen aus unserer Piratenzeit. Das hatten wir schon so oft zum Einsatz gebracht, dass ich hoffen durfte, alle würden es kennen. Nach einem Gefecht auf See hissten wir meist einen Wimpel, der von der Mastspitze aus allen anderen Befehlshabern anzeigte, bei meinem Schiff beizudrehen – der Wimpel bedeutete also in etwa das traditionelle «Jetzt wird die Kriegsbeute geteilt!». Befanden wir uns hingegen mitten in einem Gefecht, bei dem wir es auf einen karthagischen Zinnkonvoi oder auf ägyptische Handelsschiffe abgesehen hatten, bedeutete derselbe Wimpel «Jeder sucht sich seine Prise und schlägt zu!». Auf diese Weise war jeder Schiffsführer gefordert, den eigenen Kopf zu benutzen.

Für gewöhnlich bediente Hektor die Signale, sofern es sich ergab, aber er brachte ja unsere jüngste Prise zurück zum Strand. Deshalb zog ich den Weidenkorb unter Secklas Bank des Steuermanns hervor, kramte nach dem kleinen roten Wimpel und befestigte ihn an der Fallleine, die eigens dafür bereitlag. Wir lagen noch etwa zweihundert Schritte von der Position entfernt, an der Xanthippos' Schiff in Bedrängnis geraten war. Seine Epibatai kämpften und starben wie Olympier oder Titanen, aber er hatte es mit vier Schiffen zu tun und war allein.

Ich hisste mein Signal.

Danach rief ich Eumenes von Anagyros über die Bordwand zu: «Sucht euch ein Ziel, kapert es oder versenkt es!» Er gehörte streng genommen nicht zu meinem engsten Kreis, daher teilte ich es ihm vorsichtshalber mit. «Vergesst jegliche Formation!», fügte ich hinzu.

Der Mann lächelte. Er reckte den Arm empor, nach Art der Olympioniken, wenn sie den Kampfrichter grüßen, und gab die ersten Befehle.

Ich beugte mich über die andere Bordwand und sicherte mir Harpagos' Aufmerksamkeit, aber er wusste längst Bescheid, hatte er doch den Wimpel gesehen. Er deutete hinauf, sagte etwas zu seinem Steuermann und winkte mir mit dem Kopis in der Hand zu. Auch er lächelte, und sein Gesicht schien zu leuchten – Heraklit muss dieses Feuer gemeint haben, das uns im Kampf zu größeren Menschen macht.

So hatten wir uns eben erst formiert und fächerten kurz darauf auseinander, wie ein Rudel Wölfe, das sich aufteilt, wenn es das Rehwild sieht.

Ich rannte zurück zu Leukas. «Such dir einen Gegner bei Xanthippos aus und bring mich so dicht an die *Rossbändigerin*, damit ich an Deck springen kann.»

Schon lief ich zurück zu meinen Epibatai. Dort war Hipponax – wo auch immer er gewesen sein mochte, er war wieder da. Allerdings mied er meinen Blick, wie es nur die jungen, aufstrebenden Männer können. Er hatte etwas vor, und im Augenblick konnte ich mich damit nicht beschäftigen.

Brasidas grinste, was allein schon wenig lakonisch war. «Gut, dich hier zu wissen», meinte er.

«Ich denke, wir müssen erst noch einen Platäer aus dir machen, wenn du weiterhin deinen Gefühlen so freien Lauf lässt», erwiderte ich, klopfte ihm auf die gepanzerte Schulter und schenkte den anderen Kriegern ein Lächeln.

«Werden wir siegen, Ari?», wollte mein Vetter Achill wissen. Für mein Empfinden klang das zu vertraut.

Aber er gehörte nun einmal zur Sippe. «Sobald wir das Zentrum befreit haben», antwortete ich darauf. Im selben Moment wurde mir klar, dass die Männer keine Ahnung hatten, was geschah. «Wir gehen an Bord von Xanthippos' Schiff», erklärte ich. «Vertreibt die Meder von der *Rossbändigerin*, und ich verspreche euch, dass wir siegen werden. Jetzt geht's ums Ganze!»

Ein Pfeil bohrte sich in meinen Aspis. Wir waren nah herangekommen. Ich deutete zur Küste, auf den goldenen Thron, der weniger als ein Stadion entfernt war. «Wollt ihr dem Großkönig zeigen, was ihr denkt?», brüllte ich. «Er ist dort drüben und beobachtet uns!»

Weitere Pfeile flogen uns um die Köpfe. Ka und seine beiden Gefährten nutzten uns als Deckung und zielten genau. Sie hatten ihre eigenen Anweisungen: feindliche Schützen töten! Jeder Seekrieger mit Aspis gab den Nubiern Schutz, das hatten wir oft geprobt.

Meine Epibatai stimmten den Paian an – dabei waren es nur zehn Mann. Aber bei den Göttern – bei den Göttern, die Seeleute und Ruderer griffen es auf und sangen aus voller Kehle! Mir kommen heute noch die Tränen! Was für ein Moment, was für ein Tag!

Der Paian zu Ehren Apollons stieg von den Ruderbänken meines Schiffes empor und erreichte andere Schiffe. Später erzählten mir Männer von der *Rossbändigerin*, die Klänge des Paian seien wie die Erlösung für sie gewesen, und wem es möglich war, der stimmte mit ein.

Leukas brachte unseren Bug nah an den Bug eines Phöniziers, der sich mit Enterdreggen an der Bordwand der *Rossbändigerin* festgekrallt hatte. Leukas' Vorstoß hätte nicht genauer berechnet sein können, und die Folgen waren atemberaubend. Wir krachten gegen den feindlichen Bug, hatten die Riemen einholen lassen, aber nach dem ersten Aufprall bohrten wir uns nicht in die gegnerische Bordwand, sondern trieben wie ein Keil zwischen den Phönizier und Xanthippos' Schiff. Die Enterdreggen wurden fortgerissen, Taue brachen, der Kranbalken des Gegners barst, das Schiff krängte – etliche Ruderriemen brachen entzwei, verletzten die Ruderer, die feindlichen Seekrieger verloren den Halt, stürzten an Deck oder fielen ins Meer. Dieser Angriff verlief nicht so befriedigend wie die Manöver, mit denen man ein feindliches Schiff sofort zum Kentern bringt, aber Leukas hatte am Ruder eine Darbietung abgeliefert, die mir immer in Erinnerung bleiben wird.

Dann enterten wir die *Rossbändigerin.* Wir lagen längsseits, beide Hecks auf einer Höhe, und Seckla führte die Seeleute an, die über die Bordwand enterten. Er hatte gar nicht erst auf meinen Befehl gewartet. Das Deck meiner Triemiola konnte mehr Epibatai und Seeleute aufnehmen als andere Triremen, und wie ich schon sagte, die meisten meiner Ruderer und Männer der Deckmannschaft waren besser gerüstet als viele andere Seekrieger auf gegnerischer Seite.

Meine Epibatai und ich enterten von unserem Bug auf die Bugplattform von Xanthippos' Trireme, geradewegs in eine ionische Abteilung, die von einem anderen Schiff enterte. Das Gedränge aus Schiffen war eindrucksvoll, bis dahin hatte ich so etwas noch nicht gesehen.

Aber mir blieb keine Zeit, weiter darüber nachzudenken. Keine Zeit, zu bedauern, dass mein eigenes Schiff geentert werden würde – das war unvermeidbar.

Ich sprang als Erster und geriet Schild gegen Schild an einen Kerl, der so groß wie ich war, wenn nicht größer. Aber er verlor den Halt, rutschte auf dem blutigen Deck aus und ging auf die Planken.

Ares war an meiner Seite, der Kerl war nicht durch meine Hand gefallen.

Trotz der rutschigen Planken und des Kampfgetümmels, das auf einer dichtgedrängten Bugplattform von drei Seiten befeuert wurde, gelang es Brasidas, seinen Aspis mit meinem zu überlappen. Ein Veteran ersten Ranges!

Die Ionier merkten zu spät, dass wir gar nicht auf ihrer Seite waren. Es waren Kämpfer aus Samos – oh, wie gut es sich anfühlte, Rache zu üben an diesen elenden Verrätern von Lade! Ich tötete drei von ihnen, ehe sie begriffen, wie es um sie stand, und Brasidas bugsierte sie von der vorderen Laufplanke zurück auf ihr eigenes Schiff. Von da an verlor ich meinen alten Gefährten aus den Augen. Denn er hatte beschlossen, an Bord des Ioniers zu springen. Damit ihr es euch richtig vorstellen könnt: Am Bug von Xanthippos' Trireme wetteiferten drei Schiffe um die beste Position, hingen dort wie Kletten – einmal der Ionier, dann meine *Lydia*, dann ein drittes, schlankes Schiff mit rötlicher Bordwand.

Erneut blieb keine Zeit zum Nachdenken. Brasidas sprang also an Bord des Ioniers, ihm folgten Hipponax, Alexandros und Siberios.

Idomeneus war an dem mir vertrauten Platz, nämlich schräg hinter meiner Schulter. Darauf konnte ich mich blind verlassen. Mein Vetter Achill war bei uns, auch der Rest der Epibatai.

Schonung wurde nicht gewährt. Es bat auch keiner darum. Denn die feindlichen Seekrieger agierten vor den Augen ihres Herrschers, und wir wussten, dass es um alles oder nichts ging.

Ich kann allerdings nicht behaupten, mich an jede einzelne Aktion oder an jeden Hieb zu erinnern. Ich weiß aber, dass mein Speer unterhalb der Spitze brach, doch anstatt das Schwert zu ziehen, schlug ich mit dem Sauroter am Schaftende auf meinen Gegner ein – einen kleineren Mann. Ich schlug immer und immer wieder zu, überforderte ihn mit meinen Schlägen, bis er seinen linken Arm nicht mehr hochhalten konnte. Als ich ihm den Sauroter gegen den Helm hämmerte, stolperte der Mann zurück, schon setzte ich nach und schlug so hart zu, dass der Sauroter durch den Helm in den Schädel drang.

Auch ich trug eine Wunde davon – vielleicht hatte sie mir der kleine Gegner beigebracht, denn im Grunde war er ein guter Kämpfer. Er hatte mich am Schwertarm erwischt, die Bronze hatte den Hieb abgefangen, aber eben nicht ganz.

Doch daran dachte ich nicht im Gefecht, sondern drängte mit aller Macht auf dem schmalen Laufsteg nach vorn. Hinter mir sangen meine Leute immer noch den Paian, was einfach wunderbar in meinen Ohren klang, weil die athenischen Ruderer zu meinen Füßen durch Poseidons Segen wussten, dass ich auf ihrer Seite war. Daher begehrten sie von unten auf, setzten den Feinden zu, stachen mit Messern zu, auch mit kurzen Jagdspeeren. So kam es, dass die Phönizier, die ich versuchte zurückzudrängen, aufgaben. Nur wenige überlebten das Getümmel und versuchten zu fliehen, aber sie wurden fast alle von den Ruderern von der Laufplanke gerissen – die Arme der Männer waren in diesem Moment wie die Tentakel eines Seeungeheuers, und nur zwei Feinde stachen mit ihren Speeren zu und versuchten, sich zur Bordwand zu retten, um dem Zorn der athenischen Ruderer zu entkommen.

Doch im selben Moment spie ein weiteres Schiff seine Seekrieger auf Xanthippos' Schiff – von achteraus.

Das merkte ich allerdings erst, als ich Idomeneus nicht mehr unmittelbar an meiner Schulter spürte. Aus Erfahrung wusste ich, dass ich mich umdrehen musste, wenn mein Gefährte nicht mehr da war. Als Erstes sah ich das Rosshaar auf den Helmen, Helmbüsche, die hoch aufragten, wie es bei unseren Vorfahren üblich war. Auch ich hatte einst einen solchen Helmbusch bei meinem ersten Kampf getragen. Ich nahm jede Menge Rüstung wahr, auch rot gefärbten Stoff, rote Farbe, rote Glasuren. All das machte Eindruck.

Idomeneus, der immer schon Wert auf Traditionen legte und stets wie ein Krieger aus alten Tagen aussah, passte von seiner ganzen Erscheinung zu den rot ausstaffierten Ankömmlingen. Ein gottgleiches Lächeln ließ Idomeneus' Antlitz leuchten, ein ähnliches Lächeln hatte ich zuvor bei Harpagos gesehen. Mein Kampfgefährte hatte den rechten Arm angewinkelt, und als ich sein Lächeln sah, glaubte ich, er habe eine Gottheit erblickt oder die wahre Freude gefunden, doch dann wehrte er einen Speer mit seinem Speerschaft ab – es kostete ihn nicht mehr als eine kurze, rasche Bewegung aus dem Handgelenk. Fast zeitgleich stieß er seinen Aspis nach vorn, fing den Schild des Gegners ab, Rand gegen Rand, ehe er den Schild wegdrückte. Sofort schoss seine rechte Hand nach vorn – die Speerspitze bohrte sich unterhalb des Kinns in die Kehle, doch damit nicht genug, denn als der machtlose Gegner den Speerschaft umklammerte, riss Idomeneus den Mann zu sich. Dabei brach zwar der Speer, aber mein Gefährte setzte den Schaft wie eine Keule ein, ehe er den gebrochenen Speer auf den Gegner unmittelbar hinter dem ersten Gegner schleuderte – all das dauerte nur wenige Atemzüge. Ich konnte nicht länger nur zuschauen.

Vor mir drängten sich immer noch Männer. Ich musste einen klaren Kopf behalten, und der Mann, der nun vor mir zurückwich, ließ den Speer fallen und sank auf die Knie. In seinem Blick lag ein Flehen. Hinter ihm wurde ein weiterer Phönizier von einem Griechen erschlagen, während ein anderer Feind Opfer meiner Deckmannschaft wurde.

Ich hasse es, Gefangene zu töten, wirklich. Das läuft dem Willen der Götter zuwider, aber auch der Gerechtigkeit, die ein Mensch dem anderen schuldig ist. Krieger, die Ehre im Leib haben, folgen bestimmten, unverrückbaren Grundsätzen.

Aber angesichts der Seekrieger, die achteraus von dem Schiff enterten, durfte ich nicht zulassen, dass dieser Mann vielleicht doch wieder nach seinem Speer griff und mich angriff. Oder weiteren Schaden anrichtete. So kann die Wahrheit aussehen, meine Freunde.

Ich tötete ihn. Ich hasse mich dafür, aber das Leben anderer hing von meiner Entscheidung ab. Vermutlich wäre er wie ein Bittsteller auf den Knien geblieben – vielleicht hätten ihn aber auch die Männer meiner Deckmannschaft oder die Ruderer erledigt. Oder er hätte zuerst mich und dann Idomeneus getötet und hätte dadurch die Wende in diesem Kampf herbeigeführt.

Es tut nichts mehr zur Sache. Es war meine Entscheidung, von einem Herzschlag auf den anderen, und diese Art von Entscheidungen muss jeder Krieger im Getümmel fällen.

Aber genau deshalb verachten wir ja auch alle den Gott des Krieges und dessen Zorn. Ich tötete ihn also, drehte mich um, sparte mir die Reue für später auf und stemmte mich mit der Schulter gegen Idomeneus' Rücken. Aus dieser sicheren Position stach ich mit dem Speer meines Gegners auf die Männer ein, mit denen es Idomeneus aufgenommen hatte. Ich traf sie an den Oberschenkeln, an den Füßen.

Doch dann ging er zu Boden. Eben hatte er noch aufrecht gestanden wie eine Statue, hatte wie der zum Leben erwachte Poseidon gekämpft, aber dann traf ihn ein Speerwurf von der Seite, genau unterhalb des Schwertarms. Dennoch führte Idomeneus seinen Hieb aus und sandte einen weiteren Gegner in den Hades, aber dann stürzte er, und sein Blut besudelte die Bänke der Ruderer unter uns – heißes Herzblut.

Ich stieg mit dem linken Fuß über ihn, als er fiel und sich auf den Planken wand, den tödlichen Speer zwischen den Rippen, und nahm es Schild gegen Schild mit dem Mann auf, der ihm das Leben genommen hatte. Bei diesem Aufprall brach mein Aspis. Die Holzstreben, die die bronzebewehrte Oberfläche stützen, brachen und kamen durch die Schichten aus Tierhaut und Leinen. Aber auch der Rand des gegnerischen Aspis barst, und diesen Moment nutzte ich und brachte mich mit einem Ausfallschritt nach rechts für einen kurzen Moment in Sicherheit. Mein geborstener Schild knallte wie ein Segel im starken Wind, und trotzdem gelang es meinem Gegner mit seinem gerade ausgeführten Speerstoß nicht, die Reste aus Bronze und Tierhaut meines Aspis zu durchdringen. Ein letztes Mal lag mein Schild gegen seinen, und ich zog rasch den linken Fuß nach, stemmte mich gegen den Gegner, stach mit meinem Speer über die Schilde zu und verwundete den Mann genau am Übergang von Schulter und Hals. Meine Speerspitze bohrte sich ungehindert ins Fleisch. Der Mann, der Idomeneus auf dem Gewissen hatte, fiel, Blut schoss aus seinem schiefen Mund hervor, und bei den Göttern, ich behaupte noch heute, dass er noch vor meinem Freund ins Reich der Schatten ging.

Aber die rot gewandeten Seekrieger waren große, gut bewaffnete Männer, sie wirkten von Anfang an selbstbewusst und fähig auf mich, und schon drängte der nächste aus ihren Reihen unerschrocken vor. Ich war noch ganz verblüfft, dass mir dieser tödliche Stoß über den Schildrand hinweg gelungen war, befand mich noch in der Streckung, und daher rammte mich der Gegner mit der Schulter und warf mich zu Boden. Ka rettete mir das Leben, denn ich sah, wie sich ein schwarzer Pfeil meinem Gegner in den Oberkörper bohrte. Der Mann sackte quer über Idomeneus und den Kämpfer, der meinen alten Weggefährten getötet hatte.

Inzwischen drängten sich so viele Männer auf Xanthippos' Trireme, dass das Schiff ins Schaukeln geriet, als führte es ein Eigenleben. Ich glaube, das war der Moment, als ich mich fragte, ob eine Trireme kentern kann, wenn zu viele Krieger an Deck kämpfen.

Wie bei den neueren Schiffen athenischer Bauart hatte auch Xanthippos' Trireme ein geschlossenes Deck, sodass die Ruderer aufgrund der Höhe der Bordwand leidlich vor Pfeilen geschützt waren – deshalb konnte sich Xanthippos auch zwanzig Epibatai leisten. Mehr Gewicht bedeutete aber immer, dass man sich Sorgen um die Stabilität machen musste. Man glich das mit zusätzlichem Ballast im Kielraum aus, aber das führte dazu, dass das Schiff träger wurde und sich schwerer rudern ließ. Die *Sturmbezwingerin* hatte in ihrer ursprünglichen Bauweise genauso ausgesehen, und ich gebe zu, dass ein geschlossenes Deck zum Schutz der Ruderer beitrug, die sonst nichts weiter hatten als Planen, die bei Seegang oder während eines Angriffs Seitenschutz boten – oft bestanden diese Planen aus Leinen. Für ein geschlossenes Deck waren weitere Stützbalken nötig, die der gesamten Rumpfkonstruktion bei schwerem Seegang mehr Stabilität verliehen. Wollte man allerdings eine schwierige Taktik auf See anwenden, wie etwa den Diekplous der Phönizier, brauchte man leichtere und vor allem wendigere Schiffe. In beiden Flotten gab es Triremen ganz unterschiedlicher Bauart. Große und kleine, hohe und gedrungene, und jeder Schiffsbauer versuchte auf seine Weise, die perfekte Bauweise zu realisieren, damit die Rudermannschaft samt Riemen genug Platz hatte und an Deck ein Mast aufgestellt werden konnte, ohne dass auf die volle Anzahl Seeleute und Epibatai verzichtet werden musste.

Als die Athener ihre neue Flotte bauten, trafen sie die vernünftige Entscheidung, schwere Schiffe mit großen Decks zu konstruieren, damit sie bei Enterkommandos gegen leichtere, schnellere Schiffe von den Werften ihres nautischen Gegners Ägina die Oberhand behielten. Gewiss, wir Seewölfe bevorzugten die leichter gebauten, schnelleren Schiffe – und diejenigen unter uns, die weit im Westen bei den Städten der Westgriechen gekämpft hatten, verließen sich seither auf den Bautyp der Hemiola oder Triemiola. Bis heute passen aus meiner Sicht bei der Triemiola die Faktoren Ruderleistung, Segelverhalten, stabiler Rumpf und Plattformen zum Kämpfen am besten zusammen.

Ich erwähne all das, weil ihr jungen Leute euch sonst nur schwer vorstellen könnt, wie es ist, wenn man zwanzig Fuß über dem Wasserspiegel auf einem leicht konvexen Deck kämpft, von dem zu beiden Seiten Salzwasser und Blut fließen. Zumal es an den Bordwänden keine richtigen Schanzkleider gab, sondern nur eine

Art schmale Reling von der Breite einer Handspanne. Mit anderen Worten, wer an Deck stürzte, drohte schlimmstenfalls über Bord zu gehen.

Mein Rückenpanzer wurde gegen dieses Geländer gedrückt, mein rechter Arm hing schon über dem Meer – in der Hand hielt ich nichts mehr. Der feindliche rote Seekrieger ragte über mir auf, so kam es mir damals vor. Und plötzlich, in meiner größten Verwundbarkeit, erkannte ich ihn. Es war Diomedes.

Auch er sah, wen er vor sich hatte, und einen kurzen Moment zögerte er – genoss er den Augenblick des Triumphs? Hatte er die Absicht, mich gefangen zu nehmen, um mich zu quälen? Wer weiß. Er hatte den Arm erhoben, als wolle er zuschlagen – ich hingegen lag auf dem Rücken, in einer Lache aus Blut an der Kante vom Deck, ich hatte keine Waffe mehr, mein Aspis war zerbrochen und hing nur noch in Fetzen von meinem linken Arm.

Kurz entschlossen wälzte ich mich herum und ging über Bord. Warum genau, weiß ich nicht mehr. Ich glaube, mein letzter Gedanke war, dem Rivalen aus Jugendtagen keinen Triumph zu gönnen. Vielleicht hatte ich beschlossen, mein Schicksal erneut in Poseidons Hände zu legen, da er mich schon einmal gerettet hatte.

Ich schlug auf dem Wasser auf, ehe ich einen neuen Gedanken formen konnte.

9. KAPITEL

Was sagst du? Ja, meine Liebe, ich sank in die Tiefe – hielt Einzug in den elysischen Gefilden, begegnete dort dem großen Achill und wurde dann von einer Schar schöner Najaden zurückgebracht – zunächst brachten sie mich in eine unter Wasser liegende Kaverne, versahen mich dort mit neuer Rüstung und führten mich dann zur Wasseroberfläche zurück.

Nein, natürlich war es nicht so.

Bei dem Aufprall auf dem Wasser zerfiel der Rest meines Aspis. Dabei verrenkte ich mir die Schulter, was mir allerdings nicht sofort auffiel. Ich war barfuß, die Rüstung zog mich nach unten, aber ich hatte Zeit gehabt, Luft zu schnappen, und konnte mich schnell der Fetzen meines Aspis entledigen – und dann schwamm ich. Für kurze Zeit war ich recht tief im Wasser, halb unter dem Rumpf der *Rossbändigerin*, und schaute hinauf zum Licht an der Wasseroberfläche. Dutzende Kämpfer trieben im Wasser, Blut überall – die ersten Haie waren gekommen. Ich konnte viele Schiffskiele im Wasser sehen, so weit das Auge reichte, und die schräg einfallenden Sonnenstrahlen verliehen den dunkel treibenden Rümpfen ein gespenstisches Aussehen.

Bei Poseidon, es war beängstigend dort unten, zumal ich wirklich Angst hatte, in die Tiefe gezogen zu werden. Ich bekam Panik und wühlte wie ein Narr mit beiden Armen durchs Wasser. Doch bevor ich Wasser einatmete und mich in Poseidons wiegende Arme legte, stieß ich mich noch einmal mit kräftigen Beinschlägen hinauf und schoss an die Wasseroberfläche. Endlich konnte ich wieder atmen, und die Rosshaare auf meinem Helm fielen mir schwer und nass ins Gesicht, aber das war mir in diesem Moment völlig gleichgültig.

Ich durfte nicht aufhören, ich musste weiter schwimmen.

Letzten Endes retteten mich Perikles und sein Freund Anaxagoras. Die *Najade,* jenes Schiff von Lesbos, hatte am Heck von Xanthippos' Trireme angelegt und all ihre Epibatai in das Getümmel an Bord geschickt. Dadurch wurden die Männer gerettet, die auf der Plattform des Steuermanns kämpften. Anaxagoras war als Erster über die Heckreling an Bord der *Rossbändigerin* gekommen, und Perikles war es, der mich ins Wasser stürzen sah. Aber zu jenem Zeitpunkt musste er noch warten, bis auch er auf Xanthippos' Schiff springen konnte, und daher bekam er mit, dass ich wieder an der Wasseroberfläche erschien. Kurzerhand schnappte er sich eine Enterstange und richtete sie an Bord der *Najade* von der Plattform der Seekrieger auf mich. Ich packte das Ende mit beiden Händen, worauf der junge Perikles mich an Bord hievte.

Allein schaffte er es nicht, er brauchte die Hilfe von zwei äolischen Ruderern, um mich über die Bordwand zu ziehen – ich hatte keine Kraft mehr. Ich kenne einen Mann, der von einem der sinkenden athenischen Schiffe bis nach Salamis schwamm, in voller Rüstung. Für diese Leistung bewundere ich ihn. Ich war vielleicht nur für die Dauer von zweihundert Herzschlägen im Wasser gewesen, aber ich war völlig ausgelaugt.

Ha! Aber ich lebte!

Eine ganze Weile blieb ich auf einem Knie auf dem Laufsteg am Bug der *Najade* – in dieser Zeitspanne ließen zwanzig weitere Männer an Bord der *Rossbändigerin* ihr Leben. Das Gefecht auf Xanthippos' Trireme war zum Zentrum eines wirbelnden Strudels geworden.

Ich blickte mich um. Perikles ließ mich zurück und sprang nun ebenfalls auf die *Rossbändigerin.* Überrascht stellte ich fest, dass mein Schwert noch an meiner Seite hing – vom Salzwasser würde es sich schon wieder erholen –, und im selben Moment machte ich mir bewusst, dass meine Antwort auf den phönizischen Gegenangriff letzten Endes richtig gewesen war. Demetrios' Schiff strich die Riemen. Mein alter Gefährte hatte mit dem Rammsporn einen schweren Treffer gelandet. Kimons Bruder kaperte ein ionisches Schiff, das mir bekannt vorkam, aber ich konnte es nicht zuordnen. Derweil erbeuteten Megakles und Eumenes zwei weitere Prisen.

Meine Welt war klein geworden. Die Phönizier schickten weitere Krieger in diesen Enterkampf, und inzwischen hatten sich mehr als ein Dutzend Schiffe mit Enterdreggen ineinander verhakt. An Bord der *Lydia* sah ich ebenfalls phönizische Seekrieger – Leukas verteidigte seine Heckplattform mit seiner bronzenen Axt. Zwei Schiffe von der *Najade* entfernt erspähte ich Brasidas' unverwechselbaren Helmbusch, an Bord eines Ioniers, an dessen Heck ebenfalls Phönizier angelegt hatten. Und hinter meinem spartanischen Gefährten erblickte ich meinen Sohn Hipponax, der seinen Speer vor- und zurückschießen ließ, wie eine Frau, die Wolle an einem Webstuhl webt.

Selten habe ich das Gefühl gehabt, von den Göttern umgeben zu sein. Ich stand auf, zog mein Schwert – meinen langen Xiphos – und sprang auf den Sporn der *Najade*. Von dort aus kletterte ich über das Heck der *Rossbändigerin* an Deck. Inzwischen hatten die feindlichen Enterkommandos die Verteidiger des Schiffes zum Heck zurückgedrängt – ich fand mich also bei Seckla wieder, bei Perikles und bei Anaxagoras, neben dem ausgerechnet Kleitos stand. Xanthippos, der Trierarch, brüllte Befehle und schleuderte von der Bank des Steuermanns Speere, mit beachtlicher Präzision.

Ich nahm einem Toten den Aspis vom Arm. Für meinen Geschmack war er zu schwer.

Es ist übrigens dieser dort an der Wand, seht ihr? Erkennt ihr Herakles und den Nemeischen Löwen? Als wäre dieser Schild für mich hinterlegt worden.

Ich ging in den Kampf, als Anaxagoras stürzte.

Den linken Fuß setzte ich vor, konnte den rechten Arm zurückziehen und aus nächster Nähe zustoßen. Ich hatte es mit drei Gegnern zu tun, aber erst da merkte ich, wie lädiert meine linke Schulter von dem Aufprall auf dem Wasser war. Denn kaum dass mein unmittelbarer Gegner seinen Aspis gegen meinen schlug, zuckte dieser Schlag meinen Arm bis zur Schulter hinauf wie eine Wunde.

Aber erst wenn alles auf dem Spiel steht, wächst man über sich hinaus.

Also hört zu.

Mit seiner langgezogenen Speerspitze gelang es Seckla, einen meiner Gegner aus dem Konzept zu bringen – als der Mann kurz den Kopf drehte, erwischte ich ihn an der Kehle, mit meinem Lieblingstrick, dem Schlag aus dem Handgelenk. Schon drehte ich mich halb um mich selbst und führte einen Schlag mit der Rückhand. Mein zweiter Gegner geriet ins Straucheln, weil ihm sein Kampfgefährte tot vor die Füße fiel, und ließ sich von meinem Rückhandschlag täuschen, den er offenbar falsch eingeschätzt hatte. Jedenfalls erwischte ich ihn mit voller Wucht im Gesicht. Die Klinge schnitt zwei Finger tief durch den Schädel, ehe sie sauber wieder herauskam, als ich sie zurückzog – das erwartet man nicht anders von einem gut geschmiedeten Schwert.

Der dritte Gegner traf mich mit dem Speer am Helm. Ein guter Stoß, aber der Helm hielt, und obwohl ich Blut roch, gelang es mir, meine Klinge über den Rand seines Aspis zu bringen. Ich verletzte den Mann zwar nicht direkt, aber meine Schwertspitze blieb an der Halterung des Rosshaars hängen, und immerhin hatte ich so viel Wucht in diesen Stoß gelegt, dass dem Mann der Kopf zur Seite flog. Wohin der Kopf geht, dahin folgt der Körper – der Mann taumelte zurück, verlor den Halt und stürzte hinab ins Wasser.

Mit Verzögerung machte ich mir bewusst, dass ich Briseis' Namen als Kriegsschrei brüllte. Nun, Aphrodite hat bis auf den heutigen Tag bei manch einem Kampf den Ausschlag gegeben, und auf Kreta verehren sie sie als Göttin des Krieges. Aber bei allen Göttern, ich hatte Briseis' Namen gewählt und war von neuem Feuer erfüllt! Und vielleicht stand mir Briseis mit ihrem unbeugsamen Geist bei oder aber Aphrodite.

Neben mir ging Kleitos zu Boden. Anaxagoras hatte sich unterdessen wieder aufgerappelt, weil Perikles ihn auf den blutigen Planken wieder auf die Füße gezogen hatte. Weiter vorn an Deck, zwei Riemenlängen entfernt, gewahrte ich eine imposante Gestalt, die mir bekannt vorkam: Polymarchos drängte an der Spitze meiner Epibatai in unsere Richtung. Die Seekrieger des Roten Königs und diejenigen, die mein Erzfeind Diomedes befehligte, flohen zurück auf die beiden Triremen, die mittschiffs mit ihren Bugen angelegt hatten.

Ich stellte mich über Kleitos und wehrte den tödlichen Hieb eines Phöniziers ab. Später betete ich zu Mater und bat sie, daran keinen Anstoß zu nehmen. In dem Getümmel zählte nur, dass er Athener war – ja, in der Tat, in dieser Schlacht war er mein Bruder und nicht mein alter Widersacher, denn so hatte ich es all meinen Männern versprochen.

Fünfzig Mann drängten sich auf diesem Deck, auf den Planken lagen weitere dreißig Gefallene – und nur Poseidon allein weiß, wie viele Kämpfer über Bord gingen und den Kalmaren zum Fraß dienten. Die *Rossbändigerin* war zum Epizentrum im westlichsten Ausläufer der Seeschlacht geworden.

Aber wie ein Mann, der aus langer Krankheit erwacht oder sich von einer Wunde erholt, hatte ich das Gefühl, wieder freier atmen zu können, stieß meinen Kriegsschrei aus und brachte Kleitos' Gegner mit einem harten Schlag auf den Helm aus dem Konzept. Als er reflexartig den Schild hob, erwischte ich den Mann am linken Oberschenkel – bis auf die Knochen. Ich erinnere mich gut, dass ich diesen Schlag mit besonderer Befriedigung auskostete.

Dann setzte ich das andere Bein vor, ließ Kleitos zurück und sah, wie Seckla einem Gegner mit der scharfen Schneide der Speerspitze die rechte Hand vom Unterarm trennte – den Speer als Schneide einzusetzen, gehörte zu Secklas besten Tricks. Ich vermute, dass alle Krieger seines Volkes das beherrschen.

Plötzlich stand ich Brust gegen Brust mit Polymarchos, meinem alten Schwertmeister. Er grinste durchtrieben.

«Hast du zwischendurch ein Bad genommen?» Er lachte. «Siehst aus wie ein Welpe, den jemand ersäufen wollte.»

«Besser als tot im Meer treiben», entgegnete ich. Ich drehte mich zu Kleitos um, der immer noch in dem Gedränge auf dem Rücken lag. Als ich ihm meine verschmierte rechte Hand darbot, ergriff er sie und ließ sich von mir von den Planken hochziehen.

Er sagte kein Wort, stand nur für die Dauer von zwei Atemzügen vor mir. Wenn man bei einem Enterkampf an Deck zu Boden geschickt wird, ist man schon so gut wie tot oder wird Fischfutter. Ich musste es ja wissen – ich hatte mir die Schiffsrümpfe von unten angesehen!

Aber es blieb keine Zeit für Worte. Kleitos ließ sich einen Speer reichen, und so kämpften wir uns den Weg an Deck frei und töteten die letzten phönizischen Seekrieger, die über Bord stürzten. Danach führte ich meine Kämpfer zurück zur *Lydia*, wo Ionier und Phönizier gegen meine Deckmannschaft und meine Thraniten kämpften. Ich sah, wie sehr sich die Ruderer der obersten Reihe anstrengten und sich gegen die feindlichen Seekrieger stemmten, aber unterm Strich sind Ruderer Hopliten nicht gewachsen.

Ich spreche von meinen «Männern», aber es gab eine erstaunliche Ausnahme: Nämlich ein Mädchen, das mit einem Speer kämpfte, das aber im Vergleich zu den bronzebewehrten Männern zwergenhaft aussah. Dennoch setzte sich die junge Kämpferin durch und schien ihre Gegner zu verwirren, denn ihre Schrittfolgen wirkten sicher, all ihre Bewegungen waren geschmeidig. Sie vollführte Körpertäuschungen, als wäre sie immer schon Kriegerin gewesen, und zwei ausgebildete Seekrieger vermochten sie nicht zu töten. Dennoch, allmählich wurde sie zurückgedrängt, stieß aber immer noch mit dem Speer zu, wo sie nur konnte, und als wir an Bord kamen, drehte sie sich weg und sprang ins Meer.

Ich hatte sie sofort erkannt – Kleitos' Tochter Heliodora.

Aber inzwischen hatte sich das Blatt gewendet. Ein athenisches Schiff kam achteraus an die *Lydia* und brachte seine Epibatai über das Heck an Bord, während wir über die Steuerbordseite sprangen. Die Phönizier waren verloren. Wer nicht längst tot war, starb in dem Gemetzel oder stürzte ins Wasser – das alles sah ich, aber es ging so schnell, dass ich nicht mehr dazu kam, mit meinem Schwert auszuteilen.

Dann erblickte ich meinen Sohn.

Hipponax kam vom Bug über die Laufplanke, er führte die Männer, die Brasidas gefolgt waren – ich sah das Rosshaar des Spartaners hinter meinem Sohn. Hipponax kämpfte wie ein Besessener oder Irrsinniger, seine Speerspitze schien überall zugleich zu sein, sein Aspis war zum Rammbock geworden, und so wühlte er sich ungehindert durch die Feinde.

Endlich wusste ich, wieso das Mädchen hier an Bord gewesen war. Und mir fiel wieder ein, dass ich zuvor eine ungewohnt hohe Stimme vernommen hatte, als die Männer mir zugejubelt hatten, auch später, beim Loblied auf Apollon, hatte ich mich über die hohe Stimmlage gewundert.

Sowie das Deck der *Lydia* wieder in unserer Hand war, lief ich zur Bordwand, aber Hipponax war vor mir da – wir blickten hinab ins Meer, aber sie war nicht unter den Gestalten, die dort trieben oder mit den Armen ruderten.

Was für eine tapfere Seele sie doch war – mit ihrem Wunsch, sich gegen die Meder zu stellen! Ich sandte ein stilles Gebet zu den Göttern, auf dass sie das Mädchen behüteten. Dann wandte ich mich an Leukas, aber er hatte auf der Heckplattform zwei Wunden davongetragen. Mir fiel niemand anders ein, deshalb schickte ich Seckla zum Ruder. Derweil kappte Xanthippos die Enterdreggen.

Wir trugen den Sieg davon. Aber wenn man es mit doppelt so vielen Gegnern zu tun hat, darf man den Kampf nicht einstellen, weil man den Sieg in einem Abschnitt feiern will. Während die Ruderer wieder ihre Plätze einnahmen, versuchte ich, am Mast aufzuentern – und schaffte es nicht. Mit meiner linken Schulter stimmte etwas nicht, und die fehlenden Finger an meiner linken Hand taten ihr Übriges. Sosehr ich mich auch anstrengte, ich konnte nicht mehr klettern.

Kimons *Ajax* konnte ich nirgends sehen, auch keine Schiffe aus seinem Geschwader – und wo waren die Korinther, bei den Göttern?

Wir hatten zwar den Gegenangriff der Phönizier vereitelt, aber damit hatte es sich auch schon. Die Ionier strichen die Riemen und zogen sich unbesiegt in die Meerenge zurück. Unterdessen scharten sich die überlebenden Phönizier um jenes rote, gewaltige Schiff, das sich inmitten der durchschnittlichen Triremen wie ein Ungetüm ausnahm – auf den ersten Blick sah es so aus, als habe ein Riese ein Schiff auf ein anderes gepflanzt.

Weiter östlich schwoll ein großes Gebrüll an, das mich an die Schreie und Rufe erinnerte, die die Menge von sich gibt, die an den Mysterien von Eleusis teilnimmt – ein zweites Mal hob das Brüllen an, dann ein drittes Mal. Und wieder stimmten irgendwo Männer den Paian an, verstärkt von anderen Jubelrufen – es war der Jubel der Lakedaimonier, den ich immer und überall heraushören werde. Die Rufe Spartas unterscheiden sich markant von den Lauten, die ich aus meiner alten Heimat kenne.

Xanthippos, blutbesudelt und sicher einer der Helden des Tages, beugte sich über das Ruderwerk am Heck der *Rossbändigerin* und rief uns irgendetwas zu. Seine Worte gingen in dem allgemeinen Lärm unter, ich glaubte «großen Bastard» zu verstehen ...

... und vermutete, dass Xanthippos die Absicht hegte, es mit dem großen Phönizier aufzunehmen.

Aus meiner Sicht ein ausgezeichneter neuer Angriffsplan. Daher nickte ich heftig.

Seckla bediente inzwischen das Ruder. Mein Sohn war auf die Knie gesunken und weinte.

Oh, Zorn! Ares und Aphrodite vereint!

Ich war außer mir, zerrte Hipponax auf die Beine und schlug ihn. «Hör auf zu flennen!» Heute schäme ich mich dafür. Ich schlug meinen eigenen Sohn und sagte etwas wie: «Räche sie zuerst. Und dann kannst du ihrem Vater erklären, warum sie sterben musste, du nutzloser Mistkerl!» So etwas in der Art gab ich von mir.

Hipponax stand vor mir wie ein geprügelter Hund.

Als ich ihn noch einmal schlug, zogen mich Seckla und Brasidas von ihm fort. Ich kann mich nicht erinnern, schon einmal so voller Zorn gewesen zu sein. Ich wurde die Bilder in meinem Kopf nicht los, von dem armen Mädchen, das tapfer den Sprung in die Wellen gewagt hatte – mit bewundernswerter Todesverachtung.

Plötzlich flogen wieder Pfeile durch die Luft, und Ka und Nemet standen auf der Heckplattform und schossen Pfeile auf die Ionier. Ich fing ein Geschoss mit dem Aspis ab, und als mir die Holzsplitter ins Gesicht flogen, riss mich der kurze, stechende Schmerz aus meinem Zorn.

Aber ich brachte keine Entschuldigung zustande.

Stattdessen wandte ich mich an Seckla. Die meisten unserer Ruderer waren auf den Bänken. Onisandros war verletzt, hielt sich aber auf den Beinen – bei Herakles, meinem Ahnherrn, ich hatte das Gefühl, dass alle Mann an Bord verletzt waren! Abgesehen von meinem Sohn und Brasidas, der an jenem Tag gottgleiche Kräfte zu haben schien.

Leukas hockte blutend auf der Bank an Backbord, neben ihm kniete Polymarchos, der den Aspis abgestreift hatte und versuchte, die Blutung zu stillen und die Wunde notdürftig zu verbinden. Derweil sammelten die überlebenden Seeleute die gekappten Leinen ein oder verteilten aus dem Laderaum neue Ruderriemen an die Männer, die ihre Riemen während des Gefechts verloren hatten. Alle Abläufe an Bord waren einstudiert und zielgerichtet.

Denn wir waren immer noch ein Kriegsschiff.

«Bring mich längsseits zu dem großen Phönizier oder ramm ihn, wenn du kannst», sagte ich zu Seckla. Plötzlich stieß Leukas einen Schrei aus und verlor das Bewusstsein.

«Hipponax!», rief ich. Er stand bei Brasidas und ließ den Kopf hängen.

Langsam kam er in meine Richtung, während die Riemen nach und nach aus den Pforten lugten. Die einst so flinke *Lydia* nahm wieder Fahrt auf.

Mein Sohn hatte immer noch Tränen in den Augen, schämte sich aber deswegen auch.

Ich ließ mein Schwert fallen und nahm ihn in die Arme. «Das war nicht richtig von mir», räumte ich ein. «Es war Hybris meinerseits, dich zu schlagen.»

Er sah mich so erschrocken an, als hätte ich ihm schon wieder eine verpasst. «Aber du hast ja recht, Pater», stöhnte er. «Mir ist, als hätte ich sie in den Tod geschickt.»

Ich hielt ihn noch einen Moment im Arm. So vielschichtig ist das Wirken der Götter. Ich ahnte, dass er fortan wie jemand kämpfen würde, der aller Hoffnung beraubt war – und das würde er großartig machen. Und vielleicht würde er sich bei diesem Aufbäumen eine tödliche Wunde holen, weil er einen Moment nicht aufpasste. Vielleicht würde er auf sonderbare Weise durch Kleitos' Hand sterben. Daher spürte ich, dass der eine an den anderen gebunden war. In einem Joch, wie Ochsen vor einem Pflug.

«Jetzt ist keine Zeit für Tränen», sagte ich schroff. Ich hätte auch sagen können: «Bleib an meiner Seite, halte am Leben fest.» Aber das tat ich nicht.

«Nein.» Er straffte die Schultern. «Nur für Rache.» Er brachte ein schiefes Lächeln zustande, das furchtbar aussah. «Wenn wir längsseits kommen, dann lass mich als Erster entern», kam es ihm fast tonlos über die Lippen.

Brasidas schüttelte den Kopf.

«Vielleicht», sagte ich. Und wandte mich ab. Ich war auch einst jung gewesen – wie hätte ich mich wohl gefühlt, wenn ich für den Tod von Briseis verantwortlich gewesen wäre? Wer war ich, meinem Sohn zu sagen, dass es noch andere Frauen im Leben gab?

Die Ionier formierten sich recht gut, aber inzwischen hatte sich der Schlachtverlauf auf die schmale Nord-Süd-Achse verlagert, die Themistokles und Eurybiades sich erhofft hatten. Das phönizische Flaggschiff lag immer noch dichter an der attischen Küste, als mir lieb war, fast unterhalb des goldenen Throns des Großkönigs. Aber das Chaos des Gefechts hatte uns schwer zugesetzt. Inzwischen nahmen Themistokles und sein Geschwader es mit den verbliebenen Phöniziern auf, während die Lakedaimonier – und sicher auch die Korinther, obwohl ich sie nicht sehen konnte – ins ionische Zentrum vordrangen.

Nach wie vor vernahm ich laute Jubelrufe jenseits unseres Zentrums.

Während die *Lydia* an Fahrt gewann, schlossen sich uns nach und nach die *Najade*, die *Sturmbezwingerin* und die *Rabenschwinge* an. Es brach eine Phase an, in der unsere Mannschaften Zeit zum Verschnaufen fanden – die Flotte des Großkönigs brach in zwei Richtungen auseinander: einmal in Richtung der attischen Küste, zu den Phöniziern und westlichsten Ioniern, dann jenseits der Meerenge weiter in Richtung Phaleron, zu den anderen Geschwadern. Viele Schiffe saßen schlichtweg fest. Ameinias gelang es mit seiner *Parthenos*, ein weiteres gegnerisches Schiff auf spektakuläre Weise zu versenken, genau im Zentrum, allerdings weitab von unserer Position. Aber dieses Manöver nahm der Hauptverband der persischen Flotte wahr, und als der dem Untergang geweihte Gegner auseinanderbrach, jubelten die Männer aus dem athenischen Geschwader.

Von unseren Feinden kamen keine Jubelrufe. Und da ahnten wir, dass wir siegen würden. Nach vielen Tagen der Niederlage, nach einigen hart erkämpften Unentschieden und nach einem Sieg, der uns durch den Tod des tapferen Leonidas vergällt worden war, wussten wir, dass unsere Stunde des Triumphs gekommen war. Der Moment war zum Greifen nahe. Wir waren im Begriff, den Sieg zu erringen. Dennoch stahl sich niemand aus der Verantwortung. In der Stunde des Sieges fällt es manchen leicht, sich vorzeitig vom Geschehen abzuwenden. Der eine spürt die Last der Wunden, die ihn daran hindert, weiterzukämpfen, der andere zieht sich zurück, in der Hoffnung, dass ein anderer für ihn die Arbeit zu Ende bringt oder dem Feind den Todesstoß versetzt. Aber nein, in dieser Stunde drückte sich niemand.

Es bedurfte keiner Worte. Von dem Kampf bei Sardis vor so vielen Jahren bis zur Bucht von Salamis hatten wir – abgesehen vom Hoffnungsschimmer bei Marathon – Niederlagen einstecken müssen oder uns vorerst mit einem weiteren Rückzug gerettet, und jetzt boten wir Männer auf, die bereit waren, ihr Leben zu geben, um die Gewissheit zu haben, dass das Werk vollbracht war.

Zu diesen Männern gehörte auch ich.

Das phönizische Geschwader unterhalb des Throns des Großkönigs musste bezwungen werden. Diese Phönizier waren in Reichweite unserer neuen Flanke, als sich das Schlachtgeschehen verlagerte, aber hätten wir die Phönizier nicht weiter bekämpft, hätten sie den Ausschlag geben können, auf dass sich das Blatt noch einmal zu ihren Gunsten wendete. Dennoch – sie hatten keinen Raum zum Manövrieren. Ihre Hecks lagen beinahe auf den Stränden, und die persischen Unsterblichen, die den Großkönig schützten, standen bereit, um uns mit einem Pfeilhagel zuzusetzen.

Aber die Phönizier, die uns ein Dorn im Auge waren, befanden sich offenbar in einer Krise. Plötzlich fuhr das Flaggschiff die Riemenblätter aus und bewegte sich unter Riemenschlägen auf uns zu, flankiert von kleineren Schiffen, wie eine Ente, hinter der die Jungen folgen. Dieser Angriff war überhastet, und aus heutiger Sicht habe ich nur eine Erklärung für diese Entscheidung: Die Phönizier fühlten sich gedemütigt, da wir zum Angriff übergingen, sie jedoch tatenlos vor der Küste verharrten.

Es war eine törichte Entscheidung, denn je weiter sie sich von der Küste entfernten, desto schlechter konnten ihnen die persischen Bogenschützen beistehen.

Aber das Aufeinandertreffen in diesem Abschnitt der Seeschlacht zählte zu den wenigen Gefechten in offenen Gewässern, denn entlang der Nord-Süd-Achse herrschte streckenweise Stagnation mangels Manövrierfähigkeit. In unserem Abschnitt jedoch hieß es: ein Dutzend Phönizier gegen dieselbe Anzahl auf unserer Seite. Erst da fiel mir auf, dass Xanthippos nicht mehr bei uns war. Er hatte sich in das große Gefecht im Zentrum gestürzt.

Krieg nimmt oftmals Züge einer Tragödie an – die Moiren wandeln unter den Menschen und bestimmen das Schicksal der Sterblichen, und die Ereignisse, die sich dann abspielen, erscheinen einem oft entweder unglaubwürdig oder vorhersehbar. In jenem Gefecht lag sich die gleiche Anzahl Schiffe auf beiden Seiten gegenüber. Unsere Schiffe hatten an jenem Tag zwei, drei oder sogar vier Gefechte bestanden, aber die meisten Phönizier – die als Reserve zurückgehalten wurden – waren so frisch und ausgeruht wie ein Kind, das aus langem Schlummer erwacht.

Harpagos jedoch brannte immer noch darauf, seinen Vetter zu rächen, mit seinem Rammsporn hatte er vier Schiffen das Leben genommen. Demetrios stellte wieder einmal unter Beweis, was für ein ausgezeichneter Steuermann er war, und er war mit seinen Darbietungen noch nicht am Ende. Giannis war in Sichtweite von uns, ich konnte den entschlossenen Zug um seinen Mund sehen, obwohl sein Schiff bereits drei heftige Gefechte erlebt hatte, und dann war da noch Megakles – ich hatte nie erlebt, dass die See ihn in irgendeiner Weise ermüdete.

Nike gab uns Auftrieb. Wirklich, bis auf den heutigen Tag muss ich an diese Gottheit denken, gleichzeitig muss ich dann an Kleitos' Tochter denken, die in die Wellen sprang – später erzähle ich euch genauer, wie es dazu kam. Aber es war Nike, die uns in der Hand hatte. Und wir waren noch lange nicht müde.

Wir waren wie Arbeiter, entschlossen, die Aufgabe zu Ende zu bringen, die man uns zugeteilt hatte.

Narren waren wir aber auch nicht.

Ich gab keine Befehle. Seckla war es, der beschloss, es mit einem der äußeren Phönizier aufzunehmen und dessen Riemenschäfte zu zertrümmern. Onisandros, dem die Schmerzen beim Sprechen anzumerken waren, bat seine Mannschaft um eine weitere Höchstleistung, und tatsächlich legten sich die Männer wie Helden in die Riemen, sodass wir aus der Nähe auf Rammgeschwindigkeit gehen konnten.

Dann verlief es wie ein Kampf, den sich zwei wilde Hunde auf der Agora liefern.

Unsere Beute schreckte vor uns zurück. Zwar ging auch diese Trireme auf Rammgeschwindigkeit, aber plötzlich bekam der Steuermann Panik und verstellte das Ruder, sodass das Schiff gierte und ausscherte – geistesgegenwärtig gab Onisandros den Ruderern den Befehl, die Schlagzahl deutlich zu verringern, während Seckla so hart nach Backbord ging, dass ich der Länge nach aufs Deck fiel. Aus den Augenwinkeln gewahrte ich einen anderen Phönizier, der im selben Moment an unserem Heck vorbeirauschte – Seckla hatte ihn kommen sehen, ich nicht, war er doch hinter dem ersten verborgen gewesen – und so kam es, dass wir einen dritten Gegner auf Höhe des Hecks rammten. Er hatte es eigentlich auf die Trireme aus Naxos abgesehen, die zu uns übergelaufen war. Ka stand auf der Heckplattform und schoss auf den Phönizier, der an unserem Heck vorbeiglitt, und gerade als ich nach einer Enterdregge und einem Speer verlangte, tötete Di den gegnerischen Steuermann, der über sein Ruder sackte. Sein Schiff verlor deutlich an Fahrt, das unbemannte Ruderwerk blockierte, die Mannschaft kam aus dem Takt. Bald wippten die Riemenblätter unkontrolliert auf und ab, fast die Hälfte der Ruderer verletzte sich – und Harpagos setzte den Schlusspunkt, als er die Trireme am Heck rammte und versenkte. Sein fünfter oder sechster direkter Treffer an jenem Tag!

Inzwischen nahmen wir wieder Fahrt auf, all unsere Riemenblätter pflügten durchs Wasser. Wir hatten unserem Gegner keinen besonders harten Schlag verpasst, daher versuchte er mit aller Macht zu entkommen, zumal unsere Dreggen nicht richtig gegriffen hatten. Wir sahen, wie der Phönizier die Riemen strich und sich in die seichteren Gewässer zurückzog. Als die ersten Männer über Bord sprangen, um sich an Land zu retten, begannen die Unsterblichen des Großkönigs, gnadenlos auf die Deserteure zu schießen.

Mir blieb keine Zeit, diesem Schauspiel länger zuzusehen oder vor Schadenfreude zu lachen – Tatsache war, dass sich das phönizische Geschwader aufgelöst hatte. Die Hälfte der Schiffe floh gen Osten, die anderen wurden gekapert oder steuerten mit den Hecks voraus die rettende Küste an, um dort im Pfeilhagel von Xerxes' Leibwachen zu sterben. Ich kann nur vermuten, dass der Großkönig vor Wut schäumte.

Derweil nahm Giannis mit seiner Trireme Kurs auf das große Flaggschiff. Er beherrschte das Navigieren meisterhaft – täuschte eine Kollision Bug gegen Bug an, wich dann aber aus und zwang das sehr viel schwerere Schiff, umsonst auf Rammgeschwindigkeit zu gehen. Schon glitt er am Heck dieses Seeungeheuers entlang und ging in die Wende, während seine Bogenschützen auf die persischen Schützen schossen, die sich auf dem Deck drängten. Aber in dieser Disziplin waren uns die Perser wieder einmal überlegen, und so bekam auch Giannis bei der Wende einen Pfeil in seinen rechten Oberschenkel. Sein Steuermann ließ sein Leben, auch zwei seiner Epibatai starben in dem Hagel aus Pfeilen.

Aber da der große Phönizier seine Aufmerksamkeit auf Giannis' Schiff richten musste, übersahen unsere Gegner Harpagos, der ja soeben einem Phönizier das Heck abgerissen hatte, dann hart nach Backbord geschwenkt war, an unserem Bug vorbeiglitt und seinen Rammsporn tief in die Bordwand des Flaggschiffs bohrte.

Leider zu tief. Der Sporn hatte eine Schwachstelle zwischen Dollbord und mittlerem Bergholz getroffen und kam nicht mehr frei. Mit dem Ergebnis, dass die persischen Bogenschützen sofort von oben hinunter in Harpagos' Schiff schossen, und Augenblicke später enterten die phönizischen Seekrieger von dem höher gelegenen Deck.

Zur selben Zeit brachte Seckla uns an die Backbordseite des Gegners – also an die gegenüberliegende Bordwand, die Harpagos beschädigt hatte – und zertrümmerte dort die Riemenschäfte. Die Geräusche, die dabei entstehen, sind wirklich haarsträubend, das ganze Knacken und Bersten, all die Schreie der Verletzten. Etliche Riemen wurden samt Dollen und Ruderpflöcken herausgerissen, dass es aussah, als würde man einer Krabbe die Beine ausreißen. Sobald wir längsseits lagen, enterten wir das rot-goldene Seeungetüm.

Die Bordwände überragten unsere Heckplattform fast um eine Manneslänge.

Keiner von uns zögerte, aber dieses Enterkommando war anders als alle vorigen, die ich erlebt hatte.

Für gewöhnlich entert man das feindliche Schiff, indem man den eigenen Rammsporn wie eine Brücke nutzt, manchmal springt man vom eigenen Heck oder vom Laufsteg mittschiffs an Bord des Gegners. Es ist eine Kunst, eine Art Tanz, keine Wissenschaft.

Diesmal enterten wir über die Ausleger der Thraniten, was nur bei einem Schiff dieser Größe möglich war. Das bedeutete indes, dass wir keine Speere mitnehmen konnten, und ich ließ sogar meinen Aspis zurück. Es kümmerte mich nicht groß, mein linker Arm war ohnehin angeschlagen, ich hätte nie das Gewicht des Schilds halten können.

Als wir an Fahrt verloren, da sich die Dreggen verhakten – diesmal verfehlten wir die Bordwand nicht, denn die feindlichen Seekrieger waren noch auf der gegenüberliegenden Bordseite und achteten nur auf Harpagos' Trireme –, kletterte Hipponax auf das Dollbord an Steuerbord, bereit zum Sprung.

Gepriesen sei Brasidas, denn er riss meinen Sohn zurück und warf ihn auf die Planken der *Lydia.* «Ein andermal lass ich dir den Vortritt, Junge», sagte er und bedachte meinen Jungen mit einem Lächeln – mit einem Lächeln, das ich immer in Erinnerung behalten werde, da es in jenem Moment so vieles widerspiegelte: Nachsicht, Verständnis, väterliche Zuneigung, aber auch eine klare Absage. Schon sprang Brasidas an die hohe Bordwand, hielt sich an einem der Ausleger fest, schwang sich hinauf und stieß den ersten Thraniten mit dem Fuß von der Bank.

Um bei der Wahrheit zu bleiben, die meisten der Ruderer, auf die wir an jenem Tag stießen, hätten es sowieso nie mit uns aufnehmen können, zumal sich in diesem Fall etliche bei Secklas Attacke, bei der Riemen barsten, verletzt hatten. Aber andererseits ist es auch nicht gerade angenehm, sich durch eine Riemenpforte zu quetschen. Die Konstruktion aus Schutzdach und Ausleger ist nicht viel breiter als die Schultern eines Mannes, und der bronzene Thorax gibt natürlich nicht nach. Vorsichtshalber tötete ich den Thraniten hinter «meiner Riemenpforte» und stieg über seinen zuckenden Leib, um an Bord zu gelangen – das war der Moment, als mir jemand einen Speer mit voller Wucht gegen den gepanzerten Rücken rammte. Die Spitze schlug sogar durch die Bronze.

Seht ihr die Stelle? Hier drang die Spitze fast einen halben Finger in meine Muskulatur. Ihr könnt euch sicher vorstellen, dass das für mich Ansporn genug war, schleunigst voranzukommen.

Wie gesagt, ich hatte keinen Aspis, unter dem ich hätte Schutz suchen können, und noch steckte ich halb in dem Ausleger am Dollbord fest. Mein Gegner stand über mir, aber ich rollte mich auf die Seite, was meine Verletzung am Rücken erst so richtig aufflammen ließ, das kann ich euch sagen. Endlich konnte ich mich mit dem Schwert verteidigen – mit der lädierten linken Hand umfasste ich die Speerspitze.

Mein Gegner zog.

Das schmerzte, aber ich ließ nicht los, und so zog der Mann mich unweigerlich auf die Füße, auch wenn das wohl nicht seine Absicht gewesen sein dürfte. Rechtzeitig riss ich den Speer nach unten, verfehlte meinen Gegner aber. Doch dann zielte ich mit einem Sichelschlag nach seinen Fußknöcheln, was den Kampf vorzeitig beendete. Erst da konnte ich ganz aus dem Ausleger des Thraniten steigen.

Ich war natürlich nicht der erste Mann von der *Lydia*, der das feindliche Deck erreichte. Brasidas war vor mir, hinter ihm Hipponax, den der Spartaner ja unmissverständlich auf den zweiten Platz verdrängt hatte. Auch die beiden hatten keine Schilde, bekamen es aber mit dreißig phönizischen Seekriegern zu tun.

Der Unterschied war nur, dass Nike uns beistand, nicht den

Phöniziern. Denn sie ahnten schon, dass sie besiegt waren. Während ich noch in Gedanken das Zahlenverhältnis verglich, brachte die Deckmannschaft auf Demetrios' *Amastis* die Enterdreggen am Bug an. An Demetrios' Schiff ließ sich eine breite Laufplanke an der Bordwand anbringen, um Männer und Lasttiere auf offenen Stränden von Bord zu lassen, und diese Planke setzte er nun ein. Auf diese Weise brachte er eine Art Enterbrücke ins Spiel, auf der man allerdings gut auf sein Gleichgewicht achtgeben musste. Doch schon lief Alexandros über diese Planke an Bord des Phöniziers, und er hatte sowohl Aspis als auch Speer, und mit einem Mal tauchten etliche weitere unserer Epibatai hinter ihm auf, gefolgt von Männern der Deckmannschaft und gerüsteten Thraniten.

All das kann ich euch zwar erzählen, aber damals sah ich es nicht mit eigenen Augen, da ich meine Gegner im Blick behalten musste. Aber ich wusste, dass hinter mir etwas Unvorhergesehenes geschehen sein musste, das spürte ich an der Verzweiflung, die sich auf den Gesichtern der Phönizier abzeichnete. Aber leider ergaben sie sich nicht, sondern setzten alles daran, uns mit in den Tod zu reißen. So kam es, dass wir Schwert gegen Speer standen, gepanzerte Brust gegen Schild. Dass wir keine Schilde hatten, war ein fürchterliches Gefühl. Das Gedränge nahm zu, und Hipponax ging mit einer Beinverletzung zu Boden, aber Brasidas stellte unter Beweis, warum die Elite aus Sparta im Kampf immer auf alles vorbereitet ist. Und ich möchte nicht verschweigen, dass ich meinen Sohn wie ein Löwe verteidigte.

Aber auch ein Mann, der nur ein Schwert führt, hat Vorteile. Außerdem wurden wir nicht von einer Horde Feinde bedrängt, sondern immer höchstens von drei oder vier Mann. Wieder einmal hatte ich allen Grund, meinen alten Lehrmeister Polymarchos zu preisen, denn er hatte mir beigebracht, wie sich ein Schwertkämpfer mit dem Schwert schützen kann, wenn kein Aspis zur Hand ist. Mein Meister aus Syrakus hatte mir darüber hinaus gezeigt, wie man sich mit der deutlich kürzeren Waffe gegen längere Waffen durchsetzt, und als ich geschickt einen Speerstoß abfing, hatte ich den Gegner mit einem Schlag aus der Drehung des Handgelenks bezwungen. Mein linker Arm war zwar in der Bewegung eingeschränkt, aber immer noch stark genug, sodass ich einen Speerschaft umfassen konnte, den Speer zu mir riss und den Krieger aus dem Gleichgewicht brachte.

In diesem Gefecht zeichnete sich ausgerechnet Sittonax aus, der alte gallische Faulpelz. Er enterte von Harpagos' Trireme, auf der er sich selbst zum Epibatēs ernannt hatte. Jetzt kam er seitlich durch den Pfeilhagel heran und schlug mit seiner langen gallischen Klinge eine Schneise durch die Feinde an Deck – den Griff des Schwerts mit beiden Händen umfasst, vollführte er eine schwindelerregende Schlagabfolge links, rechts und wieder links, die an die Flügelschläge eines Schmetterlings erinnerte. Diese Kampftechnik war uns fremd in unseren griechischen Landen, und ich konnte deutlich sehen, wie die feindlichen Seekrieger angesichts des wild gewordenen Kelten in Panik gerieten.

Endlich ließ der Druck in dem Gedränge nach, und ich klaubte einen Rundschild von den Planken auf, den eigentlich Peltasten nutzen. In der Phalanx hätte er keinen Wert gehabt, aber der runde Schild war immer noch besser, als mit ungeschützter linker Flanke zu kämpfen. Er war leicht, ich konnte ihn gut halten, trotz fehlender Finger und lädierter linker Schulter. Also drängte ich gemeinsam mit Brasidas und Polymarchos, der vom mittleren Laufsteg auf die Kommandoplattform sprang, nach vorn. Hinterdrein folgte Siberios, dem es beim Entern sogar gelungen war, mit Aspis über Dollbord und Ausleger der Thraniten zu klettern. Eine beachtliche Leistung, die große Körperbeherrschung erfordert.

Wir formierten uns wie in einer kleinen Phalanx, Alexandros stand neben Brasidas, und einer der Epibatai weiter hinten reichte dem Spartaner einen Aspis nach vorn.

Erst da gewahrte ich die klaffende Wunde an der linken Schulter des Spartaners – ich schwöre bei Athene, dass man den Knochen sehen konnte. Doch Brasidas führte den linken Arm durch den Porpax, stemmte sich hinter den Aspis und drängte weiter.

Ich konnte noch nicht wissen, dass Harpagos tot auf der Bugplattform seines Schiffes lag, mit einem Pfeil im Hals. Ebenso wenig sah ich, dass zwei weitere athenische Triremen am Heck des Ungetüms anlegten und ihre Epibatai an Deck spülten, und zwar über Leitern. Diese Krieger waren es auch, die Sittonax vor dem sicheren Tod bewahrten, als sich der Bruder des Großkönigs und dessen Elitekämpfer gegen den wilden Gallier wandten. Hätte man das Geschehen aus der Vogelperspektive beobachten können, so hätte man den großen Phönizier für eine Stadt halten können, die von allen Seiten belagert wurde.

Und gestürmt wurde.

Abermals schlossen Epibatai zu uns auf. Noch flogen feindliche Pfeile durch die Luft, aber wir hatten Ka, der auf der Spiere unseres Großmasts saß und einen Pfeil nach dem anderen auf die persischen Schützen abschoss. Er war nackt, hatte keinen Schutz, saß allein dort oben und blieb unverletzt. Versteht ihr, das meine ich damit, wenn ich von Nikes schützender Hand spreche. Jeder Perser hätte den Nubier dort oben sehen können, und ein gezielter Pfeil hätte gereicht, um Ka aus dem Leben zu reißen.

Stattdessen schoss er jeden Pfeil ab, den er mitgenommen hatte, und die Hälfte davon traf. Dann drängten wir die Feinde zurück auf die Heckplattform – und trieben sie geradewegs in die Arme unserer Verbündeten, die auf Höhe des geschwungenen Achterstevens auftauchten.

Hipponax versuchte, sich an Brasidas vorbeizudrängen, Alexandros wollte an mir vorbei. Die letzten Augenblicke des Kampfes um die riesige Trireme – ich kann nicht alles wiedergeben, was sich an Bord ereignete, aber natürlich weiß ich, dass ich eine hässliche

Schnittwunde am rechten Bein davontrug, aber ich fürchte, dass mir diese Wunde aus Versehen einer unserer Männer beibrachte. Hipponax kämpfte weiterhin wie ein Irrsinniger – und das war er in diesem Moment tatsächlich. Auch er hatte einen runden Schild erbeutet und setzte ihn geschickt ein, als er die verbliebenen Seekrieger attackierte. Aber ich hatte Angst um meinen Sohn, denn für die Dauer einiger Herzschläge war er auf sich gestellt.

Ich sah, wie er einen Speerstoß mit dem kleinen Rundschild ablenkte, den Schildarm um den ausgestreckten Arm des Gegners legte und den Mann dann wie beim Wettkampf der Pankration mit einem Hüftwurf über Bord beförderte – mit Rüstung und Waffen und allem.

Doch der Phönizier rechts von Hipponax schwang eine Axt.

Hipponax drängte weiter vorwärts, wehrte den nächsten Speer mit dem Rundschild ab, als Brasidas seinen Speer schleuderte und den Mann tötete, der im nächsten Augenblick meinen Sohn erschlagen hätte. Bei der letzten Aktion brach sich Hipponax einige Finger und sank brüllend vor Schmerz auf die Knie, aber bevor ihm Unheil widerfahren konnte, zwängten Brasidas und ich uns schützend an ihm vorbei.

Vor mir sah ich einen Mann, der von Kopf bis Fuß in Gold getaucht zu sein schien: golden schimmernde Rüstung, goldener Helm, in der Hand einen vergoldeten Bogen. Ich ahnte, dass es Ariabignes war, Xerxes' Bruder. Aber das brauchten meine Epibatai nicht zu wissen, für sie war ausschlaggebend, dass dort ein offensichtlich bedeutender Gegner stand.

Ich würde gern berichten, wie ich ihn Mann gegen Mann tötete, aber da zu viele Freunde an meiner Seite waren, würde ich mit dieser Lüge nicht davonkommen. Wir töteten ihn gemeinsam. Ich bohrte ihm meine Schwertklinge in den Leib, Demetrios traf den goldenen Krieger mit der Speerspitze am Auge, Siberios und Alexandros, Hipponax und Polymarchos, mein Vetter Achill und die Ruderer aus Sizilien – sie alle waren an diesem Kampf beteiligt. Erwähnen sollte ich der Vollständigkeit halber vielleicht noch zwei athenische Epibatai, Diodoros, den Sohn von Eumenes, und Kritias, den Sohn des Diogenes, nicht zuletzt Sittonax den Kelten – er hatte eine schlimme Wunde am Hals, die ihn das Leben hätte kosten können.

Ich erinnere mich, dass sich danach eine eigentümliche Stille auf die gekaperte Trireme herabsenkte. Aus der Ferne hörte man Jubel, und als ich zur attischen Küste blickte, sah ich, wie die persischen Unsterblichen vom Land aus auf die athenischen Triremen schossen, die am Heck des großen Phöniziers festgemacht hatten. Aber ihre Pfeile fielen ins Wasser. Etliche Perser wateten vom Strand kommend ins seichte Wasser und drohten uns mit Fäusten – ein Ausdruck hilflosen Zorns.

Ich nahm dem toten Ariabignes den goldenen Helm vom Kopf und trat an die Bordwand. Mein Blick ging hinauf zu den Hängen des Berges Aigaleos – zu der Stelle, an der der Thron des Großkönigs stand. Der Thron wirkte größer als zuvor, vermutlich waren wir näher an die Küste herangekommen. Die Sonne stand hoch am Himmel.

Ich wusste, dass Xerxes zuschaute. Wohin sonst hätten seine Augen blicken sollen?

Ich reckte den goldenen Helm empor, stieß den Kriegsschrei *«Sieg! Sieg! Sieg!»* aus und schleuderte den Helm ins Meer.

10. KAPITEL

Das war natürlich noch nicht das Ende der Seeschlacht. Aber damit setzte ich den Schlusspunkt der Kampfhandlungen in dem Teil der Schlacht, den ich überblicken konnte. Die Schlacht bei Salamis war zu groß, als dass ein Mann alles hätte einschätzen können, daher erzähle ich euch ein wenig von den Dingen, die meine Freunde mir später aus anderen Abschnitten berichteten.

Der Nebel hatte nicht nur die Phönizier genarrt, sondern anfänglich auch Eurybiades. Denn er gab nie das vereinbarte Zeichen für den Angriff – aufgrund der Dunstschleier hätten wir dieses Signal ohnehin nicht sehen können. So viel zu Signalen auf See.

Was sich dann tatsächlich ereignete, war letzten Endes noch besser als unser alter Plan. Von Gefangenen und auch von Freunden an Bord ionischer Schiffe weiß ich, welchen Plan die Ionier ursprünglich in die Tat umsetzen wollten – später warfen sie ihn aber sozusagen über Bord. Eigentlich wollten sie in mehreren langen Kiellinien erst dem Verlauf der attischen Küste folgen, nach West schwenken und all unsere Strände von Salamis umschließen. Dann hatten sie vor, uns in vielen kleinen Gefechten so weit zurückzudrängen, um uns im flachen Wasser regelrecht zu massakrieren. Als wir dann aber den Paian anstimmten und damit signalisierten, dass wir zum Angriff übergingen – obwohl wir in unserem Abschnitt ja eigentlich eine Flucht vortäuschen wollten, wie ihr euch sicher erinnert –, änderten die Ionier ihre Angriffstaktik. Sie lösten ihre drei langen Kielformationen auf, die Kurs West genommen hatten, und schwenkten auf drei Linien um, mit Stoßrichtung Süd, was zur Folge hatte, dass sie Rammsporn gegen Rammsporn auf die Schiffe der Peloponnes und aus Ägina trafen. Die Ionier besiegten die erste Linie und drängten die Schiffe der Peloponnes zurück.

Aber gleichzeitig brachen wir den Phöniziern das Genick und fügten somit auch der westlichen Flanke der Ionier erheblichen Schaden zu. Die Überlebenden zogen sich zurück – und kamen dabei dem Zentrum der Ionier ins Gehege, was wiederum dazu führte, dass die Männer von der Peloponnes erneut zuschlagen konnten. Kimon führte die Korinther an – sie kamen spät, aber ich will das durchgehen lassen – und hielt geradewegs auf das Zentrum zu, wo in all dem Gedränge Chaos herrschte. Mit dieser Entscheidung vertraute Kimon darauf, dass wir irgendwie mit den Phöniziern fertigwerden würden, auch wenn wir ihnen anfangs zahlenmäßig unterlegen waren.

Vergesst nicht, dass es von da an etwa vierhundert Schiffe gab, die sich in der Meerenge vor Salamis auf engstem Raum drängten, und diese Schlacht tobte mindestens so heftig und tödlich wie der Kampf, den wir uns mit den Phöniziern um die *Rossbändigerin* geliefert hatten. Nein, ich würde nie behaupten, dass meine Schiffe den Sieg brachten. An jenem Tag siegten alle Schiffe des Bündnisses. Jede einzelne Trireme zählte: jeder Rammsporn, jeder Epibatēs, jeder Ruderer.

Aber nachdem wir Xanthippos' Deck zurückerobert hatten, beschloss der Athener, sein Geschwader weiter südöstlich in ebenjenen chaotischen Strudel zu führen, auf den Kimon mit fünfzig Korinthern zugehalten hatte. Gleichzeitig – wir hatten es gehofft, wissen konnten wir es während der Schlacht nicht – vollbrachte Aristeides eine Großtat, die bis heute heraussticht. Mit kleinen Booten, teils schwimmend, teils watend, wagten sich vierhundert Hopliten bis zu den Stränden der strategisch bedeutsamen Insel Psyttaleia. Eine Tat, die niemand für möglich gehalten hatte. Aber wie das Schicksal es wollte, schossen die Perser von ihren befestigten Lagern aus auf die Schiffe aus Ägina, die gerade das Geschwader aus Kilikien in eine bedrohliche Lage gebracht hatten. Und so kam es, dass Aristeides mit seinen athenischen Hopliten die persischen Schützen auf der offenen Flanke überraschte. Derweil war es einigen mutigen Trierarchen aus Ägina gelungen, einige Kontingente Bogenschützen auf Psyttaleia abzusetzen. Phrynichos erzählte später, dass sie ein bauchiges phönizisches Handelsschiff einsetzten, damit die Bogenschützen trockenen Fußes an Land gehen konnten – die Bogensehnen mussten ja trocken bleiben.

Die Perser auf der Insel wurden bis auf den letzten Mann erschlagen, und danach zielten die athenischen Schützen auf jedes feindliche Schiff, das sich zu nah an die Insel wagte.

Letzten Endes warteten die Männer aus Ägina nicht länger an den östlichen Stränden des Kaps Kynosura auf das Signal, das Eurybiades hatte geben wollen, und griffen ebenfalls in der Meerenge von Salamis an. Andere sagen, dass dieses Geschwader Aristeides' Attacke unterstützte.

Ich war nicht in diesem Abschnitt, deshalb kann ich es euch nicht genau sagen. Aber wie man es dreht und wendet, als die Geschwader aus Kilikien den Rückzug einleiteten, wurde aus diesem Rückzug eine blutige Niederlage.

Selbst bei einem Sieg spielen sich Tragödien ab, und es berührte damals viele von uns, dass unter den Helden des persischen Rückzugs viele Griechen waren – ionische Griechen. Bei Lade hatten sie keine guten Navarchen und mussten gehörig einstecken, doch bei Salamis hielten sie zusammen und kämpften wie Löwen für ihren fremdländischen Herrscher. Ja, die Ionier versenkten fast so viele Athener, wie sie selbst einbüßten, und die einzigen Opfer, die Ägina zu beklagen hatte, gingen auf das Konto der Ionier. Das Schiff des «Roten Königs» versenkte mindestens zwei von unseren Schiffen, manche sagen, es seien fünf gewesen, aber wie das so ist: Dem «Roten König» wurden hinterher Taten angedichtet, die er nicht alle hatte vollbringen können. Und Diomedes, sein Helfershelfer, versenkte noch eine Trireme aus Ägina, als der Sieg schon für uns Griechen zum Greifen nahe war.

Aber ich möchte betonen, dass Artemisia von Halikarnassos die Ehre des Tages gebührt. Sie war die Menschenschlächterin des Großkönigs, aber das ist nur die halbe Wahrheit, denn als die Phönizier flohen, geriet Artemisia in das Gewühl aus Schiffen. Ich bin in der Rückschau ganz erstaunt, dass ich offenbar nur wenige Schiffslängen von der Frau entfernt war, als Heliodora vor meinen Augen würdevoll in die Tiefe sprang. Letzten Endes konnte sich die Trireme der Artemisia aus den Trümmern der Schiffe ihrer Vorhut befreien und weiter nach Osten fliehen. Aber als ihr Ameinias von Pallene energisch nachsetzte, erpicht darauf, den weiblichen Navarchen des Großkönigs gefangen zu nehmen, konnte sie nur entkommen, indem sie eines ihrer eigenen Schiffe rammte und versenkte! Inzwischen ist mir von Leuten aus ihrer Heimat zu Ohren gekommen, dass es sich bei dem Schiff, das sie absichtlich rammte, um einen politischen Gegner von ihr gehandelt haben soll. Einige meinen, es sei Damasithymos von Kalynda, der Rote König, gewesen, aber wie ihr noch hören werdet, war er es nicht, glaubt mir. Wiederum andere Zungen behaupten, sie sei einfach eine gerissene Frau gewesen. Ich erhebe meinen Kelch und zolle dieser Kämpferin Respekt. Ihre List auf See war eines Odysseus würdig, und als sie das ionische Schiff rammte – manche meinen, es sei ein Phönizier gewesen –, musste Ameinias in ihrem Kielwasser davon ausgehen, dass Artemisia auf athenischer Seite kämpfte. Von da an ließ er sie vom Haken.

So gestaltete sich der Schlachtverlauf. Es war in vielerlei Hinsicht einfacher, die phönizischen Schiffe zu bekämpfen, denn wir konnten sie stets von unseren unterscheiden, was bei den Ioniern nicht immer leicht war. Auf all ihren Schiffen kämpften Griechen.

Die Ionier bekämpften uns noch, als der Rest der persischen Flotte schon floh. Aber es war die Erschöpfung, die uns daran hinderte, Xerxes' Geschwader vollständig aufzureiben und zu vernichten. Zu viele Schiffe schafften es zurück zu den Stränden von Phaleron.

Aber das sollte uns für einen anderen Tag vorbehalten sein.

Ich weiß noch gut, dass ich bei Seckla stand. Brasidas und Hipponax hatten unterdessen dem verletzten Leukas die Rüstung abgenommen, und zu unserer Erleichterung sahen wir, dass unser Gefährte zwar viel Blut verloren hatte, aber überleben würde, falls sich die Wunde nicht entzündete. Leukas war an einer Arschbacke verletzt, um es einmal so deutlich zu sagen – ja, da müsst ihr kichern, was? Aber ich sage euch, auch das sollte man nicht auf die leichte Schulter nehmen. Damit nicht genug, denn Leukas hatte noch eine Wunde an der Rückseite seines linken Oberschenkels und eine am Bauch – letztere hätte ohne weiteres sein Leben beenden können. Brasidas hatte, wie gesagt, diese klaffende Wunde an der linken Schulter, die wie verrückt blutete, sodass wir die Wunde wie ein gerissenes Segeltuch nähen mussten. Sittonax sah furchtbar aus: Auf den ersten Blick glaubte man, jemand habe ihm den Kopf abgeschlagen und dann notdürftig wieder angenäht. Wirklich eine schlimme Halswunde! Aber wir hatten uns alle um Leukas versammelt, da seine Verletzungen zu den schlimmeren zählten und er womöglich noch zu retten war. Vielleicht.

Ich erwähne das nur, weil Leukas sich aus unterschiedlichen Gründen sicher gewesen war, in dieser Schlacht zu sterben, und trotz dieser vermeintlichen Gewissheit hatte er sehr gut gekämpft – aber dann war er sich sicher, dass die Verletzungen tödlich enden würden, bis Brasidas begann, sie gründlich zu säubern.

«Sie kamen von hinten», berichtete Leukas mit matter Stimme. Offenbar hatte er Angst, wir könnten denken, er habe fliehen wollen und den Feinden deshalb den Rücken zugekehrt.

«Wie man sieht», merkte Hipponax trocken an. Er hielt den Tiegel mit Honig in der unversehrten rechten Hand und half Brasidas, der Hipponax keine Verschnaufpause gönnte, und das, obwohl der Spartaner selbst schwer verwundet war. Aber vielleicht wollte sich Brasidas auch nur bewusst ablenken oder den Schmerz aushalten, wie man es bei den Spartiaten beobachten kann. Allerdings befürchtete ich, dass mein Junge von Verzweiflung übermannt würde, sobald die eigentliche Schlacht ein Ende fand – so ergeht es fast jedem Kämpfer, aber vergesst nicht, dass Hipponax obendrein um den Tod des Mädchens trauerte. Daher ahnte ich, dass ihn schon bald düstere Gedanken heimsuchen würden.

Hipponax' Hand war angeschwollen wie eine Melone. Aber ich schweife ab.

Onisandros ging es hingegen gar nicht gut. Je weiter er sich vom Feuer des Kampfes entfernte, desto schlimmer wirkten sich seine Wunden aus, und da befürchtete ich, dass er uns entgleiten würde. Er litt Schmerzen, und Schmerzen rauben einem den Mut. Mein Rudermeister hatte zwei tiefe Stichwunden und ein Dutzend Schnittwunden davongetragen.

Seine Schmerzensschreie lenkten den jungen Kineas ab, den Seckla vorübergehend zum Rudermeister ernannt hatte. Kineas hatte Onisandros immer schon bewundert und wollte ihm helfen, aber das Leid seines Vorbilds verunsicherte ihn. Trotzdem versuchten wir, ein Schiff voller Verwundeter wieder in Bewegung zu setzen.

Ich vermute, dass Brasidas insgeheim von mir erwartete, dass ich Onisandros von seinen Qualen erlöste, aber ich befand mich in düsterer Verfassung – es hatte mir gar nicht gefallen, den Mann zu töten, der vor mir auf den Knien um Gnade gefleht hatte, und je älter ich wurde, desto schlimmer breitete sich in meinem müden Geist die Schwärze nach einer Schlacht aus. Männer wie Onisandros oder Leukas waren schon so lange an meiner Seite ...

Der Krieg ist eine schreckliche Gebieterin. Ich habe Ares so viele Freunde in den Schlund stopfen müssen. Ich werde auch nie vergessen, dass Seckla einst eine Bauchwunde hatte und dennoch überlebte.

Aber Onisandros' Schreie und Wimmern waren nicht die Hornstöße des Sieges, die wir verdient hätten, außerdem lagen noch zwanzig weitere Männer an Deck, die es ähnlich schlimm oder noch schlimmer erwischt hatte, und natürlich verhielten auch sie sich nicht still.

Ich ging zu Onisandros und nahm seine Hand, und mein Sohn kam mit dem Tiegel Honig dazu, sodass wir die Wunden des Rudermeisters so gut wie möglich versorgen konnten.

Er schrie immerzu.

Unweigerlich musste ich an meinen alten Herrn Hipponax denken, den ich nach der Schlacht bei Ephesos auf dem Schlachtfeld fand, nachdem wir den Kariern Einhalt geboten und die Perser den anderen Aufständischen nachgesetzt hatten. Hipponax war in schlimmerem Zustand gewesen, und so endete das Leben eines Aristokraten mit Schreien voller Furcht und Verzweiflung.

Krieg ist furchtbar. Daran soll so schnell niemand zweifeln.

Ich kniete neben Onisandros und überlegte tatsächlich, ihm die Kehle durchzuschneiden – zu seinem Besten. Zum Wohle der Mannschaft. Doch dann machte ich mir klar, dass ich der Mann war, der Angst hatte, und dass ich stark sein musste. Ja, es war meine Pflicht, seine Schreie auszuhalten und alles für ihn zu tun, um ihm die Schmerzen zumindest ein wenig zu erleichtern. Ich durfte keine Angst vor seinen Schreien haben.

War es Glück, lag es an der Güte der Götter? Jedenfalls beruhigte er sich ein wenig, nachdem wir ihm sauberes, ägyptisches Leinen um den Bauch gewickelt hatten. Seine Lider flatterten auf – schlossen sich wieder.

Er atmete flach, sein Brustkorb schien sich kaum noch zu heben und zu senken.

«Vergiss nie», sagte ich zu meinem Sohn, «dass es dich oder mich genauso hart hätte treffen können.»

Hipponax weinte.

Ich erhob mich und schaute hinaus aufs Meer. Kineas hatte die Ruderer dazu gebracht, die Riemenblätter ins Wasser zu tauchen – die Bänke waren nur zu zwei Dritteln besetzt. Wir hatten die untersten Reihen unbemannt gelassen. So kamen wir langsam, aber stetig voran, denn wir hatten die große phönizische Trireme ins Schlepptau genommen.

So weit das Auge reichte, trieben Tote im Wasser, insbesondere in östlicher Richtung. Wracks oder Wrackteile, wohin man nur blickte, denn Triremen sinken nur selten, wenn sie einen Treffer erhalten. Für gewöhnlich kentern sie und schweben dann wie riesige Schildkröten oder Riesenhaie im Meer.

Wracks, Leichen und geborstene Riemen bildeten eine Art Teppich auf den Wellen, der grässlich anzuschauen war. So etwas hatte ich bis dahin nicht gesehen, und tatsächlich gab es bei der Schlacht von Salamis viele Aspekte, die mich nachhaltig verblüfften.

Nach der Schlacht von Lade sanken die Toten in die Tiefe, und das Wasser verbarg den Schrecken, aber in der Bucht von Salamis kam es mir so vor, als sollten wir Überlebenden sehen, was wir angerichtet hatten.

Der Thron des Großkönigs war fort.

Es war später Nachmittag. Drüben bei Phaleron lieferten sich die Ionier ein erbittertes Rückzugsgefecht mit den Triremen aus Ägina, die wie Haie über die schwächsten Schiffe herfielen. Auf diese Weise bedrängten sie die Flotte des Großkönigs fast bis zu den Stränden. Aber im Umkreis der Insel Psyttaleia dümpelte der Rest der griechischen Flotte, die Männer hingen völlig erschöpft über den Riemen, überwältigt von einer eigenartigen Mischung aus Schmerz und Siegesgewissheit.

Auf gleicher Höhe mit uns pullten die Männer auf der *Amastis* unter Demetrios' Kommando, dahinter lag die *Najade*, gefolgt von der *Sturmbezwingerin* – dort waren die Ruderbänke noch übersichtlicher als bei uns. Harpagos war tot, wie ihr ja schon wisst, und am Steuer stand sein Neffe Ion.

An Bord der *Sturmbezwingerin* lebte keiner der Epibatai mehr, mit Ausnahme von Sittonax. Etliche Ruderer und Männer der Deckmannschaft hatten ihr Leben gelassen. Schließlich folgten Giannis und Megakles auf der *Rabenschwinge*. Wir hatten etwa ein Viertel unserer Besatzungen eingebüßt, ohne ein einziges Schiff zu verlieren. Somit hatten wir, abgesehen von Lade, mehr Opfer zu beklagen als in jedem anderen Gefecht auf See, wenn ich mich richtig erinnere.

Die anderen athenischen Schiffe, die den Kampf drüben vor der Küste Attikas beendet hatten, schlossen zu uns und Eumenes von Anagyros auf, und so nahmen wir langsam Kurs auf Süd. Die unverletzten Epibatai versuchten, möglichst viele Überlebende aus dem Meer zu fischen, während wir über die Wellen glitten. Dabei gingen ihnen auch ein persischer Aristokrat und etliche ionische Griechen ins Netz. Wir ließen sie am Leben – auf beiden Seiten hatte es einen hohen Blutzoll gegeben, und Männer, die länger hilflos im Wasser treiben, stellen keine Bedrohung dar.

Der Perser sah bleich und aufgedunsen aus, weil er so lange im Wasser gewesen war – er sagte, sein Schiff sei als eines der ersten getroffen worden. Ich gab ihm Wein und Trinkwasser und wies ihm einen Platz neben Onisandros zu, da er sich nicht auf den Beinen halten konnte, so kraftlos war er nach den unfreiwilligen Stunden im Meer.

Der Perser wusste, wer ich war, was mich seltsam anrührte. Ich weiß noch, dass ich über ihm stand und ihm Schatten spendete, während Brasidas anfing, mir aus der Rüstung zu helfen.

Auch ich schrie.

Das Blut von der Verletzung am unteren Rücken war getrocknet, daher hatte sich unter der Rückenplatte aus Bronze eine Kruste gebildet, die nun abriss. Brasidas versuchte rasch, mit Wasser auszuhelfen, aber in seiner Hast nahm er Salzwasser.

Ich schrie eine Weile, das könnt ihr mir glauben. Und niemand bot sich an, mir in eine bequemere Position zu helfen.

Aber meine Genesung ging rasch voran, weil ich schon so oft verwundet gewesen war, außerdem wusste ich, dass der Stich nur in Muskulatur und Fettschicht gegangen war. Tatsächlich war die linke Schulter, die ich mir beim Aufprall aufs Wasser verrenkt hatte, die schlimmste Wunde an jenem Tag, aber das ist wieder eine andere Geschichte. Im Alter erscheinen einem die Wunden größer. Die Jugend fürchtet sich vor ihnen.

Schließlich – und ich schwöre, dass wir den halben Nachmittag brauchten, um sechs Stadien auf See hinter uns zu lassen – näherten wir uns unseren Stränden, und dort drängten sich die Leute. Es war unglaublich voll dort, die gesamte Bevölkerung Attikas hatte sich am Strand eingefunden.

Sie jubelten und jubelten. Xanthippos legte soeben an, er kam aus Ost, wir aus Nord. Dann fiel mein Blick auf Kleitos, und schlagartig wurde mir bewusst, dass der Tod seiner Tochter an Bord meines Schiffes die alte Fehde neu entfachen würde. So sind Menschen eben. Jemand muss der Schuldige sein, und es war ja wirklich gerechtfertigt, meinem Sohn die Schuld zu geben.

Er war an meiner Seite, und ich war froh, dass er lebte. Aber ich wollte ihm nichts ersparen und verlangte von ihm, die bittere Wahrheit selbst zu überbringen.

Ich deutete auf Kleitos, auf sein blondes Haar. Der Mann sah großartig aus, trug immer noch seine Rüstung. Ich hingegen hatte nur noch einen zerschlissenen alten Chiton am Leib, dazu meine Beinschienen.

«Du musst es ihm sagen», verlangte ich.

Hipponax' Augen waren gerötet, sein ganzes Gesicht war verschwollen, als hätte er in einem harten Faustkampf den Kürzeren gezogen.

Er ließ den Kopf hängen.

«Hast du sie geliebt?», fragte ich.

«Ich wollte sie heiraten», antwortete er. Ich konnte ihn bei all dem Jubel am Ufer kaum verstehen. «Ich dachte, du wüsstest das.»

Ich gebe zu, dass ich in jenem Moment einige Dinge begriff, auf die ich im Verlauf der letzten Monate zu wenig geachtet hatte. «Dann hast du sie also an Bord geschmuggelt?» Ich wollte meinen Zorn aus meiner Stimme heraushalten, scheiterte aber.

«Sie wollte es so, verlangte es», verteidigte er sich. «Du kanntest sie nicht, Pater. Sie war wie – eine Göttin, wie eine Naturgewalt. Sie sagte, ‹wenn du mich heiraten willst, musst du wissen, dass ich aus demselben Gold gemacht bin wie du›. Das waren ihre Worte. Sie beteuerte, dass sie pullen und kämpfen konnte.» Wieder liefen ihm die Tränen über die Wangen.

Es zerriss mich innerlich, seine Worte zu hören. Ich kannte Heliodora nur als die beste Tänzerin der Mädchen aus Brauron, mehr wusste ich nicht über sie. Aber Gorgo hätte vielleicht dasselbe zu Leonidas gesagt.

«Sie meinte, es wäre der Brautpreis ...» Weiter kam er vorerst nicht und stand zerknirscht und mit hängenden Schultern vor mir. «Ich wusste, dass sie pullen konnte. Onisandros half mir heimlich.»

Ich konnte nur den Kopf schütteln. Dennoch fiel mir die Vorstellung nicht schwer, dass Lydia oder Briseis oder meine geliebte Euphoria dieselbe Forderung hätten stellen können, und ich ahnte, dass ich jede von ihnen an Bord geschmuggelt hätte, für den letztgültigen Wettstreit. In diesem Moment ging mir auf – vielleicht lag es an den Dingen, die zwischen mir und Lydia gewesen waren –, wie es tatsächlich um das Leben einer Frau bestellt war. Zu Beginn steht den Mädchen die ganze Welt offen, doch mit der Ehe wird der Horizont immer kleiner und überschaubarer, bis die Frauen sich in einem Käfig wiederfinden, sobald sie Kinder bekommen.

Doch diese Einsicht trug nicht dazu bei, dass mein Zorn abebbte, als Vater und als Kommandant.

Wut, Erschöpfung, Furcht, Schmerz. Wenn man nach einer Schlacht in düstere Stimmung verfällt, bilden all diese Empfindungen eine giftige Mischung.

Aber ich war nicht mehr siebzehn und ließ meinen Sohn stehen, weil ich dabei sein wollte, wenn der große Phönizier anlandete. An Bord war immer noch der Großteil der Rudermannschaft, bewacht von zwanzig griechischen Epibatai, und ich wollte nicht zulassen, dass die Ruderer von der Menge am Strand massakriert würden.

Brasidas führte die unversehrten Epibatai an Land, trotz der Wunde. Die Leute jubelten ihm und den Kriegern zu, aber der Spartaner sorgte dafür, dass ein großer Strandabschnitt geräumt wurde, damit der große Phönizier anlegen konnte. Xanthippos und seine Ruderer gesellten sich zu ihm. Inzwischen schrie die Menge nach Blut, wie Hunde nach der Jagd, aber zu meiner Erleichterung waren Priesterinnen der Athene und Artemis unter den Leuten, die die Menge zum Schweigen brachten, sodass wir ungehindert daran arbeiten konnten, das große Schiff an Land zu bringen.

Die Brandung war friedlich, und mit Hilfe der Priesterinnen verwandelte sich die Menge von geifernden Bluthunden in eine Schar, die bereit war, mit anzupacken.

Mit vereinten Kräften zogen wir das Ungetüm auf den Strand, und eine Taxis aus athenischen Hopliten, die uns unbedingt helfen wollte, brachte die Gefangenen fort, nur nicht den Perser, den ich für mich beanspruchte.

Heilkundige kamen mit Dutzenden Arzneien und Verbänden für die Verwundeten. Es gab einen Arzt aus Ägina, der sich auf das Entfernen von Pfeilen verstand und der sehr begehrt war. Ein anderer war bekannt für seine Mischung aus Essig und Honig, mit der er Wunden behandelte. Er meinte, das halte die gefürchteten Pfeile des Apollon fern. Als ich all diese helfenden Hände sah, wurde mir leichter ums Herz, meine Stimmung hellte sich auf.

Unter den Heilkundigen befand sich auch ein Mann, der Knochen richten konnte. Er besah sich die Hand meines Sohnes und schiente sie fachkundig. Ein anderer Mann, ein guter Feldscher, vernähte die Wunde an Brasidas' linker Schulter, ehe er sich unseren Gallier vorknöpfte, auf den Strand drückte und dann über ihm kniete wie ein Schneider, der Menschenfleisch näht – endlich wurde auch Sittonax' hässliche Halswunde richtig versorgt.

Habe ich eigentlich schon erzählt, wie knapp Sittonax dem Tod entronnen ist? Nein? Also, während er mit diesen beachtlichen Schwerthieben an Deck eine Schneise hinterließ, tauchte ein phönizischer Seekrieger hinter ihm auf oder ein Perser. Jedenfalls setzte der Krieger meinem Freund von hinten die Klinge des Schwerts an die Kehle und war im Begriff, Sittonax den Hals abzuschneiden, als einer der Athener den Mann mit einem Speerwurf tötete.

Onisandros und Leukas wurden mit den übrigen Schwerverletzten zu den großen Zelten gebracht, die entlang der Bachläufe aufgeschlagen worden waren – die Außenwände bestanden aus den Segeln unserer Triremen. Die klassische Trireme nimmt für gewöhnlich den Hauptmast nicht mit ins Gefecht, somit bleibt meistens auch das Segeltuch an Land. Das Holz und die Segel sorgen für zusätzliches Gewicht an Bord, und für den Ernstfall wünschen sich die Ruderer ein möglichst leichtes Schiff. Wir hatten eine Handvoll Schiffe vom Typ Triemiola in unserem Geschwader, meine *Lydia* zählte dazu, und Schiffe dieser Bauart weisen einen stehenden Mast und Takelage auf – das zusätzliche Gewicht kann eine Triemiola durch andere Vorteile wettmachen. Wie gesagt, da die meisten Segeltücher an Land geblieben waren, konnten unsere Männer ausreichend Zelte für die Verwundeten errichten.

Danach mussten wir die Bewunderung der Menschen aus Attika über uns ergehen lassen, um es einmal so auszudrücken, denn zu viel Trubel überfordert mich schnell.

An jenem wunderbaren, aber eben auch schrecklichen Tag gab es eine Besonderheit, die viele von uns als seltsam empfanden: Wir hatten in Sichtweite unserer Landsleute gekämpft, sozusagen vor einer Zuschauermenge. Ich glaube, keine der Schlachten, an denen ich teilgenommen hatte, hatte mir so krass den Unterschied zwischen einem gerechten und einem ungerechten Krieg vor Augen geführt. Ich sage «gerechter Krieg», weil wir unsere Landsleute verteidigten, die ansonsten in die Sklaverei geraten wären. Als alter Pirat kam die Einsicht womöglich spät, aber es stimmt, die Jahre, die wir als Piraten die Meere unsicher machten, kann man getrost als eine Zeit der «ungerechten» Kriegsführung bezeichnen.

Jetzt indes umfingen uns die Dankesbeteuerungen Tausender und Abertausender – was zur Folge hatte, dass die Düsternis, die auf meinem Gemüt lastete, allmählich verschwand. Aber das erging nicht nur mir so. Jeder Mann, der von Bord der *Lydia* kam, um unser Schiff auf den Strand zu ziehen, genoss die Willkommensrufe und die bewundernden Blicke der Menge. Der Schmerz und all die Bilder von Blut und Tod fielen wie eine Zentnerlast von uns ab, und manch einem zauberte der Jubel ein Lächeln ins Gesicht. Matronen herzten und küssten mich, während die Ehemänner mir in überbordender Freude fast die Hand zerquetschten. Kleine Mädchen umschlangen meine Knie, Jungen starrten mich an, als wäre ich eine Gottheit, die zu ihnen herabgestiegen war. Und diese Bewunderung wurde nicht nur mir zuteil, sondern jedem Epibatēs und jedem Ruderer, ganz gleich, ob er zu den Thraniten oder zu den Thalamiten gezählt hatte.

Vielleicht lag es an dem Jubel und den lächelnden Gesichtern, dass Hipponax den Mut aufbrachte, Kleitos gegenüberzutreten.

Ich bin heute noch froh, dass ich im letzten Moment mein Schwert ablegte, ehe ich meinem Sohn folgte – die Waffe hätte ungewollt zu Missverständnissen führen können. Ich durfte nicht zulassen, dass Hipponax allein vor Kleitos stand. Gut, ich gebe es zu: Ich befürchtete, Kleitos könnte meinen Jungen an Ort und Stelle niederschlagen, denn mein Widersacher – und das war er in meinen Augen immer noch – trug noch die Rüstung, ganz der aristokratische Krieger, den er verkörperte.

«Ich komme mit», sagte ich.

Er warf mir einen Blick zu, in dem so vieles mitschwang.

Trotzdem blieb ich an seiner Seite.

Wir bahnten uns einen Weg durch die Menge rund um unser Schiff – jeder Schulterklopfer tat mir weh – und wühlten uns kurz darauf durch die Menge der Schaulustigen, die sich um die Prise gebildet hatte. Fragen über Fragen bestürmten uns. «Habt Ihr dieses Ungetüm gekapert?» – «Ist das das Schiff des Großkönigs?» – «Habt Ihr in vorderster Linie gekämpft, Herr?»

Als wir die Menschentraube verließen, hefteten sich Bewunderer an unsere Fersen. Ich bekenne, dass ich stolz auf meinen Jungen war. Er war fest entschlossen, die Konsequenzen zu tragen, obwohl sich ihm bezaubernde junge Frauen zu Füßen warfen.

Bald gelangten wir zu der Menge bei der *Rossbändigerin.* Hipponax schubste die Leute rücksichtslos beiseite und bahnte sich seinen Weg. Ich denke, er war von jener Eile und Rastlosigkeit befallen, die einen Mann dazu bringt, eine unangenehme Angelegenheit endlich hinter sich zu bringen. Einige der Zuschauer begannen zu murren und bedachten uns mit unwirschen Bemerkungen, aber als sie das Blut sahen, das mir über die linke Hüfte rann, und all die Schnittwunden an Hipponax' Unterarmen wahrnahmen, war jedem klar, dass wir tapfer gekämpft hatten. Niemand belegte uns ein zweites Mal mit Flüchen.

Als wir uns der Trireme näherten, konnte ich schon Xanthippos' Stimme hören. Als respektabler athenischer Aristokrat hielt er eine Rede. Natürlich, was sonst?

Und vermutlich hielt Themistokles auch irgendwo eine Rede vor seinen Bewunderern.

Gewiss auch Aristeides.

So waren sie, die hochgestellten Herren.

Wie dem auch sei, plötzlich blieb Hipponax wie angewurzelt stehen, als seien die Speerspitzen phönizischer Seekrieger auf ihn gerichtet. Ich prallte gegen den Rücken meines Sohnes.

Ein Schrei entfuhr ihm, ein seltsamer, heiserer Laut.

Ich zwängte mich an zwei Leuten vorbei.

Dort stand Kleitos. Nur wenige Schritte von Xanthippos entfernt.

Und in seinen Armen war seine Tochter Heliodora.

Unversehrt und quicklebendig.

Natürlich, ich hätte es wissen müssen! Ein Mädchen aus Brauron wie sie, mit einer Erfahrung aus acht Sommern, war kühn an Land geschwommen. Bis auf den heutigen Tag zieht sie uns damit auf, dass wir je etwas anderes denken konnten – ist's nicht so, meine Liebe? Ich habe mir oft anhören müssen, was für ein Narr ich doch war zu glauben, eine Schwimmstrecke von drei Stadien wäre eine Herausforderung. Ihrem Geliebten erging es nicht anders.

An jenem Tag riss sie sich jedenfalls von ihrem Vater los und warf sich meinem blutbesudelten Sohn in die Arme. Vergesst nicht, er war als Fischer aufgewachsen und hielt plötzlich eine waschechte Aristokratin aus Athens großen Familien im Arm.

Kleitos sah mich an. «Ich vermute, dein Tunichtgut von einem Sohn hat meine Tochter auf dein Schiff entführt», sprach er auffallend ruhig.

«Und ich vermute, dass Eure Tochter all Euren Hochmut geerbt hat», antwortete ich.

Er senkte seinen Blick in meine Augen. «Bei Zeus, stell dir nur vor, was für Enkel wir hätten», meinte er. «Mein Hochmut und deine Arroganz, meine Hybris und deine Hybris.»

Aber er reichte mir die Hand.

Auf seine Anweisung hin hatten Fremde meine Mutter getötet.

Aber Mater war wie eine Heldin in den Tod gegangen, nach einem Leben, das sie vergeudet hatte. Und wie ich schon einmal sagte, Rache ist zumeist etwas für Schwächlinge, die sonst nichts zu tun haben. Wie zum Bespiel Weinreben pflegen oder Kinder hüten.

Ich ergriff seine ausgestreckte Hand.

Und dort, auf einem Strand von Salamis, endete eine Fehde, die im Jahr von Marathon auf einer Agora unterhalb des Tempels des Hephaistos begonnen hatte, vielleicht sogar noch früher, beim Grabmal des Leitos an den Hängen des Kithairon. Ich will aber nicht so tun, als wäre der alte Zwist nicht trotzdem zwischendurch wieder aufgeflammt – im Rausch gerät man leicht in Zorn und sagt dann Dinge, die man später bereut. Ich bin auch nur ein Mensch. Aber denkt an meinen Vetter Achill, der mir bei der Schlacht von Salamis den Rücken freihielt – mit Simonalkes, dem Mörder meines Vaters, war ich ebenfalls verfeindet gewesen, dennoch hatte ich mich später mit meinen Vettern ausgesöhnt. Daher vermute ich, dass Achills Treue dazu beitrug, dass der Schatten des Simonalkes endlich Ruhe fand. Ich weiß nicht mehr, ob mir all das in jenem Moment durch den Kopf ging, aber Tatsache ist, dass ich Kleitos' Hand ergriff, im Geiste der Aussöhnung.

Von da nahm in meiner Wahrnehmung die Gewissheit Gestalt an, dass wir tatsächlich gewonnen hatten.

So viele Niederlagen und so viele Siege, die nichts bewirkt hatten! Aber an jenem Tag im Frühherbst, als sich die Sonne auf ihrer

Bahn den westlichen Bergen zuwandte, sah ich die Welt mit anderen Augen – das ging uns allen so, denke ich. Die Bewohner Attikas erhaschten einen Blick auf die Hoffnung, die am Horizont schimmerte, und hielten es plötzlich wieder für denkbar, zu ihren Höfen zurückkehren zu können. Und wie stand es um mich? Ich sah, wie mein Sohn in aller Öffentlichkeit Heliodora küsste – und dachte unweigerlich an Briseis.

Briseis, deren Kästchen mit Nähnadeln ich als Talisman bei mir getragen hatte. Sie hatte nach mir gerufen.

Ich glaube, dass ich bereits früher an sie gedacht habe, und zwar von dem Moment an, als der Perser aus dem Wasser an Bord meines Schiffes gehievt wurde. Als dieser Aristokrat trotz seiner Erschöpfung Kyros' Namen erwähnte, reifte in meinem Kopf ein Plan, und da wusste ich, dass mir der hohe Gefangene noch dienlich sein würde. Nebenbei würde ich ihm einen Gefallen erweisen, wie ich noch anmerken möchte.

Wie dem auch sei, Xanthippos drückte meine Hand und sagte im Beisein der Menge ein paar nette Dinge über Platäa und mich, und dann reichte mir irgendjemand einen Becher Wein. Ich erinnere mich gut, dass ich Hektor wiedersah, der sich zerknirscht gab, aber insgeheim stolz darauf war, dass er Hipponax' Geheimnis für sich bewahrt hatte. Ausführlich berichtete er mir, wie er unsere erste Prise sicher an Land gebracht und sich dann Aristeides' Angriff auf Psyttaleia angeschlossen hatte. Er hatte Heliodoras Freundin Iris unter seinem Mantel, und die Kleine tat so, als wäre sie nicht da, und kuschelte sich an meinen Ziehsohn. Die beiden sahen aus wie ein Geschöpf mit zwei Köpfen. Später, auch das werde ich nicht vergessen, lag ich lang ausgestreckt neben Brasidas und lauschte den Gesängen eines Rhapsoden, der auf alte Weise Verse aus der *Ilias* zum Besten gab. Danach hörte ich mir Themistokles' Ansprache an, die große Rede, die er beim Schein von Fackeln vor einer Menschenmenge unten am Strand hielt. Ich erinnere mich, wie sich Anaxagoras von Klazomenai und der junge Perikles darüber unterhielten, was der Sieg bedeutete, während sich meine Tochter, die längst im Bett hätte sein müssen, an mich kuschelte und mir Löcher in den Bauch fragte, weil sie hören wollte, wie die Schlacht verlaufen war. Die Sterne drehten sich in ihren komplexen Konstellationen über uns, und ich war bei meinem sechsten oder siebten Becher Wein angekommen, als Kimon an meinem Chiton zupfte.

«Die Ratsversammlung», raunte er mir zu. «Warum nimmst du nicht daran teil?»

Also erhob ich mich vorsichtig und brachte meine schlummernde Tochter in mein Zelt. Dort erwartete mich eine kurze Szene, die in einer Komödie Verwendung hätte finden können. Heliodora hielt sich in meinem Zelt auf, zu jenem Zeitpunkt auch ihre Mutter, und die beiden hatten einen Wortwechsel, der einem Zischen glich – so habe ich es in Erinnerung behalten, obwohl das beide bestreiten. Mein Sohn hingegen – er trug, wie ich betonen möchte, einen Chiton – lag ausgestreckt auf meiner Kline. Seine verletzte Hand war verbunden, sein Blick wirkte im matten Licht der Öllampe leicht glasig – das mag am Mohnsud gelegen haben, den man ihm gegen den Schmerz verabreicht hatte.

Ich wollte mich nicht groß einmischen und bettete Euphoria auf das Nachtlager neben der Kline.

Heliodora reckte ihr Kinn vor und wisperte etwas, das auf mich sehr emphatisch wirkte, und dann beugte sie sich zu meiner Euphoria hinab und drückte der Schlafenden einen Kuss auf die Stirn. Dafür liebte ich sie umso mehr, natürlich auch für ihren heldenhaften Einsatz am Ruderriemen oder während des Gefechts! Und wie froh und erleichtert ich war, dass sie überlebt hatte. Danach küsste sie auch meinen Sohn, aber nicht züchtig, sondern in hingebungsvoller Weise, was ihrer Frau Mutter einen Laut der Empörung entlockte.

Ihre Mutter zerrte sie von der Kline fort.

Ich hielt es für besser, mich ganz herauszuhalten.

Also trat ich wieder hinaus in die sternenklare Nacht und folgte Kimon über den Strand.

«Bist du noch wütend auf mich?», fragte er mich unvermutet.

Ich blieb stehen. Die Leute haben die seltsamsten Gedanken, insbesondere nach einem Kampf. «Nein», meinte ich.

Er umarmte mich. «Gut. Ich brauchte eine Ewigkeit, bis sich die Korinther dazu herabließen, an der Schlacht teilzunehmen. Dein Freund Lykon forderte Adeimantos an Ort und Stelle zum Zweikampf heraus, trotzdem wollte sich der Dickschädel zunächst nicht rühren. Und als wir dann später tatsächlich unter Riemenschlägen Fahrt aufnahmen ...» Seine Stimme verlor sich. «Du siehst, nicht nur ihr hattet es schwer», fügte er ernüchtert hinzu.

Wir wussten beide, wie es sich anfühlte, Entscheidungen dieser Tragweite zu fällen. Für Freund und Feind ging es um Leben und Tod, und bei allen Entscheidungen blieb uns nicht genügend Zeit, um das Für und Wider abzuwägen.

Als wir unseren Weg fortsetzten, umfangen von Dunkelheit, hatten wir ein stummes Einvernehmen erreicht, von dem selbst viele Liebespaare träumen können.

Auf halber Strecke zur Landzunge sagte er: «Wir haben gewonnen.»

Ich glaube, mehr Worte wechselten wir nicht.

Bei der Ratsversammlung ging es recht laut und verwirrend zu – welch Überraschung!

Viele der Navarchen waren gekommen, aber längst nicht alle. Ich umarmte Lykon und Bulis und freute mich, dass weitere Freunde von mir der Umarmung des Todes entkommen konnten.

Themistokles hatte das Wort, aber er redete ja eigentlich immer, wenn sich eine Gelegenheit ergab.

Er verlangte, dass wir am Morgen ablegen und an den Stränden von Phaleron über die Feinde herfallen sollten, um die Sache zu Ende zu bringen.

Er redete und redete. Ich meine immer noch, dass er betrunken war – oder trunken von einer Mischung aus Wein und Siegestaumel. Aber das war bei den meisten nicht anders. Themistokles fehlte die Kampferfahrung, die wir uns über die Jahre hinweg angeeignet hatten, er erinnerte sich offenbar nur daran, wie unsere Flotte bei Artemision immer und immer wieder zum Angriff übergegangen war. Ich denke, er war der Überzeugung, wir würden am nächsten Morgen einfach so ablegen, frisch wie erblühte Blumen, vielleicht auch müde, aber zu großen Taten imstande. Und zugegeben, dieser Plan hatte etwas für sich.

«Vertut euch nicht», sagte er. «Was von der feindlichen Flotte übrig ist, ist immer noch größer als unsere Flotte.»

«Kein Schiff, das heute gekämpft hat, wird morgen gut kämpfen können», sagte ich.

Ich hörte zustimmendes Gemurmel.

Kimon meldete sich zu Wort. «Ich hatte einen ziemlich unbeschwerten Tag auf See», sagte er, doch die meisten von uns wussten, dass das gelogen war. «Morgen früh werde ich mir einen Überblick über die Strände bei Phaleron verschaffen.»

Ich nickte. «Ich werde Euch begleiten», sagte ich. «Dafür muss ich allerdings die besten Ruderer von vier Schiffen holen, um eine taugliche Rudermannschaft für die *Lydia* zusammenzustellen.»

Ich legte mich schlafen. Die Männer tranken bis tief in die Nacht, und die Zahl der Kinder, die neun Monate später das Licht der Welt erblickten, zeigt uns, dass der Wein nicht die einzige Beschäftigung in jener Nacht darstellte.

Ha! Ein paar dieser Kinder glaube ich heute Abend hier zu sehen, oder irre ich mich? Oder seid ihr im Sommer von Platäa geboren? Aber ich greife voraus ...

Als die Dämmerung anbrach, stachen wir erneut in See, was beklagenswert und erfreulich zugleich war. Aber ich hatte eine exzellente Mannschaft zusammengestellt. Dareios war mein neuer Rudermeister, Megakles bediente das Ruder, und Giannis und Alexandros gehörten fortan zu meinen Epibatai. Dem blutjungen Kineas und dem alten Giorgos hatte ich aufgetragen, aus der Schar der Unversehrten die besten Ruderer zusammenzutrommeln, aber an jenem Morgen vernahm ich jede Menge Flüche, die der durchzechten Nacht geschuldet waren, das kann ich euch sagen. Und als wir vom Strand ablegten, um zu Kimon aufzuschließen, fragte ich mich zwischendurch, ob wir uns plötzlich vor Massalia wiederfinden oder wie durch ein Wunder dem Küstenverlauf von Albion folgen würden, vor uns die markanten weißen Kreidefelsen.

«Die Argonauten», flüsterte ich.

Seckla lächelte.

Ich würde gern erzählen, dass wir eine Großtat vollbrachten, eine Heldentat, die für immer in Gesängen fortleben würde – die Zeit war keineswegs vergeudet, wie ihr noch hören werdet –, aber die Wirklichkeit sah viel nüchterner aus. Wir schlossen zu Kimons langer, schwarzer *Ajax* auf, pullten gegen den Wind aus der Bucht von Salamis und durchlebten in etwa das, was die Perser tags zuvor zu spüren bekamen, als ihnen der Wind ins Gesicht blies. Schließlich fuhren wir unter Riemenschlägen weiter auf offener See und hielten auf Phaleron zu. Das Tauwerk war vorsorglich an den Klampen belegt, unser Großsegel lag noch samt Spiere an Deck, aber wir hätten es jederzeit setzen können, um schneller fliehen zu können. Allerdings erschien mir das Risiko eher gering.

Wie sich herausstellte, hatte sich die feindliche Flotte an den östlichen Ausläufern der Strände von Phaleron gesammelt. Kimon wollte die Perser eigentlich nur auskundschaften und vielleicht ein paar ihrer Triremen in Brand setzen, und ich wollte das natürlich auch.

Aber unsere Ruderer murrten viel zu laut und zogen die Riemen sehr träge durchs Wasser. Daher stellten wir ihnen eine baldige Rückkehr in Aussicht und gaben uns damit zufrieden, den Feind aus der Ferne auszuspähen, außer Reichweite der persischen Pfeile. Wir sahen recht schnell, dass Mardonios einen Großteil des Heeres auf die Ebenen oberhalb von Phaleron verlagert hatte, deshalb bin ich mir ziemlich sicher, dass die Meder einen Angriff befürchteten. Es gab sogar Palisaden, und wir sahen Sklaven, die Schanzarbeiten verrichteten, andere schleppten schwere Äste aus Olivenhainen. Sie fällten unsere griechischen Olivenbäume, verflucht seien sie!

Aber da waren wir, weit genug vom Ufer entfernt, dass uns kein Bogenschütze etwas anhaben konnte. Der Himmel war klar, eine leichte Brise strich über die Wellen, aber niemand legte von den Stränden ab.

Doch die Bastarde hatten die Hände nicht in den Schoß gelegt und waren emsig. Wenn ich die Augen zusammenkniff, glaubte ich, einzelne Schiffe zuordnen zu können – so sah ich zum Beispiel den «Roten König», auch die elegante Trireme der Artemisia – und ich entdeckte Archilogos' Schiff.

Hätte ich seine Trireme nicht gesehen, den Bug zum Wasser, zwei Augen an der Bordwand, so schön wie Briseis' Augen, wäre mir nicht aufgefallen, was später wichtig sein würde. Aber ich stieg mittschiffs auf die leicht erhöhte Plattform, wünschte, meine linke Schulter wäre belastbar fürs Klettern, und betrachtete lange Archilogos' Schiff. Drei Rümpfe weiter westlich lag Diomedes' Schiff.

Bei den Triremen tummelten sich etliche Männer, die tapfersten Ionier.

Ich schaute so lange zu den mir bekannten Schiffen hinüber, wie ein Mann sich auf der Agora mit einem Freund unterhält. Dann sicherte ich mir Secklas Aufmerksamkeit mit einer Handbewegung. Ich wollte den Blick nicht von den Schiffen wenden, wollte mein Ziel nicht aus den Augen verlieren.

«Bring uns näher ran!», rief ich.

Kineas gab das Klopfzeichen für die Ruderer, doch der alte Giorgos ganz in meiner Nähe spie nur: «Ihr habt gesagt, es wird ein leichter Tag», murrte er – nicht in meine Richtung, denn das wäre schlecht für die Disziplin gewesen. Er schaute ganz woandershin, schien mit einer imaginären Person zu sprechen.

«Keine Sorge, auf ein Gefecht lasse ich es nicht ankommen, und nachher schenke ich selbst Wein aus», sagte ich leiser.

«Und eine Drachme pro Mann», murmelte Giorgos vor sich hin und zuckte mit den Schultern. «Könnte mir den Schwanz befeuchten lassen, anstatt vollkommen nass zu werden, um es mal so zu sagen. Wie, Herr?»

«Und eine Drachme pro Mann. Die wird aber nicht heute ausgezahlt.» Damals war ich kein reicher Mann.

Er spie über die Bordwand und sah entlang des Laufstegs einen der Kameraden an.

«Also gut, da Ihr so zugänglich seid», meinte er.

Und mit einem Mal fingen sie an zu pullen.

Wir krochen zehn Riemenschläge vorwärts, doch dann, auf einen Befehl hin, gingen wir auf eine ansehnliche Geschwindigkeit. Wir legten die Strecke eines Stadions wie ein guter Läufer zurück und gingen dann in die Wende, als die ersten Pfeile der persischen Truppen vom Strand aufstiegen.

Es waren gute Salven, aber sie flogen über uns hinweg – nur etwa ein Dutzend verfing sich an den gespannten Leinwänden, die die Bänke der vorderen Thraniten schützten. Niemand war verwundet, den Göttern sei Dank.

Als wir wendeten, hatte ich Gewissheit. Es hatte sich bestätigt, was ich vermutet hatte.

Dann setzten wir das Großsegel und flogen zurück nach Salamis. Einige der Ruderer vertraten sich die Beine an Deck. Sie hatten sich einen freien Tag verdient, und nach dem Sieg hätte nur ein Narr oder ein sehr schlechter Trierarch seinen Ruderern die paar Freiheiten verboten. Daher kamen und gingen sie, plauderten und lachten, und für eine Weile war die Disziplin an Bord vergessen. Seckla sah ziemlich besorgt aus, und ich denke, Brasidas, der nach der Schulterverletzung sehr steif in seinen Bewegungen wirkte, wäre entsetzt gewesen. Aber ich wusste es zu würdigen, was die Männer tags zuvor geleistet hatten und wie viel Überwindung es sie gekostet hatte, mir wieder auf See zu folgen. Das war der Grund, warum die Ruderer über die Laufplanken schlendern konnten und die Landzunge herankommen sahen – ich ließ den jungen Kineas und zwei seiner Freunde sogar abwechselnd ans Ruder, damit sie einmal einen Eindruck davon bekamen, wie sich das anfühlte. Seckla und Megakles gaben lakonische Ratschläge und ermunterten die Burschen.

Ja, fast könnte man sagen, dass an Bord so etwas wie Feststimmung herrschte, die dann jedoch kurz kippte, als wir all die Toten sahen, die zwischen Wrackteilen am Kap Kynosura angespült wurden. Schließlich mussten wir das Segel einholen, und die Männer saßen wieder auf ihren Bänken und pullten aufmerksam, hatten wir doch in unserer Ausgelassenheit ein verdeckt treibendes Wrack gerammt – und fast wäre Megakles dabei über Bord gegangen!

Er warf mir einen ernüchterten Blick zu – vermutlich war er der älteste Mann an Bord. «Ich glaube, ich muss langsam nach Hause», meinte er. Er sagte es ohne Umschweife, ohne Streit zu provozieren.

«Ich brauche dich noch für eine Sache», sagte ich.

Er tat das mit einem Schulterzucken ab. «Überlässt du mir ein Boot, das mich nach Hause bringt?»

Ich nickte. Ich schuldete ihm so viel, da konnte ich keine Bedingungen stellen.

«Die Triakontere reicht», sagte er. «Ich nehme sie und verzichte dafür auf die Heuer und meinen Anteil.» Er schwieg kurz. «Was für eine Sache?»

Ich zupfte an den verknoteten Haaren in meinem Kinnbart. «Ich muss nach Ephesos.»

Er nickte. «Natürlich musst du das.» Das wussten alle Männer, die schon so viele Jahre an meiner Seite gekämpft hatten. «Kampf?»

«Vermutlich», räumte ich ein.

Wieder gab er sich unbeeindruckt. «Was wird aus der Triakontere?»

«Sie gehört dir», sagte ich. «Und alles, was du sonst noch verlangst.»

Er lachte. «Du bist so unterhaltsam und voller Wendungen wie eine gute Geschichte», meinte er. Das war vielleicht das beste Kompliment, das mir je einer gemacht hat.

An jenem Nachmittag sahen wir, dass sich Xerxes persönlich unten an den Stränden gegenüber blicken ließ. Ich selbst konnte das zwar nicht sehen, aber so berichteten es uns die Ruderer von den Spähschiffen auf See. Die Perser machten sich daran, jedes Wrack zu bergen, das in Küstennähe trieb, und zogen es an Land. Sofort fingen die Sklaven an, die Rümpfe mit Erde zu füllen.

Aus der Ferne sah es so aus, als würden Ameisenvölker drüben bei Piräus wimmeln.

«Er versucht, eine Brücke zu errichten», stellte Themistokles fest. Und ich glaube, dass so etwas wie Bewunderung in seiner Stimme lag.

Aristeides war in die Hocke gegangen – vermutlich war das immer noch die Erschöpfung vom Vortag. «Unmöglich», meinte er. «Es ist Hybris, an so etwas nur zu denken.»

Doch Themistokles und Eurybiades nahmen die neue Bedrohung ernst und überlegten bereits, Schiffe zu entsenden, mit Bogenschützen, die die Sklaven bei ihrer Arbeit behindern sollten.

Anaxagoras sah die Dinge anders. Er schwieg eine Weile, was ungewöhnlich für diesen jungen Mann war. Dann hob er vorsichtig die Hand, wie ein Schuljunge, der sich nicht recht traut, das Wort zu ergreifen.

Unser Navarch aus Sparta war kein großer Anhänger des ionischen Jungen. «Was gibt es, Junge? In meiner Heimat sagt ein Zehnjähriger überhaupt nichts, es sei denn, er wird dazu aufgefordert.» Dazu muss man wissen, dass der Spartaner mit dem «Zehnjährigen» eine zehn Jahre dauernde Phase der Agoge meinte, in der junge Männer noch nicht als Vollmitglieder der Bürgerschaft gelten – diese Männer waren Anfang zwanzig, also bereits älter als Anaxagoras damals.

Anaxagoras nickte. «Interessant, Herr. Aber was ich eigentlich sagen wollte – es lässt sich nicht bewerkstelligen.»

Eurybiades hatte es nie gemocht, in irgendeiner Weise in seinen Gedanken unterbrochen zu werden, nicht einmal von Männern, die er zu seinem Stand rechnete. «Oh, wirklich?», hörte ich ihn sagen. Spartaner sehen im Sarkasmus eine Art charakterliche Schwäche (aber ich glaube, da irren sie), dafür lassen sie mitunter oft mit ihren kurzen, lakonischen Antworten erkennen, ob und wie zornig sie sind.

«Stellt Euch nur einmal vor», sagte Anaxagoras, «wie viele Medimnoi Erdreich nötig wären, um einen Korb zu füllen, der sechs Stadien lang ist und, sagen wir, ein Plethron breit.»

Mit den Medimnoi Getreide, das wisst ihr vielleicht gar nicht mehr, bezifferten die Athener einst den Wohlstand eines Mannes. Ja, in Athen verkaufen sie Getreide in diesem Hohlmaß, auch viele andere Waren. Füllt man ein Medimnos Getreide in einen Korb, braucht man den Armumfang von zwei Männern, wenn man diesen Korb umfassen will.

So standen wir also beisammen und versuchten, das im Kopf auszurechnen.

«Millionen Medimnoi, meine Herren», sagte Anaxagoras, wobei er sich des persischen Ausdrucks bediente. «Zehntausend mal zehntausend Medimnoi, und die ganze Erde muss erst einmal ausgehoben, bewegt und zu den Stegen am Ufer befördert werden. Das ist nicht zu schaffen.»

Aristeides war ein guter Mathematiker, und ich hatte bei Heraklit gelernt und meinen Pythagoras studiert. Wir sahen einander an – und runzelten beide die Stirn.

«Ich denke, er hat recht», meinte der Athener. «Auch wenn er für meinen Geschmack zu viel redet.»

«Da gebe ich Euch recht», sagte ich.

Themistokles strich sich den Bart. «Warum also dann diese Erdarbeiten dort drüben?», sinnierte er.

Wir ließen eine Schale mit Wasser versetzten Wein herumgehen – aus Kimons Vorrat –, und ich nutzte den Moment und beobachtete Themistokles und seinen Sklaven. Erneut versuchte ich der Frage nachzugehen, ob dieser Mann nun tatsächlich die Absicht gehegt hatte, Griechenland zu verraten. Um ehrlich zu sein, mir dämmerte, dass diese Frage nicht mehr von Belang war.

Eurybiades ergriff wieder das Wort. «Er versucht, etwas zu vertuschen», sagte er. «Er will, dass wir dabei zusehen, wie er mit dieser Schiffsbrücke anfängt. Oder er ist verrückt geworden vor Zorn, und wenn ich Bulis zuhöre, hat er diese Charakterschwäche.»

Kimon sah mich an. «Hier ist jemand, der es gar nicht abwarten kann, seinen Bericht abzuliefern», sagte er mit dem ihm eigenen leicht spöttischen Ton. «Nur zu, Platäer.»

Ich atmete gelassen aus. «Wir wagten uns nah an den Feind, als wir die Schiffe auskundschafteten», sagte ich.

Eurybiades nickte, als wäre das selbstverständlich.

«Wir wagten uns deshalb so weit vor, weil Männer auf den Schiffen zu sehen waren – auf den ionischen Schiffen.»

«Denkst du, sie werden noch einmal den Kampf suchen?», wollte Eurybiades wissen.

«Ich glaube, ich erzähle das nicht richtig», gab ich zu. Manchmal versuche ich, aus allem eine gute Geschichte zu machen, das bekenne ich offen und ehrlich.

Ich blickte mich am Feuer um. «Sie brachten Masten und Segel an Bord.»

«Bei Poseidon!», rief Eurybiades. «Dann haben sie ja wohl kaum vor zu kämpfen.»

Es war nicht mehr als ein Bauchgefühl meinerseits – ein Gefühl, das mit meiner Fahrt nach Ephesos zu tun hatte, und natürlich auch mit den Bedenken, die ich deswegen hatte. «Ich vermute, die Ionier sind im Begriff, nach Hause zu segeln», sagte ich.

Themistokles' Miene wirkte eigenartig auf mich. «Dann sollten wir sie vielleicht daran hindern», meinte er. Als er dies sagte, schien er die Sache bereits aus anderem Blickwinkel zu betrachten, da war ich mir sicher. Wir hatten zwar einen klaren Sieg errun gen, dennoch misstraute ich dem Athener weiterhin. «Wir könnten ihnen nachsetzen.»

Es war Kimon, der aussprach, woran niemand zu denken wagte. «Was, wenn der Großkönig nach Hause segelt?»

«So hart haben wir die Perser nun auch wieder nicht geschlagen», hörte ich den spartanischen Navarchen sagen.

«Aber der Sieg ist trotzdem unser», sagte Themistokles. Er tippte sich mit den Fingern an die obere Zahnreihe und blickte lange hinaus aufs Meer. «Es ist ein weiter Weg bis Susa.»

Bulis lachte leicht spöttisch, als hätte er sagen wollen «davon kann ich ein Lied singen», aber die Lakedaimonier sprechen nicht alles aus, was ihnen in den Sinn kommt.

Das Feuer knackte. Wir tranken unseren Wein, Sklaven eilten hin und her und sorgten für Nachschub. Mir entging nicht, dass Themistokles und Sikinnos Blicke tauschten.

«Wir könnten sie jagen», sagte er mit hörbarer Begeisterung in der Stimme. «Ja, wir könnten sogar den Großkönig gefangen nehmen!»

«Eine Verfolgungsjagd auf offener See, über eine Strecke von tausend Stadien?», merkte ich an. Kimon äußerte sich ähnlich, während Aristeides die Augen verdrehte und missmutig dreinblickte.

Eurybiades wirkte nachdenklich. «Wir könnten zumindest die Schiffsbrücke am Hellespont zerstören», sagte er. «Dann säße sein Heer in Europa fest.»

Bei dieser Vorstellung verstummten wir alle.

Kimon grinste. «Jetzt geht's ans Eingemachte, Herr!» Er sprang auf. «Ich war von Anfang an für die aggressive Strategie. Das ist einfach – wunderbar!»

«Ich denke nur laut», kam es etwas steif von dem Spartaner. «Ihr Athener seid immer gleich so hitzköpfig.»

Aber Themistokles sah besorgt aus. «Das ist aber vielleicht letzten Endes keine so gute Idee.»

Alle sahen ihn an. Er hatte einen glorreichen Sieg errungen – es war größtenteils seine Flotte und sein Plan –, und trotzdem trauten wir ihm nicht. Ich denke, er spürte, dass wir ihm nicht die Beachtung entgegenbrachten, die er sich erhoffte, und das wiederum machte den Umgang mit ihm schwierig. Er ernährte sich sozusagen von Schmeicheleien, wie die Götter auf Nektar und Ambrosia angewiesen sind.

Er stand auf. «Denkt nach!», sagte er emphatisch, als wären wir alle Narren. Und vermutlich hielt er uns tatsächlich für Dummköpfe. «Überlegt doch einmal! Der Großkönig sitzt in Europa fest und hat nur die Wahl zwischen Sieg und Tod! Er kann sich in Thessalien mit Getreide und Ersatzpferden eindecken, und er kann sich auf Makedonien verlassen. Womöglich kämpft er lange auf griechischem Boden, und viele Städte, die an unserer Seite kämpfen, rechnen damit, dass der kommende Winter auch das Ende des Krieges bringt. Wenn wir den Großkönig hier auf dem Festland festsetzen, müssen wir ewig gegen ihn kämpfen, als Nachbarn.» Er schaute sich in der Runde um. «Versteht ihr nicht? Wenn er in Panik gerät, umso besser! Wenn er fliehen will, dann verlieren seine Truppen den Mut.»

«Wenn wir ihn gefangenen nähmen, könnten wir alle reich werden», sagte ich. Ich gebe es zu – ich sprach das laut aus.

Selbst Kimon bedachte mich mit einem vorwurfsvollen Blick.

«Oh, Ihr edlen Herren», fuhr ich fort. «Gibt es keinen unter euch, dem ein Lösegeld nicht gefallen würde?»

«Lösegeld für den Großkönig?», fragte Eurybiades. Da habt ihr es, Freunde – ein Navarch aus Sparta mochte im Großkönig den Feind sehen, aber ein König war immer noch «der Erste unter Gleichen».

Ich gab einen unwirschen Laut von mir.

Einige taten es mir gleich, doch Kimon strafte mich mit einem tadelnden Kopfschütteln. Für ihn war ich ein Narr, dass ich derlei Dinge laut aussprach. Und vielleicht war ich auch ein Narr.

«Ich sage, wir dürfen es nicht dazu kommen lassen», sagte Themistokles.

Es wurde abgestimmt. Die meisten folgten Themistokles. Die Korinther waren nicht bereit, die Verfolgung auf See aufzunehmen, ebenso wenig die Wortführer der Peloponnes. Die Herren aus Ägina andererseits stimmten für die sofortige Verfolgung.

Derweil arbeitete ich an meinen eigenen Plänen.

Ich kehrte zum Lager zurück und streichelte unseren Hund. Er gehörte zu meiner Gefolgschaft, genau wie Seckla. Dann wollte ich

Ka für meine Sache gewinnen. Ich erzählte, was ich von ihm erwartete, aber er verdrehte nur die Augen.

«Gestern habe ich auch gekämpft», sagte er.

«Dann schick einen der anderen», meinte ich.

Er verneinte mit einem Kopfschütteln.

Also begab ich mich zum nächsten Strandabschnitt, wo, wie ich hörte, die Mädchen aus Brauron die heiligen Tänze vorführen würden, die sie den Sommer über einstudiert hatten. All das war für den folgenden Abend geplant.

Und es war ein herrlicher Abend, sofern man den Geruch ignorierte, den die Wellen mit an Land brachten, den Geruch von all den Leichen, die noch im Wasser trieben. Aber ehrlich gesagt, gelang mir das ganz gut. Da ich ein bekannter Geweihter des Hephaistos war, durfte ich nach den ersten rituellen Opferungen auf einer der wenigen Klinen Platz nehmen – das war an jenem Abend eine große Ehre für mich.

Und natürlich war die Tanzdarbietung atemberaubend!

Meine Tochter hatte allerdings nur einen kleineren Auftritt, aber was sie vorführte, gelang ihr fehlerfrei, und schließlich überbrachte sie im Auftrag einer der Priesterinnen Iris einen Olivenzweig, weil sie tadellos getanzt hatte. Einen zweiten Zweig erhielt Heliodora, die wieder einmal wie eine Göttin aussah – sie hatte etwas an sich, das schwer in Worte zu fassen ist, etwas, das ich zuvor während der Kämpfe wahrgenommen hatte, bei meinem Sohn, bei Brasidas, bei Harpagos – dieses Leuchten von innen heraus, dieses Lächeln, das mehr verriet als Selbstvertrauen. Es war, als machte uns allein das Zuschauen beim Tanz zu besseren Menschen. Ich bin wirklich der Überzeugung – trotz all des Wetteiferns, der harten Worte und des Zorns –, dass das die wahre Arete ausmacht, jene Vortrefflichkeit, die uns zu besseren Menschen macht, offensichtlich Frauen wie Männer.

Und ich musste lächeln, als ich daran dachte, dass diese Göttin meinen Sohn heiraten würde, der bislang eher dadurch aufgefallen war, dass er Wutanfälle bekam und teure Schwerter hortete – und in den Krieg zog. Es war an der Zeit, dass er andere Seiten an sich entdeckte.

Mag sein, dass es in dieser Geschichte eine Version gibt, in der Hektor Trübsal blies, während Hipponax seiner Angebeteten den Hof machte, aber Hektor machte größere Fortschritte als sein Schwertbruder. Oder besser: Ich hatte den Eindruck, dass Iris die Initiative ergriff und zielstrebiger vorging als Hipponax oder Hektor. In ihr brannte ein anderes Feuer, und sobald es leuchtete, ließ es sich nicht ohne weiteres löschen.

Dazu sage ich jetzt aber nichts mehr, da sie ja noch lebt und uns womöglich mit ihrer Anwesenheit ehrt, wer weiß?

Aber wie gesagt, die Tanzdarbietung war ausgezeichnet. Euphoria zog mich später auf und meinte, es sei peinlich, wie wenig ich davon in Erinnerung behalten habe, aber ich belasse es dabei, wenn ich sage, dass ich wie verzaubert war. Die Priesterinnen waren in vielerlei Hinsicht die besten von allen – es waren reife Frauen, mit fließenden Bewegungen, Tänzerinnen, die ihren Leib beherrschten wie die besten Athleten, die ich von den Spielen kannte. Die beiden Priester des Apollon standen den Opferhandlungen vor. Es hatte sich eine riesige Menge eingefunden – ich konnte mich glücklich schätzen, dass ich bei den Priestern stehen durfte –, und der Jubel der Menge wogte über unsere Köpfe hinweg. Einige Leute fingen an, gebratenes Fleisch an die Menge zu verteilen, andere führten weitere Tiere zum Altar, und ich vermute, dass eine Hekatombe an Opfertieren zusammenkam, ehe die Nacht zu Ende ging.

Die Hohepriesterin kam und legte sich dann neben mich auf meine Kline, nachdem sie den letzten Tanz beendet und die Opferhandlungen beaufsichtigt hatte. Das war für mich eine große Ehre, wenn man bedenkt, wie viele einflussreiche Herren sich am Strand eingefunden hatten und auf improvisierten Ruhebänken lagen.

Themistokles saß auf einem Schemel, Aristeides gab es irgendwann auf, einen geeigneten Platz zu suchen, und ließ sich neben meiner Kline auf das Ende meiner mit Stroh gefüllten Matratze nieder. Dort streckte er die Beine aus wie ein Ruderer, der sich ein Nickerchen gönnt, nur zwei Herzschläge nachdem sich die Hohepriesterin mit der Anmut einer jungen Frau bei mir niedergelassen hatte.

Hippolyta nickte dem Athener zu. «Heil dir, Vortrefflichster der Athener.»

Aristeides drehte ihr ruckartig den Kopf zu, stellte offenbar fest, dass ihm der Anblick zusagte, und schlug einen lockeren Ton an. «Ich bin heute Abend sicher nicht der vortrefflichste Athener. Diese Ehre gebührt Ameinias von Pallene. Bitte um Nachsicht, Herrin – ich hielt Euch zuerst für jemanden aus der Schar von Arimnestos' Freunden.»

Hippolyta sah mich an, dann Aristeides. «Ich kann nicht sagen, dass ich mich geschmeichelt fühle», sagte sie, und wir lachten alle. «Andererseits», fuhr sie fort, «kann ich auch nicht behaupten, in letzter Zeit neben einem Mann auf einer Kline gelegen zu haben.»

Priesterinnen der Artemis waren generell den Männern nicht sonderlich zugetan, wie ihr vielleicht wisst.

«Eure Mädchen waren großartig», sagte ich.

«Nicht wahr?», erwiderte sie, und ihre Miene hellte sich auf. Plötzlich sah sie so viel jünger aus. Sie hatte das Gesicht einer alten Matrone, wie ein reifer Apfel mit ein paar Runzeln, und funkelnde Augen, die hart wie Granit sein konnten, aber ihre Beine und Füße waren die einer jungen Frau. Ihre ganze Mimik wirkte jung: leidenschaftlich, fließend. «Ich denke, dies ist ein wundersames Jahr, aber ich bekenne, dass ich fast jedes Jahr so einschätze.»

«Eure Mädchen werden so schnell nicht vergessen, dass sie ihre rituellen Tänze auf den Stränden von Salamis aufführten», sagte ich.

Sie nickte. «Werdet Ihr es so schnell vergessen, meine Herren? Ich muss Euch nämlich sagen, dass ich eine niederträchtige alte Frau sein kann, wenn es sein muss, und heute Abend, an diesem geheiligten Abend, an dem all die Götter zusehen, werde ich versuchen, Mittel für den Wiederaufbau unseres Tempels einzutreiben, sobald Ihr die Perser vertrieben habt.»

Gewiss. Im Augenblick des Sieges hatte ich fast vergessen, was jeder Athener oder attische Bauer insgeheim wusste – die See war gewonnen, aber Attika war immer noch in der Hand der Meder.

Aristeides nickte. «Ich werde ein Talent Silber beisteuern, Herrin.»

Die Hohepriesterin führte eine Hand an ihre Brust. «Ein Talent! Bei meiner Göttin, Herr, Ihr seid sehr freigebig.»

«Ihr müsst warten, bis ich wieder einen einträglichen Hof oder auch zwei habe, um das Geld aufbringen zu können», sprach Aristeides.

«Euer Haus ist zumindest intakt», scherzte ich.

Die Hohepriesterin sah mich an.

Hektor, der trotz seiner Vernarrtheit immer noch ein guter, aufmerksamer Junge war, erschien neben meiner Ruhebank, mit einem Krug sehr guten Weins und drei Bechern – es waren keine Trinkschalen. Damen der gehobenen Schicht tranken für gewöhnlich nicht aus einer Kalyx, zumindest nicht in Griechenland, auf einer Kline mit Männern. Hektor brachte kleine eiförmige Becher, die wir in Böotien benutzen, wenn wir uns nach getaner Arbeit einen Schluck genehmigen. Plötzlich erschien auch Iris wie aus dem Nichts und hielt die Becher, während Hektor einschenkte.

Die Hohepriesterin nahm den Wein entgegen und schenkte Iris ein Lächeln.

«Ja», sagte Iris.

Eine geheime Botschaft lag in den Blicken, die die beiden tauschten.

Ich legte Hippolyta eine Hand auf den Arm. «Auch ich werde ein Talent Silber spenden, wenn meine Schiffe die letzten Monate überlebt haben», sagte ich. «Wenn Poseidon und Artemis und all die Götter uns gewogen sind. Ich werde ein Jahr benötigen.»

Sie lächelte – ein Lächeln, das ihr Gesicht zum Leuchten brachte.

Ich merkte, dass Iris und Hektor immer noch neben der Kline standen.

Die Hohepriesterin nickte. «Ich werde als Mutter von Iris auftreten», versprach sie. «Ihr Vater ist ein berühmter Mann – ich darf seinen Namen nicht offen sagen. Ihre Mutter ist eine thrakische Sklavin.»

«Eine Freigelassene», kam es von Iris. In diesen beiden Worten schwang so viel Zufriedenheit mit. Iris war schön, eine Augenweide und das athletischste Mädchen aus der Schar der Tänzerinnen. Ihre Kraft und ihr Körperbau ließen ihre thrakische Mutter erahnen, auch die Augenfarbe war anders als bei griechischen Mädchen: helle, klare Augen, mit dunkel gesprenkelter Iris. Sie gehörte zu den Leuten, bei denen schon die Augen die Klugheit verrieten, und mit den beiden Worten, die sie sagte, zeigte sie mir, dass sie den Status der Mutter akzeptierte, ebenso die Mutter selbst, und alles ohne Bitterkeit.

Je länger ich sie betrachtete, desto wahrscheinlicher kam es mir vor, dass Xanthippos ihr Vater war.

«Werde ich dann als Hektors Vater in Erscheinung treten?», fragte ich.

Aristeides lachte. Es war eigentlich gar nicht seine Art, in einem solchen Moment zu lachen. Er erhob sich.

«Mein Freund», sprach er, «du müsstest eigentlich als seine Mutter in Erscheinung treten – wir alle werden uns in dieser Lage wiederfinden, wenn wir Attika nicht zurückerobern und unsere Frauen zurück nach Hause holen. Ich vermisse Jocasta.»

«Ich vermisse sie auch», gestand ich. Es fällt einem schwer, zu einer Frau zu sprechen, die einem so nah ist, dass sie deinen Atem riechen kann. Aber ich wandte mich der Hohepriesterin zu. «Despoina, ich erachte Hektor als meinen Sohn.»

Sie nickte. «Wenn Ihr eine Frau hättet ...» Sie ließ den Satz in der Luft hängen.

«Wenn der Winter sich dem Ende neigt, müsste ich eine haben», sagte ich.

Ein kleines Lächeln deutete sich um ihre Mundwinkel an. «Also gut. Darf ich fragen, in welchem Alter diese Frau in etwa sein wird?»

Ich überlegte, zog die Stirn in Falten. «Ich glaube, sie ist nur ein Jahr jünger als ich, Despoina.» Im selben Moment blitzte ein Bild von Briseis vor meinem geistigen Auge auf. Ihre Blöße verbarg sie unter einem Chlamys, und ich drückte sie in einer dreckigen Seitengasse in Ephesos zu Boden, weil ich sie in ihrer Verkleidung für einen Jungen hielt, für einen Rivalen.

«Ah», gab die Hohepriesterin von sich, sichtlich erstaunt. «Eine Frau in Eurem Alter?»

«Meine erste Liebe», sagte ich. Ich sah Hektor an. Sein Gesicht sprach Bände.

«Mein Hektor ist heiratsfähig, ist nicht anderweitig vergeben, hat einen klaren Verstand und einen gesunden Leib, und er wird einen ansehnlichen Betrag von mir erben, wenn ich sterbe», sagte ich, «es sei denn, die Meder nehmen uns alles. Er hat aber auch eigenes Geld – Anteile von unseren letzten Prisen zum Beispiel. Er ist ein Bürger des Grünen Plataä.»

«Meine Iris ist keine Bürgerin von Athen», sagte Hippolyta. «Aber ich kann ihr eine gute Mitgift in Aussicht stellen, und ich denke, für ihren Ehemann könnte man das Bürgerrecht Athens arrangieren.» Dabei sah sie Aristeides an.

Er stand immer noch bei der Ruhebank und versuchte, so zu tun, als wäre er nicht anwesend. Ich kannte diesen ausweichenden Blick – ich war selbst schon in den Genuss gekommen.

Doch dann nickte er. «Ich gehe davon aus, dass Themistokles vielen Metöken und Verbündeten, die auf athenischen Schiffen dienten, das Bürgerrecht anbieten wird. Das wäre nur gerecht», fügte er etwas steif hinzu. «Und unser junger Hektor aus Syrakus hat genauso viel wie alle anderen riskiert.»

Die Hohepriesterin erhob sich so anmutig, wie sie sich niedergelassen hatte, und gab Iris einen Kuss auf die Stirn. «Bist du damit einverstanden, sie zur Frau zu nehmen, junger Mann?», wollte sie von Hektor wissen.

«Oh – sicher!», erwiderte er und schien ausnahmsweise um Worte verlegen zu sein.

Hippolyta nickte. «Iris, du gehörst zu den Mädchen, die ich gern behalten hätte, um sie zu Priesterinnen auszubilden. Aber ich gelange zu der Ansicht, dass das Leben in der großen, weiten Welt etwas für dich ist.»

Iris lächelte, und doch liefen ihr Tränen über die Wangen. «Ich werde meine Töchter zu Euch schicken, Mutter.»

Bei den Göttern, auch ich musste weinen.

Sowie die beiden jungen Leute in der Dunkelheit verschwunden waren, um ihre Verlobung zu feiern, und die Hohepriesterin leichten Schrittes über den Strand entschwand, legte sich Aristeides zu mir auf die Ruhebank. «Du willst also zu Briseis», sagte er.

Ich beließ es bei einem Nicken.

«Ich werde nicht mitkommen können. Ich werde hier gebraucht.»

Ich zog ihn kurz an mich, um ihm zu zeigen, dass ich das verstand. «Ich brauche dafür keine Leute», meinte ich. «Ich habe eine ganz andere Rolle für Euch – und für Jocasta – wenn es Eure Zustimmung findet.»

Er sah mich erwartungsvoll an.

«Werdet Ihr hier den Winter verbringen oder in Hermione?» Hermione war der Ort, an den viele Athener und fast alle Platäer geflohen waren, wie ihr euch vielleicht erinnert.

«Ich werde nach Hermione zurückkehren und Jocasta holen, aber erst wenn ich weiß, wie unsere weiteren militärischen Pläne aussehen», sagte er.

«Könntet Ihr, zusammen mit Jocasta, ein paar Dinge für mich in Hermione erledigen? Ich denke, meine beiden Söhne werden heiraten. Und ich will Briseis ehelichen. Die andere Möglichkeit ist, dass ich sterbe, und dann bitte ich Euch, dafür zu sorgen, dass mein Besitz gerecht aufgeteilt wird und dass meine Jungs jeweils Hochzeit halten können.»

Aristeides gab sein Einverständnis mit einem Nicken und sah mir in die Augen. «Ja, das werde ich für dich tun.»

«Ich denke, ich bin in einem Monat zurück.»

11. KAPITEL

Später in der Nacht war ich wieder vollkommen nüchtern und ganz bei der Sache, als ich die Leute für meine Mannschaft aussuchte und mit den Männern sprach, die ich an meiner Seite haben wollte. Ich saß auf einem Klapphocker neben Brasidas. Euphoria schlief in meinem Zelt, Kleitos hatte mir über einen Sklaven ausrichten lassen, er wünsche mich in seinem Zelt auf einen Becher Wein zu sehen. Ich ahnte, worum es bei dieser Unterhaltung gehen würde, aber ich vertröstete ihn noch – auch diese Nachricht überbrachte ein Sklave.

Ka tauchte aus der Dunkelheit auf. Er gab mir ein Zeichen, das ich verstand.

Ich nickte Brasidas und Polymarchos zu, der in der Nähe war, nüchtern genug für unser Vorhaben. Wir hängten uns Schwertgurte über die Schultern und stapften durch den Sand, gingen an etlichen Leuten vorbei, die in Gruppen zusammenstanden, und stiegen die leichte Anhöhe zu Kleitos' Lagerplatz hinauf, ganz in der Nähe von Xanthippos' Zelt. Dort hieß man mich willkommen.

Ich stellte ihm Brasidas und Polymarchos vor. Kleitos war nicht nur höflich, sondern gastfreundlich, ebenso seine Frau. Sie war klein und flink, wie ein Vogel – sehr hübsch, und ihre Zunge konnte so scharf sein wie der Kopis, der von meiner Schulter hing.

Sie hakte sich gleich bei mir unter. «Ich denke, Ihr braucht von nun an kein Schwert mehr, wenn Ihr meinen Mann aufsucht», sagte sie vertraulich. «Aber als mir zu Ohren kam, dass Ihr meine Tochter an Bord eines Kriegsschiffs gelassen habt ...»

Das sagte sie nicht im Scherzton. Sie war gleichermaßen zuvorkommend wie wütend. Die Menschen sind vielschichtig, und wäre ich an ihrer Stelle gewesen, hätte ich wahrscheinlich genauso reagiert.

«Davon wusste ich nichts», wiegelte ich ab. «Allerdings hätte ich es wissen müssen – ich bekam nämlich mit, wie die beiden das ausheckten, aber ich dachte, das wäre nur kindisches Gerede.»

Sie schnalzte wissend mit der Zunge. «Heliodora war in all ihrem Tun nie kindisch», erwiderte sie. «Ich könnte Euch das Schwert wie Medea entreißen, aber ich kenne meine Tochter gut genug, um zu wissen, dass es ihr Plan gewesen sein dürfte.»

Bislang hatte ich sie nur als Matrone kennengelernt, die ihre Tochter aus meinem Zelt zerrte – wie gesagt, es hätte eine Szene in einer lärmenden Komödie sein können –, aber inzwischen sah ich in ihr eine kluge Frau, die sich auszudrücken wusste.

Ich deutete vor beiden eine Verbeugung an. «Wir tragen die Schwerter nicht ohne Grund», sagte ich. «Da die meisten Kleitos und mich für Gegner halten, möchte ich ihn bitten, uns zu begleiten – bewaffnet.» Ich nickte Kleitos' Frau Aspasia zu. «Ich bin gern bereit, später über dic Hochzeitsvorbereitungen zu sprechen, aber hier geht es um die Zukunft von Athen und vermutlich ganz Griechenland.»

Kleitos blieb skeptisch. «Kann ich einen Freund mitbringen?», fragte er vorsichtig.

«Gern auch zwei», antwortete ich.

Er verschwand durch den Hintereingang des ausladenden Zelts und kehrte mit zwei großen Epibatai zurück, er selbst trug einen Thorax und ein Schwert an der Hüfte.

Fast sehnsüchtig beäugte ich den edlen Wein, den Käse und das verführerisch duftende Backwerk, all die Speisen und Häppchen, die sichtbar neben den Ruhebänken warteten. Offenbar hatten meine Gastgeber alles für die Hochzeitsgespräche vorbereitet, wie sie in der besseren Gesellschaft vonstattengehen. «Wenn alles gut läuft, bin ich bald zurück», sagte ich.

Aspasia seufzte. «Ist das schon ein Beispiel für die Zeit, wenn sich unsere Familien einvernehmlich treffen?», fragte sie.

Doch da eilten wir bereits über den Strand zur Landspitze.

Kleitos erkundigte sich gar nicht erst, wer Ka war. Stattdessen fragte er nur: «Worum geht es eigentlich?»

Ich sah ihn kurz an. «Mag sein, dass ich mich in allem irre», begann ich. «Aber ich habe Themistokles schon seit gut einem Monat in Verdacht. Er steht in Kontakt zum Großkönig, und in diesem Augenblick trifft er Vorbereitungen, um seinen Sklaven Sikinnos über die Bucht zu Xerxes zu bringen – wenn wir nicht schon zu spät dran sind.»

Kleitos ging ein paar Schritte weiter. «Was für ein Mist», gab er von sich.

Wir umstellten sein Zelt. Es war längst nach Mitternacht. Ich konnte seine Stimme und die Stimme von Sikinnos hören. Themistokles schärfte seinem Sklaven ein, was er sagen sollte.

Selbst heute bin ich mir nicht ganz sicher. Ist es schon Verrat, sich nach allen Seiten abzusichern?

Wenn ihr mich fragt, ja, ist es. Wenn die meisten Menschen sich kein zweites Heim aufbauen können, dann ist es Verrat, es selbst zu tun.

Ich bat Ka, am Zeltpfosten anzuklopfen, und trat dann ein, gefolgt von Brasidas, Polymarchos, Kleitos und den Epibatai. Eine Schar wie die unsrige sorgte für Aufsehen.

«Meine Herren», grüßte Themistokles. Er sprach gelassen, dennoch vernahm ich das kurze Stocken in der Stimme.

«Themistokles», sagte ich, «dort unten am Strand liegt ein Boot, mit zwei Sklaven, die es rudern sollen – es geschah auf Euer Geheiß. Eben sagtet Ihr Eurem Sklaven hier, was er dem Großkönig sagen soll – wir alle haben es gehört. Ich bezichtige Euch daher des Verrats!»

«Ich habe mich längst daran gewöhnt, mich mit kleingeistigen Leuten abgeben zu müssen, die nicht imstande sind nachzuvollziehen, was mein Geist ersinnt», sagte er langsam, als wäre er sowohl verwundert als auch verletzt. «Du aber bist ein schlauer Fuchs, Arimnestos von Platäa, du bist ein Mann, der zu tiefgründigen Gedanken imstande ist, daher hätte ich anderes von dir erwartet.» Dann gewahrte er Kleitos und benahm sich so, als wäre er überrascht. «Auch Ihr, Kleitos», sagte er dann, als wäre er vollkommen enttäuscht.

«Verrat», beharrte ich.

«Das Leben ist vielschichtiger als Schwerthiebe, Speerwürfe und Enterkommandos», sagte er direkt zu mir. «Ich bin dabei, den Großkönig so in Angst und Schrecken zu versetzen, dass er sich zu einer hastigen Entscheidung verleiten lässt.»

«Indem Ihr ihm mitteilt, dass Ihr uns davon abhalten konntet, einen Angriff auf die Brücken am Hellespont zu erwägen?», fragte ich weiter in anklagendem Ton. Ich hatte je soeben gehört, wie der Bastard seinen Lakaien auf den Plan eingeschworen hatte!

«Ja!», antwortete er. «Wir müssen ihn dazu bringen, dass er flieht, Arimnestos. Stellt euch nur vor, wie es wäre, fünf Jahre Krieg auf attischem und böotischem Boden zu führen! Die Meder würden alle Olivenbäume fällen, alle Höfe niederbrennen, jedes Haus unbewohnbar machen, ja, sie würden alle Tempel einreißen.»

«Ich kann mir all das sehr gut vorstellen, aber deswegen schicke ich noch längst keinen Boten zum Großkönig.»

«Und doch hast du schon dreimal mit Xerxes gesprochen – oder schon viermal? Ich hingegen habe noch nie bei ihm vorgesprochen. Wer von uns beiden ist hier der Verräter? Du hast dich aus freien Stücken zu ihm begeben – entgegen unseren Anweisungen!»

Kleitos schaute von einem zum anderen. «Ich zähle gewiss nicht zu den engsten Freunden dieses Platäers», sprach er, «aber ich habe nie gehört, dass ihm jemand vorgeworfen hätte, gemeinsame Sache mit den Medern zu machen.»

Brasidas nickte energisch. «Habt Ihr Eurybiades von Eurem Plan erzählt, den Großkönig zu täuschen?»

Der Spartaner senkte seinen Blick in Themistokles' Augen, und der Athener zuckte zusammen.

Brasidas nickte mir zu. «Ehe Ihr weitere Anschuldigungen erhebt, Athener, lasst mich Folgendes sagen. Ich kann jederzeit mit Damaratos sprechen. Er ist seit vielen Jahren ein Vertrauter des Großkönigs. Soll ich ihn fragen, wie er Euch einschätzt?»

Eigentlich hatte ich den Spartaner mitgenommen, weil ich schlagkräftige Leute brauchte. Aber ich vergaß immer wieder, wer er war und welche Bedeutung sein Wort hatte.

In dem großen Zelt herrschte Schweigen.

«Das Spiel, das ich spiele, ist vielschichtig», sagte Themistokles schließlich, was mich zum Schmunzeln brachte. Vielleicht stimmte das ja sogar. «Für die Dauer dieses Feldzugs konnten wir so gut wie keine Nachrichten erhalten. Vergesst nicht, wie es uns beim Tal von Tempe erging! Ich werde nicht zulassen, dass es noch einmal zu Missverständnissen kommt, nur weil unsere Nachrichtenwege nicht verlässlich sind.»

Abermals vermochte ich nicht mit Sicherheit zu sagen, ob er log. Doch ich wurde das Gefühl nicht los, dass er ein Lügner und Verräter war.

Oder war er es doch nicht?

Bei den Göttern – wusste er es selbst nicht einmal?

«Was für Nachrichten würden wir denn erhalten?», fragte ich. «Wartet. Gestattet Ihr mir, ein paar Worte mit Eurem Sklaven zu wechseln?»

Themistokles zuckte gleichgültig mit den Schultern. «Nur zu», sagte er müde.

Ich nahm Sikinnos mit ins Freie, zu einem Lagerfeuer. Brasidas und Ka begleiteten uns, während Polymarchos bei Kleitos blieb. Antiphon folgte uns ebenfalls, einer der beiden Epibatai des Atheners.

Sikinnos zitterte am ganzen Leib. «Ich tue doch nur, was er von mir verlangt, Herr», sagte er. «Und beim Hades, ich sterbe noch vor Angst. Ich bin ein Sklave – der Großkönig kann mich bei lebendigem Leibe verbrennen oder mich von vier Pferden in Stücke reißen lassen. Was könnt Ihr für mich tun?»

Ich ging auf ein Knie neben ihm. Er saß auf einem Hocker, meine anderen Freunde scharten sich um uns. Auf meine Anweisung hin holte Ka seine schön gearbeitete, mit Bronze versehene Feldflasche hervor – ich denke, sie war ein Beutestück von Artaphernes' Trireme – und bot dem Sklaven etwas Wein an. Teuren Wein aus Chios.

«Ich kann dich zu einem Bürger von Platäa machen», sagte ich. «Ich könnte dafür sorgen, dass du einen kleinen Laden oder einen kleinen Hof bekommst, oder besser noch eine Schule, in der du Kinder unterrichten könntest. Dafür brauchst du mir nur ein paar Fragen zu beantworten.»

«Beim Hades», entfuhr es dem Mann. Er klang verzweifelt.

Aber er beantwortete all unsere Fragen.

Hört zu, meine Freunde, entweder lügt ein Mann wie Themistokles, ohne die Miene zu verziehen, oder er ist selbst davon überzeugt, dass alles, was er von sich gibt, wahr ist – was noch schlimmer ist, denke ich. Manche Leute sind so gefährlich wie irre Hunde, selbst wenn sie einen zu großen Siegen führen, oder vielleicht sind sie gerade dann am gefährlichsten, wer weiß? Aber Sikinnos war wirklich ein kluger, tapferer Mann, der sich ansonsten keine großen Verdienste erworben hat. Krieg und andere Umstände hatten dazu geführt, dass er in die Sklaverei geriet. Die Tätigkeit als Späher hatte ihn viel Mut gekostet, und vertut euch nicht, jeder kommt irgendwann an einen Punkt, an dem einen der Mut verlässt. Es ist eine Sache, sich eines Tages den feindlichen Speeren zu stellen – das habe ich ja schon einmal gesagt –, es ist aber etwas anderes, jeden Tag in Angst leben zu müssen. Denn irgendwann ist das ganze Dasein wie ein Fluch, bis einem nichts mehr real erscheint. Nichts erscheint einem noch gut, es gibt keine Götter mehr. Gepriesen sei Vater Zeus, meine Freunde, dass ihr keinen langen Krieg erlebt habt, denn dann könnt ihr nicht ermessen, wie dunkel es sein kann, wenn man ganz unten ist, in der finstersten Senke.

Wie, Freunde, was meint ihr?

Ich will euch nicht damit langweilen, was Sikinnos im Einzelnen sagte. Aber nichts von dem, was er von sich gab, verurteilte seinen Herrn unwiderlegbar. Einige Dinge rückten ihn in ein eher düsteres Licht – so hatte er Mardonios oder dem Großkönig zehn Besuche abgestattet, und auch vor der Schlacht bei Artemision war er im feindlichen Lager gewesen.

Aber – viele gute Ideen, die Themistokles hatte, waren ihm nur deshalb in den Sinn gekommen, weil Sikinnos für ihn spioniert hatte.

Um ehrlich zu sein, es gab keine eindeutige Antwort auf meine Fragen. War Themistokles nun ein Verräter oder nicht?

Ich jedenfalls war auch nicht klüger als zuvor, allerdings wusste ich jetzt, dass sein Geliebter und Sklave seinen Herrn nicht für einen Verräter hielt – im Gegenteil, wenn man Sikinnos fragte, so hielt er Themistokles für den Urheber der größten und komplexesten Täuschung, die je ersonnen wurde.

Ich sage immer noch, mein Herz schlug nie für Themistokles. Aber auf der anderen Seite konnte ich ihn nicht schuldig sprechen.

«Und du machst dich wirklich noch heute Nacht auf den Weg zum Großkönig?», fragte ich Sikinnos.

«Ja, Herr», erwiderte der junge Mann.

«Kennst du den Herrn Kyros, einen bedeutenden Krieger?», forschte ich weiter nach.

«Ihr meint den Mann, der gegen Euch aussagte?»

Brasidas mischte sich ein. «Ich vermag immer noch nicht zu sagen, ob du dich für unsere Freilassung eingesetzt hast oder nicht.»

«Herr, ich tat doch nur, was man von mir verlangte, zum Wohle Griechenlands», kam es in flehendem Ton von Sikinnos.

Brasidas erhob sich und nickte. «Ich würde dafür stimmen, ihn zu einem Bürger von Platäa zu machen», meinte er. «Nicht zuletzt, weil er ein tapferer Mann ist.» Mit diesen Worten ging er zurück zu Themistokles' Zelt.

Ich legte dem Sklaven eine Hand auf die Schulter. Dann holte ich aus den Falten meines Chitons das Nadelkästchen hervor und reichte es ihm. Auch ich war zu Intrigen fähig und konnte heimlich Vorkehrungen treffen. «Gib das Herrn Kyros», sagte ich. «Ich gebe dir mein Wort, dass dies nichts mit Verrat zu tun hat. Kyros ist ein alter Freund.»

Sikinnos nahm das Kästchen entgegen.

«Und das ist auch kein Versuch, jemanden zu vergiften», fuhr ich fort. «Lies die Nachricht, wenn du musst, aber gib sie Kyros, und dann verspreche ich dir deine Freiheit. Ich werde dir auf ewig dankbar sein.»

Der junge Mann lächelte. «Ich schwöre, das ist meine letzte Fahrt.» Dann schaute er weg. «Aber das habe ich schon bei meiner ersten Fahrt gesagt.» Es klang ernüchtert.

«Möge die Göttin über dich wachen», sagte ich.

Auch ich kehrte zu Themistokles zurück. «Ich werde Euch nicht öffentlich beschuldigen, aber entschuldigen werde ich mich auch nicht», sagte ich. Mein Blick ging zu Kleitos, der nickte. «Ich behalte Euch im Auge. Wenn sich Eure Version als wahr erweist – nun gut, wenn Ihr mich dann bittet, dann würde ich Euch für Eure Gerissenheit preisen und Euch mit Hermes auf eine Stufe stellen, der einst Vieh von dem Herrn Apollon stahl. Wenn ich Euch aber

Verrat nachweisen kann ...», ich machte eine gewichtige Pause, «... dann werde ich Maßnahmen ergreifen.»

«Aber du wirst niemandem etwas sagen», antwortete der Athener. Dabei lächelte er, und für mich war das Beweis genug, aber ich fragte mich unweigerlich, ob Themistokles als Spieler auch gerissen genug war, um mich im Ernstfall aus dem Weg zu räumen.

«Stellt Euch vor, wie lange Ihr noch zu leben hättet, wenn ich Aristeides von allem in Kenntnis setzte», sagte ich.

Themistokles wich meinem Blick aus.

Ich hatte Kleitos gebeten mitzukommen, da er sich nie auf eine politische Gruppierung festgelegt hatte, aber er gehörte zu den Eupatridai, zu den alteingesessenen Adelsfamilien. Ich spürte seinen Blick – offenbar versuchte er zu ergründen, ob ich ihn an der Nase herumführte, denke ich. Aber als wir uns verabschiedeten und durch den Sand zu unserem Strandabschnitt stapften, blieb er stehen. Wir waren weit genug vom Schein des Lagerfeuers entfernt.

«Was hat es mit alldem auf sich?», fragte er.

«Jeder weiß, dass wir beide höchst selten einer Meinung sind», erwiderte ich. «Ich wollte, dass Ihr dieses Gespräch verfolgt und ein unvoreingenommener Zeuge seid.»

Kleitos presste die Lippen aufeinander. «Ich mochte ihn noch nie. Er ist ein Demokrat der gewöhnlichsten Sorte. Niemand wird mir Glauben schenken ...»

«Aristeides schon. Wenn es hart auf hart käme.»

Kleitos überlegte und bedeutete seinen beiden Leibwachen dann, uns kurz allein zu lassen.

«Das würde unser Bündnis wie Gift zersetzen», sagte er. «Wenn die Leute erführen, dass Themistokles uns verrät, bricht unser Bündnis auseinander.»

«Ich weiß, ich weiß.»

«Was sollen wir also deiner Meinung nach jetzt unternehmen?», fragte er.

«Wir planen die Hochzeit meines Sohnes», erwiderte ich und grinste.

Kleitos lachte. «Ah, das ist wahrscheinlich der beste Plan.»

Ich wachte in der Dämmerung auf – den Grund könnt ihr euch ja sicher denken – und schälte meine müden Knochen aus meiner Schlafdecke. In der Frühe war es empfindlich kalt, aber das Sonnenrund deutete sich an einem wolkenlosen Himmel an, und der Wind kam aus West. Ich begab mich zum Ufer, wo schon etliche Leute auf den Beinen waren. In dem Gedränge rempelte mich Sikinnos an, tat so, als hätte er mich nicht gesehen und übergab mir verdeckt das kleine hölzerne Kästchen. Dann verbeugte er sich, entschuldigte sich für seine Ungeschicklichkeit und machte sich auf den Weg zu seinem Herrn. Ich eilte zurück zu meinem Zelt und las die Nachricht, die unter dem Einlegeboden versteckt lag.

Sei gegrüßt, Doru,
mein neuer Gebieter Artaphernes, Sohn des Artaphernes, wird sich am Morgen mit einer berittenen Eskorte auf den Weg machen. Er will die gesamte Strecke bis Ephesos zurücklegen. Und er wird schnell reiten. Meine Kampfgefährten und mich lässt er zurück, weil er ahnt, dass wir ihm in den Schwertarm fallen würden.
Er hat die Absicht, sie und die Kinder zu töten.
Doru, ich bin meinem König verpflichtet, auf Ehre und Gewissen. Aber ich werde dafür beten, dass du sie retten kannst.
Und ich bleibe dein Freund.

Die Nachricht war auf Persisch verfasst, in der neuen Schrift, die bei den Kriegern üblich war. Ich kannte diesen Dialekt gut und war mir ziemlich sicher, wer diese Zeilen verfasst hatte – Kyros. Trotzdem überlegte ich. Warum, um alles in der Welt, sollte sich der junge Artaphernes, der gewiss bereits als neuer Satrap akzeptiert worden war, auf den Weg machen, um Briseis umzubringen? Warum sollte er nach Hause reiten?

Ich traf auf Seckla, der gerade aufstand, und stattete dann Leukas einen Besuch ab. Er litt immer noch Schmerzen, aber er lebte. Onisandros hingegen war tot. Seckla hatte ihm soeben die Lider zugedrückt.

Ich legte meinem alten Rudermeister eine Hand auf die Stirn, die sich bereits kalt anfühlte. Der Tod ist – und bleibt der Tod.

Ich ging neben Leukas auf die Knie. Er sah furchtbar aus – die Haut wirkte gräulich und schlaffer. Doch er konnte sprechen, und als er meine rechte Hand ergriff, packte er richtig zu.

«Ich möchte mit in See stechen», sagte er.

«Dir wird es hier besser gehen. Schau dir nur all die hübschen Mädchen an.» Es sollte lustig und unbeschwert klingen, aber das nahm er mir vermutlich nicht ab.

Leukas zog mich zu sich. «Ich möchte auf See sterben», sagte er. «Übergib meinen Leib der See. So treibe ich in meine alte Heimat, bin näher bei den Göttern. Das bist du mir schuldig, Ari. Versprich es mir!»

Ich gelobte es, und später sorgten Seckla und Brasidas dafür, dass man ihn an Bord brachte. Wir nahmen auch Harpagos' sterbliche Hülle mit an Bord der *Lydia.* Wir wollten Harpagos zurück nach Chios bringen, zu seiner Familie, zu Melaina, seiner Base.

Vor der Heckplattform des Steuermanns spannten wir ein Segeltuch und legten Leukas dort im Schatten auf ein Lager, damit er es so bequem wie möglich hatte.

Seckla sorgte dafür, nicht ich, denn ich stattete noch den anderen Verwundeten einen Besuch ab. Etliche waren von uns gegangen, wie Onisandros, aber diejenigen, die auch diese Nacht überstanden hatten, würden am Leben bleiben, zumindest hoffte ich es. Das ging mir in jenem Moment durch den Kopf: die schrecklichen Verluste, die einem die Listen der Gefallenen vor Augen führen. Lebt ein Verwundeter eine Woche nach der Schlacht, hat er Chancen, am Leben zu bleiben. Doch selbst in der dritten Woche holt Apollon noch Verletzte zu sich, wenn die Entzündungen überhandnehmen, aber hat man drei Tage ohne weitere Komplikationen überstanden, darf man bereits hoffen.

Natürlich schwirrte mir nicht nur die Zahl der Toten und Verletzten durch den Kopf. Ich dachte über Leukas nach. Über Seckla. Meine Gedanken gingen zu Briseis und dem jungen Artaphernes, auch zu Xerxes. Ich fing an, über den Krieg zu sinnieren, über uns Menschen, die Kriege anzetteln und führen.

Doch dann versuchte ich, meine Gedanken wieder in andere Bahnen zu lenken. Männer und Frauen, die die Führung übernehmen, stehen alle vor demselben Problem. Man findet keine Muße, keine Zeit für sich. Man hat keine Zeit, angemessen zu trauern, man hat nicht einmal die Zeit, eine Niederlage zu reflektieren und einzugestehen, man kann sich auch nicht auf den Lorbeeren eines hart errungenen Sieges ausruhen. Denn die Leute, die man führt, müssen ernährt werden, sie brauchen Kleidung und Zuspruch. Man kann nicht einfach innehalten und nur sich selbst sehen. Manchmal, wenn mir schwer ums Herz ist, möchte ich nur noch schlafen, und dennoch – da sind die Verwundeten, die man besuchen muss, da liegen die Proviantlisten, die gegengelesen werden müssen, da sind alte Gefährten wie Seckla, die düsteren Gedanken nachhängen und einen Freund brauchen.

Ich sage euch, lasst euch lieber gar nicht erst darauf ein, die Führungsrolle zu übernehmen, wenn ihr nicht fest entschlossen seid, die Sache zu Ende zu bringen – oder wenigstens bei dem Versuch euer Leben lasst. Denn wenn man die Verantwortung für die eigenen Gefährten und Leute übernommen hat – bei den Göttern, wenn man dann versagt, gehen alle mit dir zugrunde, und das wird dann allein dir angelastet.

Ich trinke jetzt auf meine Toten. Wenn ihr sie sehen könntet! Wenn ich wie Odysseus ein Opfer mit Blut abhalten und sehen könnte, wie die Seelen der Toten alle herannahen, um davon zu trinken, was für eine Menge würde sich dann in diesem Raum einfinden, meine Freunde!

Wie dem auch sei, ich bat alle Ruderer, sich am Strand einzufinden. Während sie herbeiströmten, viele mit Kopfschmerzen, einige sahen schon grün im Gesicht aus, hörten wir Jubelrufe von der Landzunge. Ehe ich meine Leute um mich scharen konnte, traf die Nachricht ein, die gesamte Flotte des Großkönigs steche in See.

Ich war keineswegs überrascht – tags zuvor hatten sie ihre Masten und Segel an Bord geholt –, andererseits war ich doch erstaunt. Wenn die Leute von Salamis sprechen, dann könnte man denken, unser großer Kampf habe den Krieg beendet. Ich weiß es besser. Bis wir sahen, dass sie das Weite suchten, befürchteten die meisten von uns, dass wir wieder würden kämpfen müssen. Und als sie tatsächlich ablegten und sich zurückzogen, waren sie uns immer noch zahlenmäßig überlegen.

Eines muss man dabei jedoch bedenken. Der Teil der Flotte, der den größten Schaden erlitten hatte, umfasste die Schiffe, die treu zum Großkönig gestanden hatten, und die Triremen, die an jenem Tag nach Hause segelten, gehörten hauptsächlich den Ioniern. Sie hatten tapfer gekämpft – viele der Triremen wurden von Tyrannen und deren Familienangehörigen befehligt, und diese Leute würden alles verlieren, wenn sich demokratische Staatsformen durchsetzten. Aber gleichzeitig waren die Ionier und die einzelnen Tyrannen den Persern nicht von Herzen zugetan. Sie hatten kein Interesse, weitere Verluste im Kampf gegen uns hinzunehmen.

Krieg ist kompliziert, weil er mit Politik zu tun hat.

Ich versuchte gar nicht erst, zu meinen Leuten zu sprechen. Wir liefen alle Hals über Kopf zur Spitze der Halbinsel und schauten hinaus aufs Meer, wo Hunderte Segel das Meer in Richtung Osten bedeckten, so weit das Auge reichte – und es waren nicht nur Triremen, sondern auch kleinere Schiffe und all die Ägypter, die gar nicht an der Seeschlacht teilgenommen hatten. Hinzu kamen die Schiffe der Kaufleute und Händler, die die Flotte versorgt hatten.

Die meisten Leute auf unserer Seite sahen in diesem Gedränge aus feindlichen Schiffen den Augenblick des Sieges.

Kimon war in meiner Nähe. Er packte mich am Chiton. «Sieh dir das an!», sagte er. «Ein Vermögen für jeden Piraten, der schnell genug zuschlagen könnte.»

«Aber wir sollen die Verfolgung nicht aufnehmen», meinte Lykon.

Wie sich herausstellte, hatten sich Eurybiades und Themistokles schon auf den nächsten Schritt verständigt. Wir hielten eine kleine Versammlung unweit der Asche der Altarfeuer ab.

Eurybiades brauchte keine Ratschläge. Er wiederholte nur die Argumente vom Vortag, die dafür sprachen, den Feind nicht bis zum Hellespont zu jagen.

«Aber», fuhr er fort, «es wäre töricht von uns, sie ziehen zu lassen, ohne die Verfolgung aufzunehmen. Denn diejenigen unter ihnen, die nach Freiheit streben, werden vielleicht desertieren, wenn sie unsere Schiffe kommen sehen.»

Auch das ergab Sinn. Denn schon vor der Schlacht hatten etliche Ionier auf unsere Seite gewechselt.

Eurybiades blickte sich um. «Ich ersuche Euch Herren, einen weiteren großen Wurf zu wagen. Das Wetter ist gut. Verfolgen wir sie zumindest für ein paar Tage.»

Themistokles mied meinen Blick, aber er wollte gehört werden. «Wir dürfen sie aber nicht einfach nur verfolgen», sagte er. «Wir müssen damit rechnen, dass es erneut zu Kämpfen kommt. Ich würde gern in drei Kielformationen in See stechen: die Athener unter Xanthippos, die Korinther und unsere Verbündeten von der

Peloponnes unter Adeimantos und die Schiffe aus Ägina unter Polykritos' Führung.»

In Polykritos' Lächeln lag keine Freude. «Ich kann ablegen, ehe die Sonne noch einen Fingerbreit höher am Himmel steht», sagte er. «Die Athener sollen zusehen, dass sie mithalten.»

Kimon fing mich ab, als die anderen schon zu ihren Schiffen eilten. «Formieren wir uns», sagte er.

«Wenn Themistokles umkehrt», erwiderte ich, «werde ich Kurs halten. Den ganzen Weg bis nach Ephesos.»

Kimon kannte den Grund. Aber er zögerte noch. «Wenn es schlecht läuft, findest du dich in einem Meer aus Feinden wieder.»

«Vielleicht kommt Ihr ja doch mit», scherzte ich.

Er kratzte sich den Bart. «Prisen», sinnierte er halblaut. Dann wandte er sich von mir ab und lief zu seinem Schiff.

Die Geschwader brachten all ihre Schiffe zu Wasser – die Athener nahmen ein halbes Dutzend Prisen mit, die sie gemacht hatten, obwohl keines dieser Schiffe vollkommen tauglich für die offene See war. Aber es gab auch Freiwillige an jenem Morgen – Hopliten und andere Männer der mittleren Schicht, die sich anboten, einen Riemen durchs Wasser zu ziehen. Zuerst hatte ich vorgehabt, nur mit der *Lydia* in See zu stechen, aber ob es mir nun schmeckte oder nicht, wieder einmal musste ich Themistokles recht geben, Verräter hin oder her – wir mussten uns darauf einstellen, erneut zu den Waffen zu greifen. Somit verlor ich eine Stunde, weil ich die Mannschaften für alle fünf Schiffe zusammenstellen musste. Ich überließ Megakles das Schiff, das Hektor gekapert hatte, wobei Hektor mit sechs athenischen Bogenschützen und ebenfalls sechs Hopliten die Epibatai bildeten. Wir stellten den gefangenen Ruderern die Freiheit in Aussicht, wenn sie für uns pullten, und das taten sie, zumindest an jenem Tag. Wir gaben der Prise einen anderen Namen, und Hektor taufte sie *Iris*, was niemanden groß wunderte.

Wir legten nicht einmal als Letzte ab. Xanthippos' *Rossbändi-*

gerin ging bei der vorgelagerten Insel in die Wende und war im Begriff, die offene See anzusteuern, während sich mein kleines Geschwader formierte: Die *Najade* und die *Iris* blieben vor meinem Bug, damit ich ein Auge auf die beiden haben konnte, die *Rabenschwinge*, die *Amastis* und die *Sturmbezwingerin* fuhren im Kielwasser der *Lydia*. Fast zweihundert athenische Schiffe bildeten vier Kielformationen, über etliche Stadien hinweg. Wir pullten von unseren Stränden bis zur Insel Psyttaleia, und dort schloss ich mich Kimons Geschwader an.

Dann gewahrten wir sehr bald den Unterschied zwischen alten Seewölfen und den neuen Schiffen. Eurybiades hatte gut daran getan, diese Flotte auszubilden – und viele der Trierarchen hatten sich in den Gefechten wirklich besser geschlagen als gedacht –, und die Männer konnten pullen, sie beherrschten das Riemenstreichen, sie waren imstande, ganz passabel zu manövrieren. Aber die Verfolgung auf offener See unter Segeln unterscheidet sich nun einmal deutlich von einstudierten Manövern wie in Kielformation bleiben, das «Speichenrad» bilden oder auf Befehl die Riemen streichen. Jetzt zeigte sich nämlich, dass die schwereren athenischen Schiffe ins Trudeln gerieten. Man konnte richtig sehen, wie die Deckmannschaften nervös wurden, als die Segel gesetzt werden mussten.

Kimon scherte aus der Kielformation aus. Vom Strand hatten wir ungeordnet abgelegt, ehe wir uns in der Meerenge vor Psyttaleia in Kiellinie formierten, doch nun schwenkte Kimon aus Nord-Ost in Richtung Phaleron und setzte Segel – das dauerte nicht länger als zehn Herzschläge eines entspannten Mannes. Was für eine solide seemännische Leistung! Jede Trireme seines Geschwaders tat es ihm gleich, sodass die Großsegel wie riesige Blumen erblühten.

Wir folgten seiner Führung. Ich hörte, wie Hektor und Megakles die neue, unwillige Mannschaft anbrüllten, und ich wollte sie nicht überholen, daher wurde der Abstand zu Kimon größer. Aber sobald die *Najade* zunächst das Bootssegel und dann das Großsegel setzte, nahm sie deutlich Fahrt auf. An Deck der *Lydia* lag das Segel samt Spiere bereit, die Seeleute konnten es mühelos setzen, und die drei alten Piraten in meinem Kielwasser passten sich unserer Geschwindigkeit an, sodass wir bald nach und nach an Xanthippos' Kielformation vorbeizogen. Xanthippos winkte, als wir Fahrt aufnahmen – vielleicht drohte er uns auch mit der Faust –, jedenfalls sah Kleitos alles andere als zufrieden aus, aber wenn ich meinen Teil zur Hochzeit beisteuern sollte, brauchte ich frisches Geld, und dieses Geld gab es: vier Stunden Fahrt voraus.

Als wir zum Feind aufschlossen, wurde offenkundig, dass die Ionier nicht in der Verfassung waren, sich auf ein weiteres Gefecht einzulassen. Sie fuhren im Grunde in gar keiner Formation – drei Stunden nach Sonnenaufgang hätte ich zwei kleine Frachtschiffe kapern können, aber sie waren der Mühen nicht wert. Die Ionier würden nicht zurückbleiben, um irgendwelche Schiffe zu schützen, bei den Phöniziern war die Moral schlechter als je zuvor, und den Ägyptern – auch wenn wir das da noch nicht wissen konnten – fehlten die Seekrieger, weil Mardonios sie abkommandiert hatte. Was mich nicht verwunderte, denn ägyptische Seekrieger sind gefürchtet, folglich wagten es die ägyptischen Triremen gar nicht erst, sich auf See mit uns zu messen, und blieben hart am Wind.

Es fühlte sich großartig an.

Kimon und ich tauschten an jenem Tag nur zwei Signale aus, eine Anfrage von mir, eine Antwort von ihm, die mir verriet, dass wir zusammenbleiben würden.

Aber allmählich wurde man trunken, war wie im Rausch. Wir waren an einem herrlichen Herbsttag auf offener See, keine Wolke am Himmel, die See blau, der Himmel noch blauer, wir hatten den Wind im Rücken, die Sonne schien warm auf uns herab – und so jagten wir den Feind, der das Weite suchte. Ich wünschte, ich könnte euch von einem großen Ereignis berichten, aber es war einfach nur wunderbar, den Wind in den Segeln zu haben und alles aus der *Lydia* herauszuholen, ehe wir das Tempo drosseln mussten, um nicht an den langsameren Schiffen vorbeizuziehen.

Die *Najade* war ein gutes Schiff, aber der Rumpf der *Iris* wies eine abnorme Krümmung auf, was durchaus vorkommt, wenn die Schiffsbauer unter großem zeitlichen Druck arbeiten müssen – so hat es mir jedenfalls Vasileos einst erklärt, und er musste es ja wissen. So kam es, dass die *Iris* ständig nach Steuerbord gierte. Hektor und Megakles hatten alle Hände voll zu tun, um die entsprechenden Kurskorrekturen vorzunehmen.

Lange vor dem Abend hielten wir uns nicht mehr zurück, und so flog die *Lydia* an den vorderen Schiffen vorbei und schloss zu Kimons *Ajax* auf. Da der Wind günstig stand und sämtliche Riemen eingeholt waren, konnte Seckla mich mühelos längsseits bringen, bis wir in Rufweite waren.

«Werdet Ihr das Kap Zoster umrunden?», brüllte ich.

Kimon verschwand für einen Moment von der Plattform und kam dann zurück. «Ja!», schallte es herüber. «Gute Idee!»

Ich wies die Deckmannschaft an, das Großsegel aufzugeien, bis die *Lydia* in einem gemächlicheren Tempo durch die Wellen glitt und wir uns wieder in unsere alte Position zurückfallen ließen. Inzwischen waren die Schiffe breiter auf See verteilt – meistens ließen wir sechs oder sieben Schiffslängen zwischen jeder Trireme in unserer Formation, zwischen den einzelnen Kiellinien lag ein Dutzend Stadien. Allerdings sah die seewärts fahrende Formation bald eher wie ein Schwarm Vögel aus. Als sich der Tag dem Abend neigte, wurde erkennbar, dass es kein Gefecht geben würde. Unsere Feinde flohen.

Den ganzen Tag über hatten wir einen südwestlichen Kurs beibehalten, waren an Phaleron vorbeigekommen. Auf der Steuerbordseite war lange Zeit der Küstenverlauf von Ägina zu sehen gewesen. Einige Schiffe auf offener See nahmen Kurs Süd, um auf den

Stränden von Ägina zu lagern. Das Kap Zoster ist einigen Stränden vorgelagert, tatsächlich waren es die letzten wirklich tauglichen Strände vor dem Kap Sounion weiter im Süden. Aber ich übertreibe nicht, wenn ich euch sage, dass keiner auf unseren Schiffen oder aus Kimons Mannschaft erpicht darauf war, zu jenen Stränden zurückzukehren.

Noch hatten wir genug Tageslicht. Das weiß ich deshalb noch so gut, da mich das nächste Ereignis überraschte. Mein Blick ruhte auf Leukas, der immer noch große Schmerzen litt, obwohl ein Arzt ihm am Strand eine Dosis von dem Mohnsud verabreicht hatte. Ich konnte nur neben ihm knien und seine Hand halten. Den Göttern brachte ich ein Trankopfer dar, aber auch das verhinderte nicht, dass sich Leukas' Zustand verschlimmerte.

«Das solltest du dir besser anschauen!», hörte ich Seckla rufen. Zuerst dachte ich, er wollte mir nur eine kleine Verschnaufpause gönnen – ist es unmenschlich, wenn man bekennt, dass es einem furchtbar aufs Gemüt schlägt, Zeit bei einem sterbenden Freund zu verbringen?

Doch Seckla rief nicht ohne Grund. Mir blieb nicht einmal Zeit für ein schlechtes Gewissen, als ich mich von Leukas abwandte. Wenn man es genau nimmt, brauchten wir Kap Zoster nicht zu «umsegeln», denn der Westwind trug dazu bei, dass wir in Sichtweite des Kaps blieben, ohne viele Kurskorrekturen vornehmen zu müssen. Aber sobald wir das Kap an Backbord vorüberziehen ließen, sahen wir weiter voraus plötzlich einen Großteil der feindlichen Flotte – und wir wussten ja, dass nördlich von uns keine Verbündeten waren.

«Zehn, fünfzehn, achtzehn, vierundzwanzig», zählte ich. Ich schaute zurück zu Seckla am Ruder. Brasidas trat zu mir.

Ich hielt die Schiffe für Ionier. Zwar kam mir keines davon bekannt vor, aber sie lagen ja auch noch einige Stadien vor uns. Das Problem war nur, dass wir inzwischen zu weit vom Rest der verbündeten Flotte entfernt waren. Sie war längst hinterm Horizont verschwunden, hielt auf Anlegeplätze und Strände von Ägina zu.

Kimon gab mir das Signal, in Formation zu gehen.

Wir gehorchten. Aber wir fuhren unter Segeln, und ehe die Schiffe zu ihm aufschlossen, hatte er Kurs Nord genommen, sodass wir unsere Formation in einem spitzen Winkel zur Küste einnahmen.

Nach etwa einer Stunde sehr konzentrierten Segelns gab Kimon das Signal an uns weiter, die Segel zu bergen und uns gefechtsbereit zu machen. Wir verloren an Fahrt, aber da unsere Ruderer den lieben langen Tag nichts zu tun gehabt hatten, waren sie bereit für ein wenig «körperliche Ertüchtigung» – so nannten es die Spaßmacher in unseren Reihen immer. Dennoch, als wir mit allen zwanzig Schiffen die gewünschte Formation eingenommen hatten – die Riemenblätter lagen im Wasser –, waren die Ionier wieder verschwunden. Sie legten nirgends an, sie wurden nicht langsamer, stellten auch keine Bedrohung dar. Sie flohen hartnäckig.

Aber bald kamen drei ionische Triremen in unsere Richtung, Männer standen am Bug und schwenkten Olivenzweige.

Ich kannte keines der Schiffe, aber wir nahmen eines bei uns auf, Kimon nahm die beiden anderen unter seine Fittiche. Die Männer auf «meinem» Schiff kamen von Chios. Ihr Navarch hieß Phayllos, und er kannte mich sogar – er kannte die *Lydia*, wenn ihr es genau wissen wollt.

Ich stand in Rüstung an Deck, ebenso Brasidas, aber ich nahm keinen Aspis mit, als ich von der *Lydia* auf das andere Schiff sprang. Der eine umfasste den Unterarm des anderen, und ich war froh, dass wir uns während des großen Gefechts nicht Schiff gegen Schiff hatten messen müssen – es stand kein Hass zwischen uns, nicht einmal schwelender Zorn.

«Ich wollte einfach nicht mehr fliehen», sagte der Navarch und zuckte mit den Schultern. «Und heute Morgen haben uns die

Phönizier um das Trinkwasser betrogen, deshalb ist meine Mannschaft wie ausgedörrt. Ich habe mir sagen lassen, dass du ein anständiger Mann bist. Es sollen ja auch Männer von Chios in deiner Mannschaft sein.»

Brasidas musterte den Navarchen. «Hast du bei Salamis gekämpft?», wollte er wissen.

Phayllos nickte, aber er schien das nicht wichtig zu nehmen. «Wir kämpften, und gar nicht schlecht.»

Brasidas ließ mich nur mit dem Spiel seiner Augenbrauen wissen, dass er dem Mann Bewunderung entgegenbrachte.

«Lässt deine Stellung es zu, dass man Lösegeld für dich verlangen kann?», fragte ich.

«Durchaus, und das trifft auch auf meinen Neffen zu», erwiderte er. Er holte einen sehr dünnen, nicht sonderlich ansprechend aussehenden Jüngling nach vorn, der indes eine gut gearbeitete Rüstung trug. Die Qualität der Schmiedearbeit machte aus dem Jungen – ich sage das hier mit Vorbehalt – fast schon einen Mann.

Aber trotz der pickligen Haut und des eher mageren Körperbaus wusste der Jüngling sich zu benehmen. Er verbeugte sich vor mir und ging auf ein Knie. «Es ist mir eine Ehre, von dem berühmten Arimnestos von Platäa gefangen genommen zu werden», sprach er.

Brasidas musste lachen. Er sagte dazu nichts, aber sein Lachen sprach Bände.

«Du hast uns keinen Handel angeboten», merkte ich an. «Ich könnte euch beide als Geiseln nehmen und deine ganze Mannschaft über Bord werfen lassen. Bei einer Verfolgung auf See verstößt das nicht einmal gegen das Recht.»

Phayllos war ein tapferer Mann. Er hatte zwar Angst, aber er ertrug die Drohung mit Würde. «Ja», sagte er, «genau das habe ich vorhin den Ruderern und meinen Kriegern gesagt.»

Ich nickte. Brasidas gab mir wieder mit stummen Blicken und dem Zucken der Augenbrauen zu verstehen, dass er einverstanden war. Auch ich war zu dem Schluss gekommen, dass die Männer aus Chios anständige Leute waren und es verdient hatten, gut behandelt zu werden. Damit will ich nicht sagen, dass wir die Mannschaft massakriert hätten, wenn uns der Navarch schmierig und hochnäsig gekommen wäre. Ehrenvolles Verhalten verlangt ehrenvolles Entgegenkommen, so ist das nun einmal, und wer sich unehrenhaft benimmt, muss mit den entsprechenden Konsequenzen rechnen – so hat es sich jedenfalls in all den Jahren für mich dargestellt.

Da wir sehr viel Zeit brauchten, um die drei Schiffe zu übernehmen, hatten wir keine Chance mehr, weitere Ionier zu kapern. Daher machten wir kehrt, ließen die Masten an Deck – oder bargen das Segel an Bord der *Lydia*, da wir den Mast in der Verankerung ließen – und pullten ein wenig nach Nord-West zu den Stränden am Kap Zoster. Wir legten vor Einbruch der Dunkelheit an, aber es war eine ganz schöne Plackerei, Wasser von dem einzigen Bachlauf zu holen, der genug Wasser für so viele Männer führte. Und nirgends Hirten, die ihre Herden hüteten und Fleisch für fast dreitausend Mann hätten liefern können.

Aber darauf hatten wir uns vorbereitet. An Bord lagerten getrocknetes Fleisch und Würstchen. Ich sorgte dafür, dass meine Männer genug zu beißen hatten, ehe wir die Notration an unsere Gefangenen austeilten.

Kimon und ich kamen zusammen und teilten uns eine Mahlzeit aus Knoblauchwürstchen und Zwiebeln, dazu gab es ausgesprochen guten Wein.

«Wie ein ordentliches Symposion im Haus eines armen Mannes», scherzte Kimon. «Wir haben nämlich unser Geld für guten Wein ausgegeben!»

«Wir brauchen ein Handelsschiff mit vollem Laderaum. Aber meine pendeln alle in der Bucht von Korinth», sagte ich.

Kimon nickte. «Was machen wir mit unseren Prisen?»

«Wir verlangen Lösegeld für die Trierarchen und lassen die

Mannschaften gehen», schlug ich vor. «Wenn wir Milde erkennen lassen, könnten wir noch mehr Überläufer bewegen, sich uns anzuschließen, und alles ohne Kampf.»

Kimon kaute auf etwas Knorpel herum und spie aus. «Mein Reden. Ich glaube, ich werde einen eher schlechten Oligarchen abgeben, mein Freund. Mir gefällt das hier einfach zu gut.»

«Geld von denen stehlen, die zu schwach sind, um es zu verteidigen, und es dann für Symposien und Flötenmädchen ausgeben?», zog ich ihn auf. «Ihr würdet den perfekten Oligarchen abgeben.»

«Du hattest wieder einmal recht», meinte er. «Wir haben die Meder geschlagen.»

Die Sterne zeigten sich am Himmelszelt. Ich hörte Phayllos' Stimme – er hatte sich schon mit Brasidas angefreundet, und die beiden lachten.

«Ich möchte nicht Tyrann von Athen sein», sagte Kimon plötzlich. «Das interessiert mich einen Scheißdreck. Ich bin ruiniert, und mein Vater wäre vermutlich außer sich vor Wut. Ich will das Leben hier – immer. Ich möchte Segel setzen und auf See sein, ich möchte Persien jeden Tag aufs Neue einen Schlag versetzen, ich will das persische Reich erobern und dort über unermessliche Weiten herrschen.» Er hielt inne. Dann grinste er – Selbsterkenntnis ist stets das beste Tonikum, so ähnlich hat es Heraklit wohl formuliert. «All das schwafele ich schon nach einem Becher Wein. Tut mir leid, mein Freund. Was möchtest du machen?»

«Ich will zu Briseis», antwortete ich. Ich fühlte mich wieder wie ein junger Mann, der seine erste große Liebe vor sich sieht – aber ich spürte auch die kalte Hand der Zeit und den Blick der Schicksalsgöttinnen. Es war durchaus denkbar, dass Briseis schon tot war. Irgendein Eunuch hatte ihr womöglich die Kehle zugedrückt. Ich hatte mich nicht genug beeilt, das musste ich mir eingestehen, wenn ich ehrlich zu mir war.

Kimon lachte leise. «Du kannst beharrlich sein, das muss ich dir lassen.» Nach einer Pause fügte er hinzu: «Ich denke, dass morgen noch andere zu uns überlaufen werden.»

Ich lehnte mit dem Rücken an einem Felsen, der noch warm von der Sonne war. «Ich könnte die Männer aus Chios und Lesbos nach Hause bringen. Sie könnten mir nützlich sein, wenn ich unerkannt nach Ephesos gelangen möchte. Und wenn ich Lösegeld einstreiche, umso besser!»

Kimon gab seine Zustimmung. «Ich habe zwei ordentliche Prisen. Das gibt Heuer für meine Ruderer für zehn Tage.»

Ich lächelte. Ich wusste etwas, das Kimon nicht wissen konnte, und ich sah keinen Grund, es ihm zu sagen. Ich erinnerte mich nur zu gut an seinen Vater. Kimon hätte nur zu sagen brauchen «Gehen wir ein paar Schritte», und schon wäre er Miltiades gewesen, wie er leibt und lebt.

«Ihr seid also zufrieden, wenn ich meine Prise behalte und Ihr Eure?», fragte ich.

«Klingt überschaubar», meinte er.

Während wir plauderten, tauchten weitere Schiffe der Verbündeten auf. Sie waren aus der nördlichen Kielformation ausgeschert, und so kam es, dass binnen einer Stunde Themistokles und Eurybiades bei uns eintrafen. Ich versorgte die beiden mit Würstchen aus unserem Vorrat, und Eurybiades öffnete eine Amphore guten äolischen Weins. Wir saßen um ein kleines Lagerfeuer, für unser leibliches Wohl sorgte Sikinnos.

Eine Sache war wirklich bemerkenswert, denn während wir es uns bequem machten, um den Wein zu kosten, kam Brasidas zu uns ans Feuer, und Eurybiades begrüßte ihn mit Namen. Der Navarch aus Sparta erhob sich sogar, als wäre mein alter Freund ihm gleichgestellt.

Vielleicht ist es nur mir aufgefallen, aber ich hätte schwören können, dass Brasidas kurz zögerte, ehe er die herzliche Begrüßung akzeptierte und Eurybiades dann ebenfalls gebührend begrüßte. Danach machte er es sich am Feuer bequem und ließ sich natürlich nichts anmerken, ganz so, als wäre die Begrüßung nichts Besonderes gewesen – dabei hatte er sich, wie ihr ja wisst, schon lange von seiner alten Heimat entfremdet.

Es war ein unterhaltsamer Abend am Feuer, und nur weil ich weiß, dass Themistokles ein gemeiner Verräter war, bedeutete das noch lange nicht, dass er nicht für gute Stimmung sorgen konnte, zumal er sehr entspannt wirkte und siegreich gewesen war. Eurybiades brachte ihm jedenfalls Hochachtung entgegen, die Themistokles zum Überleben brauchte. Ich hielt mich zurück, blieb aber höflich.

Aber sobald sich die Gelegenheit ergab, schlug ich zu. Ich machte ein Gesicht, das Männer eben machen, wenn sie mal pissen müssen, und sprang auf. Dann folgte ich Sikinnos ein paar Schritte in der Dunkelheit zu der Stelle, wo er und zwei meiner Seeleute einige Bretter quer über ein paar Felsen gelegt hatten. Dort stand der Wein, den sie ausschenkten – wie bei einem spärlichen Symposion, um ehrlich zu sein.

Ich brauchte Sikinnos nicht lange zu bitten. Als er mich kommen sah, stellte er die Amphore auf den notdürftigen Tisch, erklärte den beiden Seeleuten, in welchem Verhältnis der Wein mit Wasser gemischt werden sollte, und bedeutete mir dann, ihm zu folgen. Wir gingen um einen mächtigen Felsblock – gewiss hatte ihn ein Titan in grauer Vorzeit dorthin geworfen – und schließlich eröffnete er das Gespräch, nicht ich.

«Werdet Ihr Euch wirklich dafür einsetzen, dass ich ein freier Mann werde?», fragte er.

«Das werde ich», lautete meine ehrliche Antwort, nicht, weil ich es tatsächlich tun würde, sondern weil ich wusste, dass er mir etwas Wichtiges zu sagen hatte. Selbst in der Dunkelheit merkte ich ihm an seiner Haltung und seiner Stimme an, wie angespannt er war.

«Der Großkönig ist auf dem Rückweg nach Hause», sagte er. «Er nimmt den Landweg – mit der Hälfte des Heeres.»

Ich strich mir den Bart. «Woher weißt du das?» Ehe er antworten konnte, bedeutete ich ihm zu schweigen. «Ich meine, weißt du es aus erster Hand oder hast du das nur von anderen gehört?»

«Ich habe gesehen, wie die Pferde auf den Ritt vorbereitet wurden. Ich hörte, wie Xerxes Mardonios den Befehl gab, die Einheiten in Bewegung zu setzen, und ich hörte, wie er Artaphernes Anweisungen gab.»

Es war zu dunkel, um in seinem Mienenspiel zu lesen, daher konnte ich mich nur auf mein Bauchgefühl verlassen.

«Du weißt sicherlich, wie wichtig es für mich ist, was der junge Artaphernes tut», sprach ich.

«Ich weiß, dass er Euer Feind ist, Herr», erwiderte Sikinnos. «Das konnte Herr Kyros kaum vor mir verbergen. Und lasst mich sagen, dass ich mir mein Bürgerrecht wahrlich verdient habe. Ich bin Risiken eingegangen, große Risiken, als ich es wagte, an Herrn Kyros heranzutreten.»

«Wirklich?», fragte ich so unbeeindruckt wie möglich. «Ein kluger Kerl wie du hätte meine Bitte für die Dauer des Auftrags als Deckmantel nutzen können.»

Schweigen senkte sich herab und verstrich wie die Zeit, aber es lastete schwerer auf uns.

«Was wollt Ihr denn von mir hören?», fragte er dann.

«Ich will, dass du mir die Wahrheit sagst. Hast du Auge in Auge mit Kyros gesprochen?»

«Ja», sagte er.

Die meisten Leute verraten sich durch irgendetwas, wenn sie lügen. Lügner verstricken sich oft in Geschichten, Leute, die die Wahrheit sagen, belassen es hingegen bei einem einfachen «Ja» oder «Nein». Zugegeben, einige Menschen sind ohnehin wortgewandter als andere und können ausschweifend erzählen, daher kann man sich nicht darauf verlassen, den Lügner zu entlarven, trotzdem hat man eine Art Richtschnur.

«Und wie lautete der Befehl, den Xerxes Artaphernes gab?», wollte ich wissen.

«Herr, ich kann Euch noch mehr berichten – ich kann wiedergeben, welche Worte Artaphernes mit Diomedes von Ephesos wechselte», sagte er leiser. «Aber dafür erbitte ich Euer Gelübde, auch eine Belohnung, denn ich habe vor, meinen Herrn zu verlassen.»

Jetzt war ich es, der schwieg. Sikinnos brauchte nur diese beiden Namen in einem Atemzug zu nennen, und schon gefror mir das Blut in den Adern und mein Herzschlag beschleunigte sich. Im Grunde brauchte ich gar nicht zu wissen, was genau die beiden besprochen hatten. Aber schon der Gedanke, dass sie etwas besprachen, war mir ein Graus. Und ich hatte noch eine Gewissheit: Wenn dieser Späher meine persönlichen Angelegenheiten so gut einschätzen konnte, dass er wusste, welche Bedeutung diese beiden Namen in meinen Ohren hatten, dann musste ich davon ausgehen, dass er die Wahrheit sagte – und nicht nur das, denn mir wurde klar, dass er erstaunlich gut informiert war.

«Also gut», sagte ich. «Die Freiheit, das Bürgerrecht in Platäa oder Thespeia, die Aussicht auf einen Hof und zehn Talente Silber. Aber mehr kann ich dir nicht anbieten. Entweder bist du käuflich, oder du bist es nicht.»

Er rührte sich, und da merkte ich, dass er mir die Hand hinhielt, wie es Herren untereinander tun – obwohl er Sklave war.

Ich war auch einst Sklave, und ich nahm seine Hand.

«Du hast mein Wort», bekräftigte ich. «Ich gelobe bei Zeus, dem Herrn aller Könige, und bei Poseidon, meinem Herrn auf See, dem Rossbändiger und Bezwinger der Riesen, dass ich dir deine volle Belohnung geben werde. Das Bürgerrecht, zehn Talente Silber und einen Hof, oder ich will verflucht sein. Im Gegenzug erwarte ich von dir, dass du alles unternimmst, um mir dabei zu helfen, die

Frau wiederzuerlangen, die ich liebe, und ihre Kinder vor dem Tod zu bewahren.» Ich hatte im Laufe meines Lebens einiges über Eide gelernt.

Er gab einen Laut des Erstaunens von sich. «Gern, Herr. Jeder weiß, dass Ihr ein Mann seid, der zu seinem Wort steht. So hört mich an. Diomedes und Artaphernes haben sich verbündet – beide hassen sie Archilogos und seine Schwester. Archilogos sollte so lange wie möglich am Strand zurückgehalten werden, damit Diomedes einen Vorsprung hat. Artaphernes reitet derweil wie der Wind auf der Straße der Meldereiter. Tatsächlich nimmt er den Platz des Boten ein, den der Großkönig nach Sardis sandte.»

«Bei Herakles!», rief ich. «Artaphernes stellt seine Rache an der Frau seines Vaters über einen Befehl des Großkönigs!»

Sikinnos ließ das scheinbar kalt. «Perser sind meiner Ansicht nach schwerer zu verstehen als Griechen», räumte er ein. «Aber er hasst sie und behauptet, sie habe ihn gedemütigt. Geht es nach seinem Willen, dann soll sie eines elenden Todes sterben.»

Ich brauchte keine weiteren Ausführungen, um mir das vorstellen zu können. «Aber ihr Bruder hat vor, sie zu retten?»

Es war dunkel, aber trotzdem ahnte ich, dass er mit den Schultern zuckte. «Ihr fragt mich als Späher? Ich weiß es nicht. Aber wenn ich die Ereignisse beurteilen soll, würde ich sagen, dass beide Männer den Bruder fürchten. Er zählt zu den berühmtesten Kriegern im Gefolge des Großkönigs. Es heißt, dass Milet heute noch frei wäre, wenn Archilogos nicht gewesen wäre. Wie ich hörte, soll er bei Artemision mehr Schiffe versenkt haben als jeder Ionier oder Phönizier.»

Ich lachte. «Das überrascht mich nicht. Archilogos war immer schon der Beste.»

Ich gebe es gern zu – ich lächelte, als ich mir vorstellte, dass wir beide auf derselben Seite stehen würden, um seine Schwester zu retten.

Der halbe Erdkreis befand sich im Krieg, Berge von Toten überall, die Meere färbten sich rot von Blut, und wir drei – die Kinder des Hipponax und ich – fanden uns im Zentrum dieses Wirbels wieder.

Manchmal hat man das Gefühl, in der alten Welt der *Ilias* zu leben.

Sikinnos erzählte mir noch mehr, alles, was er über die Pläne des Großkönigs wusste. So erfuhr ich, dass Xerxes vorhatte, sich von Mardonios abzusetzen und nach Susa zu fliehen. Ich gebe es gern zu: Letzteres bezweifelte ich, denn der Xerxes, den ich kennengelernt hatte, war weitaus tapferer als der Mann, den Sikinnos skizzierte. Wirklich, ich konnte mir nicht vorstellen, dass ein persischer Herrscher einfach davonlief, nur weil er eine Seeschlacht verloren hatte, zumal das Landheer unbesiegt war.

Aber das tat nichts mehr zur Sache.

Eigentlich war nichts mehr von Bedeutung, es zählte nur noch, nach Ephesos zu gelangen.

«Eine Sache noch», sagte er. «Wenn mein Herr wüsste, was ich Euch alles gesagt habe, wäre ich ein toter Mann.»

Ich nickte und fragte mich, was er mir noch alles erzählen mochte? Ich erahnte, dass er sich im Dunkeln umschaute, sich nach allen Seiten absicherte, um zu prüfen, dass uns auch wirklich niemand belauschte.

«Xerxes hat drei Brüder und zwei Söhne auf diesem Feldzug verloren», sagte er. «Die übrigen Jungen gehen an Bord der schnellsten Schiffe der Flotte. Sie sollen zurück nach Sardis, über Ephesos. Artemisia hat zwei der Jungen an Bord, Diomedes die beiden anderen.»

Ich konnte ermessen, dass die Götter ihre Hände im Spiel hatten – es ist mir noch heute klar. Und wie in jeder guten Tragödie hatte auch ich mich von meinen eigenen Bedürfnissen und Sehnsüchten manipulieren lassen, und erst gegen Ende wurde mir gestattet zu erkennen, wie hoch der Einsatz war und welche Rolle mir zugedacht wurde.

Ich traute mich nicht, mir auszumalen, welches Schicksal Artaphernes für Briseis im Sinn hatte. Es würde grässlich sein, er würde ihr kein würdevolles Ende bereiten und ihren Ruf beschmutzen. Außerdem wusste ich, dass Diomedes sie hasste – charakterlich war er so schwach und verdorben, dass er nach dieser furchtbaren Vergeltung strebte.

Womöglich sagt es etwas über mich aus, dass ich bis zu jenem Moment gar nicht daran gedacht hatte, dass einer der beiden Vergeltung üben würde, denn mit Rachegelüsten vergeudet ein gesunder Mensch so ungemein viel seiner wertvollen Zeit auf Erden. Aber die beiden waren nun einmal schwache Menschen und mussten jemandem ein Leid zufügen, der schwächer war als sie, denn mit Männern ihres Standes hätten sie sich nicht angelegt.

Artemisia war aus ganz anderem Holz geschnitzt. Ich überlegte, ob man sie dazu bringen könnte zu verhandeln – ob sie es womöglich missbilligte, dass eine andere Frau getötet werden sollte? Vielleicht ist eine solche Überlegung auch abwegig, denn ich hatte als Mann ja auch nie davor zurückgeschreckt, einen anderen Mann zu töten.

Lasst mich noch eines anmerken, ehe wir uns in einem hässlichen Wettlauf der Ziellinie nähern. Briseis wusste, dass alles gegen sie sprach – sie hatte mich ja selbst gewarnt, dass Unheil in der Luft lag. Sie war aber keine arme, schwache Frau, die meines Schwertarms bedurfte, oder vielleicht doch, aber sie bestimmte selbst über ihr Leben und hatte das Schicksal in der Hand. Auch wenn sie es nicht auf einen Schwertkampf ankommen lassen würde, war sie durchaus imstande, Diomedes allein durch politische Machenschaften zu beherrschen. Artaphernes war gewiss gerissener – aber ich wusste, dass sie es ihren Gegnern nicht leichtmachen würde.

Ich wusste auch, dass sie sich im Ernstfall selbst das Leben nehmen würde, anstatt sich ihren Widersachern auszuliefern. Und die Klinge, in die sie sich stürzen würde, wäre rot vom Blut ihrer Peiniger.

Aber ich wollte sie ja lebend wiedersehen. Ich wollte sie an meiner Seite haben. Und dafür brauchte ich die Hilfe der Götter und einen guten Plan.

Die Meldereiter auf den persischen Straßen waren bekannt dafür, dass sie schnell vorankamen. Diomedes war auf See und hatte einen ganzen Tag Vorsprung.

All diese Dinge gingen mir durch den Kopf.

«Ich halte mein Versprechen», sagte ich zu Sikinnos. «Du findest mich in einem Monat in Hermione oder in einem Jahr in Platäa. Dann setze ich das um, was ich dir versprochen habe.»

«Aber was ist, wenn Ihr vorher den Tod findet?», fragte er.

Ich lachte. «Dann muss ich im Reich der Schatten meinen Fluch ertragen», erwiderte ich.

12. KAPITEL

Letzten Endes beschloss ich, all meine Schiffe mitzunehmen. Meine Leute – meine Oikia, die Leute, die seit Jahren an meiner Seite waren – bildeten sozusagen meine Familie, und ich war kurz davor, die Moiren herauszufordern, mich niederzuringen. Um ehrlich zu sein, ich hatte bereits ein düsteres Bild vor Augen. Am schlimmsten war es für mich, dass Diomedes einen Vorsprung hatte.

Auf Demetrios, Seckla, auf Hektor, Hipponax und Brasidas konnte ich mich stets verlassen, auch wenn hier und da kleinere Rivalitäten bestanden. Aber die Gefährten hielten zusammen, wenn es drauf ankam, und daher ließen sie mich unmissverständlich wissen, dass sie mich begleiten würden. Alle zusammen. Mein kluger Plan, mich mit nur einem Schiff unerkannt durch den Schwarm der fliehenden Ionier zu schleichen, wurde verworfen. Und wahrscheinlich war es auch besser so.

Stattdessen folgten mir fünf andere Schiffe.

Kimon wirkte verbittert und behauptete, ich würde ihm all die guten Prisen vor der Nase wegschnappen und eine verwaiste See hinterlassen. Trotzdem versprach er, mir gemeinsam mit Themistokles Schutz zu gewähren.

Eine Sache müsst ihr noch wissen. Von den Stränden östlich vom Kap Zoster gibt es zwei Wege nach Ephesos, die sich nichts nehmen. Ein guter Trierarch springt sozusagen von Attika nach Andros und von Andros weiter nach Chios, ehe er Ephesos ansteuert – viele Strecken auf offener See, aber nicht zu viele, und wenn man den Landfall kennt – wenn man also weiß, wann man Land sichtet –, stellt sich das Unterfangen als nicht allzu schwer dar.

Aber der Herbst hielt Einzug, uns stand die «Saison der Winde» bevor, und gerade im Herbst drohte die Gefahr, das Schiff zu verlieren. Ein vorsichtigerer Trierarch oder Steuermann würde also entlang der Küste navigieren, würde in Sichtweite von Euböa segeln, würde dann Thessalien und Thrakien backbords liegen sehen und auf Kurs Süd gehen. Der Vorteil lag auf der Hand, da es unterwegs genügend gute Strände und ausreichend Fleisch gab. Euch wird ja aufgefallen sein, dass ich mich sowohl mit der Küstenschifffahrt als auch mit dem Navigieren auf offener See auskenne.

Und da Briseis' Leben in Gefahr war, stellte sich mir im Grunde die Frage gar nicht, den sichereren Weg zu wählen. Ich entschied mich für die direkte, riskantere Route. Vergesst nicht, dass sechs Schiffe dieses Risiko etwas abmilderten – es gab aber noch einen Grund für die offene See. Ich ging davon aus, dass die Phönizier, die ja zu den besten Seefahrern und vielleicht auch zu den besten Kriegern auf See zählten, dieselbe Route wählen würden. Das bedeutete, wir würden uns dasselbe Wasser und womöglich dieselben Strände teilen. Mit sechs Schiffen hatte ich das beruhigende Gefühl, allem und jedem gewachsen zu sein – auch den Widrigkeiten, die Baal bereithielt.

Wie dem auch sei, wir nahmen die Frühmahlzeit sehr zeitig ein. Es gab keine Lagebesprechung der Schiffsführer, weil meine Freunde mich wissen ließen, was sie für sich beschlossen hatten. Demetrios und Seckla standen in der Dunkelheit vor den anderen, und ich merkte, dass sowohl Giannis als auch Brasidas, die nie weit von mir entfernt waren, jeweils mit ihren Leuten gekommen waren.

«Wir kommen alle mit nach Ephesos», meinte Seckla.

Ich nickte nur. «Also gut», sagte ich.

Versteht ihr? Führungsanspruch. Kommando. Zu wissen, wann man wem folgt. Ha! Ich mache mich schon über mich selbst lustig.

Tatsache war aber auch, dass ich für die Dauer einiger Herzschläge verflucht wütend war, weil meine Gefährten mir meinen ursprünglichen Plan zunichtemachten. Doch ehe ein einziges Trankopfer ausgebracht wurde, erkannte ich, wie viel leichter ich mit Verstärkung vorankommen würde. Außerdem hatten wir mit Phayllos' Schiff und der *Najade* eine Chance, für Ionier gehalten zu werden.

Da machte mir nur die *Lydia* einen Strich durch die Rechnung. Mit ihrem schweren Großmast und der Neigung des Masts des Bootssegels zählte sie vermutlich zu den bekanntesten Kriegsschiffen jener Zeit, und ich hätte nicht gewusst, wie ich dieses Schiff hätte tarnen sollen. Im Ernstfall könnten wir vielleicht so tun, als wären wir dem Feind als Prise in die Hände gefallen, falls eine Täuschung vonnöten war.

Die folgenden Stunden waren derart frustrierend, ich konnte mich kaum noch zurückhalten. Ich wollte endlich ablegen, aber Kimon hielt mich zurück, bis Themistokles verlauten ließ, wir würden unseren Weg fortsetzen. Auch das muss ich vielleicht erklären, aber ich wollte einfach nicht, dass Themistokles wusste, dass ich ausscherte. Das Risiko, letzten Endes verraten zu werden, war mir zu groß.

Deshalb verließen wir den Strand erst, als die Sonne ganz über dem Horizont zu sehen war, und das waren die wohl längsten Stunden meines Lebens, obwohl ich hinzufügen muss, dass wir in dieser Zeit Ruderer austauschten und Trinkwasser an Bord nahmen.

Ich war entschlossen, es bis nach Megalos zu schaffen, zu jener kleinen Felseninsel mit dem wunderschönen Strand, auf dem ich vor fast einem Monat auf Kimon gewartet hatte. Bis dahin war es ein voller Tag unter Segeln, und für das Navigieren brauchte man ein glückliches Händchen, aber es hatte den Vorteil, dass man mich den ganzen Tag über für Kimons Vorhut halten würde, falls Themistokles überhaupt Ausschau nach mir hielt.

Als ich endlich so weit war, meine Ungeduld und meine Wut an der erstbesten Person auszulassen – verzweifelt man nicht oft, wenn man lange warten muss, Thygater? –, kam endlich Bewegung in die Sache. Wir befahlen der Rudermannschaft, Aufstellung zu beziehen, und schoben den Kiel vom Strand. Themistokles und der Rest der Flotte blieben vorerst zurück, und meine Schiffe – die *Lydia, Najade, Iris, Rabenschwinge, Sturmbezwingerin* und die *Amastis* – legten ab, in loser Formation, wobei die *Lydia* die Führung übernahm. Kimons Geschwader folgte uns kurz darauf im Kielwasser.

Wir hatten herrlichen Wind, und als wir das Kap Sounion umsegelten, war der achterliche Wind perfekt, und die *Lydia* setzte sich ab. Danach konnten wir all die Kniffe anwenden, die wir in den fünfzehn Jahren auf See gelernt hatten: Segeltuch befeuchten, Ruderer lehnen sich weit über die Bordwand, um den Rumpf zu stabilisieren, das Segel nur so weit aufgeien, um den Wind voll nutzen zu können – ein Kriegsschiff neigt dazu, mit dem Sporn zu tief durch die Wellen zu pflügen, wenn zu viel Druck auf der Segelfläche lastet. Auch wenn das eine Landratte verwirrt, aber manchmal ist ein gerefftes Segel die bessere Wahl.

Der Mittag kam, die Sonne hatte ihren höchsten Punkt erreicht, und unser Mann im Korb hoch über unseren Köpfen rief nach unten, er könne zwei Segelflecken vor uns ausmachen. Die Entwicklung nahm ihren Lauf, und zwar ziemlich schnell, wie das auf See oft der Fall ist. Keine Stunde später, und wir sahen an die vierzig feindliche Schiffe, die auf die Meerenge von Euböa zuhielten, kurz darauf tauchten weitere vierzig Triremen auf, die einen anderen Kurs nahmen: Entweder wollten sie sich in östlicher Richtung bis nach Andros absetzen oder in Sichtweite der Ostküste Euböas segeln – übrigens hätte ich die Ostküste Euböas gemieden, zumal wir Herbst hatten. Fünfzig Wracks aus der Flotte des Großkönigs bewiesen, warum diese Route so gefahrvoll war.

In Sichtweite und vor unserem Bug hatten wir im Augenblick zwei Frachtschiffe, die offenbar keine allzu erfahrenen Seeleute an Bord hatten. Der herrliche Westwind, der uns über die Wellen fliegen ließ, war diesen beiden Schiffen nicht sehr gewogen, und so holten wir erbarmungslos auf.

Ich hatte Megakles an Bord geholt – eine Vorsichtsmaßnahme, falls wir in einen Sturm gerieten – und winkte Brasidas zu. Beide fanden sich auf der Heckplattform ein.

«Das ist genau das, was wir brauchen, um es bis Ephesos zu schaffen», sagte ich. «Sucht euch einen der beiden aus, hortet Fleisch und Getreide auf Megalos, und niemand muss darben.»

Brasidas nickte.

Ich wandte mich Megakles zu. Doch der schüttelte den Kopf.

«Seckla war schon mal auf Megalos, ich aber nicht», meinte er. «Ich werde dieses Mädchen navigieren, und Seckla kann den ganzen Tag den Kahn haben.»

Das ergab durchaus Sinn. Allmählich beschlich mich jedoch das eigenartige Gefühl, dass meine Freunde über mich bestimmten, dass ich also streng genommen nicht das Kommando hatte. Aber Megakles hatte ja recht. Auf Megalos gab es einen Strand, an dem man nicht leicht anlegen konnte, insbesondere nach Sonnenuntergang. Und es wurde von Tag zu Tag früher dunkel.

Wie Falken auf Kaninchenjagd fielen wir über die beiden Händler her, die keinen Widerstand leisteten. Als wir an Fahrt verloren, um kapern zu können, überließ ich Hektor und seiner Mannschaft den ersten Händler, während wir uns den zweiten vornahmen, aber Hektor hatte den Befehl ausgegeben, nur für den Schiffsführer Lösegeld zu verlangen, alle wertvollen Dinge zu nehmen und der Mannschaft dann das Schiff zu überlassen – Befehle, die er später, als der Nachmittag verging, nicht befolgte.

Eine Weile machte der Wind meine Berechnungen zunichte, doch schließlich gelangten wir zum Strand, als die Sonne im Westen wie ein schöner roter Ball über Attika hing. Auch die beiden gekaperten, bauchigen Schiffe der Händler legten unter Riemenschlägen an, bevor es dunkel wurde. Wir hatten prasselnde Feuer am Strand, und einen Augenblick herrschte Anspannung, als zwei Triremen auftauchten und im Kielwasser unserer Prisen folgten, die noch nicht ganz angelegt hatten. Doch es waren zwei Triremen von Kimon, keine Ionier.

Hektor hatte ein Versorgungsschiff aufgebracht, das zum Geschwader von Artemisia von Halikarnassos gehörte. Er musste sich von meinen Freunden allerhand Gewitzel anhören, er sei nur lüstern auf den Preis gewesen und viel zu jung reich geworden, doch dann trat er zu mir und nahm mich beiseite.

«Du musst Phayllos kommen lassen», meinte er.

Hektor sprach so ernst, dass ich wusste, es musste wichtig sein. Also ging ich los und holte Phayllos und dessen jungen Freund Lygdamis – so hieß der hagere Jüngling mit der teuren Rüstung, den ich ja schon erwähnt habe. Der Trierarch von Chios war nicht sonderlich begeistert, gestört zu werden, und er verspannte sich, als Hektor in Begleitung eines kleinen Mannes über den Strand kam. Der Mann hatte eine Hakennase und erwies sich als der Schiffsführer des gekaperten Handelsschiffs.

«Ja», sagte er auf Griechisch, aber mit starkem phönizischen Akzent. «Das ist er. Der Sohn der Königin. Wie ich Euch sagte.»

Ich hatte also Artemisias Sohn.

Die beiden Handelsschiffe hatten jede Menge Proviant an Bord, aber nicht nur das, denn im Laderaum befanden sich Truhen mit tausend Dareikoi in Gold: Heuer für verschiedene ionische Mannschaften. Ich nahm den Hort Münzen an mich und bezahlte davon sofort meine eigenen Ruderer. Den Proviant verstauten wir in einem Laderaum. Dann gestattete ich den beiden Mannschaften der Händler, an Bord des trägeren Schiffs zu gehen, und ließ sie ohne Lösegeldforderungen ziehen.

Aus Dankbarkeit zeigte mir der phönizische Schiffsführer, wo eine weitere Kiste mit tausend Dareikos in Gold an einem Tau im Wasser hing – das Tau hatte man durch eine der Riemenpforten geführt. Dieser Trick war mir bis dahin nicht untergekommen.

Die Götter waren mit uns. Ich segelte, um mein Gelübde zu erfüllen, und bei Poseidon und meinem Ahnherrn Herakles, die beiden prallgefüllten Prisen – brauchbare kleine Schiffe – und der stetige Westwind gaben mir das Gefühl, dass mein Vorhaben tatsächlich Erfolg haben könnte. Und meine Freunde ermunterten mich auf ihre Weise, das möchte ich nicht verschweigen. Ich weiß nicht, wie ich das in Worte fassen soll – es war nicht so, dass sie mir ständig auf die Schulter klopften, sie beließen es bei wenigen Worten.

Aber sie waren alle an meiner Seite, ausgenommen Kimon und Aristeides, aber die beiden hatten ja ihrerseits Verantwortung übernommen.

Meine Glückssträhne fand kein Ende, als uns die Dorfbewohner auf der anderen Seite der Insel einen Großteil ihres Viehs und Getreides verkauften. Auf ihren Raubzügen waren die Meder nie bis zu dieser Insel vorgedrungen – Megalos war viele Stunden unter Riemenschlägen von der Meerenge von Euböa entfernt, was meine Ruderer bestätigen konnten.

Wir standen vor Anbruch der Dämmerung auf, und unsere Schiffsrümpfe glitten ins Wasser, sowie wir die beiden tückischen Felsenriffe erkennen konnten, die diesen Strand so gefährlich machten. Dann fuhren wir unter Riemenschlägen nach Süd – aber nicht lange, nur so lange, bis den Männern warm wurde. Außerdem wollte ich den Jungs zeigen, wie glücklich sie sich schätzen konnten, diesen günstigen Wind zu haben, der an diesem Tag aus Nord-West kam und später auf Süd-West drehte, als wären Poseidon und Zephyros meine engsten Freunde. Der Wind ließ uns gleichsam schweben, und als wir die Südspitze von Euböa umsegelten, kam der Wind aus West, sodass Andros auf unserer Steuerbordseite blieb. Danach, die Sonne stand noch nicht hoch im Osten, wagten wir uns im Entos thalassa auf die weite, offene See und gingen auf Kurs Süd-Ost. Bald tauchten Delfine auf und tummelten sich ausgelassen vor unserem Bug – es war ein ganzer Schwarm, eine «Schule», wie man wohl sagt, die unaufhörlich sprangen und wie Menschen im Wasser spielten. Einmal mehr wussten wir, dass die Götter uns gewogen waren, gehören Delfine doch zum Gefolge des Poseidon.

Von da an schöpfte ich wahrlich Hoffnung. Mit meiner lebhaften Einbildungskraft konnte ich jeden nur erdenklichen Schrecken heraufbeschwören. Ich befürchtete, Briseis könnte Opfer von Folter, Vergewaltigung und Erniedrigungen werden. Aber der vernunftbegabte Teil in mir bestärkte mich darin, dass Briseis mutig wie eine Löwin war und einen kühlen Kopf bewahren würde. Nein, ich war davon überzeugt, dass sie für niemanden leichte Beute werden würde.

Die Delfine waren wirklich ein gutes Omen. Überhaupt sahen alle Zeichen an jenem Tag vielversprechend aus, und die Vögel in der Luft sandte Zeus. Als wir die Ostküste von Andros vorüberziehen ließen, blühte mir das Herz auf, wie schon tags zuvor. Übrigens erfuhr ich erst später, dass wir sechzig Stadien auf See von jener Stelle entfernt waren, an der Themistokles verlangte, die Flotte der Verbündeten solle die Stadt Andros belagern, da die Menschen dort aufseiten der Perser standen.

Der Mittag kam, und ich konnte das Kap an der Südspitze von Andros sehen. Wie nicht anders zu erwarten, fuhren im Kanal zwischen Andros und Tenos Schiffe, sowohl Händler als auch Triremen. Ich sah, wie sie den Wind nutzten und Segel setzten. Der Kanal ist schmal, und wir schlossen gefährlich nah auf, als hätten wir schon seit einer Woche einen Hinterhalt geplant.

Es waren sechs Schiffe, vier davon Kriegsschiffe. Leichte Beute. Ein Vermögen an Lösegeld und Gold.

Doch ich wollte nicht sofort zuschlagen. So flogen wir zunächst an ihren Bugen vorbei und ließen sie in unserem Kielwasser zurück, mit einer neuen Schule Delfine als Begleitung. Während die Sonne ihre Bahn beschrieb, kamen wir allmählich in den Windschatten der Insel und pullten weiter. Unser gekaperter Händler ging stark leewärts. Ich vermisste Megakles, war er doch unser bester Steuermann.

Wir kamen an der Nordspitze von Tenos vorbei. Aufgrund der Windverhältnisse verließ ich unsere ursprüngliche Route und nahm Kurs Süd. Es war ein Bauchgefühl, und ich wollte noch einmal an Land die Mahlzeit einnehmen. Aber zuvor musste ich dem schnellsten der feindlichen Schiffe auf offener See einige Längen voraus sein. Ihr wisst ja, dass ich bei der Navigation keine große Wahl hatte, und die Befürchtung, dass ich Briseis' Leben und Ehre gefährdete, war mein ständiger Begleiter.

Ich brauche euer Mitgefühl nicht, aber vielleicht möchten einige von euch wissen, wie es damals um uns stand. Lasst mich also sagen, dass meine linke Hand, an der Finger fehlten, noch nicht verheilt war, und bei dem Sturz ins Wasser in der Bucht von Salamis hatte ich mir die linke Schulter verrenkt. Ein Tag Kampfgetümmel laugt einen derart aus, dass es selbst der blinde Dichter Homer nicht in Verse zu fassen vermochte. Die große Seeschlacht lag erst drei oder vier Tage hinter uns, und ich erholte mich nur ganz allmählich von all den Strapazen. Ich litt unter Stimmungsschwankungen. Einen Moment war ich in Hochstimmung, sank dann jedoch in Schwermut, sodass ich stets auf meine Worte achten musste, genau wie ein Hirte auf seine Herde zu achten hat. Denn ich musste befürchten, einem Freund Beleidigungen an den Kopf zu werfen oder jemanden, der mir am Herzen lag, mit bitterem Spott zu überziehen. Zu all diesen körperlichen und seelischen Beschwerden kam eine lange Verfolgungsjagd auf offener See hinzu, die zur Belastung werden konnte, wenn wir die Kräfteverhältnisse falsch einschätzten.

Ich sage das vor allem deshalb, um zu betonen, dass ich Briseis trotz der Jahre und Ereignisse immer noch genug liebte, um den Versuch zu wagen. Und dafür würde ich alles geben.

Wir erreichten die Südspitze der Insel Tenos und fanden einen verwaisten Strand vor. Inzwischen lagen wir südlich von der Route der fliehenden Ionier und hatten eine beachtliche Strecke zurückgelegt.

Wir gingen vor Sonnenuntergang an Land. Dort scharte ich meine Leute um mich und weihte sie in mein Vorhaben ein. Ich hatte nämlich vor, mich in der Dunkelheit auf die offene See zu wagen. Das war immer schon mein Plan gewesen, meine Geheimwaffe, mit der ich Artemisia und den Roten König schlagen wollte, um vor ihnen in Ephesos einzutreffen.

Aber vorher sollten sich meine Leute ordentlich den Bauch vollschlagen. Wir schlachteten Schafe, kochten Gerstenbrei und tranken Wein. Es war kein kräftiger Wein, aber immer noch besser als gar kein Wein, das könnt ihr mir glauben.

Keiner aus der Mannschaft zeigte sich mürrisch oder verdrießlich. Wirklich, ein Tag unter günstigem Wind und in Begleitung von Delfinen stimmte sogar so abergläubische alte Kerle wie Sikili und Leon zuversichtlich. Selbst die beiden Ruderer meinten mit Blick auf die Fahrt bei Nacht, dies sei «etwas, das ihr im Leben nicht vergessen werdet, Jungs, das lasst euch gesagt sein»!

Wir ließen Megakles am Strand zurück. Er hatte sich dafür entschieden, und vermutlich war er genau der Richtige dafür. Er sollte drei Tage warten, und falls wir nicht zurückkehrten, sollte er sich auf den Weg nach Salamis oder nach Hermione machen. Er hatte eine Tagesration Proviant für mein ganzes Geschwader, und das konnte unsere Rettung sein. Ich musste ja auch für die Flucht planen, nicht nur für die Rettungsaktion.

Dann legten wir ab, in östlicher Richtung, in den zunehmend dunkler werdenden Himmel.

Diesen Kniff hatte ich noch nicht ausprobiert, aber er war naheliegend, und selbst Megakles hatte dafür gestimmt. Meinen Berechnungen zufolge müssten wir bei Sonnenaufgang die Berge von Samos vor uns sehen. Von der Südspitze von Andros in Richtung Osten zur Südspitze von Chios ist es eine Strecke von zehn Parasanges, mehr oder weniger. Bei perfektem Wind ein Tag unter Segeln. Wieso dann nicht in der Nacht? Bei der Navigation anhand der Sterne machte ich mir keine Gedanken.

Die Männer schliefen größtenteils.

Ich nicht.

Was soll ich noch erzählen? Keine nennenswerten Ereignisse. Als die Sonne aufging, lag Chios am Backbordbug voraus – wie erwartet. Ich hatte ja nicht umsonst ein Dutzend der besten Navigatoren auf See mitgenommen, und alle hielten sie nicht hinterm Berg, wenn meine Berechnungen nicht mit dem tatsächlichen Kurs übereinstimmten. Wir kamen an Chios in der Dämmerung vorbei, und dann fing die Jagd richtig an.

Allmählich wurde es heller, und ich nahm mehr als nur die Insel Chios wahr.

Als wir mit der morgendlichen Brise auf Nord gingen, um möglichst lange bei günstigem Wind an der Westküste von Chios zu bleiben, sah ich nördlich voraus, dass Schiffe von den Stränden von Chios ablegten.

Schließlich war es hell genug, und da wusste ich, dass wir den Roten König vor uns hatten. Ich war mir ziemlich sicher, Artemisias Schiff zu kennen.

Sie waren mindestens eine Parasang von uns entfernt – das entspricht etwa dreißig Stadien. Aber das war kein Zufall, wenn man die richtigen Berechnungen anstellt. Sie hatten zwar einen Vorsprung von wenigen Stunden gehabt, aber das hatten wir mit unserer Nachtfahrt auf offener See wettgemacht, und jetzt hatte ich die Feinde leewärts querab. Wir hatten den Vorteil des Windes, wir konnten die Initiative ergreifen.

Artemisia hatte die Söhne des Großkönigs an Bord und sechs Schiffe – meine Leute waren ihnen gewachsen, denn vergesst nicht, dass wir sie bei Salamis besiegt hatten.

Ich begab mich mit Seckla und Brasidas zum Bug und überließ Hipponax das Ruder. Inzwischen beherrschte er es recht gut.

Ich hatte mehrere Möglichkeiten. Zu Beginn eines Gefechts auf See, insbesondere windwärts, stehen dem Trierarchen mehrere Möglichkeiten offen, als wäre man der erste Gast bei einem Bankett. Aber etwas trübte meinen Blick auf die Dinge. Meine Ruderer waren zwar ausgeruht, aber viele hatten nicht richtig geschlafen, außerdem mussten fünf meiner sechs Schiffe mit Mast und Segel an Deck kämpfen, was zusätzliches Gewicht mit sich brachte. Meine *Lydia* war dafür ausgelegt – das war etwas anderes.

Ich überlegte, wie es andererseits um Artemisia stehen mochte. Ich vermutete, dass es um die Moral der Rudermannschaft schlecht bestellt war, um es einmal vorsichtig auszudrücken. Besiegte Männer ziehen nicht eifrig in den nächsten Kampf. Und ob man es nun glaubt oder nicht, die Moral ist oftmals wichtiger als die Ausrüstung. Bei jedem Seegefecht sterben Männer in ausgezeichneter Rüstung, aber es siegen die Krieger, deren Stimmung gut ist. Und meine Leute hatten zwei Tage lang die Gesellschaft von Delfinen genossen, hatten Prisen gekapert und das Gold anderer eingestrichen.

All das ging mir für die Dauer von zehn Herzschlägen durch den Kopf.

Ich nahm einen Schluck Wein und reichte die irdene Feldflasche an Brasidas weiter. Er trug schon seine Rüstung, der Bastard.

«Ich würde mich freuen, wenn du mich an deinen Gedanken teilhaben ließest», sagte ich. «Aber halte mir bitte keine deiner langen Vorträge, sondern fasse dich zur Abwechslung einmal kurz.» Ich grinste.

Brasidas blickte über die See, und die Sonne zauberte abertausend glitzernde Punkte auf die kleinen Wellenkämme.

«Kampf», sagte er. «Aber vergiss nicht, warum wir eigentlich hier sind.»

«Manchmal hörst du dich wie ein Orakel an.»

Ein Schulterzucken war die Antwort.

Seckla blinzelte bei all den tanzenden Lichtflecken. «Schlagen wir zu», sagte er.

Auf der Heckplattform legte ich meine Rüstung an und hielt dann eine kleine Lagebesprechung ab. Danach nickte ich Seckla zu, der unseren Bug auf den Roten König ausrichtete, und so verfolgten wir sie in Kielformation. Die *Lydia* hatte die Führung, mit der *Rabenschwinge* im Kielwasser, doch die Trierarchen schlossen nach und nach zu mir auf. Ich brauchte nicht einmal ein Signal aufblitzen zu lassen.

Bald zeigte sich, dass wir rasch aufschlossen. Die Ionier hatten ihrerseits verschiedene Möglichkeiten, aber keine davon war besonders vielversprechend. Es war abzusehen, dass sie die Südspitze von Chios umsegeln wollten, um dann auf die Küste von Samos zuzuhalten. Über das Delta des Kaystros gelangt man bis nach Ephesos, das nur noch einen halben Tag unter Segeln oder einen vollen Tag unter Riemenschlägen entfernt lag. Aber wer die Landspitze von Chios bei Dotia umrunden will, muss ein wenig auf Süd-Ost gehen, und das bedeutet für eine Trireme unter Segeln, dass sie etwas zu stark in den Wind geht. Für gewöhnlich verlegt man sich dann aufs Pullen. Auf diese Weise würde uns der Feind zwar nicht entgegen kommen, aber er würde sich uns immerhin nähern.

Die andere Möglichkeit war, vor dem Wind Kurs Nord zu nehmen, aber dafür mussten sie die Masten aufstellen.

Und tatsächlich entschieden sie sich für diese Variante.

Aber während wir über die sonnenglitzernden Wellen glitten, mühten sie sich nicht sonderlich damit ab, die Masten an Deck zu verankern.

Inzwischen konnten wir die Ionier gut sehen, und ich glaubte nicht mehr, dass sie noch eine Chance hatten zu fliehen. Unser Mann im Ausguck meldete keine weiteren Schiffe. Gut so.

Wir verfolgten, wie sie mit ihren Bugen in unsere Richtung schwenkten. Auf einer Trireme wurden Mast samt Segel über Bord geworfen.

Ein zweites Schiff folgte dem Beispiel.

Von da an war klar, dass sie den Kampf suchten.

Ich konnte Artemisias Trireme erkennen und glaubte, Archilogos' Schiff nahe beim Roten König zu sehen. Wir mochten noch etwa sechs Stadien vom Gegner entfernt sein, als ich vom Heck aus meinen Aspis dreimal in der Sonne aufblitzen ließ. Ich wünschte, ich hätte ein geeignetes Blasinstrument zur Hand gehabt, aber in jenen Tagen war das bei uns Griechen nicht sehr verbreitet. Wir benutzten kleine Hörner für Signale, aber die Töne hallten nicht weit genug über die See.

Schiffe haben ihre ganz eigenen Geräusche – wusstest du das, Thygater? Hier nur ein paar Beispiele ...

Die Riemen schlagen mitunter aufs Wasser – Klatsch –, ganz gleich, wie gut ausgebildet die Ruderer sind. Wir nennen das *Pitylos*. Das Wort bildet das Geräusch recht gut ab, das die Riemenblätter im Wasser erzeugen. Hinzu kommt der Schwung aus der Bewegung, wenn die Ruderer mit kräftigem Schlag durchs Wasser pflügen und auf diese Weise das Schiff vorwärtstreiben – das nennen wir *Rothios*. Diese beiden Geräusche bilden sozusagen den Herzschlag eines Kriegsschiffs. Nicht zu vergessen die Geräusche, die der Bug macht, wenn er durch die Wellen schneidet – die kleinen gurgelnden Verwirbelungen am Bug, die Laute, die der Wind an der Bordwand erzeugt, die Stimmen der Ruderer, wenn sie singen oder einfach nur grollen und murren – das hängt davon ab, wie erschöpft die Mannschaft ist und was zum Wohle des Schiffs von allen verlangt wird.

Ich schweife ab. Wir bargen die Segel. Meine Freunde – meine Brüder im Kampf – verstauten die Segel, als sie längsseits aufschlossen. Ich schätze, dass den Feinden das Herz sank, als sie sahen, dass wir die Segel bargen und uns in Linie formierten. Man sieht eben, wer geübt hat.

Und es zeigt sich auch, wer mit dem Herzen bei der Sache ist und Mut hat.

Sie kamen heran, aber sie waren nicht mehr mit dem Herzen dabei. Die Rudermannschaft des Roten Königs war gut, auch die Männer an Bord von Artemisias Schiff, und je näher sie kamen, desto sicherer war ich, dass es sich bei dem dritten guten Schiff um Archilogos' Trireme handelte. Aber weiter östlich in ihrer Formation sahen wir zwei Schiffe, die einen trägen Eindruck machten. Die Riemenschläge waren nicht im Takt, die Mannschaft schien nicht mehr willens zu sein, den Befehlen zu folgen.

Wir waren noch etwa fünf Stadien vom Gegner entfernt, als die beiden östlichsten Schiffe ausscherten und flohen. Nach Osten.

Nichts ist vollkommen. An einem vollkommenen Tag wären Demetrios oder Harpagos oder einer unserer alten Piraten aus unserer Formation ausgeschert, um die Fliehenden zu jagen. Wie ich Harpagos vermisste! Hatte ich erzählt, dass sein mit Honig bestrichener und in Leinentücher gehüllter Leichnam unter den Laufplanken lag, weil wir ihn nach Chios zu seinen Verwandten bringen wollten? Wie dem auch sei, Giannis und Hektor standen loyal zu mir. Sie ließen die beiden Feiglinge fliehen, um zu gewährleisten, dass wir bei dem bevorstehenden Gefecht die Oberhand behielten.

Ein guter Grund, aber ihr Blick war auf die falschen Prisen gerichtet, würde ich sagen.

Denn ich sah, wie Diomedes das Weite suchte, und das Herz schlug mir bis zum Hals. Ich war derart angespannt, ich war kurz davor, mich zu übergeben.

Welche Entscheidung ist die richtige?

Zwei Stadien trennten uns noch vom Gefecht. In die Wende zu gehen und nach Ost zu fliehen, käme Selbstmord gleich, trotzdem zog ich es in Erwägung. Diomedes kam ungehindert voran, während wir in Gefechte verwickelt würden. Er war uns Stunden voraus, wenn der Kampf so verlief, wie ich es erwartete.

Der Rote König und Artemisia befehligten die besten Kriegsschiffe der Perser, und auch Archilogos war gewiss keine Niete.

Ich ersparte den Göttern, die zusahen, mein Fluchen.

Stattdessen eilte ich über den Laufsteg zur Bugplattform. Mit einem Olivenzweig. Meine Linie hielt Kurs, die Riemenschläge waren moderat, während sich die Feinde uns näherten.

Ich schwenkte den Olivenzweig wie ein Irrsinniger und betete zu Aphrodite, der Göttin der Liebe, auch zu Poseidon, der über die Meere herrscht.

Artemisia akzeptierte meinen Olivenzweig. Diomedes war keine sechs Stadien weiter östlich, als ich an Bord ihres Schiffes sprang, unbewaffnet. Ihre Schiffe hatten ein Stadion entfernt beigedreht, sodass die *Lydia* allein unter Riemenschlägen längsseits ging. Es stand sechs gegen vier – machen wir uns nichts vor. Ich schätze, dass Artemisia mein Friedensangebot nicht ungelegen kam, vielleicht hatte sie es sich von Herzen ersehnt.

An Deck hieß sie mich gebührend willkommen. Sie trug Rüstung, und dennoch gab sie mir einen Wangenkuss, als wäre sie Jocasta, die sich soeben vom Webrahmen erhob.

«Ich bekenne, dass ich so weit östlich mit keinem griechischen

Geschwader mehr gerechnet habe», sagte sie und lächelte dann, ohne damit in irgendeiner Weise anbandeln zu wollen. «Ihr seid uns überlegen, aber Ihr sollt wissen, dass wir bis zum Tod kämpfen werden.»

«Ihr habt die Söhne des Großkönigs an Bord», erwiderte ich.

Eine flüchtige Röte huschte über ihre Wangen.

«Keine Sorge, ich will sie nicht», beeilte ich mich hinzuzufügen. «Ich werde Euch und Euren Schiffen gestatten, Euren Weg unter Segeln fortzusetzen – Kurs Nord. Wenn Ihr mir im Gegenzug gestattet, nach Osten zu segeln, im Kielwasser von Diomedes.»

Sie lehnte am geschwungenen Achtersteven, der weit über das Ruderwerk hing. «Mir will scheinen, dass ich Euch festnehmen und als Geisel benutzen könnte», sagte sie. «Immerhin müsstet Ihr eine hübsche Summe Geld wert sein. Mich werdet Ihr übrigens nicht als Geisel bekommen, Platäer.»

Ich nickte und deutete über meine Schulter zu meiner Plattform mitschiffs. Dort stand Brasidas mit einem großen, sehr dünnen Jungen. «Das dürfte Euer Sohn sein, denke ich.»

Sie blickte in die Richtung, in die ich zeigte, und einen Moment lang dachte ich, ich hätte den Bogen überspannt, fürchtete ich doch, Artemisia würde mir eine Klinge in den Leib rammen. War es nicht Sappho, die einmal eine Löwin beschrieb, die ihrer Jungen beraubt ist?

«Hört mich an», sagte ich. «Ich liebe Briseis, Tochter des Dichters Hipponax, Schwester Eures Verbündeten Archilogos. Diomedes will ihr Leid zufügen – will sie furchtbaren Qualen aussetzen. Ich flehe Euch an, denn Ihr seid Mutter und kennt gewiss auch die Gefühle einer Geliebten – ich werde Ephesos keinen Schaden zufügen. Das schwöre ich bei allen Göttern. Aber wenn ich gegen Euch kämpfen muss, dann werde ich jeden Eurer Getreuen töten, weil Ihr mich aufgehalten habt, das gelobe ich bei derselben Anzahl der Götter.»

Das Schiff dümpelte im stetigen Wellengang, und die drei Moiren und alle Erinnyen sahen mit angehaltenem Atem zu.

«Ich will meinen Sohn!», sagte sie.

«Ich lasse ihn frei, auch Phayllos. Ihr Schiff gebe ich ebenfalls frei, sobald ich Ephesos wieder verlasse.» Ich will gern zugeben – all das erfand ich aus dem Stegreif. Ein friedliches Abkommen mit dieser Frau wäre für mich sehr viel einträglicher als Feindschaft.

Sie beäugte mich. Ihre Augen verengten sich, und vielleicht hasste sie mich nur aus dem Grund, dass ich ihr mit meinen Bedingungen überlegen war. Sie war zweifellos eine große Kriegerin – kein Krieger gesteht sich gern eine Niederlage ein.

Also beschloss ich, sie so zu behandeln, wie ich jeden anderen Gegner edler Herkunft behandelt hatte – damit sie wieder ruhigen Gewissens schlafen konnte.

«Ihr braucht Euch nicht vor uns zu ergeben», sagte ich leiser. «Ich behalte Euren Sohn als Pfand, aber im Hafen von Ephesos werden Euch sämtliche Hopliten zur Verfügung stehen. Und Ihr werdet erfahren, ob ich Briseis lebend vorfinde. Ich gebe Euch mein Wort.»

«Griechen lügen», sagte sie.

«Verflucht!», entfuhr es mir. Ich war mit meiner Geduld am Ende. Diomedes floh gen Osten, um die Liebe meines Lebens zu töten, und diese Frau zog einen hoffnungslosen Kampf auf See in Erwägung, auch wenn sie unterlegen war. Aber aus diesem Holz war sie nun einmal geschnitzt.

Brasidas war zu edel gesinnt, um dem Jungen wirklich Angst einzujagen. Aber ich sah, wie der Spartaner sich bewegte, er drehte den behelmten Kopf. Ich folgte seinem Blick und sah ein weiteres Schiff, das sich unter leichten Riemenschlägen näherte – Archilogos, mein Gefährte aus früheren Zeiten, der wie ein Bruder für mich war, kam, um zu verhandeln.

«Ihr werdet meinen Sohn entführen, Ephesos plündern und

dann fliehen. Ich werde zum Gespött der ionischen Küsten!», rief sie. «Dann werdet Ihr den Jungen sein halbes Leben festhalten und Lösegeld erpressen. Besser ich kämpfe hier und jetzt, auch wenn es mich das Leben kostet. Und wer weiß? Vielleicht sind wir ja siegreich.» Etwas flammte in ihren Augen auf. Kampflust. Trotz.

Ich hingegen spürte eine bleierne Müdigkeit. Alle Verletzungen schmerzten, und die Erschöpfung der letzten vier Tage lastete auf mir. Ich wollte mein Ziel erreichen. In solchen Augenblicken machen Männer Fehler. Ja, Frauen natürlich auch.

Mein schöner Plan zerfiel in seine Einzelteile. Die Drohung, sie alle zu töten, war töricht gewesen, weil sie nicht wussten, was auf dem Spiel stand.

«Habt Ihr eine Vorstellung davon, wie es ist, als Frau Männer zu befehligen?», fragte sie unvermittelt. «Man muss jedes Mal siegen.»

«Das ist bei uns Männern nicht viel anders», antwortete ich.

«Unsinn», fuhr sie fort. «Wenn Ihr einen Mann freilasst, dann ist es Milde. Wenn ich es tue, bin ich eine weichherzige Frau oder eine Hure, die sich insgeheim nach dem Freigelassenen sehnt. Ich kann es mir nicht leisten, gedemütigt zu werden, Platäer.»

Während sich unser Gespräch in die Länge zog, kam mein Freund aus Jugendtagen an Bord. Sein Schiff war längsseits gekommen, und er stieg von einem Deck aufs andere, als die Bordwände sich noch nicht berührten. Er hatte gute, erfahrene Ruderer.

Die *Rabenschwinge* brachte sich ins Spiel. Meine Trierarchen wurden allmählich unruhig.

«Ich werde Euch nicht demütigen», betonte ich. «Ich schwöre es vor den Göttern.»

In diesem Moment kam mein Freund – mein Feind, sollte ich vielleicht besser sagen – über den Laufsteg. Seine bloßen Füße erzeugten keinen Laut, seine Begrüßung beschränkte sich darauf, dass er den Helm abnahm.

«Er gelobte einst, meine Familie zu retten und zu schützen», sagte Archilogos. Seine Stimme klang tiefer als meine, hatte einen schöneren Klang. «Dann schlief er mit meiner Schwester und tötete meinen Vater.»

«Ich bin hier, um deine Schwester zu retten, Archilogos! Diomedes segelt davon und wird sie umbringen.» Ich war so aufgebracht, dass ich die Worte fast unbeherrscht spie. Ich sehnte mich nach seiner Freundschaft, aber wenn er mit dieser Ignoranz fortfuhr, würde er nur alles verderben.

Artemisias Blick ging zu Archilogos. Er sah wirklich gut aus – ein schöner Mann, wenn ihr mich fragt –, und er trug Narben im Gesicht. Um seine Mundwinkel hatten sich Falten gegraben. Ich hatte ihn viele, viele Jahre nicht mehr aus der Nähe gesehen.

«Liebt dieser Mann Eure Schwester?», fragte sie.

«Oh, ich denke, ja», erwiderte er eher müde. «Und sie liebt ihn, das sagt sie mir jedenfalls bei jeder Gelegenheit. Aber ich bin nicht länger verantwortlich für sie.»

Artemisias Blick ging wieder zu mir. «Gebt mir eine Geisel.»

Archilogos sah erst sie, dann mich an. Seine bronzene Rüstung war großartig gearbeitet – aber vielleicht nicht so edel wie meine, wenn ich das so sagen darf. Eigentlich töricht, über so etwas nachzudenken, aber so ist das manchmal bei Kriegern.

Ich wandte mich ihm ganz zu. «Artaphernes, der Sohn des Artaphernes, reitet zu dieser Stunde auf der Straße der Meldereiter nach Sardis, dann nach Ephesos, um den Tod von Briseis anzuordnen. Diomedes ist sein Verbündeter – deshalb hat er auch zwei Söhne des Großkönigs an Bord.» Aus den Augenwinkeln nahm ich zwei Gestalten am anderen Ende des Laufstegs wahr – zwei tadellos gewandete persische Jünglinge. «Das dürften dann die anderen beiden sein. Die beiden Ränkeschmiede werden Briseis töten.»

«Ich habe sie verstoßen», sagte Archilogos. «Sie ist nicht länger meine Schwester.»

«Was für eine hohle Geste», ereiferte ich mich, «wenn man bedenkt, wessen Gemahlin sie war.»

Oh, was für ein Narr ich doch manchmal bin. Ich neige dazu, diejenigen gegen mich aufzubringen, die ich eigentlich mit vernünftigen Argumenten für mich gewinnen will. Aber Archilogos lächelte wie früher. Als wir Jungen waren und unsere Kräfte maßen, gestand er mir mit diesem Lächeln zu, einen Treffer gelandet zu haben. So auch jetzt.

«Ich will sie zur Frau nehmen, Archilogos», fuhr ich erregt fort. «Bei Herakles, meinem Ahnherrn! Der Großkönig ist besiegt! Die nächste Flotte in diesen Gewässern wird aus dem Westen kommen, und sie wird griechisch sein. Die Welt ist im Wandel, Bruder!»

Ich weiß nicht, woher das kam. Wir nannten uns «Bruder», als wir Jungen waren.

Archilogos wich meinem Blick aus und sah hinaus aufs Meer.

Artemisia nickte plötzlich energisch. «Nun gut, nennt mich eine Närrin oder eine verblendete Frau, aber ich schenke Euch Glauben, Platäer. Niemand könnte eine solche Geschichte ersinnen. Überlasst mir eine Geisel als Pfand.»

«Ich lasse Euch meinen Sohn hier», antwortete ich.

Seckla trat zu mir, als ich wieder an Bord der *Lydia* kam. Zuvor hatte ich Hipponax und zwei Epibatai auf Artemisias Schiff gebracht – die Waffen durften sie behalten. Ich händigte Phayllos und seinem jungen Begleiter ihre Waffen aus.

«Ich werde euch wieder an Bord eures Schiffes bringen, sobald wir Ephesos verlassen», versprach ich.

Phayllos lächelte. «Sie kann sehr überzeugend sein, nicht wahr?»

Ich hörte gar nicht richtig hin. Diomedes hatte eine Parasang Vorsprung.

Ich besaß ein sehr seetüchtiges Schiff, und jetzt eilte ich nach

Ephesos, nachdem ich meinen Freunden die entsprechenden Signale gegeben hatte.

Von der Südspitze von Chios ist die Fahrt bis nach Ephesos nicht sehr schwierig, aber es gibt da ein paar Tücken. Mein Schiff hatte die richtige Takelung, wir setzten das Segel – es war bereits an den Geitauen befestigt –, und fort waren wir.

Eine Stunde verstrich, und keiner von uns vermochte einzuschätzen, ob wir aufholten. Mein Eifer kannte keine Grenzen mehr, ich hatte das Gefühl, mit meinem Leib in den Bug und in die Segel der *Lydia* gefahren zu sein.

Irgendwann ging ich zu Leukas und kniete neben ihm, um mich abzulenken. Ohne es beabsichtigt zu haben, erzählte ich ihm, was mich bewegte, wie meine Entscheidung ausgefallen war.

Mein alter keltischer Freund aus Albion öffnete die Augen. Ich hatte diesem Aspekt keine richtige Aufmerksamkeit geschenkt, aber jetzt merkte ich, dass sein Atem wieder regelmäßiger ging. Sein Blick war klarer als Tage zuvor. «Der sechste Tag», sagte er leise. «Ich kann noch mit Seckla gleichziehen.»

Ich hatte nicht einmal zu hoffen gewagt. In Gedanken war ich so sehr bei Briseis gewesen, dass ich meinem alten Weggefährten und Steuermann zu wenig Hoffnung und zu wenige Gebete entgegengebracht hatte. Doch jetzt stieg meine Hoffnung wie unter Schwingen in neue Höhen.

Brasidas kam zu uns, ging auf ein Knie. Dann nahm er Leukas' Hand, betastete vorsichtig die Flanke und den Bauch unseres Gefährten. «Kein Fieber mehr», meinte er. «Manchmal geht die Speerspitze nicht bis in die Eingeweide.»

«Manchmal sind die Götter uns freundlich gesinnt», fügte ich voller Hoffnung hinzu.

Brasidas sah mich an, rieb sich die verheilende Wunde an seiner Schulter, und ich denke, was ich in seinem Blick las, war Mitleid. «Manchmal», sagte er.

Die Sonne stand drei Fingerbreit höher am Himmel, als eines der fliehenden Schiffe in die Wende ging. Wir holten stetig auf, und bald konnte man mit bloßem Auge erkennen, dass unsere Takelung so viel besser war als ihre. Es ist wirklich von Vorteil, den Hauptmast permanent in der Verankerung zu haben, und die Neigung des vorderen Masts für das Bootssegel verhinderte, dass unser Bug zu tief durchs Wasser pflügte – das Bootssegel glich also dank der Mastneigung den Druck aus, den das pralle Großsegel auf das Schiff ausübte.

Ich fragte mich, was Diomedes diesem erbärmlichen Bastard versprochen haben mochte, der vor unseren Augen wendete. Diomedes' Absicht war offenkundig – sobald ich das Segel einholte, um in den Kampf zu gehen, würde ich mindestens eine Stunde verlieren. Keine Frage.

Natürlich brauchte ich meinen Großmast nicht abzulegen. Und das wusste Diomedes vermutlich nicht, weil er nie in diesen Gewässern kreuzte und den Bautyp einer Triemiola nicht einschätzen konnte.

«Seckla?», rief ich leise.

Ich will noch rasch hinzufügen, dass achteraus meine Freunde folgten, eine halbe Parasang entfernt – ja, auch der Rote König samt Geschwader. Die Schiffe fächerten in meinem Kielwasser auf. Artemisia war ziemlich dicht hinter uns, auch Archilogos hatte deutlich aufgeschlossen. Direkt hinter ihm lag Demetrios. Zwischendurch kamen mir Zweifel, ich befürchtete, auf Verrat zu stoßen, aber am meisten Sorgen bereitete mir der Zeitverlust. Und dauernd hatte ich den jungen Artaphernes vor Augen, der über die befestigten Straßen jagte und keine Zeit verlor, da er mit keinen widrigen Winden oder grau verhangenen Tagen zu kämpfen hatte und auf keine Feinde traf. Ein guter Meldereiter schaffte auf der Persischen Königsstraße vierundzwanzig Parasanges am Tag, und Artaphernes war ein geübter Reiter und ein Verwandter des Großkönigs, niemand würde ihn aufhalten. Die Strecke von Athen bis zum Hellespont betrug fünfzig Parasanges. Vom Hellespont bis nach Ephesos war es kürzer. Viele Streckenabschnitte wiesen unbefestigten Boden auf, wir wussten aber, dass der Großkönig Straßen hatte bauen lassen, als er griechischen Boden betrat.

Meinen Berechnungen zufolge hätte Artaphernes bereits am Vortag in Ephesos eintreffen müssen, um die Erniedrigung und den Tod meiner Geliebten anzuordnen.

Ich gehöre nicht zu den Leuten, die gern alles in die Hände der Götter legen, aber in diesem Fall wusste ich, dass ich alles versucht hatte, was machbar war.

Kineas hatte eine Weile am Ruder gestanden, überließ es aber dann Seckla, der meine Absicht erriet. Denn er zwang unseren letzten Gegner zu einer Kurskorrektur, mit der er uns hätte abfangen können, da wir so taten, als würden wir einfach versuchen, unter geblähtem Segel vorbeizuziehen. Unser Gegner hatte offenbar geglaubt, mit der plötzlichen Wende wäre der Sieg zum Greifen nahe.

Aber er hatte unsere Taktik unterschätzt. Ich vermute, ihm sank das Herz, als er gewahrte, wie schnell und fachmännisch unser Großsegel eingeholt wurde. Das Bootssegel blieb. Wir waren ungeheuer schnell.

Derweil packten unsere Ruderer mittschiffs die Fallen und Schoten des Hauptsegels und lehnten sich weit über die Steuerbordseite, um für entsprechendes Gegengewicht zu sorgen. Seckla stemmte sich gegen das Ruder, dessen Blätter griffen. Ein Drittel der Riemen backbords achteraus tauchte ins Wasser, sodass wir an Fahrt verloren und schnell wendeten. Wie froh ich in diesem Moment war, dass ich mich auf meine Mannschaft verlassen konnte!

Aber wir hätten es beinahe überrissen.

Während wir wendeten, neigte sich das Deck in einem Winkel, den ich bis dahin nicht für möglich gehalten hätte. Ich dachte wirklich, wir würden kentern. Deutlich spürte ich die Gewichtsverlagerung und fürchtete, unser Mast würde uns so weit zum Krängen bringen, dass der Kielraum voll Wasser lief. Die Steuerbordseite stieg und stieg, und jeder Thranit, der schnell genug aus dem Überbau der Ausleger herauskam, eilte nach Steuerbord und lehnte sich so weit wie möglich über die Bordwand. Die Männer in den unteren Ruderreihen versuchten ebenfalls, ihr Gewicht mit ins Spiel zu bringen. Und tatsächlich bringen bis zu hundert Mann ein ordentliches Gewicht auf die Waage.

Was uns aber tatsächlich vor Schlimmerem bewahrte, war der Aufprall. Unser Bug rammte das Heck des feindlichen Schiffes. Bei geringerer Geschwindigkeit hätten wir das Heck vermutlich nur gestreift, aber bei unserer ungeheuren Geschwindigkeit scherten wir über das Heck, und der Reibungswiderstand verlangsamte uns.

Träge richtete sich die *Lydia* wieder auf. Sie kam nicht willentlich wieder in ihre ursprüngliche Position, so kam es mir jedenfalls vor, und für zehn Herzschläge hatte ich das Gefühl, den letzten Durchgang beim Wettlauf der Spiele zu Olympia zu verfolgen, wenn man zwei Athleten sieht, die vor der Ziellinie auf gleicher Höhe sind. Wer wird siegen?

Plötzlich, mit einem Ruck, lagen wir wieder waagerecht und wippten wie verrückt auf den Wellen. Einer der Ruderer backbords achteraus verlor den Riemen.

Ich hatte den Eindruck, dass mein dunkelhäutiger Freund Seckla blass im Gesicht war, vielleicht konnte er es selbst nicht glauben, wie kühn dieses Manöver gewesen war. Doch er sagte nichts, ließ sich äußerlich nichts anmerken und brachte uns auf Kurs nach Ephesos. Diomedes hatte seinen unmittelbaren Begleiter geopfert und lag jetzt nur noch zehn Stadien vor uns. Er floh unter Riemenschlägen.

Doch wieder einmal stellten unsere Seeleute ihre Klasse unter Beweis. Zwanzig Mann an den Geitauen setzten das Großsegel im

Nu. In der Ferne war bereits das Delta des Kaystros zu erkennen – hinter der ersten Biegung des Flusses würden wir das herrliche Ephesos erblicken, der Tempel der Artemis würde uns auf der Anhöhe der Festung entgegenleuchten. So viele Jahre war es schon her!

Ich spürte den Flügelschlag der Erinnyen im auffrischenden Wind – ihre Schwingen flatterten über meinem Haupt.

Kennt ihr dieses Gefühl, meine Freunde, wenn ihr im Theater sitzt und unruhig auf euren Plätzen herumrutscht, weil ihr euch von Herzen wünscht, Ödipus würde eine andere Wahl treffen? Obwohl ihr wisst, dass ja alles genau niedergeschrieben und vorbestimmt ist? Oder wenn ihr dem Rhapsoden lauscht, der euch die Verse der Ilias *näherbringt, und ihr euch insgeheim wünscht, Patroklos möge leben oder Hektor möge den Sieg erringen?*

Gut, dann versteht ihr, wie ich mich fühlte.

Wir gelangten in die Mündung des Kaystros, überwanden die Sandbank an der Küste unter Riemenschlägen und lagen vielleicht nur noch fünf Stadien hinter unserem Gegner. Im Delta ankerten keine Kriegsschiffe. Der Hafen an der nächsten Flussbiegung war verwaist.

Nirgends ein Schiff zu sehen.

Das war nämlich meine schlimmste Befürchtung gewesen: dass wir einen Hafen voller feindlicher Triremen vorfinden würden, die sich sofort mit Diomedes hätten verbünden können. Vergesst aber nicht, dass der Großkönig die ionischen Küsten all ihrer Schiffe und Hopliten beraubt hatte, um die Schiffsbrücke am Hellespont – immerhin zweihundert Schiffsrümpfe – und das Flottenaufgebot von tausend Schiffen verwirklichen zu können.

Diomedes floh.

Meine Deckmannschaft – Poseidons Segen komme über sie – blieb unermüdlich dabei, uns entweder unter Segeln oder unter

Riemenschlägen voranzubringen. Das Kap nördlich vom Delta verschluckte den Wind, und Seckla und ich warteten bis zum letzten Moment, bis die Seeleute das Großsegel aufgeiten. Dann legten sich die ausgeruhten Ruderer in die Riemen.

Noch vier Stadien.

Schon sah ich die Strände unweit der Stadt, wo Aristeides vor nunmehr achtzehn Jahren die Athener an Land gebracht hatte. Damals war ich fast noch ein Junge gewesen, und die Welt war mir wie ein lieblicher Ort vorgekommen. Von der Anhöhe leuchtete mir das Dach des Tempels der Artemis entgegen, und ich glaubte, ein gewisses Dach mit roten Schindeln zu sehen.

Diomedes ging kein Risiko ein, der Feigling. Er brachte sein Kriegsschiff auf den Strand unterhalb der Stadt, Bug voraus. Schon gingen er und all seine Epibatai an Land und überließen das Schiff und die Rudermannschaft ihrem Schicksal. Ich sah, wie sein rot gefärbter Umhang im Wind flatterte, als Diomedes hinauf zur Stadt eilte. Weiter oben am Strand wurde er langsamer, musste durch den tieferen Sand stapfen.

Ka schoss einen Pfeil ab – dann noch einen und noch einen. Seine Schützen taten es ihm gleich, sobald wir in Schussweite kamen. Die davoneilenden Hopliten mussten sich bald gegen den Hagel wehren und schirmten sich mit ihren Schilden ab. «Meine» Nubier schossen ausgezeichnet auf diese Distanz.

Ich konnte nicht länger nur zusehen.

Ich lief zu Seckla. «Die Landungsstege!», rief ich. Vergesst nicht, Seckla war zwei Jahre zuvor in Ephesos gewesen, er kannte den Stadthafen gut, vielleicht nicht so gut wie ich. Ich durfte nicht zulassen, dass mein Schiff und meine Mannschaft in die Hände der Perser fielen. Ich musste die Taktik anwenden: anlegen, zuschlagen und wieder ablegen.

Also blieb nur der steinerne Landungssteg hinter dem Hafendamm, wo wir an Land springen und in die Stadt laufen konnten, ohne erst den Strand überqueren zu müssen. Ich denke, diese Option hätte Diomedes in Betracht ziehen sollen, aber offenbar misstraute er seinen erschöpften Ruderern und wollte sich die zwei Stadien über den Kanal ersparen.

Ich indes wagte es.

Von der Heckplattform aus achtete Seckla darauf, dass wir die Biegungen nehmen konnten. Ich war mein eigener Rudermeister, und wir trauten uns, die beiden Biegungen bis in den inneren Hafen mit der Geschwindigkeit eines galoppierenden Pferds zu meistern. Ein Wagnis jagte das andere.

Aus den Augenwinkeln sah ich, dass sich Leukas aufrichtete und mit dem Rücken gegen den Hauptmast lehnte.

«Lauf nur», sagte er mit seinem eigentümlichen Akzent. «Pack dir deinen Widersacher. Ich übernehme die Ruderer.»

«Poseidon segne dich, mein Bruder», sagte ich. Das Wort «Bruder» kam mir leicht über die Lippen in jenen Stunden, und im Grunde waren meine Gefährten wie Brüder für mich, zumindest in diesem Moment des bangen Irrsinns.

Leukas zog sich am Mast auf die Füße. Als er mit dem Speer auf die Planken schlug, begannen die Ruderer in den obersten Reihen zu lächeln.

Und ich dachte bei mir: Das packen wir!

Leukas' Stimme hätte eigentlich kümmerlich klingen müssen. Aber so war es nicht – er sprach vielleicht etwas höher als sonst, und gewiss klang die Stimme schwächer, aber backbords wurden die Riemen eingeholt, die Männer an Steuerbord stützten das Schiff mit ihren Riemen. So glitten wir am langen, steinernen Landungssteg entlang, und bevor Kineas eine Tauschlinge über einen der Belegpoller warf, sprang ich bereits an Land. Natürlich konnte ich mein Gleichgewicht nicht halten und stolperte. Gepriesen sei die bronzene Beinschiene, die verhinderte, dass ich mir auf der rauen Steinoberfläche die Knie aufschlug!

Ich rannte los. Brasidas heftete sich an meine Fersen, es folgten Polymarchos, mein Vetter Achill, Siberios und all die anderen Epibatai. Und obwohl ich seit meiner ersten schweren Verletzung vor all den Jahren nie wieder so gut lief wie als junger Mann, vermochte mich niemand zu überholen, denn Aphrodite und Ares schienen mich an den Armen zu tragen, sodass ich gleichsam über dem Erdboden schwebte. Hinter mir liefen zehn Helden, die nach Ruhm strebten.

Kurz nach der *Lydia* legte Archilogos' herrliche, mit Gold verzierte *Herakles* an. Mir war klar, dass er unmittelbar nach uns über den Landungssteg eilen würde.

Ich müsste es wissen, und ich meine, dass es mehr als dreihundert Stufen sind vom Strand bis zur ersten Stufe am großen Tempelheiligtum der Artemis. Ephesos liegt auf einer Anhöhe und hat steile Straßen, und als Junge bin ich die Treppenstufen der Stadt den ganzen Tag auf und ab gelaufen. Ich glaube, es sind exakt dreihundertsechsundzwanzig Stufen. Und das Tor zum Innenhof von Hipponax' prächtigem Haus liegt ganz oben, denn dort stehen die Häuser der Aristokraten, unterhalb des Tempelbezirks.

Wenn es um alles geht und man befürchten muss, dass all das, was man sich je ersehnt hat, ausgelöscht wird, dann hält man nicht inne. Man gönnt sich keine Ruhe, um besser atmen zu können. Man macht keine Scherze mehr, man legt nicht die Art von Draufgängertum an den Tag, die Jungen zelebrieren, wenn sie sich im Kampf messen wollen.

Nein, man läuft einfach weiter, auch wenn die Beinschienen so schwer werden, dass man glaubt, man würde das Gewicht von Ochsen ziehen. Und auch wenn man den besten Rüstungsschmied hatte, so bohrt sich irgendwann beim Laufen bergan die Kante der Schienen in den Fußrücken, und die bronzene Hülle des sonst so großartigen Thorax lässt nicht mehr zu, dass sich der Brustkorb beim Atmen voll ausdehnen kann. Der Helm drückt auf den Kopf, der Busch aus Rosshaar wippt vor und zurück und scheint ein Eigenleben zu führen, und der Schweiß läuft einem übers Gesicht, brennt in den Augen und raubt einem die Sicht.

Die Nacht zuvor hatte ich so gut wie kein Auge zugetan. Ich hatte neue und alte Verletzungen, und ich war längst nicht mehr in einem Alter, das man noch entfernt mit der «Jugend» hätte in Verbindung bringen können.

Aber dass ich dann doch bis hinauf in die Stadt rannte, ist kein Wunder. Nein, ich hatte eine Göttin und einen Gott an meiner Seite.

Dass all meine Epibatai bis nach oben rannten, ist allerdings ein Wunder. Denn sie hatten ja keinen Anteil an dem «Wunder», das Briseis in meinem Leben darstellte. Sie wussten nur, dass in diesem Augenblick nichts anderes in meinem Leben zählte – und so folgten sie Brasidas, der wenige Längen hinter mir war. Ich hatte das Gefühl, dass meine Epibatai nur für dieses Unternehmen ausgebildet worden waren, ja, einen Moment lang kam mir die Schlacht von Salamis wie ein vergnüglicher Tagesausflug vor.

Tragt volle Rüstung. Tragt sie den ganzen Tag, und wenn die Sonne untergeht, dann springt von einem fahrenden Schiff auf einen steinernen Pier, stolpert, steht auf und rennt vier Stadien über dreihundert Stufen.

Und dann kämpft um euer Leben.

Ich könnte euch genau erzählen, wie ich rannte. Nein, das wären nur Lügen. Ich kann mich nämlich an nichts erinnern.

Kein Gedanke kam mir in den schweißnassen Kopf, um mich herum nahm ich nichts wahr, bis ich ganz oben war, auf jenem Weg, den ich gut in Erinnerung behalten hatte – er war zu schmal für eine Straße. Und dieser Weg führte zu dem gebogenen Tordurchgang von Hipponax' Haus. Auf dem Tor prangte ein Bildnis von Herakles, meinem Ahnherrn.

Ja, bei Herakles – hier in diesem Haus hatte alles seinen Lauf genommen. Die Erinnyen waren nicht weit entfernt – ihr Flügelschlag hatte den Rhythmus einer pullenden Rudermannschaft.

Ich sah den Bogengang, das Tor. In der schmalen Gasse standen zwei Hopliten, die die Breite des Weges einnahmen.

Nur Gedankenfetzen schwirrten mir durch den Kopf. Und zum ersten Mal fragte ich mich, ob Briseis überhaupt hier war oder doch eher in ihrem Haus in Sardis.

Aber Diomedes ging davon aus, sie hier anzutreffen.

Die beiden Krieger, die sich uns in den Weg stellten, waren groß und tapfer.

Brasidas schleuderte seinen schweren, zehn Fuß langen Speer aus vollem Lauf. Er war direkt hinter mir, doch er warf ihn über meine Schulter hinweg. Der Speer traf den Aspis des Hopliten links von mir. Der Mann trug den Schild auf der Schulter, wie es Männer manchmal machen, wenn sie schon müde sind, und deshalb bot er der Speerspitze keinen «Winkel» – daher durchschlug der Speer den Aspis mit voller Wucht, als hätte der große Achill ihn geschleudert. Die Spitze bohrte sich eine Handbreit durch Schichten aus Tierhaut, Holz, Leinen und Pech, und der Mann schrie, da er am Oberarm getroffen war. Instinktiv riss er den Schildarm hoch, sodass der Speer wieder aus der Wunde trat, auf und ab wippte und den linken Arm weiter in Mitleidenschaft zog. Gleichzeitig behinderte der verwundete Hoplit seinen Gefährten mit dem Speer, sodass ich ihn ungehindert mit meinem Aspis rammen konnte. Mein Vetter Achill tötete den Mann, der zu Boden ging, indem er ihm die Speerspitze durch den ungeschützten Hals rammte – all das geschah hinter meinem Rücken, ich habe es also nicht mit eigenen Augen gesehen, denn ich gelangte an das große Tor, vor dem zwei weitere Krieger standen.

Sie hatten den Lärm gehört und warfen ihre Speere auf mich. Ich hielt meinen eigenen wurfbereit, den Daumen um den Schaft gelegt, einen kleinen Riemen zwischen meinen Fingern, wie ich es oft bei einem Seegefecht handhabe. Aus dieser Position ist es kinderleicht, sich gegen einen geworfenen Speer zu schützen, und beide Speere verfehlten mich – einer glitt an meinem angewinkelten Schild ab, der andere schepperte gegen meinen eigenen Speerschaft, den ich drehte. Es bedarf nur weniger Bewegungen: eine Drehung des Handgelenks, von rechts nach links, ein kurzes Zucken, das Leben bedeutet und nicht den Tod.

Dann zwängte ich mich bereits zwischen dem rechts stehenden Mann und dem Torpfosten hindurch, brachte meinen Aspis auf die Höhe seines Schilds und drückte seinen Körper zur Seite, da er nach dem Speerwurf noch nicht wieder ganz ins Gleichgewicht zurückgefunden hatte. Könnt ihr euch das vorstellen? Sein Körper befand sich vorn in der Streckung, er hatte den rechten Fuß leicht vorgestellt, konnte daher für einen Moment den Aspis nicht mehr stützen. Und hoch über meinem Haupt blickte Herakles in seinem Löwenfell auf mich herab, als meine Speerspitze knapp über den Rand des Aspis lugte und dann wie eine Schlange zubiss. Der Krieger trug einen Schuppenpanzer aus Bronze, aber mein Speer bohrte sich in die ungeschützte Halsbeuge, genau unterhalb der Wangenklappen des Helms. Mein Speer glitt tief in seinen Leib, und der Mann war tot, ehe seine Knie nachgaben – schon sprang mein Speer aus der Wunde zurück.

Ich setzte meinen linken Fuß vor den rechten und eilte weiter, überließ den zweiten Mann Brasidas und Siberios.

In dem breiten Durchgang zum eigentlichen Innenhof warteten zwei weitere Hopliten, und hinter ihnen noch einmal zwei Mann – eine kleine Phalanx.

Aber ich sah, wie ihre Speere leicht zitterten.

Niemand, meine Tochter, sieht gern zu, wie vier seiner Kameraden in nur zwanzig Herzschlägen ihr Leben aushauchen, ohne von tiefen Zweifeln und großer Furcht befallen zu werden.

Ich warf meinen Speer, als ich nur einen halben Schritt von den Oberflächen ihrer Aspides entfernt war. Mein Speer flog vielleicht nur für die Dauer eines Schritts und bohrte sich ins Gebiss und den Rachen des Mannes, genau in die Aussparung für den Mund. Ich riss an dem Lederriemen, doch der Speer wollte nicht zurück, er saß zu tief.

Der andere Krieger unmittelbar vor mir hatte zu lange gezögert, vermutlich aus lähmender Furcht.

Mit einer Hand umschloss ich den Griff meines Xiphos.

Dann schlug er doch noch zu – ein simpler, gerader Stoß gegen die Fläche meines Aspis. Ein Stoß, der vergeudet war. Wäre er bei Kalchas in die Kampfschule gegangen, dann hätte er gewusst, was zu tun ist, wenn ein Menschenschlächter durchbricht und vor einem auftaucht. Er und seine verbliebenen Gefährten hätten sich formieren müssen, mit überlappenden Schilden, und dann hätten sie mich auf Gesichtshöhe mit ihren Speeren bedrohen können. Womöglich hätten sie mich zurückgetrieben, oder ich hätte mich in meinem Zorn des Ares an ihren Schilden austoben müssen.

Aber ich war Hektor und Herakles in einem Leib, und die Gegner hatten keinen Helden in ihrer kleinen Schar, der ihnen Halt hätte geben können.

Mein langer Xiphos glitt aus der Scheide, als hätte Ares gerufen. Mit der Klinge wehrte ich den Speer meines verängstigten Gegners ab, ehe ich ihm mit einer schnellen Drehung aus dem Handgelenk die Finger abtrennte. Mit Aspis und Schulter stieß ich ihn zurück, sodass er über die nächsten beiden Stufen stolperte, und sein Blut ging wie ein Sprühregen über den beiden letzten Gefährten nieder.

Sie stießen mit ihren Speeren nach mir, aber sie legten nicht ihr volles Gewicht hinter die Stöße, da sie aus Unsicherheit und Schrecken zurückwichen.

Dann war Brasidas an meiner Seite.

Welch böses Schicksal diesen Männern zugemessen wurde, dass sie an ein und demselben Tag nicht nur mir gegenüberstanden, sondern auch einem Krieger wie Brasidas!

Die Klinge seines Schwerts schwirrte durch die Luft wie die Raben des Apollon, aufsteigend und fallend.

Und dann – ich erwähne es deshalb, weil es sonst keiner glaubt – trieben wir sie aus dem Durchgang zurück zum Portikus. Was sich dann ereignete, hatte ich bis dahin nie gesehen, auch später nicht mehr: Brasidas' Gegner stieß zu, schob sich über den rechten, vorgesetzten Fuß nach vorn, und während sein Schild gegen den Schild des Spartaners prallte, war seine Flanke ungeschützt. Ich hatte soeben einen harten Sichelschlag mit meinem Schild abgewehrt, drehte mich und tötete Brasidas' Gegner mit einem Stoß in den Hals – und im selben Herzschlag stieß Brasidas über meinen Arm zu und tötete meinen Gegner, sozusagen über Kreuz!

Doch meine Klinge saß im Hals meines Feindes fest. Die Wölbung am «Blatt» der Klinge war zu tief in Fleisch und Knorpel gegangen, daher nahm der Mann das Schwert mit in den Tod. Doch Ares führte meine Hand und drückte mir den Speer des Toten in die Hand, dass es so aussah, als hätte er mir die Waffe aus freien Stücken übergeben.

Ohne mich umzuschauen, rannte ich durch die Eingangshalle zu den Gemächern der Frauen.

Dort kannte ich mich aus.

Und wie ich es mir tausendmal an jenem Tag ausgemalt hatte – dort stand er.

Diomedes.

Zwei Frauen lagen tot zu seinen Füßen, ihre reglosen Körper lagen quer übereinander, wie zwei aus dem Leben gerissene Liebende in einer Tragödie.

Ich hätte Tränen vergießen können, doch keines der toten Mädchen war meins.

Diomedes hatte Briseis eine Hand ins Haar gekrallt und hielt ihren rechten Arm verdreht, denn sie hatte einen langen, gekrümmten Dolch in der Hand. In seiner Schwerthand hielt er ein Kopis, wie ich es in meinen Jugendtagen benutzt hatte. Die Klinge war rot bis zum Griff, und zunächst vermochte ich nicht zu sagen, ob der elende Verräter ihr bereits die Kehle aufgeschlitzt hatte oder nicht.

«Halt!», befahl er mir. «Oder ich töte deine Hure!»

Ich war immer noch in der Vorwärtsbewegung.

«Töte ihn, mein Achill!», schrie Briseis.

«Halt dein Maul, du Miststück!», entgegnete er scharf. Sie litt gewiss Schmerzen, da er ihr unbarmherzig den Kopf an den Haaren zurückriss, aber sie hielt immer noch den Dolch in der Hand, und sosehr er sich bemühte, er konnte ihr die Waffe nicht entwinden – sie war wie eine Tänzerin, körperlich stark und geschmeidig, und Diomedes' Griff, mit dem man einem Mann den Arm hätte brechen können, bereitete ihr Qualen. Doch sie ließ den Dolch nicht fallen. Und mit ihrem Aufbegehren hinderte sie ihn daran, ihr einfach auf die Schnelle die Kehle durchzuschneiden.

Derweil stießen zwei seiner Schergen im Hintergrund die Türen zum Innenhof der Frauen auf. Diomedes versuchte, Briseis die Füße wegzutreten, um ihren Arm unter Kontrolle zu bekommen und ihr den Dolch aus der Hand zu schlagen, aber sie entwand sich ihm auch diesmal mit tänzelnden Schritten.

All das sah ich vor mir, als würde ich Zeuge des letzten Akts einer Tragödie, die so viel älter als ich war. Ehe ich meinen Speer warf, wusste ich, dass Briseis die Siegerin sein würde, ganz gleich, wohin sich die Speerspitze bohrte – ob sie nun lebte und meine Braut werden würde, oder ob sie tot zu Boden glitt, gerächt und ungebrochen. Ob es einem nun gefällt oder nicht ...

Ihr starker, ungebrochener Wille sprang auf mich über, mit nur einem Blick aus diesen Augen. Als sie mir zurief, ihn zu töten, hatte sie mir alles gesagt.

Ich drehte den Kopf leicht, als wollte ich einen seiner Schergen im Blick behalten, der mich mit erhobenem Speer bedrohte.

Doch dann, ohne hinzusehen, warf ich den Speer. Ich hatte all meine Kraft in diesen Wurf gelegt, und nun schob sich mein rechter Fuß vor und machte mich so verwundbar wie den Mann, den ich Augenblicke zuvor im Portikus getötet hatte. Diomedes' Mann warf den Speer auf mich.

Und all die Götter lachten, und Eide wurden erfüllt.

Archilogos' Schild schnellte vor – und der Bruder und frühere Herr über meinen Leib und mein Leben verhinderte, dass ich dort mein Leben ließ – in Hipponax' Haus.

Diomedes stand aufrecht.

Briseis war zu Boden geglitten.

Diomedes stand starr und aufrecht,

weil

mein

Speer

ihn

an

die

Tür

heftete.

Blut quoll ihm aus der Halswunde über die Brust. Sein Gesicht war verzerrt, verschob sich grotesk am Speerschaft. Sein Mund schnappte auf und zu wie bei einem aufgespießten Thunfisch, doch kein Laut wollte ihm über die Lippen kommen.

Briseis war auf Hände und Füße gesackt. Ob ihr es glaubt oder nicht, die Spitze meines Speers hatte meine Liebe am Kopf geritzt, und Blut sickerte ihr in die Augen – aber sie lebte.

Ich eilte zu ihr, war an ihrer Seite, während meine Männer die letzten Krieger von Diomedes niedermachten. Briseis wurde vom Boden hochgehoben – ich hielt ihre rechte Hand, ihr Bruder die andere.

«Ich kam so schnell ich konnte», sagte ich.

Archilogos sah mich über seine Schwester hinweg an. «Mein Zorn auf dich schwelte heiß in mir», sagte er. «Aber jetzt ist nur noch Asche übrig. Heraklit vertraute mir vor seinem Tod an, dass du nur versucht hast, meinen Vater von seinen Qualen zu erlösen.»

Briseis fing meinen Blick ein. Furcht, Verzweiflung, Hochgefühle – auch wenn sie all diese Gefühle durchlebte, so spiegelte sich nichts davon in ihrer Miene. Sie zog eine Augenbraue hoch, obwohl ihr immer noch Blut über die Wange lief. Archilogos musste eigentlich unzählige Male gehört haben, dass ich seinen Vater retten wollte – dass ich ihn nur aus Mitleid tötete, niemals aus Wut. Aber – die Zeit übermittelt ihre eigenen Botschaften.

«Arimnestos. Wir müssen fort von hier.» Es war Brasidas.

Ich sah ihn über die Schulter an, ehe ich nacheinander Briseis und dann Archilogos ansah. «Briseis. Komm mit mir und werde meine Frau.»

Sie lächelte. Es war jenes Lächeln, das sie immer erkennen ließ, wenn sie wieder einmal zustieß – mit Worten.

«Ich ersehne mir nichts anderes, mein Geliebter», sprach sie. «Aber ich brauche einen Moment, denn sonst komme ich ohne Mitgift zu dir.»

«Ich würde dich auch mitnehmen, wenn du nichts als den Chiton am Leib hättest», sagte ich. Oder etwas ähnlich Törichtes, ich weiß es nicht mehr.

Archilogos schüttelte den Kopf. «Sie hat recht, und sei kein schwärmerischer Narr. All unser Vermögen ist in dieser Stadt. Wenn Artaphernes kommt – dann müssen wir vorher ein paar ausgewählte – Auslagerungen vornehmen.» Er grinste.

«Archilogos», sagte ich. «Artaphernes wird dich töten. Und Xerxes wird ihn daran nicht hindern. Komm mit mir und sei ein freier Mann.»

Er überlegte. «Meine Ruderer werden mich umbringen», meinte er. Und lächelte.

«Du hast mir das Leben gerettet», sagte ich.

Er zuckte mit den Schultern. «Dann hilf mir, mein Vermögen hinunter zu den Schiffen zu tragen.»

TEIL 3

DIE HOCHZEIT

Χορός

ἀλλά, θεοὶ γενέται
κλύετ᾽ εὖ τὸ δίκαιον ἰδόντες:
ἥβᾳ μὴ τέλεον
δόντες ἔχειν παρ᾽ αἶσαν,
ὕβριν δ᾽ ἑτοίμως στυγοῦντες,
πέλοιτ᾽ ἂν ἔνδικοι γάμοις.
ἔστι δὲ κἀκ πολέμου τειρομένοις
βωμὸς ἀρῆς φυγάσιν
ῥῦμα, δαιμόνων σέβας.

Chor

Höret, o Götter ihr unsres Geschlechtes, ihr kennt das Gerechte, / Nur nicht ganz wider Gebühr laßt es an uns zu End' gehn; / Nur hasset treu allen Frevel, / So wahrt ihr wohl der Ehe Recht. / Kampfesermüdeten auch wird ein Altar, auch den Entflohnen der Schlacht / Rettend Heil der Götter Furcht.

AISCHYLOS, *DIE SCHUTZFLEHENDEN*

13. KAPITEL

Die Fahrt in die Heimat hielt ihre eigenen Abenteuer bereit, von denen ich aber nur ein paar erwähnen will. Wir nahmen aus Ephesos Proviant mit – raubten eine Stadt aus, die noch nicht wusste, wie wenige wir waren. Ich bekenne, dass wir das stattliche Anwesen von Diomedes plünderten und seine Frau und seine Kinder verzweifelt zurückließen – aber wir taten ihnen keine Gewalt an und ließen sie am Leben. Danach holten wir alles aus Hipponax' Haus, das Wert für uns besaß, und nahmen eine Anzahl Hausdiener und Sklaven mit an Bord. Schließlich segelten wir der untergehenden Sonne entgegen und legten Stunden später nach langem Pullen an den Stränden von Chios an. Ehe die Nacht anbrach, kehrte Harpagos in den Kreis seiner Verwandten zurück. Seine Base betrachtete den Leichnam trockenen Auges.

«Er lebte länger, als ich erwartet hatte», sagte Melaina. «Und du übrigens auch.»

Sie hatte sich noch nie lange mit freundlichen Worten aufgehalten.

Und nachdem wir alles für die Brandbestattung vorbereitet hatten, gingen wir am Strand entlang, Briseis und ich. Sie trug einen Verband um den Kopf.

In der Dunkelheit nahm sie meine Hand. «Sie liebt dich», sagte sie.

Ich schüttelte den Kopf. «Durch mich hat sie ihren Bruder Stephanos verloren, auch ihren Mann und jetzt ihren Vetter», sagte ich. «Früher liebte sie mich.»

Briseis blieb stehen. «Es ist eben nie leicht, die Geliebte eines Helden zu sein.»

Ich hatte nicht mehr die Kraft zu lachen. Aber ich umschloss ihre Schultern mit beiden Händen und küsste Briseis.

«Es ist auch nicht leicht, der Geliebte von Briseis zu sein», lautete meine Antwort.

Sie unterbrach den Kuss. «Warum sollte es auch leicht sein?», fragte sie keck. «Warum sollte irgendetwas Gutes leicht zu bekommen sein?»

Und als ich mich bemühte, meinen Annäherungsversuch hartnäckiger voranzutreiben, legte sie mir eine Hand auf die Brust und drückte mich zurück.

«Heirate mich», sagte sie. «Bis dahin, nein.» Sie lachte mir ins Gesicht, in der Dunkelheit. «Hör zu, mein Achill. Mein Kopf sieht aus wie das Gorgonenhaupt, und ich habe meine Blutung, und noch nie habe ich einen Mann so begehrt und gleichzeitig nicht begehrt. Warte also, bewähre dich als Bräutigam, auf dass ich ein weiteres Mal als Braut in Erscheinung treten kann. Ich gelobe, nie wieder bei einem anderen Mann zu liegen. Diesen Tag habe ich wirklich lange, sehr lange herbeigesehnt.»

Ich ging auf ein Knie. «Herrin, ich habe eine Hochzeit im fernen Hermione vorbereitet.»

Sie lachte. «Was für ein barbarischer Ort ist das nun wieder? Liegt er bei Platäa?»

«Oh, meine Liebe, Platäa wurde vom Großkönig zerstört. Hermione ist eine Stadt auf der Peloponnes, die die Überlebenden aufgenommen hat.» Ich hörte meine Mannschaft, die weiter unten am Strand Wein trank. Die Geräusche des Windes behagten mir nicht. Die Zeit der Herbststürme stand uns bevor – es war spät, die offene See zu überqueren.

«Und du?», wollte sie wissen. «Bist du jetzt mittellos?»

Ich setzte mich auf einen Fels und zog sie neben mich. «Das werde ich erst in ein paar Wochen wissen. Erst dann weiß ich, wie viele meiner Schiffe den Herbst überstanden haben.»

Sie nickte. Der Mond stand hoch am Himmel, und im fahlen Licht konnte ich die Zeichen des Alters auf ihrem Gesicht sehen.

Nicht, dass es mich gestört hätte.

«Ich war eine Närrin», sprach sie. «Es war töricht von mir, nach weltlicher Macht zu streben, wenn ich meine Jugend mit dir hätte verbringen können.» Sie suchte meinen Blick und zuckte mit den Schultern. «Aber wir sind so, wie wir sind. Ich wollte mich nie mit Herd und Heim zufriedengeben. Ich wollte zur See fahren und den Erdkreis erkunden wie mein Bruder.»

«Wo sind deine Söhne?»

Sie kuschelte sich an mich. Ein frischer Wind fegte über den Sand. «Sie konnten sich den berittenen Einheiten im Heer anschließen, Artaphernes sei Dank. Ich meine meinen Mann, nicht diese Natter gleichen Namens.»

Ich nickte. Falls einer von ihnen tatsächlich von meiner Blutlinie abstammte, konnte ich mir nur schwer vorstellen, dass er Pferde liebte.

«Ich war auch ein Narr», meinte ich. «Ich wollte das Leben mit dem Speer und dem Schiff, dabei hätte ich ein ruhiges Leben als Bronzeschmied mit eigener Werkstatt führen können. Aber nur mit dir an meiner Seite.»

Eine Weile saßen wir schweigend nebeneinander.

«So alt sind wir nun auch wieder nicht», sagte Briseis dann. «Im richtigen Licht habe ich das Gefühl, schön zu sein.»

Ich musste lachen. «Du bist wahrlich die Herrin meines Herzens, und ich habe nie besser gekämpft als am heutigen Tag. Ich fühle mich jung auf dem Weg ins Alter, und ich lade dich ein, dich mir auf diesem Weg anzuschließen. Du wirst sehen, morgen sind die Qualen und Schmerzen ...»

«Hände weg, unbedachter Freier!», rief sie und zitierte Homer. Sie sprang auf. «Meine Mutter warnte mich vor Jungen wie dir. Nein, folge mir nicht!»

Sie verschwand in der Dunkelheit.

Später trank ich Wein mit meinen Leuten und Archilogos, der ausgerechnet bei Seckla saß und gemeinsam mit ihm dem Wein zusprach.

In der Frühe erhellte Harpagos' Brandbestattung die Dämmerung, und wir teilten uns den Wein und gossen davon ins Feuer. Und als wäre jenes Feuer ein Leuchtzeichen, kamen Artemisias Schiffe zu uns an den Strand von Chios, eines nach dem anderen – auch der Rote König. Archilogos hatte sich uns längst angeschlossen.

Wir trafen die Neuankömmlinge am Strand. Mein Haupt war von Lorbeer bekränzt, von der feierlichen Bestattung, ich trug meinen Himation, war unbewaffnet. Ebenso Brasidas. Doch der Rest unserer Epibatai – mindestens dreißig an der Zahl – war bewaffnet.

Aber auch Artemisia hatte die Rüstung abgelegt. Sie kam mir in ihrem Aufzug wie eine fremdländische Matrone vor, mit ihrem Peplos, darüber den Chlamys, scharlachrot und safranfarben. Ihre Kleidung wies wunderschöne Stickereien auf, und ihr herrliches rotes Haar glich einer flammenden Krone auf ihrem Haupt, sodass jeder sehen konnte, dass sie eine Königin war. Sie schien über den Sand zu schweben und geriet nicht einmal ins Straucheln, wie es vielen von uns erging.

Briseis stand neben mir. Sie war natürlich eine Priesterin der Aphrodite, und Harpagos gehörte wie viele Männer von Chios zu den Verehrern und Geweihten der Gottheit. Daher hatte Briseis die Formeln der Zeremonie gesprochen und das Loblied angestimmt. Sie war eher schlicht gekleidet, trug einen dunklen Chiton, der sich wie eine dunkle Flamme um ihren schlanken Leib legte – ein einzelner, weißer Streifen zierte das schlichte Gewand.

So kamen wir uns in zwei Gruppen auf dem breiten Strandgürtel entgegen.

Ich hielt einen Olivenzweig in der Hand, auch Damasithymos, der Rote König, doch er trug die volle Rüstung und hatte sein Schwert nicht abgelegt.

«Ich habe Euren Sohn», sprach ich.

«Und ich den Euren», erwiderte Artemisia.

Doch dabei sah sie Briseis an.

Einen Moment lang war ich verblüfft, aber dann war mir schlagartig klar, dass sich die beiden Frauen vermutlich kannten! Sie waren im selben Alter, entstammten der Aristokratie und hatten in der ionisch geprägten Welt in Städten gelebt, die nicht allzu weit voneinander entfernt lagen.

Briseis lachte befreit auf. «Artemisia!», rief sie. «Du bist es wirklich!» Sie wandte sich mir zu. «Als Mädchen besuchten wir beide Sapphos Schule.»

Die andere Frau gab ein schnalzendes Geräusch von sich. «Der Erdkreis erscheint einem unermesslich weit gespannt», sprach sie. «Und dann scheint der Umfang wiederum sehr klein zu sein.»

Ich sorgte dafür, dass man ihren Sohn und dessen Lehrmeister über den Strand zu uns brachte. «Ich lasse Euren Sohn frei, auch sein Schiff gebe ich frei», sagte ich. «Ich habe mich bei unserem Abkommen sogar noch selbst übertroffen», fügte ich etwas übertrieben hinzu. «Ich übergebe Euch zwei Söhne des Xerxes, die ich am Strand von Ephesos fand.»

Gut, seien wir ehrlich, Seckla nahm die beiden gefangen, als Brasidas und ich die Stufen hinaufrannten.

Die Dynastin von Halikarnassos lachte wie ein Mann und gab mir zwei Küsse auf die Wangen.

«Ihr seid der ehrbarste Grieche, der mir je begegnet ist», sagte sie.

«Der tollkühnste Grieche, würde ich sagen», kam es vom Roten König. Er hielt meinen Sohn Hipponax am Ellbogen fest und stieß ihn dann sanft vorwärts. «Wenn wir uns das nächste Mal treffen,

Platäer, dann hoffe ich, dass nicht all diese Frauen und Kinder zwischen uns stehen.»

Ich sah den Mann an. Da er einen altmodischen korinthischen Helm trug, konnte ich kaum etwas von seinen Gesichtszügen erkennen. «Sind wir Feinde?», fragte ich. «Gab ich Euch Anlass, Vergeltung zu üben?»

Er lachte trocken. «Nein, aber die Leute sagen, Ihr seid der beste Krieger der Griechen. Ich denke, Ihr seid zu alt, um diesen Titel zu behalten. Ich werde ihn Euch von der toten Hand streifen.» Er deutete eine Verbeugung an. «Glaubt nicht, ich würde Euch nicht mit Ehre begegnen, Arimnestos von Platäa. Aber ich bin der beste Krieger auf diesem Erdkreis und werde es immer sein.»

Er nickte, behielt den Helm fest auf dem Kopf, wandte sich dann ab und stapfte durch den Sand davon, gefolgt von einem Dutzend Seekriegern mit scharlachroten Umhängen.

Während wir damit beschäftigt waren, vom Strand von Chios abzulegen, überbrachte uns ein Fischerboot die Nachricht, Artaphernes, Sohn des Artaphernes, sei mit einer Abteilung lydischer Reiter in Ephesos eingetroffen und habe von unserer Flucht erfahren. Der Fischer vertraute uns an, Artaphernes habe sein Ross ins Meer gelenkt, habe nach Chios geschaut, mit der Faust gedroht und meinen Namen verflucht.

Es ist immer gut, wenn man weiß, wer man ist und wo man steht, was? Mächtige Feinde führen einem vor Augen, dass man sein Leben nicht vergeudet hat, ist es nicht so, Thygater?

Am nächsten Abend lagerten wir am Strand von Tenos. Wie ihr euch vielleicht erinnert, stießen die Schiffe von Tenos kurz vor der Schlacht von Salamis zu uns, kurz darauf bekannte sich die Insel zum Bündnis von Korinth. Endlich trafen wir auch Megakles wieder, der ganz zufrieden auf mich wirkte. Er hatte, wie abgemacht, Berge Proviant gehortet und konnte meine Ruderer mit allem versorgen.

Wirklich, wir plünderten den halben Laderaum und schlugen uns die Bäuche voll, und danach verbrachten wir einen ungemütlichen Tag auf See und folgten dem westlichen Verlauf der Küste von Andros, immer wieder behindert von schweren Böen und Stoßwinden. Etliche Schiffe des Bündnisses lagen auf den Stränden von Andros.

Ich verspürte nicht das Verlangen, anzulegen und mich in Themistokles' Dienste zu begeben. Hört zu, vielleicht war er der Größte der Griechen, vielleicht war er aber auch ein Verräter. Ich konnte ihm einfach nicht vertrauen, und mir war klar, dass er sich von einer Hybris zur anderen steigern würde, weil wir den Großkönig bezwungen hatten.

Ich wollte nicht teilnehmen an den Plünderungen von Andros. Die Insel war ohnehin schon arm. Aber Demetrios und Harpagos' Neffe Ion sahen das anders, und ich grüßte sie und ließ sie ziehen, auf dass sie sich den Verbündeten anschlossen. Die Männer der *Najade* überraschten uns, da sie den Winter bei der griechischen Flotte verbringen wollten, falls wir sie mit Proviant versorgen konnten – wozu wir imstande waren.

Briseis hatte sich derweil auf das Schiff ihres Bruders begeben. Wenn ich sage, dass ich vor Sehnsucht nach ihr brannte, werde ich den tatsächlichen Gefühlen nicht ganz gerecht.

Meine Träume waren düster, obwohl ich Briseis zurückgewonnen hatte. Archilogos war indes von Tag zu Tag freundlicher zu mir. Leukas lebte und war dem Tode noch einmal entronnen, so hoffte ich.

Eigentlich hätte ich in den Sphären der Götter schweben müssen – der Sieg, die Verfolgung, die Erfüllung eines Traums, dem ich ein halbes Leben nachgehangen hatte.

Stattdessen wurde ich während der gesamten Heimfahrt von Traumbildern der Vergangenheit verfolgt. Ich vergegenwärtigte mir, wie viele Menschen den Tod gefunden hatten, Menschen, die ich einst liebte oder auch hasste. Ich glaube, dass ich mich mehr vor der Heimfahrt als vor der Fahrt nach Ephesos fürchtete. Ein Tag mit grau verhangenem Himmel und Böen reichte aus, um mich aus dem Gleichgewicht zu bringen. Ja, wirklich, ich war mir sicher, dass die Götter mir jetzt all das wieder nehmen würden, was sie mir zwischenzeitlich gewährt hatten.

Denn so ist es allzu oft mit der Wankelmütigkeit der Götter, oder nicht?

Noch einmal Megalos. Zum letzten Mal in jenem Herbst, und mein Geschwader schleppte sich nach einem langen Tag mit Gefechten gegen Poseidons Winde zur Küste. An jenem Abend sang niemand, niemand trank Wein am Strand – wir fielen in traumlosen Schlaf, wir waren zu müde, schafften es gerade noch, ein Trankopfer darzubringen, und sackten dann auf die Strohmatten. Am folgenden Morgen, wund vom tagelangen Pullen, richteten wir unsere Buge direkt in einen starken Wind – und griffen wieder nach den Riemen.

Aber als die Stunde kam, wenn sich ein Mann für gewöhnlich zur Agora begibt, um seine Freunde zu treffen, ließen die Winde nach und bereiteten uns keine Qualen mehr. Wir hatten eine leichte Brise aus Nord – dafür war dieser Wind so kalt wie eine abweisende Frau, aber dennoch sanft genug, dass wir beschlossen, das Segel zu setzen und unter Kreuzschlägen zu segeln, bei südwestlichem Kurs. Und so sanft dieser Wind auch war, er hielt den ganzen Tag an und brachte uns nach Ägina. Bei der nächsten Dämmerung wartete die Brise erneut auf uns, trug uns weiter über die Wellen, über die Ägäische See bis nach Hermione – und die Gedanken an einen hässlichen Tod hatten keinen Platz mehr.

Und dort, in jener schönen Stadt, die sich auf einem Kap erhebt und zwei herrliche Strände hat, die günstig wie ein kleiner Hafen liegen, erblickte ich die *Athene Nike* am Strand, hoch über dem Wasserspiegel. Ich weiß auch nicht, wie ich das erklären soll, aber als ich Aristeides' Schiff sah, wusste ich, dass ich meine Sorgen vergessen durfte, zumindest für eine Weile.

Wir waren eine erschöpfte Mannschaft Argonauten, als wir Schiff um Schiff an jenem Strand anlegten. Ich hatte den Eindruck, dass sich ein Drittel der Flotte dort eingefunden hatte: Kimons *Ajax* und ein Dutzend weiterer Schiffe, die ich kannte, auch Xanthippos' *Rossbändigerin.* So legten wir an, ich als Letzter, und ließ all meinen Schiffsführern die Wahl, wo genau sie das Heck auf den Strand laufen lassen wollten. Wir sorgten für Aufsehen, nicht zuletzt deshalb, weil wir sauber anlegten, und schon bald bildete sich eine ansehnliche Menschenmenge. Die Leute jubelten, bei den Göttern, ja, das Jubeln hallte über das Wasser, insbesondere als die Schaulustigen Archilogos' prächtiges Schiff erblickten, das sie natürlich für eine Prise hielten.

Und dort stand Aristeides – auch Jocasta. Und Penelope. Ich sah Hermogenes wieder, der lächelte, als hätte er soeben den Lorbeerkranz bei einem Wettkampf errungen. Styges traf ich wieder, den jungen Teukros und ein Dutzend weiterer Platäer. Hektor war längst eingetroffen, weiter den Strand hinunter sah ich Kleitos mit Frau und Tochter, auch meinen alten Hausverwalter Eugenios. Und meine Tochter Euphoria.

Viele Male in meinem Leben bedeutete die Heimkehr für mich, dass sich neue Gefahren auftaten. Oder ich brachte diese Gefahren sozusagen mit.

Aber in Hermione, in der Stadt, die zwischenzeitlich Platäa hätte heißen können – oder Athen, wo wir schon dabei sind –, legte ich unter dem Jubel meiner Freunde und meiner Sippe an. Ich sprang über das Heck auf den Strand, und mein Vetter Simonides umarmte seinen Bruder Achill – und danach mich.

Ich löste mich von ihm und hielt die Arme hoch. Oben am Strand sah ich Briseis, die über die Menschenmenge auf mich herabsah.

Sie lächelte, schien mich eine Weile zu betrachten. Dann eilte sie in meine Richtung und warf sich mir wie ein junges Mädchen in die Arme, mit dem Vertrauen so vieler Jahre. Ich drehte mich mit ihr einmal um die eigene Achse und stellte meine Liebe dann wieder auf die Füße – ich hoffe, ohne einen Laut der Anstrengung.

Jocasta trat zu mir. «Und das wird Briseis sein, wie ich wohl vermuten darf.»

Ich hatte mich schon oft gefragt, wie Aristeides' Gemahlin die Frau meiner Träume begrüßen würde. Briseis war so ganz anders als diese gesetzte, ruhige Matrone Athens – vielleicht das genaue Gegenteil, eher wie Gorgo von Sparta.

Doch Jocasta hatte keine Berührungsängste und umarmte Briseis. «Werdet Ihr ihn heiraten?», wollte sie wissen.

Briseis' Augen hatten ein fast überirdisches Leuchten, und in ihrem Blick, der mir galt, lag so viel mehr an Bedeutung als in jedem Wort. «Ich kann ihm nicht widerstehen», sagte sie schließlich.

Jocasta nahm sie bei der Hand. «Dann haben wir noch eine Menge zu tun», sprach sie ruhig und aufmunternd.

Meine Tochter kam zu mir. Sie sah Briseis an – nahm ihre Hand und küsste sie.

Und meine Briseis, die so hart wie Stahl sein konnte, brach in Tränen aus.

Nur wenige Schritte entfernt sprang Hipponax vom Achtersteven von Dareios' Schiff. Mein Sohn streckte die Hand nach Heliodora aus, aber sie entzog sich ihm neckisch und eilte davon.

Trotz der Rüstung jagte er dem Mädchen hinterher.

Beide lachten ausgelassen.

Hektors Iris stand scheu hinter der Menge der Zuschauer. Ich glaube, sie war sich nicht recht sicher, ob er sie begehrte – oder ob er das Versprechen wirklich halten würde, das er gegeben hatte. Manchmal kann ich sehen, was in Männern vorgeht, manchmal auch bei Frauen, und ich sah Iris dort stehen, sah den Ausdruck in ihren Augen.

Aber Hektor war ein sehr viel besserer Mann als sein Vater Anarchos, und er stand am Heck seines Schiffs, seine Rüstung leuchtete in der Sonne, bis er Iris sah. Und dann sprang er ins flache Wasser und rannte zu ihr, als wollte er gegen eine Linie medischer Speerkämpfer anrennen.

Iris lachte vor Freude, und wir waren zu Hause.

Leukas verließ als Letzter das Schiff. Er sprang natürlich nicht, und einige aus unserer Mannschaft halfen ihm an Land.

Er ging auf die Knie und küsste den Sand. «Ich hätte nie gedacht, hier lebend anzukommen», bekannte er.

Brasidas nickte. «Ich auch nicht. In meiner Vorstellung war dieser Ausgang keinem von uns beschieden.»

Ich konnte es Styges nicht ersparen, von Idomeneus' Tod zu berichten – er weinte bitterlich. Viele Frauen kamen zum Strand, wagten zu hoffen und wurden enttäuscht. Keine Heimkehr von Helden bleibt verschont von dieser Wahrheit, aber unsere Verluste hätten weitaus größer ausfallen können. Mit dieser Gewissheit musste ich mich zufriedengeben. Denn bei all meiner Freude machte ich mir bewusst, dass ich zu Ruhm gelangt war, dass ich einen Sieg feiern konnte. Ich hatte die Frau, die ich liebte, zurückgewonnen, mit Hilfe der Schilde und Speere meiner Freunde, aber auf dem weiten Weg dorthin waren etliche Getreue mit dem Gesicht nach unten im Sand der Zeit liegen geblieben. Die Toten suchten mich nicht jeden Tag heim, das hatten sie schon während der Woche vor der Ankunft getan. Briseis mochte zwar ihre Mitgift beigesteuert haben, bestehend aus Silber und Gold, aber ihr Brautpreis war in Speeren, Bronze, Eisen und Blut gezahlt worden.

Dann war da noch Brasidas. Ich glaube, an jenem Abend war er fast am Ende seiner Kräfte.

Wir hatten ein Haus – Eugenios hatte es für mich vorbereitet. Es war klein, aber auch die Stadt war nicht groß. Das Haus hatte ein Brautgemach, und ich schlief auf einer Matte auf dem Fußboden, weil ich vor dem großen Tag nicht die Schönheit des Hauses beflecken wollte. Das Haus hatte einen schönen Garten, und an jenem Abend – wenige Tage vor meiner Hochzeit – saß ich mit Brasidas bei einem Becher Wein zusammen, über uns die Sterne des Herbstes. Ich bekenne, dass Menschen schwierige Tiere sein können, Männer vor allem. Ich hatte mir eigentlich vorgenommen, den Sieg mit Aristeides zu feiern, ich wollte in Jocastas fröhlicher Gemütsruhe baden und meine Tochter auf dem Schoß haben – und natürlich wollte ich Briseis mit meinen Blicken verschlingen.

Stattdessen trank ich in der Dunkelheit mit Brasidas, weil er mein Freund war und weil er Schmerzen litt.

«Ich dachte, ich wäre tot», sagte er unvermittelt. Für ihn war es ungewöhnlich, Worte dieser Tragweite in den Mund zu nehmen.

Ich schüttelte den Kopf.

«Xerxes ist besiegt, und ich lebe», sagte Brasidas. Er nahm noch einen Schluck, und da fiel mir auf, zum ersten Mal seit ich ihn kannte, dass er betrunken war.

Ich lehnte mich zurück – wir saßen, hatten keine Ruhebänke. Das Haus hatte nur eine Kline, und die war etwas Besonderem vorbehalten.

«Xerxes ist nicht besiegt», meinte ich. «Wenn ich Aristeides richtig verstanden habe, hat sich Mardonios nach Thessalien zurückgezogen, aber er wird zurückkommen.»

«Xerxes ist fortgelaufen», sagte Brasidas mit belegter Stimme. «Leonidas ist tot. Damaratos wird nie zurückkehren.» Seine dunklen Augen funkelten wie Speerspitzen im Licht der Sterne. «Ich werde meine Rache nicht zu Ende bringen können.»

Ich wusste nicht, wen oder was er zu rächen gedachte, und mir schien die Zeit noch nicht gekommen, ihn danach zu fragen.

«Rache ist etwas für Narren», sagte ich. «Nimm dir eine Frau und sei glücklich.»

Brasidas lachte. Es klang nicht hohl oder bitter, nein, es war ein fröhliches Lachen. «Arimnestos», meinte er. «Kannst du dir wirklich vorstellen, dass ich mich mit einer Frau auf einem Hof zur Ruhe setze?»

«Ja, warum nicht.» Ich meinte es auch so. «Wir sind Griechen, keine Meder. Wir kennen andere Klänge als das Lied des Speers und das Loblied des elenden Ares. Es gibt noch andere Dinge abseits der Klänge von Speer gegen Speer oder Ruderriemen an Ruderriemen.»

Brasidas' Kopf fuhr herum. «Du musst es ja wissen», sagte er, nachdem er wieder einen Schluck Wein genommen hatte. «Das kannst auch nur du sagen, der Menschenschlächter, der Speer des Westens. Du erntest den Ruhm des Weltkreises, und dennoch bist du ein Bronzeschmied und ein Bauer.»

Ich erhob meinen Becher und brachte ein Trankopfer dar, auf meine Toten – auf jene, die ich erschlug, auf jene, die mir folgten und den Tod fanden.

«Hör zu, Brasidas», sagte ich. «Jeder Ruderer bei Salamis trug einen Speer. Niemand ist der Speer des Westens, und jeder Mann, jeder Thete mit seinem Sitzkissen ist ein Menschenschlächter. Dies hier ist nicht Sparta. Und die Zeit wird kommen, wenn sich Spartas Traum vom Krieg wandeln muss.»

Brasidas stierte lange in die Dunkelheit. So viel Dunkelheit, nicht nur die sichtbare. Ich wusste, dass sie uns umgab.

Dann erhob auch er den Becher. «Vielleicht muss ich wirklich ein Platäer werden.»

Einige Amphoren später hörte ich ihn sagen: «Denkst du, die Königin von Halikarnassos ist noch ungebunden?»

Wir lachten, und ich wusste, dass er es schaffen würde, die Düsternis zu überwinden. Er hatte sich am Rande eines Abgrunds befunden, hatte diesem Abgrund dann aber den Rücken zugekehrt.

So ist es manchmal. Ich hoffe, dass keiner von euch je in diesen düsteren Abgrund blicken muss. Aber wenn es euch ereilt – sucht euch einen Freund. Es ist wie bei einem Kampf: Und Kämpfe trägt man besser in der Phalanx aus und nicht allein.

Am nächsten Tag versuchte ich, irgendwo einen Wagen aufzutreiben.

Ha! Jede Kore unter euch, jedes Mädchen, darf sich jetzt freuen, wenn es nachvollziehen kann, was ich da alles erzähle. Nach all den Abenden mit Segelmanövern, Schiffstypen, Aspides und Schwertern komme ich endlich auf Dinge zu sprechen, die sogar meine eigene Tochter interessieren.

Autsch! War das zu gewagt?

Was für ein Bild von dir vermittelst du deinem zukünftigen Gemahl, meine Liebe, wenn du weiterhin so aufbrausend in der Öffentlichkeit bist?

Ich sage, in guten Familien, zumindest in Attika und in Platäa, braucht man einen Wagen für die Hochzeit.

Hermione ist eine kleine Stadt – eine sehr schöne, keine Frage, aber eben eine kleine. Folglich legt man dort nicht so viel Wert auf die eigene Darbietung oder Zurschaustellung. Doch letzten Endes konnten wir einen alten Wagen auftreiben, und danach sorgten Hermogenes, Styges, Tiraios und ich für Aufsehen, weil wir uns unserer Kleidung entledigten und eine Schmiede samt Werkstatt in Beschlag nahmen, um den alten Wagen wieder aufzuarbeiten, von der Deichsel bis zu den Speichenrädern. Ich glaube, dieses Ding war zuletzt vor fünfzig Jahren zum Einsatz gekommen. Die Bereifung bestand aus sprödem Leder, etliche Speichen der Räder waren gebrochen, und der Korpus selbst war dem Zahn der Zeit zum Opfer gefallen.

Wir arbeiteten in der Werkstatt und ließen uns von einem Rhapsoden Verse aus der *Ilias* vortragen, und es fühlte sich gar nicht wie Arbeit an, eher wie Urlaub. Unser Silberschmied aus Platäa schmolz etwas von meinem Silbervorrat ein und fertigte wunderschöne Beschläge, während zwei Säckler, die sich mit Leder auskannten, Halfter und Zügel herstellten. Derweil begab sich Kimon, der vielleicht zu den besten Reitern Athens zählte, auf die andere Seite des Bergrückens und erstand in meinem Namen vier junge Pferde, die Kenner aus Attika für ausgezeichnet hielten.

Mehrmals am Tag kamen Jocasta, Penelope und Euphoria zu uns und fragten mich nach meiner Meinung zu diesem oder jenem – zu Dingen also, von denen ich keine Ahnung hatte. Es ging unter anderem um Blumengebinde. In der Rückschau würde ich sagen, dass ich bei etwa tausend Fragen, die mir die Frauen stellten, ungefähr zehn zu ihrer Zufriedenheit beantworten konnte.

Aber sie planten meine Hochzeit und brauchten daher meine Zustimmung in allen Dingen.

Auch Archilogos bekam ein Haus zugewiesen, wiederum von Eugenios, der scharfsinnig, wie er eben war, davon ausgegangen war, dass mein «Raubzug» von Erfolg gekrönt sein würde. Darüber hinaus ging er stillschweigend davon aus, dass meine Braut eine traditionelle Hochzeit bevorzugte. Mögen die Götter meinen Eugenios segnen!

In aristokratischen Kreisen verläuft eine Hochzeit meistens folgendermaßen: Zunächst wird die Verlobung bekanntgegeben. Und für viele Leute, das trifft auf die Bevölkerung Attikas und Böotiens zu, ist die Verlobung die Hochzeit, deshalb können Kinder aus den besten Familien von dem Tag ihrer Geburt neun Monate zurückzählen und gelangen so auf die Nacht der Verlobungsfeier ihrer Eltern. Aber es bleibt eine familiäre Zeremonie, die oftmals im Haus der Braut stattfindet, bisweilen auch in den Räumlichkeiten des Bräutigams. Die Hochzeit an sich bezeichnet dann den Tag, an dem die Frau in das Haus des Mannes zieht, und dieser Tag ist meistens ein weitaus größeres und lauteres Ereignis, bei dem viel Wein fließt.

Bei meiner ersten Heirat mit Euphoria, meiner geliebten honigfarbenen Schönheit, hatte es eine Verlobungsfeier und eine Hochzeit gegeben, wobei die Hochzeit letzten Endes etwas glanzlos blieb, da Euphoria zu mir über die Berge kam, aber ohne ihre Familienangehörigen.

Nebenbei bemerkt: Euphorias Vater Aleitos war damals auch in Hermione und fragte auf seine höfliche Art, ob auch er zur Hochzeit kommen dürfe, als Mitglied der Familie. Und gewiss, Hochzeiten sind eigentlich für junge Leute, nicht für ältere Männer wie mich. Ja, ich wurde in jenem Jahr schon sechsunddreißig, Briseis war ein Jahr jünger und galt mit zwei erwachsenen Söhnen als gesetzte Matrone.

Also bat ich Aleitos, den Platz meines Vaters einzunehmen, ehe ich Simonides und seine Freunde bat, bei der Zeremonie neben mir und meinen Gefährten zu stehen.

Ich merke gerade, dass ich noch erwähnen muss, dass drei Eheschließungen bei einer Zeremonie stattfinden sollten: Ich heiratete Briseis, Hektor war Iris versprochen, und mein Sohn Hipponax gab Heliodora das Jawort. Zuvor ließ ich meine Jungs wissen, sie sollten sich selbst um anständige Wagen kümmern.

Nun gut.

Von der Woche in Hermione weiß ich nicht mehr viel, aber ich habe sie als schön in Erinnerung behalten. Es flossen Tränen – in einer Zeremonie gedachten wir der Gefallenen von Salamis, natürlich auch meines Gefährten Idomeneus, dem wir nach den Wirren der Schlacht leider keine Brandbestattung hatten ermöglichen können. Aber meistenteils überwogen die Freude an unserer Arbeit und die Erinnerung an einen großen Sieg. Wir als Griechen hatten harte Zeiten überstanden, hatten das Haupt aber vor keinem fremden Herrscher beugen müssen.

Meine Schiffe lagen vor Anker oder umgedreht am Strand. Wir schmiedeten bronzene Bänder für die Wagenräder, als Ersatz für die alte Lederbereifung, und löteten sie auf neue Räder (die richtige Stellmacher für uns anfertigten, um das einmal zu sagen). Für die Fahrerkabine fertigten wir einen hölzernen Aufsatz an, den wir rot anstrichen, wie es in Tyros üblich ist, vergoldeten die Kanten und bauten alles fachmännisch zusammen – und nachdem wir das geschafft hatten und alles noch einmal für Hipponax und Hektor in Angriff nahmen (ja, natürlich half ich ihnen bei ihren Wagen!), kauften wir eine Ladung Kiefernholz aus Arkadien und errichten aus dem Material Schiffsschuppen auf der Anhöhe unter dem Tempel und ließen unsere Kriegsschiffe dort sicher und geschützt trocknen.

Am Tag nach der Woche, die Hermes, dem Schutzgott der Stadt, gewidmet ist, gingen wir zum Tempel des Poseidon auf der Landzunge. Die Engyesis stellt immer ein bedeutendes Ereignis dar. Kleitos hielt eine feierliche Rede und lobte mich – wie ihm das wohl gefallen hat? –, ehe er Hipponax pries. Und Xanthippos, das muss ich dem Mann lassen, trat wie ein edler Mann für seine Tochter ein, und sogar seine Gefährtin Agariste, die insgeheim Iris' Verbindung missbilligte, überwand letzten Endes ihren Stolz – oder sollte ich sagen ihren Standesdünkel? – und steuerte nicht nur Leinen und Wolle samt Webrahmen bei, sondern auch eine Wagenladung Haushaltsgüter. Xanthippos sprach ausführlich darüber, wie wichtig es sei, den Wiederaufbau nach den Kriegsereignissen voranzutreiben, wobei er betonte, dieser Wiederaufbau beginne schon im Exil auf der Peloponnes.

Aleitos, der meinen Vater ersetzte, und mein Vetter Simonides hielten ebenfalls Reden und führten sozusagen ihre Familien mit der unseren zusammen. Simonides ging sogar so weit, dass er sich zu einem Scherz herabließ über die Zerstörung unserer Städte und fügte hinzu, dieser Umstand erkläre auch, warum die Bräute zu eher bescheidenen Häusern geführt würden.

Die Leute lachten. Daran sieht man, wie zuversichtlich wir geworden waren. Wir wussten, dass wir die Oberhand behalten hatten. Irgendwie seltsam: Wir lebten im Exil, unsere Städte lagen in Schutt und Asche, unsere Tempel waren eingerissen worden. Unsere Schiffe draußen auf den Stränden und auf den Wellen – unsere «hölzernen Mauern» – waren das einzige Vermögen, das uns geblieben war.

Die Mädchen, Iris und Heliodora, beide fünfzehn Jahre alt, und Briseis, die mit ihren fünfunddreißig Sommern noch die Schönste von allen war, trugen weiße Schleier aus feinem ägyptischen Leinen und nahmen sie keinen Moment fort, obwohl diese Schleier so hauchzart waren, dass man hindurchsehen konnte.

Briseis trug einen edlen, dunkelblauen Chiton, dessen reichverzierter Saum ein persisches Muster aus roten, weißen und schwarzen Fäden aufwies. Um die Schultern hatte sie sich einen Chlamys gelegt und ließ an einer Brust das feine Leinen ihres Chitons erahnen – eine unerhörte Neuigkeit in Hermione, das kann ich euch versichern. Die jüngeren Mädchen präsentierten sich in ihren Peploi züchtiger, und aller Augen waren im Grunde auf meine Briseis gerichtet. Ihre ionisch geprägte Kleidung war sowohl fremdländisch als auch bestrickend und würdevoll. Sie trug natürlich keinen Reif im Haar wie die beiden Jungfrauen, sondern stattdessen ein Diadem, das sie als Priesterin der Aphrodite auswies.

Obwohl Heliodora das Mädchen war, das aus dem reichsten Hause stammte, zeigte sie sich in einem schlichten Chiton aus Wolle, der am Ausschnitt und am Saum Verzierungen aufwies, die das Mädchen zweifellos selbst gestickt hatte, da war ich mir sicher. Sie gehörte zu dieser Art von junger, selbstbewusster Frau. Iris trug einen lebhaft rot gefärbten Peplos, der Xanthippos ein Vermögen gekostet haben dürfte, denn er gehörte sicher zu den Vätern, für die nichts zu teuer war, wenn es um die eigene Tochter ging.

Trankspenden wurden dargebracht, wir stimmten Loblieder auf Poseidon an, und danach begaben sich die Mädchen zurück zu «ihren» Häusern, in einer von Fackeln beleuchteten Prozession. Alle Frauen folgten ihnen. Im Vorfeld war es so arrangiert worden, dass die drei Bräute sich für diese eine Nacht gemeinsam ein Haus teilten, das die Agora überblickte. So kam es, dass die Frauen ihre kleine Feier abhielten, während wir Männer uns in Aristeides' Haus versammelten, das für den Abend zu «meinem» Haus ernannt wurde. Natürlich gehörte es der Form halber auch Hipponax und Hektor.

Am darauffolgenden Tag geschah eigentlich nicht viel. Ich überlasse es eurer Vorstellungskraft, was für eine Feier wir Männer hatten – wir, die Sieger von Salamis, die eine ganze Stadt im Rücken hatten, die uns mit Wein versorgte. Dort, an jenem Abend, erfuhr ich auf einer Kline von meinem Ersatzvater Aleitos und von Aristeides, wie die Erstürmung der Insel Psyttaleia im Einzelnen vonstattengegangen war. Natürlich erzählten wir uns noch ein Dutzend anderer Ereignisse des Schlachtverlaufs.

Am nächsten Tag liefen weitere Schiffe im kleinen Hafen ein, weitaus mehr legten bei Thermisia und an den Stränden von Troizen nördlich von uns an. Themistokles war es gelungen, Andros einzunehmen. Er hatte die Bewohner dort dazu gebracht, sich ihm zu unterwerfen – so erzählte man es sich. Ich weiß nicht, wie es wirklich abgelaufen war, ich hatte wie immer meine Zweifel, sobald es um Themistokles ging. Vielleicht, so argwöhnte ich, hatte der Aufschneider auch nur einen zweifelhaften Sieg errungen und alles dafür getan, um das Gesicht zu wahren. Sicher war indes, dass die Segelsaison zu Ende war. Der Winter stand bevor.

Aber die zurückkehrenden Seeleute, unter ihnen Lykon von Korinth, Ion und Demetrios, brachten Neuigkeiten mit. Sie waren als Späher bis zur Insel Skiathos gesegelt, gegenüber von Thessalien, und hatten auf diese Weise erfahren, dass Mardonios Larissa in Thessalien eingenommen hatte. Dort hatte er die Einwohner vertrieben, die eigentlich zu den Verbündeten der Meder zählten, und ließ seine Pferde auf den grünen Weideflächen nördlich von uns grasen.

Für uns waren das ernüchternde Nachrichten. Bislang hatte es danach ausgesehen, als seien die Perser auf ganzer Linie geflohen, viele hatten geglaubt, unsere Arbeit sei getan. Aber nun wusste Lykon zu berichten, dass persische Abgesandte bereits von einer Polis zur anderen eilten und Erde und Wasser als Zeichen der Unterwerfung verlangten. Als Vorspiel für den nächsten Überfall.

Wir waren zwar nicht völlig verzweifelt, aber wir kamen ans Nachdenken.

Am Tag, der Aphrodite vorbehalten ist, in der letzten Woche des Pyanopsion, traf Gorgo ein. Gut, Sparta liegt nicht allzu weit von Hermione entfernt, wie die Stadt ja seit den Erfahrungen von vor über hundert Jahren sehr wohl weiß, aber ich hatte nicht mit dem Kommen der Königin gerechnet, zumal sie eine Witwe war. Dennoch, wenn man bedenkt, wie sehr sie sich für das Bündnis eingesetzt hatte – vergesst auch nicht, dass viele unserer Schiffsführer aus den Gegenden um Troizen und Hermione kamen.

Pyanopsion! Ich bin schon ein richtiger Athener. Und so darf ich mich ja auch nennen – schon nach Marathon hatte man mir das Bürgerrecht übertragen. Meine Söhne wurden athenische Bürger, Iris war vom Geburtsrecht her Bürgerin (was wichtig war, wenn ihre Kinder Bürger werden wollten), aber im armen alten Böotien, im Grünen Platäa meiner Jugend, wurde diese Zeitspanne im Spätherbst Pamboiotios genannt, und sie dauerte noch einige Wochen an.

Seht es mir bitte nach, wenn ich wieder einmal wie ein betrunkener Hirte umherschweife, aber ich schweife ja nur ab, um jetzt auf den Punkt zu kommen. Es geschah in jener Woche und in jenem Monat in Hermione und nicht in Korinth, dass das Bündnis den Blick auf die nächste Phase des Langen Krieges richtete.

Ich glaube, es geschah zwei Tage vor meiner eigentlichen Hochzeit. Ich haderte mit mir und kämpfte gegen meine düstere Stimmung an, und ich erinnere mich, dass ich meine Tochter fragte, ob es Briseis gutgehe. Denn ich war mir so sicher, dass Apollon oder irgendeine gerissene Gottheit mir meine Braut und somit mein Lebensglück entreißen würde.

Euphoria legte beide Arme um mich. «Sie hat etwas Schönes zu mir gesagt», meinte sie. «Sie sagte, sie habe immer eine Tochter haben wollen, und jetzt bekomme sie ein hübsches, talentiertes Mädchen, ohne die Schmerzen der Niederkunft zu erleiden oder Nächte durchwachen zu müssen.» Euphoria lehnte sich zurück. Sie saß neben mir, im Garten unseres geliehenen Hauses. «Erst glaubte ich, beleidigt sein zu müssen, aber dann fiel mir ein, dass du ja auch keine Schmerzen leiden musstest, als ich zur Welt kam, und mich als Kleinkind nicht hast schreien hören.»

Penelope, die in meinem Haus wohnte, reichte mir einen Becher Wein. «Du warst ein liebes Kind, als du klein warst», sagte sie voller Wehmut. «Meine Söhne waren laut und fordernd, aber du warst immer so lieb ...»

«Als ich sechs war, habe ich deinen Webrahmen umgerissen», bekannte Euphoria.

Einen Moment herrschte Schweigen.

«Ich dachte, das wäre Andronikos passiert», sagte Penelope mit jenem bedrohlichen Unterton, den ich nur zu gut kannte.

Ich weiß noch, dass ich von dem kleinen Portikus, auf dem wir saßen, hinauf zu den Sternen sah. Es waren Abertausende an einem perfekten Herbstabend. Erst glaubte ich, es würde zu einem Streit kommen, deshalb wollte ich mich am liebsten verdrücken.

Aber meine Schwester knuddelte meine Tochter. «Nun, dieser Webrahmen ist heute Asche, mein Kind», sprach sie. Zu mir gewandt, fuhr sie fort: «Die Frau, für die du dich entschieden hast, gibt mehr Befehle als jede Frau, die ich bislang kennengelernt habe. Und sie verwendet ungeheuer viel Zeit auf ihre äußere Erscheinung.» Sie hob eine Hand, um meine Antwort hinauszuzögern. «Trotz allem kann man sie eigentlich nur mögen. Ich fürchte, die Art ihrer Kleidung dürfte in Athen einen Skandal auslösen, glaub mir – sie zeigt sich ja beinahe mit einer bloßen Brust! Wir werden alle noch wie Spartanerinnen üben müssen, damit wir vorzeigbar bleiben, wenn das so weitergeht.»

Tatsache war, Pen hatte immer noch eine gute Figur und lief, um ihren Körper zu erhalten, aber ich wusste ihre Bemerkung einzuordnen.

«In Ionien ist eben vieles anders», sagte ich. «Briseis hat ein ganz anderes Leben geführt als du.»

Penelope zog die Beine an und schlang beide Arme um die Knie wie ein junges Mädchen. Sie sah meine Tochter an.

«Ah, verstehe», meinte Euphoria. «Erwachsenengespräche. Aber ich weiß schon, wie Kinder auf die Welt kommen!» Sie erhob sich, warf den Kopf keck in den Nacken und stolzierte davon. «Vielleicht sollte ich der Königin von Sparta einen Besuch abstatten!», rief sie uns über die Schulter zu. «Sie spricht immer mit mir, als wäre ich eine erwachsene Frau!»

Ich war inzwischen weise genug und warf ihr einfach nur eine Kusshand zu.

«Sie hat mich gefragt», fing Penelope rätselhaft an. Es war dunkel geworden in unserem Portikus, die schön gearbeiteten Säulen waren nur noch zu erahnen, und der Duft vom Garten wehte herüber. «Sie hat mich gefragt, wie lange ich noch warten will, ehe ich wieder heirate.»

Ich blinzelte.

«Sie meinte, ob ich wirklich allein schlafen wolle. Und ich wusste, dass das nicht mein Wunsch ist. Oh, mein Bruder, ist das Verrat an meinem geliebten Antigonos?»

Penelope fing plötzlich an zu weinen, und ich fragte mich schuldbewusst, ob es in jener Woche meine Aufgabe war, denen Trost zuzusprechen, die verzweifelt waren. Brasidas – der stärkste Mann, den ich kannte – und jetzt meine Schwester, die neben Jocasta für mich das Abbild der starken Frau war.

Ich nutzte das Schweigen, um meine Verwirrung zu überspielen, und musste mir eingestehen, dass die Treue zu einem verstorbenen Partner ein sehr kalter Trost ist.

«Ich denke, du musst tun, was dir am besten erscheint», sagte ich.

«Das ist eine feige Antwort», entgegnete Pen gewohnt scharf. «Du meinst, ich soll tun, was ich für richtig halte? Ich frage aber dich, was das Richtige wäre!»

Im Grunde wollte sie meine Erlaubnis oder meinen Segen, wieder einen Mann kennenzulernen oder dem langen Trauern ein Ende zu setzen. Ich wusste es. Ich presste die Lippen aufeinander. Sie war meine Schwester, und ich bekenne, dass ich keinen Grund darin sah, dass sie – oder jeder Mann und jede Frau – ein Leben lang allein bleiben sollte und nur ihre Söhne hatte.

Aus der Dunkelheit vernahmen wir eine Stimme, die sanft an unsere Ohren drang. «Mein Gemahl sagte mir einmal, ich solle mir einen guten Mann suchen und starke Söhne zeugen, falls ihm etwas zustoße.»

Es war Gorgos Stimme. Die Königin von Sparta stieg die glatten, alten Stufen zu unserem Portikus hinauf. In ihrem Gefolge waren zwei thrakische Frauen und Bulis – in Athen wäre es ein Skandal gewesen, dass sie als Frau noch so spät in der Dunkelheit unterwegs war.

Aber im Exil in Hermione gab es keine Regeln. Ich möchte den

Punkt nicht überstrapazieren, aber wir waren ein Land, das sich im Krieg befand, wir wussten, dass wir uns nur in einer Verschnaufpause zwischen zwei tödlichen Schlachten befanden. Mädchen und Jungen bandelten an und küssten sich sogar, und ihre Eltern drückten ein Auge zu. Es war nicht mehr so wie das Athen oder Platäa meiner Jugendzeit.

Wir alle wussten, dass uns die Zeit auf Erden nur geliehen war, denke ich.

Wie dem auch sei, die Königin von Sparta, die zur selben Zeit Witwe wurde wie meine Schwester, kam die Stufen herauf zu uns und setzte sich mit Bulis zu uns. Eugenios tauchte auf und stellte Öllampen auf kleine Tische. Plötzlich wurde Backwerk aufgetragen. Es gab mehr Wein.

Aber nicht bevor Gorgo ihre gewichtigen Worte sprach.

«Für mich wird Leonidas immer ein Halbgott sein», sagte sie. Ihre Stimme zitterte nicht vor Gefühlen, sie klang aber auch nicht glücklich. Gorgo hörte sich eher wie ein Orakel an, weder zu leise noch zu volltönend, sondern eher leicht. «Aber ich werde ihn nicht vergleichen mit irgendeinem Mann, der nach ihm in mein Bett steigt. Was geschieht, geschieht.» Sie schenkte Penelope ein Lächeln, und meine Schwester erhob sich und hieß die Königin mit einer Umarmung willkommen.

Ihr Blick ging zu mir. «Wir haben alle die Mysterien verpasst, nicht wahr?», fragte sie, womit sie auf die Mysterien von Eleusis Bezug nahm, die in der Woche vor der Schlacht bei Salamis feierlich hätten begangen werden müssen. Und ihre Worte «was geschieht, geschieht» kommen in den Formeln der Mysterien vor, obwohl ich zu jener Zeit noch kein Geweihter war.

Bulis sah mich an. Auf ein Handzeichen von mir reichte Eugenios ihm einen Becher Wein, auch der Königin.

Meine Tochter kehrte zurück und gab sich selbstzufrieden. Hinter ihr folgte Jocasta, der man trotz der spärlichen Fackelbeleuchtung ansah, wie unangenehm es ihr war, nach Einbruch der Dunkelheit das Haus verlassen zu haben, obwohl ich in ihrer Miene auch eine diebische Freude zu erkennen glaubte. Aristeides ließ nicht lange auf sich warten, auch Brasidas gesellte sich zu uns und setzte sich genau neben Gorgo.

«Wir versammeln uns in der Dunkelheit, als wären wir Ränkeschmiede», merkte Bulis an.

Gorgo ergriff das Wort, und ihre Stimme klang einmal mehr wie die eines Orakels. «Im Dunkeln können wir zumindest alle so tun, als wären wir nie hier gewesen.»

Euphoria lachte, und fast hätte ich sie ins Bett geschickt.

Ich würde es gern so drehen und erzählen, dass wir uns dann daranmachten, die Widrigkeiten aus dem Weg zu räumen, die das Bündnis betrafen, aber die meiste Zeit über saßen wir einfach nur beisammen, schauten hinauf zu den Sternen und genossen den Wein.

Jocasta lachte leise. «Ich habe mich schon oft gefragt, was die Männer bei Feiern machen.»

Aristeides lachte. «Wirklich? Glaub mir, dies hier ist schon etwas besser als die meisten Symposien. Erstens mischt Eugenios den Wein besser als jeder Verwalter, den ich kenne, zweitens denkt jeder von uns nach, bevor er etwas sagt.»

Jocasta lehnte sich zurück, bis ihr Kopf auf der Schulter ihres Mannes ruhte. Selbst dann noch, im Zwielicht des Portikus und im Nachglühen eines ruhmreichen Sieges, wirkte Aristeides ein wenig erschrocken, dass seine Gemahlin ihn in aller Öffentlichkeit berührte. So war er eben.

«Der Wein steigt mir zu Kopfe», meinte Jocasta. «Jetzt sagt mir, Männer, werden wir den Großkönig endgültig besiegen?»

An das nachfolgende Schweigen kann ich mich gut erinnern. Irgendwo miaute eine Katze. Dichter am Haus, vom Garten her, hing der Duft der Feigenbäume in der Luft, wie Zimt und Honig im Wind, der in den Zweigen raschelte und uns verriet, dass der Winter kommen würde.

«Ihr wisst, dass Mardonios mit dem Heer in Thessalien steht?», fragte ich.

Gorgo nickte, und eine der Öllämpchen betonte das Profil der schönen Frau. «Ich weiß noch mehr», vertraute sie der Runde leise an. «Ich weiß von – von einem Freund, dass Mardonios, der eines Tages selbst den Thron des Großkönigs besteigen will, wie mir meine Quelle versicherte, die Absicht hegt, erneut in Attika einzufallen.»

Jocasta gab ein Seufzen von sich. Ich glaube, wir alle verspannten uns.

«Er scheint der Überzeugung zu sein», fuhr sie fort, «Athen so nachhaltig zu zerstören, dass die Bürger sich in alle Winde zerstreuen oder das Bündnis aufkündigen.» Sie sah Aristeides an. «Und es gibt Leute in Sparta, die davon sprechen, die Mauer am Isthmus von Korinth zu halten und Böotien und Attika dem Schicksal zu überlassen.»

Bulis nickte stumm. «Die meisten edlen Männer, die unsere griechischen Lande retten wollten», sagte er dann, «starben mit dem König.»

Wir alle saßen in Schweigen gehüllt da und brauchten einen Moment, um das zu verarbeiten.

«Morgen treffe ich Themistokles und geleite ihn nach Sparta», sagte Gorgo. «Ich hoffe, zumindest er, einer der Architekten des Tempels der Nike bei Salamis, wird mir helfen, die Ephoren davon zu überzeugen, im Frühjahr ein Heer in Bewegung zu setzen.»

Brasidas lachte. «Der Architekt des Tempels der Nike», wiederholte er. «Warum denken die Athener bloß, Frauen können keine Redner sein? Das ist eine schöne Wendung.»

Jocasta lachte trocken. «Ihr, Gorgo, wart die Architektin dieses Sieges. Themistokles war höchstens ein Steinmetz, mehr aber auch nicht.»

Die Königin von Sparta schüttelte den Kopf. «Zu viel Lob ist wie zu viel Wein. Ich muss ins Bett. Aber ich werde Themistokles noch einen Tag warten lassen – wenn ich dafür an einer gewissen Hochzeit teilnehmen darf.»

Sie sah meine Tochter an – vergesst nicht, wir waren einander als Gastfreunde verbunden, und Euphoria kannte die Königin damals schon einige Jahre. «Sing uns etwas vor, mein Kind», sprach sie. «Wir sind alt und schweigsam.»

Jocasta musste schon wieder lachen, ja, sie wurde bereits unanständig, jedenfalls gemessen an ihren eigenen Maßstäben. «Ja, was sollen wir singen?», fragte sie. «Ich dachte, bei Feiern singen die Männer.»

Euphoria erhob sich und begann zu singen.

θέλουσα δ᾿ αὖ θέλουσαν ἁγνά μ᾿
ἐπιδέτω Διὸς κόρα,
ἔχουσα σέμν᾿ ἐνώπι᾿ ἀσφαλῶς,
παντὶ δὲ σθένει
διωγμοῖς ἀσχαλῶσ᾿
ἀδμήτας ἀδμήτα
ῥύσιος γενέσθω,
σπέρμα σεμνᾶς μέγα ματρὸς
εὐνὰς ἀνδρῶν, ἒ ἕ,
ἄγαμον ἀδάματον ἐκφυγεῖν

So schaue froh dann auf mich Frohe wieder die reine
Tochter des Zeus, / Der heilig pranget unsres Tempels
Bau. / Mir vor aller Macht und Not nie Wankenden sei, /
Jungfrau, mir Jungfrau sei / Retterin und hilfreich. /
Wollest der vielheiligen Ahnin Kinder / Der Ehe, wehe! /
Unvermählt, unbezwungen lassen fliehn!

Brasidas, der meine Tochter ins Herz geschlossen hatte, lachte laut.

Ich richtete mich auf. «Aber das ist ja ein Lied gegen die Ehe», sagte ich.

Meine Tochter warf keck den Kopf von links nach rechts. «Dieses Lied singen wir in Brauron, wenn wir die kleinen Bärinnen sind», erklärte sie. «Einige der Priesterinnen sagen, die Männer haben nur die Absicht, uns zu brechen, und die Ehe ist für die Frauen das Gleiche wie das Zähmen von Pferden.»

Gorgo vergaß ihre Trauer für einen Moment und stieß ihr herzliches Lachen aus. «Ein schönes Lied», sagte sie. «Ich sehe, dass sie wahrlich deine Tochter ist. Aber Euphoria, lass dir von keinem Kind, das von einer Frau geboren wurde, sagen, die Ehe breche Mann oder Frau. Ist ein vereintes Griechenland stärker oder schwächer für das Bündnis, das wir gegen die Perser geschmiedet haben?»

«Stärker natürlich», gab meine Tochter voller Überzeugung zurück.

«Und so verhält es sich auch mit der Ehe. Trotz etlicher Kompromisse ist das Ergebnis stärker, als wenn jeder für sich bleibt.» Sie erhob sich. Bulis erhob sich hinter ihr wie ein Schatten. Sie beugte sich herab und gab Jocasta einen Kuss. «Ich gelobe bei Aphrodite, dass ich nicht wie die Königin von Sparta zur Hochzeit kommen werde», wisperte sie an Jocastas Ohr.

«Den Göttern sei Dank», hörte ich Jocasta murmeln. «Ich habe so schon alle Hände voll zu tun.»

Tja, das wäre alles, was ich von jenem Abend in Erinnerung behalten habe. Ich denke, Gorgo hat sich noch einmal mit Jocasta getroffen, aber das ist eine andere Geschichte, die ich mir vielleicht für einen anderen Abend aufbewahre.

Und dann war mein Hochzeitstag.

Es war ein klarer, sonniger Tag, aber nicht zu warm – fast perfekt, um in der Öffentlichkeit einen schweren Himation zu tragen. Ich besaß einen sehr schönen, den ich an mich genommen hatte, um es einmal vorsichtig auszudrücken – um ehrlich zu sein, hatte Hektor den Himation als Beutestück eingesackt, zwei Tage nach der Schlacht. Vermutlich hatte er Artemisia gehört, hatte sie doch den besten Geschmack, abgesehen von Briseis vielleicht. Der Mantel war rot gefärbt, wie in Tyros üblich, wies Troddeln an den Ärmeln und golden bestickte Borten auf. Ich selbst hatte keinen Zone, der prächtig genug aussah, um ihn mit dem Himation zu kombinieren, aber Kimon besaß einen solchen Gürtel. Seltsam eigentlich, aber man kann sich noch so gut vorbereiten und vergisst trotzdem etwas, und so kam es, dass Kimon Sklaven zu «seinem» Haus zurückschickte, die nicht nur den Zone holten, sondern auch Sandalen – wie, um alles in der Welt, war ich darauf gekommen, in meinen militärischen «spartanischen Schuhen» vermählt zu werden?

Die Sandalen, die Kimon mir lieh, wiesen ein sattes Weiß auf, ja, sie strahlten so weiß, ich hatte bis dahin gar nicht gewusst, dass man Leder mit Alaun so weißen kann. Die Sandalen hatten kleine goldene Quasten und vergoldete Riemen, und ehrlich gesagt, sahen sie lächerlich an meinen Füßen aus. Im Laufe der Zeit hatte ich mir fast jeden Zeh gebrochen, einige mehrfach. Es gibt Körperstellen, die auch heute noch vorzeigbar sind, und damals, auf der Höhe meines Ruhms, galt ich als gut aussehend, aber niemals der Füße wegen.

Wirklich, ich glaube, zur Hochzeit gehört auch, dass man der Zukünftigen beweist, dass man bereit ist, alles Modische geduldig zu ertragen. Also zog ich die lächerlichen Sandalen an und gürtete mich mit dem prächtigen Zone. Und als ich dann in meinen Wagen stieg – allein, der Symbolkraft wegen –, strich ich mit einer Hand versonnen über das mit Bronze beschlagene Wagenrad, das ich mit meinen Schmiedekünsten mitgestaltet hatte.

Und all meine Freunde und Gefährten – ja, ich meine tatsächlich alle, nicht nur diejenigen, die noch lebten, sondern auch einige von denen, die bereits aus dem Leben geschieden waren – folgten meinem Wagen durch die steil ansteigenden Straßen von Hermione bis zu dem Haus, vor dem Archilogos wartete. Es war fast schon Abend, und die Sonne ging rot und machtvoll hinter den Anhöhen im Westen unter.

Ich habe eigentlich keine Ahnung, wie ich den Tag verbracht habe: Offenbar war ich mit Sandalen und teuren Gürteln und deren Beschaffung befasst. Aber ich erinnere mich gut an das Licht, das auf den Schiffen und dem Dach des Tempels des Poseidon spielte. Ich weiß zum Beispiel auch noch, dass Aischylos und Phrynichos beinahe zänkisch wurden, als einer versuchte, den anderen in besonders geistreichen Versen zu übertreffen. Ich überlegte, ob ich den beiden raten sollte, lieber den Mund zu halten, aber ich war alt genug, um zu merken, dass die beiden Dichter sich im Grunde nur köstlich amüsierten.

Styges war da, Tiraios, Hermogenes, Brasidas und Bulis kamen, auch Demetrios und Ion, der noch zu jung war, um zu meinen Freunden zu gehören, und sich daher wohler in Gesellschaft meiner beiden Jungs fühlte.

Und dort standen sie also, einer schöner als der andere, wenn ich das von Männern so sagen darf. Hektors Haare waren wie eine blonde Flamme, er trug das Haar lang wie in Sparta. Hipponax, kräftig, aber äußerlich gefasst, hatte sich das leicht gelockte Haar geölt und trug einen wirklich geschmackvollen wollenen Himation, den vermutlich seine Braut für ihn angefertigt hatte. Zugegen waren auch die meisten meiner Epibatai – nur Siberios nicht, der sich auf den Weg nach Korinth gemacht hatte, auf der Suche nach seiner Frau – und viele meiner Ruderer. Kineas stolzierte an einem Wagenrad vorbei wie eine Gottheit und erinnerte mich vom Äußeren her an Neoptolymos, meinen alten Freund aus Illyrien.

Es waren so viele Leute zusammengekommen, dass die Straßen dicht waren, dazu die drei prächtigen Hochzeitswagen. Ich versuchte, all das auf mich wirken zu lassen, aber Aristeides erzählte mir später, er und ein anderer prächtig gekleideter Adliger hätten ihr Haus in all dem Gedränge erst mit Verzögerung verlassen können. So kam es, dass Aristeides mich in meinem Wagen nicht vorbeifahren sah und die Straße erst betreten konnte, als ich bereits auf dem Innenhof von Archilogos' Haus eintraf.

Wir hatten vereinbart, jeder von uns solle zum Haus seiner jeweiligen Braut fahren und sie im Wagen mitnehmen. Dann wollten wir uns mitsamt Wagen an die Spitze der Prozession setzen, in der auch die Hochzeitsgeschenke zur Schau gestellt wurden, und den ganzen Weg durch die Straßen bis zum Tempel des Poseidon zurücklegen. Dort gedachten wir, Opfer darzubringen. Die Stadtältesten hatten uns freundlicherweise erlaubt, das Hochzeitsfest innerhalb des Tempelbezirks feiern zu dürfen, denn der Tempel bot die einzige freie Fläche, die groß genug für so viele Menschen war.

Mir kam es unwirklich vor, dass ich im Begriff war, Briseis zu heiraten, in einer kleinen Stadt, die wir beide nicht richtig kannten, und das alles im Beisein von jenen Gefährten, die mir auf feindliche Decks gefolgt waren und sich neben mir in der Schlacht bewährt hatten.

All diese Männer standen nun festlich bekränzt und lachend auf den Straßen. Ich sah Leukas, der für uns Griechen ja sozusagen in Hyperborea, jenem sagenumwobenen Land im Norden, zur Welt gekommen war. Dort stand Seckla in einem herrlichen, weiß-golden schimmernden Umhang (auch das war ein Beutestück, denke ich, von einem der karthagischen Schiffe), und Seckla stammte wohlgemerkt aus einer Gegend südlich von Theben (ich spreche hier jetzt von Theben in Ägypten!). Einmal erwähnte er mir gegenüber, von seiner Heimat bis in das ägyptische Theben sei es so weit wie von Theben nach Athen. Ka will ich nicht vergessen. Er trug weder Himation noch Chiton, sondern ein Leopardenfell – es muss eine Wildkatze mit fabelhaften Flecken gewesen sein, vielleicht hatte er auch zwei Tiere erlegt, aber in diesem Aufzug sah er natürlich noch fremdländischer aus und keineswegs griechisch.

Vergesst nicht, dass Ka die meisten Männer noch um Hauptes-länge überragte. Im Kampf konnte man ihn daher immer schnell ausfindig machen. Ka war das genaue Gegenteil von Dareios. Ka hat nie versucht, griechisch zu sein, Dareios hat hingegen stets versucht, nach der griechischen Lebensart zu streben.

Wie dem auch sei, ich war nicht imstande, all diese Eindrücke zu verarbeiten. Der Wagen rollte recht ordentlich durch die Straßen, und die Pferde benahmen sich zum Glück wie Pferde – ihr wisst ja, wie es um mein Verhältnis zu diesen Tieren bestellt ist. Kimon war außer sich vor Begeisterung, was für herrliche Exemplare es doch seien, allerdings fügte er hinzu, das Vierer-Gespann wäre perfekt gewesen, wenn er genug Zeit gehabt hätte, das eine Pferd durch ein kräftigeres zu ersetzen. Sie waren alle grau, passten rein äußerlich zusammen, andererseits auch wieder nicht, und es stimmte, dass das eine Pferd etwas zu klein ausfiel. Aber sie blieben auf der Straße, gehorchten mir wie Sklaven und befleckten meinen schönen Himation nicht. Hört zu, als ich ein Sklavenjunge auf Hipponax' Gehöft war und das Wagenlenken lernte, hätte ich mir im Leben nicht erträumt, dass ich eines fernen Tages erneut ein Gespann lenken würde, allerdings in den Straßen einer winzigen Stadt auf der Peloponnes, auf dem Weg zur Hochzeit mit der Tochter meines damaligen Herrn und Gebieters!

Kimon ging die meiste Zeit über neben den Tieren her. Ich glaube, insgeheim hat er mir nicht so ganz zugetraut, mit den Pferden fertigzuwerden. Vielleicht tue ich ihm da aber auch unrecht. Wusstet ihr übrigens, was Kimon tat, als Themistokles den Vorschlag machte, die Athener sollten in See stechen und Attika mit Schiffen verteidigen? Das Orakel von Delphi hatte damals von den «hölzernen Mauern» gesprochen und damit die Schiffe für die Seeschlacht gemeint. Das nur nebenbei. Also, Kimon begab sich zum Tempel der Athene und opferte Trensen und andere Bestandteile des Zaumzeugs und ging dann vom Altar aus auf direktem Weg zu einem Schiff. Eine großartige Tat, und mit dieser Tat gelang es ihm, die reichsten und die ärmsten Leute Athens zusammenzuschweißen.

Trotz alledem glaubte er aber wohl nicht, dass ich gut mit Pferden umgehen konnte. Und damit hatte er ja auch recht.

Endlich kamen wir an.

Im letzten Moment strömte mir etwas aus meinen Jugendjahren in die Hände, und trotz des Himations und der vergoldeten Sandalen trieb ich mit den Zügeln die Pferde an. Meine vier Grauschimmel machten einen Satz vorwärts – wie die meisten Pferde wollten sie ausgreifen. Die Straße vor mir war leer, nun ja, fast jedenfalls, und ich kostete es aus, dass Kimon sich mit einem Sprung in Richtung eines Würstchenstands retten musste. Die letzten hundert Schritte legten wir in ordentlichem Trab zurück, sodass die Menge das Nachsehen hatte und abgeschlagen hinter mir blieb.

Die Einfahrt zum Innenhof des Hauses, das Archilogos gemietet hatte, war nicht sehr breit und lag im rechten Winkel zur Straße. Natürlich war ich bislang nie in diesem Hof gewesen, ich wusste aber, dass ich den Wagen irgendwie dorthin lenken musste. Und ich habe durchaus etwas für große Auftritte übrig.

Zu den Tricks, die man lernt, wenn man zum Wagenlenker ausgebildet wird oder sogar im Wagen in den Kampf ziehen soll – hört ihr mir überhaupt richtig zu, meine Damen? Ich wurde als Sklave dafür ausgebildet! Also, zu den Tricks gehört, dass man das eine Rad anhält und den Wagen auf dem anderen Rad dreht. Dafür braucht man großartige Pferde und muss den richtigen Augenblick abpassen, und kurz vor dem Haus fuhr der schreckliche Daimon meiner Jugendjahre in mich und brachte mich dazu, den Innenhof des Hauses meiner Braut in einem waghalsigen Manöver zu erreichen.

Ich zügelte die Pferde allein durch die Kraft meiner Stimme, warf mich mit dem Gewicht zur rechten Seite und zog am Zügel des führenden Pferds. Das Tier drehte sich sozusagen auf den Hinterbeinen.

Bei Poseidon, dem Herrn der Pferde, das Tor der Einfahrt kam mir schmaler als mein Wagen vor! Es war halsbrecherisch, so etwas mit einem Wagen zu probieren, meine Freunde, noch dazu mit einem Wagen, den wir aus wurmstichigem Holz und alter Tierhaut wieder auf Vordermann gebracht hatten.

Mit der rechten Radnabe prallte ich so hart gegen den Torpfosten, dass Holzsplitter und weißer Mauerputz umherflogen, und einen Moment sah es so aus, als würde es schneien, doch dann lag das Tor hinter mir, der Wagen hatte indes noch ganz schön viel Fahrt drauf.

Es gibt da ein aufsehenerregendes Manöver für alle Wagenlenker, die vorhaben, ihren Herrn an Bord des Wagens zu holen: Man lässt den ganzen Wagen sozusagen herumfahren, reißt die Zügel zurück und gabelt den Herrn mit dem hinteren Bereich der geflochtenen Matte auf, die dem Lenker einen gefederten Boden bietet. Der Daimon war stark in mir, und nun zog ich die Zügel so straff, dass die beiden hinteren Räder blockierten und über den glatten Marmorboden glitten.

Es war ein fast perfekter Auftritt.

Leider köpfte die Deichsel eine kleinere, sehr elegante Säule am Eingang zum Haus.

Die Säule blieb erstaunlich lange in ihrer ursprünglichen Position, ehe sie in sich zusammenfiel und am Boden in mehrere Teile zerbrach, die mich anklagend ansahen.

Um die Komik oder die göttliche Ironie der ganzen Szene zu verstehen, müsst ihr wissen, dass Archilogos einst mein Herr gewesen wäre, für den ich mit einem Streitwagen in die Schlacht gezogen wäre, wenn der Lauf der Welt sich so entwickelt hätte! Jedenfalls stand Archilogos in der Stoa des Innenhofes und konnte sich vor Lachen nicht halten. Er war wunderbar gekleidet, und seine Locken flogen ihm beim Lachen um den Kopf. Er wollte etwas sagen, wurde aber dann erneut von einem Lachkrampf geschüttelt.

Hinter mir erreichten meine Freunde und Gefährten die Einfahrt zum Innenhof, gefolgt von etwa tausend Ruderern. Die Männer stimmten ein Jubeln an, das wie das Tosen der See klang.

Und dann trat Briseis ins Freie, in den Schatten der Stoa.

Es war nicht die Kleidung, die sie am Leib trug, es lag nicht an den herrlichen goldenen Ohrringen, die ihre Ohren zierten, auch nicht an dem Diadem, das sie als Priesterin auswies, dem goldenen Armreif oder an den vergoldeten Sandalen, die ihre schönen Füße umschmeichelten.

Nein, es waren ihre Augen, die nur mir galten.

Ich meine immer noch, dass wir in diesem einen Moment vermählt waren. Nie zuvor, nirgends sonst, hatte der Blick aus diesen Augen gänzlich mir gegolten und niemandem sonst – und dieser Blick war unmissverständlich, es gab keine Andeutungen, keine Zweifel, keine Intrigen. Ihr Bruder schüttelte sich vor Lachen, und als Briseis stolz an ihm vorbeiging, streckte sie die rechte Hand nach ihm aus und stieß ihm recht unsanft in die Seite – wie es nur eine Schwester bei einem Bruder machen kann, der sich in aller Öffentlichkeit nicht zu benehmen weiß. Vergesst nicht, dass die beiden Geschwister einander lange nicht gesehen hatten, und dennoch …

Archilogos hörte schlagartig auf zu lachen, erstarrte einen kurzen Moment und bot seiner Schwester dann artig den Arm, damit sie sich bei ihm unterhaken konnte. Mit einem Mal machte ihr Bruder sich bewusst, dass aller Augen auf Briseis und ihn, den Brautführer, gerichtet waren.

Dann sah ich, wie die beiden sich kurz angrinsten.

Als sie bei meinem Wagen ankamen, streckte Briseis mir die Hand entgegen, und der Duft von Jasmin umfing mich. Ich nahm ihre Hand, und Briseis stieg in den Wagen, nein, sie schwebte wie Aphrodite, die sich in der Dämmerstunde in die Lüfte erhebt.

«Bitte zertrümmere nicht noch eine Säule», raunte sie mir zu. Ihre Lippen bewegten sich, die Laute kamen ihr über die Lippen, und ich musste an mich halten, diese göttliche Erscheinung nicht endlos anzustarren – oder sie vor all den Leuten zu nehmen!

Stattdessen gewannen Ausbildung und die gute Erziehung die Oberhand, und ich ließ die Zügel klatschen. Meine Pferde setzten sich wieder in Bewegung, und war es Zufall oder die gnädige Hand der Aphrodite? Jedenfalls passierten wir die Toreinfahrt anstandslos, obwohl mir der arg lädierte Torpfosten nicht entging, der mich genauso anklagend ansah wie zuvor die in ihre Einzelteile zerlegte Säule. Die Leute vor der Einfahrt beeilten sich, uns Platz zu machen, und riefen obszöne Dinge.

Ja, Thygater, in jenen Tagen gehörten Bemerkungen anzüglicher Art einfach dazu.

Da sich Briseis leicht zur Seite lehnte, legte ich ihr in bester Absicht eine Hand um die Taille. Und mit den Fingern ertastete ich, dass ihr Chiton an der Seite offen und nicht züchtig vernäht war, und kaum dass ich die bloße Haut ihrer Hüfte spürte, hätte ich fast die Kontrolle über meine Pferde verloren.

«Treib die Pferde weiter an, mein Gemahl», sagte sie. «Treib es später mit mir, wenn du magst.»

Und sie lachte, und all das Glück, das ein Mann fühlen kann, all das Glück, das die Götter einem gewähren, durchströmte mich. Bei Zeus Soter, bei allen Göttern, die im Olymp thronen, was können wir noch erflehen? Sieg im Krieg und die Frau, die man liebt ...

Die Leute machten uns Platz auf der Straße. In angemessenem Tempo nahm ich die Biegung am Fuße der Anhöhe, ehe das Gelände für etwa zweihundert Schritte eben blieb und dann deutlich anstieg, als sich die Straße hinauf zum Tempelheiligtum des Poseidon wand. Ich umfasste Briseis' Hüfte fester, ließ die Zügel knallen und trieb die Pferde mit lauter Stimme an – und sie gehorchten mir.

So gingen wir von der langsamen Gangart in leichten Trab über, steigerten uns vom schnellen Trab zum Galopp und legten das letzte Stadion der Strecke im Nu zurück. Gut, ein paar Schaulustige sprangen zur Seite, und unsere Haare und unsere Kleidung blähten sich im Fahrtwind, Staub wirbelte hinter uns hoch, und für die Dauer, die es bedarf, um ein Loblied zu singen, waren wir beide wie Götter. Als die Pferde die Steigung meisterten, nahm ich erneut Tempo raus und machte mich an den Zügeln zu schaffen, vielleicht nicht sonderlich elegant, aber kompetent genug, und die Tiere wurden brav langsamer. Wir gelangten an den heiligen Bezirk des Tempels. Das Fell der Pferde glänzte zwar schweißnass, aber dafür zeigten sie sich im Umkreis des Tempelheiligtums ruhig und liefen richtig elegant.

«Das ist meine Antwort», sagte ich und wurde von ihrem Lächeln belohnt – und ihrem Erröten. Wer hätte gedacht, dass meine Briseis so erröten konnte?

Ich brachte den Wagen zum Stehen, und wir stiegen aus.

Ich hatte natürlich vergessen, ein Schwert mitzubringen. Für Opferhandlungen braucht man eines, und ich kam mir wie ein Narr vor, doch dann löste sich Eugenios aus der kleinen Menge, die bereits beim Tempel wartete, und hängte mir meinen Schwertgurt samt Waffe über die Schulter, als hätten wir beide das vorher genau abgesprochen.

Aber glaubt nicht, dass ich einen Stier opferte. Die Kapriolen mit dem Wagen waren mir Abenteuer genug an meinem Hochzeitstag, und daher begnügte ich mich mit einem kleineren Tier und tötete einen Widder, und zwar sehr geschickt, wie ich betonen möchte, denn ehe der Blutfluss einsetzte, hob ich rasch den Saum meines Himations.

Aber die Vorzeichen waren vielversprechend, sowohl der Vogelflug als auch die Lebern der Opfertiere. Denn auch meine beiden Söhne erbrachten ihre Opfer, und bald stieg der Geruch von gebratenem Fett hinauf zu den Göttern. Die Sonne auf den hohen Kiefern im Umkreis des Schreins – die letzte Wärme des ausgehenden Sommers erfreute uns an jenem Tag, und der Duft der Kiefernnadeln und die Düfte des bratenden Fleischs –, die salzige Luft, der Wein der Trankopfer ...

Wir enthielten den Göttern nichts vor. Vielen Gottheiten brachten wir Trankspenden dar, auch vielen Freunden, die nicht mehr unter uns weilten: Paramanos, Onisandros, Idomeneus und vielen anderen. Wir beteten gemeinsam, danach aßen wir, ließen uns den Wein schmecken und begannen mit den ersten rituellen Tänzen.

Ich werde euch nicht alle Abläufe erzählen. Ich könnte es ausschmücken und länger darüber berichten als über die Schlacht von Salamis, denn die Hochzeit war über alle Maßen besser, wie man sich vorstellen kann. Denn Hochzeiten stehen für das Leben, Schlachten hingegen für den Tod.

Aber ich möchte sagen, dass die drei Bräute, also Iris, Heliodora und Briseis, gemeinsam tanzten. Und in diesem Zusammenhang bekenne ich, dass meine Briseis einmal nicht die Beste war. Sie war schön und stellte all das dar, was ich begehrte, aber die Brauron-Mädchen tanzten zum letzten Mal den Tanz der Artemis, und sie waren großartig.

Danach tanzten wir alle gemeinsam, die Männer im äußeren Kreis, die Frauen im inneren, und der Wein, die aufblitzenden Oberschenkel und die nicht geschlossenen Seiten manch eines Chitons wirkten sich allmählich auf meine Verfassung aus, sodass die Leidenschaft zur fleischlichen Lust wurde.

Ich erinnere mich da an eine Frau, die Gorgo sehr ähnlich sah, aber darauf bestand, ihr Name laute Io, was mich natürlich zum Lachen brachte. Sie und Jocasta tanzten und plauderten und tanzten und plauderten. Einmal sah ich, wie die beiden bei meiner Braut standen, und plötzlich lachten sie alle drei. Ich begann, mir Sorgen zu machen.

Ich tanzte so lange, bis ich wieder einen klaren Kopf hatte, und irgendwann brauchte ich eine Pause, setzte mich und stellte fest, dass Kimon und Aristeides bei mir waren, auch Eugenios und Ka – eine sehr ungewöhnliche Gruppe auf Klinen. Ich verdrückte ein Gerstenbrötchen, eines der weißen, die wir «Lesbos» nennen, und spülte die Bissen mit etwas Wein hinunter.

«Du solltest deine Braut zu deinem Haus bringen», meinte Aristeides. Er verfolgte, wie seine Frau sich erneut in einen Tanz einreihte. «Denn wenn du es nicht tust, werden sich auf diesem Rasen bald Lapithen und Kentauren tummeln.»

«In der Tat», merkte Kimon an, «eben erst habe ich ein Mädchen gesehen, das hinten Kiefernnadeln auf dem Chiton hatte, und ich glaube nicht, dass es ein Nickerchen gemacht hat.»

Also machte ich meine Runde, drückte Kleitos an mich, umarmte Agariste, die zwar nicht betrunken, aber auffallend fröhlich war, auch Xanthippos, der mir plötzlich im Weinrausch den Vorschlag für eine großangelegte Strategie auf See unterbreitete – ein Angriff auf die Perser entlang der ionischen Küste.

Seine Gemahlin zog ihn zu sich auf ihre Ruhebank.

Natürlich küsste ich meine neuen Schwiegertöchter, die mich unter gesenkten Wimpern ansahen, denn mein Abschied vom Fest bedeutete, dass auch sie sich entfernen durften.

Wir begaben uns zu den Wagen, und der Lärm der Feiernden schwoll derart an, dass ich ahnte, wie laut die Nacht werden würde.

Einen Moment möchte ich nicht verschweigen – er ereignete sich, als Briseis in den Wagen stieg. Sie legte mir die Hand auf den

Arm, wo sie ruhte, als hätte sie schon ein ganzes Leben dort geruht. Erst dachte ich, sie würde mich ermahnen, wie eine Ehefrau, ihr wisst schon – dass ich betrunken sei und langsam fahren müsse und dergleichen.

Aber stattdessen schenkte sie mir ihr Lächeln. Ihre Augen wirkten größer und tiefgründiger. Und mit einer Stimme, die von Gefühlsregungen erfüllt war, sagte sie: «Du bist jetzt mit zwei von drei sehr einflussreichen athenischen Familien verwandt, mein Geliebter.»

«So sieht es wohl für uns aus», erwiderte ich, oder so etwas in der Art.

Ich trieb meine Pferde nicht mit der Gerte zu Höchstleistungen an. Trotzdem fuhren wir recht forsch los, aber eigentlich nur, um die laut lärmenden Gestalten möglichst schnell hinter uns zu lassen. Und ich bekenne, dass wir hügelabwärts etwas zu viel Tempo draufhatten und beinahe die Abzweigung zum nördlichen Strand verpasst hätten, doch Poseidon blieb an meiner Seite, und daher bog ich richtig ab. Ich ließ die Zügel für einen Moment locker, sodass die Tiere ein bisschen freier laufen konnten, ehe ich sie zügelte. Mit meiner Hand tastete ich wieder in den Falten von Briseis' ionischem Chiton.

Sie lehnte sich mit ihrem ganzen Leib an mich. Kein Mann weiß, was ein Kuss ist, bis eine Frau das tut. Ich lenkte die Pferde, aber Briseis war so verrückt wie ich, oder noch verrückter. Wir küssten uns. Die Welt zog verschwommen an mir vorbei, und nur Eros, der die Liebenden schützt, verhinderte, dass wir eines törichten Todes starben.

Schließlich kamen wir vor «meinem» Haus zum Stehen. Ich sprang hinab, eilte auf die andere Seite und half Briseis vom Wagen, trug sie vielmehr. Hinter mir waren Rufe zu hören. Hunderte Männer und Frauen strömten die Anhöhe hinunter, aber dank der Wagen hatten wir sie vorerst abgehängt. Ich versuchte, unseren

Vorsprung abzuschätzen – die Menge hing etwa ein Stadion hinter uns.

Ich trug Briseis über die Schwelle meines geborgten Hauses. Mit beiden Händen hantierte ich bereits mit den Fibeln an ihrem Chiton herum.

Ich setzte sie nicht ab, als wir den Garten durchquerten. Nein, ich trug sie noch weiter, hinein ins kleine Haus und vorbei an dem Tisch, wo Eugenios das Backwerk hingestellt hatte, natürlich auch edlen Wein. Während ich an dem Chiton zerrte, sagte ich:

σφαίρῃ δηὖτέ με πορφυρέῃ
βάλλων χρυσοκόμης Ἔρως,
νήνι ποικιλοσαμβάλῳ
συμπαίζειν προκαλεῖται.
ἡ δ' — ἐστὶν γὰρ ἀπ' εὐκτίτου
Λέσβου — τὴν μὲν ἐμὴν κόμην —
λευκὴ γάρ — καταμέμφεται,
πρὸς δ' ἄλλην τινὰ χάσκει.

Auf mich werfend den Purpurball / Winkt mir Eros im Goldgelock, / Mit dem farbig beschuhten Kind / Spielend mich zu ergötzen. / Doch sie ist aus der herrlichen Lesbos, und mißfällt ihr mein / Graues Haar ...

Ich zitierte aus dem Werk von Anakreon. Wir hatten das Gemach erreicht, und Briseis rollte sich von mir auf dem Bett fort, auf dem ich sie abgesetzt hatte, zog sich ihre wunderschönen Sandalen aus und bewarf mich lachend damit. Dann war sie urplötzlich bei mir, griff mir zwischen die Beine und raunte: «... dass ich einem andren Mädchen *brünstiglich nachschaue*, ist eher unwahrscheinlich», brachte sie die anakreontische Strophe auf ihre kecke Art zu Ende. Schon war sie auf mir.

Und während draußen vor unserem Fenster im Garten ein Lärmen anhob, weil man mit bronzenen Kellen oder Holzlöffeln auf Kupferkessel oder eherne Topfdeckel einschlug, während kehlige Stimmen lauthals gewisse «Stellungen» vorschlugen und andere fragten, wie «groß er denn sei», und weitere obszöne Scherze auf Kosten der Frau gemacht wurden – während also all das draußen geschah, war sie es, die bereits rittlings auf mir saß. Sie war es, die all unsere Kleidungsstücke zusammenraffte – ein Vermögen aus gefärbter Wolle und Leinen –, sich dann zurücklehnte, sodass ich ihre ganze Herrlichkeit im Mondlicht erahnen konnte, und dann die ganze Kleidung aus dem Fenster hinab in den Garten zur wartenden Menge warf – ein Gewirr aus tyrischem Rot und Indigoblau, zwischendrin aufscheinende Goldfäden.

Die Leute brüllten. Ja, sie brüllten wie Ruderer im Augenblick des Sieges, wie Hopliten beim letzten Massendruck und Durchbruch bei Marathon. Und ich schaute in ihr Gesicht, das immer noch umrahmt war von Aphrodites goldener Tiara, und wenn Briseis auch nichts mehr am Leib trug, die Ohrringe schillerten noch im matten Glanz des Mondes ...

Ah – ich wünsche euch eine angenehme Nacht, meine Freunde. Den Rest überlasse ich eurem Vorstellungsvermögen.

EPILOG

Wenn ihr jetzt noch mehr hören wollt, bringt ihr mich zum Erröten. Ha! Gießt den kühlen Wein über die heiße Glut der Lust, und morgen Abend, am letzten Abend, werde ich euch noch eine Geschichte erzählen: Wie die Männer der griechischen Lande, der freien griechischen Lande, gegen die Meder, die Perser und gegen Krieger aus hundert anderen Völkern aushielten, Speer gegen Pfeil, wie mein Freund Aischylos gesagt hat, und so lange kämpften, bis der Staub und die Dunstschleier des Ares alles bedeckten. Dann erzähle ich euch auch, wie die Männer aus Platäa ein letztes Mal den Tanz des Ares vollführten, und wie kurz wir davor waren, alles zu verlieren. Ja, in der Tat, viele von uns ließen ihr Leben, andere verloren alles, was sie an irdischem Besitz ihr Eigen nannten.

Aber lasst mir meine Erinnerungen an die glücklichste Nacht meines Lebens. Eigentlich habe ich euch nie eine glückliche Geschichte versprochen, aber einige Tage waren so herrlich wie ein Sonnenaufgang über der ruhigen See, und einige Nächte voller Glück. Und auch wenn wir noch Trauriges hören werden – nun, ich trinke auf deine Mutter, meine Liebe, auf die Liebe meines Lebens.

Το τέλος

HISTORISCHES NACHWORT

Als ich mich daranmachte, diesen Roman zu schreiben, glaubte ich, einiges über die Kriegskunst unter Rudern und über die Schlacht von Salamis zu wissen. Nachdem ich den Roman geschrieben hatte, war ich in diesem Punkt nicht mehr so optimistisch. Die Seeschlachten vor Artemision und die Schlacht von Salamis waren zweifellos entscheidende Ereignisse der griechischen Geschichte, vermutlich auch der Weltgeschichte – trotz aller Übertreibungen. Aber ich weiß immer noch nicht genau, wie viele Schiffe teilnahmen, wie die Kämpfe im Einzelnen abliefen oder wer – im Fall von Artemision – tatsächlich den Sieg davongetragen hat. Ich bin immer noch nicht imstande zu sagen, welche Schiffe namentlich teilnahmen, an welchen Stränden sie lagen oder wie die Absichten der Schiffskommandanten im Einzelnen aussahen.

Das mutet etwas seltsam an, da ich denke, dass das Buch, das ich geschrieben habe, eher eine fiktive Darstellung eines historischen Feldzugs geworden ist und nicht in erster Linie ein Roman.

Ich möchte daher die Quellenlage erörtern und einige Theorien nennen. Mir ist bewusst, dass ich auch Leser habe, die des Altgriechischen mächtig sind und über derlei Dinge genauso gut oder sogar besser Bescheid wissen als ich, und ich möchte all meinen Lesern sagen, dass ich mich mit großer Sorgfalt an die Arbeit gemacht habe. Sollte ich also nicht mit der bevorzugten Theorie mancher Leser übereinstimmen, so möchte ich betonen, dass ich die unterschiedlichsten Theorien wahrgenommen und zumindest berücksichtigt habe.

Doch zunächst eine generelle Warnung. Sofern man sich mit der Frühzeit der klassischen Antike beschäftigt, stellt man schnell fest, dass wir im Grunde kaum etwas wirklich wissen. Man braucht nur einen flüchtigen Blick auf die sogenannte *«Hoplites and Heresies»*-Debatte zu werfen, um zu erkennen, wie umstritten jeder Aspekt der Kriegsführung jener Epoche ist (Josho Brouwers' ausgezeichnete Übersicht im bibliographischen Anhang von *Henchmen of Ares: Warriors and Warfare in Early Greece* (2013) wird den interessierten Leser besser informieren, als ich es könnte). Liest man Beiträge zur Sexualität in der Antike, stellt sich dieselbe Verwirrung ein; beim Schiffsbau jener Zeit ist man sich allerdings weitestgehend einig, da die Unterwasserarchäologie inzwischen einige ältere Theorien widerlegen konnte, aber natürlich gibt es immer noch Anlass für Diskussionen. Tänze und Kampfkünste (Martial Arts) sind zwei Themengebiete, die immer noch für die wildesten Spekulationen sorgen, und selbst ein vermeintlich simples Thema wie die Rolle der Frau in der antiken Gesellschaft führt immer wieder zu heftigen Kontroversen – kontrovers diskutiert wird aus Sicht der heutigen Wissenschaft, nicht aus Sicht der Welt der Antike. (Wenn Sie mein Lieblingsbuch zu diesem Thema lesen möchten – aus meiner Sicht die beste Monographie –, dann empfehle ich Ihnen die Lektüre von Joan Breton Connellys *Portrait of a Priestess: Women and Ritual in Ancient Greece.*)

Zweitens eine spezielle Warnung – ich bin Autor von Romanen und erzähle wirklich gern eine gute Story. Ich bin mir ziemlich sicher, dass es Arimnestos gab; ich wette, er war bei Artemision dabei, denn die Platäer nahmen an den Kämpfen teil. Ehrlich gesagt, halte ich es eher für unwahrscheinlich, dass er bei Salamis kämpfte – denkbar ist, dass er und die Platäer ihre angestammten Höfe verließen und bei Nemea oder am Isthmus lagerten, vielleicht auch bei Troizen oder Hermione. Aber von Beginn an habe ich ihn zu einem jener Piratenkapitäne gemacht, von denen die Griechen eine ganze Reihe aufzubieten hatten – Herodot erwähnt einige, insbesondere Miltiades –, und diese Männer befehligten ihre eigenen

Schiffe und Mannschaften. Kurzum, damit meine Story auch weiterhin funktioniert, habe ich mit einigen meiner Figuren aus Platäa jongliert und sie bei Salamis mitten ins Geschehen geworfen.

Aber das war auch das einzige Jonglieren, das ich mit Absicht eingesetzt habe. Alle weiteren Fehler sind nun einmal Fehler und Irrtümer, und ich entschuldige mich im Voraus dafür, denn sie gehen auf meine Kappe. So war mir zum Beispiel zunächst nicht bewusst, dass es zwischen den relativ offenen Ruderrängen der späteren Trieren (und ihren Nachbildungen) und den nahezu geschlossenen Schiffen, die ich von Abbildungen kannte, einen Unterschied gibt. In diesem Buch pullen die Männer, zumindest die Thraniten, an Auslegern (parexeiresia) – und ich bitte die Leser, ihre im Gedächtnis abgespeicherten Bilder zu «überarbeiten» und diese Ausleger für die oberen Ruderränge zuzulassen, dasselbe gilt für meine anderen Aktionen auf See. Ebenso habe ich mir den Anhang in Shelley Wachsmanns *Seagoing Ships and Seamanship in the Bronze Age Levant* genauer angesehen, in dem vom Festmachen und Vertäuen bzw. von verschiedenen Arten des Ankerns die Rede ist: was mir zeigte, dass ich letzten Endes doch nicht so viel über Anker und deren Handhabung wusste, wie ich gedacht hatte. Daher werden Sie als Leser feststellen, dass ich in diesem Band etwas mehr ins Detail gehe, wenn es um Anker usw. geht.

Wie dem auch sei, ich denke, ich habe einige Fehler gemacht. Haben Sie Nachsicht mit mir.

Nun aber zur Schlacht von Salamis.

Es gibt eigentlich nur zwei Quellen, die Aufschluss über die Schlacht geben – in erster Linie Herodot, darüber hinaus die ersten Szenen aus Aischylos' Stück *Die Perser.* Von beiden Quellen gehört Aischylos zu den Augenzeugen – er war tatsächlich dabei. Er war wirklich Hoplit, ein erfahrener Krieger, der schon bei Marathon kämpfte. Sofern es möglich war, nahm ich Aischylos beim Wort. Aber das gestaltete sich natürlich nicht immer einfach. Was Herodot anbelangt – seien wir ehrlich, die ganze «Der Lange Krieg»-Reihe orientiert sich an Herodot, und neben der *Ilias* zählen Herodots *Historien* zu den Büchern, auf die ich am meisten angewiesen war. Ich mag die menschliche Note, die in seinem Werk durchscheint, und ich bin davon überzeugt, dass er nie wissentlich gelogen oder die Wahrheit verdunkelt hat. Er präsentiert uns – in Husserl'scher Manier – die Wahrheit so, wie er sie selbst erlebt hat, und nur wir Menschen der Neuzeit haben unsere Probleme mit seinen endlosen Geschichten von Vorzeichen und Omen, von den Rachegedanken der Götter und Menschen, von dem immerwährenden Schicksalsrad, das sich unaufhörlich dreht. Jedenfalls wusste Herodot, wie er einem Romanautor auf die Sprünge helfen kann. Da braucht man nur einen Blick auf Gorgo, die Königin von Sparta, zu werfen!

Ich habe darüber hinaus zwei Werke der Sekundärliteratur benutzt, die ich wirklich mit Freude gelesen habe – aus unterschiedlichen Gründen, aber mir gefallen beide. Da wäre also einmal Barry Strauss' *The Battle of Salamis*, das ich 2004 las, als es gerade erschienen war – damals arbeitete ich am Entwurf des späteren Romans *Tyrant*. Zum anderen möchte ich John R. Hales wunderbares Buch *Lords of the Sea* erwähnen, ein Buch, das Aufschluss gibt über den Aufstieg Athens zur Seemacht. Letzten Endes griff ich immer wieder zurück auf die Sammlung mit antiken Karten, die sozusagen zu meiner Bibel wurde, sobald es um Ortsnamen und Entfernungen ging, und ich kann Ihnen versichern, dass ich an den meisten Stränden war, an denen Arimnestos anlegte – außer auf Megalos. Dort bin ich bis jetzt nie gewesen. Hört sich aber wundervoll an.

Die Schlacht an sich ist von Beginn an ein richtiges Durcheinander – schon von dem Moment an, als die griechische Flotte die Strände bei Artemision verlässt. Von Anfang an steht man als Romanautor vor einer Liste mit Fragen. Ich will Ihnen eine davon vorstellen – denn allein diese Frage birgt den Kern der Verwirrung, die so kennzeichnend ist für den Rest des Feldzugs.

Als die Griechen wussten, dass Leonidas tot und das Bündnis der Heere bei den Thermopylen gescheitert war – dachten sie da, dass sie erneut in den Kampf ziehen würden? Oder segelten sie einfach nur gemeinsam auf direktem Weg zurück nach Salamis, wissend, dass sich der Flottenverband dort auflösen würde?

Mir ist klar, dass das naheliegt, aber wenn man Herodot Glauben schenken darf, so waren die Korinther und die Kämpfer der Peloponnes – vielleicht auch die Spartaner – dafür, sofort zum Isthmus zu segeln, wohingegen zumindest die Athener davon ausgingen, dass es in der Ebene Böotiens zu weiteren Kämpfen kommen würde und dass die Flotte zusammenbleiben sollte. Warum fiel die vereinigte Flotte nicht sofort auseinander?

Als ich mir diese Frage stellte, ergab sich für mich ein Anhaltspunkt für den Feldzug, an den ich mich die ganze Zeit hielt: dass nämlich Eurybiades tatsächlich das Kommando innehatte und nicht nur eine Marionette für Themistokles war, um die Leute aus Ägina oder Korinth bei der Stange zu halten. Wenn man voraussetzt, dass Leonidas und die Spartaner die Weitsicht besaßen, ein Bündnis zu schmieden, um Griechenland zu retten, dann kann man davon ausgehen, dass ein Mann wie Eurybiades in vorderster Reihe gestanden haben wird. Und das wiederum bedeutet, dass die Griechen Artemision verließen und die Oberbefehlshaber nach wie vor den Kampf suchten. Ich kann mir beim besten Willen nicht vorstellen, dass die griechische Flotte, die Aischylos am Morgen von Salamis beschreibt – eine vereinigte Flotte, die den Paian anstimmt und Furcht in den Herzen der Perser auslöst –, am Abend zuvor im Streit lag.

Und dennoch – nur, damit Sie einen Eindruck davon haben, wie sich dieses Buch entwickelte – war meine Story schon recht weit gediehen, als ich auf Maurizio Arfaiolis' Buch über die *Black Bands of Giovanni* aufmerksam wurde, ein Buch über die Kriege auf italienischem Boden zu Beginn des 16. Jahrhunderts. Im Anhang beschreibt der Autor ein entscheidendes Seegefecht zwischen Galeonen bzw. Galeeren (die Schlacht am Capo d'Orso im Jahre 1528). Das Buch sagte mir zu, aber mir fiel auch auf, dass die späteren Sieger dieser Schlacht noch unmittelbar vor dem eigentlichen Geschehen von Streit und Zwietracht geplagt waren. Später verriet der Befehlshaber der Sieger seine Verbündeten. Nach einer Phase der Gewissensprüfung beschloss ich hinzunehmen, dass sowohl Herodot als auch Aischylos recht haben könnten oder dass sie zumindest eine ziemlich komplexe Angelegenheit beschrieben, denn das Leben ist nun einmal allzu oft vielschichtig. Das Fazit war, dass ich den Plot des Romans noch einmal überarbeitete und veränderte, weil ich beiden antiken Autoren gerecht werden wollte. Und das führte wiederum dazu, dass ich die Persönlichkeiten und die Argumente der Befehlshaber, die ich beschreibe, sehr viel genauer beleuchtet habe. Folglich wurde aus jemandem wie Themistokles eine sehr viel ausgefeiltere Figur.

Was den Tag der Seeschlacht anbelangt, so bin ich mir ziemlich sicher, dass Strauss und andere Autoren recht haben, wenn sie sagen, dass Xerxes' Flotte die Absicht hegte, die griechischen Strände zu umzingeln, um zu verhindern, dass die Schiffe ablegten – auf diese Weise konnten sich die Perser auf einer Höhe formieren und hatten eine ungefährliche Küste im Rücken, anstatt sich in der Meerenge von Psyttaleia auf einen Kampf einlassen zu müssen. Ich weiß immer noch nicht mit Gewissheit, ob der griechische Angriff auf Psyttaleia entscheidend für den weiteren Verlauf der Schlacht war oder ob Herodot diese Episode nur aufgebauscht hat, um die Eitelkeiten der Hopliten im Nachgang einer Seeschlacht zu befriedigen. Kurzum, wollte Herodot Aristeides in ein besonders gutes Licht rücken? Letzten Endes beschloss ich, dass der Angriff doch entscheidend gewesen sein dürfte. Denn wenn ich mir das «Terrain» der Seeschlacht und die Breite der Meerenge anschaue – und davon ausgehe, dass die Maße für das Jahr 480 v. Chr. gültig sind –, dann müsste es entscheidend gewesen sein, diese kleine Insel mit Bogenschützen zu sichern. Und ein brillanter Kommandant auf See dürfte erkannt haben, dass man die Seeschlacht von einer langen Linienformation in ein erstickendes Gefecht in der Meerenge verwandeln konnte, sofern die linke Flanke hart genug zuschlug. Denn genau das wäre schließlich eine gute Strategie an Land gewesen. Meiner Auffassung nach betrachtete man Flottenmanöver vor der Ära des Strategen Phormion und der wahren Größe der athenischen Flotte ungefähr so, als wären es Gefechte an Land, mit dem Unterschied, dass die Unterlegenen ertranken.

Für das Nachspiel der Seeschlacht habe ich spekuliert, halte mich aber weiterhin an Herodot. Als sicher gilt, dass den Griechen, die womöglich an einem Tag vor Artemision den Sieg davontrugen, nicht sofort bewusst war, dass sie Xerxes' Flotte vernichtet hatten. Und sofern wir nicht übertreiben, ist es ebenfalls denkbar, dass Xerxes sich nach Salamis mit mehr kriegstauglichen Schiffen zurückzog, als die gesamte vereinigte Flotte *vor* dem Kampf aufzubieten hatte. Aber für die Perser stand das Ende der Segelsaison bevor, und daher vermute ich, dass es noch etliche Geschichten gibt, die noch nicht erzählt wurden – von den Ägyptern zum Beispiel, die nicht teilnehmen wollten und den weitesten Weg hatten; oder von den ionischen Griechen, die an jenem Tag womöglich tapfer kämpften; als ihnen aber aufging, dass sie die einzige Flotte waren, die dem Großkönig noch geblieben war, dürfte den meisten von ihnen aufgegangen sein – sogar den Seeleuten der Regionen, die unter persischer Oberherrschaft standen –, dass das Jüngste Gericht bevorstand. Aus meiner Sicht zeigen die massiven Desertionen auf persischer Seite, von denen Herodot spricht, wie tief gespalten die persische Flotte insgesamt gewesen sein muss. Salamis war kein einmaliger Sieg – die Seeschlacht beschreibt den letzten Schlag eines ohnehin langen, kräftezehrenden Feldzugs, zumindest sehe ich das so.

Und lassen Sie mich Ihnen zu guter Letzt in Erinnerung rufen, während mein tapferer Arimnestos die See überquert, um sein Mädchen zu retten, dass im Widerspruch zu Herodot viele Athener wussten, wie man auf offener See zur Küste Kleinasiens gelangte. Denn die Athener waren bereits während des Ionischen Aufstands dort gewesen, etliche waren bis nach Ägypten gesegelt. Ich liebe und vertraue Herodot, aber aus seiner Sicht waren die Griechen entweder großartige oder schreckliche Navigatoren, je nachdem, wie es ihm gerade in den Kram passte. Ich denke, Athen hatte erfahrene und unerfahrene Leute. Vermutlich gab es unter Themistokles eine ganze Reihe Trierarchen, die nie die Häfen von Piräus und Phaleron verlassen haben – aber gestehen wir Arimnestos und seinen Freunden Erfahrungen auf hoher See zu. Ich hoffe, es hat Ihnen gefallen, dass Arimnestos kein geborener Navigator ist. Er brauchte gut neunzehn Jahre auf See, um so viel Selbstvertrauen zu erlangen und Fertigkeiten zu entwickeln, die es ihm ermöglichten, etwas derart Wagemutiges zu unternehmen wie das, was ich beschrieben habe.

Ah, und am Ende haben wir eine Hochzeit. Hermione ist ein wunderschöner, fast magischer Ort, und der Tempel des Poseidon steht (wahrscheinlich) auf einem großartigen Felssporn, bei dem einem sofort die Epoche der Archaik einfällt. Dort duftet es bis auf den heutigen Tag nach Kiefernnadeln und der See. Meine Frau und ich wohnten in einem wundervollen Haus, und ich bekenne, dass es dort einen Feigenbaum gibt. Unsere Tochter war bei uns, ebenso einige Katzen. Wir wohnten 2011 dort, nachdem wir mit Reenactment-Darstellern die Schlacht von Marathon nachgestellt hatten, und die Sehenswürdigkeiten und Geräusche dieser Reise werde ich so schnell nicht vergessen. Viele dieser Eindrücke ließ ich in diesen Roman einfließen, andere bewahre ich mir für den nächsten Band auf. Jedenfalls habe ich mich sehr auf die Feierlichkeiten rund um Marathon 2015 gefreut!

Wenn Sie einige der Orte sehen möchten, dann schauen Sie auf die «Pen and Sword Tour»-Website unter http://1phokion.com/ oder besuchen Sie mich auf meiner Autorenseite auf Facebook oder auf meiner Website unter www.hippeis.com. Schauen Sie dort auf der «Agora» vorbei. Ich beantworte gern Fragen meiner Leser und melde mich auch für gewöhnlich, und ich beiße so gut wie nie. Und falls Sie immer schon mal ein Hoplit sein wollten – oder ein Perser, ein Skythe, ein Sklave oder irgendeine Person der Antike –, nun denn, lassen Sie sich auf das Reenactment ein. Kontaktieren Sie mich oder schauen Sie vorbei unter www.boarstooth.net. Dann suchen wir Ihnen eine entsprechende Gruppe. Vielleicht schließen Sie sich ja auch unserer Gruppe an!

DANKSAGUNG UND ANMERKUNGEN DES AUTORS

Seit unserer Hochzeit im Jahr 2004 haben meine Frau und ich immer wieder Griechenland bereist. Meine Liebe zu Griechenland, ja, meine Leidenschaft für diese Kultur – die Antike wie die Neuzeit – entwickelte sich auf diesen Reisen. Wie ich schon in den anderen Bänden der Reihe erwähnte, saß ich bereits 1990 auf dem hinteren Sitz einer Lockheed S-3 *Viking*, eines U-Jagdflugzeugs der US Navy, und in jener Zeit kam ich zum ersten Mal mit Griechenland und Troja, mit Smyrna und Ephesos in Berührung. Im vorliegenden Band, dem fünften Teil der Reihe «Der Lange Krieg», beschäftige ich mich mit der wohl bekanntesten Schlacht aus der Zeitspanne der Perserkriege. Ich würde sogar sagen, dass es sich um die bekannteste Schlacht der Antike handelt. Alles, was ich in diesem Zusammenhang geschrieben habe, wurde stark von meinen Reisen nach Griechenland beeinflusst. Ich erinnere mich an die Tage in Piräus und an die Perspektive aus der Luft, wenn der Flieger in Athen landete oder startete. Meine Frau Sarah ist immer so nett, mir den Platz am Fenster zu überlassen, wenn wir über die Bucht von Salamis fliegen. Meine Tochter Beatrice ist da nicht immer so nachsichtig!

Sturm vor Salamis hat einen eigenen Stellenwert in der Reihe, und vielleicht bin ich über die Jahre etwas demütiger geworden als zu der Zeit, als ich die ersten Bände der Reihe schrieb. Zuallererst möchte ich angemessen würdigen, wie viel meine Freunde und Landsleute zum Entstehen dieser Bände beigetragen haben, als da wären: Nicolas Cioran, der stets gut aufgelegt mit mir über den etwas eigenartigen Status von Platäa diskutierte, Ausrüstungsgegenstände anfertigte und immer noch mit mir Themen wie Führungsrollen und charakterliche Voraussetzungen erörtert. Meine gute Freundin Aurora Simmons, eine Expertin der Martial Arts, die sich darüber hinaus bestens mit nahezu allen Medien auskennt (aber beruflich eigentlich Goldschmiedin ist), hat vermutlich mehr als jeder andere zu meinem Verständnis des antiken Griechenlands beigetragen, abgesehen von Giannis Kadoglou, dessen nahezu enzyklopädisches Wissen in Hinblick auf die antike griechische Welt der Hopliten und Ruderer mir bis zur letzten Seite eine große Hilfe war – so half er mir etwa kurzfristig mit antiken Vasenmalereien aus, die Hochzeitsfeierlichkeiten darstellen! Bedanken möchte ich mich auch bei meinem Trainer und verlässlichen Sparringspartner John Beck – einmal dafür, dass ich mich körperlich viel fitter fühle, zum anderen dafür, dass ich unter seiner Anleitung ein Gefühl dafür bekommen habe, wie hart in der Antike das Training gewesen sein muss, um ein Leben führen zu können, das von Kriegen bestimmt war. Mein Dank gebührt im selben Atemzug meiner Physiotherapeutin Susan Bessonette, denn mit zweiundfünfzig Jahren fällt es einem nicht immer leicht, in einem nachgestellten Kampf so zu tun, als wäre man sechsundzwanzig. Und da wir gerade vom Kämpfen sprechen – Chris Duffy, der vielleicht beste Martial-Arts-Künstler, den ich kenne, hat meinen Dank verdient für all die Sparrings-Einheiten. Einige der aufregenderen Details dieser Zweikämpfe finden sich in diesem Roman wieder. Erwähnen möchte ich aber noch eine ganze Reihe von Trainern und Ausbildern – als da wären Guy Windsor, Sean Hayes, Greg Mele, Jason Smith und Sensei Robert Zimmermann; sie alle haben mir dabei geholfen, all die Kampftechniken wertzuschätzen, mit und ohne Waffen, die in der Antike bekannt waren und zur Anwendung kamen.

Aus dem Kreis der professionellen Historiker unterstützten mich Paul McDonnell-Staff und Paul Bardunias, ebenso sämtliche

Betreiber von RomanArmyTalk.com und die dazugehörige Netzgemeinschaft. Mein Dank gilt auch den Angestellten des Royal Ontario Museum, die mir bereitwillig den offenbar einzigen antiken Helm zeigten, der auf die Zeit der Schlacht von Marathon zurückgeht. In diesem Zusammenhang möchte ich mich auch beim Antikenmuseum Basel und der dortigen Antikensammlung Ludwig bedanken, die die besterhaltenen antiken Aspides besitzen und mir großartige Aufnahmen zur Verfügung stellten, damit ich einen solchen Schild nachbauen konnte. Hilfe erhielt ich auch von den Bibliotheksangestellten der University of Toronto und von der großartigen Metro Reference Library. Erwähnen möchte ich unbedingt die Bibliothek der University of Rochester (meine Alma Mater) und die Art Gallery von Ontario. Jeder Autor ist auf eine Stadt angewiesen, in der er mit Hilfe des Ausweises einer Stadt- oder Landesbibliothek kostenlosen Zugang zu JSTOR (Journal STORage) hat. Die Mitarbeiter der Walters Art Gallery in Baltimore, Maryland – passenderweise genau gegenüber der Wohnung meiner Mutter –, waren so freundlich, mir auszuhelfen, auch wenn ich mir denselben Helm zum sechsten Mal anschauen wollte. Einen Helm, von dem ich nun eine getreue Nachbildung besitze, mein Dank geht nach Manning Imperial!

So ausgezeichnet die professionellen Historiker sein mögen – und meine Darstellung der Perserkriege stützt sich im Wesentlichen auf die Forschungsergebnisse ausgewiesener Historiker der Antike, darunter Hans Van Wees, Victor Davis Hanson und Josho Brouwers –, mein Dank geht vor allem an all die Hobbyhistoriker bzw. Reenactment-Darsteller, die jene historische Epoche wiederaufleben lassen. Giannis Kadoglou aus Alexandroupolis z.B. hat viele, viele Stunden mit mir verbracht, hat mich durch die griechischen Landschaften begleitet, hat mit mir Ruinen aus der Vorzeit und der Zeit des Ersten Weltkriegs besichtigt, hat mich durch Platäa und Thrakien gefahren, was meiner Tochter und meiner

Frau sehr gut gefiel. Auf dieser Tour erklärte Giannis uns alles in unserer Sprache und war von der antiken Stadt Platäa genauso begeistert wie ich. Kennengelernt habe ich ihn über RomanArmy-Talk, und ohne Giannis' Leidenschaft für dieses Thema und seinen unnachgiebigen Eifer, meine Fehler zu korrigieren, wäre dieses Buch vermutlich ganz anders ausgefallen. An dieser Stelle möchte ich auch seine Frau Smaro erwähnen, die ein lebhaftes Interesse an all diesen Dingen erkennen lässt, bereit ist, in die Kleidung der griechischen Antike zu schlüpfen und Vorträge im New Acropolis Museum hält; ihr habe ich es zu verdanken, dass ich auf die Details achtete, die einen guten historischen Roman ausmachen. Wir sind inzwischen sehr gut befreundet, und ich würde sagen, dass ich bei vielen Aspekten die Ansichten von Giannis und Smaro übernommen habe. Wenn ich Giannis erwähne, möchte ich im selben Atemzug meine anderen griechischen Freunde nennen, insbesondere George Kafetsis und seine Partnerin Xsenia, die sich bei Wein, Bier und Ouzo viele Gedanken gemacht haben, Schlachtfelder abgeschritten sind und mit Pfeil und Bogen geschossen haben.

Aber Giorgos und Xsenia, Giannis und Smaro sind bei weitem nicht die Einzigen, der mir bei meiner Arbeit geholfen haben. Erwähnen möchte ich in diesem Zusammenhang all die griechischen Reenactment-Darsteller, die – so kann man es ohne Übertreibung sagen – eine ganze Phalanx hätten bilden können. (Wir sind dabei, die Welt zur Zeit der Schlacht von Marathon neu aufleben zu lassen; gemeinsam mit etwa hundert Reenactment-Darstellern trafen wir uns 2015 bei Marathon.) Hier in meiner Region von Nordamerika haben wir eine Gruppe, die sich die *Platäer* nennt – glauben Sie mir, das ist kein Zufall –, und gemeinsam arbeiten wir hart daran, jene Epoche der antiken Stadtstaaten, die in meinen Romanen vorkommen, wiederauferstehen zu lassen: angefangen bei Waffen, Rüstungen und Kampftechniken über Kochkünste und Handwerk bis hin zum klassischen Kriegstanz, dem Pyrrhiche. Wenn man also als Leser den Eindruck gewinnt, dass es mir als Autor historischer Romane gelungen ist, den starren Fakten der Geschichte neues Leben einzuhauchen – und natürlich hoffe ich, dass mir das gelungen ist! –, dann liegt das nicht zuletzt an den Bemühungen jener Frauen und Männer, die meiner Reenactment-Truppe angehören und die mir immer wieder Dinge zeigen, an die ich bislang nicht gedacht hatte. Denn sie alle betreiben historische Forschungen, stellen ihre eigenen antiken Rüstungen her und trainieren immer wieder mit neuem Elan. Ich danke euch allen, ihr Platäer. Natürlich auch all den anderen Reenactment-Darstellern der griechischen Antike, die mir dabei geholfen haben, bestimmte Dinge zu finden oder herzustellen. Besonders möchte ich in diesem Zusammenhang Craig und seine Partnerin Cherilyn in Manning Imperial, Australien, erwähnen, auch Jeffrey Hildebrandt hier in Ontario, der für mich einen wunderbaren neuen Thorax für «Marathon 2015» anfertigte.

Bedanken möchte ich mich darüber hinaus bei den Menschen von Lesbos, Athen und Platäa – ich kann sie nicht alle aufzählen, aber auf drei Touren durch Griechenland haben mich immer wieder Leute bei meinem Vorhaben unterstützt. Stellvertretend für all diese hilfsbereiten Menschen möchte ich Aliki Hamosfakidou von Dolphin Hellas Travel namentlich erwähnen, mit der ich in regem E-Mail-Kontakt stand und die sich auch ein paar Mal Zeit für persönliche Gespräche genommen hat. Mein ausdrücklicher Dank geht an Alexandros Somoglou aus Marathonas, und sollten Sie einmal in Molyvos sein (dem antiken Mithymna auf Lesbos), dann machen Sie einen Abstecher zum Sea Horse Hotel, wo Dmitri und Stela mein Lieblingshotel betreiben. In Griechenland unterstützten mich darüber hinaus professionelle Archäologen und Wissenschaftler, ganz besonders danken möchte ich Pauline Marneri und ihrem Sohn John Zervas: Beide halfen mir bei den Übersetzungen aus dem Altgriechischen.

Bill Massey, mein Lektor bei Orion, hat wie immer ganz exzellente Arbeit geleistet, und dank seines scharfen Blicks ist dieses Buch sehr viel besser geworden. Bill fand naturgemäß viele Fehler, aber genug davon. Ich habe schon mit einigen Lektoren gearbeitet, und die Zusammenarbeit mit Bill ist phantastisch. Kommt schon, ihr lieben Autoren – wie viele von euch können das von ihrem Lektor sagen?

Meine Agentin Shelley Power trug direkter zur Entstehung dieses Romans bei als zu meinen anderen Büchern – zunächst in ihrer Funktion als Agentin. Später flog sie auch nach Griechenland, wo sie von Lesbos und Athen ebenso begeistert war wie ich. Shelley lud uns ins Archaeon Gefsis ein, in ein Restaurant, das seine Gäste auf eine kulinarische Tour in die Antike mitnimmt. Dann half sie dabei, die Feierlichkeiten rund um «2500 Jahre Schlacht von Marathon» zu planen und durchzuführen. Sie engagierte sich darüber hinaus als Reenactment-Darstellerin des antiken Griechenlands. Ich danke dir für alles, Shelley, nicht zuletzt für deine unermüdliche Arbeit als Agentin!

Christine Szego und die Angestellten meiner Buchhandlung vor Ort, Bakka-Phoenix in Toronto, haben ebenfalls meinen Dank verdient, da ich oft unangekündigt dort auftauche und eine Viertelstunde von meiner Story und den Figuren erzähle oder einfach nur plaudern möchte – das Schreiben ist manchmal eine sehr einsame Arbeit, und dann tut es gut, wenn man jemanden hat, mit dem man reden kann. Außerdem veranstaltet «meine» Buchhandlung stets eine großartige Buchpräsentation.

Autoren heben sich den Dank für die eigene Familie immer bis zuletzt auf, eigenartig, nicht wahr? Aber da man das eben so macht, werde auch ich mich an diese Gepflogenheit halten, auch wenn ich mich für jede Arbeitsphase bei meiner Frau bedanken müsste. Zumal auch sie eine Reenactment-Darstellerin ist und einen guten Überblick über all die Dinge hat, die wir gemeinsam gelesen haben (sie kennt sich, würde ich sagen, bestens mit Stoffen aus dem antiken Athen aus). Darüber hinaus muss sich Sarah, mehr noch als Miss Szego, stets meine Geschichtsbegeisterung anhören, die sich beim Schreiben zwangsläufig einstellt (wobei ihr die Worte «Wusstest du eigentlich schon?» mehr Schrecken bereiten als alles andere). Meine Tochter Beatrice gehört inzwischen auch zu unserer Reenactment-Truppe, und es ist ganz erstaunlich, mit wie viel Phantasie und Hingabe sie in die Rolle eines Kindes in jener Epoche schlüpft. Mein Vater Kenneth Cameron hat mir sehr viel über das Schreiben bzw. den kreativen Schreibprozess beigebracht und steht mir immer noch gern mit Rat und Tat zur Seite – außerdem hat er immer ein offenes Ohr für mich, wenn ich mich mal wieder über die Tücken des Schreibens beschwere, und damit erweist er mir fast noch den größeren Dienst. Oh, und da wir eine Epoche betreten, in der Autoren ihr eigenes Marketing betreiben, möchte ich erneut meine Frau lobend erwähnen, da sie sich auf diesem Gebiet ganz gut auskennt, mir mit Rat und Tat zur Seite steht und immer meine Ansprechpartnerin ist. Sie ist, wie gesagt, nicht nur eine erfahrene Reenactment-Darstellerin und brillante Forscherin auf dem Gebiet der Antike, sondern auch die beste Partnerin fürs Leben.

Nachdem ich all das gesagt habe, fällt es mir beinahe schwer einzuschätzen, was ich für mich verbuchen kann, wenn euch, liebe Leser, dieser historische Roman gefällt. Ich hatte eine Menge Hilfe, und dafür bin ich sehr dankbar. Sollten Sie Fehler finden, auch historische Fehler, oder plötzlich feststellen, dass mein Kurs auf hoher See nicht stimmen kann – nun, dann wissen Sie, dass auch ich meinen Beitrag geleistet habe, denn alle Fehler gehen selbstverständlich auf meine Kappe.

Toronto, März 2015

GLOSSAR

Ich bin, was das Griechische betrifft, kein Fachmann. Sämtliche Definitionen stammen von mir, beziehen sich aber auf den «Liddell-Scott-Jones» (LSJ), das Standardlexikon für Altgriechisch-Englisch, ferner auf Routledges *Handbook of Greek Mythology* sowie auf Smiths *Classical Dictionary.* Bei einigen militärischen Aspekten besitze ich die Kühnheit, der einschlägigen Ansicht der Gelehrten zu widersprechen. Besuchen Sie meine Website www.hippeis.com, dort finden Sie weitere Informationen und einige hilfreiche bildliche Darstellungen.

Achaier – oder Achäer; bezogen auf die Landschaft Achaia im NW der Peloponnes; bei Homer sind u. a. die Achaier allgemein die Griechen, die gegen Troja kämpfen.

Afrika – in der Antike bezeichnete «Africa» streng genommen nur das Gebiet um Karthago (heute Tunesien); Nordafrika hieß in der Antike Libya (s. dort).

Agiaden – eines der beiden Königshäuser von Sparta.

Ägina – eine griechische Insel im Saronischen Golf im Westen der Ägäis, der auch Golf von Ägina genannt wird. Die Insel liegt ca. 25 km südwestlich von Athen.

Agoge – das strenge Erziehungssystem Spartas.

Agora – zentraler Versammlungs- und Marktplatz einer Stadt.

Aigaleos – Berg westlich von Athen (heute Egaleo); von dort aus soll Xerxes die Schlacht von Salamis verfolgt haben.

Akinakes – eine Mischung aus Kurzschwert und Dolch, zweischneidig, als Stich- und Hiebwaffe.

Akrokorinth – ein befestigter Ort in der Nähe der antiken Stadt Korinth; früher die Akropolis der Stadt.

Akropolis – ursprünglich der Burgberg bzw. die Wehranlage einer Stadt; am bekanntesten ist die Akropolis in Athen.

Alaun – Bezeichnung von Salzen der Schwefelsäure; Verwendung bei der Holzbearbeitung, bei der Färberei und Gerberei. Auch von Ärzten angewendet.

Albion – zur Zeit der Perserkriege hieß England noch nicht Britannia. Spätestens seit Plinius d.Ä. und Ptolemäus hatte sich der Name *Albion* für England etabliert.

Ambrosia – adj. «unsterblich»; die den Göttern vorbehaltene Nahrung der Unsterblichkeit (einigen Helden wie Achill gewährt); Nektar u. Ambrosia sind ursprünglich dasselbe, später unterteilt in Trank und Speise.

Andros – nördlichste und zweitgrößte Kykladeninsel.

Antilabe – Haltegriff des Schilds; der Unterarm des Kämpfers wird in den röhrenförmigen *Porpax* geschoben, die Hand umfasst die Antilabe.

Anûšiya – «die Unsterblichen»; Elitekämpfer im antiken Perserreich (Infanterie und Leibgarde); Anûšiya bedeutet Gefährte bzw. Gefolgsmann (wie die «Hetairoi» bei den Griechen, die «Gefolgsleute» des Monarchen).

Apollon – Gott der Mantik (Wahrsagung) und Musik, u.a. auch der Heilkunst (aber als «schrecklicher Bogenschütze» auch «Vernichter» und Todbringer).

Archon – Pl. Archonten; hoher Beamter im antiken Athen.

Arete – die Vortrefflichkeit einer Person; auch Tüchtigkeit im militärischen Sinn. Zunächst Idealbild des Adels.

Argonauten – griechisch Argonautai; die Helden, die mit Iason auf dem Schiff «Argo» nach Kolchis fuhren, auf der Suche nach dem legendären «Goldenen Vlies».

Artemision – nördlichste Küstenstrecke Euböas (mit Kap); dort war Artemis ein Tempel geweiht; Ort der Seeschlacht beim Kap Artemision.

Aryballos – kleines Gefäß mit kugeligem Bauch; ideal zum Aufbewahren von Flüssigkeiten.

Asopos – Fluss in Böotien; in der Antike die Grenze zwischen Theben und Platäa.

Aspis – Schild des griechischen Hopliten (der nicht als Hoplon bezeichnet werden darf!; Hoplon bezeichnet eine Waffe allgemein). Der kreisrunde Aspis hatte einen Durchmesser von etwa 80–100 cm, war nach außen gewölbt (bis zu sechs Zoll tief) und dürfte bis zu 8 kg gewogen haben.

Astragaloi – eigentlich Mittelfußknochen von Schafen und Ziegen; zu Spielzwecken als Würfel verwendet; dienten bei unterschiedlichen Geschicklichkeits- und Würfelspielen als Zählmarken.

Atalanta – auch Atalante; jungfräuliche Jägerin der Mythologie.

Athene – u. a. Göttin der Weisheit, der Strategie und der Kunst, Tochter des Zeus; mit verschiedenen Beinamen wie «Pallas Athene» oder «Parthénos», die «Jungfrau».

Ausleger – eine seitlich auf Triremen angebrachte Konstruktion knapp über dem Dollbord, auf der die Dollen der obersten Riemenreihe (für die Thraniten) ihren Platz haben.

Baal – auch Ba'al (semitisch «Herr»); im Altertum eine Bezeichnung für unterschiedliche Gottheiten im westsemitischen Raum (besonders in der phönizisch-kanaanitisch geprägten Welt, auch verehrt in Ägypten).

Brauron – antike Kultstätte an der Ostküste Attikas (Artemis geweiht).

Briseis – in der *Ilias* die Lieblingssklavin des Achill (die eigentlich Hippodameia hieß).

Bule – Ratsversammlung in den Städten (Poleis) des antiken Griechenlands.

Chiton – Pl. Chitone; die allgemeine Tracht der Männer (das am Körper getragene Unterkleid), bestehend aus einem Wolltuch;

der Chiton wurde an der linken Körperseite gefaltet und dort geschlossen, während er an der rechten Seite offen blieb und auf Schulterhöhe von einer Fibel zusammengehalten wurde. Eine kleinere Version, aus Wolle, war der *Chitoniskos.*

Chlamys – in der Antike ein kurzer Reit- und Reisemantel; bestand aus einem rechteckigen Stück Tuch, das über die linke Schulter geworfen und rechts auf Schulterhöhe mit einer Spange gehalten wurde.

Daimon – Pl. Daimones; in der griechischen Mythologie ein Geistwesen; der Daimon des Kampfes könnte aus heutiger Sicht mit Adrenalin gleichgesetzt werden, aus philosophischer Sicht mit angeborener Intelligenz.

Dareikos – Pl. Dareikoi; Goldmünze des Achämenidenreichs; Zahlungsmittel im Mittelmeerraum.

Delos – Insel der Kykladen in der Ägäis; mit Apollon-Heiligtum und Orakel.

Demokratie – Demokratia; hier: die «attische Demokratie», die im 5. Jahrhundert nach den Perserkriegen unter Kimon und vor allem unter Perikles in Athen Gestalt annahm; «Volksherrschaft» (bei Herodot) im Gegensatz zur Tyrannis; Frauen, Sklaven und Fremde (Metöken) waren jedoch von politischer Einflussnahme ausgeschlossen.

Demos – das «(Staats)volk»; Pl. Demen; Siedlungsgemeinschaft einer griechischen Polis. Demen bildeten darüber hinaus die Grundlage der attischen Phylen.

Despoina – Dame, Herrin oder Gebieterin; förmliche Anrede.

Diekplous – eine komplexe nautische Taktik von Ruderschiffen im Seekrieg, bei der jedoch vieles im Unklaren ist. Ein Diekplous bezeichnet das seitliche Ansteuern des gegnerischen Schiffes (eigentlich das Durchfahren des gegnerischen Verbandes), um dessen Riemenreihen zu rammen und dadurch zu zerstören.

Drachme – Gewichts- und Münzeinheit aus Silber; viele Prägungen zeigen Tierbilder, am bekanntesten ist vielleicht das Eulenmotiv. Aus 1 Mine Silber (s. unten Talent) konnten 100 Drachmen geprägt werden.

Eleusis – Siedlung am Nordufer des Saronischen Golfes, nordwestlich von Athen; Ort des Mysterien-Heiligtums. Bei den Mysterien von Eleusis handelte es sich um kultische Feiern, die u. a. um den Mythos von Demeter und Persephone kreisten (festlicher Umzug von Athen bis nach Eleusis).

Elis – Landschaft im NW der Peloponnes; hier trainierten die Athleten, ehe sie in Olympia zu den Wettkämpfen antraten.

Engyesis – ein feierlicher Rechtsakt zwischen dem Bräutigam und dem Rechtsvertreter der Braut unter Zuziehung von Zeugen; wirksam mit der Übergabe der Braut an den Mann.

Entos thalassa – das Innere Meer; eine antike Bezeichnung für das Mittelmeer.

Ephoren – von der Volksversammlung der Polis gewählte Staatsdiener mit weitreichenden Kompetenzen, vor allem in Sparta (zumeist 5 an der Zahl).

Epibatai – Sg. Epibatēs; Krieger einer Trireme; ausgerüstet wie Hopliten.

Epidauros – antike Kultstätte mit Heiligtum des Asklepios.

Epilektoi – junge Platäer, die im Ernstfall ausrücken.

Erinnyen – drei Rachegöttinnen in der griechischen Mythologie.

Eupatridai – Eupatriden; attischer Geburtsadel.

Europa – griech. Europē; bei Herodot erscheint die Dreiteilung der Erde in Europa, Asien und Libyen (womit Afrika gemeint ist; vgl. Libya).

Eurypontiden – eines der beiden Königshäuser von Sparta.

Gorytos – Hülle oder «Bogenköcher» zum Aufbewahren eines Bogens.

Gymnasion – Ort der körperlichen, charakterlichen und intellektuellen Erziehung junger Männer.

Hades – Herrscher über die Unterwelt (der Name ging dann auf die Unterwelt an sich über); Herr des Totenreichs.

Hekatombe – die H. bezeichnete eine Anzahl von Opfertieren (oft 100 von hekatón = einhundert); *Hekatombaion* ist ein Monatsname der griechisch-ionischen Monatsgruppe; 1. Monat nach dem Sommersolstitium und erster Monat des attischen Jahres (entspricht Juli / August im julianischen Kalender).

Hellespont – Meerenge zwischen der thrakischen Halbinsel Chersones und dem asiatischen Festland (heute Dardanellen).

Hemiola – ein schnelles, wendiges Schiff, das sich aus der Bireme entwickelte; äußerst begehrt bei Piraten.

Hephaistos – Gott des Feuers und der (Kunst)Schmiede.

Hermes – Schutzgott u. a. der Reisenden, Hirten u. Kaufleute; Götterbote; Hermes stahl dem Apollon 40 Rinder und verwischte seine Spuren.

Hermione – heute Ermioni; Stadt an der Ostseite der Peloponnes in der Landschaft Argolis.

Himation – ein großes, rechteckiges Manteltuch aus Wolle oder Leinen, oft buntfarben oder mit Streifen verziert, das von Männern und Frauen gleichermaßen über dem Chiton getragen wurde («Umwurf», häufig Tracht wohlhabenderer Frauen oder älterer, einflussreicher Männer); wird ohne Fibel getragen.

Hoplit – ein griechischer Krieger der gehobenen Schicht; Kämpfer in der Phalanx; da die Ausrüstung (schwerer Speer, Helm und Aspis) teuer war, musste man über die erforderlichen Mittel verfügen, wenn man in den Rang eines Hopliten aufsteigen wollte.

Hoplitodromos – Hoplitenlauf, ein Wettlauf der schwer bewaffneten Fußsoldaten.

Hypaspist – «Schildträger». Ursprünglich eine Art Knappe oder Bediensteter, der mit militärischen Aufgaben betraut war – zur Zeit von Arimnestos war ein Hypaspist normalerweise ein jüngerer Mann, der aus derselben Schicht wie ein Hoplit stammte.

Hyperborea – ein sagenhaftes Land, meist hoch im Norden lokalisiert; den Bewohnern, den Hyperboreioi, wurde eine Verbindung zu Apollon nachgesagt.

Illyrer – Stämme der westlichen und nordwestlichen Balkanhalbinsel. Ihr Siedlungsgebiet wurde in der Antike als *Illyrien* bezeichnet.

Ionien – antike Landschaft an der Westküste Kleinasiens (mit den Inseln Chios und Samos); geht auf den griech. Stamm der Ionier zurück; geriet bereits im 6. Jahrhundert v. Chr. unter persische Oberherrschaft.

Isthmus – Isthmos (von Korinth); Landenge zwischen der Halbinsel Peloponnes und Mittelgriechenland; schon in der Antike konnte man kleinere Schiffe vom Saronischen Golf über eine ausgebaute Rillenschleifbahn («Diolkos») bis in den Golf von Korinth befördern; der Isthmus wurde schon früh durch eine Mauer gesperrt. Der heutige Kanal entstand erst in der Moderne (Neros Bauvorhaben blieb unvollendet).

Kalynda – antike Stadt im Grenzgebiet von Karien und Lydien.

Kalyx – ein Trinkgefäß aus Keramik; mit Henkeln am Schalenrand.

Kaystros – Fluss in Kleinasien; mündete beim antiken Ephesos ins Ägäische Meer (heute bekannt als «Kleiner Mäander»).

Kentaur – Kentauren, griechisch Kentauroi; Mischwesen aus Pferd und Mensch (vgl. auch Lapithen).

Kilikien – antike Landschaft Kleinasiens; südöstlich schließt sich Syrien an.

Kithairon – Gebirge zwischen Böotien und Athen.

Kline – für gewöhnlich eine Ruheliege mit aufgebogenem Kopfende.

Kopis – schweres Sichelschwert der Antike mit breiter werdender, asymmetrischer Klinge.

Kore – ein junges Mädchen; auch übliche Bezeichnung für Tochter.

Kroton – das heutige Crotone am Golf von Tarent; eine reiche Polis der sog. Magna Graecia.

Kynosura – Landzunge an der Ostseite der Insel Salamis.

Lakedaimonier – die Spartaner; abgeleitet von dem mythischen Stammvater *Lakedaimon*; auch Bezeichnung für den antiken Stadtstaat.

Lapithen – die Lapithai waren ein (sagenhafter) Volksstamm im nördlichen Thessalien; Adelsgeschlechter leiteten ihre Herkunft von diesem allgemein ritterlichen Volk ab; bei einem Hochzeitsfest kam es zu einer sog. «Kentauromachie», einer Schlacht zwischen Lapithen und Kentauren, die mit dem Sieg der Lapithen endete (übertragen interpretiert als Auseinandersetzung zwischen Intellekt und Triebhaftigkeit).

Libya – griechisch Libye; eine antike Bezeichnung für Nordafrika (ohne Ägypten und Äthiopien; Libya bezog sich auf die heutige Region Marokko, Algerien, Tunesien und Libyen). Vgl. auch den Eintrag unter Afrika.

Massalia – auch Massilia; Gegend rund um das heutige Marseille.

Meder – Volksgruppen in Medien; ungenaue Volksbezeichnung, denn auch die Skythen wurden mitunter so genannt. Häufig synonym für die Perser verwendet.

Medimnos – Pl. Medimnoi; größte Hohlmaßeinheit für Trockenes; attisches Getreidemaß; grob geschätzt zwischen 35 und 100 Pfund.

Megalos – eine kleine Felseninsel der Kykladen.

Metöke – ein Fremder, der dauerhaft in der Stadt lebt und kein Bürgerrecht besitzt. Vor Gericht etwa mussten sich die Metöken von einem Bürger vertreten lassen.

Mine – antike Maßeinheit der Masse; 60 Minen ergaben ein Talent.

Mohnsud – Mohn *(Papaver)* wird in der medizinischen Literatur seit Hippokrates erwähnt, speziell der Saft des schwarzsamigen Schlafmohns (*papaver somniferum* diente u. a. als Beruhigungs-, Schlaf- und Betäubungsmittel).

Moiren – griechische Göttinnen, die das Schicksal der Menschen bestimmen.

Munychia – ein knapp 90 Meter hoher Hügel am Eingang zur Piräus-Halbinsel (heute Kastella); mit Heiligtum.

Najaden – Nymphen der griechischen Mythologie.

Navarch – Navarchos; Kommandant eines Schiffes, im Range eines Admirals.

Nemeischer Löwe – Herakles bezwingt diesen eigentlich unverwundbaren Löwen im Zuge der «12 Arbeiten» und fertigt sich aus dem Fell einen Umhang.

Nemesis – erst in heutiger Zeit der «Erzrivale» bzw. «Gegenspieler»; in der Mythologie die Göttin des gerechten Zorns und der ausgleichenden Gerechtigkeit. Auch «Vergelterin» bzw. «Rächerin».

Nike – Personifikation des Sieges; Siegesgöttin, häufig geflügelt dargestellt, oft in Verbindung mit anderen Gottheiten wie Athene, Apollon usw.

Nubien – eine Landschaft am Nil in Ägypten.

Numidien – eine Landschaft im Norden Afrikas (heute Teile Algeriens und Tunesiens).

Oikia – Sammelbegriff für den Haushalt bzw. die Familie; umfasst die gesamte Familie und alle Sklaven, bisweilen auch die Nutztiere und die Äcker und Felder.

Olympische Spiele – die bedeutendsten panhellenischen Spiele; fanden alle vier Jahre zu Ehren des Zeus in Olympia in Elis statt.

Olymp – Sitz der Götter, Berg in Thessalien.

Ostrakismos – das «Scherbengericht»; ein Verfahren, um unliebsame Bürger aus der Polis ins Exil zu verbannen. Bruchstücke von Tonscherben, von Ostraka (Sg. Ostrakon), wurden als «Stimmzettel» verwendet.

Othismos – bezeichnet den charakteristischen Massendruck, der bei den Phalanx-Schlachten entsteht; die Reihen der Krieger werden von den weiter hinten stehenden Hopliten mit den Schilden nach vorn geschoben.

Paian – auch Paion; ein feierlicher Gesang, oft zu Ehren des Gottes Apollon.

Pais – allgemein ein Kind.

Pallene – die westlichste der drei fingerförmigen Halbinseln der Chalkidike (heute Kassandra).

Pankration – die militärisch ausgerichtete Kampfform bei altgriechischen Festspielen – ein Kampf ohne Waffen; eine Mischung aus Ringen und Faustkampf (ohne Faustriemen bzw. Bandagen) mit komplizierten Schlagabfolgen; Pankration bildete die Grundlage der griechischen Kampftechnik mit Schwert und Speer.

Parasanges – Sg. Parasang (auch Parasange); persisches Längenmaß = 30 Stadien (bei Herodot) bzw. 40–60 Stadien (nach anderen Quellen wie Strabon). Die persische Königsstraße war nach Parasanges vermessen.

Parnassos – der Parnass; Gebirgszug in Zentralgriechenland.

Pater – griechisch für Vater.

Pelops – aus der griechischen Mythologie; Sohn des Tantalos, der ihn den Göttern zum Mahl vorsetzte. Pelops gilt als der sagenhafte Erneuerer der Olympischen Spiele. Die Peloponnes bedeutet wörtlich «Insel des Pelops».

Peltast – im antiken Griechenland eine bestimmte Art leicht bewaffneter Fußtruppen, die oft als Plänkler kämpften.

Pentekontere – «Fünfzigruderer»; Langschiff mit 25 Ruderern auf jeder Seite.

Peplos – Frauenbekleidung; oft über dem Chiton getragen; ein ärmelloses, auf den Schultern gestecktes langes Gewand mit Überfall.

Persische Königsstraße – angelegt unter Dareios I.; die persischen Meldereiter waren berühmt für ihre Schnelligkeit: Sie konnten mehr als 2500 km in sieben Tagen zurücklegen.

Phalanx – Pl. Phalangen; breite Schlachtformation der schwerbewaffneten Fußtruppen in offener oder geschlossener Stellung bzw. acht Glieder oder vier Glieder tief; als Hauptwaffe diente die Stoßlanze; die Phalanx spiegelt das volle Potenzial der jeweiligen Polis / Bürgerschaft wider.

Phaleron – heute Paleo Faliro; in der Antike Hafen von Athen (bis zum Ausbau des Hafens von Piräus unter Themistokles).

Phönizier – das Stammland dieses Volkes lag an der östlichen Mittelmeerküste (entspricht heute den Staatsgebieten von Syrien, dem Libanon und Israel).

Phokaia – antike ionische Hafenstadt; heute Foça (Türkei).

Plethron – Längenmaß von 100 Fuß; 1/6 eines Stadions.

Pluton – Unterweltsgott; Übereinstimmungen mit Hades.

Pnyx – ein Hügel in Athen; Ort der Volksversammlung.

Polemarch – Anführer im Krieg, Heerführer.

Polis – Pl. Poleis; ursprünglich «Burg», dann «Stadt» oder besser das Gemeinwesen (Bürgergemeinde bzw. Personenverband); allgemein Siedlungsgemeinschaft, die sich nach einer Örtlichkeit benennt. Entscheidend für die Herausbildung der «Stadtstaaten».

Pontos Euxeinos – «gastliches Meer»; eine antike Bezeichnung für das Schwarze Meer.

Porpax – am Aspis eine aus Bronze gefertigte Schnalle für den Unterarm des Hopliten; wie eine Art Röhre geformt; die linke Hand umfasst die Antilabe (den Haltegriff).

Prodromoi – leicht bewaffnete Reiter oder Späher, oft auch in der Funktion als Plänkler; zumeist athenische Bürger niederer Klasse.

Proskynese – Proskynesis; antiker Gestus der Verehrung, indem man sich dem Herrscher zu Füßen warf oder mit geneigtem Kopf auf ein Knie ging, die Hand am Boden.

Pyanopsion – im attischen Kalender der 4. der Monatsreihe (entspricht Oktober/November); *Pamboiotios* im böotischen Kalender.

Pyrrhiche – der Kriegstanz der Griechen. Die Krieger vollführten diesen recht komplizierten Tanz in voller Rüstung.

Psyttaleia – Felseninsel zwischen Salamis und dem Hafengebiet von Piräus.

Rhapsode – ein wandernder Sänger/Dichter im antiken Griechenland; ein R. trug bei Festen und feierlichen Anlässen aus dem Gedächtnis epische Dichtungen vor.

Saken – nomadisch geprägte Stammesverbände in den Steppen des östlichen Mittelasiens.

Satrap – Titel eines Statthalters einer Provinz (Satrapie) im alten Perserreich.

Säulen des Herakles – zwei Felsen an der Straße von Gibraltar; die «Säulen» kennzeichneten das Ende der damals bekannten Welt.

Sauroter – der Speerschuh; eine kurze, spitz zulaufende Metallröhre am rückseitigen Ende des Speerschafts; diente zum Aufstellen der Waffe oder aber als Notbehelf, wenn die Spitze abbrach.

Sidon – in der Antike eine bedeutende phönizische Stadt, nördlich von Tyros (heute eine Stadt im Libanon).

Sikeler – griechisch Sikeloi; Bewohner Ost- und Nordsiziliens.

Sounion – gr. Akron Soúnion; Kap an der Südspitze Attikas.

Spartiaten – die Spartiatai; die Vollbürger des lakedaimonischen Staates, die eine herrschende Minderheit darstellten; die Spartiaten durchliefen eine spezielle strenge Erziehung (Agoge), die Männer galten mit 20 Jahren als volljährig und befanden sich in einem ständigen militärischen Training. Mit 30 Jahren hatten die Männer erst das Stimmrecht und gehörten dem Kriegerstand an.

Stadion – ein Längenmaß bzw. Wegemaß, ursprünglich der Weg, der in zwei Minuten zurückgelegt werden konnte. Das athenische Stadion maß ca. 185 Meter, das olympische ca. 192 Meter.

Stoa – der Begriff Stoa für eine philosophische Denkrichtung geht auf die Säulen- bzw. Wandelhalle auf der Agora zurück, die «*Stoa*» genannt wurde.

Strategos – Pl. Stratēgoi; in Athen der Kommandant (Heerführer), der eine von den zehn Phylen (Verwaltungsbezirken) befehligte. Allgemein höhere Offiziere, vergleichbar mit dem Titel General.

Strigil – ein kleines, gebogenes Werkzeug, das verwendet wurde, um die Haut nach dem Baden zu reinigen. Zunächst wurde parfümiertes Öl in die Haut einmassiert. Anschließend schabte man den Schweiß, Schmutz und das Öl von der Hautoberfläche.

Susa – antike Stadt im SW des heutigen Iran; Metropole des Achämenidenreichs.

Symposion – der fröhliche Umtrunk unter Männern; geselliges Trinken (für gewöhnlich unter Ausschluss der Ehefrauen und Kinder); Symposien begannen oft mit einer Trankspende an einen Gott; die Teilnehmer lagen auf Klinen, beliebt waren Spiele, Rätsel, musikalische Darbietungen usw.

Syrakus – in der Antike die mächtigste Polis Siziliens.

Syssitia – auch Syssitien; die täglich abgehaltenen Männermahle, besonders in Sparta, wo sie zum bürgerlichen Leben dazugehörten.

Talent – antike Maßeinheit; durch Aufwiegen von Silber als Währung benutzt: 1 Talent = 60 Minen = 6000 Drachmen = 36 000 Oboloi.

Tarsos – Stadt in Kilikien, am Unterlauf des Kydnos (heute Türkei).

Taxis – Pl. Taxeis; allgemein die militärische Ordnung, insbesondere beim Marsch und in der Schlacht; entspricht in etwa einer Einheit von 60 bis 300 Mann.

Tempe – Durchbruchstal zwischen dem Olymp- und dem Ossa-Gebirge in Thessalien.

Tenos – (heute Tinos) Insel der Kykladen, von Andros nur durch einen schmalen Kanal getrennt.

Thalamiten – vgl. *Trireme.*

Thermopylen – Küstenpass am Kallidromos-Gebirge; in der Antike der einzige Durchgang für Truppenbewegungen von Nord- nach Mittelgriechenland; mit heißen Quellen (daher auch die Bezeichnung «Heiße Pforten»).

Thessalien – nördlichste Landschaft Griechenlands mit der Metropole *Larissa*; um 480 v. Chr. war T. mit den Persern verbündet (Unterstützung des Xerxes-Zuges).

Theten – «Lohnarbeiter», «Tagelöhner»; die sozial niedrigsten, aber freien Bürger in Athen; sie waren grundbesitzlos und vermieteten ihre Arbeitskraft gegen Lohn. Dienten im Krieg als Leichtbewaffnete oder Ruderer.

Thetis – eine Meeresnymphe; in der Mythologie die Mutter des nahezu unverwundbaren Helden *Achill.*

Thorax – Brustpanzer; um 500 v. Chr. bestanden die besten Brustpanzer aus Messing, verbreitet war der sog. Glockenpanzer, ein bronzener Brustharnisch, der den Oberkörper umschließt. Am Ende dieser Periode tauchen einige Muskelpanzer auf, die bis etwa 450 v. Chr. Verwendung fanden. Eine weitere Stilrichtung bringt den «weißen» Brustpanzer hervor, der sich zu Beginn der Perserkriege durchsetzt.

Thraniten – vgl. Trireme.

Thygater – Tochter.

Titanen – in der Mythologie eine alte Göttergruppe, zu denen etwa Kronos und Okeanos zählten; die T. sind Nachkommen der kosmischen Urwesen Gaia und Uranos; im Verlauf des Kampfes («Titanomachie») zwischen Zeus und dessen Geschwistern (den *Olympiern*) auf der einen Seite und den Titanen auf der anderen Seite wurden die T. schließlich in die Tiefen der Unterwelt getrieben.

Triakontere – ein kleineres Langschiff mit bis zu dreißig Riemen.

Trierarch – Kapitän eines Schiffes – bisweilen nur der Besitzer oder Schiffsbauer, dann wiederum der Befehlshaber in der Seeschlacht.

Triemiola – dieses Schiff hat wie die Trireme bzw. Triere (vgl. unten) drei Reihen Riemen auf jeder Seite, auf dem Oberdeck jedoch nur mittschiffs die halbe Anzahl.

Trireme – auch Triere; ein «Dreiruderer», angetrieben von ca. 170 in drei Lagen übereinander versetzt angeordneten Ruderern: 62 *Thraniten* in der oberen Reihe, 54 *Zygiten* in der mittleren und 54 *Thalamiten* in der untersten Reihe. Länge: ca. 35 Meter; Breite: 3–4 Meter.

Troizen – Stadt in der Landschaft Argolis im Osten der Peloponnes.

Tyche – die Göttin des Schicksals und des Zufalls.

Tyrann – die Tyrannis war eine Herrschaftsform der griechischen Antike (ab dem 7. Jahrhundert v. Chr.); ein Machthaber (Tyrann) übt die Alleinherrschaft über einen Stadtstaat oder eine größere Region aus.

Unsterblichen, die – vgl. Anûšiya.

Westgriechen – das antike Süditalien, auch Sizilien, wurde aufgrund der griechischen Siedlungen dort als «Magna Graecia» bezeichnet.

Xiphos – Schwert mit einer Klingenlänge von ca. 60 cm, mit zweischneidiger, blattförmiger Klinge.

Zephyr – Zephyros; seit Homer eine Bezeichnung des Windes aus dem Westen; auch «Frühlingsbote».

Zone – ein Gürtel; beim Militär verziert und aus Bronze.

Zoster – Kap; eine schmale, in den Saronischen Golf vorspringende Landspitze (heute Mikro Kavouri), die nur mit einem niedrigen «Hals» mit dem Festland verbunden ist; Heiligtum des Apollon.

Zygiten – vgl. *Trireme.*